中國典籍與文化論叢

第二十一輯

全國高等院校古籍整理研究工作委員會
《中國典籍與文化》編輯部

CHINESE CLASSICS & CULTURE
ESSAYS COLLECTION

鳳凰出版社

圖書在版編目（CIP）數據

中國典籍與文化論叢. 第21輯 / 汪少華等著. -- 南京 : 鳳凰出版社, 2020.5
ISBN 978-7-5506-3202-8

Ⅰ. ①中… Ⅱ. ①汪… Ⅲ. ①古籍－中國－文集②中華文化－文集 Ⅳ. ①K203-53

中國版本圖書館CIP數據核字(2020)第087304號

書　　名	中國典籍與文化論叢（第二十一輯）
主　　編	安平秋
著　　者	汪少華 等
責任編輯	王　劍
裝幀設計	姜　嵩
出版發行	鳳凰出版社(原江蘇古籍出版社) 發行部電話025-83223462
出版社地址	南京市中央路165號,郵編:210009
出版社網址	http://www.fhcbs.com
照　　排	南京凱建文化發展有限公司
印　　刷	江蘇省句容市排印廠 句容市春城鎮南,郵編:212404
開　　本	787毫米×1092毫米　1/16
印　　張	27
字　　數	546千字
版　　次	2020年5月第1版　2020年5月第1次印刷
標準書號	ISBN 978-7-5506-3202-8
定　　價	98.00圓

(本書凡印裝錯誤可向承印廠調换,電話:0511-87871135)

目　録

伏生傳《尚書》説獻疑*

楊晉龍

【提　要】 本文旨在探討漢代記載《尚書》學上有關“伏生傳經”的原始文獻，以及因爲這些記載的差異，造成的争論議題。藉由文獻搜尋與歸納的分析，了解漢代有司馬遷等八家論及“伏生傳經”事。再經由較爲全面性的分析，了解八家異論導致學者對伏生的師承、藏書、教學方式、傳授篇章、伏女傳經等等諸事，出現不同的詮釋意見；且由於記載不明、各自詮釋，因而導致《尚書》學出現十三項争論性的議題，這些議題至今依然没有共識性的最終答案。研究獲得的結果，大致釐清《尚書》學某些争論議題的起因與内容，同時也有助於《尚書》學研究者，重新檢討是否有必要再繼續追問這類很難有共識的争議問題，同時反思爲這些議題取得唯一答案的可能性、合理性與必要性，或者可以因此而不受這類無法證實或證僞固有包袱窠臼的影響，開展出新的《尚書》學研究議題。

【關鍵詞】 伏生　尚書　傳經　鼂錯

一、前言

傳統中國“經學”歷史的開端，當是在漢武帝（西元前156—87，西元前141—87在位）接受公孫弘（西元前201—121）建立“爲博士官置弟子”的“博士弟子員”制度①，以及董仲舒（西元前179—104）“諸不在六藝之科，孔子之術者，皆絶其道，勿使並進”的“推明孔氏，抑黜百家”以“獨尊儒術”等②，這類有

---

* 本文初稿發表於2018年7月19日臺北“中研院”中國文哲研究所主辦的“經學史重探（Ⅰ）——中世紀以前文獻的再檢討”第一次學術研討會，感謝評論人蔣秋華教授及與會學者提供的睿見，使得本文的訛誤可以減到最低。政治大學車行健教授以爲標題“《尚書》説”改成“《尚書》公案”或更爲恰當。唯筆者以爲本文所論議題中，猶有未達到“公案”者，故保留原標題，感謝車教授的指教。再者本文爲中國文哲研究所重點研究計畫“經學史重探”的成果，謹此説明。

① ［漢］司馬遷著，［劉宋］裴駰集解，［唐］司馬貞索隱，［唐］張守節正義《史記・儒林列傳》（臺北：臺灣商務印書館，1983年影印文淵閣《四庫全書》本），卷121，頁4—6。下文均用此“三家注”本。本文徵引使用的傳統文獻，使用迪志文化出版公司《文淵閣四庫全書電子版3.0版》（香港：迪志文化出版公司，2007）的網路資料庫，下文若無特別標明，均係使用此《四庫全書》本。

② ［漢］班固著，［唐］顔師古注《漢書・董仲舒傳》，卷56，頁26、頁28。下文均用此本。

益於《五經》傳播的建議之後，方才正式成立。蓋因"孝惠、吕后時，公卿皆武力有功之臣；孝文時頗徵用，然孝文帝本好刑名之言，及至孝景，不任儒者，而竇太后又好黄老之術。故諸博士，具官待問，未有進者"之故①，其前雖也曾關注經學，但並未真正落實，是以説經學正式成立於此時。然誠如劉歆（西元前46—西元23）所謂"時漢興已七八十年，離於全經，固已遠矣"之論，確實已經稍有遲緩，毋怪顔師古（581—645）會有"廢絶以久，不可得其真"之歎了②。

漢代以後通行的《五經》，當然不是到漢代方才受到重視，實際上以現代可掌握的文獻而言，《五經》在周代就已經是培養貴族子弟學識的基本教材，不過卻必須等到孔子"自行束脩以上，吾未嘗無誨焉"③，無差别的招收貴族之外的學子學習之後，方才真正落實到整個社會。但由於秦始皇（西元前259—210，西元前247—210在位）三十四年（西元前213）下令的焚書禁書政策，導致"六藝從此缺焉"④；再加上漢高祖劉邦（西元前256？—195，西元前202—195在位）等漢朝開國集團成員，由於當時"尚有干戈"，是以"未暇遑庠序之事"之故⑤，不僅相關的歷史文獻散失嚴重，甚至《五經》本文也闕略不全，使得傳統中國經學史的討論者，當其論及漢代初期及其前的《五經》源流傳承之際，不得不留下許多至今依然難以獲得共識的争議性問題。

生存活動於整個十八世紀的清朝乾隆帝（1711—1799，1735—1796在位），在乾隆三十七年（1772）下令，並由孫士毅（1720—1796）、紀昀（1724—1805）、陸錫熊（1734—1792）等負責編輯，完成於乾隆四十六年（1781）的《四庫全書總目》⑥，就曾總結性的指出經學史上争議的議題説："《尚書》一經，漢以來所聚訟者，莫過《洪範》之五行；宋以來所聚訟者，莫過《禹貢》之山川；明以來所聚訟者，莫過今文、古文之真僞。"⑦以爲《尚書》争議問題中，"《小序》之依託，《五行傳》之附會，久論定矣"。除此之外，"諸家聚訟，猶有四端：曰今文、古文；曰錯簡；曰《禹貢》山水；曰《洪範》疇數"等⑧。《毛詩》則"《詩序》之説，紛如聚訟"，乃"説經之家，第一争詬之端"⑨。《三禮》提到"古稱'議禮如聚訟'。然《儀禮》難讀，儒者罕通，不能聚訟。《禮記》輯自漢儒，某增某減，具有主名，亦無庸聚訟。所辨論求勝者，《周禮》一書而已"⑩。此則因"《周禮》一書，上自河

① ［漢］司馬遷《史記·儒林列傳》，卷121，頁3。

② ［漢］班固《前漢書·楚元王傳》，卷36，頁44。

③ ［宋］朱熹《四書章句集注·論語集注·述而》，卷4，頁2。

④ 秦火所焚，以《六經》、史書爲主，實情可參閲黄慶萱師《史記漢書儒林列傳疏證》（臺北：嘉新水泥公司文化基金會，1966），頁15—16。

⑤ ［漢］司馬遷《史記·儒林列傳》，卷121，頁2、頁3。

⑥ ［清］慶桂等《高宗純皇帝實録》，《清實録》（北京：中華書局，1986），第23册，卷1125，頁35。

⑦ ［清］永瑢等《欽定四庫全書總目·日講書經解義提要》（臺北：臺灣商務印書館，1983年影印文淵閣《四庫全書》附録［清］武英殿刻本），卷12，頁21。下文《四庫全書總目》皆用此本。

⑧ ［清］永瑢等《欽定四庫全書總目·書類小叙》，卷11，頁1。

⑨ ［清］永瑢等《欽定四庫全書總目·詩序提要》，卷15，頁2—3。

⑩ ［清］永瑢等《欽定四庫全書總目·禮類小叙》，卷19，頁1。

間獻王，於諸經之中，其出最晚。其真僞亦紛如聚訟，不可縷舉"[①]。《春秋》則"説經家之有門户，自《春秋》三傳始。……中唐以前，則《左氏》勝；啖助、趙匡以逮北宋，則《公羊》《穀梁》勝；孫復、劉敞之流……實陰本《公羊》《穀梁》法"[②]。故以爲"《春秋》一書，古今聚訟"[③]；尤其"自啖助、趙匡倡爲廢傳解經之説，使人人各以臆見私相揣度，務爲新奇以相勝，而《春秋》以荒。自孫復倡爲有貶無譏之説，説《春秋》者必事事求其所以貶，求其所以貶而不得，則鍛鍊周内以成其罪，而《春秋》益荒"[④]。另外自"宋孫復以來，説《春秋》者務以攻擊三《傳》相高，求駕乎先儒之上，而穿鑿煩碎之弊日生。自元延祐以後，説《春秋》者務以尊崇胡《傳》爲主，求利於科舉之途，而牽就附合之弊亦遂日甚"[⑤]。實則"《春秋》三《傳》，互有短長"[⑥]。但"《左氏》采諸國史，《公》《穀》授自經師，草野之傳聞，自不及簡策之紀載，其義易明"[⑦]。《孝經》則"《孝經》今文、古文，自《隋志》所載王劭、劉炫以來，即紛紛聚訟……至今説經之家，亦多遞相左右"[⑧]。甚至還指出"宋以來説《五經》者，《易》《詩》《春秋》，各有門户"的事實[⑨]。根據《四庫全書總目》所論，可知這些經學史上的問題，在十八世紀時屬於猶未能取得一致性共識性答案的争議性議題。實際上即使已進入二十一世紀的今天，前述這些經學史上的争議性議題，同樣也依然處於各説各話的狀況，從而可知傳統中國的經學史，的確還存在有許多可以再斟酌討論的議題。

本文以《尚書》争議性的議題爲觀察對象，首先考察研究者針對伏生（約西元前260—165前後）[⑩]、《尚書》源流授受等等問題的討論，學者們固然已有不少研究成果[⑪]，但由於存留於後世的資訊有限，這些《尚書》學史上存在的争議，因而也就没辦法有效的解决。實際上清代朱彝尊（1629—1709）早就對這些争議，有"紛綸"之評了[⑫]。其後則不僅《四庫全書總目》提及的"今文、古文；錯簡；《禹貢》山水；《洪範》疇數"等問題依然存在，甚至《四庫全書總目》以爲

① [清]永瑢等《欽定四庫全書總目・周禮注疏提要》，卷19，頁2。

② [清]永瑢等《欽定四庫全書總目・春秋類小叙》，卷26，頁1。

③ [清]永瑢等《欽定四庫全書總目・春秋事義愼考提要》，卷31，頁20。

④ [清]永瑢等《欽定四庫全書總目・御纂春秋直解提要》，卷29，頁4。

⑤ [清]永瑢等《欽定四庫全書總目・春秋平義提要》，卷29，頁10。

⑥ [清]永瑢等《欽定四庫全書總目・春秋類四按語》，卷29，頁44。

⑦ [清]永瑢等《欽定四庫全書總目・春秋經傳辨疑提要》，卷28，頁24。

⑧ [清]永瑢等《欽定四庫全書總目・古文孝經指解提要》，卷32，頁7。

⑨ [清]永瑢等《欽定四庫全書總目・欽定書經傳説彙纂提要》，卷12，頁22。

⑩ 伏生的生卒年，暫依下述二人的推測。翁方綱推測説："其生則當在周赧王末年，去孔子卒纔二百二十年耳。"[清]翁方綱《復初齋文集・書伏生授經圖後》（[清]李彦章校刻本），《中國基本古籍庫》，卷33，總頁358。陳蜚聲的推測爲："周赧王五十五年"，陳蜚聲《伏乘・先儒年表》，"國家圖書館"分館編《中華歷史人物别傳集》（北京：綫裝書局，2003），第8册，總頁365。此外，易小平以爲"大約生於昭王四十七年（前264）"，並謂"文帝十年（前170）伏生傳《尚書》於典故黽錯。"易小平《兩漢文學繫年》（濟南：山東大學中國古代文學博士論文，2005），頁1—2、頁40。

⑪ 舉較近者，如谷穎《伏生及〈尚書大傳〉研究》（長春：東北師範大學中國古典文獻學碩士論文，2005）就比較全面性的討論了伏生及其傳授《尚書》諸事。

⑫ [清]朱彝尊《經義考・今文尚書》，卷74，頁7。

“久以論定”的《書序》和《五行傳》等的問題，同樣也没有絶對性的共識性答案[①]。即便最簡單的《尚書》篇數，今文家派所傳者，到底是二十九篇或二十八篇，至今依然還是各説各話，遑論其他原無明確證據可依者。正由於書闕有間，且漢人記載不夠詳實，是以無法説服後代人而成爲有效的證據，導致《尚書》學上存在的許多問題，難以實際的解決，造成衆聲喧嘩各説各話的情況，遂使得吕思勉(1884—1957)在1936年出版的《漢人説尚書傳授之誣》一文中，質疑《史記》等漢代學人記載的可信度，因而有“漢人於史事，尚未知甄實，故所述群經授受原流，多不可信，而於《尚書》，野言尤多”的批評[②]；高仲華師(1909—1992)甚至有“群經之中，最紛亂者莫如《書》”之論[③]。

《尚書》學上存在的諸多問題，研究探討經學史或《尚書》學的研究者，必然要加以關注討論，民國以來，如陳夢家(1911—1966)在1942年完成的《尚書通論》，即從“史學的研究”角度，分成“先秦引《書》”“漢世傳本”“篇目”“《書》序”“(今古文)考實”等五篇，進行討論，關注的重心，主要是“《尚書》每一篇的真正的著作或結集的時代”[④]。蔣善國(1898—1986)歸納爲：“名稱和篇數”“整理”“發現”“傳授”“真僞”“存亡”等六類問題。他也認爲“在漢代所傳的《五經》裏，惟有《尚書》糾紛最多，因爲它的經文本身發生了真僞問題”。同時還認爲“如果《尚書》真僞的公案得不到解決，《尚書》本身也就没有正確的體系”[⑤]。這當然也是“史學”角度的研究。劉起釪(1917—2012)則根據《尚書》的“歷史演進情況，尋其變遷遞嬗之跡”[⑥]。因此依時代先後分成：“形成”“先秦的流傳情況”“西漢今文”“西漢古文”“東漢的今文與古文”“魏晋至唐(僞古文出)”“宋學(疑辨)”“清代(考辨研究)”“現代(科學研究)”等章節加以陳述。程元敏師(1932—)因有見於諸家探討《尚書》學術問題者，“多著重《尚書》之纂集、題解、兩漢今古文《尚書》、辨僞古文經傳暨反覆於《尚書》學少數專題之討論，而於歷代《尚書》學沿革、《尚書》説之於政教、《尚書》學者之撰有專書或僅有相關言論散見於子史文篇之《尚書》學者等事，都闕略未及”。於是爲了方便犖經考史者，有效“通曉古今《尚書》學之全貌”，因而有《尚書學史》之大作[⑦]。程師是

① 李振興面對這些争議，曾經非常明確地説，這些議題“隨時代的進步不攻自破”，“像涇、渭一樣，很清楚地擺在我們的面前”。李振興《尚書學述》(臺北：東大圖書公司，1994)，上册，頁76。李振興的説法，恐怕是過度樂觀了些。

② 吕思勉《燕石劄記・漢人説尚書傳授之誣》(臺北：臺灣商務印書館，1968年《人人文庫》本)，第859册，頁25。又收入吕思勉《讀史劄記》(臺北：木鐸出版社，1983)，頁709。

③ 高明《先秦典籍引〈尚書〉考序》，許錟輝《先秦典籍引〈尚書〉考》(新北：花木蘭文化出版社，2009)，上册，高《序》。高老師之《序》作於1973年8月，文中亦述及《尚書》學上争議難解、各説各話的“紛亂”諸事。

④ 陳夢家《尚書通論》(上海：商務印書館，1957)，頁113。《叙》云：“我們今天研究《尚書》，已經不是從前經學式的研究，而是史學的研究。”(頁8)

⑤ 蔣善國《尚書綜述・前言》(上海：上海古籍出版社，1988)，頁1—2。

⑥ 劉起釪《尚書學史》(北京：中華書局，2017年訂補修訂本)，頁2。

⑦ 程元敏《尚書學史・自序》(臺北：五南圖書出版公司，2008)，頁11。此書渥蒙程師惠賜，謹此致謝。

書之内容,除依時代,探討漢代至五代十國的《尚書》學流衍之外,還論及《尚書》的性質、名義、篇數、體裁、篇目、版本、解題,以及《尚書》與孔子的關係等等。統括前述幾部較重要之《尚書》學專著,大致已將傳統中國涉及《尚書》的議題和文獻,蒐羅殆盡,可以討論、應該討論的重要議題,以及諸家各自認同的答案,都已囊括在内,因此就重要的議題而論,如果没有更新、更可靠的證據,應該很難再有可以討論而能夠突破之議題。但由於問題的繁雜,諸家答案的不統一,因而在大範圍内固然缺乏再討論的空間,然而在某些細部的問題上,應該還有某些可以更進一步斟酌探討的問題,並非完全没有可以再討論的空間。

《尚書》諸多細節問題上,首先不能不關注的對象與議題,自然是有關"漢代第一位經學大師"[①],始傳漢朝《尚書》官學的伏生相關事蹟。就伏生傳授《尚書》事件的記載而論,必須關注者至少需能包括:伏生的學派出身、伏生書從何而來、伏生之書原有多少篇、伏生因何藏書、伏生何時藏書、伏生藏書多少篇、伏生何時取出藏書、伏生取出之書爲多少篇、伏生何時開始授課傳經、伏生教學授課方式云何、伏生教學是純教識字或兼義理、鼂錯自願或銜命受學、伏女是否參與鼂錯的教學;鼂錯是學習文字識讀,還是學習義理解説,或是識讀與義理兼而有之;後代對傳經有那些不同的流言等等内容。這些必須關注的内容,其中固然已有部分獲得比較明確或較具可能性的答案,但同樣也還有某些可以再斟酌或可以更加細緻思考之處,是以設計本文,以便更進一步的探索,辨明其中存在的某些可以或應該斟酌關注,但猶未被學者確實用心關注到的問題。探討的目的不在辯駁前賢之論,更不是要提出新答案,當然也不是全面性、整體性的探討,僅僅只是檢討其中某些還有可以再加斟酌思考的議題或問題,以供相關研究者參考而已,此即標題用"獻疑"而非用"研究"之故。

本文當然不會質疑伏生在漢代首先傳播《尚書》的事實,反而是立基於承認伏生傳《書》的前提下,儘可能地"回到歷史現場",重新考察漢代學人陳述伏生傳授《尚書》諸事記載的某些内涵,進而省思後代某些不同傳言流衍的情況,研究的重心限制在針對伏生及其傳授《尚書》事件的本身發言,不外溢到今古文《尚書》等相關争論議題的討論,甚至鄭樵(1104—1162)提到的"有脱簡者、有脱文者、有錯文者、有傳寫而誤者、有口傳之訛者、有經序異文者、有篇第誤稱者、有僞書之誤真者、有逸書之間見者,又有出於後人之輕改者"等等實質内容的問題[②],同樣也不納入本文研討的範圍。

本研究操作之際使用的傳統文獻,將以《文淵閣四庫全書》與《中國基本古籍庫》兩個大型網路資料庫收録者爲主,並藉助電腦搜尋技術,以更方便取得需要的文獻資料。然後再透過文獻分析與文本比較的方式,進行較爲詳密的説明與探討。使用的基本文獻以漢代學人的著作爲對象,包括確定爲兩漢學

① 此係程元敏師發表於《國文天地》大作之標題,筆者認同程師此説。程元敏《漢代第一位經學大師伏生》,《國文天地》第7卷第8期(1992年元月),頁36—45。

② [宋]鄭樵《六經奧論·書經·書疑》,卷2,頁35。

人著作的主要文獻，以及疑似漢代學人之著作的輔助文獻等兩類。至於本文研究進行的程序，接下來將首先將考察漢代諸家之記載，進行文獻分析討論；然後再觀察諸説相異之處及後代流衍的情況；最後統合前兩節所言，做成結論而結束本文。

二、伏生傳《書》事蹟漢人説考徵

傳統中國經學正式起於漢代，伏生傳播《尚書》一事，同樣起始於漢代學人的記載，由於是最先出現的記載，自然而然地受到關注者的矚目，漢代以後只要論及與《尚書》源流或篇章等相關的討論，尤其到了明代以後，更由於受到“明以來所聚訟者，莫過今文、古文之真僞”這類學術氣氛的影響，加深了對伏生傳《尚書》等相關事蹟的討論關注，因此從古至今涉及伏生事蹟的記載，只要是當代能掌握的文獻，都不可能被遺漏，有關伏生傳播《尚書》事蹟的種種資料，當該已經被挖掘無遺了①，本文自然不可能再提供前人未見的出土文獻一類的創新資料，本文僅是要針對比較原始與可信資料的歷史認知與解讀，以及其後出現的種種流衍之言，重新省思是否還有可以再斟酌討論之問題而已。

就現代學術的基本認知而論，涉及伏生相關事蹟的討論，最原始與比較受到信任的記載，自然以時間上最爲接近的漢代學人所言最爲重要。就今天所能掌握的文獻而論，大致可以根據其性質分成三類：一是正史的記載，這是具有官方性質的文獻，可信度較高。不過記載漢代歷史事件的司馬遷（約西元前145—86）《史記》和班固（32—92）《漢書》，並非真正奉命纂修的官方著作。這兩部史書原先僅是司馬氏家族、班氏家族的私家著作，這可以從司馬遷説《史記》在“略以拾遺補蓺，成一家之言”②。王允（137—192）甚至説《史記》是“謗書”③；班固被告發“私改作國史”④，這些實際的發言與事件，獲得必要的證實。這兩部史書在編纂寫作之際，或者也有可能參考利用到官方的檔案，但應該無法像後代官方開設“史館”修史那樣的方便齊全。是以比較實際的來説，兩部史書應是屬於半官方的私家著作。至於荀悦（148—209）《漢紀》係節抄《漢書》而成，雖較有可能獲睹官方文獻，但距離伏生時代已有數百年之久，所能補充者有限，自也可與《漢書》同類視之。二是私人著作，如：衛宏（25—57 前後）、王充（27—100）等的著作；三是虛實相伴，既難以證實，同時也無法證僞的著作，如：孔安國（約西元前 164—100）《尚書序》的内容，郭憲（1—57 前後）《洞冥

① 這類涉及伏生與《尚書》傳播等相關的文獻，可參閲：[清]朱彝尊《經義考・今文尚書》，卷 74，頁 1—7。[清]宋鑒《尚書考辨・今文尚書考辨》（[清]嘉慶四年刻本），劉俊文策畫《中國基本古籍庫》（北京：愛如生數字化技術研究中心，2006），卷 1，總頁 3—6。蒐集較齊全者，可參閲陳蜚聲《伏乘・藝文録》，《中華歷史人物别傳集》，第 8 册，卷 16—18，總頁 407—442。

② [漢]司馬遷《史記・太史公自序》，卷 130，頁 37。

③ [劉宋]范曄著，[唐]李賢注《後漢書・蔡邕傳》，卷 90 下，頁 28。本文《後漢書》皆用此本。

④ [劉宋]范曄《後漢書・班固傳》，卷 70 上，頁 10。

記》的神奇故事等。以下即依照前述分類，並依照作者年歲時間先後爲序，重新針對相關記載，進行較爲詳密，或者說較爲“吹毛求疵”的觀察討論。

首先，大約出生於伏生逝世之年的司馬談（西元前165—110），以及出生於大約伏生逝世20年後的司馬遷，父子倆人共同編纂完成的《史記》，書中有兩段涉及伏生及其傳《尚書》事件的記載，這兩段敘述的內容，當是有關伏生傳《書》事件，在時間軸上最原始的記載，雖不能肯定都是根據第一手資料的發言，但相對於後世再出現的資訊，權威性自可無庸置疑：

> 孝文帝時，天下無治《尚書》者，獨聞濟南伏生，故秦博士，治《尚書》。年九十餘，老，不可徵，乃詔太常，使人往受之。太常遣錯，受《尚書》伏生所。①
>
> 伏生者，濟南人也。故爲秦博士。孝文帝時，欲求能治《尚書》者，天下無有，乃聞伏生能治。欲召之，是時伏生年九十餘，老，不能行。於是乃詔太常，使掌故朝錯往受之。秦時焚書，伏生壁藏之②，其後兵大起，流亡。漢定，伏生求其書，亡數十篇，獨得二十九篇。即以教於齊、魯之間，學者由是頗能言《尚書》，諸山東大師，無不涉《尚書》以教矣。伏生教濟南張生及歐陽生。③

統合《史記》兩段陳述的宗旨，主要在說明漢朝《尚書》學成立的過程。其中還特别强調漢朝《尚書》學，淵源於“本好刑名之言”的漢文帝（西元前202—157，西元前180—157在位），由於漢文帝强烈求經興學的用心（求能治《尚書》者），使得伏生在此前提下，獲得皇朝的青睞（聞伏生能治）。接著說明朝廷所以派遣鼂錯（西元前200—154）到伏生住處“往學”，而非徵聘伏生入朝“來講”的原因（伏生年九十餘，老，不能行）。進而說明伏生《尚書》文本的來源（故秦博士）、最終僅能取得的篇數（獨得二十九篇），無法獲得全書的原因（兵大起，流亡，亡數十篇），以及伏生所以能在秦始皇焚書禁學令下之後，依然能夠擁有《尚書》文本的原因（壁藏之），並兼明伏生所以能“聞”於朝廷的理由（教於齊、魯之間），以及伏生早在齊、魯之間講學，因而嚴重影響齊、魯學界的事實（學者頗能言《尚書》，諸山東大師，無不涉《尚書》以教）。這當然也在說明漢朝《尚書》學的傳播，原本僅是流傳於“山東濟南”的地方之學，經由漢文帝的重視，朝廷派遣鼂錯“往學”，於是傳入朝廷“京師長安”的過程與事實。

歷史書籍的敘述重在客觀真實，主要以作者能夠掌控並相信爲真，以及作者認爲有必要紀録陳述的資訊爲主，同時既然是陳述朝代，甚至整個時代的事件，當然是以和公共事務相關，且較爲重要者爲記載之重心，陳述的内容自然也要是與公共事務直接相關者爲重，涉及個人隱私等内容的記載，若非與公共

① [漢]司馬遷《史記・鼂錯傳》，卷101，頁9。

② 根據“秦時焚書，伏生壁藏之”的說法，可見秦始皇“焚書令”的對象，包括全國所有的官僚與百姓、私人皆不可藏有朝廷下令焚毁之書，即使朝廷的博士官也不行。

③ [漢]司馬遷《史記・儒林列傳》，卷121，頁10。

事務相關，則相對上也就比較簡略，但也不至於完全忽略。然考察《史記》對於伏生個人相關的基本資料，幾乎都付之闕如：没有名字、没有實際年歲、没有家世、没有後代、没有學術傳承等等；甚至連涉及公共事務者，諸如：(一) 涉及《尚書》傳播的問題：漢文帝何以會注意到《尚書》(甚麽理由或原因)、漢文帝如何得知伏生的訊息(何人告知文帝)、太常何以派遣鼂錯往學(何以不派經學相關的學者)、鼂錯回京覆命後的後續情況(上繳了甚麽及有甚麽報告)等等。(二) 涉及《尚書》本身的問題：伏生原先壁藏的《尚書》有多少篇、劫後倖存二十九篇《尚書》是哪幾篇、二十九篇文本的内容是整全或有殘缺、二十九篇的篇章次序云何、二十九篇是原本或已經過伏生的整理、二十九篇是否已改寫爲漢代通行文字、亡失的《尚書》是哪些篇章、壁藏本是否還有不全的殘篇及如何處理等等。這類涉及《尚書》本身及傳播的重要内容，幾乎都無法從《史記》獲得必要的基本訊息。《史記》提供的資訊所以如此簡略之故，雖然也可能是司馬遷追求簡略或認爲屬於普遍性常識而不提，但更可能的恐怕是司馬遷父子當時就已經没有或未能掌握到可信從的資料，因而僅能大略帶過或存而不論。然而這些基本資訊，卻正是後世經學研究者希望瞭解確認的基本資訊。由於最原始的文獻《史記》提供的資訊並不完整，因而導致後世出現諸多争端。

其次，約在伏生卒後近 120 年出世的劉歆，史稱其“好古，博見彊志，過絶於人”[①]。因欲立《左氏春秋》、古文《尚書》等書於學官，“哀帝納之，以問諸儒，皆不對”。劉歆遂與房鳳(西元前 30 前後)、王龔(西元前 30 前後)等“共移書責讓太常博士”[②]。該文也有涉及伏生傳經的訊息，該《書》云：

> 至於暴秦，燔經書、殺儒士，設挾書之法，行是古之罪，道術由是遂滅。漢興……獨有一叔孫通，略定禮儀。天下唯有《易》卜，未有它書。至孝惠之世，乃除挾書之律。然公卿大臣，絳灌之屬，咸介冑武夫，莫以爲意。至孝文皇帝，始使掌故朝錯，從伏生受《尚書》。《尚書》初出於屋壁，朽折散絶，今其書見在，時師傳讀而已。[③]

劉歆等提供的傳經訊息不多，内容與《史記》的記載無大差别，唯其中提及出於屋壁的《尚書》“其書見在”，以及當時《尚書》學習的情況是：“時師傳讀而已”。可知《尚書》雖已流傳百多年，但依然還是處在“讀”的低層次而已[④]，並没有《詩經》當“諫書”，參考《禹貢》以“治水”等“通經致用”的實際應用，故劉歆等謂當時《尚書》的教導，僅是在透過“教讀”而“傳播”的層次而已。

其三，在經學的學術認同上，“好古學”且“長於古學”，並曾經“從大司空杜林受《古文尚書》，作《訓旨》”的古文經學家衛宏[⑤]，亦有關於伏生傳經的不同

---

① [劉宋]范曄《後漢書・劉歆傳》，卷 36，頁 43。
② [劉宋]范曄《後漢書・房鳳傳》，卷 88，頁 32—33。
③ [劉宋]范曄《後漢書・劉歆傳》，卷 36，頁 43—44。
④ 李偉泰老師以爲從這段記載“可見漢代初年經師的學術相當淺陋”。李偉泰《兩漢〈尚書〉學及其對當時政治的影響》(臺北：臺灣大學文學院，1976)，頁 91。
⑤ [劉宋]范曄《後漢書・杜林傳》，卷 57，頁 9；《衛宏傳》，卷 109 下，頁 8。

説法。衛宏出生於東漢光武帝(西元前 5—西元 57,25—57 在位)即位的西元二十五年當年。這時已是經過王莽(西元前 45—西元 23,西元 9—23 在位)新朝的動蕩,光武帝建國前掃蕩群雄的戰亂之後,光武帝建新都於雒陽的新時代,此時距伏生過世已將近 200 年。生存於此時的衛宏,在其《詔定古文尚書序》(或稱《詔定古文官書序》)中[①],略去成立過程等細節,直接陳述受太常之令"往學"的鼂錯,抵達伏生住所後,伏生教導銜命來學的鼂錯"讀"《書》的情況説:

> 徵之,老,不能行,遣太常掌故鼂錯往讀之。年九十餘,不能正言,言不可曉,使其女傳言教錯。齊人語多與潁川異,錯所不知者,凡十二三,略以其意屬讀而已也。[②]

衛宏指出伏生無法使用官方通行語或發言模糊(不能正言),是以鼂錯無法與伏生有效的交談溝通(言不可曉),只好委由伏生的女兒翻譯解説(使其女傳言教錯)。但伏生女兒只會説齊語,由於和鼂錯的潁川方言不同(齊人語多與潁川異),鼂錯只能聽懂七八分而已(錯所不知者,凡十二三)。根據這段文字的語意,當是在强調《尚書》文本的"正讀"問題。亦即鼂錯固然接受伏生親自教導,但限於語言條件的不完備,無法確實通讀《尚書》全文,其中還有二三成,實際是鼂錯自己猜測的誤解、誤讀(略以其意屬讀),是以並不完全可靠。

衛宏的説法,相較於司馬遷和劉歆,顯然增多並改變了部分涉及實際傳述《尚書》的内容。最主要的有三點:一是將帶有學習義理解讀可能的《史記》"治《尚書》"和劉歆"受《尚書》"等,直接轉成"讀《尚書》",亦即將鼂錯的"往學"限制在"音讀"《尚書》的單一層面。二是認定伏生、鼂錯和伏生之女都只會"本土方言"。這同時也表明秦、漢兩朝都没有"官方通行語",或者兩朝的官方通行語差異性甚大,導致鼂錯受教時,無法聽懂伏生之言,必需透過伏生女兒的"方言轉譯"教導鼂錯。三是鼂錯對伏生女"轉譯"的内容,有十分之二三聽不懂,

---

① "詔定古文尚書序",依顔師古與張守節之稱。見[漢]司馬遷《史記·儒林列傳》,卷 101,頁 9《正義》引。[漢]班固《前漢書·儒林傳》,卷 88,頁 14 顔《注》引。"詔定古文官書序",李賢之稱,見[劉宋]范曄《後漢書·陳蕃傳》,卷 96,頁 9《注》引。[後晋]劉昫《舊唐書·經籍志》,録有"衛宏《詔定古文官書》一卷"(卷 46,頁 26);[宋]歐陽修《新唐書·藝文志》,收有"衛宏《詔定古文字書》一卷"(卷 57,頁 20)。段玉裁認爲此書應作"詔定古文官書",並懷疑是僞作。[清]段玉裁《經韻樓集·衛宏官書考》([清]嘉慶十九年刻本),《中國基本古籍庫》,卷 7,總頁 105—106;[清]段玉裁《古文尚書撰異·衛宏官書考》([清]乾隆道光間刻《經韻樓叢書》本),《中國基本古籍庫》,卷 2,總頁 91—92。洪頤煊以爲應作"詔定古文尚書",[清]洪頤煊《讀書叢録·古文官書》([清]道光二年富文齋刻本),《中國基本古籍庫》,卷 1,總頁 6。侯康認爲衛宏當有二書,《史記正義》、《漢書·儒林傳注》等所引"皆事涉《尚書》,則其出古文《尚書》無疑,段氏必欲盡改爲官書,未免武斷"。[清]侯康《補後漢書藝文志·衛宏古文官書一卷》([清]光緒十七年廣雅書局刻本),《中國基本古籍庫》,卷 2,頁 23。孫詒讓同意段玉裁之論,但認爲作者不是漢代衛宏,乃是晋代衛恒,[清]孫詒讓《籀廎述林·衛宏詔定古文官書考》(民國五年刻本),《中國基本古籍庫》,卷 4,總頁 66—67。

② [漢]司馬遷《史記·儒林列傳》,卷 101,頁 9《正義》引。[漢]班固《前漢書·儒林傳》,卷 88,頁 14 顔《注》引,此處引文缺"詔"字。卷 88,頁 3 徵引正作"詔定古文尚書序"。

但没有提問了解，只根據自己的主觀猜測而補足。不過關於鼂錯聽不懂伏生的話，卻聽得懂伏生女兒的話，僅有二三成聽不懂，然後聽不懂也不問，卻自以爲是的猜測解讀，這些非常實際且無法外顯看到的事實，不知將近二百年後，既不在伏生家現場也不認識鼂錯的衛宏，如何得知這些“内心”事？衛宏新增的這些説法，雖然有甚多的漏洞，但二千多年後的今天，卻也無法得知這些説法是衛宏的“創見”，或是得自傳聞，或者有實際文獻根據？

除此之外，衛宏記載伏生女兒“轉譯”一事，還存在有不同的詮釋空間，根據這段文字至少可以有三種可能性：一是伏生可能没有用漢朝通行文字寫定《尚書》經本，伏生及其女兒教導鼂錯時用的是壁藏原本。二是伏生可能完全依靠背誦教讀，鼂錯僅是根據伏生的背誦及其女兒的“轉譯”筆録學習。三是伏生可能有漢代通行文字的《尚書》本，伏生“音讀”之際口齒不清，必須經由女兒“轉譯”①。另外所謂鼂錯有二三成屬於“猜測”的不可信資料，顯然在批評當時通行的《尚書》文本並不可靠，這或者與衛宏“好古學”且“長於古學”的學術立場相關。至於鼂錯上繳的《尚書》文本，到底是伏生提供，或是鼂錯的筆録？由於没有可資辨識的訊息，所以無法有效確定。

其四，生存活動時間與衛宏相近而稍遲幾年出生，師事班彪（3—54），“好博覽而不守章句”，因而“博通衆流百家之言”的王充，在其“釋物類同異，正時俗嫌疑”的《論衡》中②，記載伏生傳經的相關訊息説：

> 儒者説《五經》，多失其實，前儒不見本末，空生虚説，後儒信前師之言，隨舊述故。……不暇留精用心，考實根核，故虚説傳而不絶，實事没而不見，《五經》並失其實。……説《尚書》者，或以爲本百兩篇，後遭秦燔《詩》《書》，遺在者二十九篇。夫言秦燔《詩》《書》是也，言本百兩篇者妄也。蓋《尚書》本百篇，孔子以授也。遭秦用李斯之議，燔燒《五經》，濟南伏生，抱百篇藏於山中，孝景皇帝時，始存《尚書》，伏生已出山中，景帝遣鼂錯，往從受《尚書》二十餘篇，伏生老死，書殘不竟。鼂錯傳於倪寬。至孝宣皇帝之時，河内女子發老屋，得逸《易》《禮》《尚書》各一篇，奏之。宣帝下示博士，然後《易》《禮》《尚書》各益一篇，而《尚書》二十九篇始定矣。至孝景帝時，魯共王壞孔子教授堂以爲殿，得百篇《尚書》於墻壁中，武帝使使者取視，莫能讀者，遂祕於中，外不得見。至孝成皇帝時，徵爲古文《尚書》學，東海張霸案百篇之《序》，空造百兩之篇，獻之成帝。……故百兩之篇，傳在世間者，傳見之人，則謂《尚書》本有百兩篇矣。……傳者或知《尚書》爲秦所燔，而謂二十九篇其遺脱不燒者也。審若此言，《尚書》二十九篇，火之餘也，七十一篇爲炭灰，二十九篇獨遺邪？夫伏生年老，鼂錯從之學時，適得二十餘篇，伏生死矣，故二十九篇獨見，七十一篇遺脱。遺

① 朱廷獻以爲據衛宏此《序》，可確定“伏生二十九篇《尚書》，殆爲口授無疑”。此説恐怕太過絶對了。朱廷獻《〈尚書〉篇目異同考》，《尚書研究》（臺北：臺灣商務印書館，1987），頁26。

② ［劉宋］范曄《後漢書·王充傳》，卷79，頁1—2。

脱者七十一篇,反謂二十九篇遺脱矣。①

王充《論衡》傳達的訊息,除伏生傳經、鼂錯往學等,事與《史記》相同外,其他諸如:伏生"抱百篇藏於山中""景帝遣鼂錯""鼂錯往從受《尚書》二十餘篇""伏生老死,書殘不竟",以及二十九篇需等河内女子獻一篇後始定等等,均是王充新增而《史記》未見的記載。歸納文中的訊息,大致可歸納爲下述十項:(一)王充時代流傳的《尚書》有二十九篇。(二)《尚書》完整的篇數爲"百篇"。(三)世傳的"百兩篇"《尚書》是張霸僞作。(四)伏生在秦始皇下令焚書時,抱百篇藏於山中,不是把書藏於牆壁内。(五)當時已有百篇《書序》流傳。(六)孔壁所藏百篇《尚書》,乃孔子的家傳本。(七)伏生傳鼂錯的《尚書》二十餘篇,不確定是二十九篇。(八)鼂錯學成回京後,傳學於倪寬(?—西元前103)。(九)漢宣帝(西元前91—48,西元前74—48在位)時河内女子獻一篇逸《書》,《尚書》二十九篇始確定。(十)當時的流傳有"世傳二十九篇《尚書》,乃是秦焚書時遺脱未燒的殘本"之説,亦即二十九篇並非伏生所傳。這是《論衡》提供的訊息。

王充既然師事"專心史籍",且實際"踵繼"《史記》,並"繼採前史遺事,傍貫異聞,作《後傳》數十篇"的"通儒"班彪②,還在十八歲(西元44)與小自己五歲的班固相見時,就預言班固"必記漢事"③。是以不可能不關心漢朝的歷史,更不可能没有見過《史記》,且王充對《五經》的相關問題甚爲關注,同時《論衡》之作,原本就是要"正時俗嫌疑",更不可能無的放矢或刻意虚假發言。在此前提下,《論衡》出現這類有别於《史記》的不同訊息,顯然在王充的時代,伏生傳經的故事,當是衆説紛紜,絶不會僅有《史記》"一家之言"而已,這也表明《史記》記載的權威性,在當時還没有確立。同時這也表示伏生傳經的事蹟,雖然一直受到學者的關注,卻也一直混沌不清,並没有出現共識性的權威答案,是以才會有《論衡》這些不同於《史記》的異説。經過西漢末動亂的東漢,出現《論衡》這類與《史記》不同内容,或《史記》所無的記載,今日並無法獲知資訊來源及其是否可信,或全然不可信,然即使不符合歷史事實,《論衡》至少也提供西元一世紀時,東漢學人有關伏生傳經的種種傳説。

其五,距離伏生過世後約200年的班固,史稱其"九歲能屬文,誦《詩》《書》,及長,遂博貫載籍,九流百家之言,無不窮究,所學無常師,不爲章句,舉大義而已"。因感其父班彪"所續前史未詳,乃潛精研思,欲就其業",遂"潛精積思二十餘年"成《漢書》,故"當世甚重其書,學者莫不諷誦焉"④。可知《漢書》係班固在班彪"續前史"的基礎上完成,可視爲父子聯手而成之書。這部由班氏家族共同完成的《漢書》,關於伏生傳經的事蹟,有下列三段記載:

---

① [漢]王充《論衡·正説篇》,卷28,頁1—3。
② [劉宋]范曄《後漢書·班彪傳》,卷70上,頁1、頁2—3、頁7。
③ [劉宋]范曄《後漢書·班固傳》,卷70上,頁7:"諸儒以此慕之"下,李賢《注》引謝承《書》。
④ [劉宋]范曄《後漢書·班固傳》,卷70上,頁7、頁10、頁11。

《易》曰:“河出圖,雒出書,聖人則之。”故《書》之所起遠矣,至孔子纂焉,上斷於堯,下訖于秦,凡百篇,而爲之《序》,言其作意。秦燔書禁學,濟南伏生,獨壁臧之,漢興,亡失,求得二十九篇,以教齊、魯之間。[①]

孝文時,天下亡治《尚書》者,獨聞齊有伏生,故秦博士,治《尚書》,年九十餘,老,不可徵。迺詔太常,使人受之。太常遣錯,受《尚書》伏生所。[②]

伏生,濟南人也。故爲秦博士,孝文時,求能治《尚書》者,天下亡有。聞伏生治之,欲召,時伏生年九十餘,老,不能行。於是詔太常,使掌故朝錯往受之。秦時禁書,伏生壁藏之,其後大兵起,流亡。漢定,伏生求其書,亡數十篇,獨得二十九篇。即以教於齊、魯之間,齊學者,由此頗能言《尚書》;山東大師,亡不涉《尚書》以教。伏生教濟南張生及歐陽生。[③]

綜合《漢書》這三段伏生傳經的内容,大致與《史記》相同,唯其中“孔子纂焉,上斷於堯,下訖于秦,凡百篇,而爲之《序》,言其作意”的“百篇《書序》”一段,係和王充《論衡》一樣,相對於《史記》乃屬新增的訊息。班固家族與王充熟識,同時生存活動的時代相近。班彪、班固父子對漢代傳經事蹟和傳言的瞭解,至少不會弱於王充,但《論衡》記載的那些不同於《史記》的内容,並不見於《漢書》,《漢書》反而承襲《史記》的記載,這也顯示《論衡》的某些記載,班氏父子並不認同。再者後世固然也關注《論衡》有别於《史記》與《漢書》的説法,但比較重視的依然是《史記》《漢書》的叙述,這也很可能與《論衡》主要流傳於東吴,“中土未有傳者”[④];以及《漢書》“當世甚重其書,學者莫不諷誦”的緣故。

其六,離開伏生400多年後,生存活動於東漢末年,史稱“年十二能説《春秋》”,荀子(約西元前313—238)的第十三世孫荀悦,受到喜好《漢書》,但嫌其“文繁難省”的漢獻帝(181—234,189—220在位)之命,“依《左氏》傳體”,綴叙《漢書》而成《漢紀》三十篇[⑤]。該書關於伏生傳經事蹟的叙述是:

《尚書》本自濟南伏生,爲秦博士,及秦焚書,乃壁藏其書。漢興,伏生求其書,亡數十篇,得二十九篇。文帝欲徵,伏生時年九十餘,不能行,遣鼂錯往受之。千乘人歐陽伯和傳其學,而濟南張生傳《尚書》。[⑥]

荀悦叙述伏生傳經的内容,雖全抄自《漢書》,但也有部分調整。例如:稱“歐陽伯和傳其學”、稱“張生傳《尚書》”,這顯然和《漢書》“伏生教濟南張生及歐陽

---

① [漢]班固《前漢書·藝文志》卷30,頁5。

② [漢]班固《前漢書·鼂錯傳》卷49,頁9。

③ [漢]班固《前漢書·儒林傳》卷88,頁14。

④ [劉宋]范曄《後漢書·王充傳》,卷79,頁1:“著《論衡》八十五篇二十餘萬言”下,李賢《注》引袁山松《書》。

⑤ [劉宋]范曄《後漢書·荀悦傳》,卷92,頁9,頁13—14。

⑥ [漢]荀悦《前漢紀·孝成二》,卷25,頁2。

生"的籠統陳述,更爲具體明確,"傳《尚書》"是僅傳《尚書》而已,"傳其學"則不僅傳《尚書》,還有其他的學問,這是兩者的差别。再者明白指出"歐陽生"爲"歐陽伯和",當是今日所知最早明白指出"歐陽生"之名諱者。

其七,題曰孔安國傳述之書有二:《古文尚書傳》與《古文孝經傳》,但從清代以來,有許多學者判定此兩書爲僞作,但至今也無人提出確實可信,足以反駁不同意見者之證據,是以依然處於"信者恒信,不信者恒不信"的狀態,既無法有效證明其爲僞,因此最多僅能將其列入"存疑"的範圍。孔安國生存活動的時代,由於書闕有間,並無法完全知曉。程蘇東(1986—)曾根據劉炫(546—613)《孝經述義》殘卷的卷四稱引《史記》之文,發現今傳本孔安國"蚤卒"作"免卒",因而認爲今傳《古文孝經傳序》中,孔安國"昔吾逮從伏生,論古文《尚書》誼"之言[①],很可能爲真,亦即孔安國很有可能曾受伏生的直接教導[②]。至於今傳孔安國《尚書序》涉及伏生傳經的叙述如下:

> 先君孔子,生於周末,覩史籍之煩文,懼覽之者不一,遂乃定禮樂,明舊章。……討論墳典,斷自唐虞以下訖于周,芟夷煩亂,翦截浮辭,舉其宏綱,撮其機要,足以垂世立教,典、謨、訓、誥、誓、命之文,凡百篇。所以恢弘至道,示人主以軌範也。……及秦始皇滅先代典籍,焚書坑儒,學士逃難解散,我先人用藏其家書於屋壁。漢室龍興,開設學校,旁求儒雅,以闡大猷。濟南伏生,年過九十,失其本經,口以傳授,裁二十餘篇。以其上古之書,謂之《尚書》。百篇之義,世莫得聞。[③]

此段叙述的主旨,在於古文《尚書》的"壁藏"與發現,目的當然是證明古文《尚書》爲真,同時論證《尚書》原本係"百篇",伏生所傳"二十九篇"變成更模糊的"二十餘篇"。至於"失其本經,口以傳授"二語,旨在説明伏生所學的《尚書》,原本也是"百篇",但伏生後來"失其本經",僅靠記憶"口以傳授",是以所傳"裁二十餘篇"而已。此説"二十餘篇"之觀點與王充《論衡》相同;"口以傳授"與衛宏《詔定古文尚書序》相近。依據此《序》伏生並没有壁藏《尚書》原本,教學僅是靠記憶"口説",並無"本經"文本。至於所謂"百篇之義,世莫得聞"之説,顯然是暗指伏生一系的《尚書》講説,都不是孔子的本義,只有孔安國所傳的《尚書》解説,才是正宗的孔子嫡傳本義。這當然是立基於古文學的立場,爲了抬高古文學的身價,帶有特定目的的發言。

其八,生存活動於西漢末東漢初,距離伏生卒後百多年,大約與劉歆同時,平生數有神異之舉的郭憲[④],在其《洞冥記》中亦録有一則涉及伏生傳《尚書》

---

① [漢]孔安國《古文孝經孔氏傳·序》,原序(孔安國),頁3。

② 程蘇東《從六藝到十三經:以經目演變爲中心》(北京:北京大學出版社,2018),上册,頁179—181。案:《正義》亦正有"孔君(孔安國)親見伏生"之論,[漢]孔氏傳,[唐]陸德明音義,[唐]孔穎達等疏《尚書注疏·尚書序》,尚書序,頁16。是則程教授之推論亦大有根據。程教授《從六藝到十三經》大作,渥蒙程教授萬里傳書惠贈,謹此致謝。

③ [漢]孔安國《尚書序》,[梁]蕭統編,[唐]李善注:《文選》,卷45,頁27—28。

④ [劉宋]范曄《後漢書·郭憲傳》,卷112上,頁5—6。

的神奇故事:

> 李充者,馮翊人也。自言三百歲,從始皇登會稽山,以望江漢之流也。少而好學,爲嬴秦博士,門徒萬人。伏生時十歲,乃就充石壁山中受《尚書》,乃以口傳授伏子,四代之事,略無遺脱。伏子因而誦之,常以細繩十餘尋以縛腰,誦一遍則結繩一結,十尋之繩皆成結矣。計誦《尚書》可數萬遍,但食穀損人精,會有遺失,伏子今所傳百卷,得其一、二耳,故堯、舜二《典》,闕漏尤多。[①]

此則故事説明伏生的《尚書》淵源於秦博士李充,當時李充是"以口傳授",並無文字本,全靠背誦。李充傳授的《尚書》,"四代之事,略無遺脱",但伏生僅傳百篇,尤其《堯典》與《舜典》的闕漏特多。伏生的《尚書》學,係受李充"口傳百篇"教導,並没有經本的説法,填補了伏生如何習得《尚書》,以及《尚書》何以原本有"百篇"等的訊息。"口授"之説與衛宏《詔定古文尚書序》、今傳孔安國《尚書序》等相同;《尚書》原本有"百篇",則與《論衡》、《漢書》、今傳孔安國《尚書序》等的記載相同。

漢代學人明確記載伏生傳經的事蹟,並流傳至今的文獻,大致有前述的八種論著。就各作者與原始文獻的關係而論,生存活動於西漢,有機會親睹原始文獻的作者爲司馬遷、劉歆、郭憲等三人。生存活動於經過戰亂洗禮,多數文獻已經不存的東漢,親觀原始文獻機會較小的作者,有衛宏、王充、班固、荀悦等四人。難以確定真僞文獻的有孔安國。觀察諸家記載之後,下節接著分析諸家之説的後世接受與後世出現流言等的情況。

三、伏生傳《書》事蹟諸説析論

漢代學人論及伏生傳經事蹟的記載,略如前節所論,考察諸家直接論述的内容,歸納其中與伏生相關,八家並無反對的事蹟,首先是漢代《尚書》學始傳者爲伏生;其次是鼂錯往學《尚書》等二事[②]。至於其他諸如:(一)伏生師承何人?(二)伏生是否藏《書》或《書》藏何處?(三)伏生是依文本或靠背誦教讀?(四)伏生原藏《尚書》爲幾篇?(五)伏生親傳《尚書》爲幾篇?(六)鼂錯

---

① 此故事今本郭憲《洞冥記》未見。傳授伏生《尚書》者的姓名有三:李充、季充、李克,唯均號"負圖先生"。(一)作"李充"者:[宋]李昉等《太平御覽·學部十·讀誦》,卷616,頁10,此即本文所録者。[元]趙道一編《歷世真仙體道通鑒·李充》(臺北:新文豐出版公司,1985年影印:《正統道藏》本),第8册,卷4,頁354。[明]董斯張《廣博物志·藝苑一·書》,卷26,頁30。[明]孫穀編《古微書·尚書五行傳》,卷5,頁8。(二)作"季充"者:[明]陳繼儒《香案牘·季充》(臺北:臺灣商務印書館,1969年影印《夷門廣牘》本),第31册,卷5,頁25。[明]張岱《夜航船·九流部·負圖先生》(成都:四川文藝出版社,1996),卷14,頁316。[清]成瓘等《濟南府志·雜記》([清]道光二十年刻本),《中國基本古籍庫》,卷71,總頁2735。(三)作"李克"者:[清]朱彝尊《經義考》,卷76,頁2。[清]翁方綱《復初齋文集·書伏生授經圖後》,《中國基本古籍庫》,卷33,總頁358。

② 北魏酈道元雖曾有"使掌故歐陽生等受《尚書》于徵君,號曰伏生者也"的記載,但後代並無認同者。[北魏]酈道元《水經注》,卷5,頁39。

往學《尚書》是那位帝皇的旨意?(七)伏生之女是否參與傳經?以上這幾類的問題,或者不明,或者没有一致性的共識[①]。

首先,就伏生的師承而言,由於郭憲《洞冥記》屬於神怪家之言,同時名字也不固定,可信度並不高,因此伏生師承李充之説,除明朝沈道原(1595進士)與清朝翁方綱(1733—1818)曾經提及外[②],未見還有其他論及者。民國以來對伏生的師承,實有許多猜測性的研究成果,例如:高仲華師有"伏生之學或亦出於子夏之傳"的推論[③];程元敏師更統合諸家,發現有孔子弟子、家學、李克、荀子等諸假説,程老師以爲傳自荀子者近之[④],實則疑不能明也。

其次,伏生是否藏《書》或《書》藏何處的問題。首先,《史記》、劉歆、《漢書》、《漢紀》等,皆以爲"壁藏";再則,《論衡》以爲"藏於山中"。然所謂"抱百篇藏於山中"到底是實指,或抑是與"藏之名山""竄伏山林""遁逃林藪"等一類行文相同的"虚説",也很難確定,日本學者田所義行(1909—)等對此雖有更進一步的討論[⑤],但依然無法獲得確切有效的結論。其三,《尚書序》與《洞冥記》等,認爲伏生所得《尚書》篇章,純靠背誦而有,表示《尚書》文本藏於"腦中",是以説"失其本經",這自然没有藏書的問題。後世絶大多數均接受"壁藏"或"腦藏"的説法。至於《論衡》"抱百篇藏於山中"的"山藏"之説,清代雖有直接抄録者(詳下),但關注的重心幾乎都放在"百篇""二十九篇""二十餘篇"或"二十八篇"等篇章多寡分合的討論,"藏於山中"僅因行文而兼及之而已。正式接受伏生經書"藏於山中"者,似乎僅元代吴師道(1283—1344)和清代的臧琳(1650—1713)、陳壽祺(1771—1834)等三家而已[⑥]。

其三,伏生是用《尚書》文本教學,還是靠背誦教讀的問題。《史記》、劉歆、衛宏、《論衡》、《漢書》、《漢紀》等都同意伏生擁有《尚書》的文本,因此教學有固定的文本。《尚書序》和《洞冥記》等認爲透過背誦而"口授"教學。"讀經"和"口授"等兩種觀點,後世一直争論不休,並未能取得共識。考察傳統中國的經學研究者,立場比較傾向古文經者,大致主張"口誦傳授"之論;立場傾向今文經者,比較接受"依書傳授"之説,這些選擇性的相信,自然與今古文的學派認同立場相關。

其四,秦始皇三十四年下令"焚書"之前,伏生擁有的《尚書》原本是幾篇的

① 馬士遠先生曾針對"伏生《尚書》學淵源問題""伏氏《尚書》學之家傳問題""鼂錯傳伏氏《尚書》學問題""伏生本《尚書》篇目問題"等進行綜合性的討論,除提供許多近現代學者的説法外,結論頗具參考價值。馬士遠《兩漢〈尚書〉學研究》(北京:中國社會科學出版社,2014),頁75—105。

② [明]沈道原《尚書砭蔡篇序》,[清]朱彝尊《經義考·書十九》,卷90,頁2。[清]翁方綱《復初齋文集·書伏生授經圖後》,卷33,總頁358。

③ 高明《子夏學案》,《高明文輯》(臺北:黎明文化事業公司,1978),下册,頁484。

④ 程元敏《漢代第一位經學大師伏生》;程元敏《尚書學史》,頁422—424。

⑤ [日]田所義行《社會史上から見た漢代の思想と文學の基本的性格の研究:五経と韻文を主として》(東京:中國學術研究會,1965),頁134—139有説。

⑥ [元]吴師道《禮部集·伏生授經圖》,卷3,頁18。[清]臧琳撰,[清]臧鏞堂編《經義雜記·尚書隱顯考》([清]嘉慶四年拜經堂刻本),《中國基本古籍庫》,卷28,總頁251。[清]陳壽祺《左海文集·尚書大傳箋序》(清刻本),《中國基本古籍庫》,卷6,總頁157。

問題。《史記》僅説“亡數十篇,獨得二十九篇”,没有明説實際的篇數。劉歆、衛宏和《漢紀》都没紀載;《論衡》《漢書》《尚書序》《洞冥記》等,都明説有“百篇”。再者孔臧(約西元前 201—123)①、揚雄(西元前 53—西元 18)等兩家②,也有《尚書》原本“百篇”的説法,但僅是提到而已,故不列入討論。“百篇”之説爭議較小,倒是《論衡》提到漢成帝(西元前 51—7,西元前 32—7 在位)年間,張霸僞造“百兩篇”《尚書》,正與《書緯》的篇數相同③,鄭樵以爲這是張霸擬讖緯,故曰:“此讖緯之言,張霸乃擬百兩篇,蓋取諸此。”④洪頤煊(1765—1833)認爲《書緯》之説“皆本於張霸”⑤;吕思勉更認爲這是“因張霸僞書,流傳民間而起”⑥。《尚書》原本“百兩篇”之論,後代幾乎都同意是張霸僞造,是以未有認同者。

其五,伏生親傳《尚書》有幾篇的問題。劉歆、衛宏、《洞冥記》等没有明説;《史記》《漢書》《漢紀》等明確地説是“二十九篇”。《論衡》《尚書序》等則模糊的説是“二十餘篇”;《論衡》還説:“河内女子發老屋,得逸《易》《禮》《尚書》各一篇,奏之。宣帝下示博士,然後《易》《禮》《尚書》各益一篇,而《尚書》二十九篇始定。”亦即漢朝當時流傳的二十九篇《尚書》,原本並不完整,需等到漢宣帝時,即距離伏生之死將近 100 年,河内女子“益一篇”後,二十九篇的《尚書》方才完整;尋繹王充的語意,“二十餘篇”似乎就是“二十八篇”,這和孔臧“唯聞《尚書》二十八篇,取象二十八宿”之説相近⑦。不過王充明知當時流傳的是“二十九篇”本,然後也説河内女子“益一篇”後,這二十九篇才完整,何以不直接説伏生傳“二十八篇”而要説“二十餘篇”,這其中顯然暗藏有玄機。合理推測至少可以有下述三種可能:一是王充看過《史記》,但因當時另有不同的説法流傳,是以不完全相信伏生傳二十九篇的記載,但又不能確定何者爲是?因此只好模糊帶過;二是王充没有見過《史記》,是以並不確知有伏生傳《尚書》二十九篇的記載,只好模糊地説“二十餘篇”。三是王充知道伏生傳二十九篇,但卻認爲伏生傳的是有殘缺的本子,既不是完整的二十九篇,但也不是只有二十八篇,因此只能説是“二十餘篇”,必須等獲得河内女子獻書,解决存在的某些問題後,《尚書》傳本的内容始完全確定,故説“二十九篇始定”。關於《論衡》述及的漢初伏生原傳的《尚書》“二十餘篇”是“二十九篇”或“二十八篇”,涉及《尚書》篇章多寡分合的種種問題,清代有不少學者發言討論,除前舉陳壽祺外,至

①⑦ [漢]孔臧《孔叢子·連叢子上·與侍中從弟安國書》,卷下,頁 5。

② [漢]揚雄撰,[明]鄭樸編《揚子雲集·法言·問神篇》,卷 1,頁 15。

③ [漢]孔氏傳,[唐]陸德明音義,[唐]孔穎達等疏《尚書注疏·尚書序》,尚書序,頁 13:“訓誥誓命之文凡百篇”下,《正義》引《尚書緯》“孔子求書,得黄帝玄孫帝魁之書,迄於秦穆公,凡三千二百四十篇。斷遠取近,定可以爲世法者百二十篇,以百二篇爲《尚書》,十八篇爲《中候》”。

④ [宋]鄭樵《六經奥論·書經·古文尚書序》,卷 2,頁 6。

⑤ [清]洪頤煊《讀書叢録·百兩篇尚書》([清]道光二年富文齋刻本),《中國基本古籍庫》,卷 1,總頁 6。

⑥ 吕思勉《燕石劄記·大誓後得》,《人人文庫》,第 859 册,頁 22。

少還有：朱彝尊[①]、毛奇齡（1629—1713）[②]、王引之（1766—1834）[③]、宋翔鳳（1777—1860）[④]、沈欽韓（1778—1831）[⑤]、黄汝成（1799—1837）[⑥]、鄒漢勛（1805—1854）[⑦]、徐灝（1809—1879）[⑧]、皮錫瑞（1850—1908）[⑨]、康有爲（1858—1927）[⑩]，汪榮寶（1878—1933）等等諸家。汪榮寶在討論辯駁之際，還特别提及俞正燮（1775—1840）、龔自珍（1792—1841）、魏源（1794—1856）等也有相關討論[⑪]。進入民國以後，由於文獻不足，立場不同，角度有别，是以此問題依然是《尚書》學界難以消弭的争論議題。但在没有争論雙方皆能接受或皆不反對的有效證據出現之前，由於雙方都缺乏絶對有效的證據，因此"各説各話"的争議，若一直没有可信的資料出現，應該還會再持續下去。

其六，鼂錯是在哪一位皇帝在位之時，被太常派往伏生居處學習《尚書》的問題。《史記》、劉歆、《漢書》、《漢紀》等，都明確指出是在漢文帝朝；衛宏、《尚書序》、《洞冥記》等，没有記載。唯《論衡》明説是在漢景帝（西元前188—141，西元前157—141在位）時，同時也只説伏生"年老"，没有伏生"年九十餘"的確定性記載。《論衡》這個派遣鼂錯往伏生住所學習的時間，是在景帝時期而非文帝時期的説法，後代學者如前述朱彝尊、臧琳、沈欽韓、黄汝成、鄒漢勛、皮錫瑞、康有爲等等，在論及《尚書》的文獻記載或討論伏生傳《書》的篇數時，都曾加以徵引，但並未見有發言支持者。然王充既然師事班彪，且與班固相識，班氏家族掌握的文獻或資訊，不應該毫無所悉，再以王充的學識論之，竟然連此種歷史事實都會弄錯，這種可能性顯然不高，是以此説還是有值得再斟酌之處。

其七，伏生之女是否參與傳經的問題。這個問題在後代引發討論的内容，

---

① ［清］朱彝尊《經義考・今文尚書》，卷74，頁5—7。

② ［清］毛奇齡《古文尚書冤詞》，卷1，頁6—9。

③ ［清］王引之《經義述聞・伏生尚書二十九篇説》（［清］道光刻本），《中國基本古籍庫》，第4，總頁119—131。

④ ［清］宋翔鳳《樸學齋文録・與王伯申學士書》（［清］浮谿精舍叢書本），《中國基本古籍庫》，卷1，總頁12—13。

⑤ ［清］沈欽韓《漢書疏證・獨得二十九篇》（［清］光緒二十六年浙江官書局刻本），《中國基本古籍庫》，卷34，總頁1169。

⑥ ［清］黄汝成《日知録集釋・古文尚書》（［清］道光西谿草廬刻本），《中國基本古籍庫》，卷2，總頁52—54引"孫兵備"説。黄汝成既引入且未反對，自是同意其説。

⑦ ［清］鄒漢勛《讀書偶識・二・尚書大傳》（［清］光緒左宗棠刻本），《中國基本古籍庫》，總頁19。

⑧ ［清］徐灝《通介堂經説・今文泰誓辨》（［清］咸豐四年刻本），《中國基本古籍庫》，卷9，總頁97—100。

⑨ ［清］皮錫瑞《經學通論・論伏生傳經二十九篇非二十八篇當分顧命康王之誥爲二不當數書序與大誓》（［清］光緒思賢書局刻本），《中國基本古籍庫》，總頁40—41。

⑩ ［清］康有爲《新學僞經考・注解傳述人》（［清］光緒康氏萬木草堂刻本），《中國基本古籍庫》，卷10，總頁140—142。

⑪ ［清］汪榮寶《法言義疏・問神卷》（民國本），《中國基本古籍庫》，卷7，總頁117—119。

大致有下述幾項爭議性的問題：一是伏生之女傳經是事實或是虚構；二是伏生教讀之際的《尚書》教材，是"背誦口説"或"文字定本"；三是伏生傳經的本子是秦代"壁藏原本"或漢代"今文新本"；四是漢文帝要求太常派人到伏生住所受學，是因爲朝廷没有《尚書》文本或是需要《尚書》内容的解説。這些問題涉及伏生是否有文字本、伏生的傳經方式，伏生女是協助誦經文，還是兼指點識字、音讀與義理解説等的問題。

衛宏這個伏生"口説傳經"的記載，與之相應和者，若孔安國《尚書序》爲真，則"失其本經，口以傳授"之言，當是最早提出者。再者隋唐以來，諸如陸德明(約550—630)《經典釋文》[①]，孔穎達(574—648)等《尚書正義》[②]，張守節《史記正義》[③]，……等等。或徵引衛宏之文爲口實，或者强調"口説傳經"，《尚書正義》則彌縫兩種説法，因而有"初，實壁内得之，以教齊魯。傳教既久，誦文則熟，至其末年，因其習誦，或亦目暗，至年九十，鼂錯往受之時，不執經而口授之"之論[④]。此一伏生口誦傳經的説法，確實獲得宋代以後不少學者的認同。朱熹(1130—1200)就曾徵引衛宏之論，且有"伏生女子口授鼂錯"等涉及"口傳"的説詞，同時還引"或人"説，所謂"今文自伏生女子口授晁錯時失之"之論，以解釋"今文多艱澀而古文反平易"之故[⑤]。朱熹的學術受到宋理宗(1205—1264，1224—1264在位)的推崇之後，逐步變成元、明、清等三朝的"官學"，無論在官方、學界或民間，均受到相當高的推崇與接受，朱熹許多涉及《尚書》的言論，後來收入胡廣(1370—1418)等編的《書經大全》[⑥]。由於朱熹的學術與官方權威地位的提升，朱熹的徵引及説法，對南宋以來的學者，因而造成根本性的影響，這也就是毛奇齡要説"古文之冤始于朱氏"的原因[⑦]。

衛宏有關伏生"以口傳經"之論，元代的黄鎮成(1288—1362)雖已發出質疑之聲[⑧]，但針對性的辯駁意見，必須進入清代以後，方才出現，例如：《四庫全書總目》即有"伏生本自有書，獨遭亂，亡失百篇，僅存二十有九。自衛宏《定古文尚書序》，以今文詰屈，始造爲伏生之女口授晁錯之説，其事本無根據"之

---

① [唐]陸德明《經典釋文・敘録》，卷1，頁15。

② 《初學記》與《太平御覽》均徵引有不見於今本的《尚書正義》之文："濟南人伏勝，能口誦二十九篇。"[唐]徐堅等《初學記・文部・隱切》，卷21，頁2；[宋]李昉等《太平御覽・學部三・書》，卷609，頁12。

③ [唐]張守節《史記正義・鼂錯列傳》，卷101，頁7—8。

④ [漢]孔氏撰，[唐]陸德明音義，[唐]孔穎達等疏《尚書注疏・尚書序》，尚書序，頁15。

⑤ [宋]朱熹《晦庵集・尚書》，卷65，頁3、頁7；《書臨漳所刊四經後・書》，卷82，頁32。[宋]黎靖德編《朱子語類・尚書一・綱領》，卷78，頁3—5。

⑥ [明]胡廣等編《書經大全・原序》，原序，頁7、頁8、頁11等處。

⑦ [清]毛奇齡《古文尚書冤詞》，卷3，頁1。此一卷全在反駁朱熹涉及《尚書》之論，從而可證朱熹在《尚書》學上的影響地位。

⑧ [元]黄鎮成《尚書通考・壁藏異記》([清]《通志堂經解》本)，《中國基本古籍庫》，卷1，頁5—6。

論[①]。至於其他清代學者,如:馮班(1602—1671)[②]、姜宸英(1628—1699)[③]、朱軾(1665—1736)[④]、姚範(1702—1771)[⑤]、宋鑒(1748 進士)[⑥]、莊述祖(1751—1816)[⑦]、王玉樹(約 1759—1837 前後)[⑧]、蕭穆(1835—1904)[⑨],也都從各自的角度發言,質疑或批駁衛宏之説,其中又以蕭穆的討論最爲全面。

衛宏"口傳"之論,清代亦有從不同角度詮解而認同者。如:閻若璩(1636—1704)因胡渭(1633—1714)之論,因而對衛宏"口傳"之説乃有不同的詮釋。閻若璩推測鼂錯來學之際,伏生之子已死而孫弱,且伏生"己又耄矣,口不能宣,及門弟子,業成辭歸。錯奉詔至,安可空還,不得已,令女傳授,理或有之。計其女亦非少艾之年,教錯無嫌也"。故謂"宏《序》亦非盡鑿空"。再述胡渭之論曰:"漢人讀書頗與今異……蓋經未有無師者,書簡策雖存,而其間句讀音義,亦須略爲指授,方可承學,故使其女傳言耳。若字本今文,錯所自識,豈因齊人語異而都不曉耶?"最後並説原先以爲"家藏有宋名畫《授經圖》,伏生東向坐,鼂大夫北面僂而立,旁有女子,儼然儒家風姿,爲之指點"的這幅畫,乃是畫家想像的不實之畫,經由胡渭的解説證實,就"可以長留天地間"了,結論是

---

① [清]永瑢等《欽定四庫全書總目·三經附義提要》,卷 34,頁 26。"亡失百篇,僅存二十有九"的説法,顯然並不精確。

② 馮班説"宋儒多惑於衛説,致疑於《尚書》。今按:衛宏之言妄也。……云'壁藏而求之,得二十九篇',是伏生自有本,不假口傳明矣……又余嘗身至潁川、濟南,其語音絶不相遠,雖古今或不同,大略亦可知,何至言語不相通耶?"[清]馮班《鈍吟雜録·讀古淺説》,卷 4,頁 17—18。

③ 姜宸英認爲:"伏生雖老,何必使其女傳言教錯,即傳言而徵明者有人,亦不至以意屬讀也,明是好事者爲之説。"[清]姜宸英《湛園札記》,卷 1,頁 3。

④ 朱軾以爲"此二十九篇者,伏生壁藏未亡之書也。既嘗以教於齊魯矣,則錯銜命往受,伏生何難出所藏以示之,即不然,亦可使它弟子傳言,何必以女哉! 衛宏之云,不足信也。"[清]朱軾《史傳三編·名儒傳一·伏生》,卷 1,頁 3。

⑤ 姚範認同馮班之論,[清]姚範《援鶉堂筆記·尚書》([清]道光姚瑩刻本),《中國基本古籍庫》,卷 2,總頁 8。

⑥ 宋鑒説:"伏生之好書也,不避暴秦之烈而藏之,漢興而亟求之,不幸而失其彊半,其僅存者,必且保持而不肯一日去諸側也。而乃于天子之詔,僅背文暗誦以相傳授乎?"[清]宋鑒《尚書考辨·今文古文考辨》,《中國基本古籍庫》,總頁 5。

⑦ 莊述祖有:"章句小儒懵大道,分文析字徒紛紜;古今雅故難驟通,習見枝葉忘本根;摩娑倦眼謚不下,口角流沫舌復捫;乃云潁川齊語異,伏生老不能正言;掌故略以意屬讀,後生何怪增煩昏"之文,[清]莊述祖《珍埶宧詩鈔·尚書古今文題辭》(清刻本),《中國基本古籍庫》,卷 2,頁 17。

⑧ 王玉樹説:"漢人之經,未有無師者。書簡策雖存,而其間句讀音義,亦須指授,方可承學,非如今人讀書,不勞師授也。伏生有孫以治《尚書》徵,《後漢·伏湛傳》,湛是生九世孫,歷叙其先,皆名學,則伏生固有子孫矣。但當錯往受之時,或子已前卒,孫尚幼未能承學,弟子皆已散去,故使女傳言耳。《僞孔》則竟謂伏生'失其本經,口以傳授',生縱老耄,何至家無本經,《僞孔》特誤會衛敬仲之言,遂妄造斯語耳。"[清]王玉樹《經史雜記·伏女傳經》([清]道光十年芳梫堂刻本),《中國基本古籍庫》,卷 2,總頁 26。唯司馬朝軍論證此書爲"僞書",但不妨礙王玉樹確實認同此説。司馬朝軍、王朋飛《〈經史雜記〉真僞考》,《史林》2017 年第 6 期,頁 110—122。王玉樹的生平,本文參考葉根虎《王玉樹行年考之一》,《安康學院學報》第 28 卷第 5 期(2016 年 10 月),頁 6—12。葉根虎《王玉樹行年考之二》,《安康學院學報》第 28 卷第 6 期(2016 年 12 月),頁 7—17。

⑨ 蕭穆云:"案其情事,無一而可,後人必信以爲真,陋矣!"[清]蕭穆《敬孚類稿·論説解·漢文帝詔朝錯往伏生受尚書説》([清]光緒三十三年刻本),《中國基本古籍庫》,卷 1,頁 5—7。

“有議論漸推而愈明,歷久而後定者”[①]。身處閻、胡百年後的孫星衍(1753—1818)認爲“伏生未嘗口授經文”,但“伏生既有壁藏經文,又須傳言者,以先秦古文,鼂錯或不能識,且當授以章句,故使女傳言,即所謂教于齊魯之間”。再者“伏生既藏書于秦時,必親見百篇全書,既見全書,則所亡數十篇,必能記憶其文,而當時不肯口授鼂錯者,古人傳述聖經,必有証據,不敢以口授之文,疑誤後學”。以爲伏生遵守古人傳經的規矩,因此雖“親見百篇全書”,且“必能記憶其文”,所以“不肯口授鼂錯者”,實隱含伏生“不敢妄傳經文之苦心”[②]。藉此以解釋伏生須由女兒代爲“口傳”的原因,以及不得不靠背誦傳經及未傳百篇《尚書》的緣故。此因伏生既是秦博士,正常情況下,必然能背誦整部《尚書》,如果因爲没有竹簡,就忘記“所亡數十篇”之文,未免啓人疑竇,孫星衍因此乃想方設法爲其解釋彌縫。

衛宏引發的“伏女傳經”一事,除受到經學界關注,因而有將《尚書》某些篇章“奇倔聱牙”“艱澀難讀”的原因,歸責於“伏女口傳”造成外[③],同時還外溢到藝術界。例如前文提到閻若璩敘述家藏《授經圖》,就有“旁有女子,儼然儒家風姿,爲之指點”的這位“女子”,即是“伏女”。就現在所知最早將“伏女”畫入“傳經圖”的是唐代王維(699—761),宋代以後,不僅出現更多“伏生、伏女、鼂錯”等,出現在同一畫面的《傳經圖》;同時還出現許多針對《傳經圖》題咏的詩文。日本學者小林太市郎(1901—1963)出版於1947年的《中國繪畫史論考》,對伏生及其傳經諸圖,即有相當全面性的探討[④];程元敏師的《漢代第一位經學大師伏生》中,亦從“傳經”角度討論部分的圖像與題咏。香港學者劉咏聰(1963—)不僅注意到圖像,更結合圖像與題咏,討論《傳經圖》與“題咏”是否出現“伏女”及認同與否背後隱藏的“性别意識”問題,開拓另一種涉及經學研究的空間[⑤]。日本學者木島史雄雖是從“造型藝術”接受角度討論王維的《伏

① [清]閻若璩《尚書古文疏證·第一百十五》([清]乾隆眷西堂刻本),《中國基本古籍庫》,卷8,總頁303—304。

② [清]孫星衍《孫淵如先生全集·平津館文稿·伏生不肯口授尚書論》(《四部叢刊》景[清]嘉慶蘭陵孫氏本),《中國基本古籍庫》,卷上,總頁164。

③ [元]劉壎《隱居通議·樊宗師文》,卷15,頁2;[元]吴澄《吴文正集·題伏生授書圖跋》,卷91,頁5;[清]李光地《榕村語録續集·書》([清]光緒傅氏藏園刻本),《中國基本古籍庫》,卷3,頁29。

④ [日]小林太市郎《中國繪畫史論考》(京都:大八洲出版株式會社,1947)第六篇《伏生圖の研究》,頁253—295。《圖版》第三十到三四:録有《宋畫伏生圖卷》《宋畫伏生圖卷之伏生像》《宋畫伏生圖卷之伏生像上部》《明畫伏生授經圖》《明畫伏生授經圖之一部》等。

⑤ 劉咏聰有二篇研究:(一)劉咏聰《伏生女傳經説研究》,《簡牘學報》第19期(2006年),頁43—70。更名《“女子亦有功焉”:伏生女傳經説研究》,收入劉咏聰《才德相輝:中國女性的治學與課子》(香港:三聯書店,2015),頁198—221。(二)劉咏聰《“試問從來巾幗事,儒林傳有幾人傳”——歷代“伏生授經圖”中伏生女之角色》,《九州學林》第4卷第4期(2006年冬季),頁29—58。收入鮑家麟編著《中國婦女史論集(八集)》(新北:稻香出版社,2008),頁1—25。再收入劉咏聰《才德相輝:中國女性的治學與課子》,頁222—245。

生受經圖》[①]，這似乎與《尚書》學的問題無關，但文中卻整理有歷代《伏生授經圖》"著録""題記"等的訊息與分析，大有助於了解"伏女傳經"之説，在不同時期受到關注的情况。不過觀察這些歷代的畫作，除王維畫的"書"是"竹簡"外，宋代以後畫中的"書"，卻都變成"紙"本[②]，無怪厲鶚(1692—1752)會發出"此時未有蔡侯紙，非是簡策應縑緗"的質疑之論[③]。厲鶚應該是史上第一位注意《伏生授經圖》中之"書"不可能是"紙本"，否則即不符合歷史實際的唯一發言者。

除前述七項重要議題之外，另外還有一個關於伏生壁藏本《尚書》字體是否當時已無人看懂，必須改寫爲漢代通行字體的問題，後代學者討論這類字體的問題時，似乎都没有注意到伏生時代與漢武帝時代"通行文字"是否不同或相同的問題，實則這個議題涉及到伏生時代是否已經出現有與秦代不同的"新文字"的問題，如果没有不同於秦篆的漢朝文字，那就不存在"閱讀障礙"的問題。如果有漢代創新的"新文字"，則伏生是否有機會、有意願學習漢代"新文字"？因爲這些疑問進而産生的問題是：一者，或者伏生未學漢代新文字，鼂錯只會漢代新文字，伏生因而只能"口傳"，無法"筆受"。從而可知伏生不可能將壁藏本，改寫爲漢代的通行文字本，如此則"漢文"本《尚書》，很可能是鼂錯"筆録"伏生"口誦"之言，整理後上繳朝廷。再者，或者伏生懂得漢代新文字，早已經將壁藏本改寫爲"漢文"本，鼂錯受教時，伏生直接以"漢文"本教導解説，鼂錯離開時，直接將"漢文"本帶走上繳朝廷。

壁藏本文字與漢代新字的差異有多大？是否達到完全無法辨識的程度？以及伏生是否懂得"新字"的問題，這些都關係到鼂錯的學習、伏生女的傳述、今文《尚書》如何出現等的問題。至今爲止，雖然無法確知秦、漢是否確實存在"官方通行語"，因而無法針對衛宏所謂"齊人語多與潁川異"，導致鼂錯無法完全理解一事，提出較具可信度的回應。但秦篆和漢初文字的字體差異問題，文字學界幾乎都認定秦篆和漢初文字的差異性不大[④]，當時懂得秦代及其以前文字者，實際上更是所在多有。稍舉數例言之：王國維(1877—1927)就曾説道："自秦併天下，同一文字，於是篆隸行而古文、籀文廢，然漢初古文、籀文之

---

① 木島史雄有3篇論文：(一)［日］木島史雄《美は孤ならず：鑒賞者は"伏生授經圖"をいかに樂しんだか：題跋篇》，《愛知大學文學論叢》第149號(2014年3月)，頁116—82。(二)［日］木島史雄《伏生授經圖受容の研究：鑒賞者は繪畫作品をいかに樂しんだかタイトル・主題・著録篇》，《愛知大學文學論叢》第153號(2016年3月)，頁1—21。(三)［日］木島史雄《パレルゴン操作による鑒賞の樂しみ：伏生授經圖受容の研究(その3)》，《愛知大學文學論叢》第154號(2017年2月)，頁53—85。

② 《伏生授經圖》諸圖，可參閲劉咏聰《"試問從來巾幗事，儒林傳有幾人傳"——歷代"伏生授經圖"中伏生女之角色》所録。

③ ［清］厲鶚《樊榭山房集・題敬身所藏崔子忠伏生授經圖》，卷8，頁15。

④ 秦統一六國之後，在文字上"罷其不與秦文合者"，亦即其中有"與秦文合者"，表示六國群衆學習的"秦文"，並非是一個陌生毫無關連性的文字，雖然秦統一全國僅存活16年，但學者學習一種並非全新的文字，應該不會很困難，當不至於"全不認識"。另外1977年8月安徽阜陽雙古堆一號漢墓出土漢文帝時代的漢簡，實際上依然是秦代的"原本"，可知秦文字在漢初還在使用，至少到漢文帝時代還在使用。

書未嘗絶也。……其文字雖已廢不用,然當時尚非難識。……漢景、武間,距用古文之戰國時代不及百年,其識古文當較今日之識篆隸爲易。……衛恒《四體書勢》亦云……時人已不知復有古文,……是亦疏矣。"王國維還提到劉向、劉歆父子都就懂得"古文"①。黄静吟亦指出:"西漢早期的古隸,……具有秦簡的遺意,……近世出土的大批漢簡……字體風格與秦簡極爲相似。"②趙安平(1963—)的指證是:"漢武帝到秦末的數十年間,文字材料的大宗是簡帛,如馬王堆、銀雀山、阜陽等地,均有大量出土。由於這些簡帛文字有些處在大致相當的發展階段,字體相近。"③劉鳳山(1971—)則發現"到了西漢……篆書仍然是通行的字體"④。魏曉艷(1981—)更指出:"西漢時期,篆書並没有立刻被隸書所取代,而是篆隸並行使用。""早期隸書是指從戰國晚期至西漢早期(漢武帝初年之前)的隸書,又稱爲篆隸、古隸、草篆等。"⑤根據前述諸家的討論,"秦至西漢初"使用的文字,屬於同一字形體系,並没有太大的差别。從而可知伏生傳授《尚書》之際,除非壁藏本不是秦篆書寫的文本⑥,否則就不存在所謂"古文"或"今文"的問題,但合理的推論,這個問題應該不存在,亦即伏生或鼂錯在面對秦篆時,不太可能出現"古文"與"今文"差異到無法識讀的問題,若這個推論無誤,鼂錯往學於伏生的當該是"解説"的問題,並不是"文本"的問題,當然這也只僅僅是"合理的推論"而已。

以上所論今存漢代學人論及"伏生傳經"而有不同記載的幾個問題,問題内容涉及的範圍有大有小,受到學界關注的程度有高有低,其中除鼂錯前往伏生住所學習《尚書》的時間是漢文帝時期,應該比較没有受到關注,因而没有争議外,其他幾類問題,即使直到二十一世紀,依然還是處於學者各自"詮釋",缺乏統一答案的狀況。在没有更新而可信的證據出現之前,此類争議大致還會持續不斷的出現各種"可能性"的詮釋意見⑦。

---

① 王國維《史記所謂古文説》,《觀堂集林》(北京:中華書局,1959),卷7,頁307—311。

② 黄静吟《秦簡隸變研究》(嘉義:中正大學中國文學研究所碩士論文,1993),頁105。

③ 趙平安《隸變研究》(保定:河北大學出版社,1993),頁39。

④ 劉鳳山《隸變研究》(北京:首都師範大學美術學博士論文,2006),頁50。

⑤ 魏曉艷《簡帛早期隸書字體研究》(石家莊:河北師範大學漢語言文字學博士論文,2012),頁16、頁268。再者此書頁42—255録有諸多秦到漢初的文字,字體雖稍有差别,卻絶對不至於差别到無法辨識的程度。另外孫鶴《秦簡牘書研究》(北京:首都師範大學美術學博士論文,2004),頁72—83有《秦簡、漢簡文字對照表》,可以明顯看出兩者字形相近,並不構成無法辨識的情況。

⑥ 這個假設的可能性雖在,但出現的機率非常低,因爲秦法嚴厲,既然法律規定"罷其不與秦文合者",身爲秦博士的伏生,幾乎不可能典藏另一種不同於"秦篆"的《尚書》。此可參閲陳重亨《秦印文字隸化現象析探及字形體勢的變異考察》,《書畫藝術學刊》第2期(2007年6月),頁299—325所論。

⑦ 黄慶萱老師在論及伏生傳布《尚書》諸事時,曾經非常豁達地説:"古事有不可盡知者,……存而勿論也。"黄慶萱《史記漢書儒林列傳疏證》,頁70、頁162。"古事有不可盡知者,存而勿論",筆者以爲此論很值得糾結於《尚書》此類問題者斟酌思考。

四、結論

秦始皇"焚書令"對《六經》造成的傷害,除《樂經》確定消失之外,在後世依然流傳的《五經》中,受害最深者當屬《尚書》,不僅篇章殘缺不完整,文本的來源也充滿争議。但《尚書》學雖然從一開始,就出現許多難以確定,且争論不休的問題,但有一點可以明確肯定且絶無争議者,那就是元代張起巖(1285—1353)雖"互有不同,要之,今文《尚書》出於伏生者,則一也"的基本認知①,亦即漢代以後的今文《尚書》學來自伏生,這是没有任何學者質疑的共識。雖然如此,但關於"伏生傳經"的方式與篇章等等問題,在經學史相關的研究與叙述内,卻存在有種種難以化解的異説,基於了解這些紛雜異説的起源與討論,因此設計本文從源頭開始進行探討,歸納漢代學人叙述"伏生傳經"事蹟的種種記載,並分析這些異説後續産生的争論,經由前述的討論分析之後,大致可以獲得下述幾項結果:

首先,今存漢代學者的論著内,記載有與"伏生傳經"基本事蹟相關者,若依照作者年歲大小排列,有:西漢時代的司馬遷《史記》、劉歆等《責讓太常博士書》;東漢時代的衛宏《詔定古文尚書序》、王充《論衡》、班固《漢書》、荀悦《漢紀》。另外還有無法確定時代與真假的文獻兩種:孔安國《尚書序》、郭憲《洞冥記》。總共有 8 種,出自西漢的文獻有 2 種,確定出自東漢的有 4 種;其他 2 種,根據現代多數學者的了解,大致也是東漢以後方才出現的文獻。以上八種文獻記載的内容,由於出現的時間較早,學者基於王引之所謂"考古當論時代"的基本原則②,因此就成爲後代討論《尚書》淵源與承傳的基本素材。

其次,漢朝八家記載"伏生傳經"事蹟的内容,根據前文的歸納分析,除最基本的《尚書》由伏生始傳,以及鼂錯曾銜太常之命往伏生居所學習《尚書》等兩事全無争議外。其他意見不同而有争議的議題,至少還包括:(一)伏生《尚書》學的師承來源問題;(二)伏生是否藏書及將書藏於"壁中"或"山中"的問題;(三)伏生教學之際,是靠記憶背誦《尚書》文本教學,或是用文字寫定本教學的問題;(四)伏生若用文字寫定本教學,是用"壁藏"原本,或用漢代通行文字改寫的"新寫本"的問題;(五)伏生學習的《尚書》是幾篇,亦即孔子編定流傳的《尚書》有幾篇的問題;(六)伏生傳的《尚書》殘本是二十九篇或二十八篇的問題。(七)伏生傳的《尚書》若是二十八篇,《史記》與《漢書》何以都記載二十九篇的問題。(八)鼂錯是在文帝時代或景帝時代受太常之命前往伏生家接受《尚書》教導的問題;(九)朝廷指派鼂錯到伏生家學習,是要獲得《尚書》文本,或是兼學《尚書》的音讀與義理的問題;(十)漢朝官方收藏的《尚書》是鼂錯抄録之"今文"本,或者另有來源的問題③。(十一)伏生教導鼂錯之際,伏

① [元]張起巖《漢濟南伏生祠堂碑》,[元]蘇天爵編《元文類・碑文》,卷 21,頁 13。

② [清]王引之《經義述聞・伏生尚書二十九篇説》,第 4,總頁 127。

③ 唐代以後甚至因此而有"伏勝獻古文《尚書》"的流言。[唐]張懷瓘《書斷》,卷上,頁 5。

生女兒是否曾經協助教學的問題;(十二)伏生之女若曾協助教學,是指導鼂錯識字與讀音,或"轉譯"伏生解説《尚書》文義的問題。(十三)《尚書》中"艱澁""奇倔聱牙"等篇章,是否因"語言差異"而造成的問題。以上即漢代文獻"伏生傳經"記載,留給後世的十三個猶待解決的問題。

其三,本文旨在從源頭上探討伏生傳授《尚書》的相關問題,透過現代網路大型資料庫,以及電腦搜尋科技的協助,探尋歷史上關於"伏生傳經"等相關記載,並以前述漢代八家的相關記載爲基本文獻,進行較爲細緻的歸納分析,除説明八家記載的差異外,同時分析八家記載差異而産生的諸多争議性問題。研究所得除提供學者對《尚書》學上諸争論議題的起因與内容,更爲有效的認知與了解外,同時也有助於《尚書》學研究者,重新檢討追問這些争議問題唯一答案的合理性與必要性的問題。

【作者簡介】 楊晉龍,"中研院"中國文哲研究所研究員、臺北大學中國文學系合聘教授,研究方向爲詩經學史、禮記學史、四庫學、治學方法、錢謙益研究、教育思想。

《群書治要》引《莊子》研究

潘銘基

【提　要】 唐魏徵等編《群書治要》五十卷，今存四十七卷，其中卷三十七載有《莊子》之文。然而，《治要》所引不及《莊子》内篇，而只引及外篇、雜篇之五篇文章，並摘取其中與治國相關之文字而已。此可見李唐雖然重視道家，然《群書治要》既以治國爲要務，則於各家皆有所取，而不專取道家也。《群書治要》引書嚴謹，且所據本又多屬初唐舊本，王念孫以爲其引書乃只刪不增，故深具校勘價值，引用《莊子》之文亦復如是。

【關鍵詞】 群書治要　莊子　互見文獻　唐宋類書　校勘

一、唐代的《莊子》文本及《莊子》注釋

今本《莊子》共三十三篇，其中包括内篇七篇、外篇十五篇、雜篇十一篇。《莊子》書之篇數在唐代及以前之著録和記載略述如下：

1. 班固《漢書・藝文志》："《莊子》五十二篇。"①

2. 高誘云："莊子名周，宋之蒙人也，輕天下，細萬物，其術尚虚無，著書五十二篇，名之曰《莊子》。"②

3. 陸德明《經典釋文》載録《莊子》各本，其云："崔譔注十卷，二十七篇。清河人。晋議郎。内篇七，外篇二十。向秀注二十卷，二十六篇。一作二十七篇，一作二十八篇，亦無雜篇。爲音三卷。司馬彪注二十一卷，五十二篇。字紹統，河内人。晋祕書監。内篇七，外篇二十八，雜篇十四。解説三，爲音三卷。郭象注三十三卷，三十三篇。字子玄，河内人。晋太傅主簿。内篇七，外篇十五，雜篇十一。爲音三卷。李頤《集解》三十卷，三十篇。字景真，潁川襄城人。晋丞相參軍，自号玄道子。一作三十五篇。爲音一卷。孟氏注十八卷，五十二篇。不

① [漢]班固《漢書》卷三十《藝文志》，中華書局，1962年，頁1730。

② 此見《吕氏春秋・必己》"莊子行於山中"句注。([漢]高誘注《吕氏春秋》卷十四《必己》，藝文印書館，頁226。)

詳何人。王叔之《義疏》三卷。字穆夜[①],琅邪人。宋處士。亦作注。李軌音一卷。徐邈音三卷。"[②]

4. 魏徵等《隋書·經籍志》載有《莊子》諸本,其中包括向秀注二十卷;崔譔注十卷;司馬彪注十六卷;郭象注三十卷、目一卷;《集注莊子》六卷;李頤注三十卷;孟氏注十八卷;李軌《音》一卷;徐邈《音》三卷;《莊子集音》三卷;司馬彪《注音》一卷;郭象《音》三卷;向秀《音》一卷;無名氏《莊子外篇雜音》一卷、《莊子内篇音義》一卷;梁簡文帝《莊子講疏》十卷;張譏《莊子講疏》二卷;無名氏《莊子講疏》;《莊子文句義》二十八卷;《莊子義疏》十卷;王叔之《義疏》三卷;周弘正《内篇講疏》八卷;戴詵《義疏》八卷;梁曠《南華論》二十五卷;無名氏《南華論音》三卷。[③]

準上所見,漢魏六朝注解《莊子》者頗衆,其中今之所存而最爲重要之注釋,自爲郭象注本。據《晋書·向秀傳》所言,郭象注乃是對向秀注"述而廣之"[④]。陸德明嘗稱譽郭象注本,"唯子玄所注,特會莊生之旨,故爲世所貴。徐仙民、李弘範作音,皆依郭本,以郭爲主"[⑤]。歷來關於郭象注是否襲取自向秀注之討論頗多,衆説紛紜,莫衷一是。《世説新語·文學》云:

初,注《莊子》者數十家,莫能究其旨要。向秀於舊注外爲解義,妙析奇致,大暢玄風。唯《秋水》《至樂》二篇未竟而秀卒。秀子幼,義遂零落,然猶有别本。郭象者,爲人薄行,有儁才。見秀義不傳於世,遂竊以爲己注。乃自注《秋水》《至樂》二篇,又易《馬蹄》一篇,其餘衆篇,或定點文句而已。後秀義别本出,故今有向、郭二《莊》,其義一也。[⑥]

據《世説新語》所言,向秀本有《莊子注》,但流播不廣,故郭象作注之時據爲己説,只有《秋水》《至樂》《馬蹄》等篇屬郭氏自注,其餘皆與向秀注無别。《晋書·郭象傳》亦載此文,後世學者遂以郭注剽竊向注矣,如高似孫《子略》、王應麟《困學紀聞》、焦竑《筆乘》、胡應麟《四部正譌》、謝肇淛《文海披沙》、陳繼儒《續狂夫之言》、顧炎武《日知録》、王昶《春融堂集》、袁守定《佔畢叢談》、《四庫全書總目》、陸以湉《冷廬雜識》、吕思勉《經子解題》、謝無量《中國哲學史》、錢穆《莊老通辨》皆主此説。至於以爲郭象注不剽竊向秀注者,自清世起亦有之,旨在爲郭象辨誣,如錢曾《讀書敏求記》、翁元圻《困學紀聞注》、王先謙《莊子集

---

① 案:《經典釋文·序録》原作"字穆□",吴承仕謂:"《大宗師篇》釋文及成《疏》《序録》並引王穆夜説,即此王叔之《義疏》中語也。"(吴承仕《經典釋文序録疏證》,中華書局,2008年,頁144。)又,莊萬壽云:"成玄英疏及《日本國見在書目録》並作'穆夜',知闕文是'夜'字。"(莊萬壽《莊子學述》,花木蘭文化出版社,2010年,頁27。)二人所言有理,故本文據此而作"字穆夜"。

② [唐]陸德明《經典釋文》序録,中華書局,1983年,頁34a。

③ [唐]魏徵等《隋書》卷三四《經籍志》,中華書局,1973年,頁1001—1002。

④ [唐]房玄齡《晋書》卷四九《向秀傳》,中華書局,1974年,頁1374。

⑤ 《經典釋文》序録,頁33b—34a。

⑥ [劉宋]劉義慶撰,[梁]劉孝標注,余嘉錫箋疏《世説新語箋疏》卷上之下《文學》,上海古籍出版社,1993年,頁205—206。

解》、吴承仕《經典釋文序録疏證》、容肇祖《魏晋的自然主義》、劉大杰《魏晋思想論》、馮友蘭《中國哲學史》、沈德鴻《莊子選注》等皆其例①。陸德明《經典釋文》嘗援引向秀注,《列子》諸篇張湛注亦嘗引《莊子》向秀注,比合二書所得向注,較諸郭象注,可知郭注確半襲自向注,且有不少乃依向注而修訂之跡。然而,郭象注仍不乏獨創之見,亦有向秀有注而郭象無注者。準此而論,郭象注大抵後出轉精,以向秀注爲基礎而時有獨得之秘。莊萬壽於此論之詳矣,此處不贅。莊氏又論及向秀、郭象二注有思想之差異,且云:"綜觀上説,曰郭象因襲向秀則可,曰剽竊則不可,夫典籍之始注釋者,必皆發人之所未言,其後之注釋者必難全廢前説而立新辭,此郭象所以蒙千載之冤也。"②莊説有理可參。方勇指出,郭象注更重要的是表現在對向秀哲學思想的發揮和發展,且郭象注在向秀以外,亦有對其他舊注借鑒和批評③。因此,郭象注仍然是非常重要的。

郭象《莊子注》雖有剽竊前注之嫌,然其重要性仍然不可忽視。陸德明謂郭象注"特會莊生之旨,故爲世所貴"④。唐人注釋《莊子》之時,對郭注重視有加。唐初道士成玄英撰《南華真經疏》,其序云:"依子玄所注三十三篇,輒爲疏揔,揔三十三卷。"⑤是成玄英依郭象注而爲疏。中唐時,司馬貞注解《史記》之時,亦嘗援引郭象注。又,唐初類書《藝文類聚》⑥、中唐類書《初學記》⑦,在援引《莊子》之時俱嘗兼載郭象注。此皆可見郭象注在當時頗受學者歡迎,勝義處處。方勇指出:"郭象的《莊子注》有其很高的歷史地位,因此流傳千百年而不滅,爲大多數治《莊子》者所依賴。"⑧方説是也。魏徵等所奉敕撰之《群書治要》有採《莊子》,當中兼及注文,全屬郭象注。

二、略論《群書治要》及其所引道家典籍

《群書治要》五十卷,唐魏徵等奉敕撰。隋末唐初,天下方定,唐太宗李世民欲以古爲鑒,明治亂之道。唐太宗以爲類書如《皇覽》等"隨方類聚,名目互顯,首尾淆亂,文義斷絶,尋究爲難"⑨,因而命魏徵等博采群書,以治要爲目的,編撰《群書治要》一書。於是魏徵乃率群臣編撰《群書治要》,修書者包括魏

---

① 參自《莊子學述》,頁 28—30。

② 《莊子學述》,頁 34。

③ 參自方勇《莊學史略》,巴蜀書社,2008 年,頁 76—82。

④ 《經典釋文》序録,頁 33b—34a。

⑤ [唐]成玄英《南華真經注疏·序》,載[晋]郭象注、成玄英疏《南華真經注疏》,中華書局,1998 年,頁 3。

⑥ 《藝文類聚》卷四四"樂部四"引《莊子》曰:"南郭子綦謂顔成子游曰:'汝聞人籟而未聞地籟,汝聞地籟而未聞天籟。'"郭象曰:"籟,簫也。"([唐]歐陽詢《藝文類聚》卷四四,上海古籍出版社,1999 年新 2 版,頁 790。)

⑦ 《初學記》卷十五"樂部上"引《莊子》曰:"汝聞人籟而未聞地籟,既聞地籟而未聞天籟。"郭象注曰:"簫管參差,雖萬殊而不異也。"([唐]徐堅《初學記》卷十五,中華書局,2004 年第 2 版,頁 370。)

⑧ 《莊學史略》,頁 92。

⑨ [唐]魏徵奉敕撰,尾崎康、小林芳規解題《群書治要》,汲古書院,1989 年,第一册,序,頁 10。

徵、虞世南、褚亮、蕭德言等。

《群書治要》之編撰，用意乃在“昭德塞違，勸善懲惡”①，希望君主可以史爲鑒，從典籍所載治國之要道以見爲國者之所應爲。然而，歷代典籍衆多，“百家踳駁，窮理盡性，則勞而少功，周覽汎觀，則博而寡要”②。魏徵等遂於群籍之中，擇其“務乎政術”③者，“以備勸戒，爰自六經，訖乎諸子，上始五帝，下盡晋年，凡爲五袠，合五十卷，本求治要，故以治要爲名”④。是以其於經史諸子百家之中，皆擇取其與治道相關者，臚列其文，以爲天子借鑒。

兩唐書俱未載《群書治要》之成書年分，惟《唐會要》云：“貞觀五年九月二十七日。祕書監魏徵。撰《群書政要》。上之。”⑤可知貞觀五年(631)爲《治要》書成之時。魏徵《群書治要・序》謂此書“爰自六經，訖乎諸子；上始五帝，下盡晋年。凡爲五袠，合五十卷”⑥。可知《群書治要》原書五十卷。《舊唐書・經籍下》載“《群書理要》五十卷”⑦，《新唐書・藝文志》載“《群書治要》五十卷”⑧，皆同。此後，《群書治要》漸有佚失，南宋時陳騤所編《中興館閣書目》載爲十卷⑨，《宋史・藝文志》所載同爲“十卷”⑩。阮元謂“《宋史・藝文志》即不著録，知其佚久矣”⑪，今見《宋志》尚有著録，阮説可商。《宋志》以後，公私書目俱不載《群書治要》，蓋已散佚。

魏徵《群書治要》雖在國内久佚，惟在日本卻有流傳。清嘉慶年間，《群書治要》流傳回國⑫，阮元據兹收入《宛委別藏》⑬。今《四部叢刊》《續修四庫全

① 《群書治要》，第一册，序，頁5。

②③ 《群書治要》，第一册，序，頁7。

④ 《群書治要》，第一册，序，頁10。

⑤ [宋]王溥《唐會要》卷三六，中華書局，1955年，頁651。案：《唐會要》作“群書政要”者，蓋避唐高宗李治諱。

⑥ 《群書治要》，第一册，序，頁10。

⑦ [後晋]劉昫等《舊唐書》卷四七《經籍下》，中華書局，1975年，頁2035。案：《舊唐書》作“理”者，蓋避唐高宗李治諱。案：譚樸森(P. M. Thompson)著有《慎子逸文》一書，研治《慎子》，卓然有成。惟其中謂《群書治要》有不同名稱，或作“政要”，或作“理要”，卻未有指出當爲避唐高宗李治名諱之事，尤有未備。(參自 P. M. Thompson, *The Shen Tzu Fragments*, London: Oxford University Press, 1979, p. 64.)

⑧ [宋]歐陽修、[宋]宋祁《新唐書》卷五九《藝文志》，中華書局，1975年，頁1536。

⑨ 案：陳騤《中興館閣書目》今佚，趙士煒有輯本。此條據王應麟《玉海》所引《中興書目》，其云：“十卷，秘閣所録唐人墨蹟。乾道七年寫副本藏之，起第十一，止二十卷，餘不存。”([宋]王應麟《玉海》卷五四《藝文》，元至元慶元路儒學刻明遞修本，頁29a。)譚樸森云，“The last catalogue in which it was listed, the *Chung HsingKuanKe Shu Mu* (1178), knew only a fragment (chuan nos. 11—20).” (*The Shen Tzu Fragments*, p. 65.)譚樸森以爲《群書治要》於宋代載録漸少，並謂《中興館閣書目》爲《群書治要》於中國本土之最後著録，恐未必然。編於元代之《宋史》，同樣載録《群書治要》十卷，或爲同一本子，方爲《群書治要》在中國之最後著録。

⑩ [元]脱脱等《宋史》卷二〇七《藝文志》，中華書局，1977年，頁5301。

⑪ [清]阮元《群書治要五十卷提要》，載阮元《揅經室集》，中華書局，1993年，外集，卷二，頁1216。

⑫ 尾崎康《群書治要解題》云：“群書治要は天明七年に尾張藩て刊刻され、その寛政三年修本か同八年(1796)に清國へ運はた。”(尾崎康《群書治要解題》，載《群書治要》，第七册，頁473。)寛政三年，即清仁宗嘉慶元年，《群書治要》天明本於其時返還中國。

⑬ 阮元所輯《宛委別藏》，共收宋元鈔本三十六種，及其他稀見難得之書。阮元仿《四庫全書》模式，每部撰寫提要，並收入《揅經室外集》。

書》本《群書治要》悉據此本影印。《宛委別藏》本《群書治要》係據日本天明(1781—1788)刻本影印,惟據細井德民《刊群書治要考例》所言,知天明刻本乃日人對照魏徵所引原書重新校刊之本子。細井德民云:"我孝昭二世子好學,及讀此書,有志校刊。幸魏氏所引原書,今存者十七八,乃博募異本於四方,日與侍臣照對是正。"[①]類書之作用乃保存文獻被引録時之舊貌,今細井等學者據所引原書回改,致使天明刻本未有保留《群書治要》之原貌矣。是以清人阮元、王念孫等所見《群書治要》,皆是嘗經回改之天明刻本,未可稱善。

其實,島田翰《古文舊書考》已嘗言日本金澤文庫有藏《群書治要》卷子本。金澤文庫本書寫於日本鎌倉時代(1192—1333),約當中國之宋、元之間,較之天明刻本爲近古。然其書寫字體較爲潦草,且有不少校改紀録,未必利於閱讀校理。島田翰云:"予以元和活字刊本對校祕府卷子本,稍有異同。"[②]又云:"乃知卷子本不但有異同,又可以知舊本之卷第矣。"[③]元和活字刊本即駿河版,可見島田翰亦嘗對勘駿河版與金澤文庫本,以爲二者有别。又島田翰謂"活字本之根於此書亦可知也"[④],即駿河版出於金澤文庫本。今"東京大學東洋文化研究所所藏漢籍善本全文影像資料庫"載有駿河版《治要》,字體清晰可見,最堪閱讀。至於天明本,因其嘗據原書回改,大大減低唐宋類書徵引古籍所能起之校勘作用。又,《群書治要》有平安時代中期九条家十三卷殘本,現藏東京國立博物館。其中七卷已見東京國立博物館"e-Museum"網站,餘下六卷因破損嚴重,修復無期,今可據只七卷而已。此十三卷本《群書治要》原傳自九條家,乃平安時代中期根據唐代鈔本寫成,此本爲《群書治要》現存最古之手鈔本,列之爲日本"國寶"。

由是觀之,倘用《群書治要》校勘古籍,必須以九条家本(最古)、金澤文庫本、駿可版(最全)爲主,天明刻本爲輔。島田翰《古文舊書考》云:"是書所載,皆初唐舊本,可藉以訂補今本之訛誤者,亦復不鮮。"[⑤]其言是也。下文旨在討論各本《群書治要》所載《莊子》之例,既言《治要》採録《莊子》之原委,利用《治要》校勘《莊子》之文,亦論諸本《治要》間之關係。

《群書治要》引用經、史、子三部共65種典籍。卷一至卷十爲經部,卷十一至卷三十爲史部,卷三十一至卷五十爲子部。經部引書十三種,史部五種,子部四十八種,其中又以《漢書》所被徵引最多,共八卷。全書共五十卷,今缺第四卷、第十三卷、第二十卷,實存四十七卷。《群書治要》載有《鬻子》(卷三一)、《老子》《鶡冠子》《列子》(以上卷三四)、《文子》(卷三五)、《莊子》(卷三七)等六

① 細井德民《刊群書治要考例》,載《群書治要》,商務印書館,1936年,考例,頁1。

② 島田翰《古文舊書考》卷一《群書治要》四十七卷,上海古籍出版社,2014年,頁77。

③⑤ 《古文舊書考》卷一《群書治要》四十七卷,頁79。

④ 《古文舊書考》卷三《聚分韻略》五卷,頁258。

部道家子書。唐代君主姓李,以老子爲同宗,因而特重道家①,故《治要》在子書之中載録道家典籍最多。《漢書・藝文志》以爲道家"歷記成敗存亡禍福古今之道,然後知秉要執本,清虚以自守,卑弱以自持,此君人南面之術也"②。《漢志》明確指出道家思想乃"君人南面之術",此可證道家治國之術必有其可取之處。張京華以爲"古學無不以政治爲歸止"③,其説是也。

《群書治要》所採六部道家典籍,據其正文及注釋所示,皆唐代初年通行本子,各本皆可在《隋書・經籍志》尋得依據。今表列如下:

	《群書治要》卷次及注本		《隋書・經籍志》載録及小注
《鬻子》	卷三一	(無注)	《鬻子》一卷。(周文王師鬻熊撰。)④
《老子》	卷三四	河上公注	《老子道德經》二卷。(周柱下史李耳撰。漢文帝時,河上公注。梁有戰國時河上丈人注《老子經》二卷,漢長陵三老毌丘望之注《老子》二卷,漢徵士嚴遵注《老子》二卷,虞翻注《老子》二卷,亡。)⑤
《鶡冠子》	卷三四	(無注)	《鶡冠子》三卷。(楚之隱人。)⑥
《列子》	卷三四	張湛注	《列子》八卷。(鄭之隱人列禦寇撰,東晋光禄勳張湛注。)⑦
《文子》	卷三五	(無注)	《文子》十二卷。(文子,老子弟子。《七略》有九篇,梁《七録》十卷,亡。)⑧
《莊子》	卷三七	郭象注	《莊子》三十卷、《目》一卷。(晋太傅主簿郭象注。梁《七録》三十三卷。)⑨

《群書治要》採用道家典籍之時,多不用其道論中心思想,而只取其中與治國最爲相關之章節加以引録。舉例而言,《老子道德經河上公章句》共有81章,今《群書治要》採録者48章,雖在每章之中或有損益其文,然其所載極博,足可見《治要》對《老子》之重視。此中《治要》所載《老子》之文,刻意去除純屬

① 案:舉例而言,《史記》七十傳本以《伯夷叔齊列傳》居首,此史遷嘉其二人不争而讓國也。惟唐代司馬貞《史記索隱》合老子、伯夷爲一篇,因題曰"老子伯夷列傳第一"。張守節云:"《老子》《莊子》開元二十三年奉敕升爲列傳首,處夷、齊上。然漢武帝之時,佛教未興,道教已設。道則禁惡,咸致正理,制禦邪人,未有佛教可導,故列老、莊於申、韓之上。"(百衲本《史記》卷六一《老子伯夷列傳》,藝文印書館,1987年,頁1a。)此唐代學術特重道家之一例。

② 《漢書》卷三十《藝文志》,頁1732。

③ 張京華《鬻子箋證》前言,華東師範大學出版社,2012年,頁8。

④⑤ 《隋書》卷三四《經籍志》,頁1000。

⑥⑦⑧⑨ 《隋書》卷三四《經籍志》,頁1001。

道家道論，[1]以及與儒家思想頗有相阻之章節，[2]而以涉乎治國治人、爲人君之道者爲主。今舉例如下：

兵者，不祥之器，（兵革者，不善之器也。）非君子之器，不得已而用之。（謂遭衰逢亂，乃用之以自守也。）恬惔爲上，（不貪土地，利人財寶。）勝而不美。（雖得勝，不以爲利美。）而美之者，是樂殺人也。（美得勝者，是爲樂殺人也。）夫樂殺人者，則不可以得志於天下矣。吉事上左，（左，生位。）凶事上右。（陰道，殺也。）偏將軍處左，（偏將軍卑而居陽者，以其不專殺也。）上將軍處右。（上將軍尊居右，以其殺也。）言以喪禮處之。（喪禮上右。）殺之人衆多，以悲哀泣之。（傷己德薄，不能以道化人，而害無辜之臣。）戰勝，則以喪禮處之。（古者，戰勝，將軍居喪主之位，素服而哭之。明君子貴德而賤兵，不得已，誅不祥。心不樂之，比於喪也。）[3]

《老子》此章論及兵革之事，並會因此帶來凶災，明確表明其反戰思想。《群書治要》採録此章，自亦希望君主可以偃甲息兵，不行攻城野戰之事。又如《群書治要》引《老子》第 61 章：

治大國若烹小鮮。（鮮，魚也。烹小魚，不敢撓，恐其糜也。治國，煩則下亂，治身，煩則精去也。）以道蒞天下者，其鬼不神。（以道德居位治天下，則鬼不敢見其精神以犯人也。）非其鬼不神，其神不傷人。（其鬼非無精神，邪不入正，不能傷自然之民也。）非其神不傷人，聖人亦不傷人。（非鬼神不能傷害人，以聖人在位，不傷害人，故鬼不敢干也。）[4]

《老子》此章論及其治國之道。陳鼓應以爲本章"喻示著爲政之要在安静無擾，擾則害民"[5]，陳説是也。《群書治要》援引此章，亦用以指示人君治國應當清静無爲。總之，先秦諸子百家之道論思想均爲其學説之核心，然而，《群書治要》載録文章以與治道相關者爲切，故各家道論部分均加以削除。

三、以《群書治要》所引校勘《莊子》

《群書治要》卷三七載有《莊子》之文，諸本《治要》皆有此卷。平安時代九条家本年代最早，金澤文庫本、駿河版、天明本《治要》並載此文。王念孫《讀書雜志》利用《群書治要》校理古籍，多所創獲。其云："凡《治要》所引之書，於原

---

① 案：如《老子》第 1 章"道可道"章，論述道家之道，以其爲一切事物之根源。又如第 4 章"道冲而用之"章，論述道之内涵，此中承接第 1 章所論之"無形"，以爲"道"之作用乃係至高無上之主宰。

② 案：如《老子》第 19 章："絶聖棄智，民利百倍；絶仁棄義，民復孝慈；絶巧棄利，盜賊無有。此三者，以爲文不足，故令有所屬。見素抱朴，少私寡欲。"（王卡點校《老子道德經河上公章句》卷二，中華書局，1993 年，頁 75—77。）在此章中，《群書治要》僅採録"絶巧棄利，盜賊無有。以爲文不足。見素抱朴，少私寡欲"等句，其中"絶聖棄智""絶仁棄義"等與儒家相阻之句子，《治要》均未有採用。準此，《治要》雖多採道家之書，然其以儒家爲主題思想之做法並無動摇。

③④ 《群書治要》，卷三四，頁 218—219，232—233。

⑤ 陳鼓應《老子今注今譯》，商務印書館，2006 年，頁 292。

文皆無所增加，故知是今本遺脱也。”[①]此可證《群書治要》之校勘作用也。大抵《治要》引書只刪不增，故可用以探究其引用典籍之訛誤與脱文。近人如劉文典、王叔岷等，校理《莊子》，卓然有成，蔚爲大觀。二人俱嘗以《治要》校勘《莊子》之文，惜二人所處時代稍早，未及得見九条家本、金澤文庫本等，而多以天明本爲據，未竟全功。今以《治要》諸本校勘《莊子》[②]，本諸前人研慮，復作補充，究其大者，可得如下：

A. 以《治要》補足《莊子》未備之文

例 1:《莊子·胠篋》郭注“若思夫侈靡，則無時慊矣”句

《莊子》	若思夫侈靡，則無時慊　矣。
九条家本	若思夫侈靡，則无時慊意矣。
金澤文庫本	若思夫侈靡，則无時慊意矣。
駿河版	若思夫侈靡，則無時慊意矣。
天明本	若思夫侈靡，則無時慊意矣。

案:考此條郭象注，諸本《治要》所引皆有“意”字。《莊子》原文謂“甘美食，美其服”，郭注此言如追尋奢靡生活，則無有滿足之時。劉文典云:“‘慊’下《治要》引有‘意’字，義較完。”[③]劉説是也。今《莊子》郭注可據補“意”字。

例 2:《莊子·胠篋》“則是上好知之過也”句

《莊子》	則是上　好知之過也
九条家本	則是上之好智之過也
金澤文庫本	則是上之好智之過也
駿河版	則是上之好智之過也
天明本	則是上　好智之過也

案:此可見九条家本、金澤文庫本、駿河版《治要》在“上”下有“之”字，《莊子》、天明本《治要》則無。此謂上文所言種種事情，皆是在上位者喜好機智的過錯。唐寫本《莊子·胠篋》此句作“則是上之好智之過也”[④]。王叔岷云:“唐寫本‘上’下有‘之’字，疑衍。覆宋本‘之過’誤‘也過’。”[⑤]九条家本《治要》乃

① 王念孫《讀書雜志》淮南内篇弟九，上海古籍出版社，2015 年，頁 2158。

② 本文所用《莊子》，悉以曹礎基、黄蘭發點校《南華真經注疏》(北京中華書局 1998 年版)爲據。至於諸本《群書治要》，九条家本依據東京國立博物館之 e—Museum 網站，金澤文庫本依據日本宫内廳書陵部之“書陵部所蔵資料目録·画像公開システム”網站，駿河版依據東京大學東洋文化研究所漢籍善本全文影像資料庫，天明本據上海古籍出版社《續修四庫全書》所用宛委别藏本。

③ 劉文典《莊子補正》卷四中《胠篋》，安徽大學出版社，1999 年，頁 289。

④ 參見文末“附圖一”。

⑤ 王叔岷《莊子校詮》，“中央研究院”歷史語言研究所，1988 年，頁 362。

抄寫於日本平安時代(794—1192),約即中國唐五代之時,今見九条家本與王氏所言唐寫本《莊子》[①]相合,是九条家本能保唐本舊貌之證。金澤文庫本與九条家本關係密切,尾崎康嘗加以討論[②],此不贅言。王氏當時未見金澤文庫本《治要》[③],更枉論九条家本,而天明本"上"下無"之"字,只得唐寫本《莊子》孤例,故疑之。今見九条家本、金澤文庫本、駿河版等皆有此"之"字,益證唐本其來有自,"之"字可補。又,據王説可知覆宋本《莊子》原作"則是上好知也過也",劉文典云:"《群書治要》引此文作'之',唐寫本同,今正。"[④]可見劉氏以《治要》所載爲正。點校本《南華真經注疏》校勘記云:"'知也',從各本作'知之'。"[⑤]亦據《治要》校正《莊子》之文。

例 3:《莊子·天地》郭象注"氣之散無不之"句

《莊子》	氣之散無不　之。
九条家本	氣之散無不　之。
金澤文庫本	氣之散無不　之。
駿河版	氣之散無不至之。
天明本	氣之散無不至之。

案:此處《莊子·天地》郭象注"氣之散無不之",駿河版、天明本《治要》所引"不"下有"至"字。劉文典云:"《治要》引注'無不'下有'至'字。"[⑥]今本《莊子·天地》郭注可據此補上"至"字,意思較爲圓足。

例 4:《莊子·天道》"古人有之"句

《莊子》	末學者,古　人有之,而非所以先也。
九条家本	未舉　,古之人有之,而非所以先也。
金澤文庫本	末舉　,古之人有之,而非所以先也。

① 案:今所見《莊子》唐寫本有以下數種:P. 2508A(刻意)、P. 2531(山木)、P. 2508B(徐無鬼)、P. 3789(田子方)、S. 796(胠篋)、S. 1603(天道)、S. 77(外物)。詳參王重民《敦煌古籍叙録》,商務印書館,1958年,頁247—253。

② 尾崎康以《群書治要》卷廿二爲例,以爲金澤文庫本與九条家本之訓點幾乎一致,而且金澤文庫本之校勘結果亦與九条家本極爲接近,推斷二本屬同一系統,關係密切。(尾崎康《群書治要とその現存本》,《斯道文庫論集》1990年第25號,頁135。)

③ 王叔岷於校勘《莊子》之時,雖未有明言,只能依據天明本《群書治要》,因彼時金澤文庫本尚未廣爲流播。今就王氏所援引《治要》以校勘《莊子》之文觀之,見其中金澤文庫本與天明本相異之處,王叔岷所引只與天明本相同,則其採用此本明矣。

④ 《莊子補正》卷四中《胠篋》,頁290。

⑤ 《南華真經注疏》卷四《胠篋》,頁212。

⑥ 《莊子補正》卷五上《天地》,頁339。

續表

駿河版	末舉　,古之人有之,而非所以先也。
天明本	末學者,古之人有之,而非所以先也。

案:《莊子·天道》言末節之學,古代的人原本就有的,而不是首要的事物。《莊子·天道》"古人有之"句,諸本《治要》"古"下有"之"字。成玄英云:"古之人,謂中古之人也。"①據成疏是《莊子》原文當作"古之人",《南華真經注疏》校勘記云:"依《治要》所引及成疏補'之'字。"②校點本所言是矣。

例5:《莊子·天道》"古人有之"句

《莊子》	禮法度數,形名比詳,古　人有之,此下之所以事上,非上之所以畜下也。
九条家本	礼法數度,刑名比詳,古之人有之,此下之所以事上,非上之所以畜下也。
金澤文庫本	礼法數度,刑名比詳,古之人有之,此下之所以事上,非上之所以畜下也。
駿河版	禮法數度,刑名比詳,古之人有之,此下之所以事上,非上之所以畜下也。
天明本	禮法數度,刑名比詳,古之人有之,此下之所以事上,非上之所以畜下也。

案:此處《莊子·天道》"古人有之"句,諸本《治要》所引"古"下有"之"字,當據補。《治要》引書只刪不增原典之文,因此《莊子》原當有"之"字。王叔岷云:"成《疏》:'古之人,謂中古人也。'案成《疏》本古下有之字,《治要》、《文選》潘安仁《馬汧督誄》注引古下並有之字。下文'禮法數度,刑名比詳,古人有之。'《治要》引古下亦有之字。推此,則下文'形名者,古人有之。'原亦當作'古之人有之。'文乃一律。"③此即爲王氏所指下文,可見其亦以爲當作"古之人有之",王說是也。

例6:《莊子·天道》郭象注"言非但人倫所尚也"句

《莊子》	言非但人倫　所尚也。
九条家本	言非但人倫之所尚也。
金澤文庫本	言非但人倫之所尚也。
駿河版	言非但人倫之所尚也。
天明本	言非但人倫之所尚也。

案:此處《莊子·天道》"言非但人倫所尚也"句,諸本《治要》引用時於"倫"下有"之"字。《南華真經注疏》校勘記指出"《治要》引'所'上有'之'字"④,其說

① 《南華真經注疏》卷五《天道》,頁271。
②④ 《南華真經注疏》卷五《天道》,頁283。
③ 《莊子校詮》,頁481。

是也。今郭象注當增補“之”字，意思較爲圓足。

B.《治要》與《莊子》文字相異

例 7:《莊子·胠篋》“則内棄其親而外去其主之事”句

《莊子》	則内棄其親　而外去其主之事
九条家本	則内弃其親，而外弃其主之事
金澤文庫本	則内弃其親，而外弃其主之事
駿河版	則内弃其親，而外弃其主之事
天明本	則内弃其親，而外弃其主之事

案:“弃”乃“棄”之異體字，諸本《治要》兩用“弃”字，謂内棄雙親，外棄主上之事物。劉文典云:“《治要》引‘去’作‘弃’，上‘弃’字亦作‘弃’。‘内弃其親’與‘外弃其主之事’，文義正相對。”[①]劉説是也。大抵二句原皆作“弃”，後脱“廾”又訛爲“去”。今《莊子·胠篋》之文可據《治要》諸本所引改正。

例 8:《莊子·天道》“吾不敖无告”句

《莊子》	堯曰:“吾不敖无告，(無告者，所謂頑民也。)
九条家本	堯曰:“吾不教无告，(无告者，所謂頑民　。)
金澤文庫本	堯曰:“吾不教无告，(无告者，所謂頑民　。)
駿河版	堯曰:“吾不傲無告，(無告者，所謂頑民也。)
天明本	堯曰:“吾不傲無告，(無告者，所謂頑民也。)

案:此處《莊子·天道》“吾不敖无告”句，九条家本、金澤文庫本《治要》“敖”作“教”，駿河版、天明本《治要》與《莊子》同。郭象注:“無告者，所謂頑民也。”成玄英疏:“敖，侮慢也。無告謂頑愚之甚，無堪告示也。堯答舜云:‘縱有頑愚之民不堪告示，我亦殷勤教誨，不敖慢弃舍也。’故《老經》云:‘不善者吾亦善之。’敖亦有作教字者，今不用也。”[②]成玄英指出《莊子》此文“敖”字有作“教”者，今所見九条家本、金澤文庫本《治要》正與成玄英所言别本相同。王叔岷云:“‘敖’，本亦作‘教’，蓋形誤。[……]郭注釋‘无告’爲頑民，竊疑所見本‘敖’原誤‘教’，頑民乃不可教也。”[③]可知王氏以爲作“教”者乃誤。然而，當時王叔岷無緣得見九条家本、金澤文庫本《治要》，因而不知《治要》所引正作“教”，與成玄英所見别本同。此外，王叔岷指出郭象因所見本作“教”，固以“頑民”注“無告者”，今觀《治要》所引正作“教”，知郭象此注未必爲誤，作“教”者亦有其依據。又，金澤文庫本《治要》“吾不教无告”句，旁校爲“傲”。金澤文庫本

① 《莊子補正》卷四中《胠篋》，頁 290。

② 《南華真經注疏》卷五《天道》，頁 274。

③ 《莊子校詮》，頁 485。

《群書治要》卷三七卷末附有奥書(批注),其云:“爲進上辛酉(筆者案:即 1261 年)勘文参花之次申出,蓮華王院寶藏御本加交點了,依越州使君尊閤教命而已。直講清原。”又云:“長寛二年(筆者案:即 1164 年)五月十五日,正五位下行大内記藤原朝臣敦周點進。”①可知清原教隆與藤原敦周分別在鎌倉時代將此書校勘和點校,其中上述旁校作“傲”者,即出清原教隆之手。至駿河版即依此校記,改爲“吾不傲無告”矣。

例 9:《莊子·知北游》“是故至人无爲”句

《莊子》	是故至人无爲,(任其自爲而已。)大聖不作,(唯因任也。)
九条家本	聖人無爲,(任其自爲而已。)大聖不作,(唯自任也。)
金澤文庫本	聖人無爲,(任其自爲而已。)大聖不作,(唯自任也。)
駿河版	聖人無爲,(任其自爲而已。)大聖不作,(唯因任也。)
天明本	至人無爲,(任其自爲而已。)大聖不作,(唯因任也。)

案:《莊子·知北游》“是故至人无爲”句,九条家本、金澤文庫本、駿河版《治要》“至”字並作“聖”;天明本《治要》則與今本《莊子》同。在《莊子·逍遥游》中,嘗謂“至人无己,神人无功,聖人无名”②,三者當以至人境界最高。成玄英於“聖人者,原天地之美,而達萬物之理,是故至人无爲”句下注:“夫聖人者,合兩儀之覆載,同萬物之生成。是故口無所言,心無所作。”③據成疏,可知數句在論“聖人”,與“至人”無涉。今《莊子》作“至”者,乃“聖”字殘脱而訛。劉文典、王叔岷等校勘《莊子》,利用《治要》,卓然有成,惜當時只能得見已告回改之天明本,而此例作“至”,與今本《莊子》同。九条家本、金澤文庫本、駿河版《治要》皆能存舊,並作爲“聖”。《莊子》此文實可據改。又,金澤文庫本《治要》於“聖”字之旁校改爲“至”,幸駿河版未受影響而仍作“聖”。

例 10:《莊子·徐無鬼》“張若謵朋前馬”句

《莊子》	張若謵朋前馬
九条家本	張若謵㞜前馬
金澤文庫本	張若謵㢨前馬
駿河版	張若謵㢨前馬
天明本	張苦謵㢨前馬

① 《群書治要》(金澤文庫本)卷三七,頁 434—435。又奥書之釋文見《群書治要》(金澤文庫本),第七册,頁 519。

② 《南華真經注疏》卷一《逍遥游》,頁 9。

③ 《南華真經注疏》卷七《知北游》,頁 422。

案:《莊子·徐無鬼》此文"謵朋"乃是人名,"朋"字九条家本《治要》作"㐆",金澤文庫本、駿河版、天明本《治要》作"㡯"。王念孫云:"古文'多'字作'㚉',形與'朋'相似,傳寫往往譌溷。《莊子·徐無鬼篇》'張若謵㐆前馬',釋文:'㐆,崔本作㡯,本亦作朋。'《史記·五帝紀》'鬼神山川封禪與爲多焉',徐廣曰:'多,一作朋。'《漢書·霍去病傳》'校尉僕多有功',師古曰:'《功臣侯表》作"僕朋",今此作"多",轉寫者誤也。'"[①]據王念孫所言,古文"多"字與"朋"相似,今作"多"者乃轉寫之誤。因此,《莊子·徐无鬼》作"朋"者實誤。陸德明《經典釋文》所據《莊子》作"㐆"[②],陸氏乃隋代唐初之人,今九条家本《治要》亦作"㐆",此本微爲近古,是當時所見《莊子》有作"㐆"者也。王叔岷云:"《釋文》本'朋'作'㐆',世德堂本'㐆'作'㡯',《治要》引此亦作'㡯',《雲笈七籤》同,'㐆'疑'㡯'之誤。"[③]王叔岷以爲《治要》亦作"㡯",此因其所據只天明本所致。"㐆"乃"㡯"之訛字,但因此處實爲人名,無義可據。考諸各本,《釋文》與九条家本《治要》時代較早,作"㐆"者大抵可信。

3.《莊子》與《治要》文異而義同

例 11:《莊子·天地》"始也我以汝爲聖人邪"句

《莊子》	始也我以汝爲聖人邪,
九条家本	始也我以汝爲聖人也。
金澤文庫本	始也我以汝爲聖人也。
駿河版	始也　以汝爲聖人也。
天明本	始也　以汝爲聖人也。

案:《莊子》此文作"始也我以汝爲聖人邪",諸本《治要》"邪"作"也"。王引之《經傳釋詞》引王念孫云:"邪,猶'也'也。[……]《天地篇》曰:'始也我以女爲聖人邪,今然君子也。'[……]'邪'亦'也'耳。"[④]王念孫以爲"邪""也"二字音義無異可通,其説是也。王叔岷亦採王念孫説,皆是[⑤]。

例 12:《莊子·天道》"刑名比詳"句

《莊子》	禮法度數,形名比詳,治之末也
九条家本	礼法數度,刑名比詳,治之末也
金澤文庫本	礼法數度,刑名比詳,治之末也

① 《讀書雜志》讀戰國策雜志,頁 100。
② 《經典釋文》卷二八,莊子釋文下,頁 7a。
③ 《莊子校詮》,頁 933。
④ 王引之《經傳釋詞》卷四,上海古籍出版社,2014 年,頁 85。
⑤ 參《莊子校詮》,頁 430—431。

續表

駿河版	禮法數度,刑名比詳,治之末也
天明本	禮法數度,刑名比詳,治之末也

案:此處《莊子·天道》"形名比詳"句,諸本《治要》"形"作"刑"。劉文典云:"'形',碧虚子校引張君房本作'刑',下同。《治要》引並作'刑',與張本合。'形''刑'古亦通用。"[①]劉氏所云是矣,"形""刑"二字音義可通。

例 13:《莊子·天道》"隆殺之服"句

《莊子》	哭泣衰絰,隆殺之服,哀之末也。
九条家本	哭泣衰絰,降殺之服,哀之末也。
金澤文庫本	哭泣衰絰,降殺之服,哀之末也。
駿河版	哭泣衰絰,降殺之服,哀之末也。
天明本	哭泣衰絰,降殺之服,哀之末也。

案:今本《莊子·天道》"隆殺之服","隆"字諸本《治要》引作"降"。成玄英疏:"隆殺者,言禮有斬衰、齊衰、大功、小功、緦麻五等,哭泣衣裳,各有差降。"[②]可見成玄英以降釋隆。王叔岷云:"成《疏》釋隆爲降,《治要》引隆作降,降、隆正、假字。"[③]據王説,是《莊子》用"隆"字乃假借字,而《治要》所引"降"則爲正字。二字在此於義無異,可通。

D. 九条家本與金澤文庫本之關係

例 14:《莊子·胠篋》郭象注"上,謂好知之君"句

《莊子》	上,謂好知之君。知　而好之,則有斯過矣。
九条家本	在上者謂至治　。知也而好之,則有斯過矣。
金澤文庫本	在上者謂至治之君。智　而好之,則有斯過矣。
駿河版	上　謂至治之君。智　而好之,則有斯過矣。
天明本	上　謂至治之君。智　而好之,則有斯過矣。

案:《莊子·胠篋》正文"則是上好知之過也",郭象訓解"上"爲何物。劉文典云:"'好知之君',《治要》引'好知'作'至治'。"[④]劉氏當時僅見天明本《治要》,故於"上"字無異説。今據九条家本、金澤文庫本所見,二本俱作"在上者",與今本《莊子》、駿河版、天明本《治要》相異。《治要》諸本之中,唯金澤文

① 《莊子補正》卷五中《天道》,頁 376—377。
② 《南華真經注疏》卷五《天道》,頁 270。
③ 《莊子校詮》,頁 481。
④ 《莊子補正》卷四中《胠篋》,頁 290。

庫本與九条家本相同,可見二本關係密切。

例 15:《莊子·天地》“禹趨就下風”句

《莊子》	禹趨就下風,立而問焉,
九条家本	趍就下　立而問焉,
金澤文庫本	趍就下　立而問焉,
駿河版	禹趍就下風,立而問焉,
天明本	禹趍就下風,立而問焉,

案:《莊子·天地》“禹趨就下風”句,諸本《治要》“趨”作“趍”。考“趨”“趍”二字音義相同,故字形雖異,解釋無别。又,今本《莊子》有“禹”“風”等字,駿河版、天明本《治要》亦有之,唯九条家本、金澤文庫本則無。二本時代較早,文字相同,金澤文庫本旁校“趍”上補“禹”字,“下”下補“風”字,其補訂在駿河版便得以呈現。

例 16:《莊子·天道》“上无爲也,下亦无爲也,是下與上同德”句

《莊子》	上无爲也,下亦无爲也,是下與上同德　,下與上同德則不臣;下有爲也,
九条家本	下亦無爲也,是下與上同悳也,下與上同悳則不臣;下有爲也,
金澤文庫本	下亦無爲也,是下與上同悳也,下與上同悳則不臣;下有爲也,
駿河版	上無爲也,下亦無爲也,是下與上同德也,下與上同德則不臣;下有爲也,
天明本	上無爲也,下亦無爲也,是下與上同德也,下與上同德則不臣;下有爲也,

案:今《莊子·天道》有“上无爲也”,與下文“下有爲也”相對。九条家本、金澤文庫本《治要》引無“上无爲也”句,至駿河版、天明本《治要》則有之。此可見九条家本與金澤文庫本關係密,亦可見駿河版以下反據《莊子》增“上无爲也”云云,失卻類書書鈔存舊之真。又,“德”字九条家本、金澤文庫本俱作“悳”,駿河版、天明本皆作“德”。二者雖只屬異體,然亦可知九条家本與金澤文庫本有承傳關係。又,《莊子》下文有“下有爲也,上亦有爲也,是上與下同道,上與下同道則不主”句,諸本《治要》於“道”字下有“也”字。劉文典云:“‘是下與上同德’、‘是上與下同道’,《治要》引‘德’下‘道’下並有‘也’字。”[①]王叔岷云:“《治要》引‘德’下有‘也’字。”“《治要》引‘道’下有‘也’字。”[②]據《治要》引書只刪不增之原則而言,則《莊子》二句並可增補“也”。

① 《莊子補正》卷五中《天道》,頁 374。
② 《莊子校詮》,頁 477。

例 17:《莊子·天道》郭象注“主能用臣”句

《莊子》	臣能親事,主能用臣; 斧能刻木,而工能用斧。
九条家本	臣能親事,主能 臣,斧能臣;斧能刻木,而工能用斧。
金澤文庫本	臣能親事,主能用 ,斧能臣;斧能刻木,而工能用斧。
駿河版	臣能親事,主能用臣; 斧能刻木,而工能用斧。
天明本	臣能親事,主能用臣; 斧能刻木,而工能用斧。

案:今本《莊子·天道》作“主能用臣”,駿河版、天明本《治要》皆然。惟九条家本《治要》作“主能臣,斧能臣”,金澤文庫本作“主能用,斧能臣”,二本字句大抵相同。其中“斧能臣”三字顯爲九条家本所誤衍,然而金澤文庫本與九条家本關係密切,祖述此本,故其誤相同。

E. 天明本《治要》實不可據

例 18:《莊子·胠箧》郭象注“則雖禽獸猶不可圖之以知”句

《莊子》	攻之愈密,避之愈巧,則雖禽獸猶不可圖之以知,
九条家本	攻之逾密,避之逾巧, 雖禽獸猶不可圖之以智,
金澤文庫本	政之逾密,避之逾巧, 雖禽獸猶不可圖之以智,
駿河版	政之逾密,避之逾巧, 雖禽獸猶不可圖之以智,
天明本	攻之逾密,避之逾巧,則雖禽獸猶不可圖之以智,

案:今本《莊子》郭象注、天明本《治要》所引有“則”字,九条家本、金澤文庫本、駿河版所引則無。因劉文典、王叔岷所據只天明本《治要》而有“則”字,故二人俱無校記。誠如前文所言,天明本多據原引典籍回改《治要》之文,此“則”字顯爲據《莊子·胠箧》原文所改。今觀九条家本等俱無此字可證。

例 19:《莊子·天地》“堯觀乎華”句

《莊子》	堯觀乎華 。華封人曰:“嘻,聖人,請祝聖人,使聖人壽。”
九条家本	堯觀乎華封。華封人曰:“嘻,聖人,請祝聖人,使聖人壽。”
金澤文庫本	堯觀乎華封。華封人曰:“嘻,聖人,請祝聖人,使聖人壽。”
駿河版	堯觀乎華封。華封人曰:“嘻,聖人,請祝聖人,使聖人壽。”
天明本	堯觀乎華 。華封人曰:“嘻,聖人,請祝聖人,使聖人壽。”

案:此處九条家本、金澤文庫本、駿河版《治要》俱重“華封”二字。考諸舊注,知“封”字誤涉下文而衍。“華”,《經典釋文》引司馬彪注:“華,地名也。”①

① 《經典釋文》卷二七《莊子音義中》,頁 11a。

“封”，司馬彪云：“守封疆人也。”[1]成玄英云：“華，地名也，今華州也。封人者，謂華地守封疆之人也。”[2]是知“華”乃地名，“封”是守封疆之人，然則堯所觀者當爲地而非人，故前一“封”字實誤衍。類書書鈔徵引典籍，貴在存舊，天明本《治要》實據《莊子》原文回改，故無“封”字。另一方面，九条家本、金澤文庫本、駿河版三者關係密切，同有此誤，雖未可取，然能存舊矣。

例 20：《莊子・天地》郭象注“任窮通之變”句

《莊子》	任窮通之變
九条家本	任窮理之變
金澤文庫本	任窮理之變
駿河版	任窮理之變
天明本	任窮通之變

案：《莊子・天地》郭象注“任窮通之變”句，“通”原作“理”，《南華真經注疏》校勘記云：“理，《校記》謂《道藏》褚伯秀本、焦竑本、《治要》引并作‘通’，當從之。據改。”[3]點校本以《古逸叢書》覆宋本爲底本，是《莊子》郭注原作“理”，後據諸書改爲“通”。劉文典云：“《治要》引注‘理’作‘通’，是也。”[4]大抵各人所據俱爲天明本《治要》，確乎作“通”。然九条家本、金澤文庫本、駿河版《治要》作“理”，天明本則據《莊子》别本回改爲“通”，不能保能《治要》原貌。

例 21：《莊子・天道》“帝王无爲而天下功”句

《莊子》	帝王无爲而天下功。　(功自彼成。)
九条家本	帝王無爲而天下功。　(功自彼成。)
金澤文庫本	帝王無爲而天下功。　(功自彼成。)
駿河版	帝王無爲而天下功成。(功自彼成。)
天明本	帝王無爲而天下功成。(功自彼成。)

案：今本《莊子・天道》作“帝王无爲而天下功”，郭象注：“功自彼成。”九条家本、金澤文庫本《治要》引正文同今本《莊子》，駿河版、天明本《治要》正文“功”下有“成”字。王念孫當時所見爲天明本《治要》，其云：

> 如郭解，則“功”下須加“成”字而其義始明。不知“功”即“成”也，言無爲而天下成也。《爾雅》曰：“功，成也。”《大戴禮・盛德篇》曰：“能成德法

① 《經典釋文》卷二七《莊子音義中》，頁 11a。
② 《南華真經注疏》卷五《天地》，頁 240。
③ 《南華真經注疏》卷五《天地》，頁 259。
④ 《莊子補正》卷五上《天地》，頁 339。

者爲有功。"《周官·稾人》"乃入功于司弓矢及繕人",鄭注曰:"功,成也。"《管子·五輔篇》曰:"大夫任官辯事,官長任事守職,士脩身功材。""功材"謂成材也。《荀子·富國篇》曰:"百姓之力,待之而後功。"謂待之而後成也。"萬物化"、"萬物育"、"天下功"相對爲文,是"功"爲"成"也。[①]

據王念孫説,是"功"與"成"義同,"天下功"即天下成也。劉文典云:"王校是也。《治要》引'功'下有'成'字,疑涉注衍。"[②]劉氏所據亦天明本《治要》,所引有"成"字。王叔岷《莊子校詮》云:"案覆宋本'功'下有'成'字,《治要》引同。"[③]王叔岷所據亦天明本《治要》。時代較早之九条家本、金澤文庫本皆無"成"字。惟金澤文庫本旁校於"功"下補"成"字,後駿河版、天明本果如是,是金澤文庫本之校語對後世影響深遠,而天明本未必可信也。

例22:《莊子·知北游》"无爲而无不爲也"句

《莊子》	以至於无爲,无爲而无不爲也。
九条家本	以至於無爲　　而無不爲也。
金澤文庫本	以至於無爲　　而無不爲也。
駿河版	以至於無爲　　而無不爲也。
天明本	以至於無爲,無爲而無不爲也。

案:今本《莊子·知北游》引作"以至於无爲,无爲而无不爲也",重"无爲"二字,天明本《治要》與此同。然而,考諸九条家本、金澤文庫本、駿河版《治要》,"无爲"二字不重。《治要》引書就原文多所刪削,天明本反據當時所見《莊子》補足原文,未必可取。

F.《群書治要》自身的問題

汪紹楹云:"古類書可用以來校理古籍,但是它的本身也有待於校理。"[④]唐以前之書籍流傳,只靠手抄,字體自不如刻版印刷穩定。《群書治要》雖然極爲珍貴,然其中亦有訛誤之處,借《莊子》之對校亦可得見。

例23:金澤文庫本《治要》"封人曰:'辞。'"句

《莊子》	堯曰:"辭。"	封人曰:"壽、富、多男子,人之所欲也,
九条家本	堯曰:"辞。"	封人曰:"壽、富、多男子,之人所欲。

① 《讀書雜志》讀書雜志餘編,頁2593—2594。
② 《莊子補正》卷五中《天道》,頁375。
③ 《莊子校詮》,頁479。
④ [唐]歐陽詢撰、汪紹楹校《藝文類聚》前言,上海古籍出版社,1999年新2版,頁13。

續表

金澤文庫本	堯曰:"辞。"封人曰:"辞。"封人曰:"壽、富、多男子,之人所欲。
駿河版	堯曰:"辭。" 封人曰:"壽、富、多男子,之人所欲也。
天明本	堯曰:"辭。" 封人曰:"壽、富、多男子,人之所欲也。

案:考諸《莊子·天地》,以及九条家本、駿河版、天明本《治要》,皆無"封人曰:'辞。'"云云,顯係金澤文庫本鈔者所誤增也。蓋堯與封人對答之中,"封人"二字涉後文而增,而"辞"字則承上文而衍。在二人對話關係之中,答之以"辞"者俱屬堯所言,並非封人所云,益證此乃金澤文庫本所誤增。

例 24:《莊子·天地》"是三者,非所以養德也,故辭"句

《莊子》	是三者, 非所以養德也,故辭。
九条家本	是三者,皆非所以養悳 ,故辭。
金澤文庫本	是三者,皆非所以養意 ,故辭。
駿河版	是三者,皆非所以養意 ,故辭。
天明本	是三者,皆非所以養意 ,故辭。

案:此文《莊子》作"非所以養德也",劉文典云:"《治要》引'是三者'下有'皆'字,'德'作'意',無'也'字。"[①]王叔岷云:"案《治要》引非上有皆字,德作意。意疑悳之誤,德之本字作悳。"[②]王氏所言是也。今考《治要》諸本,金澤文庫本、駿河版、天明本皆作"意",唯九条家本作"悳",證王氏言是。劉氏、王氏只見天明本《治要》,誠爲憾事。又,知此文自金澤文庫本起已誤作"意",及後諸本皆因循之而未有改作,亦誤。

例 25:《莊子·天道》"夫帝王之德"句

《莊子》	夫帝王之德,以天地爲宗,以道德爲主,以无爲爲常。
九条家本	夫帝 之悳,以天地爲宗,以道悳爲主,以無爲爲常。
金澤文庫本	夫帝 之悳,以天地爲宗,以道悳爲主,以無爲爲常。
駿河版	夫帝王之德,以天地爲宗,以道德爲主,以無爲爲常。
天明本	夫帝王之德,以天地爲宗,以道德爲主,以無爲爲常。

案:此可見《莊子》原文,與駿河版、天明本《治要》相同,俱作"夫帝王之德"。至於九条家、金澤文庫本無"王"字,不成文。駿河版、天明本等復補"王"字是矣。類書書鈔貴在存舊,保留傳鈔原典時之文字,駿河版據金澤文庫本而

① 《莊子補正》卷五上《天地》,頁 338。
② 《莊子校詮》,頁 430。

來,卻補上"王"字,雖然意思圓足,顯爲據原典校改書鈔之例。

例26:《莊子·徐无鬼》"七聖皆迷"句

《莊子》	至於襄城之野,七聖皆迷,无所問塗。
九条家本	至　襄城之野,七聖皆迷,無所問塗。
金澤文庫本	至　襄地之野,七實皆迷,無所問塗。
駿河版	至　襄城之野,七聖皆迷,無所問塗。
天明本	至　襄城之野,七聖皆迷,無所問塗。

案:金澤文庫本之因乃寫本之故,訛誤頗多,雖屬全帙,然校點《群書治要》之時,不宜以之爲底本。此例《莊子·徐无鬼》、九条家本、駿河版、天明本《治要》皆作"七聖",唯有金澤文庫本作"七實",蓋誤。"實",金澤文庫本旁校爲"聖",旁校是也。此所言"七聖"者,指黄帝、方明、昌寓、張若、謵朋、昆閽、滑稽等七人。

G.《群書治要》所引《莊子》篇名

《群書治要》援引《莊子》五篇,包括《胠篋》、《天地》、《天道》、《知北游》(以上皆見外篇)、《徐無鬼》(雜篇)。今比較諸本《治要》與《莊子》所見篇名,表列如下:

《莊子》	胠篋	天地	天道	知北游	徐无鬼
九条家本	胠篋	天地	天運	智北游	徐無鬼
金澤文庫本	胠篋	天地	天運	智北游	徐無鬼
駿河版	胠篋	天地	天運	知北游	徐無鬼
天明本	胠篋	天地	天道	知北游	徐無鬼

準上所見,《莊子·天道》篇名,九条家本、金澤文庫本、駿河版並引作"天運",蓋誤。金澤文庫本卷三十七乃清原教隆校勘,指出勘本謂此文乃《天道》。天明本《治要》大抵根據所見《莊子》回改,故不復誤。

又,九条家本、金澤文庫本作"智北游",《莊子》"智"作"知"。"智",金澤文庫本旁校爲"知"。眉校云:"案本書似以'智'爲人名。"駿河版、天明本《治要》作"知"。至於《徐无鬼》,諸本《治要》俱挑選用"無"字,唯今本《莊子》"無"作"无"。以上可見《治要》所引《莊子》篇名與今本《莊子》略有不同。

四、《群書治要》所引《莊子》内容闡析

唐代李姓爲國,重視道家,然其時開科取士,整理五經,唐太宗於貞觀四年(630)下詔顔師古考定《五經》之文。文字既正以後,至貞觀七年十一月,頒師

古新定之《五經》,即《五經定本》[①]。及後,唐太宗詔令孔穎達主持編撰《五經正義》,諸儒參議,至貞觀十六年略成,後續有修正,在唐高宗永徽四年方行頒布。準此,唐代之重視儒家經典可見一斑。《群書治要》博采經、史、子三部典籍,經部典籍已屬儒家,子部諸書雖仍兼收並蓄,但仍以儒家典籍爲衆[②]。因全書務在治國,故即採用道家典籍,亦不以其所載道論爲採用對象。方勇云:"在《胠篋》等五篇中,有不少文字是論述'無爲而治'的思想。魏徵等認爲這部分文字對治理國家有幫助,就把它們節選出來,使之成了《莊子治要》的主體。"[③]又云:"就整部《莊子》來看,其所包含的'無爲'思想是具有多層意義的。大致來説,内篇所説的'無爲',即是超然於現實之外的逍遥無爲;而外篇、雜篇所謂的'無爲',卻已轉向現實政治關懷,即屬於《漢書·藝文志》所説的'君人南面之術'。我們從《莊子治要》中可以清楚看到,魏徵等人節選《莊子》的文字,完全是從現實關懷出發,所以他們拋棄了最能代表莊周本人思想的内篇,而對外篇、雜篇中的有關文字卻給予了充分重視,但對於其中那些不合於'君人南面之術'的句子仍要予以删削。"[④]二文所論皆是,可見《治要》採録《莊子》文字時之重心。《莊子》之道論部分主要見於内篇七篇,可是《治要》既不以此爲重,其所採篇章悉數來自外篇、雜篇。且今存《莊子》三十三篇,《治要》所採分别是外篇之《胠篋》《天地》《天道》《知北游》,以及屬於雜篇之《徐無鬼》。

《群書治要》所採録之《莊子》篇章,有一部分最堪注意,即《莊子·天道》從"夫帝王之德"至"非上之所以畜下也"之一段文字。這段文字,固然與治國之道相關,卻與莊周思想不太相合。因此,後世學者多以爲不出莊子或莊子學派所爲。今具録該文如下:

> <u>夫帝王之德,以天地爲宗,以道德爲主,以无爲爲常。无爲也,則用天下而有餘;有爲也,則爲天下用而不足。故古之人貴夫无爲也。上无爲也,下亦无爲也,是下與上同德,下與上同德則不臣;下有爲也,上亦有爲也,是上與下同道,上與下同道則不主;上必无爲而用天下,下必有爲爲天下用,此不易之道也。</u>
>
> <u>故古之王天下者,知雖落天地,不自慮也;辯雖彫萬物,不自説也;能雖窮海内,不自爲也。天不産而萬物化,地不長而萬物育,帝王无爲而天下功。故曰:莫神於天,莫富於地,莫大於帝王。故帝王之德配天地。此乘天地,馳萬物,而用人群之道也。</u>
>
> <u>本在於上,末在於下;要在於主,詳在於臣。三軍五兵之運,德之末</u>

① 《舊唐書》卷三《太宗本紀下》,頁43。

② 有關《群書治要》所載子部各家典籍之概況,可參拙作《"昭德塞違,勸善懲惡"——論〈群書治要〉所引先秦諸子與治國之道》,《諸子學刊》2014年第11輯,頁297—319。

③ 《莊學史略》,頁155。

④ 《莊學史略》,頁156。

> 也;賞罰利害,五刑之辟,教之末也;禮法度數,形名比詳,治之末也;鐘鼓之音,羽旄之容,樂之末也;哭泣衰絰,隆殺之服,哀之末也。此五末者,須精神之運,心術之動,然後從之者也。末學者,古之人有之,而非所以先也。君先而臣從,父先而子從,兄先而弟從,長先而少從,男先而女從,夫先而婦從。夫尊卑先後,天地之行也,故聖人取象焉。天尊地卑,神明之位也;春夏先,秋冬後,四時之序也;萬物化作,萌區有狀,盛衰之殺,變化之流也。夫天地至神矣,而有尊卑先後之序,而况人道乎!宗廟尚親,朝廷尚尊,鄉黨尚齒,行事尚賢,大道之序也。語道而非其序者,非其道也。語道而非其道者,安取道哉!
>
> 是故古之明大道者,先明天而道德次之,道德已明而仁義次之,仁義已明而分守次之,分守已明而形名次之,形名已明而因任次之,因任已明而原省次之,原省已明而是非次之,是非已明而賞罰次之。賞罰已明,而愚知處宜,貴賤履位,仁賢不肖襲情。必分其能,必由其名,以此事上,以此畜下,以此治物,以此修身,知謀不用,必歸其天,此之謂太平,治之至也。故《書》曰:"有形有名。"形名者,古人有之,而非所以先也。古之語大道者,五變而形名可舉,九變而賞罰可言也。驟而語形名,不知其本也;驟而語賞罰,不知其始也。倒道而言,迕道而説者,人之所治也,安能治人!驟而語形名賞罰,此有知治之具,非知治之道。可用於天下,不足以用天下,此之謂辯士,一曲之人也。禮法度數,形名比詳,古人有之,此下之所以事上,非上之所以畜下也。[1]

上文有劃綫的部分,俱爲《治要》所引用。在此文裏,主張帝王無爲、臣下有爲,迹近黄老道家之言。此段文字闡明了所有政治活動皆應遵從固有的規律,萬事萬物皆有順序,而人的不同身份的尊卑均有自然的順序,此等思想不僅與莊子所言"齊物"背道而馳,更爲統治者管治臣民百姓加上合乎哲理的包裝,似乎是受到儒家思想影響而撰作。歐陽修很早便提出質疑,其云:"此以下俱不似莊子語。"[2]清人王夫之《莊子解》云:"此篇之説,有與莊子之旨迥不相侔者;特因老子守静之言而演之,亦未盡合于老子;蓋秦漢間學黄老之術、以干人主者之所作也。[……]此篇以無爲爲君道,有爲爲臣道,則剖道爲二,而不休於天鈞。且既以有爲爲臣道矣,又曰'以此南鄉、堯之爲君也,以此北面、舜之爲臣也',則自相刺謬。[……]定非莊子之書,且非善學莊子者之所擬作,讀者所宜辨也。"[3]又云:"其意以兵刑、法度、禮樂委之於下,而按分寸、執名法以原省其功過。此形名家之言,而胡亥督責之術、因師此意,要非莊子之旨。"[4]詳細指

① 《南華真經注疏》卷五《天道》,頁 268—274。

② [清]劉鳳苞(撰)、方勇(點校)《南華雪心編》卷四,中華書局,2013 年,頁 310。

③ [清]王夫之《莊子解》卷十三,中華書局,1964 年,頁 114。

④ 《莊子解》卷十三,頁 117。

出本文與莊子思想不相合,實出自形名家之手。錢穆云:"此皆晚世儒生語耳,豈誠莊生之言哉!"[①]以爲此部分文字出諸儒家。陳鼓應遍引前人衆説,總之云:"此下自'夫帝王之德'至'非上之所以畜下也'一大段文,與莊周之學不類。"[②]大抵此文出諸甚麼學派,尚未有定論,然與莊子思想不相合則爲學者所共持。惟《群書治要》對此卻加援引,足見其所重旨在治國,是否出自莊周殊不重要。

五、結語

本文考察《群書治要》引用《莊子》之情況,以此討論二書在文獻學、學術史上之特殊現象。全文可總之如下:

1.《群書治要》引用唐前經部、史部、子部之典籍,以治國爲其引書之要務。在子部之中,所引遍及儒、道、法、名、墨、雜、兵家。在所引諸家之中,後世所重者或爲各家之道論部分,然而《群書治要》既以治國爲主,則其所著眼只在治國層面之上。本文以《莊子》爲主要研究對象,然《治要》所引不及内篇,而只引及外篇、雜篇之五篇文章,摘取其中與治國相關者而已。

2.《群書治要》自書成以後,不久即傳至日本,雖在中國本土散佚,但在清嘉慶年間從日本回流中國。王念孫《讀書雜志》嘗利用《治要》校勘《莊子》,嗣後如劉文典《莊子補正》、王叔岷《莊子校詮》等亦踵武前修,研治《莊子》,卓然有成。然而,諸家所見者僅爲天明本《治要》。此本在校正之時,嘗就所引原書回改,失卻《治要》存舊之功,未可稱善。今取時代最早之九条家本,全帙而時代略早之金澤文庫本,時代稍久而字體清晰可見之駿河版,以三本復加比較,則使對唐本《莊子》之認識有所加深。

3. 據王念孫所言,《群書治要》引書有只删不增之原則。準此,是《治要》文字稍多於今本《莊子》者,當爲今本《莊子》之脱文。又,《治要》引文時與《莊子》有所不同,或可證成今本《莊子》在傳鈔過程所見之訛誤。且九条家本、金澤文庫本時代較早,甚至可與唐寫本《莊子》兩相比較,大抵可知唐代《莊子》之傳鈔概況。

4. 利用《群書治要》引用《莊子》之各種情況,可見諸本《治要》之内在關係。九条家本時代最早,前人如尾崎康嘗指出此本與金澤文庫本關係密切,今據所引《莊子》亦可證成此意見。又,金澤文庫本在鎌倉時代嘗經校勘,校勘成果大多反映在駿河版之内,此可見駿河版有吸收前人的校勘成果。此外,天明本每多據原典回改舊籍,以九条家本、金澤文庫本、駿河版相比較,多見天明本與《莊子》文字相若,而稍異於三本。

5. 類書書鈔固然有其重要之文獻價值,然而其本身亦有許多問題。諸本

① 錢穆《莊子纂箋》,東大圖書公司,1993年,頁106。

② 陳鼓應《莊子今注今譯》,商務印書館,2007年,頁398。

《治要》自身亦有不少問題需要解決，誤字、衍文隨處可見。因此，諸本《治要》雖有佐證之效，但仍當多番比較，細意求證，方始爲功。

6.《群書治要》只引《莊子》外篇之《胠篋》《天地》《天道》《知北游》，以及屬於雜篇之《徐無鬼》，不及莊子道論之餘，在《天道》所引文字，或非出自莊周學派之手。前人於此討論極多，或謂屬儒家、法家等，衆説紛紜，莫衷一是。因《治要》所關注僅爲引文與治國之相關度，是否屬於該書之中心思想，並不重要。

附圖一：

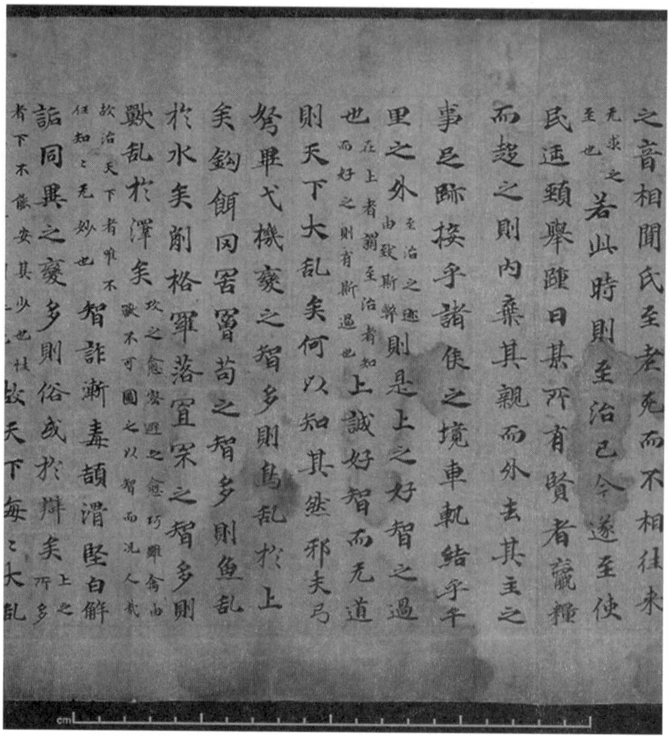
之音相聞民至老死而不相往來
无求之至也若此時則至治已今遂至使
民延頸舉踵曰某所有賢者贏糧
而趣之則內棄其親而外去其主之
事足跡接乎諸侯之境車軌結乎千
里之外至治之迹由致斯弊則是上之好智之過
也在上者獨至治者知而好之則有斯過也上誠好智而无道
則天下大亂矣何以知其然邪夫弓
弩畢弋機變之智多則鳥亂於上
矣鉤餌罔罟罾笱之智多則魚亂
於水矣削格羅落罝罘之智多則
獸亂於澤矣攻之愈密避之愈巧雖禽獸不可圖之以智而況人哉
故治天下者唯不任知之无妙也智詐漸毒頡滑堅白解
詬同異之變多則俗惑於辯矣上之所多
者下不能安其少也性故天下每每大亂

唐寫本《莊子·胠篋》(S. 796)節録。“則是上之好智之過也”見本圖第6—7行。

【作者簡介】 潘銘基，香港中文大學中國語言及文學系副教授、博士生導師、劉殿爵中國古籍研究中心名譽研究員，研究方向爲儒家文獻、漢唐經學、歷代避諱、域外漢籍、唐宋類書等。

賈公彦《儀禮》分節探微

杜以恒

【提　要】 研讀《儀禮》,"分節"是必由之路。歷代注釋《儀禮》者都不能繞過分節問題,分節的科學程度從一個角度反映出禮學家的學術水平高低。《儀禮》分節的開端是唐賈公彦《儀禮疏》。本文對《儀禮疏》之分節進行系統研究,論及《儀禮疏》分節研究史、分節方式、分節結構、分節疏失、分節優長、分節價值,勾勒出《儀禮疏》分節的總體面貌。本文還提出了一些新觀點,如《儀禮疏》分節與"五經正義"之分節有相通之處、《儀禮疏》分卷主要以分節爲依據、《儀禮疏》是後代《儀禮》分節的基礎、《儀禮疏》在分節上的成績是賈公彦《儀禮》學水平的重要標誌等。應當建立《儀禮》"分節學",與已有之"禮例學"、"禮圖學"一道,構成《儀禮》學的完整體系。

【關鍵詞】 賈公彦　儀禮疏　儀禮分節　儀禮經傳通解

一、緒論

《儀禮》一經,號稱難讀。研究《儀禮》,分節是必由之路,歷代注釋《儀禮》者都不能繞過分節問題,分節的科學程度從一個角度反映出禮學家的學術水平高低,所以清代學者陳澧在《東塾讀書記》中這樣總結前人研讀《儀禮》的方法:"一曰分節,二曰繪圖,三曰釋例。"①陳氏的總結簡明扼要,抓住了讀通《儀禮》的關鍵。陳澧之後,皮錫瑞②、曹元弼③、范文瀾④等學者均引用陳氏之説,可見學術界對《儀禮》分節的重要性已達成共識。

所謂"分節",即按照禮儀程序劃分儀節。如《士昏禮》所謂"六禮",即"納采""問名""納吉""納徵""請期""親迎",就是《士昏禮》中最爲重要的六個儀節。《儀禮》是由一個一個儀節嚴密有序地排纂而成的宏大體系,能不能恰當

---

① [清]陳澧《東塾讀書記》卷八《儀禮》,《續修四庫全書》第 1160 册,上海古籍出版社,2002 年,頁 572。

② [清]皮錫瑞《經學通論》卷三《三禮》,中華書局,1954 年,頁 32。

③ 曹元弼《禮經學》卷一,《續修四庫全書》第 94 册,上海古籍出版社,2002 年,頁 577。

④ 范文瀾《群經概論》,《范文瀾全集》,河北教育出版社,2002 年,頁 200。

分節，直接關係到是不是準確把握了《儀禮》的經義，可以說是研究《儀禮》的第一步，是開展進一步研究"繪圖"和"釋例"的基礎。

《儀禮》共有十七篇，詳細記載了"士冠禮"以下十四種周代禮儀的禮儀程序，具有極强的程序性。按照禮儀程序對《儀禮》經文進行分節，是讀懂《儀禮》的前提。通俗地說，如果將《儀禮》十七篇比作十餘部電視連續劇，《儀禮》分節就是對這些電視劇進行分集，每集再起一個名字，起到提綱挈領的作用。《儀禮》分節的優劣，可以直觀地反映出一位學者研治《儀禮》功力的深淺。

就存世《儀禮》經解而論，最早對《儀禮》進行系統分節的是唐賈公彦《儀禮疏》①。陳澧在《東塾讀書記》中簡單揭示了賈公彦《儀禮疏》的分節情况，指出賈疏分節"有尤細密者"，"偶有遺漏者"②。曹元弼的《禮經學》大段引用陳澧的觀點，對賈疏分節並無進一步研究。陳、曹之後，賈疏《儀禮》分節研究長期寂寥，直至近年，方有起色。2009 年，臺灣臺南大學鄭憲仁先生發文探討《公食大夫禮》的分節問題③，對賈疏《公食大夫禮》的分節有簡要論述。2013 年，清華大學彭林先生發表《論〈儀禮〉賈疏》④一文，認爲賈疏分節是通篇劃分，且簡要列舉《士喪禮疏》分節情況。2016 年，清華大學歷史系博士張德付先生發表《〈儀禮疏〉術語釋—以〈鄉射禮疏〉爲例》，其中專門討論了《鄉射禮疏》的分節術語⑤。2017 年，香港中文大學李洛旻先生在所著《賈公彦〈儀禮疏〉研究》⑥中，結合朱熹《儀禮經傳通解》，著重對《儀禮疏》分節目的進行了討論。2018 年，李先生又發表《〈士喪禮疏〉分節法探微》⑦一文，以《士喪禮》爲例，專門討論賈疏《士喪禮》的分節問題。以上諸家論述創見頗多，足資取信。不過，已有《儀禮疏》分節研究，或是作爲《儀禮疏》整體研究的附屬，或是作爲《儀禮疏》術語研究的一部分，亦或是僅僅針對《儀禮疏》某篇，均没有對賈疏分節進行全面研究，有些結論難免不夠完密。總的來説，近年來學界逐漸開始關注賈疏的分節問題，有了一些零星論著。至於賈疏分節的系統研究，目前還是空白。

本文對賈公彦《儀禮疏》之《儀禮》分節進行全面、系統的探究，力求揭示賈疏分節的總體面貌、賈疏分節的成就與不足以及賈疏分節對後世《儀禮》學的重大影響，這是《儀禮》研究和《儀禮》學史研究的重要一環。

---

① 鄭玄《儀禮注》中雖有零散的分節理念，但並無系統分節。

② ［清］陳澧《東塾讀書記》卷八《儀禮》，頁 572—573。

③ 鄭憲仁《以〈公食大夫禮〉爲例對〈儀禮〉儀節之分節做討論》，《野人習禮：先秦名物與禮學論集》，上海古籍出版社，2017 年，頁 299。原文發表於《"國立"臺南大學人文與社會研究學報》2009 年第 43 卷第 2 期。

④ 彭林《論〈儀禮〉賈疏》，《第四届國際漢學會議論文集・東亞視域中的儒學》，臺北"中央研究院"，2013 年，頁 11—34。

⑤ 張德付《〈儀禮疏〉術語釋—以〈鄉射禮疏〉爲例》，《古籍整理研究學刊》2016 年第 6 期，頁 82—87。

⑥ 李洛旻《賈公彦〈儀禮疏〉研究》，萬卷樓，2014 年，頁 54—56。

⑦ 李洛旻《〈士喪禮疏〉分節法探微》，《中國典籍與文化》2018 年第 3 期，頁 21—28。

二、《儀禮疏》分節方式

賈公彦《儀禮疏》是對《儀禮》經文和鄭注的疏解，它的文本形式是“單疏”，本身不含經文、注文，因此賈公彦對《儀禮》經文的分節不是在經文上作標記或説明，而是在疏文中作説明。我們研究賈公彦對《儀禮》的分節，只能求之於疏文。賈公彦《儀禮疏》的分節方式，是在每一節第一句經文的疏文中加以説明，一般包括分節範圍和節名兩部分。如《儀禮・士冠禮》賈疏所分第一節“將行冠禮先筮取日”，“‘士冠’至‘廟門’，釋曰：自此至‘宗人告事畢’一節，論將行冠禮先筮取日之事”[1]。在此句之後，賈公彦才開始對經文的具體疏解。我們把《儀禮疏》中專門用來劃分儀節的句子稱爲“分節句”。在《儀禮疏》中，《儀禮》分節句始終置於每段疏文的最前端，緊接“釋曰”二字。

賈疏分節句的位置雖然固定，但是每一節分節句的句式卻並不是整齊劃一的。賈公彦《儀禮疏》將《儀禮》一經總分爲 332 節，包含 331 個分節句（《喪服》篇部分分節不使用分節句，所以兩數不合）。這 331 個分節句，竟有多達 52 個句式，爲了方便下文的探討，兹列表如下：

表 1：《儀禮疏》分節句式統計表

序號	分節句式	士冠禮	士昏禮	士相見禮	鄉飲酒禮	鄉射禮	燕禮	大射儀	聘禮	公食大夫禮	覲禮	喪服	士喪禮	士虞禮	特牲饋食禮	少牢饋食禮	總計
1	自此至……一節，論……之事	2															2
2	自此至……論……之事也	2	1	1				1									5
3	自此至……論……之事	1	5	1	10	7	4	3	3				3	1	1		39
4	自此至……論……之儀				1												1

① ［唐］賈公彦《儀禮注疏》卷一，清嘉慶南昌府學刊阮元校刻《十三經注疏》本，頁 3。明嘉靖以前，《儀禮疏》單行。明嘉靖陳鳳梧合刻《儀禮注疏》十七卷，以疏文分附注文之下。且疏文並非來自單疏本，而是從宋朱熹《儀禮經傳通解》、魏了翁《儀禮要義》等書中析出。陳鳳梧之後，李元陽本、北監本、汲古閣本、武英殿本遞相翻刻。直至清嘉慶年間，張敦仁據黄丕烈所藏宋嚴州本《儀禮注》、宋景德官板《儀禮疏》合刻《儀禮注疏》五十卷，以經注入疏文（單疏所缺六卷仍以陳本補），最大限度保持了疏文原貌。阮本《儀禮注疏》，即用張敦仁本。本文所用《儀禮疏》，以阮本爲準。若有異文，則參考《中華再造善本續編》影印清黄氏士禮居影宋抄本。關於《儀禮疏》的版本問題，可參考王鍔《〈儀禮注疏〉版本考辨》，《古籍整理研究學刊》，1996 年第 6 期；廖明飛《〈儀禮〉注疏合刻考》，《文史》2014 年第 1 輯。

續表

序號	分節句式	士冠禮	士昏禮	士相見禮	鄉飲酒禮	鄉射禮	燕禮	大射儀	聘禮	公食大夫禮	覲禮	喪服	士喪禮	士虞禮	特牲饋食禮	少牢饋食禮	總計
5	自此至……論……也	1										1					2
6	自此至……論……	1															1
7	自此至……論……節		1														1
8	自此至……論……之節也				1												1
9	自此至……者，總見……也	1															1
10	自此以下至……一節，論……之事也	1															1
11	自此以下至……論……也	1															1
12	自此以下至……論……之事				1	1											2
13	自此以下至……論……之事也				2	1											3
14	自此以下至……論……事也				1												1
15	自此以下至……論……				1												1
16	自此以下論……											1					1
17	自此以下盡……論……之事					1	3										4
18	自此下至……論……之事				1												1
19	自此下盡……論……之事						2							1		1	4
20	自此盡……論……					1							1				2

續表

序號	分節句式	士冠禮	士昏禮	士相見禮	鄉飲酒禮	鄉射禮	燕禮	大射儀	聘禮	公食大夫禮	覲禮	喪服	士喪禮	士虞禮	特牲饋食禮	少牢饋食禮	總計
21	自此盡……論……也													1			1
22	自此盡……論……之事也					1										2	3
23	自此盡……論……之事					16	6	31	36	12	10	1	30	9	20	34	205
24	自此盡……爲……之事								1								1
25	自此盡……論……事						1	1	1								3
26	自此盡……論……之節						5										5
27	自此盡……，……之事							1									1
28	自此盡……此以下論……								1								1
29	自……盡于……，論……之事															1	1
30	從此盡……論……之事								1								1
31	從此下至……陳……		1														1
32	此盡……論……之事												2				2
33	此至……論之節		1														1
34	此文下盡……論……之節	1															1
35	此文下盡……一節，論……也		1														1
36	此下至……，……之事		1														1
37	此以下論……之事					1											1

續表

序號	分節句式	士冠禮	士昏禮	士相見禮	鄉飲酒禮	鄉射禮	燕禮	大射儀	聘禮	公食大夫禮	覲禮	喪服	士喪禮	士虞禮	特牲饋食禮	少牢饋食禮	總計
38	此一節論……之事													1			1
39	此一節論……	1															1
40	此一經論……之節						1										1
41	此一經論……之事								1		1				1	5	8
42	此一經論……															1	1
43	此一經……之節						1										1
44	此經論……也	1															1
45	此經論……事															1	1
46	此經論……之事												2			1	3
47	此及下經論……之事												1				1
48	自此已上説……	1															1
49	自此已下至……説……	1															1
50	此……章											4					4
51	此是……章											1					1
52	自此以下盡……記……也											1					1
總計		15	11	2	18	29	23	37	44	12	11	9	39	13	22	46	331

注:《既夕禮》《有司徹》兩篇分别爲《士喪禮》《少牢饋食禮》之下篇,此處不再單列。

雖然《儀禮疏》分節句式繁多,但是我們仍舊可以從上表中總結出一些規律。《士冠禮》作爲《儀禮》第一篇,有 15 個分節句,卻有 13 種分節句式。《士冠禮》分節句式在《儀禮疏》諸篇中最爲雜亂,毫無規律可言。而從第二篇《士昏禮》至第四篇《鄉飲酒禮》,“自此至……論……之事”這一句式在每一篇中所占比重越來越高。而從第五篇《鄉射禮》開始,“自此至…論…之事”所占比重又逐漸降低,而“自此盡…論…之事”這一句式則從無到有,在每篇中所占比重迅速升高。爲了形象地揭示這一趨勢,我們將這兩種重點句式在各篇中所占百分比製成圖表:

表 2:《儀禮疏》重點分節句式所占百分比統計表

	自此至……論……之事	占本篇百分比	自此盡……論……之事	占本篇百分比	各篇分節句數
士冠禮	1	6.7%	0	0.0%	15
士昏禮	5	45.5%	0	0.0%	11
士相見禮	1	50.0%	0	0.0%	2
鄉飲酒禮	10	55.6%	0	0.0%	18
鄉射禮	7	24.1%	16	55.2%	29
燕禮	4	17.4%	6	26.1%	23
大射儀	3	8.1%	31	83.8%	37
聘禮	3	6.8%	36	81.8%	44
公食大夫禮	0	0.0%	12	100.0%	12
覲禮	0	0.0%	10	90.9%	11
喪服	0	0.0%	1	11.1%	9
士喪禮	3	7.7%	30	76.9%	39
士虞禮	1	7.7%	9	69.2%	13
特牲饋食禮	1	4.5%	20	90.9%	22
少牢饋食禮	0	0.0%	34	73.9%	46
總計	39	11.8%	205	61.9%	331

注:《喪服》篇賈公彦分節方法較爲特殊,下文有專論,可暫不考慮。

由此我們可以得到一個推論,那就是賈公彦《儀禮疏》的分節,並非從一開始就制定了一個嚴密的凡例,進而一以貫之地執行,而是在撰寫之中,逐漸摸索,并形成了不成文的凡例①。具體來説,由《士冠禮》至《鄉飲酒禮》四篇,賈疏分節尚處於摸索階段。而《鄉射禮》以後,則相對成熟,選取了"自此盡……論……之事"這一句式作爲主要分節句式。這一主要句式在《儀禮疏》中總共有 205 句,占總句數的六成以上。

至於表 1 所列編號 38 至 46 的 9 種句式,情況較爲特殊。這些句式不説明分節範圍,以"此一經(節)"或"此經"開頭,之後直接點明本節節名。這類分節句式之所以不包含分節範圍,是因爲所分儀節經文較短,與賈疏自帶之起訖語範圍相同,故而不需要再説明分節範圍。以賈疏所分《聘禮》第 32 節"主國卿大夫饗食聘賓及上介"爲例,此節經文:"大夫於賓,壹饗,壹食。上介,若食、

① 賈公彦《儀禮疏》未必是按照篇目順序逐一撰寫,但從《儀禮疏》分節句變化趨勢看,以篇目順序撰寫的可能性較大。此外,朱明數等學者認爲,《儀禮疏》材料來源複雜也可能是分節句式混亂的原因,亦可備一説。

若饗。若不親饗,則公作大夫致之以酬幣,致食以侑幣。"賈疏:"'大夫'至'侑幣',釋曰:此一經論主國卿大夫饗食聘賓及上介之事。"[①]此節經文僅 33 字,與賈疏起訖語完全相合,"此一經"即"大夫"至"侑幣",故不必再贅舉分節範圍。這一類分節句式在《儀禮疏》中共有 18 處,其中"此一經論……之事"這一句式有 8 處,爲主要句式。

張德付先生在其《〈儀禮疏〉術語釋—以〈鄉射禮疏〉爲例》一文中,列出了《儀禮疏》三種句式:"1. 自此至某(自此以下/下至某) 2. 自此盡某(自此以下/下盡某) 3. 此經(此一經)。"[②]張先生所列三句式,均爲出現頻率較高者,證明張先生對《儀禮疏》重要分節句式的判斷是十分敏鋭的。

賈疏分節句的位置固定于"釋曰"之下,但並不是所有在此位置的句子都是分節句。大多數情况下,我們可以根據經義和賈疏分節的體例判斷出"釋曰"之下的句子是分節句,還是對經、注文的疏解。不過,還是有一小部分情况較難區分。如《聘禮》記文,"多貨則傷于德",賈疏:"釋曰:此經主論聘享所用圭璋璧琮不得過多之事也。"[③]"幣美則没禮,"賈疏:"釋曰:此主論享時用束帛,故享君用束帛,享夫人用束錦,皆不得過美。"[④]這兩處疏文首句句式與前揭諸句式十分近似,幾乎難以區别。不過我們還是認爲這兩句疏文不是分節句,原因是:1. 賈疏對《聘禮》記文總體上並不分節。2. 疏文所述内容遠遠超過經文的範圍,是對兩句經文的疏解和延展,而不是分節。3. 以經義觀之,此兩句短小的經文並無分節之必要,朱熹《儀禮經傳通解》、楊復《儀禮圖》、敖繼公《儀禮集説》、郝敬《儀禮節解》、張爾岐《儀禮鄭注句讀》、吴廷華《儀禮章句》、胡培翬《儀禮正義》等後世經解亦不分節。這類難以區别的句子數量並不多,但確實極難區分,需要綜合研判。

此外,孔穎達等所纂"五經正義",根據疏解經文的需要,對經文亦間有分節。我們發現,《儀禮疏》與"五經正義"的分節句式有相似之處。如《周易正義・坤卦》:"自此以上論坤元之德也。"[⑤]《繫辭下》:"自此以下論九卦各有施用而有利益也。"[⑥]《周易正義》將《繫辭》上、下各分爲十二章,其中很多分節句式與《儀禮疏》相似。又如《毛詩正義・詩譜序》:"正義曰:自此以下論作譜之意。"[⑦]《禮記正義・祭義》:"正義曰:自此以下至'致天下之和',論郊祭及日月

---

① 經文、疏文見《儀禮注疏》卷二二,頁 14。

② 張德付《〈儀禮疏〉術語釋——以〈鄉射禮疏〉爲例》,《古籍整理研究學刊》2016 年第 6 期,頁 85、85。

③④ 《儀禮注疏》卷二四,頁 11。

⑤ [唐]孔穎達《周易正義》卷三,國家圖書館出版社《中華再造善本》影印宋刻遞修本,2003 年,頁 2。

⑥ [唐]孔穎達《周易正義》卷十三,頁 14。

⑦ [唐]孔穎達《附釋音毛詩注疏・詩譜序》,國家圖書館出版社《中華再造善本》影印北京市文物局藏宋刻遞修本,2003 年,頁 6。

之義。”[①]《尚書》《春秋》二經《正義》亦多有諸如“自此以下”等句式，此不贅舉。《五經正義》之中，又以《禮記正義》分節句式與《儀禮疏》最爲近似，上所舉《祭義》之例，既有分節範圍“自此以下至‘致天下之和’”，又有節名“郊祭及日月之義”。這一情況，可能與賈公彦曾經參加《禮記正義》的修訂工作[②]有關。總之，賈公彦《儀禮疏》的分節句式，乃至分節本身，與“五經正義”有相通之處，不是完全孤立的行爲[③]。

總的來説，《儀禮疏》的分節是通過分節句實現的，分節句均置於每一節第一句經文疏文之首，通常包含分節範圍和節名兩部分。《儀禮疏》分節句式總體以“自此盡…論…之事”爲主。《儀禮疏》之分節偶有分節範圍與經文起訖語一致的情況，此時賈疏之分節句不再贅述分節範圍，只説明節名，句式以“此一經論…之事”爲主。《儀禮疏》的分節句式較爲雜亂，從第一篇至終篇則體現出由混亂到齊整的趨勢。受此影響，分節句與普通疏解有時較難區分，需要結合分節體例和經義綜合判斷。在與“五經正義”的比較中，我們又發現《儀禮疏》分節句式整體上與“五經正義”有相通之處。

三、《儀禮疏》分節結構

《儀禮疏》將《儀禮》總分爲 332 節，其中《士冠禮》14 節、《士昏禮》11 節、《士相見禮》2 節、《鄉飲酒禮》18 節、《鄉射禮》29 節、《燕禮》23 節、《大射儀》37 節、《聘禮》43 節、《公食大夫禮》12 節、《覲禮》11 節、《喪服》11 章、《士喪禮》(含《既夕禮》)39 節、《士虞禮》14 節、《特牲饋食禮》22 節、《少牢饋食禮》(含《有司徹》)46 節。

除《儀禮・喪服》分爲 11 章之外，賈疏對《儀禮》諸篇的分節以“節”爲基本單位。前揭《儀禮疏》分節句式中，就有“此一節論……(之事)”的句式。又賈疏所分《少牢饋食禮》第 27 節“主人獻侑并薦俎從獻”，“‘主人’至‘答拜’，釋曰：自此盡‘主人答拜’，論主人獻侑并薦俎從獻之事也。此節内從獻有三事：主人獻時主婦薦籩豆，一也；司馬羞羊俎，二也；次賓羞羊燔，三也。”[④]此處，賈公彦明言“此節”，更是賈公彦以節作爲基本分節單位的明證。賈疏偶有稱“節”爲“科”者，如《少牢饋食禮》第 31 節“主婦致爵於主人”，“‘受爵’至‘答拜’，釋曰：自此盡‘答拜受爵’，論主婦致爵於主人之事。此科亦有五節……”[⑤]此處之“科”對應我們所説的“節”，此處之“節”則對應下文將要論述之“小節”。無論是“節”

① [唐]孔穎達《附釋音禮記注疏》卷四七，國家圖書館出版社《中華再造善本》影印北京市文物局藏宋刻遞修本，2003 年，頁 12。

② [唐]孔穎達《附釋音禮記注疏・禮記正義序》，頁 3。

③ 《儀禮疏》及“五經正義”中之分節，很可能源於南北朝義疏中的“科段”學。可惜南北朝《儀禮》義疏尚難得見，其中具體聯繫難以考證。

④ 《儀禮注疏》卷四九，頁 13。

⑤ 《儀禮注疏》卷四九，頁 18。

還是“科”,其内涵是一致的,都是《賈疏》分節的基本單位。既然賈公彦没有明言分節基本單位的稱謂,我們就姑且以“節”代之。

在“節”這一基本單位之下,賈疏有時會根據需要,將較大的“節”再劃分“小節”。以《少牢饋食禮》第 27 節爲例,其中所説“此節内從獻有三事”之“三事”,即是賈公彦在本節之下所分的三個小節。緊接其後的 28 節則更爲明晰:“‘尸受’至‘爵酌’,釋曰:自此盡‘就筵’,論主人受尸酌并薦籩豆及俎之事。就此事中亦有五節:行事尊主人,故與尸同者,尸酢主人時主婦亦設籩豆,一也;賓長設羊俎,二;次賓羞羊匕湆,三;司馬羞肉湆,四也;次賓羞羊燔,主人乃卒爵,五也。”[①]賈疏明確説在其所分“主人受尸酌并薦籩豆及俎”一節中,“亦有五節”,并列出了五小節的節名。這種節中再分小節的情況,《儀禮疏》中共有 7 處,《燕禮》《聘禮》各 1 處,《少牢饋食禮》5 處。這三種禮是《儀禮》中較爲複雜者,而《少牢饋食禮》又是《儀禮》諸篇中經文最多、禮儀最繁者。《儀禮疏》在這三篇之中出現二級分節[②],是疏解經注文的應有之義。賈公彦這種二級分節的嘗試,對於後代《儀禮》分節産生了積極影響。清人張爾岐《儀禮鄭注句讀》、姜兆錫《儀禮經傳内編》、吴廷華《儀禮章句》、胡培翬《儀禮正義》均對《儀禮》進行不同形式的二級分節,大大提高了《儀禮》分節的層次性和細密程度。雖然賈公彦没有全面、充分地利用二級分節,但賈公彦的這一嘗試無疑具有開創性。

我們還發現,《儀禮疏》的分節,與其分卷有一定聯繫。《儀禮疏》共有 50 卷,内含《儀禮》17 篇之疏文。各篇之首一般位於某卷之首,只有卷二六,上卷爲《公食大夫禮》之末,下卷爲《覲禮》之首。另外,作爲第一篇的《士冠禮》,本就是第一篇,也不存在與上篇的分卷問題。也就是説,《儀禮疏》50 卷,其 49 處分卷之中,有 15 處是根據分篇來分卷的。至於其餘 34 處分卷的依據,前人尚未關注。經過仔細比對,我們發現 34 處分卷中的 25 處是根據分節劃分的。以《士冠禮》爲例,《士冠禮》疏文分載於《儀禮疏》卷一、卷二、卷三。卷二首句疏文曰:“‘陳服’至‘北上’,釋曰:自此至‘東面’,論陳設衣服器物之等。”[③]此句爲《士冠禮》第 6 節“陳設衣服器物”之分節句。卷三首句疏文曰:“‘若不’至‘用酒’,釋曰:自此已上説周禮冠子之法,自此已下至‘取籩脯以降如初’,説夏殷冠子之法。”[④]此句爲《儀禮疏》較爲特别的分節句,同時説明了《士冠禮》第 9 節“周禮冠子之法”與第 10 節“夏殷冠子之法”的分節範圍與節名。簡單來説,《儀禮疏》卷二、卷三之卷首分别是《儀禮疏》所分《士冠禮》第 6 節、第 10 節之始。當然,34 個分卷之處并不是全然符合這一規律,亦有 9 處并非以分節分卷,如卷五、卷十五、卷二二。爲了方便呈現《儀禮疏》分卷與分節之關係,我們

① 《儀禮注疏》卷四九,頁 14。

② 爲了方便下文論述,我們姑且將節中再分小節的情況稱爲“二級分節”,將節中不再分節的情況稱爲“一級分節”。

③ 《儀禮注疏》卷二,頁 1。

④ 《儀禮注疏》卷三,頁 1。

製表如下：

表 3:《儀禮疏》分卷與分節關係示意表

<table>
<tr><th>卷次</th><th>禮篇</th><th>卷首分節</th><th>是否以分節分卷</th></tr>
<tr><td>卷一</td><td rowspan="3">士冠禮</td><td colspan="2">士冠禮首卷</td></tr>
<tr><td>卷二</td><td>第 6 節:陳設衣服器物之等</td><td>是</td></tr>
<tr><td>卷三</td><td>第 10 節:夏殷冠子之法</td><td>是</td></tr>
<tr><td>卷四</td><td rowspan="3">士昏禮</td><td colspan="2">士昏禮首卷</td></tr>
<tr><td>卷五</td><td>無</td><td>否</td></tr>
<tr><td>卷六</td><td>第 11 節:舅姑没三月廟見</td><td>是</td></tr>
<tr><td>卷七</td><td>士相見禮</td><td colspan="2">士相見禮首卷</td></tr>
<tr><td>卷八</td><td rowspan="3">鄉飲酒禮</td><td colspan="2">鄉飲酒禮首卷</td></tr>
<tr><td>卷九</td><td>第 5 節:賓酢主人</td><td>是</td></tr>
<tr><td>卷十</td><td>第 14 節:堂上堂下遍行旅酬</td><td>是</td></tr>
<tr><td>卷十一</td><td rowspan="3">鄉射禮</td><td colspan="2">鄉射禮首卷</td></tr>
<tr><td>卷十二</td><td>第 13 節:第司射誘射教三耦射法</td><td>是</td></tr>
<tr><td>卷十三</td><td>第 26 節:舉觶於賓與大夫爲無算爵</td><td>是</td></tr>
<tr><td>卷十四</td><td rowspan="2">燕禮</td><td colspan="2">燕禮首卷</td></tr>
<tr><td>卷十五</td><td>無</td><td>否</td></tr>
<tr><td>卷十六</td><td rowspan="3">人射儀</td><td colspan="2">大射儀卷首</td></tr>
<tr><td>卷十七</td><td>第 8 節:賓酢土人</td><td>是</td></tr>
<tr><td>卷十八</td><td>第 25 節:第二番射三耦訖次公卿大夫</td><td>是</td></tr>
<tr><td>卷十九</td><td rowspan="6">聘禮</td><td colspan="2">聘禮卷首</td></tr>
<tr><td>卷二十</td><td>第 10 節:夫人勞賓</td><td>是</td></tr>
<tr><td>卷二一</td><td>第 15 節:享禮</td><td>是</td></tr>
<tr><td>卷二二</td><td>無</td><td>否</td></tr>
<tr><td>卷二三</td><td>第 33 節:主君使卿詣館還玉及報享</td><td>是</td></tr>
<tr><td>卷二四</td><td>第 42 節:賓介死</td><td>是</td></tr>
<tr><td>卷二五</td><td rowspan="2">公食大夫禮</td><td colspan="2">公食大夫禮首卷</td></tr>
<tr><td>卷二六上</td><td>第 10 節:賓拜謝主君</td><td>是</td></tr>
<tr><td>卷二六下</td><td rowspan="2">覲禮</td><td colspan="2">覲禮篇首</td></tr>
<tr><td>卷二七</td><td>第 7 節:侯氏行覲禮訖相隨即行三享</td><td>是</td></tr>
</table>

續表

卷次	禮篇	卷首分節	是否以分節分卷
卷二八	喪服	喪服首卷	
卷二九		無	否
卷三十		第 2 章:齊衰三年章	是
卷三一		無	否
卷三二		無	否
卷三三		第 10 章:小功成人章	是
卷三四		無	否
卷三五	士喪禮	士喪禮首卷	
卷三六		第 10 節:沐浴及寒尸	是
卷三七		無	否
卷三八	既夕禮	既夕禮首卷	
卷三九		第 24 節:國君賵法	是
卷四十		第 30 節:至壙陳器及下棺訖送賓	是
卷四一		第 33 節:陳大小斂奠記經不備	是
卷四二	士虞禮	士虞禮卷首	
卷四三		無	否
卷四四	特牲饋食禮	特牲饋食禮首卷	
卷四五		第 6 節:主人主婦及祝與佐食陳設陰厭	是
卷四六		第 16 節:嗣子飲奠酌獻	是
卷四七	少牢饋食禮	少牢饋食禮首卷	
卷四八		第 7 節:先設置爲陰厭	是
卷四九	有司徹	有司徹首卷	
卷五十		第 26 節:主人獻長賓以下并主人受酢	是
總計:以篇目分卷:15		以分節分卷:25	無規律分卷:9

注:《士喪禮》與《既夕禮》《少牢饋食禮》與《有司徹》節數合計。

無分卷規律可循者 9 處,其中 4 處在《喪服》篇。《喪服》分節較爲特殊,其分節爲篇首總説,而非以分節句劃分,下文將專篇論述《喪服》分節。《喪服》篇 4 處無規律分節,可暫不考慮。其餘 5 處,暫無規律可循。還要説明的是,《儀禮疏》17 篇篇首分别是諸篇所分第 1 節之始。即便是以分篇分卷的 15 卷,其每卷卷首也均爲每篇第 1 節的開端。簡而言之,《儀禮疏》50 卷中,有 40 卷卷首同時是某節之始[①]。排除《喪服》7 卷而論[②],43 卷之中有 37 卷卷首爲某節之始。如此高的比例,顯然不是巧合。我們有理由認爲,賈公彦《儀禮疏》以其《儀禮》分節爲主要分卷依據。

四、《儀禮疏・喪服》之分節

《喪服》的分節比較特殊。《喪服》篇記載的並不是禮儀程序,而是不同親緣關係所對應的服喪規格,故而此篇無法按照"儀節"分節。賈公彦對《喪服》的分節,以喪服的疏密程度爲準。《喪服》篇首,賈公彦分七個方面對《喪服》的要點進行論説,其中第五條爲"明喪服章次以精麤爲叙",賈公彦云:"《喪服》上下十有一章,從'斬'至'緦麻',升數有異。"[③]之後賈公彦論述各章升數[④]異同,按由重到輕依次爲"斬""三年齊衰""杖期齊衰""不杖齊衰期章""齊衰三月章""殤大功""大功章""繐衰""殤小功""小功""緦麻",恰好足十一之數,只是有些明確稱"章",有些不稱而已。既已在開篇之處總述分章,賈疏在正文中就不再一一説明。賈疏所分《喪服》11 章中,只有"三年齊衰""不杖齊衰期章""齊衰三月章""殤小功""小功"5 章有分節語。

賈疏在《喪服》篇分節的基本單位是"章",相當於其他篇之"節"。稱節爲章的原因,可能與鄭玄《儀禮注》有關。《喪服》鄭注有四處明確提及"章"的概念:"傳曰問者"至"各視其冠",鄭注云"今齊衰有四章"[⑤];"庶子",鄭注云"小功章曰:爲姪、庶孫、丈夫、婦人同"[⑥];"傳曰嫁者"至"其私親也",鄭注云"齊衰三月章曰:女子子嫁者未嫁者爲曾祖父母"[⑦];"大功八升"至"若十一升",鄭注云"此大功不言受者,其章既著之"[⑧]。鄭注之"齊衰有四章"對應賈疏所分"三年齊衰""杖期齊衰""不杖齊衰期章""齊衰三月章"四章,"小功章曰"對應賈疏之"小功","齊衰三月章曰"對應賈疏之"齊衰三月章","其章既著之"對應賈疏之"大功章"。鄭注所體現出的《喪服》分章,與賈疏完全相合。賈疏奉行"疏不破注"的原則,其《喪服》以章爲分節單位,是尊鄭的表現。甚至其《喪服》11 章的劃分,亦本于鄭注。遺憾的是,《儀禮鄭注》中只有這四處體現了明確的分節思想,我們還無從探究鄭玄的《儀禮》分節。

總之,《儀禮疏》《喪服》篇分節不據儀節,而依喪服等級。其分節亦以開篇總説爲主,分節句只是零星存在,起輔助分節的作用。《喪服》分節基礎單位爲

① 《儀禮疏》50 卷,無規律分卷者 9 處,第一卷卷首爲《儀禮疏序》。

② 《喪服》7 卷,3 卷以分節分卷(含首卷),4 卷分卷無規律。

③ 《儀禮注疏》卷二八,頁 2。

④ 八十縷綫爲一升,單位長度上織布所用之升,即"升數"。升數越高,布越細密;升數越低,布越粗疏。服喪越重,其喪服升數越低,以示哀痛不已,無心衣冠。

⑤ 《儀禮注疏》卷三十,頁 5。

⑥ 《儀禮注疏》卷三一,頁 17。

⑦ 《儀禮注疏》卷三二,頁 5。

⑧ 《儀禮注疏》卷三四,頁 13。

“章”,蓋源自鄭注,但其實與“節”並無差別。

五、《儀禮疏》分節疏失

賈公彦《儀禮疏》作爲《儀禮》分節的開拓者,其分節尚顯質樸,存在較多疏失,條舉如下:

(1) 大段經文漏分

賈疏分節,往往出現大段經文漏分的情況。我們假定某禮先後有甲、乙、丙、丁、戊五大段經文,賈疏將甲、乙分爲一節,丁、戊分爲一節,丙段則直接不分節,亦不做任何交待。《儀禮疏》中大段經文漏分十分普遍,共計 37 處,其中《士冠禮》1 處、《士昏禮》3 處、《士相見禮》1 處、《鄉飲酒禮》2 處、《鄉射禮》4 處、《燕禮》3 處、《大射儀》4 處、《聘禮》2 處、《公食大夫禮》4 處、《覲禮》3 處、《士喪禮》7 處、《特牲饋食禮》1 處、《少牢饋食禮》2 處。有些篇目雖然遺漏段落數量較少,但實際上脱漏十分嚴重,如《士相見禮》,雖然漏分的只有 1 段,但這一段卻占《士相見禮》一半以上内容。只有《士虞禮》經文全文分節,並無遺漏。諸禮之中,分節遺漏較少的爲《鄉飲酒禮》《聘禮》《特牲饋食禮》《少牢饋食禮》,分節遺漏較嚴重的爲《士相見禮》《覲禮》《士喪禮》。大段經文漏分可以説是《儀禮疏》分節最嚴重的問題。與之相對,朱熹《儀禮經傳通解》之分節就無一字經文遺漏。當然,《儀禮疏》漏分的部分仍舊是少數,不影響我們從整體上認識其分節。

(2) 記文不分節

賈疏分節,存在重經文、輕記文的特點。經文劃分相對嚴密,而記文乾脆不分節。就算偶有分節,也只是“蜻蜓點水”,偶然一分,難成系統。《儀禮》十五篇[①]中,《士相見禮》《大射儀》《少牢饋食禮》有經無記。有經有記之十二篇中,《儀禮疏》記文不分節的有 8 篇,篇目爲:《士冠禮》《士昏禮》《鄉飲酒禮》《鄉射禮》《聘禮》《公食大夫禮》《覲禮》《特牲饋食禮》。剩餘四篇,賈疏大部分記文不分節,只是偶取一小段記文分之。《燕禮》僅分出“臣子有王室之勞與之燕”1 節,《喪服》分出“衰裳之制用布多少尺寸之數”“衰冠升數多少”2 節。《士喪禮》《士虞禮》情況稍好,《士喪禮》分出“上篇始死遷尸於南牖”“陳大小斂奠記經不備”等 8 節,《士虞禮》分出“喪祭無尸”等 5 節。總的來説,賈疏對經文之分節雖缺漏不少,但尚成系統。賈疏對記文的分節,則是星星點點,毫無系統可言了。

(3) 分節粗疏

賈疏分節,有時太過粗疏。如《士喪禮》第 14 節“陳小斂衣物”,分節範圍爲經文“厥明,陳衣于房”至“覆匕,東柄”。“小斂”是士喪禮極爲重要的環節,需要準備衆多器物,《儀禮疏》將小斂繁複的準備工作籠統分爲“陳小斂衣物”,

---

① 《士喪禮》與《既夕禮》,《少牢饋食禮》與《有司徹》均合計。

過於粗疏。此節清人胡培翬《儀禮正義》分爲5節,分别爲“陳小斂衣”“饌小斂奠及設東方之盥”“陳小斂絰帶”“陳牀第夷衾及西方之盥”“陳鼎實”,較爲完密。《儀禮疏》分節粗疏之處通篇可見,從分節總數上也可看出端倪。據筆者統計,《儀禮疏》共分《儀禮》爲332節,而胡培翬《儀禮正義》則是542節。當然,以清人非唐人是不公平的。但《儀禮疏》分節粗疏,也是客觀事實。

(4) 節中之節

上文討論分節結構時,我們曾提及賈疏“節中再分小節”,即將某一節按照經義再劃分爲若干個小節,體現了賈疏分節之精細。但我們此處所説的“節中之節”,指在没有交待的情况下,將某節中的部分經文又劃分爲一節,造成分節的混亂。如《鄉飲酒禮》第11節“主人樂賓”①,在本節中,賈疏將經文“主人獻之于西階上”至“辯有脯醢,不祭”劃分爲第12節“獻笙者”,且11節、12節分節句式完全相同,均爲“自此至……論……之事”。11、12節本應一前一後,平行展開,但12節卻處於11節之内,使得分節結構混亂。《儀禮疏》中共出現6次“節中之節”,《鄉飲酒禮》1次、《鄉射禮》1次、《聘禮》2次、《喪服》1次、《少牢饋食禮》1次。

(5) 雙重節中之節

上文所述“節中之節”中,賈疏竟又截取部分經文劃分爲節,我們姑且稱之爲“雙重節中之節”。如《公食大夫禮》第2節“主君迎賓入拜至”,分節句爲:“‘公如’至‘門内’,釋曰:自此盡‘階上北面再拜稽首’,論主君迎賓入拜至之事。”②第3節“公拜至賓答拜”,分節句爲:“‘公當’至‘再拜’,釋曰:自此盡‘稽首’,論公拜至賓答拜之事。”③第4節“賓降答拜”,分節句爲:“‘賓西’至‘答拜’,釋曰:自此盡‘稽首’,論賓降答拜之事。”④三節截止的位置都是“階上北面再拜稽首”,但是起始的位置卻是第2節先於第3節,第3節又先於第4節,造成的結果是第3節處於第2節之中,第4節又處於第3節之中,使得分節結構混亂。《儀禮疏》中共出現2次“雙重節中之節”,《士冠禮》《公食大夫禮》各1次。

(6) 一文兩屬

賈疏分節,一小句經文有時會同時屬於兩節,我們稱之爲“一文兩屬”。如《鄉射禮》第25節“射訖行旅酬”,分節句爲:“‘司馬’至‘而立’,釋曰:自此盡‘司正降復位’,論射訖行旅酬之事。”⑤第26節“舉爵於賓與大夫爲無算爵”,分節句:“‘司正降復位’,釋曰:自此盡‘唯賓’,論舉爵於賓與大夫爲無算爵之事。”⑥此處“司正降復位”同時屬於第25節、第26節。“復位”在《儀禮》中常見,一般出現在儀節末尾,表示儀節結束,有司恢復原位。“司正降復位”則標

① 《儀禮注疏》卷九,頁7—15。

② 《儀禮注疏》卷二五,頁4。

③④ 《儀禮注疏》卷二五,頁5。

⑤ 《儀禮注疏》卷十二,頁26。

⑥ 《儀禮注疏》卷十三,頁1。

誌著第25節"射訖行旅酬"結束,不能置於下一節之首。賈疏中之"一文兩屬",基本與此例類似,當置於上一節。《儀禮疏》中共出現7次"一文兩屬",《鄉飲酒禮》1次,《鄉射禮》2次,《燕禮》1次,《聘禮》2次,《士喪禮》1次。

(7) 引文不准

賈疏分節所用分節句,表示分節範圍時,引文有時不準確,我們稱之爲"引文不準"。如《士昏禮》賈疏所分第2節"主人禮賓",分節句爲:"'擯者'至'醴賓',釋曰:此下至'送于門,再拜',主人禮賓之事。"①而《儀禮》經文作"送于門外,再拜"。《儀禮》中,主人迎送客人皆在門外,而無止步于門中之禮。此處並非經文衍"外"字。檢黄丕烈藏影宋鈔《儀禮疏》,亦無"外"字②。則此處是賈公彦《儀禮疏》引文不准。又如《聘禮》第14節"行聘",分節句:"'及廟'至'中庭',釋曰:自此盡'公裼降立',論行聘之事。"③而《儀禮》經文爲"公側授宰玉,裼,降立"。檢黄丕烈仿宋刻嚴州本《儀禮注》④及黄丕烈影宋單疏本⑤,經文、疏文皆無異文,則此處之"公"字爲賈公彦所增。賈疏分節"引文不准"的情況較爲普遍,以《聘禮》《少牢饋食禮》等複雜篇目爲多。當然,賈公彦所見之《儀禮》,今人已不可見,"引文不准"有可能是版本異文造成的。不過,考慮到賈疏引文不准的情況普遍存在,我們更傾向於認爲這一問題確實存在。

(8) 分節範圍不明

賈疏分節在指明分節範圍時,偶有分節範圍不清的情況。如賈疏所分《鄉射禮》第14節"三耦爲第一番射法",分節句:"'司馬'至'負侯',釋曰:自此盡'搢扑',論三耦爲第一番射法。"然而,本節第一句"司馬命獲者執旌以負侯"之下,經文中共有8處"搢扑"。雖然我們可以根據經義,判斷此節的下限當爲"搢扑反位",但分節本就是爲了降低閱讀《儀禮》的難度,賈疏這種分節範圍不明的情況,未免南轅北轍。若此處改爲"自此盡'搢扑反位'",分節範圍就明確了。《儀禮疏》中,分節範圍不明的情況廣泛存在,且無分布規律可循。

(9) 節名過長

賈疏節名有時過長,最長節名在《少牢饋食禮》第42節,其節名爲"主人獻堂下衆賓兄弟下及私人并房中內賓皆與上大夫禮同"⑥,足有25字之多。《士虞禮》第11節,節名爲"初虞二虞三虞卒哭明三者之祭饗神辭及用日不同"⑦,21字。《聘禮》之28節、34節節名亦有19字。15字以上之節名,更是不勝枚舉。朱熹《儀禮經傳通解》極重視節名的雅潔,節名最長者是朱熹所分《士冠

① 《儀禮注疏》卷四,頁4。

② [唐]賈公彦《儀禮疏》卷四,國家圖書館出版社《中華再造善本續編》影印清黄氏士禮居影宋鈔本,2014年,頁4。

③ 《儀禮注疏》卷二十,頁10。

④ [漢]鄭玄《儀禮注》卷八,清嘉慶黄丕烈士禮居仿刻宋嚴州本,頁4。

⑤ [唐]賈公彦《儀禮疏》卷二十,頁9。

⑥ 《儀禮注疏》卷五十,頁18。

⑦ 《儀禮注疏》卷四三,頁4。

禮》第17節"奠摯於君及鄉大夫鄉先生"[①],11字。除此之外,節名均在9字以下,大部分節名控制在5字之内。節名過長雖然並非分節硬傷,但對分節效果有一定影響。

(10) 分節方式不醒目

宋朱熹《儀禮經傳通解》以來的《儀禮》分節,大多採取"分段標目"的形式。即在每一節最後一句經文之後,另起一行,降格若干,標"右某某節"。下一節經文首句則再另起一行。這樣分節就較爲醒目,不必從疏解中費力離析。賈疏以分節句的形式分節,不便檢索,且極易遺漏。當然,《儀禮疏》本身不含經文,無法像《通解》等書那樣,採取"分段標目"的方式。且《儀禮疏》已經將分節句固定於各段疏文之首,爲解決這一問題盡了最大努力。我們自然不能"以今非古",但是分節方式不醒目作爲客觀疏失,也應當被揭示出來。

爲了更爲直觀的展現賈疏分節疏失情況,兹列表如下:

表4:《儀禮疏》分節疏失統計表

<table>
<tr><th>篇次</th><th>篇目</th><th>節中之節</th><th>雙重節中之節</th><th>一文兩屬</th><th>大段經文漏分</th><th>記文不分節</th><th>引文不准</th><th>分節範圍不明</th><th>節名過長</th></tr>
<tr><td>1</td><td>士冠禮</td><td></td><td>1</td><td></td><td>1</td><td>不分節</td><td colspan="2" rowspan="16">普遍存在</td><td></td></tr>
<tr><td>2</td><td>士昏禮</td><td></td><td></td><td></td><td>3</td><td>不分節</td><td></td></tr>
<tr><td>3</td><td>士相見禮</td><td></td><td></td><td></td><td>1</td><td>無記</td><td></td></tr>
<tr><td>4</td><td>鄉飲酒禮</td><td>1</td><td></td><td>1</td><td>2</td><td>不分節</td><td></td></tr>
<tr><td>5</td><td>鄉射禮</td><td>1</td><td></td><td>2</td><td>4</td><td>不分節</td><td></td></tr>
<tr><td>6</td><td>燕禮</td><td></td><td></td><td>1</td><td>3</td><td>偶有分節</td><td></td></tr>
<tr><td>7</td><td>大射儀</td><td></td><td></td><td></td><td>4</td><td>無記</td><td></td></tr>
<tr><td>8</td><td>聘禮</td><td>2</td><td></td><td>2</td><td>2</td><td>不分節</td><td>19字</td></tr>
<tr><td>9</td><td>公食大夫禮</td><td></td><td>1</td><td></td><td>4</td><td>不分節</td><td></td></tr>
<tr><td>10</td><td>覲禮</td><td></td><td></td><td></td><td>3</td><td>不分節</td><td></td></tr>
<tr><td>11</td><td>喪服</td><td>1</td><td></td><td></td><td></td><td>偶有分節</td><td></td></tr>
<tr><td>12</td><td>士喪禮</td><td></td><td></td><td>1</td><td>7</td><td>偶有分節</td><td></td></tr>
<tr><td>13</td><td>士虞禮</td><td></td><td></td><td></td><td></td><td>偶有分節</td><td>21字</td></tr>
<tr><td>14</td><td>特牲饋食禮</td><td></td><td></td><td></td><td>1</td><td>不分節</td><td></td></tr>
<tr><td>15</td><td>少牢饋食禮</td><td>1</td><td></td><td></td><td>2</td><td>無記</td><td>25字</td></tr>
<tr><td colspan="2">總計</td><td>6</td><td>2</td><td>7</td><td>37</td><td>8篇不分節</td><td>普遍存在</td></tr>
</table>

① [宋]朱熹《儀禮經傳通解》卷一,國家圖書館出版社《中華再造善本》影印宋嘉定十年南康道院刻元明遞修本,2003年,頁32。

總的來説,《儀禮疏》的分節難稱完善。不過,《儀禮疏》畢竟是《儀禮》分節的先行者,解决了有無問題,我們不必苛求。

六、《儀禮疏》分節優長

雖然《儀禮疏》分節疏失居多,但我們不能因此埋没其閃光之處。以下條舉《儀禮疏》分節之優長。

(1) 錯誤較少,完成了"撮要"的基本任務

《儀禮疏》分節雖然疏漏不少,但錯誤較少,起到了"撮要"的作用,以儀節爲單位,勾勒出了《儀禮》各種禮儀的基本框架,對於習禮之人有巨大幫助,基本完成了分節的基本任務。而後世經解雖然在表現形式、完備程度、具體儀節劃分、小節命名上與《儀禮疏》多有不同,但均屬於在《儀禮疏》基礎上所作的改進,大體不離《儀禮疏》窠臼。

(2) 分節語有尤清晰者

上文在揭示《儀禮疏》疏失時,提及賈疏分節多有"分節範圍不明"的情況。然而,《儀禮疏》有時也尤爲注意分節範圍的明晰,如賈疏所分《少牢饋食禮》第8節"尸入正祭",分節句爲:"注'主人'至'後尸',釋曰:自此盡'牢肺正脊加于肵',論尸入正祭之事。"[①]此節首句下,經文中有7處"加于肵",爲了加以區别,賈公彦加入"牢肺正脊"四字,如此則分節範圍清晰。

(3) 節名有尤詳盡者

上文已討論賈疏分節之"節名過長"問題。節名過長一方面是缺點,但另一方面則是優長。朱熹爲了追求節名的凝練雅緻,一般將節名控制在5字之内。但是節名過短,有時會導致分節内容概括不全。如賈疏所分《士冠禮》第4節"爲明日加冠之期、告賓",節名就比宋以來諸家分節詳盡,列表如下:

表5:《儀禮疏》《士冠禮》第4節節名對照表

1	(唐)賈公彦《儀禮疏》	節號	4	節名	爲明日加冠之期、告賓
2	(宋)朱熹《儀禮經傳通解》	節號	5	節名	爲期
3	(宋)楊復《儀禮圖》	節號	4	節名	爲期
4	(元)敖繼公《儀禮集説》	節號	5	節名	爲期
5	(明)郝敬《儀禮節解》	節號	3	節名	冠之先夕爲期
6	(清)張爾岐《儀禮鄭注句讀》	節號	5	節名	爲期
7	(清)姚際恒《儀禮通論》	節號	4	節名	爲期
8	(清)江永《禮書綱目》	節號	5	節名	爲期
9	(清)姜兆錫《儀禮經傳内編》	節號	5	節名	爲期

① 《儀禮注疏》卷四八,頁3。

續表

10	(清)王文清《儀禮分節句讀》	節號	4	節名	爲期
11	(清)蔡德晋《禮經本義》	節號	5	節名	爲期
12	(清)盛世佐《儀禮集編》	節號	5	節名	爲期
13	(清)王士讓《儀禮紃解》	節號	5	節名	爲期
14	(清)御纂《欽定儀禮義疏》	節號	5	節名	爲期
15	(清)吴廷華《儀禮章句》	節號	3	節名	爲期
16	(清)秦蕙田《五禮通考》	節號	5	節名	爲期
17	(清)胡培翬《儀禮正義》	節號	5	節名	爲期

注:"節號"指本節在諸家分節中的不同節次。

上所列 17 家分節,在各自分節體系中的節次各有不同,但是分節範圍完全一致。節名上,除賈公彦《儀禮疏》、郝敬《儀禮節解》,皆作"爲期"。"爲期"即約定日期,雖然雅潔,但過於簡單。郝敬節名"冠之先夕爲期",則指出了本節禮儀舉行時間在加冠前的傍晚。賈公彦《儀禮疏》節名"爲明日加冠之期、告賓",不僅暗示了本節禮儀的舉行時間,還指明了所約之期爲冠期,亦指出本節附帶的"告賓"之禮。可以説,賈疏此處節名,最爲詳盡。賈疏節名過長,優缺點並存。我們在研讀《儀禮》時,不妨將賈疏分節與朱子之分節參看,或可互補所短,達到最佳效果。

(4) 節名亦有雅潔凝練者

賈疏節名雖有冗長之弊,但並非一無可取。有些節名雅潔凝練,勝於後人,比如賈疏所分《燕禮》第 17 節"燕末行射"。我們通過列表的方式進行對比:

表 6:《儀禮疏》《燕禮》第 17 節節名對照表

1	(唐)賈公彦《儀禮疏》	節名	燕末行射
2	(宋)朱熹《儀禮經傳通解》	節名	射
3	(宋)楊復《儀禮圖》	節名	燕射
4	(元)敖繼公《儀禮集説》	節名	燕射
5	(明)郝敬《儀禮節解》	節名	燕而大射之儀
6	(清)張爾岐《儀禮鄭注句讀》	節名	因燕而射以樂賓
7	(清)姚際恒《儀禮通論》	節名	燕末行射
8	(清)江永《禮書綱目》	節名	射
9	(清)姜兆錫《儀禮經傳内編》	節名	燕射
10	(清)王文清《儀禮分節句讀》	節名	射

續表

11	(清)蔡德晋《禮經本義》	節名	燕射
12	(清)盛世佐《儀禮集編》	節名	燕射
13	(清)王士讓《儀禮紃解》	節名	射
14	(清)御纂《欽定儀禮義疏》	節名	燕射
15	(清)吴廷華《儀禮章句》	節名	射
16	(清)秦蕙田《五禮通考》	節名	因燕而射
17	(清)楊大堉《儀禮正義》①	節名	因燕而射以樂賓

諸家分節範圍一致,節名不盡相同。"燕末行射"節名僅 4 字,既説明了本節主要禮儀"射(燕射)",又説明本節禮儀舉行的時間在燕禮之末。賈疏此節命名,可謂雅潔凝練,勝於後人。姚際恒《儀禮通論》直接採用賈疏節名②,可見姚氏對賈疏分節的認可。

七、《儀禮疏》分節價值

賈公彦《儀禮》分節雖然難稱完善,但是賈疏首次完成了對《儀禮》的系統分節,其分節起到了撮要的作用,後世分節大體不離其軌范,其開創之功不可抹殺。《儀禮疏》之後,歷代均不乏跟進者。經筆者考證,宋以來對《儀禮》進行全篇分節的重要著作多達 20 種:朱熹《儀禮經傳通解》,黄榦、楊復《儀禮經傳通解續》,楊復《儀禮圖》,敖繼公《儀禮集説》,郝敬《儀禮節解》,張爾岐《儀禮鄭注句讀》,馬驌《繹史》,姚際恒《儀禮通論》,江永《禮書綱目》,姜兆錫《儀禮經傳内編》,王文清《儀禮分節句讀》,蔡德晋《禮經本義》,盛世佐《儀禮集編》,王士讓《儀禮紃解》,官修《欽定儀禮義疏》,吴廷華《儀禮章句》,秦蕙田《五禮通考》,胡培翬、楊大堉《儀禮正義》,曹元弼《禮經學》。可以説,以分節的方法研讀《儀禮》,成爲賈公彦以後歷代《儀禮》學者的共識。而這種方法,雖然鄭注已有端倪,而真正的創造者,實踐者,則是賈公彦。

下面我們以《士昏禮》經文爲例,具體談談《儀禮疏》分節對後代的影響。我們先將《士昏禮》歷代分節製作成對照表(见表 7):

從表中我們可以看出,賈疏將《士昏禮》經文分爲 11 節,而後代《儀禮》學者的分節與這 11 節有著千絲萬縷的聯繫。分節範圍上,後代學者主要針對賈疏所分第 5、6 節及賈疏漏分的經文進行重新分節,而除此之外的第 1、2、3、4、7、8、9、10、11 節,後代分節基本與《儀禮疏》保持一致。節名上,雖然後代學者很少直接取用賈疏冗長的節名,但後代學者分節所用節名,絶大多數可以從《儀禮疏》的分節中找到依據。第 1 節"納采問名之禮",後代學者多分爲兩節,

① 《儀禮正義·燕禮》篇爲胡培翬門生楊大堉所補。

② [清]姚際恒《儀禮通論》卷六,《續修四庫全書》第 86 册,上海古籍出版社,2002 年,頁 289。

分别命名爲"納采"、"問名",這實際上是對賈疏節名的拆分。第2節"主人禮賓",後代學者多命名爲"醴賓"。經文有"出請醴賓"[①]四字,賈疏之所以用"禮"字,源於鄭玄注:"此'醴'亦當爲'禮'。"禮是鄭學,賈疏遵鄭而已。此處,後代學者只是去掉"主人"二字,改"禮"爲經文之"醴"。第3、4節節名情况與第1、2節類似。第7、8、9、10節,後代學者或直接取用賈疏節名,或在賈疏節名基礎上簡單删改。總之,後代《儀禮》學者在《士昏禮》分節上,以賈公彦《儀禮疏》爲重要參考。通過《儀禮》其餘篇目的分節對照表,我們發現《儀禮》全篇體現出來的分節特點,與《士昏禮》一篇基本吻合。只是受篇幅限制,我們不能將《儀禮》十五篇全部呈現。

因爲無法一一總列出所有篇目分節的對照表,以下我們將簡要討論若干《士昏禮》無法體現的問題,以更好地認識《儀禮疏》分節的重要價值。

(一)黄幹、楊復所補《儀禮經傳通解》之分節比朱熹原作更貼近《儀禮疏》

朱熹所作《儀禮經傳通解》,内含《儀禮》《士冠禮》至《覲禮》十篇。《喪服》《士喪禮》《士虞禮》爲黄幹所補,《特牲饋食禮》《少牢饋食禮》爲楊復所補。朱熹《通解》對賈疏分節做了比較大的改進,縮短節名,改進分節範圍。而黄幹、楊復所補五篇,在分節上的改進則不及朱熹原作。朱熹分節,節名一般不超過10字,只有1處節名達到11字。而楊復所補《特牲饋食禮》節名多於10字者有5處,《少牢饋食禮》多於10字者則有14處。楊復《少牢饋食禮》分節,在分節範圍和節名上與賈公彦《儀禮疏》高度相似。下節取《少牢饋食禮》前10節進行對比(見表8):

前4節及第8節,楊復完全取用賈疏分節。第5、6、7、10節,楊復只是在賈疏分節基礎上略微改進節名。第9節,楊復只是簡單改進了賈疏分節範圍。至於黄幹所補《喪服》《士喪禮》《士虞禮》三篇分節,與賈疏差異較楊復爲大,但仍以賈疏爲基礎。總的來説,黄幹、楊復《通解續》對賈疏分節的改進較少,成就遠遠弱于朱熹原作。朱熹所作前十篇之分節,則幾乎看不到賈疏的影子。筆者認爲,這一現象的産生原因有二:1.《儀禮疏》分節的變化趨勢是由疏到密,越往後的篇目分節越完備,黄幹、楊復所補篇目恰好爲《儀禮》最後五篇,黄、楊可能認爲賈疏分節足資取用。2. 從黄幹、楊復所補篇目之分節來看,黄、楊二人的禮學水平略遜於朱熹,可能没有足夠的能力像朱熹一樣進行較爲徹底的改進。

(二)賈疏二級分節的嘗試開《儀禮》多級分節先河

《儀禮》儀節繁複,結構複雜,僅僅用"節"這一基本單位來劃分是遠遠不够的。前文論及賈疏分節結構時,曾提到賈疏有"節中再分小節"的情况。賈疏這種"節—小節"二級分節的嘗試,對後世,尤其是清代《儀禮》研究産生了重大影響。張爾岐《儀禮鄭注句讀》採取了"章—節—細節"三級分節,姜兆錫《儀禮經傳内編》採取了"節—小節"二級分節,吴廷華《儀禮章句》採取了"章—節"二

① 經文及鄭注俱見《儀禮注疏》卷四,頁4。

表 8:《儀禮疏》《儀禮經傳通解續》分節對比舉例

<table>
<tr><td rowspan="2">賈公彥
《儀禮疏》</td><td>節號</td><td>1</td><td>2</td><td>3</td><td>4</td><td>5</td><td>6</td><td>7</td><td>8</td><td colspan="2">9</td><td>10</td></tr>
<tr><td>節名</td><td>卿大夫祭前
十日先筮日</td><td>筮尸宿尸
及宿諸官</td><td>宗人請
祭期</td><td>視殺視濯</td><td>鼎及豆籩
盤匜等</td><td>祭時將至布
設舉鼎匕載</td><td>先設置
爲陰厭</td><td>尸入正祭</td><td colspan="2">主人酳尸</td><td>主婦亞獻
祝獻尸</td></tr>
<tr><td rowspan="2">楊　復
《儀禮經傳通解續》</td><td>節號</td><td>1</td><td>2</td><td>3</td><td>4</td><td>5</td><td>6</td><td>7</td><td>8</td><td>9</td><td>10</td><td>11</td></tr>
<tr><td>節名</td><td>卿大夫祭前
十日先筮日</td><td>筮尸宿尸
及宿諸官</td><td>宗人請
祭期</td><td>視殺視濯</td><td>實鼎及
豆籩盤等</td><td>舉鼎匕載</td><td>迎尸之前
先爲陰厭</td><td>尸入正祭</td><td>主人酳尸尸
醋主人命祝嘏</td><td>主人獻祝
與佐食</td><td>主婦亞獻尸
及獻祝與佐食</td></tr>
</table>

級分節。這些多級分節，源於《儀禮疏》，是《儀禮》分節的巨大進步，更好地降低了研讀《儀禮》的難度。

（三）藉助《儀禮疏》與後代禮家分節之對比，可以一窺《儀禮》學之興衰

比起宏大的禮義，《儀禮》分節顯得微不足道。然而，仔細對儀禮分節是貫通《儀禮》的先決條件。對《儀禮》分節的疏密優劣，能夠反映學者對《儀禮》基本功的深淺。再宏大高妙的禮義發揮，也離不開《儀禮》分節這個土壤。我們發現，由唐至清，每個時代《儀禮》分節最傑出的著作，同時也是本時代《儀禮》學的巔峰之作，唐代賈公彦《儀禮疏》、宋代朱熹《儀禮經傳通解》、元代敖繼公《儀禮集説》、明代郝敬《儀禮節解》、清前期張爾岐《儀禮鄭注句讀》、清中期胡培翬《儀禮正義》，莫不如是。將他們所分《儀禮》總節數畫成折綫圖，我們會發現一些更有意思的問題。

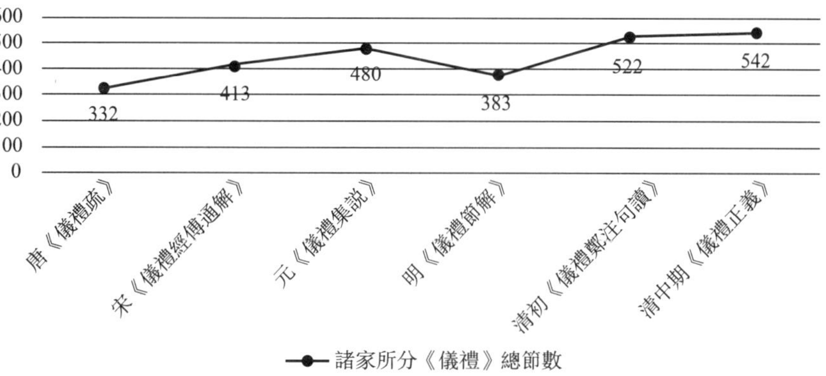

此圖反映了不同時代《儀禮》分節代表作分節疏密程度。就具體的經文而論，並不一定劃分得越細緻越好。但是就整部《儀禮》的分節而論，無疑是越細密越好。换言之，對《儀禮》分節越細密，分節水平就越高。而一個時代《儀禮》分節水平的高低，往往與這個時代整體《儀禮》學水平呈正相關的關係。此圖折綫趨勢，基本與唐代以來《儀禮》學之興衰趨勢相合。唐代，《儀禮》學處於"義疏之學"階段，雖然取得一定成就，但還比較質樸。宋代推崇《周禮》，不重視《儀禮》，但以朱熹、黄幹、楊復爲代表的南宋《儀禮》學家仍舊在唐人之上有所進步。元代本不是學術繁盛期，然而《儀禮》大家敖繼公一枝獨秀，承前啓後，反而將《儀禮》學推進到新的高度。明代推重"理學"而輕"禮學"，《儀禮》研究數量少、質量有限，呈下降趨勢。有清一代，學術空前繁榮，清初張爾岐精研《儀禮》，開有清一代《儀禮》學風氣。清中期，《儀禮》名家輩出，胡培翬爲傑出代表。胡氏所撰《儀禮正義》，成爲《儀禮》學集大成的著作，將《儀禮》學推向高峰。

由此可見，《儀禮》基本功對於一個時代整體《儀禮》學水平的重要性。當然，並不是説分好了節，《儀禮》基本功就到位了。《儀禮》基本功包括句讀、分節、名物、繪圖、凡例等多個方面，《儀禮》分節也只是所謂"基本功"的一個方面。

八、結語

以上七節，我們系統討論了賈公彦《儀禮疏》的分節情況，涉及《儀禮疏》分節研究歷史、《儀禮疏》的分節句式、《儀禮疏》分節句式與"五經正義"的聯繫、《儀禮疏》的分節結構、《儀禮疏》分節與分卷的關係、《喪服》篇的分章問題、《儀禮疏》分節的十條疏失、《儀禮疏》分節的四點優長、《儀禮疏》分節的首創之功、《儀禮疏》分節對後世的巨大影響以及《儀禮》分節與《儀禮》學的興衰。

我們曾在文首提及陳澧、皮錫瑞所謂讀《禮》三大關鍵"分節""繪圖""釋例"。"釋例"，鄭注已有發凡起例的實踐，自清代凌廷堪《禮經釋例》以來，"釋例"已發展爲專門的"禮例學"。"繪圖"，自宋聶崇義《新定三禮圖》至清張惠言《儀禮圖》，著述頗豐，發展爲專門的"禮圖學"。賈靳 2011 年發表《中國古代〈儀禮〉圖譜學綜述研究》，對"禮圖學"史作了很好的歸納[①]。"禮例學"與"禮圖學"一直是《儀禮》學中的顯學，古今論著不勝枚舉。唯有"分節"，既不成學，也罕有專門論述。可能在學者們眼中，"分節"不過是章句的一部分，難登大雅。再加上分節問題十分細碎，難以統合，往往勞而無功，學者更是鮮有問津。

近幾年學界已經出現了重視《儀禮》分節的趨勢，出現了一些零星的論述，這符合《儀禮》學發展的必然趨勢。在"經學熱"的當下，我們更有必要沉下心來，考索《儀禮》的分節問題。這樣的基礎研究，必然對提高《儀禮》學研究的廣度和深度有所助益。儀禮"分節學"的興起和發展，已是大勢所趨。而研究"分節學"的切入點，自然是《儀禮》分節的源頭——賈公彦《儀禮疏》。

【作者簡介】 杜以恒，北京大學中國語言文學系古典文獻專業 2018 級博士研究生，研究方向爲中國經學、禮學與文獻學。

---

① 賈靳《中國古代〈儀禮〉圖譜學綜述研究》，《吉林工程技術師範學院學報》2011 年第 10 期，頁 45—48。此文標題雖然稱作"圖譜學"，但行文基本還是使用"禮圖學"這一概念。考慮到"禮圖"一詞古已有之，我們認爲"禮圖學"這一概念較"圖譜學"爲佳。

林之奇《尚書全解》解經體例與原則考述

張　彧

【提　要】 林之奇的《尚書全解》是宋代《尚書》學史上的一部重要著作，廣博征引孔穎達《尚書正義》、王安石《新經尚書義》、蘇軾《東坡書傳》等前人成説，將前代的《尚書》學發展流變完整呈現並進行疏通。《尚書全解》在關照整個《尚書》學史的基礎上，往往不受成説的束縛，突破舊説藩籬，展現了獨特的解經體例。通讀全書可以發現，《尚書全解》是一部集解體的經學著作。而這一解經體例，又是通過一定的原則來指導或呈現。筆者將其歸納爲提綱挈領、首尾該貫，關注經文、以意逆志，兼總衆説、下以己意，駁正諸説、以義爲主，多聞闕疑、無徵不信五大解經原則，並逐一考述。

【關鍵詞】 尚書全解　集解體　解經體例　解經原則

林之奇（1113—1177），字少穎，號拙齋，世稱三山先生，福州侯官（今福建福州）人，是南宋前期較有影響的學者。紹興二十一年（1151）進士，官至校書郎。嘗從吕本中學，朱熹嘗見之，晚年以著述授徒爲業，著有《尚書全解》四十卷（存）、《周禮説》（或名《周禮講義》）四十九卷、《春秋説》（或名《春秋通解》）、《論語講義》十二卷、《孟子講義》七卷、《楊子講義》二卷，有《拙齋文集》傳世。

《尚書全解》原名《尚書集解》，《宋史・藝文志》及《直齋書録解題》均著録爲五十八卷，但自《洛誥》以後有大量訛誤，後經其孫林畊多方搜尋，利用諸生傳抄本詳加校勘，釐定爲四十卷本，並定名爲《尚書全解》，即今所見版本，而五十八卷本也隨之散佚。筆者推斷，之所以用"全"來命名新定版本，一是指全本之全，以前的本子有非林氏自作之篇，二是指經解内容之全，既有文字訓詁，又有義理闡釋，且廣引前人經解、史傳又下以己意，可謂無所不包。林畊所校刻宋本，是今所見四十卷本的祖本，今已無傳。自宋至明，又佚卷三十四《多方》一篇及《洛誥》中四百餘字。清初有《通志堂經解》刻本，亦付闕如。《多方》一篇經四庫館臣編修《四庫全書》時從《永樂大典》中輯佚補録，但《洛誥》所闕之四百餘字仍佚。又有數種明清抄本存世，以清初毛氏汲古閣抄本價值最大。

林之奇的經學著作，現僅存《尚書全解》一部。《尚書全解》是宋代《尚書》學史上承上啓下的一部重要著作。由於《尚書全解》勝義紛呈，在當時就影響很大。首先是吕祖謙，由於他所見《尚書全解》本《洛誥》以下非林之奇所作，故繼而始自《洛誥》而作。再次是朱熹，他嘗訪福州，與林之奇討論《書》學，而《朱子語類》中朱子説解《尚書》部分多引用林説，並評價稱："林書儘有好處。"①而朱熹弟子蔡沉《書集傳》亦多引林説。時瀾爲夏僎《尚書詳解》作序云"《書》説之行於世，自二孔而下，無慮數十家，而卓然顯著者，不過河南程氏、眉山蘇軾，與夫陳氏少南、林氏少穎、張氏子韶而已"，並稱"林氏博而贍"②。金人王若虚對《尚書全解》曾評價説："宋人解《書》者惟林少穎眼目最高，既不若先儒之窒，又不爲近代之鑿，當爲古今第一。而邇來學者，但知有夏僎，蓋未見林氏本故耳，夏解妙處大抵皆出於少穎，其以新意勝之者有數也。"③可以説是至高評價。明人何喬新則認爲朱熹於宋代的《尚書》新注中，所取只有王安石、蘇軾、林之奇、吕祖謙四家而已④，四庫館臣雖對其經解有不滿之處，但也給予了充分的認可："至其辨析異同，貫穿史事，覃思積悟，實卓然成一家言。雖真贋錯雜，不可廢也。屢經散佚而卒能完善，亦其精神刻摯，有足以自傳者矣。"⑤

可是，對宋代如此重要的《尚書》學著作，前人的研究力度卻是遠遠不夠的，尤其是對其解經體例的研究尤顯不足。我們對其解經體例的探討，應當將其放在宋代經學發展的脈絡下討論，方能顯示其異於前代的特色。如果從典範生成的歷史演進來看，宋代經學的發展經歷了嘗試、初定、重塑和再定四個階段。第一個階段，從太祖建隆元年(960)至英宗治平四年(1067)一百餘年，爲經學新典範的嘗試階段；第二個階段，從神宗熙寧元年(1068)至徽宗宣和七年(1125)近六十年，爲經學新典範的初定階段；第三個階段，從欽宗靖康元年(1126)至寧宗嘉泰二年(1202)七十餘年，爲經學新典範的重塑階段；第四個階段，從寧宗嘉泰三年至帝昺祥興二年(1279)七十餘年，爲經學新典範的再定階段⑥。與此相應，其經解體式也經歷了四個階段：第一個階段表現爲"解義論説"類體式的興起，其體式包括解義、口義、精義、本義、論説等不同名稱，這類體式與義疏體關係密切，其特點是直解經文，不拘一格，胡瑗(993—1059)《五經口義》爲這種體式的代表；第二個階段表現爲"經義"體式初定爲官學，其特點是擺脱注疏，王安石(1021—1086)《三經新義》爲這種體式的代表；第三階段表現爲"集解體"和"集傳集注"受到重視，前者以吕祖謙(1137—1181)《吕氏家塾讀詩記》爲代表，後者以朱子(1130—1200)《詩集傳》爲代表；第四階段，表現爲"集傳集注體"效應凸現，疏解朱子"集傳集注體"以及朱子學成爲時代潮流⑦。

① [宋]朱熹《朱子語類》卷一八《尚書一·綱領》，中華書局，1986年，頁1988。

② [宋]夏僎《尚書詳解·序》，《叢書集成初編》本，商務印書館，1936年，頁1。

③ 胡傳志、李定乾《滹南遺老集校注》卷三一《著述辨惑·九》，遼海出版社，2006年，頁349。

④ [明]何喬新《椒邱文集》卷一，上海古籍出版社，1991年，頁6。

⑤ [清]紀昀《四庫全書總目》卷一一《書類一》，中華書局，1965年，頁90。

⑥ 吴國武《概説宋代經學的發展脈絡、基本面貌和學術特色》，《北京大學中國古文獻研究中心集刊》第十三輯，北京大學出版社，2014年1月，頁31—40。

⑦ 吴國武《朱子〈詩集傳〉解經體例與宋代經學新典範的成熟》，收入漢學研究中心編《漢學研究》第35卷第2期，2017年6月，頁102—106。

從宋代經解體式演變的角度來説，林之奇的《尚書全解》正屬於第三個階段之"集解體"體式，除《尚書全解》外，在第三個階段，高宗、孝宗兩朝出現了多部"集解體"著作，比如吕本中(1112—1176)《春秋集解》、李樗(？—1155)《詩解》、黄櫄《詩解》(後二書合爲《毛詩集解》)等。而對《尚書全解》解經體例的考察，正是前人研究之薄弱環節，也是本文擬解决的主要問題之一。

我們所説的解經體例與原則，實際上就是林之奇對經典的詮釋特色。通讀全書，《尚書全解》的解經體例可以歸納爲五大解經原則，分别是提綱挈領、首尾該貫解經原則，關注經文、以意逆志的解經原則，兼總衆説、下以己意的解經原則，駁正諸説、以義爲主的解經原則，多聞闕疑、無徵不信的解經原則。下面進行詳細考述。

一、提綱挈領、首尾該貫的解經原則

提綱挈領、首尾該貫的解經原則，是針對《尚書全解》的結構而言。表面上來看，林之奇解經較爲繁雜，文字篇幅很大，但仔細來看，經解本身也層次分明、首尾呼應、結構嚴整。這個原則可歸納爲"篇名解題例""承上啓下例""總結篇旨例"三項解經條例。大部分情况下，一篇之内都可以體現這三項解經條例。下面以《無逸》篇來分别説明之。

1. 篇名解題例

林之奇在經解正文開頭處，總會有一段闡述篇旨的文字，或論説篇名，或辯駁《書序》，或闡述相關史事，或闡述此篇之篇旨。比如《無逸》篇首處謂：

> 周之興也，以百里之諸侯積德累功，乃代商而有天下。天下一統矣，而後成王嗣立。成王之立也，百官總己以聽於冢宰，制禮作樂，制度紀綱，罔有不備，天下太平矣，而後成王即政。蓋其膺萬乘之尊於幼穉之年，覽萬幾之務於盈成之後，非有櫛風沐雨之艱，而遂據此富貴之勢；非有殫精疲神之勞，而遂享此治安之效，則逸豫之心不期生而自生矣。故周公於其即政之初，而遂作此篇以爲戒也。①

林之奇首先回顧了周朝興起、伐商，一直到成王即位、周公製禮作樂、周公還政成王的周初歷史。他認爲成王尚且年幼，不經歷一番勞苦已享有天下，很容易生出貪圖享樂之心，因此周公在成王即政之初，作此篇來勸戒成王，實際上指出了《無逸》篇之篇旨。

2. 承上啓下例

所謂承上啓下，是指林之奇在解經時，能夠指出整篇經文前後兩部分或者某段經文前後兩部分之間有一定的聯繫。如在解《無逸》篇經文"厥亦惟我周太王、王季，克自抑畏。文王卑服，即康功田功"之前，有一段承上啓下的經解：

---

① [宋]林之奇《尚書全解》卷三二《無逸》，山東友誼書社，1992年，頁1810。

> 周公之戒成王，既引商之三宗憂勤不怠，而歷年有永，欲成王以之爲法；又引商之後王逸豫自適，而蚤墜厥命，欲成王以之爲鑒。意謂三宗享國之長，非天實延之也，在我者有以延之也，後王享國之短，非天實促之也，在我者有以促之也。天之於人，吉凶壽夭如影響，然豈獨私於三宗，而偏疾於後王哉？以其有逸不逸之異耳。成王將欲享國長久，如商三宗，則其無逸之心豈可以不如三宗哉？此實周公愛君之至。然周公之心猶以爲未也，又以文王享國之效而告之。蓋前代之君，去周之近莫如殷，而我周家祖宗之成憲可爲楷模者，比之商又爲近焉，故先引商家之君，而後言我先王也。如《伊訓》之篇，先言夏后氏之懋德，而其子孫之弗率，遂言其烈祖之成德，以訓于王。古之大臣，陳善閉邪，以啓沃於君者，率用此道也。①

林之奇這段經解，首先總結了前部分經文的大意，即周公舉商代中宗、高宗、祖甲三王因勤政養民不敢逸豫從而在位長久，而其後代之王因荒淫逸豫而享國短暫的史實，來勸戒成王，但前代的例子還不夠，或者年代久遠，因而還需要舉成王父輩祖輩勤勞王家、懷保小民的事例來勸戒他。這無疑起到了承上啓下的作用，明白曉暢地揭示出經文前後之間的聯繫，讀來讓人耳目一新。像這種承上啓下的例子還有很多，這裏就不一一列舉了。雖然林之奇的經解内容繁多，但他的思路還是很清晰的。

3. 總結篇旨例

在篇尾處，林之奇往往還有一段總結整篇經文篇旨的文字，起到總結篇旨、延伸主題之作用。如在《無逸》篇尾處謂：

> 成王長於深居之中，以幼沖之年而即天子之位，周公懼其有驕心也，今始聽政而天下太平，周公懼其有怠心也。驕怠之心一萌，則觀、逸、游、田無所不爲，讒邪之所自入，怨讟之所自興，刑罰之所自繁，而壽考何自而致乎？故周公作此篇以戒之，前後反覆，惟欲其無逸而已。惟其無逸，則將專心於學問，留意於政事，其他可以伐性損壽者，有不暇爲，此所以壽也。……周公之於成王，前有《七月》之詩，後有《無逸》之書，體雖異，而意則同。《七月》之詩，欲其知創業之難而不敢忽，《無逸》之書，則欲其知守文之不易而不敢怠。唐太宗問創業守成孰難，房元齡以創業爲難，魏徵以守成爲難。玄齡之心，《七月》之詩也；魏徵之心，《無逸》之書也，皆有周公愛君之遺意。②

林之奇所謂"驕怠之心一萌，則觀、逸、游、田無所不爲"實本經文"周公曰：'嗚呼！繼自今嗣王，則其無淫于觀、于逸、于游、于田"，進而闡发周公欲成王無逸之篇旨，並用《詩經・七月》之旨來做類比，引唐太宗與房玄齡、魏徵論創業與

① 《尚書全解》卷三二《無逸》，頁 1835。
② 《尚書全解》卷三二《無逸》，頁 1857。

守成之事以證之，使所叙篇旨更加形象、具體。對篇旨的總結又照應篇首，可謂前後呼應，善始善終。

二、關注經文、以意逆志的解經原則

關注經文、以意逆志的解經原則，是指林之奇對經文本身的關注，與歷代紛繁的、層出不窮的傳注相比，林之奇更注重經文本身，關注經文文字、文本結構，而又不囿於文字片段、語言的限制，這也是整個宋代經學的特色。這個原則可以歸納爲“指明古字例”“變其文例”“關注語辭例”“以意逆志例”四項解經條例。

1. 指明古字例

在文字上，林之奇間或指明經文某字“古文《書》作某”。如解《益稷》經文“簫韶九成，鳳凰来儀”曰：

> 古文《尚書》“簫”字從竹從削。箾，舞者所執之物。簫與箾，音雖同，而義實異。《説文》於管簫之簫注云：“參差管。”而從竹從削之箾注云：“舜樂名《箾韶》。”延陵季札觀周樂，見舞《箾韶》者，其字從竹從削之箾，以是知“箾韶”二字，蓋舜樂之總名也。今文作管簫之簫，故諸儒皆以爲細管之備。而説者又謂“編管爲之，其聲肅然如鳳皇聲”，此皆曲爲之説，非古《書》之本意。今當從古文《書》，以《簫韶》者爲舜樂之總名，則得之矣。[①]

《韶》爲舜的樂舞名，襄公二十九年《左傳》作“韶箾”，即林之奇所謂“季札觀周樂”時所見，見於先秦古籍者，以單稱韶者居多。林之奇認爲今本作“簫韶”亦通，但不能將簫訓爲“細管”，因爲以古字求之，解爲舜樂舞總名更爲恰當。今按：《説文》“箾”下云：“箾，以竿擊人也。从竹削聲。虞舜樂曰箾韶。”[②]但《説文》“韶”下云：“虞舜樂也。《書》曰：‘簫韶九成，鳳皇來儀。’”[③]《説文》作“箾韶”當從《左傳》，作“簫韶”而從《尚書》。《左傳・襄公二十九年》季札見舞“韶箾”，《經典釋文》曰：“音簫。”[④]《史記》作“禹乃興九招之樂，致異物，鳳皇來翔”[⑤]，並無“簫”字且“韶”作“招”，且《吴世家》亦載季札於魯聽“見舞象箾、南籥”，“見舞招箾”[⑥]。而《大戴禮記》曰：“夔作樂，以歌籥舞，和以鍾鼓。”[⑦]朱載堉云：“舜作大韶，執籥秉翟，周人舞象，亦放其制，季札所觀韶箾、象箾是也。箾即籥之别名。”[⑧]或爲一證。蓋兩字音同，“簫”字後起並成爲其通假字，故他

① 《尚書全解》卷六《益稷》，頁 360。
② [漢]許慎《説文解字》，上海古籍出版社，2007 年，頁 222。
③ 《説文解字》，頁 122。
④ [唐]陸德明《經典釋文》卷四《尚書音義下》，上海古籍出版社，2013 年，頁 1056。
⑤ [漢]司馬遷《史記》卷一《五帝本紀第一》，中華書局，2014 年，頁 51。
⑥ 《史記》卷三一《吴太伯世家第一》，頁 1756。
⑦ [清]王聘珍《大戴禮記解詁》卷七，中華書局，1983 年，頁 123。
⑧ [明]朱載堉《樂律全書》卷八，清文淵閣四庫全書本，頁 25。

書或通作"籥"。箾是一種持竿而舞的表演方式,其間配以音樂,而韶爲樂舞之總名,作"箾"字更貼近經文本義,因此當破假借讀爲"箾",不當如孔《傳》釋爲"細器之備",林之奇的判斷是正確的。

又如解《禹貢》經文"濟、河惟兖州",林之奇謂:

> 濟字,今文《書》作從水從齊,而古文《書》、《周禮・職方氏》、班孟堅《地理志》皆作從水從𠧟。案:《説文》從水從𠧟字注云:"(濟)[泲],沇也,東入海也。"而從水從齊字注云:"濟,水出常山房子縣贊皇山,東至瘻陶入泜。"由此二字音同,故後世遂以從水從齊字爲兖州之濟,其實字訛也,今當從古文書作從水從𠧟者爲證。[①]

按:"濟",《漢志》作"泲",顔注曰:"泲本濟水之字,從水𠧟聲。言此州東南據濟水,西北距河。泲音姊。"[②]下文三濟字亦皆作泲。《蜀石經》殘石[③]及薛季宣隸古定本亦作"泲"[④],疑據古文。敦煌本作"洓"[⑤],《玉篇・水部》"濟"條下云"洓,古文",《古文四聲韻》載《古尚書》亦作"洓"[⑥],是僞古文亦據《説文》"濟"的小篆爲隸古。而日本足利學校遺迹圖書館所藏唐寫本、東洋文庫藏岩崎本、静嘉堂文庫所藏内野本均作"濟"[⑦]。可見,寫本、石經本、刻本有"泲""洓""濟"這三種寫法,而以"濟"較爲常見。段玉裁云:"依《説文》當作泲,但此等字古文假借,當仍其舊。如《夏本紀》作濟,《地理志》作泲,可證漢人通用也。"[⑧]皮錫瑞歷舉《春秋説題辭》《吕氏春秋》《釋名》《風俗通》《廣雅》等亦將濟與河並舉,以爲"皆作'濟',與史公同,蓋用假借字,非贊皇山所出之濟水也"[⑨]。

諸説皆以此水本名泲水,依照《説文》即沇水,但可假借"濟"字稱爲濟水,而非出於贊皇山之小流濟水。下文導水云"導沇水東流爲濟,入于河,溢爲滎,東出于陶丘北,又東至于菏,又東北會于汶,又北東入于海",是知《禹貢》之濟,正《漢志》之泲,與《説文》之泲略同,而《説文》之濟爲小水,不足以當《禹貢》之濟。林之奇能夠關注到這一點,雖認爲只是音同而訛誤而不明假借,也實在是難能可貴。

林之奇所謂"古文""古文《尚書》",指的當是隸古字,是在唐衛包用通用的楷書加以書寫之前的字體,非真正的古文。且林之奇並不知今本爲僞,只是以爲隸古字更爲準確,並没有進一步懷疑今本。我們看到,林之奇所提到的古文《書》之字,多見於《説文》,有些亦見於同時代薛季宣之《書古文訓》。《説文》引

① 《尚書全解》卷七《禹貢》,頁 410。
② [漢]班固《漢書》卷二八上《地理志》第八上,中華書局,1962 年,頁 1525。
③ 雷玲《四川博物院藏"蜀石經"殘石碑文考》,《博物院》2017 年第 4 期,頁 100。
④ [宋]薛季宣《書古文訓》卷三,清《通志堂經解》本,頁 3。
⑤ 顧頡剛、顧廷龍《尚書文字合編》,上海古籍出版社,1996 年,頁 352。
⑥ [宋]夏竦《古文四聲韻》,中華書局,1983 年,頁 40。
⑦ 《古文四聲韻》,頁 368、391、415。
⑧ [清]段玉裁《古文尚書撰異》卷三,清乾隆道光間刻《經韻樓叢書》本,頁 3。
⑨ [清]皮錫瑞《今文尚書考證》卷三《禹貢第三》,中華書局,1989 年,頁 139。

經多用古文經説，較爲可信，而薛書雖遭到後世如四庫館臣及段玉裁等人的批評，但它的確保留了一些隸古字，足爲考訂《古文尚書》原本的古文原字之用，這一價值還是值得肯定的。

2. 指明“變其文”例

《尚書》爲記言之體，其文簡而理周。這種述作之體，表達同一種意思，往往變换其文。其實僞孔《傳》就提出來了，如解《舜典》經文“流共工于幽州，放驩兜于崇山，竄三苗于三危，殛鯀于羽山”曰：“殛、竄、放、流，皆誅也，異其文，述作之體。”①但只提到了這一次，而林之奇繼承了僞孔《傳》的説法並多次對相應的經文進行分析，比如：

> 流、放、竄、殛，皆是屏之遠方也。……凡《典》之所載，有一言而再言之者，則必變其文。如既曰‘正月上日’，又曰‘月正元日’，而又曰‘正月朔旦’。既曰‘五瑞’，又曰‘五玉’，又曰‘五器’。既曰‘文祖’，又曰‘藝祖’。南岳曰‘如岱禮’，西岳曰‘如初’，北岳曰‘如西禮’，及此流、放、竄、殛，皆是經緯其語，以成文體，非有異義也。②

對上述幾點，林之奇皆在相應經文下指出。不僅指出《堯典》《舜典》變换經文之处，對於其他篇也會指出，如解《康誥》經文“往敷求于殷先哲王，用保乂民。汝丕遠惟商耇成人，宅心知訓。别求聞由古先哲王，用康保民”，林之奇曰：

> 其於“殷先哲王”，則曰“往敷求”；於“商耇成人”，則曰“遠惟”；於“古先哲王”，則曰“别求”。於“殷先哲王”，則曰“保乂”；於“古先哲王”，則曰“康保”，此蓋經緯其文，以成述作之體。③

按：敷求，僞孔《傳》解爲“布求”；遠惟，僞孔《傳》解爲“大遠求”；别求，僞孔《傳》注爲“當别求”。林之奇無疑受其影響。王引之曰：“‘别求聞由古先哲王’者，遍求聞于古先哲王也。與‘往敷求于殷先哲王’文義正合，敷，亦遍也。《傳》訓‘由’爲用，‘别求’爲又當别求，皆失之。”④王説爲是，孔《傳》望文生訓，而林之奇雖不辨，其“經緯其文”的結論卻是正確的。

除了稱之爲“變其文”“經緯其文”，有時候林之奇還將其稱之爲“錯綜其文”，比如解經文“以昭受上帝，天其申命用休”，則謂：

> 天與帝之稱雖異，其實一也。嘗考經之所載，凡稱天稱帝者，大抵皆是變其文以成美。既曰“格于皇天”，又曰“格于上帝”。既曰“帝乃震怒”，又曰“天乃錫禹《洪範》九疇”。既曰“惟帝不畀”，又曰“惟天不畀”。凡若此之類甚多，皆是史官錯綜其文以成義。“以昭受上帝，天其申命用休”，但謂如此，然後可以昭受上天，天其申命以休福。此但是不欲言“以昭受

① ［唐］孔穎達《尚書正義》卷三《舜典》，中華書局，2009年，頁270。
② 《尚書全解》卷二《舜典》，頁147。
③ 《尚书全解》卷二八《康誥》，頁1542。
④ ［清］王引之《經義述聞》第三，上海古籍出版社，2016年，頁210。

上天，天其申命用休"，故變其文曰"上帝"，必欲從而爲之説則鑿。[1]

又如：

唐孔氏曰："伊尹之下，言格于皇天，保衡之下，不言格于皇天，從可知也。"是也。太戊之立，則有伊陟、臣扈爲之佐，亦"格于上帝"。唐孔氏曰："'皇天'之與'上帝'，俱是天也，變其文耳。"蓋天即帝也，帝即天也，豈有二哉？夫天之蒼蒼在上，不可得而名言，但自其形體而言，則謂之"天"，自其主宰而言，則謂之"帝"。《書》之言天而又言帝者，是錯綜其文，不欲重言之耳。既於伊尹曰"格于皇天"，不可又於伊陟、臣扈曰"格于皇天"，故變文言"上帝"也。王氏多以"天"爲道，"帝"爲德，謂道至矣，則"格于皇天"，德至矣，則"格于上帝"。而説者又於伊尹一人之身，而分道與德，其鑿甚矣。[2]

綜上，林之奇不僅指出"變其文"的具體表現，還指出其在表達上的作用，並且據此批評王安石不明體例而穿鑿爲説的弊病。我們知道，除了僞孔《傳》，鄭玄、孔穎達也對"變其文"有所關注。但林之奇在前儒的基礎上，對這種經文體例及其作用又作了進一步的分析和研究，更爲全面具體。

3. 關注語辭例

我們知道，《尚書》有豐富的語氣傳達的語法形式，如發語辭、歎辭等，如陸以湉曰："經書發語辭《尚書》最多，'都''俞''吁''咨''嗟''猷'等是也。"[3]對此，林之奇多有關注，下面分别舉例説明。

（1）咨

"咨"作爲嘆詞經常出現在《尚書》中，如《堯典》"咨！四岳"。對此，林之奇多有關注，如解《堯典》"帝曰：'咨！汝羲暨和。朞三百有六旬有六日，以閏月定四時成歲"，林之奇曰：

"咨"者，胡氏所謂"訪問於善"，此説未然。如"咨，汝羲暨和""咨，十有二牧"，皆敕戒之辭，安得爲訪問於善哉？據此，"咨"字只當訓"嗟"，蓋發語之辭，與《詩》所謂"嗟嗟臣工"同，二字蓋通用也。[4]

按：《爾雅·釋詁》曰："嗟、咨，𧩨也。"[5]𧩨爲古嗟字。《説文》云："咨，谋事曰咨，从口次聲"[6]，而訓"嗞"云："嗟也，從口兹聲。"[7]"咨"在上古屬脂部精母，"嗞"在上古屬之部精母，其聲同韻近，馬叙倫先生認爲"嗞爲咨之雙聲轉注

① 《尚書全解》卷六《益稷》，頁 320。
② 《尚書全解》卷三三《君奭》，頁 1882。
③ ［清］陸以湉《冷廬雜識》卷五《發語辭》，中華書局，1984 年，頁 254。
④ 《尚書全解》卷一《堯典》，頁 66。
⑤ 《爾雅》卷二《釋詁下》，中華書局，2016 年，頁 9。
⑥ 《説文解字》，頁 59。
⑦ 《説文解字》，頁 64。

字"[1]。故咨可訓爲嗟。嗟者,《小爾雅》:"嗟,發聲也。"[2]故咨、嗟皆可爲發端之語。僞孔《傳》釋"咨"爲"嗟",林之奇同其説。訓"咨"爲"嗟"實本《爾雅·釋詁》。

(2) 嗟

上文已談到"咨""嗟"可通用,均可用於句首作發語辭。對於出現在句首的嗟,如《甘誓》"王曰:'嗟! 六事之人,予誓告汝'",林之奇曰:

> 李校書論唐虞言"咨"之義曰:"'咨'之爲言'其',後變而爲'嗟'。"《甘誓》曰:"嗟六事之人",《胤征》曰:"嗟予有衆",《湯誥》曰"嗟爾萬方有衆",《泰誓》曰"嗟我友邦冢君",蓋"嗟"者,即"咨"之義也。[3]

解《胤征》"嗟予有衆"則謂:"'嗟予有衆',亦猶所謂'嗟六事之人'也,蓋嗟咨以重其事,而敕戒之辭也。"[4]林之奇看來,這些"嗟"與"咨"同,均爲發語之辭,而多具囑告、敕戒之意。林之奇的判斷是正確的,誓體多用於軍旅,在正式講話之前"嗟咨"可以提高大家的注意力,亦可提高士氣、嚴明軍紀。

(3) 猷

如解《微子之命》"王若曰:'猷! 殷王元子'",林之奇曰:

> "猷"者,發語之辭也。……成王將封微子於宋,故發語曰"猷",而以"殷王元子"呼之,自此而下,則言其所以封之之意也。蓋微子、箕子之於周,不惟其身有不爲臣之義,而周家之於二子,亦以賓禮待之,不責其爲臣也,故武王訪《洪範》則曰"嗚呼! 箕子",成王命微子曰"猷! 殷王元子",皆尊之之辭也。其曰"猷! 殷王元子",正《洪範》"嗚呼! 箕子"之類也。[5]

又如解《大誥》經文"猷! 大誥爾多邦"謂:

> 某竊意所謂"猷"者,皆語之辭也。《堯典》曰:"咨! 汝羲暨和。"《舜典》曰:"咨! 十有二牧。"《甘誓》曰:"嗟! 六事之人。"《胤征》曰:"嗟! 予有衆。"曰"咨",曰"嗟",皆發語之辭。蓋"咨"之爲字,至夏時變而爲"嗟",此類是也。"猷"字正與"咨""嗟"同。竊意至於周時,其語之辭且復變而爲"猷"矣。[6]

按:《尚書》中"猷"表示發語辭的句子一共出現六次:

> 猷,黜乃心。(《盤庚上》)
> 猷! 殷王元子。(《微子之命》)
> 猷! 大誥爾多邦。(《大誥》)

---

① 《古文字詁林》,上海教育出版社,2000年,第2册,頁126。
② 葛其仁《小爾雅疏證》卷一,頁39。
③ 《尚書全解》卷一二《甘誓》,頁633。
④ 《尚書全解》卷一三《胤征》,頁686。
⑤ 《尚書全解》卷二七《微子之命》,頁1504。
⑥ 《尚書全解》卷二七《大誥》,頁1452。

猷！告爾多士。(《多士》)
猷！告爾四國多方。(《多方》)
猷！告爾有方多士。(《多方》)

關於《大誥》"猷大誥爾多邦",歷來有争論。蔡沉《書集傳》云:"猷,發語辭也,猶《虞書》'咨''嗟'之例。"①亦同林氏。而此處《釋文》引馬本作"大誥繇爾多邦"②,《正義》謂"鄭、王本'猷'在'誥'下"③。《漢書·翟方進傳》載王莽仿《大誥》,亦曰"大誥道諸侯王、三公、列侯",應劭注:"言以大道告於諸侯以下也。"④可見今文作"大誥猷",古文作"大誥繇",《釋詁》"迪、繇、训,道也,義皆見《詩》《書》"⑤,《方言》"猷,道也"⑥,而"猷""繇"音同義通,是馬、鄭古文與王莽所用今文釋義同爲"道"。王引之曰:"'大誥道爾多邦',文義不順。猷,於也。'大誥猷爾多邦'者,大誥于爾多邦也。經文本自明白,只緣訓猷爲道,于義未安,致令後人妄改。其始改也,升'猷'字于'誥'字之上,某氏《傳》曰'順大道以告天下衆國'是也。其再改也,又升'猷'字于'大'字之上,《正義》曰:此本'猷'在'大'上。是也。"⑦将"猷"釋爲"于",然而亦只是推斷。楊樹達云:"今按彔伯冬戈簋云:'王若曰:彔伯彔,繇,自乃祖考又搢于周邦'。'繇''繇'同,嘆詞,此可證'繇'當在'大誥'二字上。《多士》《多方》並云'王若曰繇',知作'大誥繇'者誤也。周公代成王誥論,故稱'王若曰',而語氣則屬之成王,下文云'我幼冲人',是其證也。"⑧楊説以彔伯冬戈簋之銘文爲證,以爲猷字當在"大誥"之前,其説甚是。雖然林之奇没有金文材料佐證,但他將這幾處"猷"作爲發語辭的判斷是準確的,優於諸説之上,因此也被蔡沉《書集傳》采納。

(4) 吁

吁,《説文》曰:"驚也。"⑨王引之曰:"吁,嘆聲也。常語也。字通作'呼'。"⑩吁字亦多出現在《尚書》中,如《堯典》"帝曰:'吁!嚚訟,可乎?"僞孔《傳》曰:"吁,疑怪之辭。"⑪江聲則曰:"吁,驚異之詞。"⑫又如《吕刑》"王曰:'吁!來,有邦有土",僞孔《傳》解"吁"爲"歎也"⑬。可見,吁多表示驚嘆之語氣。對此,林之奇也時有關注,如解《皋陶謨》"禹曰:'吁!咸若時,惟帝其難

① [宋]蔡沉《書集傳》卷四《大誥》,上海古籍出版社,1987年,頁83。
② 《經典釋文》卷四《尚書音義下》,頁180。
③ 《尚書正義》卷一《尚書序》,頁420。
④ 《漢書》卷八四《翟方進傳第五十四》,頁3428。
⑤ 《爾雅》卷二《釋詁下》,頁11。
⑥ [漢]揚雄《方言》卷三,中華書局,2017年,頁39。
⑦ [清]王引之《經傳釋詞》第一,上海古籍出版社,2016年,頁14。
⑧ 楊樹達《積微居讀書記·尚書説》,上海古籍出版社,2013年,頁19。
⑨ 《説文解字》,頁63。
⑩ 《經傳釋詞》第一,頁93。
⑪ 《尚書正義》卷二《堯典》,頁256。
⑫ [清]江聲《尚書集注音疏》卷九,清《皇清經解》本,頁20。
⑬ 《尚書正義》卷一九《吕刑》,頁530。

之'"，則謂："禹曰'吁'，歎辭也，將使舜敬重其言而行之，故歎之也。"[①]吁多作爲驚嘆之語氣詞，然而《皋陶謨》這句經文中，林之奇並未囿於故訓，而是將其隨文釋爲"敬重"之嘆詞，可謂十分貼切。

(5) 嗚呼

《尚書》中的"嗚呼"多表示感嘆，如孔穎達《疏》解《胤征》"嗚呼！威克厥愛，允濟"曰："將軍之法，必有殺戮。'嗚呼'，重其事故歎而言之，將軍威嚴能勝其愛心，有罪者雖愛必誅，信有成功。"[②]又如《旅獒》"嗚呼！明王慎德，四夷咸賓"，此處之"嗚呼"，僞孔《傳》、孔穎達《疏》均未有關注，林之奇則謂："嗚呼者，嗟歎之辭也。太保將陳古先哲王所以待夷狄之道，故重其事而嗟歎以言之也。"[③]不僅指出其作用，還指出所以嗟嘆的具體原因，即召公奭因西旅獻獒一事勸解周武王，首先陳述古代先王對待夷狄之道，感嘆先王的重視之意，其實也帶有贊頌的語氣。

(6) 王曰

這其實牽涉到《尚書》"王若曰"的問題，"王若曰……王曰……"是最爲多見的格式，即起首用"王若曰"，其後用"王曰"，但也不是嚴格的規定。"王若曰"可以省略成"王曰""曰"，甚至完全省去。在語感上主要是强調莊嚴性，其内容一般是王命，或是王的重要講話。關於"若"字的詞义，并無定論，較多見的是訓爲"順""如此"及語氣詞等。林之奇則認爲是語氣詞，如解《吕刑》"王曰：'吁！來，有邦有土，告爾祥刑'"，林之奇曰：

> 凡言"王曰"者，皆語更端之辭，如《大誥》《康誥》《酒誥》及此篇之類，雖其終篇皆於一人之言，而屢有"王曰"之文，皆以其語更端也。[④]

林之奇認爲，即使一篇經文都是同一人的講話，中間出現的"王曰"，都起到轉换語氣的作用。僞孔《傳》釋《大誥》"曰：'有大艱于西土，西土之人亦不静，越兹蠢'"之"曰"謂"曰，語更端也"[⑤]，林解或本於此，並做出了一個總結，將其由個别上升到一般。

4. "以意逆志"例

"以意逆志"出於《孟子·萬章上》，針對解《詩》而言，要采取設身處地的測度方法來考察作者的創作意圖，不要因爲文字片段、語言而妨害對作者創作意圖的理解，這樣才能獲得《詩》的本義。就《尚書全解》而言，林之奇認爲《書》經古奥，需要"以意逆志"才能夠正確理解經文涵義，這分爲兩種情况，一種是史官補充、增加潤色之辭，如解《堯典》經文"師錫帝曰：'有鰥在下，曰虞舜。'帝曰：'俞，予聞，如何？'"，林之奇謂：

---

① 《尚書全解》卷五《皋陶謨》，頁 278。
② 《尚書正義》卷一九《胤征》，頁 334。
③ 《尚書全解》卷二六《旅獒》，頁 1397。
④ 《尚書全解》卷三九《吕刑》，頁 2276。
⑤ 《尚書正義》卷一三《大誥》，頁 421。

> 薛氏曰:"舉舜而言其鰥者,欲帝妻之也。"此説雖可喜,然據下文"女于時,觀厥刑于二女",即是妻舜之事,出於堯之意,將試舜以所甚難者。若以"有鰥在下"爲信,則是以女妻舜者,出於四岳之請,非堯意也。夫岳舉舜於側微之中,未知堯之用否,而先請以女妻之,非人情也。竊謂此史臣增加潤色之辭,因堯以女妻舜,遂加"有鰥在下"於上,以見其未娶爾。正如《湯誓》《泰誓》稱"予一人",當桀、紂在上,湯、武濟否時未可知,豈宜遽稱"予一人"也哉? 竊謂皆是史官增加潤色之辭,學者以意逆志可也。①

"有鰥在下"並不是四岳建議堯以女妻舜,而是處於堯之本意,爲了前後行文的豐富多樣而不至於單調,史官借四岳之口來表述舜還未娶之意,並不一定是四岳一定就説過這些話。

而另一種需要"以意逆志"的情况是,經文可能爲了保持其連貫性而省略掉一些叙述,如箕子在"天乃錫禹洪範九疇,彝倫攸叙"之後,簡單陳説了"九疇"的大致輪廓。林之奇認爲:"武王之傳九疇於箕子,其間必更有請問之辭,如子張問於夫子者,蓋箕子録其文以成書之時,略去繁文,以就簡要,故其所傳止於如此,學者當以意逆志可也。"②

"以意逆志"有合理的一面,但我們反思,如果完全拋開語言文字,單純地"以意逆志",往往會隨心所欲地進行解釋,難免不會犯主觀附會的弊病。就第一個例子而言,或許當時四岳果然就説了"有鰥在下",陳述一種客觀實際,林之奇批評薛昂"欲帝妻之"的説法,認爲他"以意逆志"過了頭,不過是史官潤色之辭,是否又走向了另一個極端呢? 如果史官只是"實録"呢? 所以,林之奇的"以意逆志",也不一定完全準確,但是他屢有創見,並據此來駁正一些穿鑿説法,是值得肯定的。

三、兼總衆説、下以己意的解經原則

兼總衆説、下以己意的解經原則是林之奇解經的核心原則之一,是指林之奇廣泛引用诸説來解經,然後申説、補充之,爲自己解經服務。這個原則可以歸納爲"照應互見例""引他經解經例""引漢唐經解例""引宋儒新解例""以史解經例"五項解經條例。

1. 照應互見例

"照應互見",即以本經解經,是林之奇以《尚書》中各篇的記載,來作爲各篇之間的訓釋與比較,從而使《尚書》全書經文的義解能夠前後呼應,統一而不致繁雜。比如解《康誥》經文"人有小罪,非眚,乃惟終,自作不典式爾,有厥罪小,乃不可不殺。乃有大罪,非終,乃惟眚災適爾,既道極厥辜,時乃不可殺",林之奇云:

---

① 《尚書全解》卷一《堯典》,頁 84。
② 《尚書全解》卷二四《洪範》,頁 1280。

> 《虞書》曰"眚災肆赦,怙終賊刑",又曰"宥過無大,刑故無小",亦此意也。然辭簡而意足。此篇自"人有小罪"至"時乃不可殺",意與《虞書》同,而文則衍矣,此渾渾噩噩之異也。[①]

此則利用《舜典》的記載,以爲《康誥》關於過失犯罪與怙惡不悛刑罰的内容實際上本於此,"眚災肆赦"即過失犯罪者可以赦免,《康誥》"不可殺"與之意同,"怙終賊刑"即怙惡不悛者則加以刑罰,《康誥》"不可不殺"與之意同。兩者只是略有差别,其處理的基本原則則是一致的。

2. 引他經解經例

所謂"引他經解經",則是林之奇運用《周易》、《詩經》、三《禮》、《春秋左氏傳》,以及《論語》《孝經》《爾雅》《孟子》中的記載或解説,用來申説《尚書》經文。林之奇所引經文,以《詩經》《周禮》《孟子》爲多,下面分别舉例説明。

(1) 引《詩經》

比如解《舜典》"帝曰:'棄,黎民阻飢,汝后稷,播時百穀",林之奇曰:

> 百穀者,所播非一種,故曰百穀。《生民》之詩曰:"蓺之荏菽,荏菽旆旆,禾役穟穟,麻麥幪幪,瓜瓞唪唪。"又曰:"誕降嘉種,維秬維秠,維穈維芑。"惟后稷之粒食烝民,所播非一種,故謂之百穀,蓋舉其多而言之也。[②]

棄是周人始祖,爲舜時農官,主管農事,教民稼穡。《生民》是記述周的始祖后稷生平事蹟的史詩,包括后稷從誕生到帶領族人起家的全過程,歌頌了后稷播種五穀所取得的成就。林之奇引用《生民》中關於稼穡的有關部分來解釋"百穀",爲前儒所無。

除了引《詩經》解釋名物,還用來解釋史事。比如《金縢》經文"周公乃告二公曰:'我之弗辟,我無以告我先王。'周公居東二年,則罪人斯得。于後,公乃爲詩以貽王,名之曰《鴟鴞》,王亦未敢誚公",林之奇謂:

> 成王益疑,故周公居東而未還,作爲《鴟鴞》之詩以遺王,其詩曰:"鴟鴞鴟鴞,既取我子,無毁我室。恩斯勤斯,鬻子之閔斯。"言鳥有巢,呼鴟鴞而告之曰:汝既取我子矣,無毁我之居室,我之於子,非不愛也,寧亡其子,而不可以亡其室,以見其惜巢之甚也。是以公之東征,其心惟恐王室之不安,亦如鳥之惜巢也。其下章皆言其作室之艱難,以喻周室積累之勤,故不得避小嫌以自全。觀《鴟鴞》之詩,周公之言非不反覆明白,而成王猶疑之,曖昧而不决,故有陷公之志,然未覆敢也。其所以有陷公之志者,蓋以成王猶未肯以《鴟鴞》而信周公之志果如是也。[③]

林之奇引《鴟鴞》經文來説明周公平定三監之叛、保護周王室的良苦用心,此説承孔《疏》而更詳之,可謂明白曉暢,但林解也是針對周公居東的真相而發。因

① 《尚書全解》卷二八《康誥》,頁 1552。

② 《尚書全解》卷三《舜典》,頁 167。

③ 《尚書全解》卷二六《金縢》,頁 1436。

爲前儒對《尚書》這段經文的理解有分歧，進而影響到對《鴟鴞》詩旨的理解，反過來又影響到對這段經文的理解，因此林之奇不得不闡發一下《鴟鴞》詩旨來解釋這段經文。關於此詩之旨，鄭玄謂："周公傷其屬黨無罪將死，恐其刑濫，又破其家，而不取正言，故作《鴟鴞》之詩以貽王，今《豳風·鴟鴞》也。"鄭玄將"辟"讀爲"避"，認爲周公將欲攝政，因管、蔡流言而避居東都，成王多殺周公之屬黨，因此周公作《鴟鴞》之詩救其屬臣，請勿奪其官位土地，等到遭風雷之異，成王啓《金縢》之書，周公居攝後才東征管蔡①。僞孔《傳》解"辟"爲"法"，按照這一説法，周公居東即東征，其態度十分堅決，果斷出兵平息了管蔡之亂，林之奇同此説，謂："周公告二公曰：我不以法而治此叛黨，則將'無以告我先王'，故其兄弟之親，有所不敢避也。……周公既以此言告二公，於是遂率兵而東征，其居東至於二年，然後武庚三叔咸服其辜，故曰'罪人斯得'也。"②清華簡有《金縢》一篇，第十四支簡簡背題"周武王有疾周公所自代王之志"，與傳世本有較多差異，其中"周公居東二年，則罪人斯得"作"周公宅東三年，禍人乃斯得"，"宅東三年"與《詩經·東山》"自我不見，於今三年"及《史記·周本紀》"初管、蔡畔周，周公討之，三年而畢定"同，證明了周公居東的真正目的就是東征而非待罪。因此，林之奇對《鴟鴞》一詩的理解是正確的，與歐陽修《詩本義》的觀點相類，且用它來解《尚書》的做法是完全合理的。

(2) 引《周禮》

林之奇長於《周禮》之學，著有《周禮講義》四十九卷(已佚)，其解經特别是《周書》部分涉及到禮制時多引《周禮》之説。如解《洪範》經文"七，稽疑：擇建立卜筮人，乃命卜筮"，林之奇謂：

> 乃命卜筮者，……蓋如《周禮·春官》"太卜掌三兆、三易之法，卜師掌開龜之四兆，龜人掌六龜之屬，華氏掌共燋契，以待卜事，占人掌占龜。"皆是所擇以建立其官，而命以卜筮之職。③

直接引《周禮》相關説法來解釋何謂"卜筮"人，使我們有了更大的想象空間，而這爲孔《疏》所無。

(3) 引《孟子》

林之奇亦長於《孟子》之學，著有《孟子講義》七卷(已佚)，其解經多用《孟子》之説。如解《舜典》經文"帝曰：'契，百姓不親，五品不遜，汝作司徒，敬敷五教，在寬"，林之奇同時引用《左傳》《孟子》來解釋"五教"，但是認爲《孟子》之説更確：

> 《左氏傳》云："舜舉八元，使布五教於四方，父義、母慈、兄友、弟恭、子孝。"而《孟子》曰："使契爲司徒，教以人倫，使父子有親、君臣有義、夫婦有别、長幼有序、朋友有信。"此二説皆本於《舜典》，而其文則大同小異。竊

① [唐]孔穎達《毛詩正義》卷八《鴟鴞》，中華書局，2009年，頁842。
② 《尚書全解》卷二六《金縢》，頁1434。
③ 《尚書全解》卷二五《洪範》，頁1343。

謂《左傳》之言不如《孟子》之説爲盡,《中庸》論"天下之達道五,曰君臣也,父子也,昆弟也,夫婦也,朋友之交也。"蓋人倫之道,盡於此五者。契爲司徒,教天下以人倫,而君臣之義、夫婦之别、朋友之信,豈有忽而不教者哉?當以《孟子》之言爲證。①

按:《孟子》之説見《滕文公上》,林之奇引《左傳》之説,實本孔《疏》,然孔《疏》未引《孟子》之説。其實《左傳》《孟子》兩説並無高下之分,大概《左傳》文當爲"五教"之原義,《孟子》之文與《中庸》之説近似,爲儒家解釋之義,由純家族道德增益了君臣道德。但林之奇能夠注意到這中間的細微差别而傾向於偏重儒家解釋的《孟子》之説,實勝於孔《疏》。

有時候也會懷疑《孟子》之説,比如解《禹貢》"厥包橘、柚,錫貢。沿于江、海,達于淮、泗",僞孔《傳》云:"順流而下曰沿。沿江入海,自海入淮河,自淮入泗",林之奇同意其説,並認爲大禹時江淮並不可通,自吴王夫差開溝通水之後,而江始有入淮之道。對於《孟子》"禹疏九河,瀹濟漯而注之海,决汝、漢,排淮、泗而注之江"的説法是誤指吴王夫差所通之水爲禹迹,認爲如果禹時江淮可通,就不必由江入海,自海入淮這樣迂回了。對此他駁正道:

孟子生於周末,去禹之世爲未遠,而猶誤指當時所見之水以爲禹迹。自孟子而來至今數千年矣,禹之舊迹漫滅者,亦已甚矣。而世之儒者,乃欲以今日所見之水,而配合《禹貢》之書,豈不猶膠柱而調瑟者哉?②

可見,林之奇並不是處處都同意《孟子》之説的,他懷疑孟子以當時所見之地理來説《禹貢》,並借此批評了同時有這種做法的其他解經者。

3. 引漢唐經解例

林之奇解《尚書》,有許多地方都承襲僞孔《傳》及孔穎達《疏》,同時也采用了馬融、鄭玄等學者的古文《尚書》説。

(1) 引僞孔《傳》

林之奇稱僞孔安國《傳》爲"孔氏",幾乎每一章經文下都引用其説。比如解《舜典》"欽若昊天"引孔氏"昊天者,元氣廣大也。欽若者,敬順也",並引《毛詩傳》"元氣光大,則曰昊天"來支持僞孔《傳》。對於諸説如《爾雅》"夏曰昊天",鄭玄解"春氣博施,故以廣大言之"以春爲昊天,王安石解"氣至夏而行,故於夏言其氣"以夏爲昊天這三種説法,以爲皆爲鑿説。按:關於"昊天",漢儒有不同的解釋,歐陽《尚書》説謂"春爲昊天",許慎《五經異義》駁之,以爲此處"總敕四時,知昊天不獨春"③,鄭玄又駁許説而同歐陽説。此處當以僞孔《傳》之説及《五經異義》爲是,僞孔氏之《傳》當有所承,昊天不單指春天,而指整個廣大的天。

---

① 《尚書全解》卷三《舜典》,頁 168。
② 《尚書全解》卷八《禹貢》,頁 460。
③ 皮錫瑞《五經異義疏證》卷二,中華書局,2014 年,頁 273。

(2) 引馬、鄭之説

馬融曾作《尚書注》十一卷,鄭玄亦著有《尚書注》九卷(均見《隋志》),雖然其書已佚,在其他經疏、《史記集解》等書中仍有佚文。林之奇熟讀經史,多引其佚説。如解《舜典》之"肇十有二州",林之奇認爲之所以《舜典》十二州而《禹貢》有九州,是舜使禹治水之後重新劃定疆界,又將天下分爲十二州,對九州疆界較遠的地方又增置三州。關於這三州,《尚書全解》謂:

先儒於此三者,參較《禹貢》,而於九州之外,又得三州焉,曰幽、曰并、曰營,故遂以此充爲十二州。然而世代久遠,是非不可得而知。馬融云:"舜以冀州之地廣大,分置并州。燕、齊遼遠,分燕置幽州,分齊置營州。"此説雖善,亦是本《職方氏》、《爾雅》而爲之説,未必有據,然或近之矣。[①]

這裏用馬融的説解,其説見《史記集解》。馬融謂所增之三州爲并州、幽州、營州,蓋本《周禮》及《爾雅》爲説,崔述云:"十二州之名,經、傳皆無之。幽、并、營之爲州,雖見於《周官》、《爾雅》,然彼自記九州之名,與舜之十二州初無涉也。……古書既缺,十二州名無可考證,則亦已矣。適見《周官》、《爾雅》有幽、并、營三州名爲《禹貢》所無,遂附會之,以補舜十二州之數,巧則巧矣,而不知其誤且誣也。"[②]按:崔氏所論甚諦,九州之名已衆説紛紜,十二州之名更無法考證。馬融説見《史記集解》,爲孔《疏》所未引,雖十二州之名無可考證,但馬融之説或許有一定道理,因此林之奇采用了其觀點。

引用鄭氏之説,如解《益稷》"予欲觀古人之象,日、月、星辰、山、龍、華蟲,作會;宗彝、藻、火、粉米、黼、黻,絺繡,以五采彰施於五色,作服,汝明":

十二章,説者不同,當以鄭氏之説爲正。其説以謂:"華蟲,雉也。宗彝,虎蜼也。粉米,白米也。絺讀爲薾,紩也。畫以爲繪,紩以爲繡,畫與紩皆有六。日也、月也、星辰也、山也、龍也、華蟲也,此六章者,畫以爲繪,施之於衣。宗彝也、藻也、火也、粉米也、黼也、黻也,此六章者,紩以爲繡,施之於裳。此有虞氏之十二章也。……"鄭氏此言皆有所據而云,大勝孔氏之説。蓋孔氏之失有二:以"日月星辰山龍華蟲作會宗彝"爲句,而曰"五采成此畫焉。宗廟彝樽亦以山、龍、華蟲爲飾"。據此經云"予欲觀古人之象",而"以五采彰施于五色,作服,汝明"結之於後,則是此言專爲作服而云爾,豈於其中雜入宗廟之彝樽者哉?此其失一也。又曰"絺,葛之精者",凡葛非可繡之物,自古未聞有以爲裳。唐孔氏云:"暑月則染絺爲纁,而繡之以爲祭服。"豈暑月染葛爲服,而冬月則弃而不用邪?此其失二也。而又以華蟲爲二物,以粉米爲二物,其説考之制度,皆齟齬而不合,不若鄭氏之説爲善。[③]

---

① 《尚書全解》卷二《舜典》,頁 137。

② 崔述《唐虞考信録》卷二,中華書局,1985 年,頁 29—30。

③ 《尚書全解》卷六《益稷》,頁 326。

按：關於這段經文的解釋，可謂衆說紛紜，《大傳》解皋陶"天命有德，五服五章哉"以山龍、華蟲、作會宗彝、藻、火爲天子五服五章[①]，皮錫瑞云："歐陽説，乘輿備文，日月星辰十二章。大、小夏侯氏説，三公、諸侯用山龍九章，九卿以下用華蟲七章，皆備五采。……皆與《大傳》言五服五章不同，此三家今文之背其師傳者。……而明帝詔首舉《周官》，則當時必以《周官》爲重，故三家博士變今文《尚書》之師説以傅會《周官》，不知《周禮》非可以解《虞書》。經明言五服五章，不得有十二章、九章、七章之制。鄭君據《周禮》以推虞制，其義正本於歐陽、夏侯。後世皆從鄭説，不知亦本於三家博士，然皆非伏生之義也。"[②]郑氏十二章之説，在林之奇看來勝於諸家之説，經文斷句亦同鄭氏，但鄭説實本歐陽、大小夏侯，在皮錫瑞看來是用《周禮》來解《書》，以亂唐虞之服制，不如伏生《大傳》更貼近經文原義。鄭玄解"會"爲"繪讀爲繢……凡畫者曰繢"，爲畫衣之説，這點也遭到皮氏反對，因爲"今古文皆以繪是繡"。吴汝綸曰："山龍等五章至舜始有，皋陶所言五服五章，則先時天子至士必有章服之等，要不必與舜同，《大傳》引後以證前，非先有此五章，舜又欲作之也。鄭謂十二章，非是。周之冕服極於至文，尚止九章，虞何有十二章邪！"[③]亦以《大傳》爲是而反對鄭説。很明顯，皋陶所言五服五章，與其後舜命之作服之章數並不是對等的，因此皮錫瑞及後來的學者以《大傳》爲依據認爲舜才只有五章，來否定鄭玄十二章之説。然而皋陶所謂五服五章，并不一定是《大傳》所解釋的那樣指同一個等級上天子用五服，亦可以指五個等級，《周禮・小宗伯》疏引鄭玄云："五服，十二也，九也，七也，五也，三也。"[④]指天子之服全用十二種，諸侯以下以迄大夫，依次分别用九種、七種、五種、三種，以彩繪於其衣服上。因此鄭説不能完全被否定，有其合理性，正如林之奇所言："自天子至於卿士，其服皆有差等，上得兼下，下不得僭上，以《周禮》觀之，則知唐虞之制，亦必有尊卑差等於其間。"[⑤]

（3）引《尚書正義》

林之奇引《尚書正義》稱"唐孔氏"，以區别僞《傳》"孔氏"。情況有二：或在引僞孔《傳》時引孔《疏》來進行疏解，或單獨引孔《疏》來解經。

第一種情況，比如解《咸有一德》"惟尹躬暨湯，咸有一德，克享天心，受天明命，以有九有之師，爰革夏正"：

> （孔氏）其論伊尹、成湯"咸有一德，克享天心，受天明命"，是其一也，故其説以謂："所征無敵，謂之受天命。"夫漢儒之論往往以謂："帝王之興，必有非人力之所能致而自至者。"符瑞之説不勝其煩。孔氏不然，以謂湯之所以"受天明命"者，惟所征無敵耳。至於"東面而征，西夷怨；南面而

① ［唐］魏徵、令狐德棻《隋書》卷一二《禮儀七》，中華書局，1973 年，頁 264。
② 《今文尚書考證》卷二《皋陶謨第二》，頁 101。
③ 吴汝綸《尚書故》，中西書局，2014 年，頁 47。
④ ［唐］賈公彦《周禮注疏》，中華書局，2009 年，頁 1654。
⑤ 《尚書全解》卷六《益稷》，頁 329。

征，北狄怨，曰：'奚獨後予，后來其蘇'"，是則人心之無所不服。人心既服，天命其在是矣。唐孔氏亦識其意，遂從而發明之，曰："天道遠，人道邇。天之命人，非有言辭之告，正以神明佑之，使之所征無敵，謂之受天命也。緯候之書乃稱'有黄龍、元龜、白魚、赤雀，負圖銜書，以授聖人'，正典無其事也。"若漢孔氏可謂不畔於經矣，若唐孔氏亦可謂無負於先儒矣。[①]

按：雖然今本《古文尚書》及孔《傳》之僞已成定讞，然而僞孔《傳》之訓釋依然有很大的價值。孔穎達、林之奇皆反對符瑞之説，相信孔《傳》比較質實，勝於今文家以讖緯説經。林之奇謂孔氏"不淪於諸儒之習而卓然有超世之見"，可以説是極高的評價了，同時對孔《疏》秉承其説、無負前儒的質樸精神大加贊賞。

第二種情況，比如解《舜典》"舜格于文祖，詢于四岳，闢四門，明四目，達四聰"：

唐孔氏云："告廟既訖，乃謀政治於四岳之官。所謀：開四方之門，大仕路致衆賢也；明四方之目，使爲己遠視四方也；達四方之聰，使爲己遠聽四方也。恐遠有所壅蔽，令爲己悉聞之。"此説甚善，蓋四岳之職，主招延衆賢，以待上之所求，爲天子之耳目也。故天子求賢，必咨訪詢問之。如《典》所載者多矣，此言"詢于四岳"，亦咨訪詢問而求賢也。"闢四門"者，蓋所以廣仕路也。……惟其闢四方之門，則天下之仕者，皆願立於朝矣。[②]

按：詢，《釋文》曰："謀也。"[③]闢，《説文》曰："開也，從門，辟聲。《虞書》曰：'闢四門'。"[④]言不閉四方城門。四目，言四方之視綫。聰，聞也。舜即天子之位後，第一件事情就是要通達四方之聽聞，林之奇引孔《疏》並增廣其説，對四岳之職務作了進一步闡釋。

4. 引宋儒新解例

除了引用汉唐經解，林之奇還引用宋代《尚書》學的著作來解《書》，主要引用的著作是王安石的《新經尚書義》和蘇軾的《東坡書傳》。此外，还廣泛引用其他宋人經解。

(1) 引《新經尚書義》

《新經尚書義》十三卷，晁公武《郡齋讀書志》、陳振孫《直齋書録解題》，均作王雱撰。《解題》引王安石序："'熙寧三年，臣安石以《尚書》入侍，遂與政。而子雱實嗣講事，有旨，爲之説以進。八年，下其説太學頒焉。"[⑤]《宋志》作王安石撰，實際上是王雱述其父之學而作，體現了王安石的《尚書》學。《朱子語類》曰："荆公不解《洛誥》，但云：'其間煞有不可强通處，今姑擇其可曉者釋

① 《尚書全解》卷一七《咸有一德》，頁905。

② 《尚書全解》卷三《舜典》，頁156。

③ 《説文解字》，頁121。

④ 《説文解字》，頁594。

⑤ [宋]陈振孙《直齋書録解題》卷二，上海古籍出版社，頁29。

之。'今人多説荆公穿鑿,他卻有如此處。後來人解《書》,却須要盡解。"[①]雖然王説傷于鑿,卻还是有很多善處,得到了許多學者的認可。故林之奇雖多將其作爲駁正的對象,但在很多地方也很贊同其説,比如解《酒誥》"矧惟爾事,服休、服采,矧惟若疇:圻父薄違,農夫若保,宏父定辟,矧汝剛制于酒":

"服休",先儒曰:"服行美道。""服采",曰"服事治民"。然其意以爾事爲汝之身事,則知"服休服采"皆康叔修之於身,非其臣也。據此文勢,在"百宗工"之下,"圻父"之上,不應於其中間間以康叔之身事也。不如王氏之説以爲其臣,其説曰:"服休者,以德爲事;服采者,以事爲事。"是也。……宏父者,唐孔氏曰:"以營造爲廣大國家之父。"不如王氏曰"闢地以居民"也。先儒以"若疇"繫於"圻父",言"君所順疇";"薄違"繫於"農父",言"迫迴萬民";"若保"繫於"宏父",言"當順安之"。唯司徒則陳其所任之職,而二者則謂君之順之,非其類也。蘇氏雖皆以爲所任之職,而於"若疇"曰"何寇敵",亦牽强不通。不如王氏以"若疇"爲汝之儔匹,而於其下先舉其官名,而後陳其所任之職也。蓋君之與臣若股肱元首,一體相須,故三卿皆其儔匹也。薄違者,當從先儒之訓而用王氏之義,言司馬之迫逐違命者也。"農父若保",言司徒教民稼穡,以順安之也。[②]

林之奇所謂先儒指僞孔《傳》,林之奇批駁其説並贊同王氏之説:第一,僞孔《傳》以"矧惟爾事服休服采"爲句,以爲"況汝身事服行美道,服事治民乎",指康叔而言,而林之奇認爲根據文勢,康叔之事不得在"百宗工"與"圻父"之間,"服休""服采",王安石以爲均爲臣事,林之奇贊同並認爲其"泛言爾之所與共事有此二者也",當以王説爲是;第二,僞孔《傳》以"矧惟若疇圻父,薄違農夫,若保宏父定辟"爲句,不如王氏將"若疇"釋爲"汝之儔匹"並下舉其官,斷句爲"矧惟若疇:圻父薄違,農父若保,宏父定辟";第三,僞孔《傳》將"圻父""農夫""宏父"分别解爲司馬、司徒、司空,然孔《疏》釋宏父"以營造爲廣大國家之父"之義不如王氏"闢地以居民","圻父薄違""農父若保"皆從王氏之義。按:"服休""服采",《正義》引鄭玄"以服休爲燕息之近臣,以服采爲朝祭之近臣"[③]。孫星衍進一步説:"《説文》:'休,息止也。''服采,爲朝祭之臣'者,《魯語》云:'天子大采朝日,少采夕月。'注云:'虞説曰:'大采,衮織也;少采,黻衣也。'蓋掌朝祭之服。"[④]其説爲是,"服休""服采"當是主掌朝服之官員。林之奇斷句,實從王安石之説,朱熹云:"古注從'父'字絶句;荆公則就'違''保''辟'絶句,敻出諸儒之表。"[⑤]蔡沉《書集傳》亦從之。若疇,王安石釋爲"儔匹"並絶句進

① 《朱子語類》卷七八《尚書一・綱領》,頁 1987。

② 《尚書全解》卷二九《酒誥》,頁 1636。

③ 《尚書正義》卷十四《酒誥》,頁 440。

④ [清]孫星衍《尚書今古文注疏》卷一六,中華書局,2004 年,頁 382。

⑤ 《朱子語類》卷七九《尚書二・酒誥》,頁 2057。

而叙述其官職，甚是[①]。“若疇”實際上與上文“爾事”相對成文。薄，《左傳》杜注：“迫也。”此謂迫擊之。違，《詩傳》：“違，回也。”是“違”謂違逆不順之人。農父，孔《疏》：“司徒教民五土之藝，故言‘農父’。”[②]保，《説文》曰：“養也。”[③]王安石解爲“司馬之迫逐違命”“司徒教民稼穡，以順安之也”，是非常合理的。

（2）引《東坡書傳》

蘇軾的《東坡書傳》是《新經尚書義》之後又一部重要的《尚書》學著作，爲當時士人研究《尚書》所必備，也是林之奇解經參考的重要對象，多引用其説。兹舉一例，比如解《顧命》“延入翼室，恤宅宗”：

> “翼室”，先儒曰：“明室路寢。”蓋以“翼”訓“明”，如“翼日”之“翼”，不如蘇氏曰：“路寢旁左右翼室也。成王喪在路寢，故子釗廬於翼室。”其説爲善，薛博士亦曰：“翼室，夾室也。天子之室有左右房。”……逆太子於路寢之外而入，立之以爲天子，延之使入夾室，當喪居憂，爲天下宗主也。[④]

按：關於“翼室”，歷來有兩種説法，争論不休。第一種以僞孔《傳》爲代表，釋“翼室”爲明室云：“明室，路寢。延之使居憂，爲天下宗主。”認爲翼室當作翌室，義爲明室。第二種即以《東坡書傳》爲代表，認爲翼室爲路寢旁左右翼室，其他學者或謂夾室、倚廬、鬼室，雖各不相同，皆爲路寢外之室，如江聲云：“翼室，路寢旁室。……翼是左右兩旁之名，……然則翼室有兩，此蓋東翼室也。”[⑤]按照第二種説法，則翼室蓋路寢旁院之室也，黄以周曰：“《書·顧命》‘延入翼室，恤宅宗’，僞孔《傳》以翼室爲路寢之别名，非也。翼室者，伏《傳》所謂北堂是也。以南堂言之，謂之北堂，以太室言之，謂之翼室，異名同地。天子路寢以太室爲最尊，北堂之翼室次之。”[⑥]亦可備一説。兩種説法至今没有定論，但自從蘇軾之後，歷代學者多有從之。

（3）引用其他宋人經解

引宋人《尚書》説，除了《新經尚書義》《東坡書傳》這兩部比較著名的著作之外，林之奇還引用諸多宋人經解，如曾旼《尚書講義》（所引“曾氏”“曾博士”是也）、薛昂《尚書解》（所引“薛氏”“薛博士”“薛肇明”是也）、陳鵬飛《書解》（所引“陳少南”“陳博士”是也）、胡伸《書解義》（所引“胡氏”“胡博士”是也）、李經《尚書解》（所引“李校書”是也）等等。在所引諸經解中，以曾旼《尚書講義》爲最多，而所解諸篇之中又以《禹貢》一篇爲多。究其原因，林之奇以爲：“曾氏論

① 于省吾云：“以官言則曰‘三卿’‘三公’‘三正’；以年歲言則曰‘三壽’。《詩·閟宫》：‘三壽作朋。’《宗周鐘》‘參壽唯琍’，《晋姜鼎》‘三壽是利’，言利於三公也。……若壽者，‘若’猶‘乃’也，‘壽’即‘三壽’之簡稱。矧惟若壽者，亦惟汝之三壽也。”見氏著《尚書新證》，藝文印書館，1958年，頁145。

② 《尚書正義》卷十四《酒誥》，頁440。

③ 《説文解字》，頁383。

④ 《尚書全解》卷三七《顧命》，頁2121。

⑤ 《尚書集注音疏》卷九，頁8。

⑥ ［清］黄以周《禮書通故》第二，中華書局，2007年，頁25。

《禹貢》山川地理，援引書傳，考究源流，其説皆有依據，比諸儒之説爲最詳。學者能取信於先儒之説，則思過半矣。"[①]關於《禹貢》記載導水之行文體例，引其説謂：

曾氏曰："嶓者，漾之源也。岷者，江之源也。有是山，而後是水出焉，故先言山。河出崑崙墟，而後至于積石；淮出胎簪山，而後至于桐柏；渭水出南谷，而後至鳥鼠；洛水出冢嶺山，而後至于熊耳。積石、桐柏、熊耳，皆其源也。蓋先有是水，而後至于是山，故先言水。河之過洛汭、過降水，漢過三澨，江過九江，渭過漆、沮，皆以大水受小水，故謂之'過'。江會于匯，濟會于汶，淮會于泗、沂，渭會于澧，會于涇，洛會于澗、瀍，會于伊，蓋二水勢均焉，故未嘗言'過'。濟、淮、洛於水爲小，九川之合者，勢皆可均，故未嘗言'過'。"觀曾氏此説，則知《禹貢》序山川地理之曲折，蓋曲盡其理矣。[②]

按：曾氏這段話解釋了《禹貢》之導水行文特點。我們不難發現，《禹貢》導水部分有兩種行文風格比較明顯：第一，如"嶓冢導漾""岷山導江"等皆是山在水前，而"導河積石""導淮自桐柏""導洛自熊耳"等皆是水在山前；第二，兩水相交匯，或謂之"過"，或謂之"會"。對此，曾氏均指明其所以然。蔡沉《書集傳》實本其説而無異議，後衆多學者皆承其説。雖孔《疏》曰："漾、江先山後水，淮、渭、洛先水後山，皆是史文詳略，無義例也。"然而曾説的確有其合理性。吕氏《書説》謂："或者以爲河之發源自於崑崙，自古未有能窮其源者，故禹導河止自積石。蓋河之源既遠出絶域，禹亦不必窮其所至之處。"[③]其觀點與曾氏有異曲同工之處。我們知道，積石并不是河源，《夏本紀》《山海經》《爾雅》都説黄河發源於崑崙山，反映了當時人們對河源的初步認識，雖然後來遭到了衆多學者的懷疑，但河源非積石這一點是肯定的。

總而言之，林之奇對宋人《尚書》經解或相關説法的引用是全面而又廣泛的，既有當時著名的《尚書》學著作，也有衆多的博士講義，雖然有些不解全經，只要林之奇認爲合於義理，或者可備一説，便引其説來進行分析評價，爲自己的説解服務。能夠廣泛徵引諸多博士講義，這與林之奇曾任校書郎是分不開的，校書郎宋初僅爲文臣寄禄官，神宗改制後於秘書省置爲職事官，掌編輯校定經籍圖書，因此他得以閲目大量書籍、講義。現將林之奇所引宋儒諸説統計並列表如下：

① 《尚書全解》卷七《禹貢》，頁 391。

② 《尚書全解》卷一〇《禹貢》，頁 591。

③ [宋]時瀾《增修書説》卷五《禹貢》，清《通志堂經解》本，頁 9。

序號	引用名稱	書　名	引用次數	序號	引用名稱	書　名	引用次數
1	王氏	王安石《新經尚書義》	200餘處	15	李子真	李燾《尚書大傳雜説》	1
2	蘇氏	蘇軾《東坡書傳》	200餘處	16	周希聖	周諝佚説	8
3	曾氏 曾博士	曾旼《尚書講義》	62	17	林子晦	佚説	2
4	薛氏 薛博士	薛昂《尚書解》	59	18	王博士	佚説	6
5	陳博士 陳少南	陳鵬飛《書解》	26	19	胡博士	佚説	5
6	程氏	程頤《書解》	21	20	施博士	佚説	4
7	李校書	李經《尚書解》	12	21	潘博士	佚説	3
8	龜山 楊龜山	楊時《書義辨疑》	12	22	朱博士	佚説	3
9	范内翰	范祖禹《説命無逸解》及佚説	9	23	李博士	佚説	3
10	孫氏 孫博士 孫元忠	孫諤《洪範傳》及佚説	8	24	白博士	佚説	2
11	劉執中	劉彝《洪範解》	5	25	葉博士	葉夢得《石林書傳》	2
12	鄭漁仲	鄭樵《書辨訛》	5	26	黄博士	佚説	1
13	胡氏	胡伸《書解義》	3	27	鄭博士	佚説	1
14	豐祭酒	豐稷《太學講無逸》	2	28	李直講	李覯佚説	1

5. *以史解經例*

蘇軾《東坡書傳》曾大量引用歷代史事與典章制度來解説《尚書》經義，首開"以史解經"之風氣，而這一解經體例也爲林之奇則采用。主要表現爲以歷代史事來解經，如在《微子》篇題下云：

> 案：《吕氏春秋》曰："紂之母生微子及中衍，是時尚爲妾，改而爲妻，生紂。紂之父欲立微子啓，太史據法而争之曰：'有妻之子，不可以立妾之子。'乃立紂。"《史紀·宋世家》：曰"微子者，殷帝乙之首子，紂之庶兄。"此説與《吕氏春秋》同。而《孟子》則以爲紂爲兄之子，且以爲君，而有微子啓、王子比干。紂爲兄之子，則是微子者，紂之叔父也。此二説不同。案：《泰誓》曰"剥喪元良"，《微子之命》云"殷王元子"，使微子果是紂之叔父也，則不當以"元良""元子"言之也，故當從《吕氏春秋》《史記·宋世家》之

> 言。微子者,紂之母兄也。此篇蓋是微子逆知殷之將亡,而謀於父師、少師,故以《微子》名篇。①

關於微子與紂王的關係,有《史記》《孟子》兩種説法,林之奇所引《史記》之文見《微子世家》,而林之奇解《微子之命》"猷,殷王元子"則以爲《史記》之説否定王説:"王氏以'元'爲'善之長',此蓋泥於《易》之言謂'微子爲紂之諸子',故從而爲之説耳。其實微子者,帝乙之首子,當從《史記》之説也。"②其實至今二者未詳孰是,而以信《吕氏春秋》及《史記》者居多。

四、駁正諸説、以義爲主的解經原則

以義爲主是《尚書全解》最爲重要的解經原則,在《尚書集解》自序開頭便説:

> 理義者,人心之所同然也。聖人之於經所以"關百聖而不慚、蔽天地而無耻"者,蓋出於人心之所同然而已。苟不出於人心之所同然,則異論曲説,非吾聖人之所謂道也。孔子曰:"君子之於天下也,無適也,無莫也,義之與比。"竊謂學者之於經,苟不知"義之與比",先立適、莫於胸中,或以甲之説爲可從,以乙之説爲不可從;或以乙之説爲可從,以甲之説爲不可從,如此則私議鋒起,好惡鬩然,將不勝其惑矣,安能合人心之所同然哉?苟欲合人心之所同然,以義爲主,無適無莫,平心定氣,博采諸儒之説而去取之。苟合於義,雖近世學者之説,亦在所取;苟不合於義,雖先儒之説,亦所不取。如此,則將卓然不牽於好惡,而聖人之經旨將焕然而明矣。③

這段話的核心是"以義爲主",所謂"義"即理,即"人心之所同然",也就是經文之本義,而不是僞孔《傳》、孔穎達《疏》、馬鄭諸儒之説,義是判斷諸説是非的標準。而駁正諸説的目的,則是回歸經文本義。林之奇的駁正諸説,主要集中在三部經書,即僞孔《傳》、王安石《新經尚書義》、蘇軾《東坡書傳》,下面分别論述之。

1. 駁正僞孔《傳》

林之奇不辨《古文尚書》及孔《傳》真僞,他對孔《傳》的整體認識就是,孔《傳》出於孔安國之手,孔安國得見《古文尚書》,解説比較近古,雖然在很多地方采納僞孔《傳》,但如果遇到穿鑿或不合於義的地方,還是加以駁正。比如解《舜典》經文"怙終賊刑",僞孔傳以爲"怙姦自終,當刑殺之",林之奇謂:

> 此説不然,夫以"賊刑"爲刑殺之,則是聖人用刑所以賊人也。《左傳》載叔向之言曰:"己惡而掠美爲昏,貪以敗官爲墨,殺人不忌爲賊。'昏、

---

① 《尚書全解》卷二一《微子》,頁1116。

② 《尚書全解》卷二七《微子之命》,頁1505。

③ 《尚書全解》,頁15。

> 墨、賊殺'，皋陶之刑也。"杜元凱云："三者皆死刑。""昏墨賊殺"與"怙終賊刑"文勢正同，蓋怙恃其惡者，與終不能改者，與賊害人者，皆律家所謂情重，故刑之。①

林之奇以爲，賊指的是"賊害人"，與"怙""終"兩種行爲並列，而非孔《傳》所謂賊殺之義。林之奇的批評是正確的，經文並無"刑殺"之義。鄭玄謂："怙其姦邪，終身以爲殘賊，則用刑之。"②亦讀"怙終賊"一句，"刑"一字句。

對僞孔《傳》前後矛盾之處，林之奇也加以指出，比如《舜典》經文"在璿璣玉衡，以齊七政"，僞孔《傳》注曰"舜察天文齊七政，以審己當天心與否"，林之奇則謂：

> 此説不然。……古之人授受之義，自不然也，使其不當天心，不符人望，則不授之而已。既已授之，而方且察天心之當否，進退無所據矣。孔氏於"烈風雷雨弗迷"下，注云"明舜德之合於天心"，則是舜未受終以前，已當天心矣。至此又曰"審己當天心與否"，其説亦自相違戾。③

林之奇的解釋是十分"合於義"的。

2. 駁正《新經尚書義》

王學傷於鑿，當時已遭到蘇軾、程頤等人的反對，楊時《書義辨疑》一書，是反王學的力作。到了南宋初年，王居正從楊時學，著《書辨學》十三卷，《宋史》這樣記載其影響："居正既進其書七卷，而楊時《三經義辨》亦列祕府。二書既行，天下遂不復言王氏學。"④此説略誇張，但也道出了當時王學已經不再盛行的事實。正是在繼承前儒駁正王學的基礎上，林之奇屢屢駁正王氏之説，可大致分爲以下幾種情況：

(1) 駁正穿鑿

好穿鑿爲説，是王氏父子解經的通病。對此，林之奇常有評價："王氏解經，善爲鑿説，凡義理所不通者必曲爲鑿説以通之。其間如占夢教射者，常矣。"⑤指出了王氏經常用陰陽、占夢來解經。又如："王氏於經失之泥，泥則多鑿。"⑥則指出了穿鑿之原因。並在一些具體的例子上來指出其穿鑿之弊，比如解《堯典》經文"乃命羲、和"：

> 王氏云："散義氣以爲羲，斂仁氣以爲和。日出之氣爲羲，羲者，陽也。利物之謂和，和者，陰也。"羲和即人之名，安有陰陽、仁義之説哉？此不可行也。⑦

---

① 《尚書全解》卷二《舜典》，頁 145。
② 《史記集解》引，頁 34。
③ 《尚書全解》卷二《舜典》，頁 109。
④ [元]脱脱《宋史》卷三八一《王居正》，中華書局，1985 年，頁 11737。
⑤ 《尚書全解》卷三《舜典》，頁 201。
⑥ 《尚書全解》卷五《皋陶謨》，頁 273。
⑦ 《尚書全解》卷一《堯典》，頁 1199 頁。

林之奇引《吕刑》"乃命重黎"及揚雄説爲證，以爲"堯之羲和即顓頊之重黎也，蓋羲承重，和承黎"，又引經文"汝羲暨和"，認爲羲、和非氏族名而爲人名，故王氏以陰陽爲説不可行。按：羲、和當爲官名，皮錫瑞謂"蓋羲、和本日御之名，黄帝取其名立是官以司日，堯命羲、和，蓋亦因於古耳"①，我們贊同這一説法。

又如解《牧誓》經文"王左杖黄鉞，右秉白旄以麾"，林之奇謂：

> 漢孔氏曰："鉞，以黄金飾斧。左手杖鉞，示無事於誅；右手握旄，示有事於教。"據先儒解經，但存大體，未嘗故爲鑿説，至於此説，不免於鑿爾。蓋杖鉞秉旄，但是所執之物各從其便，豈屑屑然寓意於其間哉？孔氏之説既以鑿矣，王氏之説抑又甚焉。其説有曰："鉞所以誅，旄所以教。黄者，信也；白者，義也。誅以信，故黄鉞；教以義，故白旄。無事於誅，故左杖黄鉞；有事於教，故右秉白旄。"王氏之説經，未嘗肯從先儒之説，至於此説則從。非徒從之，又從而推廣之，惟其喜鑿故也。②

按：關於鉞與旄，蔡沉曰："鉞，斧也，以黄金爲飾，王無自用鉞之理，左杖以爲儀耳。旄，軍中指麾，白則見遠，麾非右手不能，故右秉白旄也。"③《釋文》引馬融曰："白旄，旄牛尾。"可見鉞爲大斧，旄本義是指旗杆頭上裝飾有旄牛尾，泛指指揮或舞蹈用的旄牛尾。經文本無深義於其間，僅僅是禮器，或用於軍事指揮，而僞孔《傳》及王氏皆作義理之發揮，被林之奇批評爲喜穿鑿。像類似的例子，屢見不鮮，此不一一列舉。

(2) 駁正改經

疑經改經的風氣，是宋代經學的一大特色，或懷疑經書全部或部分非前儒所公認聖賢之書，或懷疑經書非古本原貌而予以復原，或考訂錯簡。就《尚書》而言，比如朱熹懷疑《大禹謨》及《書序》爲僞，程頤《伊川經説》改動《武成》文字次序，蘇軾《東坡書傳》也多次考訂錯簡。王氏解經，有時也改易經文次序，對此，林之奇仍呈駁正態度，比如解《康誥》經文"非汝封刑人殺人，無或刑人殺人，非汝封又曰劓刵人，無或劓刵人"，林之奇謂：

> 王氏曰："刑人殺人，非汝所刑殺，乃天討有罪，汝無或妄刑殺人也。"則其言勝於先儒，然其於"非汝封又曰劓刵人"，則疑其當云"又曰非汝封劓刵人"，此則改易經文，以就己意，非闕疑之義。④

对此，林之奇又引蘇軾説，以"無或刑人殺人非汝封"絶句，連上句解爲"刑人殺人者，法也非汝意也。雖非汝意，然生殺必聽汝意，不可使在人也"，而"劓刵亦如之，其文略，蓋因前之辭也"。關於"又曰"二字，吴汝綸云："涉下'又曰要囚'而誤衍也。此經二十三字一簡，故誤移奪之"⑤。其實，王安石只是懷疑經文

---

① 《今文尚書考證》卷三《禹貢第三》，頁16。
② 《尚書全解》卷二三《牧誓》，頁1199。
③ 《書集傳》卷四《牧誓》，頁69。
④ 《尚書全解》卷二八《康誥》，頁1556。
⑤ 吴汝綸《尚書故》，中西書局，2014年，頁181。

誤倒，在林之奇看來則爲改易經文以從己意，與王氏多聞闕疑的解經態度相違背，因此持反對態度。其實，蘇軾、王安石、吴汝綸先生的説法都有創見，王安石、吴汝綸先生認爲是經文誤倒或誤衍，蘇軾之解並没有變易經文，在没有其他引文證據或者出土文獻的支撑下，還是保持經文原貌而闕疑做法比較審慎。

（3）駁正以新法附會經義

王安石解經，常以新法附會經義，特别是《新經周禮義》一書，晁公武謂："至於介甫，以其書理財者居半，愛之，如行青苗之類，皆稽焉。所以自釋其義者，蓋以其所創新法盡傳著之，務塞異議者之口。"[①]《三經新義》帶有明顯爲新法服務的色彩，南宋初年汪应辰也指出："王安石訓識經義，穿鑿傅會，專以濟其刑名法術之説。如《書義》中所謂'敢於殄戮，乃以乂民；忍威不可訖，凶德不可忌'之類，皆害理教，不可以訓。"[②]對此，林之奇亦有所駁正，比如解《大誥》經文"爽邦由哲，亦惟十人，迪知上帝命"：

> 王氏曰："武庚，所擇以爲商臣，三叔，周所任以商事者也，其材似非庸人，方主幼國疑之時，相率而爲亂，非周公往征，則國家安危存亡殆未可知。然承文、武之後，賢人衆多，而迪知上帝，以决此議者，十夫而已，况後世之末流欲大有爲者，乃欲取同於汚俗之衆人乎？"王氏此言，假之以爲新法之地也。故每於盤庚遷都、周公東征以傅會其説，而私言之以寓其意焉，殊不知己之所爲與盤庚、周公之事相近，而實不侔也。[③]

按：爽，明也。十人，即前文之"民獻有十夫"。大義爲"國家的光明由於明智的人所造成，也只有你們十個人能了解上帝所給的命運"，而王安石的解釋卻在此基礎上發揮了其用人觀點，强調精英分子的决定作用，遭到了林之奇的駁正。解《仲虺之誥》"用人惟己，改過不吝"，林之奇認爲"言用人之言，如自己出也，若所謂'善與人同，舍己從人，樂取諸人以爲善也'"，與僞孔《傳》同，而王安石則解爲"'用人惟己'，己知可用，而後用之"，對此，林之奇駁正爲"如此則是果於自任，而不從天下之所好惡也"[④]。王安石將天下百姓稱之爲"汚俗之衆人"，難免會忽略民意，其"惟己自用"的做法也遭到當時許多人的批評，比如進用柔佞之人來奉行新法，因此林之奇才會有王安石解經爲新法服務的判斷，可見政治對學術之影響。

又如解《盤庚》經文"起信險膚"：

> 王氏曰："不夷謂之險，不衷謂之膚。"此論甚善，而繼之曰："造險膚者，所不待教而誅"，此言大害義理。夫"盤庚斅于民，由乃在位"，則是爲險膚之言者，皆教之而不忍誅也。今曰"造險膚者，不待教而誅"，則是盤庚之時，必誅其造險膚者，此蓋王氏借此言簧鼓以惑天下，欲快意於一時。

① ［宋］晁公武《郡齋讀書志》卷一上，上海古籍出版社，1990年，頁82。

② 《朱子語類》卷七八《尚書一·綱領》，頁1987。

③ 《尚書全解》卷二七《大誥》，頁1496。

④ 《尚書全解》卷一四《仲虺之誥》，頁747。

老成之人言新法之不便者，皆欲指爲造險膚之人，而悉誅也。不仁之禍，至六經而止。王氏乃借六經之言，欲以肆其不仁之禍，是可歎也。①

險，險詖，不正也。膚，淺薄也。故此句經文指的是民衆更爲險詖膚浮之語而申説之，王安石竟説"造險膚者，所不待教而誅"，這顯然偏離了經文本義，似乎也超越了其"人言不足恤"的思維。

又如解《康誥》經文"……元惡大憝，矧惟不孝不友。……乃其速由文王作刑罰，兹無赦，不率大戛"，"先儒乃以爲速由兹文王作刑罰，謂'周公使康叔案法而誅之。'王氏亦同此説"，前儒多以"不率大戛"下屬"矧惟外庶子訓人"爲句，而林之奇則以其絶句，其解爲"民既不知夫自新之路，而迫之於刑罰刑，則其不肖之心浸淫日甚，亦將終不循乎大常矣，故曰'不率大戛'。《爾雅》曰：'戛，常也。'速由罰刑而無赦，而民之不率蓋自若也，則刑罰不足恃也，審矣，何以多殺爲哉？"②解"王曰：'封，予惟不可不監，告汝德之説于罰之行'"，則謂：

王氏曰："民悦汝德乃以汝罰之行也。有罪而不能罰，則小人無所懲艾，驕陵放横責望其上無已，雖加以德未肯心説，故于罰行然後説德也。"王氏既於"乃其速由文王作罰刑，無赦"，以爲此父子兄弟所以爲無可赦之道，意謂殷俗之薄，非罰不能齊整其民而使之遷善，故其説不得不然也。然觀王氏此言，蓋其新法之行，不附己者皆私斥逐，故以此藉口耳。③

可見，林之奇對王安石偏重刑罰的解釋持反對意見，認爲王安石將其作爲推行新法、打擊政敵的藉口。兩種解釋的分歧是對經義理解的不同造成的，但王安石的解釋超出了經文本身，有爲施政的政策製造輿論之嫌，與經學的精神背道而馳，且新法之推行充斥着法家任法、刑殺之言，因此遭到了當時許多學者的反對，蘇軾的《東坡書傳》亦屢次有辯駁。

3. 駁正《東坡書傳》

林之奇在引用《東坡書傳》的同時，也對其提出許多批評。下面分述之：

(1) 駁正"失之易"

我們知道，在經學方面，《東坡書傳》對南宋士人産生了很大的影響，但也是瑕瑜互見的，《朱子語類》中就説：

或問："《書》解誰者最好？莫是東坡書爲上否？"曰："然。"又問："但若失之簡。"曰："亦有只消如此解者。"

東坡《書解》文義得處較多。尚有粘滯，是未盡透徹。④

指出了《東坡書傳》的優點與缺點，其最大的缺點是失之於簡，簡即簡略，不詳盡。而林之奇在此之前就指出其缺點是"失之於易"，"易"其實更加貼切，它還

---

① 《尚書全解》卷一八《盤庚》，頁 951。
② 《尚書全解》卷二八《康誥》，頁 1568。
③ 《尚書全解》卷二八《康誥》，頁 1583。
④ 《朱子語類》卷七八《尚書一・綱領》，頁 1986。

包含了解經者主觀上不夠重視而造成的疏忽。比如蘇軾解《胤征》篇小序"羲和湎淫,廢時亂日,胤往征之,作《胤征》"云:

> 孔子敘《書》,其篇曰:"羲和湎淫,廢時亂日"者,言其罪止於此也。曰"胤往征之"者,見征伐號令之出於胤,非仲康之命也,此《春秋》之法。①

蘇軾以《左傳》與《史記》的記載,發現仲康時羿爲政,其背景微妙,如同曹族與司馬懿之"挾天子以令諸侯"之史例,以爲仲康只不過是后羿的傀儡,而胤侯是后羿的同黨,"胤侯數羲和之罪,至於殺無赦,然其實狀止於酣酒,不知日食而已",一法吏就可以治罪,不至於興師動衆往征之,推斷出羲和的真正之罪,是"貳於羿,蓋忠於夏室",而胤侯往征之,則爲后羿所命,並非出自仲康之命。但林之奇以經文爲依據,認爲經文"脅從之黨,舊染之俗"表明"羲和之罪,當不止於'廢亂時日',是必聚群不逞之人,崇飲於其私邑,圖爲亂黨,將以助羿而爲亂",故率六師而征之,又據經文"爾衆士同力王室,尚弼予欽承天子威命",認爲羲和與后羿爲黨,而胤侯忠於王室,其事甚明,進而對蘇軾之解提出批評:

> 蘇氏乃以曹操、司馬仲達、楊堅之流討貳己者以爲比,某謂蘇氏之説經多失之易者,此類之謂也。②

正因爲蘇軾只關注於"胤往征之"這一個側面,而主觀上忽略了經文所明言"承天子威命",而囿於所謂的"《春秋》筆法",脱離了經文本義。

(2) 駁正變易經文

蘇軾解《書》,常依據《尚書》經文的文法、文義等做出某段經文錯簡的判斷,乃因秦漢之間"簡編脱壞",使得後來傳抄時發生錯誤,某一段經文放錯位置,造成了經義上下文的不通等問題。對此,林之奇多持駁正、否定態度,比如解《禹貢》經文"崐崘、析支、渠搜,西戎即叙":

> 蘇氏以謂:"崑崙、析支、渠搜三國,皆篚織皮,但古語有顛倒詳略爾,其文當在"厥貢惟球、琳、琅玕"之下,其"浮于積石,至于龍門西河,會于渭汭"三句,當在"西戎即叙"之下,以記入河水道,結雍州之末。簡編脱誤,不可不正。"某竊謂不然。經之所叙有先後之不同者,皆是據當時事實而言之也。如九州備載山川澤浸與夫治水曲折,皆在賦、貢、篚之上,獨冀州"厥賦""厥田"之下有"恒衛既從,大陸既作"二句,此亦是總當時事實而言之耳。必如蘇氏之説,則冀之"恒衛既從,大陸既作",亦當屬於"覃懷厎績,至于衡漳"之下矣。某嘗謂蘇氏解經多失之易,易故多變。易經文以就己意者,若此之謂也。③

按:蘇軾認爲"織皮"至"即叙"十二字,即所篚之文,當在貢之後立文,這樣才能夠符合《禹貢》之各州記載體例,即按照各州地理位置、治理情形、土質、賦税等

① [宋]蘇軾《書傳》卷六《胤征》,北京大學出版社,2014 年,頁 200。

② 《尚書全解》卷一三《胤征》,頁 708。

③ 《尚書全解》卷九《禹貢》,頁 518。

級、所貢特産、所篚物品、入貢路綫的順序來記載，但林之奇以爲其先後順序是以當時的事實爲依據的，個别地方可以按照事實進行調整，因此不必要完全按照相同的順序來記載，比如冀州之"恒衛既從，大陸既作"二句就在田賦之下，林之奇以爲："'恒、衛既從，大陸既作'者，其功之成，在於冀州之物土，宜定田賦之後，故其文勢屬於田賦之下，不與'覃懷厎績，至于衡漳'文勢相屬也。"又引曾旼《尚書講義》云："恒、衛二水在帝都之北，而且遠大陸，地最卑，而河所經，故其成功在於《禹貢》田賦既定之後，此説得之。"①雖然蘇軾的做法虽然得到一些學者如蔡沉的采用，但我們在今天看來，在没有出土文獻爲依據的情况下，林之奇的批評是有道理的。

又如在《洪範》"曰王省惟歲"下，蘇軾以爲其文當在"五曰曆數"之後：

> 自"王省"以下，蓋所以申講上文"曰時"之義。據此疇名曰"庶徵"者，謂其所徵者，不一而足也，自五行至於稽疑，其得失之應皆驗於此，不獨爲一五事之疇而設也。蘇氏徒見上文論五事與五氣相應，其義已備，遂以此論歲、月、日、星爲五紀之文簡編脱誤於此，其文當在"五曰曆數"之後。某嘗謂蘇氏解經失於易，多欲改易經文以就己意，若此之類是也。夫九疇雖别而爲九，其實更相經緯，以明治天下之大法。今以其有歲、月、日、星，遂以爲當屬於五紀之下，則是上文"肅，時雨若"，有肅、乂、哲、謀、聖之文，亦當屬於五事之下，皇極"斂時五福"，亦當屬於五福之下。如此，則九疇不相爲用，涣然而離矣，此豈箕子之本意哉？②

按：蘇軾發現"八，庶徵"之後的七十八字與前面文義不同，而與"四，五紀"極其相近，以爲是錯簡所致，主張將其移到"五曰曆數"之後。其實，這種做法是值得商榷的，從"曰王省惟歲"到"則以風雨"所講的内容並非與"庶徵"無關，而恰恰相反，仍然有密切的聯繫，林之奇認爲"庶徵"之驗不一而足，雨、暘、燠、寒、風是陰陽之象的體現，而歲、月、日、時則是陰陽之氣的體現，"曰王省惟歲"而下，都是申言"曰時"之義，並引曾鞏《洪範傳》之説作爲輔證："此章之所言者，皆念用庶徵也。休咎之徵，各象其事者也。與王共其事者，卿士也，師尹也，則庶徵之來，王與卿士、師尹之所當省其所以致之者，所謂念用庶徵也。王計一歲之徵而省之，卿士計一月之徵而省之，師尹計一日之徵而省之。所省多者，其任責重，所省少者，其任責輕，其所處之分然也。"在談到了"庶徵"的種類與産生的原因之後，緊接着要談如何避免咎徵，那就需要王、卿士、師伊需要察視、反省自己，如果能做到"歲、月、日時無易"，即王—卿士—百官的次序不發生錯亂，則會國泰民安，否則就會不得安寧，這裏的"歲""月""日"並不等同於"五紀"裏面的"歲""月""日"，就如同同屬於"庶徵"的"肅""乂""哲""謀""聖"的不等同於"五事"裏的"肅""乂""哲""謀""聖"一樣，所以林之奇的批評還是有道理的。

---

① 《尚書全解》卷七《禹貢》，頁 404。

② 《尚書全解》卷二五《洪範》，頁 1372。

五、多聞闕疑、無徵不信的解經原則

多聞闕疑、無徵不信是林之奇經常遵循的一個解經原則，孔子曾言“多聞闕疑，慎言其餘，則寡尤”，被他視作治經之法並運用在解經之中，或疑以傳疑，或兩説並存，都是對闕疑原則的實踐。這一解經原則可歸納爲“疑以傳疑例”“两説並存例”兩項解經條例。

1. 疑以傳疑例

對於前儒存疑之處，林之奇亦不輕下按斷，而是疑以傳疑，比如解《堯典》經文“正月上日，受終于文祖”曰：

> 然而所祖之人，不可得而知也。《祭法》曰：“有虞氏禘黄帝而郊嚳，祖顓頊而宗堯。”《舜典》《大禹謨》，皆《虞書》也。既是《虞書》，則所稱祖宗必自虞世言之。神宗，即堯也。神宗爲堯，則文祖亦可指爲顓頊。然而去古遠矣，不可以爲必然之論。唐孔氏云“堯之文祖，不可强言”，此亦慎言闕疑之義。先儒忠厚，蓋見於此。①

文祖，僞孔《傳》謂“堯文德之祖廟”，孔穎達疏謂“堯之文祖，蓋是堯始祖之廟，不知爲誰也”，而《史記》則以爲堯太祖。按：文祖、文考、文母等，乃周人習用語，以《詩》《書》及今天出土文獻證之，皆謂亡故之人。孔傳未詳文祖確爲何人，孔穎達疏亦存疑，雖然林之奇引《祭法》推斷文祖爲顓頊，也没有完全肯定這一説法，而傳前儒之疑，給後人留下思考的餘地。

雖然林之奇多批評王安石解經穿鑿，但也對其多聞闕疑的態度有所褒揚，比如解《大誥》經文“敷賁，敷前人受命，兹不忘大功”之“敷賁”，僞孔《傳》解爲“布陳大道”，林之奇認爲“孔氏以‘賁’爲‘大’，則讀爲扶云反，與‘宏兹賁’之賁同”②，然“經但言‘敷賁’，又以爲‘陳大道’，其説迂曲”，而蘇軾、林子晦則皆以“賁”爲“飾”，讀爲“被義反也”，林之奇認爲“其與孔氏雖音訓不同，而其義之不明白則一也”。可見林之奇並不滿意上面兩種解釋，進而傳王氏之疑：

> 惟王氏疑其有脱誤而不可知者，宜闕之，此爲得體。薛博士增廣王氏之説，尤爲詳備。曰“敷賁，敷前人受命，兹不忘大功”，“殷小腆誕敢紀其敘，天降威”，“若兄考，乃有友伐厥子，民養其勸弗救”，“越天棐忱，爾時罔敢易法，矧今天降戾于周邦”，凡此，皆《書》義疑有脱誤不可知者，學者闕焉。王氏解經，每不合於義者，不旁引曲取以爲之説，至闕之，此王氏之所長也。③

按：王莽《大誥》曰“奔走以傳近奉承高皇帝所受命”，王念孫《讀書雜志》、段玉

① 《尚書全解》卷二《舜典》，頁107。

② 按：“宏兹賁”出《盤庚》“用宏兹賁”，僞孔《傳》謂“宏、賁，皆大也”，訓爲“用大此遷都大業”。

③ 《尚書全解》卷二七《大誥》，頁1457。

裁《古文尚書撰異》皆以爲莽本或無"敷賁"之敷,而賁字則屬下句讀,"賁"與"奔"古字通用,言奔走施行前人所受之天命,爲今文説,皮錫瑞同之。而王引之《經義述聞》則以爲:"家大人曰:'賁讀如《易·賁》卦之賁。《廣雅》曰:'賁,美也。'用宏兹賁,言用大此美績也。美績,即上文所云嘉績于朕邦也。'《大誥》敷賁,亦謂敷布此美績也。《序卦傳》曰:'賁者,飾也。'飾與美義亦相近。"[①]王念孫、王引之父子認爲經文文本無誤,"敷賁"可釋爲"敷飾"或者"敷布"。可見,從僞孔《傳》到宋代學者再到清代學者,前儒對此二字的訓解可謂衆説紛紜而無定論。林之奇存王氏之疑而不進行按斷,是一種審慎的選擇。

2. 兩説並存例

對於兩種有矛盾的説法,林之奇不能下按斷的,則兩説並存之,如解《禹貢》"雲土夢作乂":

> 《周官·職方氏》:"荆州其澤藪曰雲夢。"雲夢者,方八九百里,其澤跨江之南北。案:《水經》、《地理》志諸書皆云"雲夢在華容縣",然此澤甚廣,隨處得名,不但此縣也。孔氏謂其澤有平土丘,水去可爲耕作畎畝之地。其説未然。據經文以土之一字間於雲夢之間,若從先儒之説,於經文爲不順,當從王氏之説,曰:"雲之土地見而已,夢之地則非特土見,草木生之,人有加功乂之者矣。蓋雲夢雖總爲澤藪之名,别而言之則爲二澤,合而言之以爲一澤。《左傳》定四年"楚子涉睢,濟江,入于雲中",昭公三年"楚子與鄭伯田于江南之夢",則雲、夢爲二也。"王氏云爾者,謂此雲、夢之二澤勢有高卑,雲之澤則土見,夢之澤則可以作乂矣。然而《史記》、《漢·地理志》又皆作"雲夢土",果作"雲夢土",則當從孔氏之説矣。此二説難以折衷,姑兩存之。[②]

關於雲夢爲一澤還是兩澤,林之奇保留了孔傳與王安石的兩種説法,孔傳的解釋同《史記》《漢書·地理志》,而王安石認爲雲、夢爲兩澤,當斷句爲"雲土、夢作乂"。今本《史記·夏本紀》作"雲夢土",而《索隱》單行本大書作"雲土夢"三字,小注云:"雲土、夢本二澤名,蓋人以二澤相近,或合稱雲夢耳。知者,據《左傳》云'楚子濟江入于雲中',又'楚子、鄭伯田于江南之夢',則是二澤各别也。韋昭曰:'雲土今爲縣,屬江夏南郡華容。'今按:《地理志》云江夏有雲杜縣,是其地。"[③]是知《史記》原本固作"雲土夢",確然可證,段玉裁亦認爲"雲夢土"爲《史記》《漢書》之誤,或爲後世據古文《尚書》改[④]。然而雲、夢不當爲二澤之名,皮錫瑞據《楚辭》王逸注"夢,澤中也,楚人名澤中謂夢中"認爲夢即是澤,非澤之名,先秦文獻所謂雲夢本一地,"《吕氏春秋·有始覽》《淮南子·墬

---

① 《經義述聞》第三,頁187。
② 《尚書全解》卷八《禹貢》,頁468。
③ [漢]司馬貞《史記索隱》卷一,文淵閣四庫全書本,頁10。
④ 《古文尚書撰異》卷三,頁34。

形訓》九藪，楚之雲夢皆不分别言之"①，司馬貞、李吉甫將其爲江南、江北二澤的説法是不正確的。王安石將其分爲二澤的做法，當承襲司馬貞、李吉甫而來，但尤有未盡之處。林之奇拘於雲夢爲一澤，不知"夢"可訓"澤"，認爲有"土"字於其間而爲不順，故不敢輕信僞孔《傳》，且不知《史》《漢》"雲夢土"爲後世改動，故又不敢輕疑僞孔《傳》，所以既保存了僞孔《傳》的説法，又引王説來並存之，不下按斷。那麽"雲土"該如何解釋呢？屈萬里先生引《國語》"又有藪曰雲，連徒洲"及孫星衍《尚書今古文注疏》"徒、土，音相近"認爲可訓爲"雲澤與土洲"，"以澤洲連屬，故合稱雲土，後世因以爲縣名"②。因此，我們認爲，"雲土"即爲澤名，"雲土夢"即爲"雲土澤"，可省土稱雲，故王説顯得有些穿鑿了。

"多聞闕疑"的解經原則，體現了林之奇的文獻學精神，是重要的一個解經原則，保存諸説，不輕易去取，爲以後的研究者留下更多的思考空間，亦是宋代集解體式經解的一個重要表現。

對經解體例的探討，應當置於更爲廣闊的經學歷史下來考察，《尚書全解》本名爲《尚書集解》，是一部集解體的經學著作。要看到，在林解之前就有這種注釋體例，它濫觴於魏晋南北朝時期，如杜預《春秋經傳集解》、何晏《論語集解》等，是匯集衆説的一種經解體式，即把各家對一部書的注解按照一定的程序匯集在一起，然後再加上匯釋者自己對諸説是非短長的按斷，闡明匯釋者的見解。集解體多爲匯集衆説，下以己意，但有時候也不必下以己義，如李鼎祚《周易集解》，它匯集了兩漢以來的《易》學成果，但只是資料匯編的性質，除了爲數不多的按語外，編者本人的觀點是見不到的。

《尚書全解》這類集解體例的著作，很明顯繼承了前代集解體經書的最大特點，即"兼總衆説"，而又有自己的創新之處，即"以義爲主""下以己義"，即不迷信前人之説，最終將自己的觀點體現出來，目的是爲了重新解釋經文本義。《尚書全解》集解體的解經體例，與我們所總結的五大解經原則是分不開的，原則是指導，體例是呈現方式。這些原則亦不是獨立的，它們相互之間有一定的聯繫，如第三條"兼總衆説、下以己意"與第四條"駁正諸説、以義爲主"，其實可以算作一大原則，無論支持其説，或者駁正其説，都首先需要匯集舊説，這是"集解體"經解的應有之義，可以説，《尚書全解》保留了前人豐富的《尚書》學資料，難怪其最初名爲《尚書集解》，但林之奇不滿於此，還要對其下以己意，回歸經文本身。其"多聞闕疑，無徵不信"的解經原則，亦是保留諸説的一大體現。《尚書全解》將前代的《尚書》學發展流變完整呈現並進行疏通，貢獻巨大，雖然前儒有對其内容繁雜的批評，但仍不失爲宋代《尚書》學的一部力作。

【作者簡介】 張彧，北京大學中文系中國古典文獻學專業博士，研究方向爲中國古典文獻學。

① [清]皮錫瑞《今文尚書考証》卷五，中華書局，1989年，頁157。

② 屈萬里《尚書集釋》，中西書局，2014年，頁58。

朱熹《答周南仲》四書繫年考

吴竺軒

【提　要】 朱熹《答周南仲》四書的編年考訂一直缺乏準確的論據，筆者從朱熹與周南兩人的交往入手，並且結合第三、四書的内容與《大學章句》“誠意章”注釋的一致性，考證出第一書作於1195年冬，第二書撰於1196年夏，後兩書寫於1198年之後。

【關鍵詞】 朱熹　答周南仲　繫年考訂

在朱熹文集中，共有四封寫給周南仲的書信。周南（1159—1213），字南仲，平江人，葉適弟子，其相關信息參見葉適《水心文集》卷二〇《文林郎前秘書省正字周君南仲墓誌銘》一文。陳來先生在《朱熹書信編年考證（增訂本）》中漏掉了第一封書信，只將後三書作了繫年，且謂：

> 此三書皆未得詳考。按方賓王十五書云：“周南仲書來甚勤，然覺得安排準擬之意多，而無驀直向前之氣。”答周南仲書一云：“若果有意，何用遲疑等待，何用準擬安排，……又卻低徊前卻，不肯果决向前。”此當即答方賓王書所説者。答方賓王十五在丙辰，此書亦在丙辰。二、三書亦在此書前後。[①]

從陳來先生的推斷中可以看出，他對此三書的繫年並不肯定，因爲書信的内容没有明確時間性的指向，只能根據其與《答方賓王》十五書中相似的措辭推定兩者寫作時間的相近，故將三書的繫年定爲丙辰年（1196），在没有其他更多論據支持的情況下，這個結論也算合理。

但值得注意的是，《答周南仲》第三、四書（即陳來先生提及的二、三書）中的内容非常特别，從文本本身出發爲我們的繫年考訂提供了依據，爲了論述的方便，先將兩封書信逐録如下：

> “誠其意”者，自修之首也。“毋”者，禁止之辭。“自欺”云者，知爲善以去惡，而心之所發有未實也。“慊”，快也，足也。“獨”者，人所不知而己所獨知之地也。言自修者，知爲善以去惡，則當實用其力而禁止其自欺，使其惡惡則如惡惡臭，好善則如好好色，皆務决去而求必得之，以自快足

① 陳來《朱熹書信編年考證（增訂本）》，生活・讀書・新知三聯書店，2007年，頁421。

於己，不可徒苟且以徇外而爲人也。然其實與不實，蓋有他人所不及知而己獨知之者，故必謹之於此，以審其幾焉。(《答周南仲》第三書)

此言小人陰爲不善而陽欲掩之，則是非不知善之當爲與惡之當去，但不能實用其力，以至此耳。然欲掩其惡而卒不可掩，欲詐爲善而卒不可詐，則亦何益之有哉？此君子所以重以爲戒而必謹其獨也。(《答周南仲》第四書)[①]

通過比對發現，兩封書信的内容，其措辭與朱熹《大學章句》中"誠意章"的注釋完全一致[②]。衆所周知的是，目前所見的定本《大學章句》其實在生成過程中經過了朱熹的多次修改，尤其是"誠意"一章，朱熹於去世前不久依然在修訂此章。故而朱熹《答周南仲》第三、四書中的内容與《大學章句》定本注完全一樣，表明這兩封書信應當寫於朱熹對"誠意章"的思考完全成熟之後。又據其弟子沈僴在 1198 年以後所記的語録，朱熹曾與弟子激烈地討論過"所謂誠其意者，毋自欺也"這句的注釋，這説明至遲到 1198 年朱熹對於如何注釋"誠意章"還有所困惑，那麽《答周南仲》第三、四書中相同内容的出現就不當早于 1198 年。有鑒於此，朱熹《答周南仲》四書的繫年問題就有了重新考訂的必要。在此之前，我們不妨對人物的交往作一番考索，即朱熹與周南何以相識，他們通信的契機又是什麽，這或許會爲我們理解四封書信提供一定的背景。

通過梳理兩人各自的人物關係並尋找交集，筆者發現他們可能相交的途徑有三。其一，是以葉適爲中介，朱熹與葉適爲友人，周南又是葉適的弟子。朱熹在《答周南仲》第一書中提到一件往事，像是在回味兩人初見時的場景："往歲湖寺雖嘗獲一面，而病冗，不能款扣餘論。後乃得見廷對之文，切中時病，深以爲歎服，益恨相去之遠，不得會聚，以講所聞也。"[③]在這段文字中，朱熹提到與周南的兩次往來，湖寺初遇，後又得見其廷對之文，據葉適所撰墓銘，周南中紹熙元年(1190)進士，故朱熹與周南的初見應在 1190 年之前，彼時兩人見面最可能的契機，或有賴于葉適。據束景南《朱熹年譜長編(增訂本)》中所考，淳熙九年(1182)九月十二日，朱熹巡歷至衢州常山縣，與浙東學者吕祖儉等聚會於常山，此次與會人員除了吕祖儉外，還有汪伯時、汪逵、潘景憲、潘景愈、康文虎、葉適等人，可謂與浙東學者之一大年會矣[④]。按《葉適年譜》，葉適于淳熙九年任浙西提刑司幹辦公事，并于淳熙八年(1181)冬間赴任平江

---

① [宋]朱熹《晦庵先生朱文公文集》卷六〇，《朱子全書》本，上海古籍出版社、安徽教育出版社，2010 年，頁 2874。

② 第三書所對應的是"所謂誠其意者，毋自欺也。如惡惡臭，如好好色，此之爲自慊。故君子必慎其獨也"這段傳文的解釋，第四書所對應的是"小人閒居爲不善，無所不至，見君子而後厭然，掩其不善，而著其善。人之視己，如見其肺肝然，則何益矣。此謂誠於中，行於外，故君子必慎其獨也"這段傳文的解釋。

③ 《晦庵先生朱文公文集》卷六〇，頁 2872。

④ 束景南《朱熹年譜長編(增訂本)》，華東師範大學出版社，2014 年，頁 474—478。

府[①]。正如葉適自己回憶的那樣,"自余吴、楚、淮南十餘年,而周南仲、孟良夫兄弟、滕、孔諸人,相與上下相逐"[②],可知自從葉適到平江後,周南即相伴左右,並隨他去往各處。故此年九月的浙東年會,葉適很可能會帶上自己的新弟子周氏等人去開闊眼界,這就爲周南與朱熹的第一次見面提供了機會。但當時,兩人可能就是打了個照面,無甚交流,從朱熹第一書中開始的幾句客套話也證明了他們之前的交往尚淺。

第二個可能拉近朱熹與周南關係的人物是黄度。黄度(1138—1213),字文叔,新昌人,是周南的外舅,葉適《水心文集》卷二〇《故禮部尚書龍圖閣學士黄公墓誌銘》即是爲他所撰。在朱熹文集中,有《答黄文叔度》一書,陳來先生推斷此書作于 1195 年[③]。信中透露出朱熹與黄度兩人未曾見面,也没有過密往來的事實,寫這封回信的原由是黄度來婺,先致信朱熹,出於禮節,朱氏有此回信。又因爲黄度官職調動頻繁,在未收到朱熹回信之前,就已經離開婺州,故朱熹在最後説到託其他人代爲轉交。就目前文獻來看,這是他們可考的唯一一次直接接觸,所以要依託黄度引薦其婿周南給朱熹似乎不太可能,且此信寫於 1195 年,朱熹與周南在 1190 年之前已然相識,因此排除了這種可能性。

第三個加深朱熹與周南交往的途徑則來自於朱門弟子,且從朱熹的回信中也反映出這才是《答周南仲》四書産生的原因。葉適或許爲兩人的結識提供了契機,但治學路數的不同使得他們並没有過多的接觸,周南從游葉適十年,並於 1190 年中進士,任池州教授,此後忙於官務,更無可能與朱熹有密切的交往,但興起於慶元年間的"慶元黨禁"[④],卻爲他們的進一步交流創造了時間條件。朱熹在《答周南仲》第一書中提到"兹辱惠書,又見季通,具道游從切磋之益"[⑤],季通是朱門大弟子蔡元定的字。在此書的末尾又説到"方賓王每書來,説得道理盡有歸者,知與游從,可謂得友"[⑥],方賓王即方誼(字賓王),也是朱門弟子。可見周南既與蔡元定相識,又與方誼游從。巧合的是,朱熹、周南、蔡元定還同列於"僞學逆黨"五十九人的名單之中[⑦],因爲道學受到當權者摒棄的幾位學者,反而因此獲得了學術交流的時間和機會。受文獻資料所限,蔡、

---

① 周夢江《葉適年譜》,浙江古籍出版社,1996 年,頁 58—60。

② [宋]葉適《葉適集》卷一二《周南仲文集後序》,中華書局,1961 年,頁 219。

③ 《朱熹書信編年考證(增訂本)》,頁 390。

④ 據沈松勤的《南宋文人與黨争》一書所載,"慶元黨禁"的全面開始時間爲慶元三年(1197)十二月,以確定和頒布"僞學逆黨"五十九人的名單爲標誌(《南宋文人與黨争》,人民出版社,2005 年,頁 113—120)。按《慶元黨禁》(不著撰人)中所記,從慶元元年(1195)開始,各種針對僞黨道學人士的打擊活動就已然開始(《景印文淵閣四庫全書》第 451 册,臺灣商務印書館,1986 年,頁 18—26)。

⑤ 《晦庵先生朱文公文集》卷六〇,頁 2872。

⑥ 《晦庵先生朱文公文集》卷六〇,頁 2873。

⑦ 三人被列入名單的原因有所不同,朱熹作爲道學的代表人物,自然首當其衝,蔡元定被視爲朱門大弟子,受牽連被流放,並於慶元四年(1198)在道州去世,黄度彈劾韓侂胄被貶,波及其婿周南。

方二人與周南相交從游的具體情況無法考證①。但不難想象的是，在周南與蔡元定、方誼的交往過程中，彼此之間切磋學問，當他們對某些問題有所疑惑或争議不能解决時，師者朱熹就成了最好的求助對象。周南雖爲葉門弟子，但不妨礙他向别的前輩學者討教，何况還有朱門弟子的引薦，這就爲兩人的學術往來提供了機會。周南充分抓住了這個契機問學於朱子，雖然現存的周南《山房集》中已經缺失了這些書信②，但從朱熹《答方賓王》十五書的相關内容可以窺得周南求教之心甚切："周南仲書來甚勤，然覺得安排準擬之意多，而無驀直向前之氣。"③而另一方面，感於後生的勤奮向學之心，師者朱熹是否僅僅回復了簡短的四封書信呢？我們有理由懷疑現存的《晦翁先生朱文公文集》中所保留的四封書信未必是朱熹給周南的所有回信，其中或有缺失。雖然我們只能基於現存的四書以作考訂，但這些可能存在的書信卻在四書之間設置了無數的可能性，陳來先生所謂的"二、三書亦在此書前後"的推論可能有一個跨度相當大的時間差，這就需要回到文本去確定它們的相互關係從而重新考訂繫年。

從第一書來看，"往歲湖寺雖獲一面"的開篇，通過對兩人共同回憶的追溯從而拉近彼此的距離，是闊别已久又重獲聯繫之後的常見套語，"兹辱惠書"這種禮節性的表達也帶有明顯的陌生感。所以這封書信極有可能是數年後周南通過朱門弟子與朱熹恢復往來時，朱熹回復的第一封書信。第二封書信依然是用"承喻教學相長之意，尤副所望"的客套用語開篇，與第一封書信的結構相似，均反映出兩人彼時關係較爲疏離，這表明第二書與第一書寫作的時間相差無多，均是恢復交往後的早期之作。再者，從兩書的語意和語脈來看，也是前後相續的。第一書在後半部分説"來喻許以所疑下詢，幸甚。大抵聖賢之言已是明白真實、説盡道理，讀者但能虚心一意、循次致詳，使其句内無一字之不通，則其道理無一毫之不察矣"④，朱熹希望周南能遵從聖賢之言並從中有所得，而不應該被一些浮誇的言論所誆騙，朱熹實際暗示周南在爲學道路上不夠堅定，容易被左右影響，就如他在《答方賓王》十五書中批評的那樣："周南仲書來甚勤，然覺得安排準擬之意多，而無驀直向前之氣。若一向如此遲回擔閣，恐難得入頭處也。"⑤朱熹在第二書則説："但爲學之序，先必成己，然後可以成物。反復來示，似於自己分上未免猶有所闕，恐不若切更向裏用工也。此心此理元無間斷虧欠，聖賢遺訓具在方册，若果有意，何用遲疑等待，何用準擬安排？只從今日爲始，隨處提撕，隨處收拾，隨時體究，隨事討論，但使一日之間

① 筆者目力所及，没有發現兩人的墓銘等直接傳記資料，只在一些地方志中發現了相關記載，其中方誼的信息尤其少，在《至元嘉禾志》(《宋元方志叢刊》第5册)卷一三《人物》和卷二〇《儒林》部分有簡略提及，但方誼之父方滋的信息比較詳盡，可以參看韓元吉《南澗甲乙藁》卷二一《方公墓誌銘》。蔡元定有傳記見於杜範的《清獻集》卷一九《蔡元定傳》，此篇傳記主要記載的是蔡氏被流放到道州的從容不迫，也不見他與周南相交的事宜。

② 據陳振孫《直齋書録解題》所載周南有《山房集》二十卷，《後集》二十卷，但我們現在所見的《山房集》僅存八卷，《後集》一卷，可知其文在流傳過程中頗多散逸。

③⑤ 《晦庵先生朱文公文集》卷五六，頁2670。

④ 《晦庵先生朱文公文集》卷六〇，頁2873。

整頓得三五次、理會得三五事，則日積月累，自然純熟、自然光明矣。若只如此立得個題目，頓在面前，又卻低徊前卻，不肯果決向前、真實下手，則悠悠歲月豈肯待人？”[①]所謂“聖賢遺訓具在方册”顯然承接着第一書提到的“聖賢之言”而來，希望周南能通過學習“聖賢遺訓”以“成己”，而不應該遲疑徘徊。兩封書信既在語脈上相連續，語意上又前後遞進，第一封書信提出應從學習聖賢之言入手，第二封則更深入地告訴周南如何學習，所以兩書寫成的時間應當相差不遠。前文已經對《答周南仲》第三、四書與《大學章句》定本注的相關性略作了説明，基於它們分别對應兩段連續的傳文，且信中都是純粹的學術内容，所以將它們劃歸在一起是有理可循的。而且對比前兩封書信，第三、四書中都省略了書信往來的套語，表明兩人的關係比較密切，所以應該是有一定往來基礎後的産物。故而在確定《答周南仲》四書的繫年時，應該分爲兩個部分和兩個時段，第一、二書屬於較早的一個時段，第三、四書歸於較晚的一個時段。

前文已經提及筆者未能考索到周南與朱門弟子蔡元定、方誼兩人往來是何時，故不能以此推定第一封書信的時間。但按第一書與第二書爲連續之作，不妨從第二書的繫年反推第一書。陳來先生據第二書與《答方賓王》十五書措辭的相似所作的推論是有道理的。而《答方賓王》十五書繫年的確定又依據十四書而來，陳來先生謂：“（十四書）既言時論逼人有坑焚之禍，必在慶元學禁之中。按朱子乙卯屢辭職名，至乙卯十二月始詔依舊職，故此書言懇辭遂請。又丙辰冬落職罷祠，此書作時，尚未罷祠，故僅云第孤跡不保爾。乙卯十二月始有依舊原官之命，故此書當作於丙辰初爲近。”[②]故據此將十四書繫於丙辰初，而又據“十四書言時論咄咄逼人，此書又言‘時論既爾，能不退轉否’當亦指慶元學禁，故亦當在丙辰”[③]，故將十五書也繫於同年。按《慶元黨禁》所載，此年正月趙汝愚去世後，韓侂胄一黨更加肆無忌憚，二月劉德秀等人乞將《語録》之類並行除毁，六月“一時號爲君子無不斥逐”，“侂胄與其黨攻治之志愈急”，八月胡紘因攻僞學得遷，其後幾月情形未詳，至十二月黨禁之事進一步發酵[④]。十五書所言的“時論既爾”相較於十四書的“時論咄咄逼人”更像是一種對於當時境况的總結和接受，既然對於僞學的攻擊已然如此，那麽也無可奈何了，十四書作於此年初，那麽十五書更可能作於六月“君子無不斥逐”之後，所以與十五書有相似内容的《答周南仲》第二書也當寫於 1196 年夏。又從第一書中提及的“比日雪寒”可知此書寫於冬間，而第一書與第二書時間相差不多，那麽第一書最有可能作於去年冬季，即 1195 年冬[⑤]。

---

① 《晦庵先生朱文公文集》卷六〇，頁 2873。

②③ 《朱熹書信編年考證（增訂本）》，頁 420。

④ 《慶元黨禁》，頁 19—22。

⑤ 據顧宏義先生《朱熹師友門人往還書札彙編》（上海古籍出版社，2017 年，頁 3623—3624）所考，第一書撰於慶元元年寒冬，第二書撰於慶元二年中，顧先生的考訂依據的依然是朱熹《答方賓王》第十五書的内容，但因爲十五書的時間是據十四書中言“但時論咄咄逼人”似指慶元黨禁事，故推其時間爲慶元二年中，顧先生的對前兩書的繫年考證甚爲可靠。

第三、四書繫年的確定可能不及前兩書那麽精確。基於兩書都是關於《大學》"誠意章"傳文的解釋,且與《大學章句》定本注的内容完全一致,但因爲不見之前刊印的《大學章句》刻本,無法準確知曉朱熹在此過程中對於"誠意章"的注釋經過了怎樣的修改,其修改的理據又是如何。現存相對較早的關於《大學》"誠意章"的注釋見於朱熹文集卷十五的經筵講義部分,爲了比對的方面,將相關内容迻録如下:

> "所謂誠其意者,毋自欺也。"臣熹曰:毋者,禁止之辭也。人心本善,故其所發亦無不善。但以物慾之私雜乎其間,是以爲善之意有所不實而爲自欺耳。能去其慾,則無自欺而意無不誠矣。
>
> "如惡惡臭,如好好色,此之謂自慊。故君子必慎其獨也。"臣熹曰:如惡惡臭,惡之深也。如好好色,好之切也。慊,快也,足也。獨者,人所不知而己所獨知之地也。好善惡惡深切如此,則是意常快足而無自欺矣。必謹其獨者,所以察之于隱微之間,不使其有物慾之雜而爲自欺也。
>
> "小人閒居爲不善,無所不至,見君子而後厭然掩其不善而著其善,人之視己,如見其肺肝然,則何益矣?此謂誠於中,形於外,故君子必慎其獨也。"臣熹曰:閒居,獨處也。厭然,銷沮閉藏之貌。小人爲惡於隱微之中,而詐善於顯明之地,則自欺之甚也。然既實有是惡於中,則其證必見於外,徒爾自欺而不足以欺人也。君子之謹獨,不待監此而後能,然亦不敢不監此而加勉也。①

按《朱熹年譜長編(增訂本)》所考,朱熹於紹熙五年(1194)閏十月二日,編次講章以進②,這段講義所記即是朱熹1194年關於"誠意章"的思考。除了方便皇帝理解,講義中的措辭略顯繁瑣外,從詮釋的角度出發,其與定本注相比還有兩處較大的差異。其一是對於《大學》"誠意章"傳文的分段問題,講義中可以明顯看出朱熹將"所謂誠其意者,毋自欺也"與"如惡惡臭,如好好色,此之謂自慊。故君子必慎其獨也"分開單獨作解説,朱熹認爲兩段傳文之間並不那麽連續③,所以可以分爲兩部分,而在定本注中這兩段是合在一起進行注釋的。其二是關於"自欺"的解釋,講義中用了描述性的表達"人心本善,故其所發亦無不善。但以物慾之私雜乎其間,是以爲善之意有所不實而爲自欺耳"從而避免給"自欺"直接下定義,朱熹知道要理解這段傳文就必須明確告訴

---

① 《晦庵先生朱文公文集》卷一五,頁710—711。

② 《朱熹年譜長編(增訂本)》,頁1165。

③ 到了沈僩於1198年以後所記的語類中,朱熹都還在思考這兩段傳文的連續性問題:"夜來説得也未盡。夜來歸去又思,看來'如好好色,如惡惡臭'一段,便是連那'毋自欺也'説。言人之毋自欺時,便要'如好好色,如惡惡臭'樣方得。若好善不'如好好色',惡惡不'如惡惡臭',此便是自欺。毋自欺者,謂如爲善,若有些子不善而自欺時,便當斬根去之,真個是'如惡惡臭'始得。"([宋]朱熹《朱子語類》卷一六,《朱子全書》本,上海古籍出版社、安徽教育出版社,2010年,頁529—530)可見,講義中兩段傳文的斷開,並不是爲了敘述的需要,而是當時的朱熹認爲二者的連續性並不强,所以可以分開,而它們的關係是朱熹在1198年之後才有更深入的理解。

别人何爲自欺，但他當時顯然對自欺的注解不夠自信，没法一言以蔽之，然而到了定本注中，自欺則被朱熹明確而精煉地定義爲“知爲善以去惡，而心之所發有未實也”[①]。這兩處差異都表明早期版本的《大學章句》中“誠意章”的注釋與定本是不同的，但從1194年到1196年的兩年間，我們能否認定朱熹對於“誠意章”的思考已經成熟，從而按照陳來先生的推定將第三、四書繫於1196年呢？

這個問題在朱熹弟子沈僩所記的語録中得到了解答。沈僩於1198年以後所記的多段語録中，密集地出現了朱熹與弟子們關於如何注釋“自欺”的討論，共有以下五種表述：

注(1)：人莫不知善之當爲，然知之不切，則其心之所發，必有陰在於惡而陽爲善以自欺者。故欲誠其意者無他，亦曰禁止乎此而已矣。[②]

注(2)：心之所發，陽善陰惡，則其好善惡惡皆爲自欺，而意不誠矣。[③]

注(3)：心之所發若在於善，而實則未能，不善也。[④]

注(4)：外爲善，而中實未能免於不善之雜。[⑤]

注(5)：外爲善，而中實容其不善之雜。[⑥]

雖然這五種表述都與定本注中不一致，但它們爲定本注的産生奠定了基礎，朱熹對於“自欺”注釋的完善或許就是誕生於這些激烈而密集的討論之後。以《語類》的繫年爲依據，可以確定朱熹在1196年不會寫出《答周南仲》第三、四書那樣成熟而完整的注釋，從而否定了陳來先生關於後兩書繫年的推斷。按《朱熹年譜長編(增訂本)》所考，慶元六年(1200)閏二月，朱熹修訂《大學章句》成，有書致廖德明。《朱子抄釋》卷一：“先生捐館前一月，以書遺廖子晦曰：‘《大學》又修得一番，簡易平實，次第可以絶筆。’”李默《朱熹年譜》有慶元六年三月辛酉“改《大學》‘誠意章’”的記載[⑦]，這都表明在經過了1198年到1199年關於“誠意章”諸多問題的討論後，朱熹在離世前一月終於完成了對於“誠意章”的修訂。所以《答周南仲》第三、四書極有可能寫於慶元六年(1200)朱熹逝世前不久，既然他有書信告知廖德明自己完成了《大學章句》的最終版，也不排除他寫給别的人分享《大學章句》中他思索了幾十年的“誠意章”的注釋。即便不將這兩封書信的時間推至1200年那麽晚，但依據沈僩所記的語録也應當知道它們不會産生於1198年之前，因爲此前朱熹關於“自欺”的注釋還未至完善，仍處於不斷修訂之中。

總而言之，現存於朱熹文集中的《答周南仲》四書可以分爲兩部分，前兩書

---

① [宋]朱熹《四書章句集注》，上海古籍出版社、安徽教育出版社，2010年，頁8。
② 《朱子語類》卷一六，頁526。
③ 《朱子語類》卷一六，頁516。
④ 《朱子語類》卷一六，頁520。
⑤ 《朱子語類》卷一六，頁527。
⑥ 《朱子語類》卷一六，頁528。
⑦ 《朱熹年譜長編(增訂本)》，頁1410。

爲一部分,内容上有遞進的關係,屬於兩人恢復聯繫後早期的作品,其中第一書寫於 1195 年冬,第二書撰於 1196 年夏;後兩書爲另一部分,分别對應《大學》"誠意章"兩段傳文的注釋,信中没有寒暄客套之語,是純粹的學術交流,表明兩人關係的相對密切,是交往後期的作品,依據沈僩所記語録中的相關記載,可知後兩書的寫作時間當不晚於 1198 年,并極有可能是 1200 年朱熹離世前不久所作。

【作者簡介】 吴竺軒,復旦大學古籍所(中國古代文學研究中心)博士研究生,研究方向爲元明清文學。

離析《宋史·藝文志》

馬　楠

【提　要】 排比《宋志》與館閣秘省諸書目，根據分類、題署、卷帙等特徵分析《宋志》著録諸書的《國史志》來源，可推論《宋志》編纂當以《中興志》爲基礎，利用《三朝志》《兩朝志》《四朝志》進行補充與修訂。其中《四朝志》著録多爲孝宗時館臣據《續資治通鑒長編》等文獻之修書、獻書、頒行、著述記録補入，而非神哲徽欽四朝秘省實有其書，也導致《宋志》性質並非十三朝實際藏書目。

【關鍵詞】 宋史藝文志　中興國史藝文志　四朝國史藝文志

一　概述

（一）研究目的

《宋史·藝文志》（下文簡稱《宋志》）總叙云：

> 宋舊史，自太祖至寧宗，爲書凡四。志藝文者，前後部帙，有亡增損，互有異同。今删其重複，合爲一志，蓋以寧宗以後史之所未録者，仿前史分經、史、子、集四類而條列之，大凡爲書九千八百十九部，十一萬九千九百七十二卷云。[①]

一般認爲，《宋志》由三朝、兩朝、四朝與中興《國史藝文志》删併而成，并補入了元代所見的南宋館閣舊藏及著述（即《宋志》的"不著録"部分）；而四種《國史志》又是分别在館閣或秘書省目録的基礎上形成的，反映了某個時間節點上館閣或秘書省的藏書情況。可以大略示意如下：

---

① 《宋史·藝文志》，中華書局，1985年，頁5033—5034。下文引《宋志》出自頁5031—5414。

<table>
<tr><th>館閣/秘省目録</th><th>國史藝文志</th><th></th><th></th></tr>
<tr><td>咸平館閣書目(1000)</td><td>三朝國史藝文志(1016)
36280 卷</td><td rowspan="4">著録</td><td rowspan="5">宋史藝文志</td></tr>
<tr><td>崇文總目(1041)30669 卷</td><td>兩朝國史藝文志(1082)
8494 卷</td></tr>
<tr><td>秘書省續編到四庫闕書目……(1117 年)≈
14900 卷</td><td>四朝國史藝文志(1180)
25254 卷</td></tr>
<tr><td>中興館閣書目 (1178)44486 卷　　中興館閣續書目 (1220)14943 卷</td><td>中興國史藝文志(1257)
78487 卷</td></tr>
<tr><td>元時所見南宋館閣舊藏、著述</td><td></td><td>不著録</td></tr>
</table>

《宋志》總記十三朝館閣秘省圖籍,但編纂倉促,訛誤累累,歷來頗有訾議;但從另一個角度看,也可以視作元時編纂主觀擾動較少,更能反映四種《國史志》的本來面貌。

本文力圖離析《宋史·藝文志》,追溯《宋志》著録諸書具體的《國史藝文志》來源,復原《宋志》的編纂過程,明晰北宋前期—北宋後期—中興四朝三個時間段館閣秘省藏書的具體情况,并爲宋代官私書目研究提供參照系。具体操作方案是:參考四種《國史藝文志》所依據的館閣秘書目録,主要是《崇文總目》(簡稱《崇文目》)、《秘書省續編到四庫闕書目》(簡稱《秘目》)、《中興館閣書目》與《中興館閣續書目》(簡稱《中興目》與《續目》),并結合南宋以來《通志·藝文略》(簡稱《通志略》)、《郡齋讀書志》(簡稱《郡齋》)、《遂初堂書目》(簡稱《遂初堂》)、《直齋書録解題》(簡稱《直齋》)、《玉海》及《文獻通考·經籍考》(簡稱《通考》)的相關記述校證館閣秘書書目[①],進而從《宋志》中離析出四種《國史藝文志》的具體著録情況,討論四種《國史藝文志》在《宋志》編纂中的先後輕重關係。

(二) 館閣秘省書目與四種國史藝文志概述

1.2.1　三朝國史藝文志

太祖、太宗兩朝史編修始於真宗景德四年(1007)八月二十四日,大中祥符九年(1016)二月修成:

> 九年二月十二日丁亥,史成,(王)旦率史官詣崇政殿以獻,凡百二十卷,目録一卷,帝紀六(太祖、太宗各三),志五十五(天文三、地理七、律歷三、禮四、五行二、藝文七、樂三、職官九、河渠二、選舉三、輿服三、食貨六、兵三、刑法二),

① 下引《崇文目》出自《粤雅堂叢書》本錢東垣等輯《崇文總目》五卷補遺一卷附録一卷。《宋元明清書目題跋叢刊》第一册,中華書局,2006 年;《秘目》出自葉氏觀古堂本《秘書省續編到四庫闕書目》,《宋元明清書目題跋叢刊》第一册影印;《中興目》《續目》出自趙士煒《中興館閣書目輯考》五卷、《中興館閣續書目輯考》一卷,1933 年《古逸書録叢輯》本,《宋元明清書目題跋叢刊》第一册影印。《通志二十略》,中華書局,1995 年。孫猛校證《郡齋讀書志》,上海古籍出版社,1990 年。《遂初堂書目》據《説郛》涵芬樓本,《説郛三種》卷二八,頁 480—502,上海古籍出版社,2012 年。徐小蠻、顧美華點校《直齋書録解題》,上海古籍出版社,2015 年。《玉海(合璧本)》,大化書局,1977 年。上海師範大學古籍研究所、華東師範大學古籍研究所點校《文獻通考》,中華書局,2011 年。

列傳五十九(后妃一、宗室一、臣僚四十八、四夷九),優詔答之。[①]

《三朝國史》編修起於天聖五年(1027)二月,進呈於八年(1030)六月:

天聖五年二月癸酉,仁宗詔曰:"先朝正史,久而未修,年祀寖遠,事或淪墜,宜令參政吕夷簡、副樞密夏竦修國史,宋綬、劉筠、陳堯佐同修。"仍命宰臣王曾監修……六年八月,詔别修志傳,委綬看詳。……八年六月十一日癸巳夷簡等(曾率夷簡上)詣崇政殿上進……先是太祖太宗紀六、志五十五、傳五十九、目録一,凡百二十卷,至是修真宗史成,增紀爲十,志爲六十,傳爲八十,總百五十卷,此所謂《三朝國史》也(凡紀十卷,志增修道釋、符瑞爲六十卷,列傳八十卷,總一百五十卷)。[②]

天聖年間所修真宗史,志增《道釋》《符瑞》,凡五卷。因而《三朝國史藝文志》(簡稱《三朝志》)仍當同於太祖太宗兩朝史,爲七卷;所載圖籍,即《文獻通考》所稱"自建隆至大中祥符,著録總三萬六千二百八十卷"[③]。

《三朝志》所據,王重民以爲《龍圖閣書目》七卷等禁中、館閣庫藏目[④],但禁中太清樓、玉宸殿、龍圖閣藏書,御書、御製、御集、法帖名畫及天文、占書、六壬、遁甲、太一、氣神、相書、卜筮、地理、二宅、三命、選日之類甚多,與館閣所藏四部書區别顯然[⑤],《文獻通考》引《三朝志》道書、五行等部類卷帙與《崇文總目》相比並不突出,且明説《三朝志》所載係"素藏館閣者"[⑥]。太祖平定荆南、後蜀、南唐所獲圖書,皆撥付三館,禁中所藏四部書尚需館閣謄寫補充,如"咸平二年(999)閏三月甲午,詔三館寫四部書,一置龍圖閣,一藏後苑太清樓"[⑦]。故而《三朝志》所本當爲崇文院藏書,時代最接近的書目則是真宗咸平三年(1000)修成的《咸平館閣書目》[⑧]:

咸平元年十一月,以三館祕閣書籍歲久不治,詔朱昂、杜鎬與劉承珪整比,著爲目録。三年……昂等受詔編館閣圖籍目録,至是奏御,故獎之。[⑨]

《三朝志》具體著録殆不可考,最接近其面貌的當爲《崇文總目》。以大中祥

① 《玉海》卷四六《藝文》"景德太祖太宗兩朝史"條,頁 919。

② 《玉海》卷四六《藝文》"天聖三朝國史"條,頁 920。

③ 《文獻通考》卷一七四《經籍考》,頁 5206。

④ 王重民《中國目録學史論叢》,中華書局,1984 年,頁 110。王先生指出《三朝志》依據了太祖太宗兩朝志(建隆至大中祥符)的原稿,是非常正確的但以爲"所依據的主要資料是《龍圖閣書目》七卷、《太清樓書目》四卷、《玉宸殿書目》四卷和三館的其他庫藏目録編成的",恐誤。

⑤ 《玉海》卷二七《帝學》"觀御製御書"以下諸條,頁 575—576。

⑥ 《文獻通考》卷二二四"宋《三朝國史志》曰:大中祥符中,命王欽若等照舊目刊補,凡四千三百五十九卷(洞真部六百二十卷,洞元部一千一十三卷,洞神部一百七十二卷,太真部一千四百七卷,太平部一百九十二卷,太清部五百七十六卷,正一部三百七十卷),合爲新録,凡四千三百五十九。又撰篇目上獻,賜名曰《寶文統録》。《隋志》以道經目附四部之末,唐毋煚録散在乙、丙部中。今取修鍊、服餌、步引、黄冶、符籙、章醮之説素藏館閣者,悉録於此。"(頁 6174)

⑦ 《玉海》卷五二《藝文》"景德太清樓四部書目"條,頁 1042。

⑧ 馬常録《宋朝四部國史藝文志考論》已指出。山東大學 2012 年碩士論文,王承略指導,頁 47。

⑨ 《玉海》卷五二《藝文》"咸平館閣圖籍目録"條,頁 1041。

符八年(1015)四月,“榮王宫火,延燔崇文院秘閣,於皇城外别建外院,重寫書籍”[①],重寫過程即借太清樓本,留爲三館正本,寫副還之:“借太清樓本補寫,既多損蠹,更命繕還。天聖三年,成萬七千六百卷,歸於太清。九年冬,新作崇文院,館閣復而外院廢,時已增募寫書史,專事完緝。”[②]崇文院與太清樓本書籍,仁宗初年屢經校定,構成了《崇文總目》三萬六百六十九卷的著録基礎。

1.2.2　兩朝國史藝文志　崇文總目

《兩朝國史》編修,始於神宗熙寧十年(1077)五月,成於元豐五年(1082):

> 熙寧十年五月戊午,詔修仁宗英宗兩朝正史,以宰臣吴充提舉,龍圖閣直學士、史館修撰宋敏求編,集賢院學士蘇頌同集賢校理王存、黄履、林希同爲編修官。
>
> 元豐五年六月甲寅修成一百二十卷。紀五卷、志四十五卷(天文至河渠)、傳七十卷。上御垂拱殿,引監修國史王珪、修史官蒲宗孟、李清臣、王存、趙彦若、曾肇進讀紀。[③]

而《兩朝國史藝文志》(簡稱《兩朝志》)所收書的校理工作實際從仁宗末年便已開始,并在編修過程中參照了《崇文總目》,《玉海》引《兩朝志》云:

> 《兩朝藝文志》:……因仿《開元四部録》爲《崇文總目》,慶曆初成書。……嘉祐四年(1059)右正言、祕閣校理吴及言:“内臣監館閣,久不更,書多亡失,補寫不精,請選館職,分吏編寫,求訪所遺。”令陳襄、蔡抗、蘇頌、陳繹編定四館書,不兼他局,二年一代。遂用黄紙寫印正本,以防蠹敗。又選京朝、州縣官四人編校,二年遷館職,闕即隨補。……自是編寫不絶,收獻書二百一十七部,千三百六十八卷。合《崇文總目》,除前志所載,删去重復訛謬,定著一千四百七十四部,八千四百九十四卷篇,列次于此。[④]

所引當爲《兩朝志》總叙,云著録圖籍八千四百九十四卷。又云“除前志(《三朝志》)所載”,《宋志》總叙也説“《三朝》所録,則《兩朝》不復登載”,與《三朝志》理論上不應有重出。

《崇文總目》慶曆元年(1041)十二月進呈,此後又加搜購訪求,《兩朝志》編定之時必有溢出《崇文總目》的部分(收獻書二百一十七部,千三百六十八卷)。但嘉祐年間“編定四館書”,乃緣書多借出亡失,導致《崇文目》所載篇卷不完,因而主要工作是補寫完備。故與《兩朝志》最爲接近的仍然是《崇文總目》。

《崇文總目》是北宋前期崇文院藏書的總結,凡六十六卷,載書三萬六百六十九卷:

> 慶曆元年十二月己丑,翰林學士王堯臣等上新修《崇文總目》六十卷。

---

① 《宋會要輯稿·崇儒》,上海古籍出版社,2014年,頁2825。

② 《文獻通考》卷一七四《經籍考》,頁5206。

③ 《玉海》卷四六《藝文》“熙寧修仁宗英宗兩朝正史”“元豐兩朝正史”條,頁920。

④ 《玉海》卷五二《藝文》“淳化秘閣群書”條,頁1040。

（堯臣與聶冠卿、郭稹、吕公綽、王洙、歐陽修等撰，以四館書并合著録，《中興書目》云六十六卷，當考。《國史志》：《崇文總目》六十六卷，序録一卷，多所謬誤。……）①其書總數凡三萬六百六十九卷②。……景祐元年閏六月以三館祕閣所藏有繆濫不全之書，辛酉命翰林學士張觀、知制誥李淑、宋祁將館閣正副本書看詳，定其存廢，僞謬重復，並從删去，内有差漏者，令補寫校對。仿《開元四部録》，約《國史藝文志》著爲目録，仍令翰林學士盛度等看詳。至是上之。③

南渡以後，六十六卷本《崇文總目》流布有限，社會上主要使用的是删去解題，注"闕"字於秘省所闕書之下，鏤板降付諸州軍照應搜訪的一卷本④。《崇文總目》脱漏甚多，歷代學者勤加校定補遺，取得很大成果。本文以錢東垣、錢繹、錢侗、金錫鬯等人輯釋本爲基礎進行討論。在輯釋本基礎上，我們再提出兩個可用以校證《崇文目》的主要依據：

1.《新唐書藝文志》。嘉祐年間完成的《新唐書藝文志》（簡稱《新唐志》）大量補充、修訂了《舊唐書經籍志》，合《舊唐志》本身，《新唐志》實際由四部分組成：(1)《隋志》，即貞觀見存書；(2)《舊唐志》，即開元見存書；(3)《崇文總目》等，即以館閣藏書爲主的北宋見存唐人書；(4) 史傳文獻所載唐時所當有書。

其中(1)(2)共同構成了《新唐志》的"著録"部分，而(3)(4)共同構成了《新唐志》的"不著録"部分，并對"著録"部分進行了修訂。由於(4)根據《舊唐書》等史傳文獻推求了唐時應當有的著述，導致《新唐志》不再是藏書書目，也不能根據《新唐志》討論某書在北宋時的存亡與卷帙增損。

而(3)依據崇文院藏書補入了諸多北宋見存唐人書，是對《舊唐志》不載開元以後書的極大補充。這一部分《新唐志》可與《崇文目》互校，更可補《崇文目》之撰人之闕，小注亦可以視作《崇文總目》的唐人著述解題⑤。

---

① 當從《中興志》《國史志》作六十六卷。晁公武《郡齋讀書志》袁本著録爲一卷，實"紹興改定"本；後得六十四卷本，即衢本所著録者，爲六十六卷闕其二卷。參《郡齋讀書志校證》，頁402—403。

② 《續資治通鑒長編》卷一三四仁宗慶曆元年（中華書局，2004年，頁3206）、《文獻通考》卷一七四、卷二〇七作三萬六百六十九卷同（頁5206、頁5877）。

③ 《玉海》卷五二《藝文》"慶曆崇文總目"條，頁1043。

④ 《宋會要輯稿・崇儒》"（紹興十三年閏四月）二十五日權發遣盱眙軍向子固言：'比降旨令秘書省以《唐藝文志》及《崇文總目》據所闕者榜之檢鼓院，許外路臣庶以所藏上項之書投獻。尚恐遠方不知所闕名籍，難於搜訪抄録。望下本省以《唐藝文志》及《崇文總目》應所闕之書，注闕字於其下，鏤板降付諸州軍照應搜訪。'從之。"（頁2830）《玉海》卷五二《藝文》"淳熙中興館閣書目"條亦云："紹興初再改定《崇文總目》、《祕省續編四庫闕書》"（頁1045）。

⑤ 參看馬楠《〈新唐書藝文志〉增補修訂〈舊唐書經籍志〉的三種文獻來源》，《中國典籍與文化》，2018年01期，頁4—21。該文最後指出，由於南宋紹興訪書以《新唐志》《崇文目》《秘目》鏤板降付諸州軍照應搜訪，晁公武、陳振孫等皆誤以《新唐志》所載係北宋確有其書、實存其卷。王應麟也同樣如此，《玉海》隋、唐志並稱；或《藝文志》《崇文目》並稱；或志、《崇文目》並稱，皆指《新唐志》，也同樣認爲是確有其書、實存其卷。撰人問題上，《崇文目》天一閣抄本大多無撰人，錢東垣等作《輯釋》時"原釋無從考見，乃爲博稽史志，補釋撰人"，即據《隋志》《兩唐志》《通志・藝文略》等書補入撰人。（説詳張固也、唐黎明《〈崇文總目輯釋〉"補釋撰人"考》，《文獻》2011年03期；董岑仕《〈崇文總目〉明清抄校本源流考》，待刊）本文在援引《崇文目》時，撰人係《玉海》《文獻通考》引《崇文目》確有，或根據《新唐志》"不著録"部分來源於《崇文目》者補入。

例如儀注類,《内外親族五服儀》二卷、《家薦》一卷,均失作者名姓,補入《新唐志》作“裴茝《内外親族五服儀》二卷”、“賈頊《家薦儀》一卷”,與《宋志》著録吻合。

2.《通志藝文略》。《通志略》並非鄭樵藏書目録,而是據其所見史傳、官修書目彙編而成,導致編類混亂,重出極多。所依據的書目包括了《崇文目》《新唐志》和《秘目》,可以視作《崇文目》《秘目》的紹興年間抄本。如《崇文目》地理類《雲南行記》“□卷”,脱漏一字,《通志略》一卷,《崇文目》補入《新唐志》亦作一卷。

綜上,《崇文總目》與《三朝志》《兩朝志》關係最爲密切,我們將通過排比《宋志》與《崇文目》,離析其中的《三朝志》《兩朝志》部分。

【附】《三朝志》《兩朝志》《崇文總目》著録部/卷表[1]:

	三朝志	兩朝志	崇文目		三朝志	兩朝志	崇文目
易類	27　240	11　73	18　171	書類	11　101	2　13	7　81
詩類	13 141	1　1	8　115	禮類	40　1056	3　52	33　1097
樂類	45　409	33 174	48　181	春秋	72　658	17　114	33　396
孝經	6　10	1　1	5　9	論語 (經解)	16　136 15　171	2　20 2　79	5　41 8　169
小學	67　608	20　142	57　519				
正史	26　2010	6　550	30　2162	編年			38　579
實録			33　841	雜史	91　968	31　630	102　1006
史鈔	26　612	4　138		故事	16　86	6　63	
職官	34　213	8　32	34　202	傳記	139　437	16　81	154　846
儀注			28　110	刑法	43　694	34　377	51　716
目録	16　141	11　92	19　179	譜牒	53　154	9　62	41　112
地理	95　2329	28　183	83　647	霸史	27　372	5　54	27　326
儒家	51　371	20　143	44　320	道家	43　350	8　15	35　170
釋書	58　616	113	138　627	道書	97　625	413	525　1004
法家	7　67	3　26	6　65	名家	5　18		5　11
墨家			2　16	縱横			1　3
農家	32　213	12　47	8　24 15　42[2]	雜家	70　733	12　70	39　422
小説	146　1152	46　113	152　588	天文	84　32	38　106	51197

① 《三朝志》《兩朝志》據《文獻通考·經籍考》各部類所引。《崇文目》據輯釋本各部類卷首原書數(不據核實數),參校《玉海》《文獻通考》所引。

② 《崇文總目》别有歲時類。

續表

	三朝志	兩朝志	崇文目		三朝志	兩朝志	崇文目
五行	442 1497	115 161	225 952①	曆算	53 200	33 64	77 308②
兵書	182 553	32 127	60 116	藝術	48 105	17 23	53 98
類事	115 5119		46 4650	醫書	237 2399	113 271③	305 1982
別集	554 4645	177 1517	572 4111	總集	117 4108	29 413	147 4521
文史	38 125	8 59	25 70				

1.2.3 四朝國史藝文志 秘書省續編到四庫闕書目

《四朝國史》編纂歷時日久,紹興二十八年(1158)開國史院,至淳熙十三年(1186)洪邁上列傳,凡二十八年。志書部分則在淳熙七年修成。

(紹興)二十八年八月戊子朔置國史院,修三朝正史(一云七月丙子置國史院),三十一年提舉陳康伯奏,乞進呈帝紀三十卷……淳熙五年(1178)四月,禮部侍郎、同修史李燾言:"今修四朝正史,開院已十七年(自開院至成書,凡二十有八年)乞降睿旨,責以近限,庶幾大典早獲備具。"詔限一年。至七年(1180)十二月十二日,國史院上《四朝正史志》一百八十卷(地理一志全出李燾之手,餘多采《續通鑒》)。十二年七月,同修史洪邁奏:"神宗至於欽宗,傳叙相授,閱六十五年,除紀、志已進外,當立傳者千三百人。其間妃嬪、親王、公主、宗室幾當其半,乞效前代諸史體例,分類載述,不必人爲一傳。"至十三年(1186)十一月(二十七日)上國史列傳一百三十五卷(宣仁欽聖傳居首)、目録二卷。④

據《玉海》,《四朝國史》志書部分,《地理志》全出李燾之手,其餘諸志多采《續資治通鑒長編》(簡稱《長編》)。《文獻通考》引《中興國史藝文志》亦云"淳熙初志成,燾之力爲多"⑤。具體到《四朝國史藝文志》(簡稱《四朝志》),李心傳稱出於其父李舜臣手筆:

四朝正史始於李仁父而終於洪景盧:乾道中仁父初入史院,上四朝帝紀。再還朝,乃修諸志,未及進書而仁父去國。時史館多以爲侍從兼職,往往不能淹貫,則私假朝士之有文學者代爲之。今《四朝藝文志》一書,實先君子筆也。淳熙中,趙衛公温叔爲相,史志告成。仁父時守遂寧,大臣

① 《崇文總目》分五行、卜筮兩類。

② 《崇文總目》分算術、曆書兩類。

③ 《三朝志》《兩朝志》分經脈、醫術兩類,表中合併計算。

④ 《玉海》卷四六"紹興修三朝史(神哲徽)"條、"淳熙修四朝史"條,頁921。

⑤ 《文獻通考》卷一九二《經籍考》:"《中興藝文志》:紹興末,始修神、哲、徽三朝正史,越三年紀成,乾道初進。時洪邁已出,李燾未入館,史官遷易無常,莫知誰筆。後又進欽宗本紀,詔通爲《四朝國史》。乃修諸志,未進而燾去國。淳熙初志成,燾之力爲多。召修列傳,垂成而燾卒,上命洪邁專典之。……踰年,書成,爲列傳八百七十。"(頁5586—5587)

言仁父之力爲多,特進秩一等。[①]

本文認爲《四朝志》編纂可能確如《玉海》所云采摭《長編》,與《長編》、會要修書、獻書的進呈記録、頒行記録及名臣行狀、碑傳的著述記録可相印證,未必北宋秘省實有其書,當然也未必南宋館閣實有其書。下文 3.2.3 有具體分析。因而《文獻通考》稱:

至於自熙寧以來,搜訪補緝,至宣和盛矣。至靖康之變,散失莫考。今見於著録,往往多非曩時所訪求者,凡一千四百四十三部,二萬五千二百五十四卷。[②]

至於《四朝志》所收書,《宋志》所謂"三朝所録,則兩朝不復登載,而録其所未有者。四朝於兩朝亦然",恐非事實,但可能在編纂之初體例上要求與《三朝志》《兩朝志》避重。

《秘書省續編到四庫闕書目》可視作《崇文總目》續編,是熙豐改制後秘書省新收書的目録[③],與《四朝志》記載時段基本疊合,二目也確有部分書籍記載一致。但《秘目》是秘省實有其書,《四朝志》是溯北宋之當有,性質存在本質區别,因而《秘目》只能作爲離析《四朝志》的旁證。

如 1.2.2 所述,《秘目》南宋時廣泛流傳的也是注"闕"字於逐書之下的"紹興改定"本,本文引述主要依據清人葉德輝考證本。同樣,《秘目》也是《通志略》的主要來源之一,可依據《通志略》對《秘目》進行校證[④]。如《秘目》暦算類有《太術五行數》一卷,《通志略》太術作大衍,《宋志》正作《大衍五行數法》一卷;兵書類有《將苑》,不著撰人,《通志略》云諸葛亮撰,《宋志》正作諸葛亮《將

---

① 李心傳《建炎以來朝野雜記》甲集卷四,中華書局,2000 年,頁 110。

② 《文獻通考》卷一七四《經籍考》,頁 5209。

③ 近年來張固也先生的研究基本釐清了《秘書省續編到四庫闕書目》性質,略作梳理如下:《崇文總目》本由三館與秘閣四處書"并合著録,自來逐館分書,多少不等,每處未有全依得總目内數目者"(《宋會要輯稿·職官》),秘閣書較《崇文總目》自然不備,兼之皇帝借入禁中、士大夫盜竊官書,闕失更多。於是嘉祐四年(1059)秘閣校理吴及請求補寫,即將秘閣書"與《崇文總目》點對,内有見闕書籍,即于三館取索,先校定,然後抄寫成書"(《歐陽文忠公集》卷一一一)。此次補寫秘閣書"悉以黄紙爲大册寫之,自此私家不敢輒藏"(沈括《夢溪筆談》卷一)。元豐三年改制,崇文院歸秘書省,秘閣成爲藏書中心。元祐二年(1087)六月八日秘書省稱"黄本書籍已編寫了當,撥與秘閣收藏",此時秘閣書目相當於嘉祐四年秘閣書與嘉祐以來補寫部分合編,據徽宗時何志同説,有兩萬卷,但比較《崇文總目》,仍是"名件及卷帙多闕"。元祐二年後秘閣藏書陸續謄寫補完,而"《總目》之外,别有異書,并借傳寫",如元祐四年以唐朝零碎舊書别藏秘閣,元祐六年從《道藏》取索校定爲秘閣黄本,七年高麗獻書,異本亦充秘閣。《秘書省續編到四庫闕書目》即元祐二年以來秘書省陸續訪求補寫採編到的秘閣原闕圖書之目録,至徽宗政和七年,"續編到"一萬四千九百餘卷(《玉海》引《中興館閣書目》)。鄭樵《通志略》稱作《四庫書目》,《中興館閣書目》著録爲《秘書省書目》,《直齋》稱作《秘書省四庫闕書目》。政和七年(1117)校書郎孫覿奏:上庫書尚循《崇文》舊目,頃訪求遺書,《總目》之外,凡數百家幾萬餘卷,請譔次增入《總目》,詔覿及著作郎倪濤校書,汪藻、劉彦適譔次,名曰《祕書總目》。據此《秘書總目》實爲《崇文總目》與《秘書省續編到四庫闕書目》减去重複部分的總合,但其書南宋不傳。詳張固也《〈秘書省續編到四庫闕書目〉考》《〈秘書省續編到四庫闕書目〉版本源流考》《鄭樵所引〈四庫書目〉考》,《古典目録學研究》,頁 152—166、167—175、184—190。

④ 參看李秋實《〈秘書省續編到四庫闕書目〉校證》,吉林大學碩士論文,2007 年,張固也指導。

苑》一卷;兵書類又有《小遜太一立成七十二局》一卷,《通志略》遜作游,《宋志》正作胡濟川《小游七十二局立成》一卷。

1.2.4 中興國史藝文志 中興館閣書目 中興館閣續書目

《中興館閣書目》《中興館閣續書目》分别成於孝宗淳熙五年(1178)與寧宗嘉定十三年(1220)。

> 紹興初再改定《崇文總目》《秘省續編四庫闕書》。淳熙四年十月,少監陳騤等言乞編撰書目。[①] 五年六月九日,上《中興館閣書目》七十卷,序例一卷(序例凡五十五條)。凡五十二門,計見在書四萬四千四百八十六卷,較《崇文》所載多一萬三千八百十七卷;復參《三朝史志》,多八千二百九十卷;《兩朝史志》多三萬五千九百九十二卷。閏六月十日,令浙漕司摹板。
>
> 《中興館閣續書目》:秘書丞張攀等乞編新目,以續前書,得書七百五十二家,八百四十五部,凡一萬四千九百四十三卷。嘉定十三年四月上。[②]

《中興目》《續目》南宋時影響深遠,《山堂考索》《直齋》《玉海》多有援引(稱"中興館閣書目""中興書目""淳熙書目",或徑稱"書目"),地位顯然在《崇文目》之上;《直齋》更從分類、著録、解題,全面參考了《中興目》《續目》。

但《中興國史》(或稱《中興四朝國史》)及《中興國史藝文志》編纂時間難於考訂,《中興國史》本紀部分早在淳祐二年(1242)即已進呈:

> 二年春正月甲申朔,詔作新吏治。戊戌,右丞相史嵩之等進玉牒及《中興四朝國史》、孝宗《經武要略》、寧宗玉牒、日曆、會要、實録。[③]

而志、傳部分則延宕日久,據《理宗紀》《玉海》,至寶祐二年(1254)、五年(1257)陸續進呈:

> (寶祐二年八月)癸巳,謝方叔等上玉牒、日曆、會要及七朝《經武要略》、《中興四朝》志傳,詔方叔、徐清叟、董槐等各進秩。
>
> (寶祐五年)閏四月己丑,程元鳳等進玉牒、日曆、會要、《經武要略》及

---

① 淳熙《中興館閣書目》似與尤袤有關。周必大《乞取唐仲友尤袤書目劄子》(淳熙三年)云:"臣昨任秘書少監日,嘗屬正字唐仲友、丞尤袤將四庫典籍倣崇文舊目而爲一書,後來聞以就緒。今二人皆守近郡,不難繕寫,欲望聖慈下臣此章,許以其書來上,然後付之館閣官,重加考定,錫以嘉名,斯中興之盛典也。取進止。"(《文忠集》卷一三九景印文淵閣四庫全書本,臺灣商務印書館,2008年,1148册,頁537)考周必大任秘書少監在乾道六年七月至七年七月,尤袤七年五月至八年五月爲秘書丞,唐仲友乾道六年十一月至八年五月爲正字,則周必大屬唐仲友、尤袤倣崇文舊目爲館閣目時間在乾道七年五月至七月之間,淳熙三年周必大請取唐仲友、尤袤所作付之館閣,未知詔許與否。(詳趙維平《尤袤年譜》,上海三聯書店,2012年,頁50—51。)

② 《玉海》卷五二《藝文》"淳熙中興館閣書目 嘉定續書目"條,頁1045—1046。

③ 《宋史》卷四二《理宗紀》,頁823。又《宋史·高斯得傳》:"(李)心傳方修四朝史,辟爲史館檢閲","斯得分修光、寧二帝紀"。"淳祐二年,四朝帝紀書成,上之。嵩之妄加毁譽於理宗、濟王,改斯得所草寧宗紀末卷,斯得與史官杜範、王遂辨之。範報書亦有姦人勸入邪説之語,然書已登進矣。心傳藏斯得所草,題其末曰'前史官高某撰'而已。"(頁12322—12323)

《中興四朝》志傳。[①]

理宗時高斯得淳祐十二年十月二十三日進故事[②]，稱李燾修《四朝國史》紀、志、傳分次編纂，乃能用志不分，請依李燾故事，宣諭提舉官，命史院官專一編纂四朝諸志，續行纂次列傳。其中提及：

> 臣伏見國史院被旨修纂高孝光寧四朝志傳，限來年三月登進，臣叨與載筆，苟有管見，不敢默然。且詔修四朝志傳，爲日久矣……九月以來，乃方命僚屬，然規模不立，人情涣散。既不照舊例奏請，先立年限，又不考故事，分志、傳爲兩次，以百餘年間，歷史官二百八十餘人所不能成之書，自詭速成於數月之内。……今高孝光寧諸臣當立傳者人數猶未能定，雜糅踈漏，絶無倫次。院吏所供初草，大抵徒其私家所供誌狀，全未經史官考按……乃欲趣辦於四五月之間，臣知其苟且滅裂，務應限期，希恩賞而不以傳信决矣。雖然，列傳粗有張本者也。乃若諸志，則從前未有片紙纂次，今始創爲：其間天文、地理、選舉、禮、樂之屬猶可編類綴緝，惟兵、財二者乃百餘年建國之實政，本末閎闊，功力浩瀚，非可鑿空爲之者，豈數月之所辦乎？……望聖慈宣諭提舉官，及此編摩未定之初，檢照孝宗皇帝修書故事，改命史院官專一編纂四朝正史諸志，俟奏篇畢，續行纂次列傳。庶幾修書次第，既合舊典，又使諸史官用志不分，成篇可準，不致苟且滅裂，貽笑後世。取進止。[③]

稱《四朝國史》傳記僅具初草，諸志"未有片紙纂次"，然亦未及《藝文志》。

馬廷鸞以寶祐三年(1255)十月以太學録召試，十一月除正字，開慶元年(1259)十一月除校書郎，景定元年(1260)五月兼樞密院編修官，二年除著作郎，三年十一月除秘書少監；度宗咸淳八年(1271)去國[④]。《文獻通考》屢引《中興國史藝文志》，甚至可以説關於《中興志》的基本認識幾乎全部來自《通考》。而王應麟理宗景定五年(1264)五月以太常博士除秘書郎，十月度宗即位，十二月

---

① 《宋史》卷四四《理宗紀》，頁853、859。《玉海》卷四六"淳祐四朝史"條亦云"淳祐二年二月，進紀。十一年，命史官分撰志、傳。編修官王撝撰《輿服志》四卷。寶祐二年八月二十三日癸巳，進志、傳。五年閏四月四日，修潤上之。"(頁922)

② 此篇《歷代名臣奏議》繫於淳祐十二年，《續文獻通考》《淵鑒類函》繫於淳祐二年，恐誤。篇首稱"詔修四朝志傳，爲日久矣"，始則趙以夫編修失法，"欲先合九朝正史爲一，而後以四朝續之"，"迄以夫之去，四朝傳竟無一字"；繼而趙汝騰雖當其任，但"引嫌力辭"；"尤焴又繼之，亦復控避，久乃就職。更三史官，虚度歲月，幾及兩載，實爲可惜"。淳祐十一年十一月趙以夫提舉秘書省，寶祐二年十月尤焴提舉秘書省、提綱史事(參看《南宋館閣續録》卷七《官聯》，頁243)，筆者初稿以爲此篇奏議當在寶祐二年十月。北京大學張良指出，寶祐元年高斯得任福建路計度轉運副使，三年董槐入相，乃召爲司農卿。寶祐二年高斯得尚在福建，且去淳祐十一年凡四年，與"幾及兩載"不合。高斯得奏議當在淳祐十二年，當年六月，尤焴兼同修國史、實録院同修撰，十一月除授權工部尚書，旋轉爲禮部尚書(尤圮：《萬柳溪邊舊話》，《四庫存目叢書》影印清知不足齋抄本，史部第87册，葉697下)，位階在史官中已居於首位。詳張良《跋高斯得〈經筵進講修史故事〉》，未刊稿。

③ 《恥堂存稿》卷二，《叢書集成初編》本，頁35—36。

④ 《南宋館閣續録》頁352、335、290、257。

爲著作佐郎,咸淳元年(1265)七月爲著作郎,三年十月四日除秘書少監,同月升兼侍講[①],《玉海》大量援引了《四朝志》《中興目》與《續目》,卻對《中興志》絶無一語提及。

綜上,《中興志》成書時間不可確考。但據《文獻通考》所引各部類卷帙,大致可推斷與《中興目》《續目》關係密切,基本是二目歸併,改易較少[②]。因而《玉海》引述《中興目》《續目》,不引《中興志》,應當是認爲二者功能大體相同;《文獻通考》引述《中興志》但不引《中興目》《續目》,恐怕是馬端臨著書時手頭並無館閣目。

《中興志》與《中興目》《續目》關係密切,比較明顯的證據有:

【宋志地理】李宗諤圖經九十八卷。又圖經七十七卷。

《玉海》稱"(祥符)三年十二月丁巳書成,凡一千五百六十六卷(目録二卷),宗諤等上之……又詔重修定大小圖經,令職方牒諸州謹其藏,每閏依本録進(景祐四年二月甲子賜御史臺。《中興書目》今存九十八卷,兗州至利州或附以近事云)";"《續書目》有圖經七十七卷,台州至筠州,其間亦有經後人增益者"[③],則北宋此書一千五百六十六卷,淳熙館閣九十八卷,後又得七十七卷。而《宋志》所本一定是《中興志》。也可見《中興志》並未討論九十八卷與七十七卷關係,僅據二目歸併。

而《宋志》小注所稱"舊録""舊目""舊書目"皆指《中興館閣書目》,大抵也是《中興志》的口吻[④]。另有小注:

【宋志儒家】子華子十卷自言程氏,名本,字子華,晋國人。《中興書目》曰:近世依托。朱熹曰:僞書也。

【宋志儒家】孔叢子七卷漢孔鮒撰。朱熹曰:僞書也。

上一條引"朱熹曰"在《中興書目》之後,斷非淳熙《中興目》本文,當爲《中興志》口吻。

【附】《中興志》《中興館閣書目》《續書目》著録家/部/卷表[⑤]:

	中興志	中興目	中興續目		中興志	中興目	中興續目
易類	140 184 1366	112 ? 760	26 34 305	書類	42 51 716	22 ? 187	12 ? 266
詩類	53 64 871	33 ? 370	11 ? 220	禮類	64 91 1265	43 ? 798	12 16 463

① 《南宋館閣續録》頁310、324、290、258。

② 但《中興志》各部類相加,卷帙超出《中興目》《續目》之和18685卷,《文獻通考》卷一七四論叙《中興目》《續目》後稱:"蓋自紹興至嘉定,承平百載,遺書十出八九,著書立言之士又益衆,往往多充祕府。紹定辛卯火災,書多闕。今據《書目》、《續書目》,及搜訪所得嘉定以前書,詮校而志之。"(頁5209—5210)則《中興目》《續目》之外"搜訪所得嘉定以前書"可對應溢出卷帙。

③ 《玉海》卷一四《地理》,頁308—309。

④ 《宋志》道家"《黄帝陰符經》一卷(舊目云驪山老母注、李筌撰)",《玉海》"《中興書目》一卷分上中下篇,驪山老母注,少室山布衣李筌撰"。趙士煒認爲舊目即指《中興書目》,説是。(頁418)

⑤ 《中興志》據《文獻通考·經籍考》各部類所引;《中興目》《續目》據《玉海》所引。

續表

	中興志	中興目	中興續目		中興志	中興目	中興續目
樂類	66 71 655	63 ? 440	2 ? 202	春秋	129 174 2271	123 ? 1480	18 20 400
孝經	21 21 29	15 ? 20	1 ? 1	論語	55 63 498	23 ? 181	16 133
孟子	22 ? 285			緯書	3 5 12		
經解	22 ? 149	21 ? 484	3 ? 16	小學	128 155 1113	118 ? 822	20 ? 224
正史	39 42 2877	32 ? 2129	3 ? 71	編年 日曆①	71 87 2491 ? 7 4312		
別史	31 36 1034			史鈔	40 46 681		
故事	170 189 1909			職官	36 42 413		
傳記	313 339 1379			儀注 謚法	79 94 1607 12 ? 174	61 ? 1537	23 ? 1939
刑法	87 94 3930	61 ? 1537	23 ? 1939	目録	46 51 521		
譜牒	53 59 223	55 ? 110	4 ? 46	時令	17 18 199		
地理	322 336 3471			霸史	40 43 437		
儒家	96 118 857			道家	47 52 187		
釋書	100 10 775			道書	396 447 1321		
法家	4 4 50			縱横	3 3 46		
農家	64 69 148			雜家	119 149 1706		
小説	232 260 1935			天文	20 20 127	19 ? 99	
五行	82 88 286	87 ? 289		蓍龜	33 36 101		
雜占	80 84 175			形法	95 104 268		
曆譜	38 51 158			兵書	92 107 1074		
藝術	58 60 112			類事	171 197 8397		
醫書	179 209 1259						
楚辭	9 12 204			別集	1001 1266 17426		
總集	293 315 6500			文史	62 65 487		

(三)《宋志》"不著録"部分

《宋志》"不著録"來源於元時所見宋人著述,其中一定包括南宋館閣舊藏。最直接的證明是史部編年類(含政録、實録、編年三個三級目録)中實録之"不著録"部分有:

【宋志編年】寧宗實録四百九十九册
理宗實録初稿一百九十册
理宗日曆二百九十二册;又日曆一百八十册
度宗時政記七十八册

① 《中興志》:"元以實録、日曆俱入編年,今除實録入編年外,以日曆附於起居注。"(《文獻通考》卷一九一,頁5559。)

德祐事迹日記四十五册

稱若干册,與高宗、孝宗、光宗實録稱若干卷顯然有别,反映的正是《四朝國史》編纂後館閣藏書的實際狀態。陳樂素先生已經指出《宋史·度宗紀》咸淳四年(1268)八月壬寅"奉安寧宗實録、理宗實録、御集、日曆、會要、玉牒、《經武要略》、咸淳日曆。"德祐二年(1276)二月元兵入臨安,《德祐事迹日記》當爲德祐元年事;同年即至元十三年二月丁未,元世祖詔收拾秘省圖書,歸之國史院①。

本文在1.2.2中論及,慶曆《崇文總目》之後成書的《新唐志》"不著録"部分主要由兩個部分組成,一是《崇文總目》館閣藏書爲主的北宋見存唐人書;一是《舊唐書》等史傳文獻所載唐時所當有書,《新唐志》"不著録"部分對某書"卷亡"(即卷數不詳)的記載來自後者②。

與《新唐志》性質完全不同,《宋志》"不著録"部分來源於元時所見館閣書,"不著録"部分僅補入到史部傳記類,此下史部儀注、刑法、目録、譜牒、地理、霸史和子部、集部均無"不著録"部分。上引寧宗實録以下稱"若干册",是未及編次分卷的原始形制記録。

而《宋志》"著録"部分也有大量"一部""若干册""卷亡"的記載,這些記載來源于《四朝國史藝文志》,《四朝志》基本的史料來源應當是《長編》等文獻中的修書、獻書的進呈、頒行、著述記録,並非南宋館閣實有其書,説詳下文3.2.3③。

---

① 陳樂素《宋史藝文志考證》,廣東人民出版社,2014年,頁692。又蘇天爵《滋溪文稿·三史質疑》曰:"理、度兩朝,事最不完。理宗日曆尚二三百册,實録纂修未成。國亡,僅存數十册而已。度宗日曆殘缺,皆當訪求。"(《適園叢書》本,卷二五,葉7)

② 例如《高宗中宗諸子傳》:節湣太子重俊,中宗第三子也。……(神龍)二年秋,立爲皇太子。重俊性雖明果,未有賢師傅,舉事多不法。……左庶子姚珽數上疏諫諍,右庶子平貞慎又獻《孝經議》、《養德傳》以諷,重俊皆優納焉。(《舊唐書》卷八六《高宗中宗諸子傳》節愍太子重俊,頁2837。)補入《新唐志》"不著録"部分有:(孝經類)平貞慎《孝經議》,卷亡;(道家類)平貞慎《養德傳》卷亡,卷數不詳,故云"卷亡"合。説詳張固也《新唐書藝文志補》,吉林大學出版社,1996年。《自序》,頁3。馬楠《〈新唐書藝文志〉增補修訂〈舊唐書經籍志〉的三種文獻來源》。

③ 苗潤博認爲:"關於《宋史·藝文志》'不著録'部分的來源,以往學界關注不足,僅陳樂素《宋史藝文志考證》曾猜測其爲元末史官所見之書,而未給出證據。筆者初步檢核後發現,此部分關於書名、卷數的記載,往往與作者碑傳資料一致,而與宋代實藏書目所載不盡相合,未可遽斷其爲史官所親見者。"(《有關〈裔夷謀夏録〉諸問題的新考索》,《文史》2016年,02期,頁125—148。注釋25)苗説待考,"不著録"部分如李燾著述確與周必大所作神道碑密合(《文忠集》卷六六,1147册,頁707—708)。但主要疑問有:(1)史部儀注、刑法、目録、譜牒、地理、霸史和子部、集部均無"不著録"部分,如"不著録"部分據誌、傳所載著述補充,何以不一併添入?如"不著録"部分經部首載王柏著述,固然與吴師道《禮部集·節録何王二先生行實寄史局諸公》相合,何以僅補入《讀易記》《讀書記》數種,其他《讀詩記》十卷、《讀春秋記》八卷、《論語衍義》七卷、《太極圖衍義》一卷,及集部《文章續古》三十卷、《文章復古》七十卷等書不一併補入?其載王應麟著述甚多,《宋史》本傳所載《深寧集》一百卷、《玉堂類稿》二十三卷、《掖垣類稿》二十二卷,及《詞學指南》四卷、《詞學題苑》四十卷何以不一併添入集部,《玉海》二百卷何以不一併添入子部類書?(2)"不著録"部分與本傳多有不合:如王應麟《詩草木鳥獸蟲魚廣疏》六卷,《春秋三傳會考》三十六卷不見於本傳,《蒙訓》四十四卷本傳作七十卷,《通鑒地理通釋》十四卷本傳作十六卷。(3)"不著録"部分包含楊士勛《春秋公穀考異》五卷,係唐人書,絶非據宋人碑傳可補,(注轉下頁)

二　離析《宋志》的方法

本文的基本方法，是通過排比《宋志》與《崇文目》《秘目》與《中興目》《續目》等館閣秘省書目，將《宋志》回溯、拆解爲三朝、兩朝、四朝、中興《國史藝文志》。

（一）據重出分析宋志文獻來源

《宋志》本身有大量重出，陳樂素先生做了很好的歸納。從《宋志》的來源看，組成《宋志》的四種《國史藝文志》源自館閣秘書書目，《宋志》著録重出小部分或許由於館閣秘省諸目本身有重出，如《崇文目》道書類兩出《龍虎金液還丹通元論》一卷；别集類、總集類各有李紳《批答》一卷；地理類有《平都山仙都觀記》一卷、《岳瀆福地圖》一卷，道書類重出《平都山仙都觀記》一卷、《岳瀆福地圖》一卷。又如《秘目》編年類兩見陳彭年《唐紀》四十卷；小説類兩見沈立《河防通議》一卷；易類、五行卜筮類各有陳在中撰《周易卦象賦》一卷；小學類、小説類各有李商隱《蜀爾雅》三卷。館閣秘省書目自身的重出有的反映在《宋志》之中，有的則罕有體現，可據以分析《宋志》所據諸國史的輕重先後。

而《宋志》著録重出大多則由於所據四種《國史藝文志》題署、分類不同，元人删修時又没有很好地整理删併，如錢大昕所説“此志合三朝、兩朝、四朝、中興國史彙而爲一。當時史臣無學，不能博涉群書，考其同異，故部分乖剌，前後顛倒，較之前史，踳駁尤甚，有一書而兩三見者。”①分析《宋志》重出，可以指出不同的《國史藝文志》來源。

2.1.1　分類

四種《國史志》分類有異造成《宋志》重出，可據《宋志》重出反推出自何種《國史志》：

【宋志經解】李肇經史釋題二卷	【崇文目論語】經史釋題二卷唐李肇撰
【宋志目録】經史釋文題三卷	【中興目】經史釋文題三卷

《崇文目》論語類含經解，稱此書“唐李肇撰，起九經，下至唐氏實録，列篇帙之凡，概釋其題”，《玉海》云：“《志》：目録類李肇二卷（《崇文目》同。《書目》：《釋文題》三卷）。”②因而《宋志》經解類的《經史釋題》可能出自《三朝志》或《兩朝志》，而目録類重出的《經史釋文題》更可能出自《中興目》，也可旁證《中興目》

（續上頁注）此書後世亡佚，只能解釋爲中秘之本。又如嚴粲《詩集》一部，此書明清皆云三十六卷，《文淵閣書目》稱《詩緝》一部十三册，《宋志》云“一部”，也更近於藏書登載記録。確有若干書籍與元代訪書所得相合，或可視作非單一來源。“不著録”部分撰人除王柏之外，李燾、洪邁、李心傳、趙汝談、吴如愚、真德秀、魏了翁、袁燮、黄倫、胡銓、項安世、袁甫、晁公武、林希逸、王應麟等人均任館職，也是值得注意的現象。

① 《廿二史考異》，上海古籍出版社，2004年，頁1016。

② 《玉海》卷四二《藝文》，頁846。又《玉海》於《崇文目》前引“志”“藝文志”“唐藝文志”，皆指《新唐書藝文志》。王應麟誤以《新唐志》爲實有其書。

著録其書在目録類。

【宋志經解】陸德明經典釋文三十卷

【宋志小學】陸德明經典釋文三十卷　【中興目小學】陸德明經典釋文三十卷

《直齋》言《經典釋文》"前世《藝文志》列於經解類。《中興書目》始入之小學,非也。"[①]則《宋志》小學類著録來自《中興志》,經解類著録來自前三種《國史志》。

【宋志別史】王皞唐餘録六十卷　【秘目雜史】王皞撰唐餘録六十卷

【宋志傳記】王皞唐餘録六十卷　【中興目雜傳】王皞唐餘録六十卷

《唐餘録》,《秘目》入雜史,對應《宋志》別史;《直齋》云"此書有紀,有志,有傳,又博采諸家小説,仿裴松之《三國志》注,附其下方,蓋五代別史也。……《館閣書目》以入雜傳類,非是"[②],則《中興目》入雜傳,對應《宋志》傳記,別史類重出則來自前三種《國史志》。

同例,因《國史志》分類有別導致《宋志》重出,確定其中一種來源,也可反推另一種來源:

【宋志春秋】郭翔春秋義鑒三十卷

【宋志類事】郭翔春秋義鑒三十卷　【崇文目類事】春秋義鑒三十卷　郭翔撰[③]

【宋志別史】楊九齡正史雜論十卷　【崇文目雜史】正史雜論十卷。

【宋志文史】楊九齡正史雜論十卷

【宋志別史】河洛春秋二卷　【崇文目雜史】河洛春秋二卷　包諝撰[④]

【宋志傳記】包諝河洛春秋二卷

【宋志史鈔】縱横集二十卷

【宋志總集】李緯縱横集二十卷　【崇文目總集】縱横集二十卷

可以推測,《宋志》分類與《崇文目》相合者更可能出自《三朝志》《兩朝志》,不合者更可能出自《四朝志》或《中興志》。

2.1.2　題署

由於書名、撰人題署不同造成的《宋志》重出更可追溯《國史志》來源。如同一類目重出:

① 《直齋書録解題》,頁 81。

② 《直齋書録解題》,頁 109。

③ 據《新唐志》春秋類"不著録"部分郭翔《春秋義鑒》三十卷補撰人。

④ 據《新唐志》雜史類"不著録"部分包諝《河洛春秋》二卷補撰人。

【宋志樂類】歷代樂儀三十卷　　【崇文目】歷代樂儀三十卷
【宋志樂類】徐景安新纂樂書三十卷　　【中興目】徐景安新纂樂書三十卷①
【宋志刑法】孫奭律音義一卷　　【崇文目】律音義一卷
【宋志刑法】律令釋文一卷　　【中興目】律令釋文一卷

可知前者更可能出自《三朝志》或《兩朝志》,後者則出自《中興志》。

【宋志地理】曹璠國照十卷　　【秘目職官】曹臻撰圖照十卷
【宋志地理】曹璠須知國鏡二卷　　【中興目地理】唐須知國鏡二卷曹璠撰

則前者更可能出自《四朝志》,後者則出自《中興志》。

【宋志傳記】范質魏公家傳三卷　　【崇文目傳記】魏公家傳三卷
【宋志傳記】范質桑維翰傳三卷　　【秘目傳記】桑惟翰傳三卷

則前者更可能出自《三朝志》或《兩朝志》,更可能出自《四朝志》。

不同分類下重出也同樣如此:

【宋志小學】虞荔鼎録一卷　　【中興目】虞荔鼎録一卷
【宋志小説】虞荔古今鼎録一卷　　【崇文目小説】古今鼎録一卷
【宋志經解】顔師古刊謬正俗八卷　　【崇文目論語】刊謬正俗八卷唐秘書監顔師古撰
【宋志儒家】糾繆正俗八卷　　【中興目】糾謬正俗八卷

《匡謬正俗》避諱,《崇文目》作"刊",《中興目》作"糾",對應《宋志》重出,一者更可能出自《三朝志》或《兩朝志》,另一則出自《中興志》。

同例,《宋志》重出,一種與某目題署相合,另一種則出自他目:

【宋志故事】李巨川勤王録二卷
【宋志傳記】李巨川許國公勤王録三卷　　【崇文目傳記】許國公勤王録三卷
【宋志傳記】余知古渚宫舊事十卷
【宋志地理】余知古渚宫故事十卷　　【崇文目地理】渚宫故事十卷

則故事類之《勤王録》、傳記類之《渚宫舊事》當出《四朝志》或《中興志》。

【宋志别史】李淑三朝訓覽圖十卷
【宋志故事】三朝訓鑒圖十卷仁宗製序　　【中興目】三朝訓鑒圖十卷

《玉海》:"舊目缺其圖,又誤以仁宗御制後序冠於卷首,《續書目》采繪俱全。《書目》:《三朝訓鑒圖》十卷,李淑撰,仁宗御製序。今繪采皆闕。光掩鑒

① 《玉海》卷一〇五《音樂》引《中興書目》,云此書"一名《歷代樂儀》","一名"當爲《中興目》解題稱《崇文目》名"《歷代樂儀》",頁1990。

古,輝映無逸。"[①]據此《中興目》題"訓鑒",且云"仁宗御製序"。此書又不見《崇文目》,推測作《訓覽圖》者更可能出自《四朝志》。

撰人有别同樣可據以離析《宋志》:

【宋志别史】裴潾大和新修辨謗略三卷	【中興目】大和新修辨謗略三卷　裴潾撰
【宋志傳記】李德裕大和辨謗略三卷	【崇文目】太和辨謗録三卷李德裕等撰

案《玉海》:"《中興書目》唐集賢殿學士裴潾撰,舊有十卷,以其繁冗删去,止三卷。載自古被誣之事,起周公至狄仁傑。又《太和辨謗録》三卷,案《崇文總目》李德裕等撰。憲宗時命傳師楚等撰《元和辨謗録》十卷。大和中,德裕以其文繁,删爲三卷。"[②]

【宋志别史】張詢古五代新説二卷	【崇文目雜史】五代新説二卷張絢古撰[③]
【宋志小説】張説五代新説二卷	
【宋志傳記】陸希聲北户雜録三卷	
【宋志傳記】段公路北户雜録一卷	【崇文目】北户雜録三卷段公路撰
	【秘目】段公路北户録三卷

反推小説類誤題張説者不出於《三朝志》《兩朝志》;傳記類誤題陸希聲者則可能出自《中興志》[④]。

2.1.3 卷帙

除分類、題署外,卷帙同樣具有標誌意義:

【宋志天文】李淳風乾坤秘奥七卷	【崇文目】乾坤秘奥七卷李淳風撰
【宋志五行】李淳風乾坤秘奥一卷	【中興目】乾坤秘奥一卷
【宋志傳記】柳玭柳氏家學一卷	【中興目】柳氏家學一卷
【宋志小説】柳玭家學要録二卷	【崇文目小説】家學要録二卷

---

① 《玉海》卷五六《藝文》,頁1120。《直齋》著録《三朝訓鑒圖》十卷,陳氏爲興化軍通判時"頃在莆田,有售此書者,亟求觀之,則已爲好事者所得,蓋當時御府刻本也。卷爲一册,凡十事,事爲一圖,飾以青赤。亟命工傳録,凡字大小、行廣狹、設色規模,一切從其舊,斂衽鋪觀,如生慶曆、皇祐間,目睹聖作明述之盛也。按《館閣書目》載此書云繪采皆闕,至《續書目》乃云得其全。未知果當時刻本乎,抑亦摹傳也?"(頁163)

② 《玉海》卷五五《藝文》,頁1097—1098。

③ 據《新唐志》雜史類"不著録"部分張絢古《五代新記》二卷補撰人。

④ 《皕宋樓藏書志》卷三四有影宋抄本《北户録》三卷,陸希聲序,或館臣以此誤題陸希聲。《續修四庫全書》,上海古籍出版社,2003年,928册,頁372。

	柳珵撰[①]
【宋志傳記】唐顯慶登科記五卷	【崇文目】唐顯慶登科記五卷 崔氏名失撰[②]
【宋志傳記】崔氏登科記一卷不知作者	【中興目】崔氏登科記一卷
【宋志小說】欒史續廣卓異記三卷	【崇文目】廣唐卓異記三卷 欒史撰
【宋志小說】欒史廣卓異記二十卷	【中興目】欒史廣卓異記二十卷

可見一者出自《三朝志》或《兩朝志》,另一則出自《中興志》。

【宋志刑法】崔臺符元豐編敕令格式並赦書德音申明八十一卷
【秘目刑法】元豐敕二十卷、元豐令五十卷、元豐格五卷、元豐式五卷
【宋志刑法】崔臺符元豐敕令式七十二卷
【中興目】元豐敕令式七十一卷

前者當出《四朝志》,後者出《中興志》。

同例:

【宋志史鈔】十三代史選五十卷	【崇文目】十三代史選五十卷
【宋志類事】十三代史選三十卷	

可以反推卷帙與《崇文目》不合的類事類著録更可能出自《四朝志》或《中興志》。

(二)據分類、題名、卷帙分析宋志文獻來源

《宋志》著録書籍即使没有重出,通過具有明顯特徵的分類、題名、卷帙等信息,也可以分析《宋志》某書來源於某種《國史藝文志》或不出自某種《國史藝文志》。

例如:

【宋志正史】魏收後魏書一百三十卷	【中興目】後魏書一百三十卷魏收撰
魏澹後魏書紀一卷本[一百]七卷	後魏紀一卷
張太素後魏書天文志二卷本百卷,惟存此	魏書天文志二卷

《魏書》本一百三十卷,北宋時多有脱漏,所謂"紀闕二卷,傳闕二十二卷,不全者三卷,志闕二卷",嘉祐、熙寧間館臣修訂,"太宗紀則補以魏澹所作,静帝紀則補以《北史》、《高氏小史》、《修文殿御覽》,列傳則益以《北史》、《高氏小史》,志則補以太素所撰。澹及太素書今亡,惟此紀、志存。"[③]即魏澹《後魏書

① 據《新唐志》小説類"《柳氏家學要録》二卷,柳珵"補撰人。

② 據《新唐志》雜傳記類"崔氏《唐顯慶登科記》五卷,失名"補撰人。

③ 《山堂考索》卷一四引《書目》。三書《崇文目》皆有,《後魏書·天文志》二卷,《文獻通考》引《崇文總目》"唐張太素撰。魏書凡百篇,今悉散亡,唯此二篇存焉。"(頁5580)。當爲《中興目》沿襲《崇文目》解題。

紀》僅《太宗紀》一卷存,張太素《魏書》唯《天文志》二卷存。《宋志》三書來源應當是《中興志》。

2.2.1 分類

根據分類區别判斷《宋志》的《國史藝文志》來源,余嘉錫先生曾有很好的示範:

【郡齋楚辭】楚辭釋文一卷。未詳撰人。
【直齋楚辭】離騷釋文一卷。古本,無名氏。
【宋志總集】宋遵度羣書麗藻一千卷 目五十卷
王勉楚辭章句二卷 楚辭釋文一卷 離騷約一卷
徐鍇賦苑二百卷 目一卷

《郡齋》《直齋》之《楚辭釋文》皆云撰人不詳。余嘉錫云:"考《宋史·藝文志》總集類有王勉《楚辭章句》二卷,《楚辭釋文》一卷,《離騷約》二卷,在宋遵度《群書麗藻》之後,徐鍇《賦苑》之前,則作者姓名,具有可考。宋遵度,當作崔遵度。《書録解題》有《羣書麗藻》六十五卷,南唐司門員外郎崔遵度撰。王勉雖不知何時人,然既厠於遵度與鍇之閒,疑亦南唐人也。《宋志》自有楚辭類,獨勉所著三書入之總集爲不可解。余嘗推求其故,其楚辭自爲一類者,用宋《中興藝文志》之舊,此三書入總集者,必因北宋《國史藝文志》之舊也。"[①]從而判斷王勉三書入總集類,必不出於《中興志》。

【宋志儒家】馬融忠經一卷 【中興目儒家】忠經一卷 馬融撰鄭玄注
【崇文目小説】忠經一卷

《玉海》:"《書目》儒家一卷,馬融撰,鄭玄注。融述《孝經》之意,作《忠經》,陳事君之要道,始於立德,終於成功,凡十八章(《崇文目》小説,《兩朝志》:《海鵬忠經》)。"[②]《崇文目》與《宋志》分類有别,《宋志》當本《中興志》。

【宋志故事】次續翰林志一卷 【中興目】次續翰林志一卷[③]
【崇文目職官】次續翰林志二卷
【秘目職官】蘇耆撰翰林雜記一卷

某職官之故事,《崇文目》《秘目》多入職官類,而《宋志》多在故事類,亦當來源於《中興志》。

反之,《宋志》編年類實録部分有李昊《後蜀高祖實録》三十卷,《崇文目》作《僞蜀孟氏先主實録》三十卷,在僞史類。可見《宋志》對此書記載應當不出自《三朝志》或《兩朝志》。同理傳記類、地理類各有胡嶠《陷虜記》一卷,似乎均不

---

① 余嘉錫:《四庫提要辨證》"楚辭章句十七卷"條,中華書局,2007年,頁1228—1229。

② 《玉海》卷四一《藝文》,頁823。

③ 《玉海》卷五七《藝文》云"《書目》:《次續翰林志》一卷,蘇耆撰摭易簡所不及載者一十九事,附當時名人詩。"(頁1147)。

來自《崇文目》雜史類《陷虜記》三卷。

2.2.2　題署

根據《宋志》所題撰人、書名,也可反溯《宋志》的文獻來源。

撰人方面:

【宋志地理】達奚弘通西南海蕃行記一卷

【中興目】西南海諸蕃行記一卷　達奚弘通撰

【崇文目】諸番行記一卷　達奚通撰①

《玉海》"《書目》云:'《西南海諸蕃行記》一卷。唐上元中唐州刺史達奚弘通撰。弘通以大理司直使海外,自赤土至虔鄃,凡經三十六國,略載其事。'"②

【宋志故事】吴兢開元昇平源一卷

【中興目】吴兢撰開元升平源一卷

【崇文目】開元深平源一卷　陳鴻撰③

《宋志》撰人同於《中興目》而非《崇文目》,可見來源於《中興志》。

題名方面:

【宋志詩類】成伯璵毛詩指説統論一卷

【中興目】指説統論一卷

【崇文目】毛詩指説一卷

【宋志編年】鄭向五代開皇記三十卷

【中興目】五代開皇記④

【崇文目】開皇紀三十卷

【宋志地理】樊綽南蠻記十卷　【中興目】樊綽南蠻記十卷載南詔

【崇文目】蠻書十卷　樊綽撰⑤

【宋志道家】太上墨子枕中記二卷

【中興志】太上墨子枕中記一卷⑥

---

① 據《新唐志》地理類"不著録"部分達奚通《海南諸蕃行記》一卷補撰人。

② 《玉海》卷一六《地理》,頁337。

③ 董岑仕指出,天一閣本作"《開元深平源》一卷","深"、"源"二字右有"×"號疑誤校勘,朱彝尊抄本起誤删二字作"開元平"(《〈崇文總目〉明清抄校本源流考》)。《新唐志》小説家"不著録"部分有"陳鴻《開元升平源》一卷(字大亮,貞元主客郎中)",可補《崇文目》撰人。

④ 《玉海》卷四七《藝文》"五代開皇紀"條:"天禧五年五月己丑太常博士鄭向(字公明)表進《五代開皇紀》(《書目》作"記")三十卷,起梁訖周,約八十萬言。"(頁930)

⑤ 《新唐書》地理類"不著録"部分有"樊綽《蠻書》十卷",小注"咸通嶺南西道節度使蔡襲從事",可補《崇文目》撰人、解題。

⑥ 《文獻通考》卷二二五"《中興藝文志》:不知作者。書載匿形幻化之術,殆依託墨子云",頁6191。

【崇文目】墨子枕中記二卷
【宋志譜牒】天源類譜一卷　【中興目】天源類譜一卷
【秘目】王鞏仙源類譜一卷

上述諸例與《中興目》皆合,《宋志》當出自《中興志》。

同樣反推,《宋志》春秋類有陳岳《春秋折衷論》三十卷,《崇文目》作《折衷春秋》;編年類有元行沖《後魏國典》三十卷,《崇文目》作《魏典》;正史類有楊齊宣《晋書音義》三卷,《崇文目》云何超撰;傳記類賀楚《奉天記》一卷,《崇文目》雜傳類云徐岱撰;刑法類有張員《法鑒》八卷,《崇文目》云李崇撰[1],可見上述諸書恐怕不出《三朝志》、《兩朝志》。

又如《宋志》易類有《周易六十四卦賦》一卷,小注"題潁川陳君作,名亡",《秘目》易類有陳在中撰《周易卦象賦》一卷,五行卜筮類重出陳在中《周易卦象賦》一卷,又可推論,《宋志》此書與《秘目》也並無關係。

2.2.3　卷帙

通過卷帙異同,也比較容易將《宋志》來源釐清:

【宋志樂類】大周正樂八十八卷五代周竇儼訂論
【中興目】大周正樂八十八卷
【崇文目】大周正樂一百二十卷
【秘目】顯德正樂一百二十卷[2]

《玉海》云此書"顯德間中書舍人竇儼撰,叙論譜記凡八十四卷,象八十四調,新曲譜三十六卷,合前爲十二帙,象期之數。今書八十四卷具存,曲譜惟有黄鐘大吕四卷,餘皆缺。"[3]據此北宋此書完帙俱在,南宋存八十八卷,而《宋志》著録與《中興志》相合,當本《中興志》。

首先,用上述方法比對《宋志》與《崇文目》《中興目》:

【宋志實録】五代漢高祖實録十卷蘇逢吉等撰
【中興目】漢高祖實録十卷
【崇文目】漢高祖實録二十卷
【宋志傳記】張隱文士傳五卷　【中興目】文士傳五卷
【崇文目】文士傳十卷
【宋志故事】韋述集賢注記二卷　【中興目】韋述集賢注記二卷
【崇文目】集賢注記三卷
【宋志故事】沈既濟選舉志三卷　【中興目】選舉志三卷
【崇文目傳記】選舉志十卷

① 據《新唐書》正史類"不著録"部分何超《晋書音義》三卷、雜史類"不著録"部分徐岱《奉天記》一卷、刑法類"不著録"部分李崇《法鑒》八卷補撰人。

② 《秘目》史部目録類又有《顯德正樂目》一卷。

③ 《玉海》卷一〇五《音樂》,頁1990。

《直齋》云"《漢高祖實録》十七卷。監修蘇逢吉,史官賈緯等撰。乾祐二年上。書本(十)二[十]卷,今缺末三卷。《中興書目》作十卷。"[①]此書南宋時不全,陳録所藏脱三卷,《中興目》脱十卷。

《文士傳》,《玉海》引《書目》五卷"載六國以來文人,起楚芈原,終魏阮瑀。《崇文目》十卷,終宋謝靈運,已疑其不全,今又缺其半。"

《集賢注記》,《崇文總目》及所補之《新唐志》皆三卷,《玉海》引《書目》二卷,云"學士韋述紀置院經始及開元天寶中學士名氏,皆隨文注釋(今本二卷,乾道九年六月洪遵以大清樓本校之,厘可讀)。"

《選舉志》,《玉海》云"《中興書目》三卷,大曆中撰,沈既濟以前代史官於選舉闕而不論,乃爲志四篇,述吏部銓授,欲復州郡辟召之制。今存三篇,第四篇亡,第三篇有闕文。《崇文目》十卷。"[②]

以上皆爲《崇文目》著録卷帙多於《中興目》,南宋時書籍殘脱不完,但《宋志》卷帙全與《中興目》相合,可以推論上述諸書著録本《中興志》,且未以《三朝志》《兩朝志》校改。

【宋志實録】唐建中實録十五卷沈既濟撰
【中興目】唐建中實録十五卷左拾遺沈既濟撰
【崇文目】建中實録十卷

【宋志傳記】葛洪西京雜記六卷 【中興目】葛洪西京雜記六卷
【崇文目】西京雜記二卷

【宋志傳記】習鑿齒襄陽耆舊記五卷
【中興目】習鑿齒襄陽耆舊傳記五卷
【崇文目】襄陽耆舊傳三卷

【宋志傳記】陳翃郭令公家傳十卷
【中興目】郭令公家傳十卷
【崇文目】郭公家傳八卷 陳翃撰[③]

《玉海》:"《書目》:《唐建中實録》十五卷,左拾遺沈既濟撰。起大曆十四年,以建中二年十月終篇。"又"《隋志》舊事類葛洪二卷(《唐志》地理類、《崇文目》傳記類),《書目》六卷。晉葛洪撰……洪抄爲二卷,以裨《漢書》之缺……今《雜記》共六卷,不同,疑後人誤析爾。"習鑿齒《襄陽耆舊傳記》,《玉海》云"《書目》五卷,載先賢事跡及山川地理,末有賀鑄題,疑記述無倫貫,非全書云";《郭令公家傳》,《玉海》云"《書目》十卷,將佐略並人名在内。第九卷行狀,第十卷將

---

① 《直齋書録解題》,頁127。

② 《玉海》卷五八、卷四八《藝文》,頁1157、965。卷一一七《選舉》,頁2240。

③ 《新唐志》雜傳記類"不著録"部分有"陳翃《郭公家傳》八卷",云"子儀。翃嘗爲其寮屬,後又從事渾瑊河中幕",可補《崇文目》撰人、解題。

佐略。"[1]均不言卷帙損益,當爲重新分卷,所以與《崇文目》不同。

以上四種則是較爲少見的《崇文目》卷帙少於《中興目》,《宋志》仍同於《中興目》,可見《宋志》上述著録本《中興志》而非《崇文目》。

其次,比對《宋志》與《秘目》《中興目》:

【宋志編年】顯德日曆一卷。周扈蒙、董淳、賈黄中撰

【中興目】周顯德日曆一卷。六年夏扈蒙,秋董湻,冬賈黄中。

【秘目】扈蒙撰周恭帝日曆三卷　闕

【宋志刑法】范鏜熙寧貢舉敕二卷

【中興目】熙寧貢舉敕二卷

【秘目】熙寧貢舉敕三卷

【宋志刑法】熙寧法寺斷例十二卷

【中興目】熙寧法寺斷例十二卷

【秘目】熙寧法寺斷例八卷

【宋志地理】張參江左記三卷　【中興目】至道江左記三卷

【秘目】張參纂江左記一卷

無論《秘目》多於或少於《中興目》,《宋志》皆同《中興目》,推知上述著録當本《中興志》。

【宋志譜牒】宗室齒序圖一卷　【秘目】宗室序齒圖一卷[2]

【中興目】宗室齒序圖二卷

【宋志别史】劉恕十國紀年四十二卷

【宋志霸史】劉恕十國紀年四十卷

【中興目】劉恕十國紀年四十卷

《宗室齒序圖》,《宋志》卷數與《中興目》不合,不出於《中興志》。《十國紀事》,《玉海》"祕書丞劉恕撰。記五代僭僞吴、唐、前後蜀、吴越、閩、漢、楚、荆南、北漢十國君臣事迹,本四十二卷,今存止四十卷。"[3]案《秘目》有劉恕《十國年表》二卷,疑即《中興目》所闕二卷,那麽四十二卷本很可能是來源於《四朝志》[4]。

---

① 《玉海》卷四八、卷五七《藝文》,頁 951、1143。卷一五《地理》,頁 320。卷一三四《官制》,頁 2564。《郡齋》著録作《汾陽王家傳》十卷,云"右唐陳雄撰。雄本汾陽王郭子儀僚吏,後又從事渾瑊幕府,故傳不名。第九卷録行狀,第十卷録副佐三十三人,大將二十七人,曰忠武將佐略。"(頁 370—371)或《崇文目》《新唐志》不計末二卷,古云八卷,南宋計爲十卷。

② 《通志略》作"齒序",是。

③ 《玉海》卷四七《藝文》,頁 944。

④ 范祖禹作劉恕墓碣云"著《十國紀年》四十二卷",司馬光序其書亦云"其成者《十國紀年》四十二卷"。(《名臣碑傳琬琰集》宋刻宋元遞修本,中卷三八,葉 3。)而南宋薛季宣《叙十國紀年》已云四十卷:"右劉恕吴史六卷、唐史六卷、蜀史七卷、後蜀史六卷、吴越史四卷、閩史三卷、漢史二卷、楚史三卷、荆南史一卷、北漢史二卷,凡《十國紀年》四十卷",所闕當爲《十國年表》二卷(《浪語集》卷三十,景印文淵阁四库全書本,1159 册,頁 490)。

再次,《秘目》可以視作《崇文目》續編,理論上不應有重出,事實上也少有重複著録,但少量因分類、題署有别導致的重出,也可推論《秘目》較之《崇文目》更合于《宋志》:

【宋志小學】李舟切韻五卷　【秘目】刊謬補缺切韻五卷　闕
【崇文總目】切韻十卷　李舟撰
【宋志總集】常寶鼎文選名氏類目十卷
【秘目】文選名氏目十卷
【崇文目】文選著作人名目三卷　常寶鼎撰[①]

反之,根據卷帙著録的差異,也可以排除《宋志》著録的文獻來源:

【宋志編年】封演古今年號録一卷
【中興目】封演古今年號録一卷
【崇文目】古今年號録七卷　封演撰[②]

《玉海》云"《書目》:一卷,封演集並序。以肅宗至德、代宗永泰,乃陳後主、齊明帝年號,爲失於考據,遂起漢武建元至於唐,纂爲一卷。"[③]可以推論《宋志》著録當本於《中興志》。但由於《中興目》多闕,即使没有《玉海》記述,也可據《崇文目》七卷之數推知《宋志》著録不本《三朝志》《兩朝志》。

【宋志小學】翰林禁經三卷　【崇文目】翰林禁經一卷
【秘目】書禁經一卷
【宋志霸史】李昊蜀書二十卷　【崇文目】前蜀書四十卷
【秘目】僞蜀王建書四十卷

據此可知《宋志》并不本《三朝志》、《兩朝志》,也不本《秘目》。

【宋志别史】孫昱十二國史十二卷
【崇文目雜史】十二國史四卷
【宋志小學】墨藪一卷不知作者　【崇文目小學】墨藪五卷

兩書《秘目》不著録,雖不知《中興目》是否著録,但據卷帙差異可知《宋志》并不本《三朝志》《兩朝志》。

三　離析《宋志》之若干結論

通過全面梳理《宋史·藝文志》與《崇文目》《秘目》《中興目》《續目》,歸納

① 據《新唐志》目録累"不著録"部分常寶鼎《文選著作人名目》三卷補撰人。

② 據《新唐志》編年類"不著録"部分封演《古今年號録》一卷補撰人。《新唐志》一卷,《崇文目》七卷恐誤。

③ 《玉海》卷一三《律曆》,頁 270。

其中的離合關係,可得出如下結論:第一,《宋志》與《中興志》(《中興目》《續目》)高度吻合,《中興志》當爲《宋志》編纂的基礎,基本完整地存在於《宋志》之中。第二,《四朝志》與《宋志》吻合程度居次,據佚文及其標志性著録特點,可從《宋志》中勾稽出《四朝志》大半。第三,《宋志》所來源的《國史藝文志》中,《三朝志》《兩朝志》(《崇文總目》)與《宋志》吻合程度最低,大量《中興志》闕書並未補入,《中興志》殘卷也未修訂爲全帙。此外,《四朝志》與《三朝志》《兩朝志》補充闕書、調整卷帙工作,經部、史部前半稍好,史部後半、子部、集部較爲粗疏隨意。

(一) 宋志與中興志高度吻合

細繹《宋志》卷帙、題署、次第與《中興目》、《續目》關係,可確認《中興志》當爲《宋志》所依據的藍本,著録書近八萬卷的《中興志》基本上完整地存在於著録書近十二萬卷的《宋志》之中。從可操作性上看,《藝文志》各二級目録之下以撰人時代生卒先後爲次,以卷帙最大的《中興志》爲編纂基礎也最爲合理。

3.1.1 宋志卷帙多同中興目、續目

《宋志》不從北宋《崇文目》《秘目》卷帙,而據《中興目》《續目》著録,其中多有南宋時其書卷帙脱失的情形。説明《宋志》編纂過程中,《中興志》起到了基礎作用。

如 2.2.3 所舉諸例,許多著述北宋尚有完帙,或卷帙所存尚多,南宋時大量亡闕,但《宋志》仍同於《中興目》,如上文所舉:

【宋志樂類】大周正樂八十八卷五代周竇儼訂論
【中興目】大周正樂八十八卷
【崇文目】大周正樂一百二十卷
【秘目】顯德正樂一百二十卷

此書周顯德間竇儼所撰,本一百二十卷,南宋時叙論譜記八十四卷具存,新曲譜三十六卷僅存黄鐘大吕四卷,所存凡八十八卷,而《宋志》同於《中興目》,説明《中興志》在《宋志》諸材料來源中位置最爲重要。

同樣的例子並不罕見:

【宋志儀注】蕭嵩唐開元禮一百五十卷一云王立等作
又開元禮儀鏡五卷 【中興目】蕭嵩開元禮儀鏡五卷
【崇文目禮類】開元禮義鑒一百卷
開元禮儀鏡略十卷 【中興目】義鏡略十卷

《崇文總目》蕭嵩《開元禮》一百五十卷以下,有《開元禮義鑒》一百卷,云蕭嵩"既定開元禮,又以禮家名物繁夥,更取歷代沿革,隨文釋義,與禮並行。"[1]《玉海》云《禮儀鏡》"《書目》止第一至第五,五卷。又有《義鏡略》十卷"[2],與

① 《文獻通考》卷一八七《經籍考》,頁 5479。
② 《玉海》卷六九《禮儀》,頁 1356。

《宋志》所載全合,《宋志》從《中興目》不從《崇文目》。

【宋志職官】陶彦藻職官要録七卷　又職官要録補遺十八卷
【中興目】職官要録七卷　補遺十八卷
【崇文目】職官要録三十卷　陶彦藻撰[1]

《玉海》云"《書目》:梁陶彦藻撰《職官要録》,隋、唐志皆云三十卷,今殘缺,後求得七卷,又有補遺十八卷,與前七卷首尾互見"[2]。是北宋時館閣尚存完帙,南宋搜訪七卷、十八卷内容參錯,而《宋志》著録同於《中興志》。

【宋志曆算】長慶宣明大曆二卷 【中興目】宣明大曆二卷
【崇文目曆數】長慶宣明曆三十四卷
【宋志經解】賀琛謚法三卷 【中興目】梁賀琛謚法三卷
【崇文目】謚法四卷　梁賀琛撰

同樣是《崇文目》著録篇卷尚多,《宋志》只從《中興志》著録。

又如:

【宋志小學】唐玄宗開元文字音義二十五卷
【中興目】開元文字音義二十五卷玄宗撰

《玉海》"其序云:古文字惟《説文》《字林》最有品式,因備所遺缺,首定隸書,次存篆字,凡三百二十部,合爲三十卷。今止存二十五卷。"[3]

【宋志兵家】王洙三朝經武聖略十卷
【中興目】三朝經武聖略十卷　王洙編

《玉海》"慶曆三朝經武聖略"條"王洙編,十五卷。《中興書目》今止十卷。……《書目》寶元中王洙承詔撰。"[4]

【宋志别集】晏殊集二十八卷;又臨川集三十卷;詩二卷;二府集十五卷;二府别集十二卷;北海新編六卷;平臺集一卷

【宋志别集】楊億蓬山集五十四卷;又武夷新編集二十卷;潁陰集二十卷;刀筆集二十卷;别集十二卷;汝陽雜編二十卷

《直齋》著録晏殊《臨川集》三十卷、《二府集》二十五卷、《年譜》一卷,云"丞相臨淄元獻公臨川晏殊同叔撰。其五世孫大正爲年譜,言:先元獻嘗自差次起儒館至學士,爲《臨川集》;起樞廷至宰席,爲《二府集》。今案本傳,有文集二百四十卷,《中興書目》亦九十四卷,今所刊止此爾。《臨川集》有自序。"

《直齋》著録楊億《武夷新集》二十卷、《别集》十二卷。云:"案本傳:所著

---

① 此書《隋志》《舊唐志》作"陶藻",《新唐志》作"陶彦藻",當據《崇文目》修訂。
② 《玉海》卷一一九《官制》,頁2267。
③ 《玉海》卷四五《藝文》,頁888。
④ 《玉海》卷一四一《兵制》,頁2715。

《括蒼》《武夷》《潁陰》《韓城》《退居》《汝陽》《蓬山》《冠鼇》等集,及《内外制》《刀筆》,共一百九十四卷。《館閣書目》猶有一百四十六卷。今所有者,惟此而已。”①《宋志》所載晏殊、楊億諸集正爲九十四卷、一百四十六卷。

南宋卷帙分合,與北宋有異,《宋志》也合于《中興志》(《中興目》《續目》)的記載。

【宋志春秋】左氏膏肓十卷　　【中興目】左氏膏肓十卷
　　【崇文目】左氏膏肓九卷

《崇文總目》言何休《膏肓》“書今殘逸,第七卷亡。”②南宋《館閣書目》亦“闕第七卷”,即闕宣公一卷。《中興目》作十卷,當如《直齋》本,分第六卷文公“十六年以後爲第七卷”③。

【宋志類事】虞世南北堂書鈔一百六十卷
　　【中興目】北堂書鈔一百六十卷
　　【崇文目】書抄一百七十三卷

《玉海》“《志》虞世南一百七十三卷(《崇文目》同)。《中興書目》一百六十卷,虞世南於省後堂集羣書中事可爲文用者,號《北堂書鈔》,分一百六十門。”④

《中興館閣續書目》的情況也是如此:

【宋志禮類】江都集禮圖五十卷【續目】江都集禮五十卷
　　【崇文目】江都集禮一百四卷

《文獻通考》引《崇文目》云此書“凡一百二十卷,今亡闕,僅存一百四卷。”《玉海》亦云此書十二帙一百二十卷,云“《崇文總目》一百四卷(《續書目》五十卷)。”⑤《宋志》著録從《續目》不從《崇文目》。

【宋志譜牒】鄧名世古今姓氏書辨證四十卷
　　【續目】古今姓氏書辨證四十卷
　　【中興目】古今姓氏書辨證十二卷

據《玉海》紹興“四年三月乙亥撫州鄧名世以所著……《古今姓氏書辨證》(四十)[十四]卷來上,吏部尚書胡松年看詳。學有淵源,辭亦簡古,考訂明切,多所按據。詔引見殿上(二十五日),九月六日賜進士出身,充史館校勘(《會要》一十四卷,《書目》十二卷)”,下引此書序文,云“凡四十卷(《續書目》卷同)”⑥。余嘉錫《辨證》引其書鄧椿年原序,稱其父名世之書凡三本,宣政初成唯五卷;後加

① 《直齋書録解題》,頁491—492、490—491。
② 《文獻通考》卷一八二《經籍考》,頁5384。
③ 《直齋書録解題》,頁55—56。
④ 《玉海》卷五四《藝文》,頁1077。
⑤ 《文獻通考》卷一八七《經籍考》,頁5479。《玉海》卷三九《藝文》,頁776。
⑥ 《玉海》卷五〇《藝文》,頁1002—1003。

增補爲十四卷，紹興初獻於行在；後以他書增訂，椿年重編爲四十卷[①]。此書《中興目》作十二卷，《宋志》作四十卷，當是據《中興續目》。

又如上文所舉：

【宋志地理】李宗諤圖經九十八卷。又圖經七十七卷。

《玉海》稱"（祥符）三年十二月丁巳書成，凡一千五百六十六卷（目録二卷），宗諤等上之，詔嘉獎賜器幣，命宗諤爲序。又詔重修定大小圖經，令職方牒諸州謹其藏，每閏依本録進（景祐四年二月甲子賜御史臺。《中興書目》今存九十八卷，兖州至利州或附以近事云）"；"《續書目》有圖經七十七卷，台州至筠州，其間亦有經後人增益者"，則北宋此書一千五百六十六卷，淳熙館閣九十八卷，後又得七十七卷。《宋志》所本必爲《中興志》。

3.1.2　宋志題署小注多同中興目、續目

不僅卷帙，《宋志》撰人、題名、小注也與《中興志》密合，與《崇文目》《秘目》相對存在較大區别。

撰人方面：

【宋志故事】王琳魏鄭公諫録五卷

【中興目】唐魏鄭公諫録五卷吏部郎中王琳撰

【崇文目】文正公事録一卷　王方慶撰[②]

《直齋》云："唐尚書吏部郎中琅邪王綝撰。綝，字方慶，以字行。相武后，其爲吏部當在高宗時。《館閣書目》作王琳，誤也。所録魏公進諫奏對之語，又名《魏文貞公故事》。"《玉海》改作"王綝"[③]，《宋志》則沿襲《中興目》。

【宋志小説】潘遺紀聞談一卷

《直齋》："《紀聞譚》三卷。蜀潘遠撰。《館閣書目》按李淑作潘遺。今考《邯鄲書目》亦作潘遠，其曰'遺'者，本誤也。所記隋、唐遺事。"是《中興目》據李邯鄲書目誤本作潘遺。

【宋志總集】集選一百卷　集選目録二卷

《直齋》："《集選目録》二卷。丞相元獻公晏殊集。《中興館閣書目》以爲不知名者，誤也。大略欲續《文選》，故亦及於庾信、何遜、陰鏗諸人。而云唐人文者，亦非也。莆田李氏有此書，凡一百卷。力不暇傳，姑存其目。"

【宋志總集】唐庚三謝集一卷

---

① 《四庫提要辨證》"古今姓氏書辨證四十卷"條，頁981。此書《直齋》亦四十卷，云"校書郎史館校勘臨川鄧名世元亞撰，其子椿年緒成之。"（頁230）

② 據《新唐志》故事類"不著録"部分王方慶《文貞公事録》一卷補撰人。

③ 《玉海》卷六一《藝文》："吏部郎中王綝撰，集徵諫太宗一百三十事。"頁1217。

《直齋》:"《三謝詩》一卷。集謝靈運、惠連、玄暉。不知何人集。《中興書目》云唐庚子西。[①]

題名方面:

【宋志樂類】孔衍琴操引三卷　【中興目】琴操引三卷孔衍撰

【崇文目】琴操三卷

【宋志樂類】唐玄宗金風樂弄一卷

【中興目】玄宗金風樂弄一卷

【崇文目】金風樂一卷　玄宗撰[②]

《琴操》,《隋志》至《崇文總目》題名皆無"引"字。《金風樂》,《崇文目》亦無"弄"字。

小注方面:

【宋志小學】崔逢玉璽譜一卷嚴士元重修,宋魏損潤色

《玉海》"《書目》:《玉璽譜》一卷,博陵崔逢修,嚴士元重修,皇朝魏損潤色。"[③]《宋志》易"皇朝"作"宋"。

【宋志職官】宋朝相輔年表一卷中興館閣書目云:"臣繹上"。續表曰"臣易記"。

《玉海》:"《續目》:《國朝相輔年表》一卷,起建隆庚申,訖治平丙午,序曰'臣繹上'。續年表起治平丁未,迄紹興十四年,序曰'臣易記',皆不著姓。又自紹興十四年至嘉定六年終,不著纂者名氏。"[④]

【宋志儒家】四注孟子十四卷揚雄、韓愈、李翺、熙時子四家注

《文獻通考》:"《中興藝文志》:題揚雄、韓愈、李翺、熙時子四家注。旨意淺近,蓋依託者。"[⑤]

【宋志道家】太一真君固命歌一卷晋葛洪譯

《文獻通考》"《中興藝文志》:題真人勒於羅浮山朱明洞陰谷壁,古篆文字,東晋葛洪譯,鮑靚行於世。言房中術。"[⑥]

【宋志農家】李綽秦中歲時記一卷一名咸鎬記

《直齋》時令類:《秦中歲時記》一卷:"唐膳部郎中趙郡李綽撰",下《咸鎬故事》一卷:"案《館閣書目》:《秦中歲時記》一名《咸鎬歲時記》。"[⑦]

① 《直齋書録解題》,頁159、324、444、518。
② 據《新唐志》樂類"不著録"部分玄宗《金風樂》一卷補撰人。
③ 《玉海》卷八四《車服》,頁1615。
④ 《玉海》卷一二〇《官制》,頁2295。
⑤ 《文獻通考》卷一八四,頁5431。
⑥ 《文獻通考》卷二二五,頁6196。案此書《崇文目》"真君"作"真人",與《宋志》不同。
⑦ 《直齋書録解題》,頁191。

【宋志小説】宋肇筆録三卷次其祖祥遺語

《文獻通考》:"《中興藝文志》:《筆録》三卷,皇朝紹聖中,宋肇次其祖庠遺語,凡一百七十條。"①

【宋志總集】奇章集四卷李林甫至崔湜百餘家詩

《文獻通考》:"《中興藝文志》:集唐李林甫至崔湜百餘家詩奇警者,集者不知名。"②

【宋志總集】高仲武中興間氣集二卷錢起、張衆甫等詩

《玉海》:"《書目》:集至德、大曆名人錢起、張衆甫等二十六人詩一百三十二首(序云五言詩一百四十七言附之),略品叙其詩格且摘警句列於首(以至德興復,風雅復振,故名)。"③

3.1.3 宋志重出、次第多同中興目、續目

《中興目》多半亡佚,可考的重出書目並不多,但僅見的重出,在《宋志》也有所反映,可見《中興志》與《宋志》關係應當最爲密切。

【宋志故事】曾致堯清邊前要五十卷　【中興目】清邊前要五十卷
【宋志兵書】曾致堯清邊前要十卷　【中興目兵書】清邊前要十卷

《玉海》:"《書目》五十卷(《崇文目》同)。淳化二年曾致堯掇集前世清邊之要,列爲十三門(兵書類云十卷,集前代御戎守邊要略凡三十門。《國史》云三十卷。致堯又爲《西陲要紀》十卷)。"

另外《中興目》散見《玉海》《山堂考索》《直齋》所引,《中興志》散見《通考》所引,很難看出原目次第,但也偶有數書連帶引及,而這一點也在《宋志》中有所反映:

【宋志傳記】漢武内傳二卷不知作者。郭憲洞冥記四卷。

《玉海》:"《書目》:《漢武帝内傳》二卷,載西王母事。後有淮南王公孫卿稷丘君八事,乃唐終南玄都道士游岩所附。《洞冥記》四卷,後漢光禄大夫郭憲載武帝神怪事。"兩條文句相屬,當爲《玉海》連帶引及,《宋志》兩書亦前後相屬。

【宋志易類】劉牧新注周易十一卷;又卦德通論一卷;易數鉤隱圖一卷。

《玉海》:"劉牧(長民)易十卷(《書目》:劉牧《新注》十一卷)。慶曆初,吴秘獻其書,詔獎之。田況爲序,言數者宗之。又《鉤隱圖》三卷(《書目》一卷,又《卦德通論》一卷)。"

【宋志春秋】劉敞春秋傳十五卷。又春秋權衡十七卷。春秋説例(十)

---

① 《文獻通考》卷二一四,頁6001。
② 《文獻通考》卷二四八,頁6680。
③ 《玉海》卷五九《藝文》,頁1176。

一卷。春秋意林二卷。

《玉海》:"劉敞著《春秋傳》十五卷,《權衡》十七卷,《説例》二卷(《中興書目》一卷,例凡四十九),《文權》二卷,《意林》五卷(《中興目》:《意林》二卷,總四十卷,無《文權》。《權衡》論三傳之失,《意林》叙其解經之旨,劉氏傳其所解經)。"①

【宋志經解】楊時三經義辨十卷。王居正辨學七卷

《玉海》:"《書目》:《三經義辨》十卷,辨王安石《書》、《詩》、《周禮》三經義之失。是歲三月庚子,王居正進《辨學》七卷四十二篇,詔送秘省。"《通考》:"《中興藝文志》:《三經義辯》,楊時撰;《辯學》,王居正撰。居正爲舉子時,不習王氏新經、《字説》,流落十餘年,時出《義辯》示之,曰:'吾舉其端,子成吾志。'居正感厲,首尾十載,爲《三經辯學》。凡安石父子言不合道者,悉正之。"②

【宋志别集】劉筠册府應言集十卷;又榮遇集二十卷;中山刀筆集三卷;表奏六卷;肥川集四卷。

《直齋》著録《中山刀筆集》三卷,云"别有《册府應言集》十卷、《榮遇集》十二卷、《表奏》六卷、《淝川集》四卷,見《館閣書目》。"③

均爲數書連帶引及,與《宋志》全合。可見《中興志》在《宋志》編纂過程中的基礎地位。

(二)《四朝國史藝文志》與《宋志》吻合度居次

3.2.1 玉海等書所引國史志多爲四朝國史藝文志

《四朝國史藝文志》此前學者少有重視,因而會將研究中心轉移到《秘目》之上。但如果分析《玉海》引述各書目的前後次第,便會發現《玉海》所引"國史志"往往在《崇文目》之後,《中興目》之前;或有《崇文目》《國史志》並舉;或有《國史志》《中興目》並稱。《兩朝志》依據《崇文目》編纂,溢出《崇文總目》的著述僅"二百一十七部,千三百六十八卷",著録卷帙不會存在過多差異,《玉海》罕引《兩朝志》,恐怕也是《崇文目》基本可以涵蓋《兩朝志》的緣故;《中興志》編纂綜合了《中興目》《續目》,也不會有過多改動。那麽《玉海》中的"國史志"恐怕多指《四朝國史藝文志》:

【宋志儒家】子華子十卷自言程氏,名本,字子華,晋國人。《中興書目》曰:近世依托。朱熹曰:僞書也。

《玉海》云:"《書目》:儒家十卷,載劉向校録序曰:向所校讎中外書,《子華子》凡二十四篇,以相校,除複重十四篇,定著十篇。又曰子華子,程氏,名本,字子華,晋人也。善持論,不肯茍容於諸侯,聚徒著書,自號程子。按《漢志》及隋唐二志、《崇文總目》、《國史藝文志》悉無此書。吴兢、李淑二家書目亦不載,

① 《玉海》卷五八、卷三六、卷四〇《藝文》,頁1155、726、801頁。

② 《玉海》卷四二《藝文》,頁848。《文獻通考》卷一八五,頁5450。

③ 《直齋書録解題》,頁491。

必近世依托也(《晁氏志》云:元豐以後舉子所爲,雜家)。"[①]則《國史藝文志》明指《四朝志》。又如:

《藝文志》長慶筭五星所在宿度圖一卷(司天少監徐昇。《崇文目》云二卷。《國史志》云一卷)。

《中興書目》:《像曆》一卷,梁陶弘景較定。推演巫咸氏、甘氏、石氏等説。案《崇文總目》:《天文星經》五卷,梁陶弘景校合三垣列宿中外官三百十九名,各設圖象,著巫咸、甘德、石申所記以變,即弘景所定也(《國史志》經五卷)。

《書目》:《乾坤秘奥》一卷,太史令淳風撰。自乾災至錯紀凡三十五篇(《崇文目》七卷,《國史志》七卷)。

《唐武孝經》:《書目》一卷(《崇文目》小説)。唐郭良輔設太公、孫子問答,仿《孝經》篇章,以述武事(《崇文目》有《兵書論語》三卷,《國史志》一卷)。[②]

引《國史志》所處時段皆在《崇文目》之後,《中興目》之前。《崇文目》二卷、三卷,《兩朝志》反爲一卷可能性不大;而《兩朝志》與《崇文目》卷帙相合,也不必引作"《崇文目》七卷,《國史志》七卷",也可證明《玉海》所引《國史志》多指《四朝志》。

同樣,《直齋書録解題》引《國史志》有類似特點:

《周易析藴》二卷。孫坦撰。……然坦不知何人,《國史志》及《中興書目》皆不著。

《春秋繁露》十七卷。……案隋、唐及《國史志》卷皆十七,《崇文總目》凡八十二篇,《館閣書目》止十卷,萍鄉所刻亦財三十七篇。

《廣韻》五卷。……《中興書目》云不知作者。案《國史志》有《重修廣韻》,題皇朝陳彭年等。

《高氏小史》一百三十卷……今案《國史志》凡一百九卷,目録一卷。《中興書目》一百二十卷,止於文宗。

《三輔黄圖》二卷。不著名氏。案《唐志》一卷,今分上下卷。載秦、漢間宫室、苑囿甚詳,多引用應劭《漢書解》,而如淳、顔師古復引此書爲據,意漢、魏間人所作。然《中興書目》以爲《崇文總目》及《國史志》不載,疑非本書也。程氏《雍録》辨之尤悉。

《關尹子》九卷。周關令尹喜,蓋與老子同時,啓老子著書言道德者。案《漢志》有《關尹子》九篇,而隋、唐及《國史志》皆不著録,意其書亡久矣。[③]

除最後一條《國史志》似泛指三朝、兩朝、四朝諸《國史志》,其他均爲《四朝

① 《玉海》卷五三《藝文》,頁 1053。

② 《玉海》卷一、卷三《天文》,頁 43、77、80 頁。卷四一《藝文》,頁 823。

③ 《直齋書録解題》,頁 10、55、89—90、108—109、242、288。

志》。又《三輔黄圖》條可見《中興目》解題中也參照援引了《崇文總目》、《國史志》。

而陳氏又引《三朝志》一條,與引《國史志》體例有别:

> 《字林》五卷……案隋、唐志皆七卷,《三朝國史志》惟一卷,董氏《藏書志》三卷。其書集《説文》之漏略者凡五篇,然雜揉錯亂,未必完書也。①

光寧理度以來,館臣素稱李燾"良史",南宋後期乃至元代修史時,《四朝志》當然也較《三朝志》、《兩朝志》更具影響。我們認爲,《玉海》《直齋》所引"國史志"多爲《四朝志》。

而《玉海》《直齋》所引"國史志"多有仁宗時書,甚至有真宗、太宗乃至唐人、唐前書,因而下文討論《四朝志》時,我們排除掉《玉海》引《國史志》在《崇文目》之前的條目,排除慶曆至治平年間著述②,也排除非《崇文目》《國史志》並舉③、或《國史志》與《崇文目》卷帙相同的著録④。

3.2.2 四朝志據長編或實録名臣傳底稿等文獻編纂 宋志著録部分若干册、若干篇、卷亡全部來源於四朝志

1.2.3已論及,《玉海》云《四朝國史》志書部分則在淳熙七年(1180)進呈,且云"地理一志全出李燾之手,餘多采《續通鑒》",《文獻通考》稱:

> 至於自熙寧以來,搜訪補緝,至宣和盛矣。至靖康之變,散失莫考。今見於著録,往往多非曩時所訪求者,凡一千四百四十三部,二萬五千二百五十四卷。

謂《四朝志》所載,非曩時秘省實有其書,與《秘目》性質絶不相同。

經檢視,《四朝志》内容確實多與《長編》密合;《長編》徽宗、欽宗部分亡佚,《四朝志》亦與《宋會要輯稿》相關内容密合;此外不排除《四朝志》采摭與《長

① 《直齋書録解題》,頁89。《文獻通考》卷一八九《説文解字繫傳》四十卷下引李燾序(董婧宸指出實爲《説文解字五音譜序》,見魏了翁《經外雜鈔》)云"吕忱繼作《字林》五卷,以補叔重所闕遺者,於叔重部叙,初無移徙。忱書甚簡,顧爲他説揉亂,且傳寫訛脱,學者鮮通。"(頁5521)似爲《直齋》所本。

② 《玉海》引《國史志》明確爲《兩朝國史藝文志》者僅有兩條:《宋志》醫書類有《慶曆善救方》一卷,周應《簡要濟衆方》五卷。《玉海》卷六三《藝文》:"《國史志》:《慶曆善救方》一卷(八年頒行,紀二月癸酉)。《皇祐簡要濟衆方》(一作廣濟)五卷(皇祐中)仁宗謂輔臣曰:外無善醫,其令太醫簡《聖惠方》之要者頒下諸道。仍敕長史拯濟令醫官使周應編。三年頒行(紀三年五月己亥,頒命長史按方劑救民疾)。"(頁1250)據《文獻通考》引《兩朝藝文志》:"詔以福州奏獄醫林士元,藥下蠱毒,人以獲全,録其方,令國醫類集附益。八年頒行。""皇祐中,仁宗謂輔臣曰:'外無善醫,民有疾疫或不能救療。其令太醫簡《聖惠方》之要者頒下諸道,仍敕長史按方劑以時拯濟。'令醫官使周應編以爲此方。三年頒行。"(卷二二三,頁6155)二書當在"二百一十七部,千三百六十八卷"之内。

③ 如《玉海》引"《國史志》史道碩畫八駿圖一卷;《崇文目》八駿圖一卷(小説)"。下文不據以討論《四朝志》。

④ 如《直齋》所引《高氏小史》一百一十卷,與《崇文目》卷數相同。下文不據以討論《四朝志》。

編》、會要同源的實録及名臣傳底稿①。具體而言,《四朝志》相當一部分著録依據的是《長編》等文獻中修書、獻書的進呈記録、頒行記録,以及名臣行狀、碑傳的著述記録。

《四朝志》依據《長編》等文獻最爲直接的證據,是《宋志》"著録"部分小注中有大量"若干册"、"一部"、"卷亡"的記載,當是未經整理分卷的結果:

《宋志》史部刑法類神宗元豐至徽宗宣和書,自王誨《群牧司編》十二卷,至薛昂《神霄宫使司法令》一部(卷亡),凡八十餘部,其中有二十八部小注有"卷亡"、"若干册"、"一部"等字樣,比對《長編》《宋會要輯稿》:

【宋志刑法】六曹條貫及看詳三千六百九十四册元祐間,卷亡
【宋志刑法】六曹敕令格式一千卷元祐初

《長編》元祐元年八月:"司馬光劄子:勘會近歲法令尤爲繁多,凡法貴簡要,令貴必行,則官吏易爲檢詳,咸知畏避。近據中書、門下後省修成尚書六曹條貫,共計三千六百九十四册,寺監在外;又據編修諸司敕式所,申修到敕令格式一千餘卷册。雖有官吏彊力勤敏者,恐不能遍觀而詳覽,况於備記而必行之?"②後一種當作"一千餘卷册"。

【宋志刑法】元祐諸司市務敕令格式二百六册卷亡

《長編》元祐六年五月丁亥:"尚書省言:'門下、中書後省詳定諸司庫務條貫,删成敕令格式,共二百六册,各冠以元祐爲名。'從之。"③題名當作"諸司庫務",《宋志》作"諸司市務"顯然有誤。《秘目》但有《元祐敕》二十卷,是北宋秘省實有二十卷。

【宋志刑法】政和禄令格等三百二十一册卷亡
【宋志刑法】何執中政和重修敕令格式五百四十八册卷亡

《宋會要輯稿·刑法》:(政和元年)十二月二十七日,詳定一司敕令所奏:"奉聖旨編修禄秩,以元豐、大觀式修定。今修成禄令、格等計三百二十一册。如得允當,乞冠以'政和'爲名,雕印頒降,下本所先次施行。其舊法已係新書編載者更不行用外,今未經編載,及政和元年十二月十七日已後續降,自合遵守。"

(政和二年)十月二日,司空、尚書左僕射兼門下侍郎何執中等上表:"修成敕令格式等一百三十八卷,並看詳四百一十卷,共五百四十八册,已經節次進呈,依御筆修定。乞降敕命雕印頒行,仍依已降御筆,冠以"政和重修敕令格

① 《名臣碑傳琬琰集》下卷傳記部分《潘武惠公美傳》等二十七傳標"實録";李沆重修《太宗實録》表云"又益諸臣傳一百四人";《郡齋讀書志》有《英宗朝諸臣傳》三卷,云"不知何人於《英廟實録》中摘出,凡四十二人"(頁256);前引高斯得亦稱"院吏所供初草,大抵徒其私家所供誌狀,全未經史官考按",可見實録中例附名臣傳。

② 《續資治通鑑長編》卷三八五,哲宗元祐元年,頁9380。

③ 《續資治通鑑長編》卷四五八,哲宗元祐六年,頁10972。

式"爲名。"[①]

散見於其他部類中卷帙不詳的著録,應當也不是來自《三朝志》《兩朝志》或《中興志》,即未經崇文院、秘書省整理校證,只能根據進呈、頒下時書籍原始形制的"若干册"、"一部"稱之:

【宋志小學】唐耜字説集解三十册卷亡

【宋志周易】安泳周易解義一部卷亡

《字説集解》趙希弁《讀書後志》言一百二十卷,南宋末年仍有流傳。《宋會要輯稿·崇儒》言"(政和元年)七年二月十一日詔:'唐耜進《字説集解》三十册,極有功力,有助學者。與知州差遣。其《字説集解》令國子監傳示學生。'"下又云"七年八月二十九日,詔新知虢州安泳進《周易解義》,特賜進士出身。"。二書不見《中興目》,當是據《四朝志》著録。[②]

【宋志故事】蘇頌邇英要覽一部卷亡 【秘目儒家】邇英聖覽一十卷 闕

《長編》元祐四年三月甲戌:"吏部尚書兼侍讀蘇頌等奏:臣等撰進漢唐故事,得旨分門編修成册進呈,詔以《邇英要覽》爲名。"[③]《宋志》本《四朝志》,《四朝志》只載一部,不知卷帙,而《秘目》據秘閣所藏録爲十卷,可見二目性質有别。

【宋志傳記】陳靖勸農奏議三十篇

《玉海》"陳靖多所建言,尤於農事爲詳。取淳化至咸平以來陳利害表章合三十餘通,目曰《勸農奏議》,録上之。然其説多泥古,難盡行(《國史志》:陳靖《勸農奏議》三十篇)。"[④]

【宋志法家】丁度管子要略五篇卷亡

孫抃所作丁氏碑,末云"所著詩論制誥奏議碑頌等離爲七十卷藏於家,致道雅正,文辭純緻,較漢唐名賢不少減。又譔録《邇英聖覽》十卷,《龜鑒精義》三卷,《慶曆兵録》五卷,《慶曆繕邊録》一卷,《國朝具員》一卷,《編年總録》八卷,《大唐史略》一百卷,《管子要略》五篇,《備邊要覽》十篇,《寰海後圖刊定武經總要》五十卷,《唐書紀》十卷志四十卷,《集韻》十卷"[⑤],《管子要略》五篇,不知卷帙,正是從碑傳添入而非館閣記録的證據。

3.2.3 四朝志與長編、秘目關係

《玉海》所謂《四朝國史》諸志,《地理志》全出李燾之手,其餘諸志多采《長

---

① 《宋會要輯稿·刑法》,頁 8238。

② 《宋會要輯稿·崇儒》,頁 2851。《字説集解》條由陳樂素先生指出,見《宋史藝文志考證》頁 685,但陳先生未能就此討論《四朝志》的性質,至爲可惜。

③ 《續資治通鑒長編》卷四二三,哲宗元祐四年,頁 10232。

④ 《玉海》卷一七八《食貨》,頁 3377。

⑤ 《名臣碑傳琬琰集》上卷三,葉 7。

編》，可以得到明確論證。上文所引《宋志》刑法類爲元祐、政和時書，其實許多仁宗時編修、進呈書也同樣如此：

【宋志樂類】馮元、宋祁景祐廣樂記八十一卷

【宋志別史】孫冲五代紀七十七卷。王軫五朝春秋二十五卷①

《長編》景祐三年七月：

丁亥工部郎中王軫直祕閣，軫上所撰《五朝春秋》二十五卷。

戊子翰林侍講學士兼龍圖閣學士禮部侍郎馮元，度支判官工部郎中集賢校理同修起居注聶冠卿，太常博士直史館宋祁等上《景祐廣樂記》八十一卷。

庚寅右諫議大夫集賢院學士孫冲上所撰《五代紀》七十七卷，降詔褒答。②

三書皆不見於《崇文目》，馮元、宋祁《景祐廣樂記》八十一卷見《玉海》所引《藝文志》，王軫《五朝春秋》二十五卷、孫冲《五代紀》七十七卷皆見《玉海》所引《國史志》，即皆出於《四朝志》③。

但《四朝志》是否全采《長編》、不據他書，由於《長編》徽宗以下闕失，仍有商榷餘地。如：

【宋志刑法】沈希顔元豐新近定在京人從敕式三等卷亡

《宋會要輯稿·刑法》"(元豐元年)九月六日删定在京當直所修成敕令式三卷，乞以'元豐新定在京人從敕令式'爲目頒降，從之。"《長編》亦云三卷④。《四朝志》所據似較會要、《長編》更爲原始，故誤"三卷"爲"三等"，且徑云"卷亡"。

【宋志儀注】高中六尚供奉式二百册卷亡

《宋會要輯稿·職官》云"政和元年殿中省高伸上編定《六尚供奉式》"⑤，《宋志》誤"伸"爲"中"，而《宋會要輯稿》、《宋史·職官志》皆無"二百册"。可見《四朝志》所據早於會要。

我們認爲不排除同時參考包括了實録或名臣傳底稿：

【宋志農家】丁度土牛經一卷

《長編》景祐元年十月：

己巳，頒諸州軍土牛經。前詔日官取舊文删校重複爲四篇，知制誥丁

---

① 《五朝春秋》下一種爲劉攽《五代春秋》一部(卷亡)，亦當出自《四朝志》。

② 《續資治通鑑長編》卷一一九，仁宗景祐三年，頁 2796。

③ 《玉海》卷一〇五《音樂》，頁 1996。卷四一《藝文》，頁 811。卷四七《藝文》，頁 930。

④ 《宋會要輯稿·刑法》，頁 8223。《續資治通鑑長編》卷二九二"删定在京當直所修成敕式三卷，乞以'元豐新定在京人從敕式爲目'頒降，從之。"頁 7131。

⑤ 《宋會要輯稿·職官》，頁 3552。

度撰序刊印，其牛色及策人衣，並以歲日支干納音相配云。[①]

《玉海》："《國史志》：《土牛經》四篇。景祐元年詔日官取舊文删定，丁度序頒之。實録：景祐元年十月己巳，頒諸州軍《土牛經》，前詔日官取舊文删校重複，爲四篇，知制誥丁度撰序而印行之，其牛色及策人衣並以歲月支干納音相配。"[②]此書頒於景祐元年，不見《崇文目》，當爲《四朝志》。案此書《玉海》引《中興目》爲一卷，云"景祐元年司天監校《土牛經》(《書目》一卷)去其複重，釋牛色等四篇，爲農事之占。十月己巳，命知制誥丁度序之，放天下。其牛色及執策者衣並以歲月支干納音相配。"[③]《宋志》著録一卷，本《中興志》；而《國史志》"四篇"，則本於《長編》或實録。

【宋志儀注】宋郊明堂通儀二卷

《長編》皇祐二年三月：

丙辰，宋祁上《明堂通議》二篇，祁自序略曰……其書自内降出，尋復有詔進入。[④]

《玉海》引"實録：(皇祐二年)五月丁亥朔，禮院新作明堂禮神玉及燔玉。……時沙州適貢玉(四月甲子沙州貢玉)乃擇其良者制爲琮璧等九器(各二)，其黝璜尤粹，祭玉始備(一作回紇貢璞十段，剖之制琮璧九器)。己酉，御製明堂樂曲及二舞名(見樂類)。十月辛未(五日)詔禮神玉，令少府擇寬潔之室奉藏。是年三月丙辰(一本云三月二十九日)，判太常禮儀事宋祁上《明堂通議》二篇(或作六篇，《國史志》：宋祁《通議》二卷)。"[⑤]

又名臣傳：

【宋志故事】林特東封西祀朝謁太清宫慶賜總例二十六卷

【宋志地理】林特會稽録三十卷　【四朝志地理】林特會計録三十卷

《長編》大中祥符九年正月：

辛酉，同玉清昭應宫副使林特上《會計録》，詔奬之，仍付祕閣。[⑥]

《宋史》本傳云"奉詔撰《會計録》三十卷，又爲《東封西祀朝謁太清宫慶賜總例》三十六卷"，《宋志》林特書僅此二種[⑦]，《崇文目》皆無。前一種二十六、三十六卷必有一誤，後者《四朝志》入地理類[⑧]，《宋志》承之，而誤"會計"爲"會稽"。

---

① 《續資治通鑒長編》卷一一五，仁宗景祐元年，頁 2704。
② 《玉海》卷一七八《食貨》，頁 3377—3378。
③ 《玉海》卷七六《禮儀》，頁 1469。
④ 《續資治通鑒長編》卷一六八，仁宗皇祐二年，頁 4036。
⑤ 《玉海》卷九六《郊祀》，頁 1810—1811。
⑥ 《續資治通鑒長編》卷八六，真宗大中祥符九年，頁 1966。
⑦ 《秘目》尚有林特等修《三司咸平雜敕》十二卷。
⑧ 《玉海》卷五八《藝文》，頁 1166。引《國史志》地理類。

上文論述《四朝志》依據的是《長編》或實録中修書、獻書的進程記録、頒行記録與名臣行狀、碑傳的著述記録，是溯其當有；而《秘目》性質是秘書省（秘閣）陸續編寫到的書目彙編，是録其實藏。二者必有重合，但性質並不一致：

【宋志傳記】胡訥孝行録二卷；又賢惠録二卷；民表録三卷

【秘目】民表録三卷　　【四朝志】孝行録二卷；賢惠録二卷；民表録三卷

《玉海》云"天聖七年七月己卯，泰州泰興簿胡訥上所著《孝行録》二卷、《賢惠録》二卷、《民表録》三卷(《國史志》)。"[①]三書《宋志》連續著録，不見於《崇文目》《中興目》，當本《四朝志》，而《四朝志》的來源則是獻書記録。

又如《宋會要輯稿·崇儒》"獻書升秩"一門神哲徽欽部分[②]，與《宋志》所載往往相合，卻多不見於館目：

宋會要輯稿·崇儒　獻書升秩	宋　志	館目
熙寧八年七月四日 右諫議大夫沈立進《都水記》二百卷、《名山記》一百卷。降詔獎諭。	沈立都水記二百卷 又名山記一百卷	無
熙寧九年正月十三日 宣徽北院使王拱辰上《平蠻雜議》十篇，詔送安南招討使。	王拱辰平蠻雜議十卷	無
元豐元年閏正月十二日 大名府元城縣主簿吴璋上所注《司馬穰苴兵法》三卷。	吴章注司馬穰苴兵法三卷	無
元豐六年五月四日 舒州防禦使克敦進父保静軍節度使蕭國公承幹文集十卷。	承幹文集十卷	無
元祐五年十一月一日 給事中范祖禹言："……伏見太常博士陳祥道專意禮學，所進《禮書》一百五十卷……"	禮書一百五十卷	無
元祐八年正月二十二日 工部侍郎兼權祕書監王欽臣言："高麗獻到書内有《黄帝鍼經》，篇帙俱存，不可不宣布海内，使學者誦習。"依所請。	黄帝針經九卷	崇文目一卷 中興目九卷

① 《玉海》卷五八《藝文》，頁1164。

② 《宋會要輯稿·崇儒》，頁2849—2851。

續表

宋會要輯稿·崇儒　獻書升秩	宋　志	館目
同日,翰林侍讀學士、國史院修撰范祖禹言:"太常博士陳祥道《注解儀禮》三十二卷,精詳博洽,非諸儒所及。"	陳詳道注解儀禮三十二卷	無
紹聖二年五月二十八日 尚書左僕射章惇奏興化軍處士張弼所著《易義》,可備採録。詔張弼與葆光處士,其《易義》送秘書省。	張弼易解義十卷	無①
徽宗崇寧元年四月二十九日 禮部言:"知懷安軍雍黄中言'乞將本軍金堂縣前任雅州嚴道縣令謝湜所撰《周易義》十二卷、《春秋義》二十四卷、《總義》三卷投進。'"	謝湜易義十二卷 謝湜春秋義二十四卷。又總義三卷	無
政和元年四月十七日 詳定《九域圖志》何志同等奏,送到新漢州教授陳坤臣所進《郡國人物志》一部,合一百五十卷。送編修《九域志》所看詳。據編修官陸修等狀:"看詳所進《郡國人物志》……竊慮不須編入《九域志》。"詔依奏,其書送秘書省。陳坤臣與改合入官。	陳坤臣郡國人物志一百五十卷	無
政和七年二月十一日 詔:"唐耜進《字説集解》三十册,極有功力,有助學者。與知州差遣。其《字説集解》令國子監傳示學生。"	唐耜字説集解三十册卷亡	無
宣和七年八月二十九日 詔新知虢州安泳進《周易解義》。	安泳周易解義一部卷亡	無
欽宗靖康元年六月六日 詔朝請郎知揚州葉焕於政和八年曾進《繼明集論》,言嫡長建儲之意。	葉焕繼明集一卷	無

以上進書之人或與官、升秩,或降詔獎諭;所獻之書或付兩制、武學、禮部看詳,或付太常、國子監討論、傳示,唯張弼《易義》、陳坤臣《郡國人物志》送秘書省。以上他書自然不見於《秘目》,而張、陳二書也不見記載,當是館臣編目脱漏。《宋志》當據《四朝志》,而《四朝志》依據的是進書記録,故而有唐耜、安泳書云"卷亡";甚至不考蕭國公國姓,徑題"承幹文集十卷"。

另外舊有研究往往默認《四朝志》搜訪得書當限於神哲徽欽四朝,其實《玉

① 《郡齋》有張弼《易》十卷(頁42)。《直齋》作《葆光易解義》十卷(頁14)。此書可能見於《中興目》。

海》所引《國史志》、《宋志》"若干册""卷亡"多有仁宗時書，乃至有真宗以前書[①]，唐人及唐前古籍也往往有之。《三朝志》《兩朝志》都是藏書目録，而非三朝、兩朝著述記録，《四朝志》編纂者也不認爲所修藝文志當限制於神哲徽欽時期著述。仁宗慶曆《崇文總目》編纂完成後搜訪圖籍仍以唐開元舊録(毋煚《古今書録》)爲依據[②]，更重前代著述，本朝除官修書以外，私人著述、家集極少進入崇文院，《崇文總目》著録也體現了這一現象。如上表所見，神哲徽欽四朝獻書大多也未必進入秘省。徽宗時期宣和年間秘書省稱"唐人文集至多，本朝名臣大抵以文章顯，罕得與秘府之藏，蓋由自來不曾取索"，才有"欲乞下諸路轉運司，取索建隆以來名臣文集，委所屬州府軍監繕寫起發，赴秘書省收入賬籍，以垂不朽"的動議[③]。因而《四朝志》采摭《長編》當不限於神哲徽欽四朝。更值得指出的是，國史院紹興三十一年(1161)即已進呈神哲徽紀，志書於淳熙七年(1180)年底方才修成，而李燾《長編》第二次進呈在乾道四年(1168)，即五朝本；淳熙二年、四年(1175、1177)分别進呈神哲、徽钦部分[④]，正處於修志的時段之内。至於淳熙十年三月六日，燾爲遂寧守，修訂完畢"始上其全書"之時[⑤]，已經開始援引《四朝志》了[⑥]。

3.2.4 宋志以中興志爲主補入四朝志

從《宋志》所據文獻來源考察，在《宋志》編纂過程中，《四朝志》的編入當在《中興志》之後。少量《中興志》的卷帙、題署根據《四朝志》進行了訂證，但多數仍以《中興志》爲主。如上引《土牛經》一卷，《中興目》云一卷，《四朝志》云四篇，《宋志》本《中興志》。

【宋志故事】王曙群牧故事<u>三卷</u>

《玉海》"景德二年七月庚戌改諸州牧龍坊爲監，是月丙辰，羣牧判官著作佐郎王晦叔(一名曉[⑦])上言'馬政之設，禮經具存，國家疇咨近臣，特建使職，冀崇舊典，用教羣騶，將臻魯頌之斯才，式賴康侯之蕃庶。小臣是敢采摭舊聞，次其類例……舉其會要，以示紀綱，纂成六卷，目曰《羣牧故事》，望藏本司備詳

① 《宋志》雜家有"趙湘《補政忠言》十篇(卷亡)"，《玉海》卷六一"(雍熙)四年九月五日右拾遺趙昂編《諫藪嘉言》上之，詔直史館趙湘上《補政忠言》十篇(雜家)，真宗召判宗正寺賜白金二百兩"。(頁1221)

② 王重民:《中國目録學史論叢》，頁101。

③ 《宋會要輯稿・職官》秘書省，頁3482。

④ 《玉海》卷四七《藝文》乾道四年四月丙辰李燾言:"臣先次寫到建隆元年至治平四年閏三月五朝事跡，共一百八年，計一百八卷"，後"淳熙二年二月二十二日進神哲三百四十册，四年七月五日進徽欽三百二十册"，頁946。

⑤ 《玉海》卷四七《藝文》，頁946。

⑥ 《續資治通鑒長編》卷三四四，神宗元豐七年"(三月)乙巳，詔詳定重修編敕所删定官、刑部侍郎崔台符，中書舍人王震各遷一官"下引"《藝文志》:元豐編敕令格式、赦書德音、申明共八十一卷，元豐七年，崔台符等修。"頁8254。

⑦ 案王曙字晦叔，避諱作曉。

閲。'上覽之，嘉其詳博，詔奬之(《書目》三卷,《國史志》六卷)。"[①]此書不見於《崇文目》,《國史志》當指《四朝志》,六卷當本《長編》景德二年七月"丙辰,羣牧判官王曙上《羣牧故事》六卷,詔藏於本司。"[②]而《宋志》同于《中興目》之三卷。

【宋志傳記】李畋孔子弟子贊傳六十卷

《玉海》云"《書目》皇朝李畋爲《孔子弟子贊傳》六十卷,十萬餘言(《國史志》李略)。"[③]《宋志》作李畋,而非李略。

【宋志樂類】王大方琴聲韻圖一卷　【崇文目】琴聲律圖一卷　王大力撰

【四朝志】王大力琴聲律圖一卷

【中興目】琴聲韻圖一卷王大方

《宋志》所載全同《中興志》,也可視作《中興志》在《宋志》編纂中次第最先的表現。

《四朝志》在《宋志》中的主要功用,似乎集中於補充《中興志》所無書,以及少量修訂《中興目》卷帙(以多改少)之上。如上文所述成立,根據小注"若干册"、"一部"、"卷亡",可以見出從史部以下有大量《四朝志》補入,史部儀注類、刑法類尤其明顯,可輯出《四朝志》25254 卷之大半。此外又如:

【宋志書類】孟先禹貢治水圖一卷。王晦叔周書音訓十二卷

【宋志别史】孫冲五代紀七十七卷。王軫五朝春秋二十五卷

【宋志故事】李淑耕籍類事五卷　【宋志傳記】孫仲遺士傳一卷

【宋志儀注】宋綬内東門儀制五卷。李淑閤門儀制十二卷

【宋志别集】王回集十卷[④]

僅見于《玉海》所引《國史志》或《文獻通考》所引《四朝國史藝文志》,而不見於《崇文目》和《中興目》《續目》。

修訂卷帙方面:

【宋志故事】辛怡顯雲南録三卷

【宋志地理】辛怡顯至道雲南録三卷

《玉海》云"《中興書目》二卷,天禧元年監虔州商税辛怡顯撰。淳化五年以西蜀順賊與南蠻結連,詔募命官士庶通邊事者往黎嶲界招撫,時怡顯自薦請

---

① 《玉海》卷一四九《兵制》,頁 2828。

② 《續資治通鑑長編》卷六十,真宗景德二年,頁 1350。

③ 《玉海》卷五八《藝文》,頁 1155。

④ 《文獻通考》卷二三五《經籍考》:"按侯官三王之文,蓋宗師歐公者也。其大家正氣,當與曾、蘇相上下,故南豐推服其文,而深悲其早世。然晁、陳二家書録,並不收入,《四朝國史藝文志》僅有《王深父集》,才十卷,則止有曾序所言之半,而子直、容季之文無傳焉,亦不能知其卷帙之多少,可惜也。"(頁 6428)

行，至道元年訖事而歸，是書備載始末云”，“《國史志》辛怡顯《至道雲南録》三卷”[①]，則《宋志》本據《國史志》補充著録，導致重出。又據《國史志》卷帙修訂了《中興志》二卷。

3.2.5 四朝志較三朝志、兩朝志更爲顯豁

《四朝志》的補入次第雖在《中興志》之後，但當在《三朝志》《兩朝志》(《崇文目》)之前。從題署、卷帙、小注仍可看出。

題署方面：

【宋志小學】筆陣圖一卷	【四朝志】筆陣圖一卷 【崇文目小學】筆勢圖一卷

卷帙方面：

【宋志儀注】開元禮類釋十二卷	【四朝志】開元禮類釋十二卷 【崇文目】開元禮類釋二十卷
【宋志傳記】瞿曇悉達開元占經四卷	【四朝志】瞿曇悉達開元占經四卷 【崇文目】開元占經三卷 瞿曇悉達集[②]
【宋志地理】賈耽國要圖一卷	【四朝志】賈耽國要圖一卷 【崇文目】唐國要圖五卷 賈耽纂，褚璆重脩[③]
【宋志地理】徐昇長慶算五星所在宿度圖一卷	【四朝志】五星所在宿度圖一卷 【崇文目天文占書】長曆算五星所在宿度圖二卷 徐昇撰[④]

《玉海》云“《開元禮京兆義羅》十卷。《類釋》二十卷(《國史志》:《類釋》十二卷)”；又“《藝文志》:《大唐開元占經》一百一十卷，瞿曇悉達集(《國史志》四卷，《崇文目》三卷)”；“《崇文目》:《唐國要圖》五卷……《國史志》賈耽《國要圖》一卷”；“《藝文志》:《長慶筭五星所在宿度圖》一卷(司天少監徐昇。《崇文目》云二卷，《國史志》云一卷)。”[⑤]所載《四朝志》皆與《宋志》相合。

---

① 《玉海》卷五八《藝文》，頁 1166。

② 據《新唐志》天文“不著録”部分“《大唐開元占經》一百一十卷，瞿曇悉達集”補撰人。

③ 據《新唐志》職官“不著録”部分“《大唐國要圖五卷》左僕射賈耽纂，監察御史褚璆重脩”補撰人

④ 董岑仕據天一閣本校，南圖錢大昕手跋本、輯釋本脱“在”字，“曆”爲“慶”形訛。《新唐志》天文“不著録”部分《長慶算五星所在宿度圖》一卷，司天少監徐昇補撰人。

⑤ 《玉海》卷六九《禮儀》，頁 1356。卷三《天文》，頁 80。卷一四《地理》，頁 303。卷一《天文》，頁 43。

小注方面：

【宋志故事】汾陰后土故事三卷自漢至唐

【四朝志】汾陰后土故事三卷自漢至唐不知撰人

【崇文目儀注】汾陰后土故事三卷

（三）三朝志、兩朝志與宋志吻合度最低

《三朝志》《兩朝志》(《崇文總目》)吻合度最低，大量《中興志》闕書並未補入，《中興志》殘卷也未修訂爲全佚。

3.3.1 崇文目所載宋志多不著録

比對《宋志》與《崇文目》，比較明顯的現象就是《崇文目》著録的許多書籍，《宋志》中全無體現：《崇文目》經部書基本全見於《宋志》；史部開始各類均有不見於《宋志》書數部；子部、集部各類書不見於《宋志》者明顯增多，如《崇文目》道書類著録525部，至少有386部《宋志》不著録；卜筮類載書60部，19部不見於《宋志》五行，五行類載書165部，34部不見於《宋志》五行；算術類、曆數類載書31、46部，10部不見於《宋志》曆算；藝術類載書53部，12部不見於《宋志》雜藝術；類事類載書97部，17部不見於《宋志》；醫書類載書305部，44部不見於《宋志》。集部别集類載書572部，106部不見於《宋志》；總集類載書147部，40部不見於《宋志》。

《崇文目》自身的重出書目，《宋志》並不重出，甚至並不著録，如前揭數例：

【宋志别集】李紳批答一卷 【崇文目總集】批答一卷

【崇文目别集】李紳批答一卷

【宋志道家】青霞子龍虎金液還丹通玄論一卷

【崇文目】青霞子龍虎金液還丹通元論一卷

【崇文目】龍虎金液還丹通元論一卷

【宋志地理】岳瀆福地圖一卷 【崇文目地理】岳瀆福地圖一卷

【崇文目道書】岳瀆福地圖一卷

【宋志道家】平都山仙都觀記二卷 【崇文目道書】平都山仙都觀記一卷

【崇文目地理】平都山仙都觀記一卷

《宋志》中並無重出。同樣的例子還有《崇文目》小學類、雜藝術類重出李嗣真《畫後品》一卷，釋書類重出《相傳雜語》、《相傳雜語要》各一卷，醫書類重出梅崇獻《醫門秘録》五卷、《梅崇獻方》五卷，《宋志》均不重出。

《崇文總目》重出書目甚至有不見於《宋志》著録的，如藝術類兩見裴孝源

《畫品録》一卷[1]；道書類重出康仲熊《煙蘿子服内元氣訣》《服内元氣訣》一卷，陶植《還金丹訣》三卷、《陶真人金丹訣》三卷，兩見羅浮真人《金液丹秘訣》一卷，《宋志》均失載。别集類有元稹《長慶集》十卷，又元稹《長慶小集》十卷，《宋志》唯《元積集》四十八卷，逸詩二卷。

可附帶説明的是，《宋志》小注兩引《崇文目》：

【宋志五行】雲雨賦一卷《崇文總目》有劉啓明占候云賦式，即此書也

【宋志五行】唐舉肉眼通神論三卷據《崇文總目》

或轉引自《中興目》，未必直接援引《崇文目》本文。如《宋志》地理類《三輔黄圖》一卷，《直齋》、《玉海》引《中興目》皆云《崇文總目》不載[2]，可見《中興目》本文中就有援引《崇文目》的内容。

3.3.2 玉海引崇文目附于新唐志中興目之後

不僅《崇文目》所載《宋志》多不著録，度宗時《玉海》引述書目解題也以《中興目》《續目》爲主，並不重視《崇文目》。《玉海》引《崇文目》最常見有兩種形式，一是以《新唐志》爲正，附《崇文目》異同於其後；一是以《中興目》爲正，附《崇文目》異同於其後：

《志》五行類竇維鍌《廣古今五行記》三十卷、濮陽夏《樵子五行志》五卷(《崇文目》同)。

《志》儒家……《青宫紀要》三十卷(《崇文目》:《青宫要記》十卷)。

唐《韻海鏡源》:《志》顔真卿《韻海鏡源》三百六十卷(《崇文目》十六卷)。

《志》郭翔《春秋義鑒》三十卷(《崇文目》在類書類)。[3]

後者有：

淳化《清邊前要》:《書目》五十卷(《崇文目》同)。

《書目》:盧仝《春秋摘微》一卷，十二公，凡七十六事……(《崇文目》不載)。

《書目》:《大衍曆議》十卷一行撰(《崇文目》:《大衍曆》三卷)。

《書目》:《具員故事》七卷，鳳閣舍人梁載言紀唐朝官號歷代沿革事迹(《崇文目》十卷，三卷今缺)。

《忠經》:《書目》儒家一卷。馬融撰，鄭玄注。融述《孝經》之意，作《忠

---

① 又《秘目》藝術類有裴孝源《後畫品》一卷，前一種爲《後畫品》一卷，亦不見《宋志》。

② 《玉海》卷一四《地理》:"《書目》云其間多用應劭集解，如淳、顔師古注援引亦有同者，疑非當時本書(《崇文目》不載)"(頁297)；《直齋》:"《三輔黄圖》一卷……多引用應劭《漢書解》，而如淳、顔師古復引此書爲據，意漢、魏間人所作。然《中興書目》以爲《崇文總目》及《國史志》不載，疑非本書也。"(頁242)

③ 《玉海》卷五《天文》，頁137。卷二八《聖文》，頁594。卷四五、卷四〇《藝文》，頁889、800。

案《青宫紀要》三十卷爲《新唐志》承《舊唐志》著録。《韻海鏡源》三百六十卷據《舊唐書》"刑部尚書顔真卿獻所著《韻海鏡源》三百六十卷"補入，爲唐時當有；《崇文目》之十六卷爲北宋館閣實存。竇維鍌、濮陽夏、郭翔三書皆據《崇文目》補入《新唐志》"不著録"，且調整了郭書分類。

經》,陳事君之要道,始於立德,終於成功。凡十八章(《崇文目》小説。《兩朝志》:《海鵬忠經》)。[1]

可見《崇文目》著録、解題功能被《中興目》《續目》覆蓋,自然不必徵引。至王應麟弟子袁桷,對《崇文目》已是罕有提及了。

3.3.3 宋志補入三朝志、兩朝志内容推排

《宋志》有據《三朝志》《兩朝志》補入、校定的内容,但於諸《國史志》中當居於最末。

根據散見於宋元所引《三朝志》《兩朝志》内容,可以認定的著録如:

【宋志總集】宋遵度羣書麗藻一千卷　目五十卷

《直齋》著録此書六十五卷,云"按:《三朝藝文志》一千卷,崔遵度編。《中興館閣書目》但有《目録》五十卷,云南唐司門員外郎崔遵度撰。"[2]則"目五十卷"本《中興志》而"一千卷"本《三朝志》。

【宋志總集】五代國初内制雜編十卷　【崇文目總集】内制雜編十卷
【宋志總集】建隆景德雜麻制十五卷　【崇文目總集】雜麻制十五卷

《玉海》:"《兩朝藝文志》總集有《五代國初内制雜編》十卷。《建隆景德雜麻制》十五卷。"[3]

排除仁宗以後書、《四朝志》據《長編》等補入、南宋館閣所藏書,《宋志》中部分著述可確認出自《三朝志》《兩朝志》:

【宋志易類】任正一甘棠正義三十卷　【崇文目易類】周易甘棠正義三十卷
【宋志詩類】毛詩小疏二十卷　【崇文目詩類】毛詩小疏二十卷
【宋志樂類】聶冠卿景祐大樂圖二十卷【崇文目樂類】景祐大樂圖二十卷　聶冠卿撰
【宋志小學】歐陽融經典分毫正字一卷【崇文目小學】經典分毫正字一卷　歐陽融撰

《甘棠正義》不見《秘目》,《玉海》引《崇文目》"《周易甘棠正義》三十卷,任正一撰,以孔穎達爲本。甘棠者,正一爲陝州司馬,故名其書",前後不涉《中興目》;《厚齋易學》亦然,南宋館閣當無其書。《毛詩小疏》唯《文獻通考》引及。《景祐大樂圖》,《玉海》《通考》引《崇文目》前後亦不涉他目。《經典分毫正字》,《新唐志》小學"不著録"據《崇文目》補入,《玉海》唯引《新唐志》及《崇文目》,南

---

① 《玉海》卷二五《地理》,頁 549。卷四〇《藝文》頁 799。卷一〇《律曆》,頁 219。卷五一、四一《藝文》,頁 1019、823。

② 《直齋書録解題》,頁 442。

③ 《玉海》卷六四《詔令》,頁 1269。

宋其書亡佚。①

《宋志》可能也跟據《三朝志》《兩朝志》進行了卷帙、類目上的修訂。如：

【宋志道家】太上墨子枕中記二卷	【中興志】太上墨子枕中記一卷 【崇文目】墨子枕中記二卷

改一卷爲二卷。

【宋志别集】鳳策聯華三卷	【崇文目别集】鳳策聯華三卷 【中興目】鳳策聯華三卷 顧雲撰

《玉海》:"《書目》三卷，顧雲撰並序。有續魏徵遺表、代尉遲敬德答隱大子箋、補十八學士寫像贊、安西都護府重築碎葉城碑，大抵皆因舊事而作(《崇文目》别集類)。"②根據《玉海》體例，引述書目以《中興目》爲正，稱《崇文目》在别集類，則《中興目》必不在别集類。《宋志》當據《三朝志》《兩朝志》調整類目。

整體而言，可以確認出自《三朝志》《兩朝志》經、史部稍多，子、集部較少，當爲史臣編纂時用功精粗先後不同。

四 《宋志》編纂過程擬測

《宋史·藝文志》著録近十二萬卷，總結其編纂過程，當以著録近八萬卷的《中興志》爲藍本，主要利用《四朝志》進行補充與修訂，最後用《三朝志》、《兩朝志》進行補充修訂，"不著録"部分又添入元人所見宋代著述。袁桷所謂"《藝文志》自元豐後，該載未盡，宜以今世所行書籍備載。舊制，進呈者入書目，亦當以《館閣書目》爲主，分類補入"③，並非虛語。

整體而言，《宋志》編纂工作經部、史部前半完成較細緻，史部後半、子部、集部以下逐漸粗率，撰人、題名著録訛誤基本來自四種《國史藝文志》而未及修正；全志重出較多，未經嚴密通稿校訂，然而由於《四朝志》的特殊性質，導致《宋志》也並非總記十三朝館閣秘省實際藏書。

從編纂方法來看《宋史》諸志、會要，《五行志》《禮志》《職官志》等可在各門類之下從太祖太宗真宗依次續入④；而《藝文志》是在各二級目録之下以撰人

---

① 《玉海》卷三六《藝文》，頁725。卷一〇五《音樂》，頁1995。卷四三《藝文》，頁854。《文獻通考》卷一七九，頁5319。卷一八六，頁5466。卷一八五《經典分毫正字》一卷"唐太學博士歐陽融撰。辯正經典字文，使不得相亂。篇帙今闕全篇，止《春秋》中帙，餘篇悉亡。"頁5448。

② 《玉海》卷五五《藝文》，頁1099。

③ 《清容居士集·修遼金宋史搜訪遺書條列事狀》，《四部叢刊》本，卷四一，葉40。

④ 如《政和重修國朝會要》自建隆至熙寧；《續會要》起元豐元年，迄靖康之末；《中興會要》起建炎元年迄紹興三十二年(《直齋書録解題》，頁162)，李心傳《十三朝會要》則在張從祖《總類國朝會要》五百八十八卷基礎上，依各門編入《孝宗會要》淳熙元年以下、《光宗會要》、《寧宗會要》而成，續修部分置于張書所修同門之後，故卷數亦仍其舊。詳王雲海《宋朝〈總類國朝會要〉考》，《河南大學學報(社會科學版)》，1998年01期，頁1—11。

時代生卒先後爲次，當然要始於周秦漢晋，因而操作上選取著録書籍最多的《中興志》爲基礎、以諸《國史志》補入最爲合理。《藝文志》的編纂方式相對特殊，也只是《宋史》諸志修撰過程的一個特例。

【作者簡介】 馬楠，清華大學歷史系副教授，主要研究方向爲歷史文獻學。

《永樂大典》(卷二二七二—二二七四)新見宋元詞佚作輯存

趙　昱

【提　要】《永樂大典》(卷二二七二—二二七四)是中國國家圖書館近年新入藏的一册零本,内容爲"湖"字詩文。其中多見宋元時人的佚文、佚詩、佚詞等,對於宋元别集的内容拾補與流傳考察均有助益。本文從中輯録賀鑄、陳造、林淳、黄人傑、李壁、孫衲、吴泳、何處秦、王結等9位作者的14首佚詞,以補《全宋詞》《全宋詞補輯》和《全金元詞》之未備。

【關鍵詞】　永樂大典　宋詞　元詞　輯佚

2013年9月30日,中國國家圖書館新入藏一册《永樂大典》零本,内容爲卷二二七二—二二七四"模"韻"湖"字"詩文",主要收録唐、宋、元、明四朝之詩、文、詞,尤以宋元作品最多。針對其中新發現的宋元佚文、宋人佚詩,筆者嘗撰《〈永樂大典〉(卷二二七二—二二七四)新見宋元佚文輯存》、《新見〈永樂大典〉(卷二二七二—二二七四)中的宋佚詩輯存》兩篇文章①,進行了專門的輯佚。本文則著眼於《永樂大典》(卷二二七二—二二七四)中的宋元詞佚作,輯録宋人賀鑄、陳造、林淳、黄人傑、李壁、孫衲、吴泳、何處秦和元人王結的作品共14首,以補唐圭璋《全宋詞》《全金元詞》、孔凡禮《全宋詞補輯》之闕②。各人之下,略叙其詞集、詞作的編刻流傳情况,以就正於方家。

一、賀鑄(1首)

鶴冲天·湖中曲

湧金湖上,物外煙霞境。三百小蓮坊,軒窗静。縱游逢勝伴,雕艦穩,

【基金項目】本文爲第63批中國博士後科學基金面上資助項目"《永樂大典》(卷2272—2274)輯佚研究"(編號:2018M631227)系列成果之一。

① 《〈永樂大典〉(卷二二七二—二二七四)新見宋元佚文輯存》,《國學季刊》(第九期),山東人民出版社,2018年;《新見〈永樂大典〉(卷二二七二—二二七四)中的宋佚詩輯存》,《版本目録學研究》(第十輯),國家圖書館出版社,2019年。

② 唐圭璋《全宋詞》,中華書局,1965年;唐圭璋《全金元詞》,中華書局,1979年;孔凡禮《全宋詞補輯》,中華書局,1981年。

鮮妝並。秋水菱花净。一聲歌轉，隱隱四山相應。　　荃橈翻動星河影。瓊枝延壁①月，交輝映。廣寒風露下，芳燎歇，塵襟醒。何許留清景。素娥難偶，况復彩雲無定。　　《永樂大典》卷二二七四引《東山詞》

按：賀鑄（1052—1125），字方回，號慶湖遺老、北宗狂客，衛州（今河南汲縣）人。著有《慶湖遺老詩集》九卷、《拾遺》一卷、《後集補遺》一卷及《東山詞》二卷等。《慶湖遺老詩集》九卷、《拾遺》一卷、《後集補遺》一卷，今存明謝肇淛小草齋鈔本，時代最古；《東山詞》二卷，則有宋刻殘本，僅存卷上。兩本皆藏中國國家圖書館。《全宋詞》册 1 頁 500 以《彊村叢書》本《東山詞》卷上、《彊村叢書》本《賀方回詞》等爲底本編録賀鑄詞，後附出自《樂府雅詞》《能改齋漫録》《全芳備祖》《陽春白雪》《永樂大典》《花草粹編》等書的集外之作。此首失收。

二、陳造（3 首）

臨江仙・袋兒繡雙鴛鴦

六月十日偕客泛湖，客有賦香袋詞者，甚工。予賦《臨江仙・袋兒繡雙鴛鴦》。

勝日冰茸停玉笋，君看小謝羅囊。芳池應玩睡鴛鴦。繡成交頸處，中有賈姬香。　　要替騷人蘭作佩，不妨分綴風裳。殷勤重問點酥娘。向來十八子，還解到頭雙。

蝶戀花・泛湖

望著湖光藍樣緑，寬揭冰奩，中放驪珠浴。金鏤寒紱摇輕縠，桂娥弄影閑相逐。　　欸乃一聲何處曲，亦恐漁郎肝肺皆冰玉。聞道前村家釀熟，横橈徑傍蘋花宿。

賀新郎・六月十日泛湖歸作

嘖嘖區中隘，擬乘槎、穩泛靈河，問津左界。眼底西湖横萬頃，况自靈河分派。相與叩，朱舷小海。西子妝梳濃復淡，任朝陰晚霽更明晦。螺髻擁，玉奩外。　　金壺碧酒銀絲鱠，放譚間、揮麈②吟邊，擘箋相對。共坐壺天陪一醉，客子雜懷小耐。未肯信，此歡難再。秋錦障堤十里遠，定青娥緑蟻邀同載。原注：諸公約芙蓉開再游。　　以上《永樂大典》卷二二七四引《江湖長翁集》

按：陳造（1133—1203），字唐卿，高郵（今屬江蘇）人。著有《江湖長翁集》四十卷，初由其子師文刊刻行世，寧宗嘉定二年（1209）陸游爲之序，已佚。明神宗萬曆四十六年（1618），李之藻據王應元鈔本刊刻，是爲今日所見之最早傳

---

① “壁”，疑當作“璧”。

② “麈”，原誤作“塵”。

本[①],僅録詩文,未收詞作[②]。《全宋詞》册 3 頁 1726 收録陳造詞 10 首,悉出《永樂大典》(其中 6 首明確引自《江湖長翁集》)。此三首失收。

三、林淳(1 首)

浣溪沙・又清明湖上

散策橋邊喚渡船,橋邊魚鳥總欣然,舊經行處且留連。　雪後青山元不老,霜中紅葉更增妍,喜聞占候得豐年。　《永樂大典》卷二二七三引《定齋集》

按:林淳,字太冲,三山(今福建福州)人。著有《定齋詩餘》一卷(《直齋書録解題》卷二一),已佚。《全宋詞》册 3 頁 1832 收録林淳詞 11 首,悉出《永樂大典》(其中 9 首明確引自《定齋集》)。此首失收。

四、黄人傑(2 首)

滿江紅

與諸同年邂逅湖上,雨濘無蹤步處,飲次有作。

山色空濛,微雨後、湖邊更好。最好是,濕雲低度,遠煙平繞。楊柳如癡風不動,鶯花無語寒猶峭。倚蒼茫、閑著畫船多,游人少。　堤上路,迷芳草。渾未許,王孫到。强追隨一笑,玉觴頻倒。待倩蜂媒并蝶使,寄聲説與東君道。怕明朝,晴暖却重來,春休老。

忙裏偷閑,翩然訪湖邊春色。雲日淡,緑波平遠,冷光如拭。楊柳一堤紛羽葆,樓臺四面開金碧。放冰壺、千頃著游人,維舟鷁。　沙觜路,牆頭陌。尋舊苑,窮幽索。引清觴,同是廣寒仙客。啼鳥陰中迷晝景,賣花聲裏逢寒食。問今生,更著幾番來,尋泉石。　《永樂大典》卷二二七三引《可軒詞》

按:黄人傑,字叔萬,南城(今屬江西)人。著有《可軒曲林》一卷(《直齋書録解題》卷二一),已佚。《全宋詞》册 3 頁 2016 收録黄人傑詞 9 首,7 首均出自《永樂大典》(其中 6 首明確引自《可軒詞》《可軒集》);《全宋詞補輯》(頁 57)又據《詩淵》新補 39 首。此二首失收。

---

① "(萬曆本)今大陸及臺灣各圖書館著録尚富,日本内閣文庫、尊經閣文庫及美國國會圖書館等皆有庋藏。"見祝尚書《宋人别集叙録》,中華書局,1999 年,頁 1035—1036。

② "該本有辭賦、詩二十卷,記二卷,序一卷,書三卷,劄子二卷,傳、贊、銘等一卷,文一卷,題跋一卷,論一卷,策問一卷,《易》説一卷,墓誌、行狀一卷,表箋一卷,啓二卷,疏一卷,致語一卷。"見傅璇琮、祝尚書《中國古代詩文名著提要・宋代卷》,河北教育出版社,2009 年,頁 427。

五、李壁(2首)

滿江紅・同蔣洋州飲湖上賦

瀟灑湖亭,問何似水村山郭。官事了,胡床到處,一樽携却。語燕流鶯争上下,可憐憔悴支公鶴。賴故人、相對一開顔,情猶昨。　深徑裏,花如幄;高城外,煙如幕。判與君談到,畫樓殘角。塵世直須如夢會,老年漸覺於春薄。豈不知,骯髒共伊優,由來各。

滿江紅・蔣示和篇予亦再作

草色芊眠,正春在房公池閣。等閑放,緑圍紅繞,萬跗千蕚。巴月天邊知幾换,吴霜鏡裏看尤覺。又何嗟、歡意到中年,如雲薄。　高齋夢,誰驚著。佳客至,聊同酌。更茶煙輕颺,柳風簾箔。最憶永嘉靈運語,歸田不待三年約。笑吾今,身世轉塵埃,羞猿鶴。　以上《永樂大典》卷二二七三引《雁湖集》

按:李壁(1159—1222),字季章,號雁湖,眉州丹稜(今屬四川)人。燾子。著有《雁湖集》一百卷(《宋史》卷三九八),已佚。《全宋詞》册4頁2234收録李壁詞10首,悉出《永樂大典》(其中7首明確引自《雁湖集》)。此二首失收。

六、孫礿(2首)

水調歌頭・又湖上

湖上只如舊,風月幾清秋。來往簪裾如織,眯目此生浮。多少夔蚿較足,三四群狙賦芧,天地自虚舟。兩岸白鷗社,豈識世間愁。　蝸城郭,粱富貴,蟻王侯。有人問我何爲,瓦注却功收。今日荷枯柳暗,前度李穠桃冶,榮已與枯謀。要鑄門關鐵,枉白世人頭。　《永樂大典》卷二二七三引《畸庵詞》

念奴嬌・游湖

驚回曉夢,被好風吹過,芙蓉城路。嫩緑晴光漪曳碧,掩映垂楊庭户。鶯燕珠簾,蝶蜂芳檻,拂雲香霧。玉人嬌困,海棠睡足亭午。　行客抖擻紅塵,恍然疑是,策壺天風馭。多謝菱花輪鬢影,不改劉郎前度。舊約方諧,新悰未愜,早唤雙桃渡。驂鸞終在,定教金屋盛貯。　同上書卷二二七四引《畸庵集》

按:孫礿,字居敬,號畸庵,東陽(今屬浙江)人。著有《畸庵集》,已佚。《全宋詞》册4頁2421收録孫礿詞8首,7首均出自《永樂大典》(其中4首明確引自《畸庵詞》)[1]。此二首失收。

---

① 《全宋詞》以"孫居敬"立目,作者小傳僅稱"居敬號畸庵",誤以字爲名。

七、吴泳(1首)

青玉案・中秋游湖

湖邊路破芙蓉路。又撑月,湖心去。不見嬋娟今七度。峨眉山影,錢塘水影,夢覺還同處。　　歸來怎聽城門鼓,急上層樓對君語。莫道徐州離别句。東坡未老,欒城猶壯,笑拍欄干舞。　　《永樂大典》卷二二七四引《鶴林集》

按:吴泳(1181—?)[①],字叔永,號鶴林,潼川府中江(今屬四川)人。著有《鶴林集》(《宋史》卷四二三),已佚,清四庫館臣據《永樂大典》輯爲四十卷。《全宋詞》册4頁2506以《鶴林集》卷四〇爲底本編録吴泳詞,後附集外之作5首,悉出《永樂大典》(其中3首明確引自《鶴林集》)。此首失收。

八、何處秦(1首)

謁金門・泛湖

春意足,柳漾數緺新緑。日泛湖光生細縠,樓高欄曲。　　乳鴨花陰晴浴,更有飛花相逐。獨向閑邊空竚目,東西聊醉玉。　　《永樂大典》卷二二七四

按:何處秦,生平事跡不詳。《永樂大典》卷二二七四置於黄裳《演山集》與陳造《江湖長翁集》之間,或爲宋人。《全宋詞》失收。

九、王結(1首)

驀山溪・送李公敏調選湖廣

霜餘錦樹,不著秋容老。時節又重陽,要迢隨、清歡傾倒。可堪折柳,南浦送君行。雲淡淡,雨霏霏,暮色連衰草。　　山川勝概,見説湖湘好。風月滿南樓,望雲霄,軺車到早。種成桃李,更看了梅華。招黄鶴,唤鸚鵡,一醉江天曉。　　《永樂大典》卷二二七四引《王文忠公集》

按:王結(1275—1336),字儀伯,易州定興(今屬河北)人。卒謚文忠。"有詩文十五卷行於世"(《元史》卷一七八),已佚,清四庫館臣據《永樂大典》輯爲《王文忠集》六卷,有詞作13首[②]。《全金元詞》下册頁873以《彊村叢書》用韓

---

① 吴泳生年,據王兆鵬《兩宋十六家詞人生卒年小考》,見《唐宋詞史論》,人民文學出版社,2000年,頁332。

② [清]永瑢《四庫全書總目》卷一六七《王文忠集》提要:"惟散見《永樂大典》者,采掇排比,尚得詩一百三十四首、詩餘十三首,編爲三卷。又雜文九首爲一卷,問答五首爲一卷,善俗要義三十三條爲一卷,其成六卷。"中華書局,1965年,頁1439。

氏玉雨堂藏鈔本《王文忠集》本爲底本編録王結詞,後附集外之作1首,出《永樂大典》。此首失收。

李公敏,生平事跡不詳,與王旭(《蘭軒集》卷九《滿江紅·次李公敏梨花韻》等)、袁桷(1266—1327,《清容居士集》卷一〇《送李公敏薊州之官》)、王結(《文忠集》卷三《木蘭花慢·送李公敏》、《蝶戀花·贈李公敏》)、馬祖常(1279—1338,《石田文集》卷九《送李公敏之官序》)等皆有交。

通過對上述宋元諸家詞集、詞作的零星考察,我們可以發現:第一,正如既有研究已經指出,北宋時,文人詞作往往不入詩文集,而是另册别行,例如歐陽修《平山集》、晏殊《珠玉集》、蘇軾《東坡詞》、賀鑄《東山詞》等,都是集外單行的[①]。因此,陳振孫《直齋書録解題》著録賀鑄《慶湖遺老集》九卷、《拾遺》二卷,提要稱"其《東山樂府》,張文潛序之",又著録《東山寓聲樂府》三卷[②],即詩文集與詞集並行。前揭《永樂大典》卷二二七四引録賀鑄《東山詞》,亦證。及至南宋,詞作刻入别集的情况增多,這與時人逐漸改變了重詩輕詞的觀念以及詞作編入本集更有利於長久流存的兩方面因素皆有直接關係,所以像《永樂大典》所載録的陳造《江湖長翁集》、李壁《雁湖集》等,皆爲詩、文、詞合集。第二,宋元别集流傳至今,原刻日稀,今天見存的許多版本,都是明清兩朝重新編刻的産物,甚至不少還是清代乾隆時四庫館臣據《永樂大典》輯編而成,内容面貌早已不同於宋元舊槧。因而在這七八百年之間,《永樂大典》去古未遠,自然具有十分重要的價值——它不僅較爲清楚地記載了明朝初年仍然傳存書籍的題名,可與古籍目録的相關著録對照印證,而且更加詳實地保留了具體内容,成爲古籍輯佚的重要憑藉。如前所述,《全宋詞》中收録的陳造詞、林淳詞、黄人傑詞、李壁詞、孫約詞、吴泳詞、王結詞,幾乎全部出自《永樂大典》,至於他們的别集,特别是編入詞作的部分,或徑已散亡(如林淳《定齋集》附詞、黄人傑《可軒詞》、李壁《雁湖集》附詞、孫約《畸庵詞》),或雖有流傳而時代晚出、面目全非(如陳造《江湖長翁集》),或僅爲《永樂大典》輯本,且有明顯遺漏(如吴泳《鶴林集》、王結《王文忠集》)[③],今賴卷二二七二—二二七四這一册零本,則又稍有補充。我們由此期待,隨著世界範圍内的《永樂大典》零册、零頁的重見天日,還會有更多的文獻信息、文本内容相繼呈現,爲古代典籍的流傳考察與校勘、輯佚提供新的豐富材料。

【作者簡介】趙昱,武漢大學文學院特聘副研究員,研究方向爲中國古典文獻學。

---

① 唐圭璋《全宋詞·編訂説明》,頁5。

② [宋]陳振孫《直齋書録解題》,上海古籍出版社,1987年,頁595、618。

③ 清乾隆年間詔開《四庫全書》館時,《永樂大典》(卷二二七二—二二七四)一册尚存。見郭伯恭《永樂大典考》第七章《清乾隆間之〈永樂大典〉》引"四庫修書時大典存缺一覽表",山西人民出版社,2014年,頁135。

“雲間三子”李雯之新見尺牘及其價值

王啓元

【提　要】 近日新見明清之際“雲間三子”之一李雯所作尺牘一册不分卷，爲海内孤本，收録氏著尺牘近五十篇，内容涉及晚明幾社内外士子交遊等多方面，是研究明清之際雲間派文人極爲珍貴的文獻。這部新見抄本，曾由近代南社領袖姚光過録，姻親周大烈所藏。從姚光及南社一貫的學術旨趣來看，這部《李舒章尺牘》的收藏與保存，不僅體現了南社文人對明清之際雲間派與幾社的關注，一定程度上還反映出民國江南學界對明亡清興歷史的反思，在民國學術史上應有其意義。

【關鍵字】 李雯　李舒章尺牘　蓼齋集　陳子龍　姚光

李雯(1607—1647)字舒章，明季松江地區著名文人，著作頗富，兼擅詩詞、古文，是晚明著名文學社團“雲間派”的重要成員，與陳子龍(1608—1647)、宋徵輿(1618—1667)並稱爲“雲間三子”。同時，李雯還積極參與參與了“復社”與“幾社”的活動，是兩社的活躍人物。李雯爲南直隸上海縣(今屬浦東)人①，但早在宣德年間、李雯五世祖伯璵發跡後，便舉家搬去松江府城，浦東籍貫早在那時就隱而不彰了②。觀李雯祖上，不僅在浦東、即便放眼整個松江府，也

---

① 李雯生平資料主要有其老友宋徵輿爲之所撰行狀，清修松江府、南匯、華亭、奉賢諸志皆有其傳記。然先前文學史研究界，一直没有弄清李雯的籍貫；文學史研究者因循“雲間三子”的稱法，而把李雯劃爲松江府華亭人；抑或根據《復社紀略》等書的記載，把他歸入“青浦”籍，都是不準確的。承浦東新區方志辦副主任柴志光先生指出，據《(光緒)南匯縣誌》載，李雯的七世祖宣德丙午(1426)舉人李伯璵是南匯邑城人。宣德年間(1426—1435)南匯縣未建，地屬上海縣。黄浦江以東廣大的土地，明清近世時，行政區劃有過多次變遷。就本文主人公李雯所生活的明末清初，浦東地區自北至南分别是：今天的高橋地區，屬蘇州府太倉州嘉定縣；中段川沙、南匯大部，則屬於松江府上海縣，爲元代時從華亭縣所分者；南端一小部分土地，仍屬松江府華亭縣。如此，則李氏一族，自可被視爲上海縣人；亦可因循清人所置南匯縣，而視爲南匯人。當然，同樣可用今天的行政區劃，將李雯歸爲浦東人。同時，元明時代的上海縣，因華亭縣而析出；華亭古稱“雲間”，故李雯自書郡望“雲間李雯”，以及收其入“雲間三子”，也合乎當日事實。但有些方志中將李雯定爲“松江青浦人”。此説雖不能算對，卻也未必全錯。因爲李雯的父親李逢申(？—1644)，科考所填正是松江青浦籍。明清人冒籍參加科考，本爲極尋常之事，後人記載時亦爲兩籍混用。

② 《南匯縣誌》裏説：“伯璵貴後，常居郡城。故其子孫《府志》入華亭”。金福曾《(光緒)南匯縣誌》卷十三，《上海府縣舊志叢書·南匯縣卷》第826頁，上海古籍出版社，2009年。

算得是個詩禮簪纓的大世族。李氏門中于大明朝曾出四位進士[①],但李雯卻很不幸,一輩子頂着諸生的頭銜。由於國變後不得已仕清,李雯在詩文創作與經世之學上的成就,都被後人刻意或無意地遺忘了,大家所熟悉的"雲間三子"與"雲間派"人物,就剩下陳子龍、夏允彝(1596—1645)等殉國烈士。夏、陳諸君殞身報國之英雄氣概,固然值得表彰;但掙扎在家國之痛中的貳臣士人,亦未嘗不值得今天研究者關注,李雯就是其中的一個典型人物。

在李雯生前,已有多種詩詞選集刊刻流傳[②],出仕大清後,李雯應龔鼎孳之請曾任順天鄉試的主考;有一位門生日後官至陝西巡按,名叫做石維崑,在乃師謝世後,集合同窗爲乃師李雯刻集流傳,力求做到"雖在少作,編録不遺"[③],所收已頗完備。通行石刻本在乃師詩文唱和之外的經世策論之作上,搜羅甚夥,保存了一位鮮活的"雲間派"大將的形象,是研究李雯與雲間派文學重要的材料。

近日,上海市金山區圖書館接收了一批珍貴的上海本地鄉幫文獻贈書,所贈原係民國時期金山籍藏書家周大烈先生所藏,其中多有珍本面世。筆者因整理李雯《蓼齋集》因緣[④],承古籍所同窗欒曉明兄之力助,得睹這批贈書中的抄本《李舒章尺牘》一種。此抄本是傳世李雯作品中極稀見之珍品,當爲海内孤本。書末有南社領袖姚光(1891—1945)於民國己巳年(1929)親手所作跋文,指出此本係抄自明季傳本。《李舒章尺牘》中篇目,較通行本《蓼齋集》中所收,多出二十餘篇;即便標題與通行本一致的篇目,也有不少文字出入,極有研究價值。觀此新見尺牘内容,不僅對整理李雯個人存世文獻大有幫助,對研究明清之際松江府地區幾社團體的交遊與活動,亦裨益良多。兹刊布此種《李舒章尺牘》中通行本所未收尺牘目録,並輔以相關文獻,考釋其中有代表的篇目,兼論明清之際雲間派文人圈生態[⑤]。

此次新發現抄本《李舒章尺牘》一册不分卷,所收李雯的尺牘四十九通,姚光跋文一篇。其中内容取通行本石維崑本《蓼齋集》卷三十五、三十六相校,有二十二通尺牘爲通行本所有,二十七通獨出。抄本于通行本共同所有的篇目,

---

① 分别是李雯六世祖輩的李澄、李清,李雯父親李逢申(萬曆四十七年進士),李雯的從弟綺(明崇禎十三年進士)。

② 松江、上海、南匯諸府縣誌中,記載署名李雯著述甚夥,如詩詞别集中有《蓼齋詞》與《幽蘭草》(《幽蘭草》,《(嘉慶)松江府志》記爲李雯、宋徵輿合著),似乎還有一種《仿佛樓詩稿》(陳子龍曾有《仿佛樓詩稿序》)。但這些别集詩稿,後世流傳甚少。他另有參與雲間諸子共同編著的作品,如《三子詩選》九卷(署陳子龍、李雯、宋徵輿合著)、《六子文選》(即《幾社壬申合稿》二十卷,署陳子龍、夏允彝、徐孚遠、李雯、彭賓、王允元、朱灝、顧開雍、宋存楠等合著),還與雲間諸子一起選編過著名的《皇明經世文編》與《皇明詩選》;詩選中的許多按語,被後世的詩歌選本如《清詩别裁》等書所沿用。

③ 此語出自石維崑順治十四年所作《蓼齋集》卷首序言,見李雯《蓼齋集》,收入《清代詩文集彙編》第23册第237頁,下引通行本《蓼齋集》皆出自此版本。

④ 筆者承擔的《浦東歷代要籍選刊》叢書中《李雯集》六十余萬字標點整理,於2017年8月左右由復旦大學出版社出版。

⑤ 感謝周東壁先生將其尊人周大烈先生所藏鄉邦文獻無償捐贈給上海市金山區圖書館,使我們得以一睹李雯未刊尺牘,感謝金山區圖書館領導惠允使用這一珍貴文獻。

抄工皆在題下標有“集中有”。附上尺牘篇名目録,序號爲筆者所加,引文時標以序號,不一一出注。

通行本收尺牘與新見《李舒章尺牘》存目對照表:

	篇 名	首 句	通行本收入情况	備注
1	與宋轅文	偉南序已得	未收	
2	又(與宋轅文)	相如作《感甄》	未收	
3	又(與宋轅文)	春雨甚佳	未收	
4	又(與宋轅文)	頃見卧子《秋興賦》	已收	
5	嘲轅文	足下胥台之樂	未收	
6	答友人	憶昨南湖之叙	已收	
7	與徐闇公禁採山	日來卒卒不得相語	已收	
8	又(與徐闇公)	弟與勒卣,握手十年	未收	
9	又(與徐闇公)	西之有李舒章	未收	
10	與戴季長	辱與尊稿叙齒及下走	未收	
11	與方密之	去秋别來	已收	
12	又(與方密之)	望足下東下	已收	
13	又與友人論放生	近接手書	未收	
14	答人索債	日來貧薄	未收	
15	與孫克咸	足下聰明深秀	未收	
16	答沈滄雨	凉風□(原字缺)飛	未收	
17	答劉墨仙	弟生平頑蔽	未收	
18	與陳眉公	侍宴山齋	未收	
19	與錢牧齋	客歲之春	已收	
20	與吴次尾	自朝宗邸中相别	已收	
21	與方密之	弟以客冬入都	未收	
22	又(與方密之)	今秋相聚	已收	
23	又(與方密之)	自足下入都	已收	
24	答嚴子岸昆季	千里之内	已收	
25	與沈彦深	辱足下手書	已收	
26	絶交書	竊聞子魚擲金	未收	
27	答周勒卣	權藉不得	未收	
28	與陳卧子	孟冬分手	已收	

續表

	篇　名	首　句	通行本收入情況	備注
29	又(與陳卧子)	昔諸葛元述陸伯言語	已收	
30	又(與陳卧子)	别來兩月許	已收	
31	又(與陳卧子)	鵲噪無與於人	未收	
32	又(與陳卧子)	昨鑒光來顧	未收	
33	又(與陳卧子)	委作蟬鵲圖贊	已收	
34	與顧偉南	風雨春寒	已收	
35	與周農父	弟與密之	未收	
36	答侯雍瞻	别來一年所矣	未收	
37	教諸弟蓄蟋蟀	蟋蟀伺秋吟	未收	
38	答朱子服①	契闊不面	已收	
39	答陸禦天景宣	去秋薄游湖上	未收	
40	與夏彝仲	太夫人勿藥之後	未收	
41	答蔣馭閎	自四月南歸	未收	
42	答顧默孫	久欽道味	未收	
43	歲首與友人	憶少時帶假面具	已收	
44	與金長留	自戊寅初夏言别	已收	
45	與王敬哉	曩歲陳情闕下	已收	
46	與吕石香	聆芳問誦異义之日久矣	已收	
47	與陳玄倩	契闊三載	已收	
48	柬尚木	《郛門記》作來	未收	
49	與宋轅文評騭同郡諸子	彝仲如百丈大厦	未收	文字多有闕漏
50	姚光跋文	右《李舒章尺牘》	未收	姚光作

新見尺牘中與幾社社友者

與陳卧子(尺牘31、32)

鵲噪無與於人,人輒喜之;鴉鳴亦無與於人,人輒惡之。非獨聲異,亦以形殊。弟之形鴉之屬也,恐見者厭之,故新年殊不欲出耳。足下有好

① 此處當從石維崑本作"朱早服",爲松江人朱積,抄本誤。

音,幸時以相慰。

又:

昨鑒先來顧,殊有父兄之言,且以毀文爲請。其弟自不長者,乃昆之情可謂已篤,况熏蕕既辨,則南山之竹,等於芻狗耳,付之鬱攸氏,以殄夷之,不亦可乎?

按陳子龍是李雯一生的摯友,幾社與“雲間派”的領袖,明季重要的詩人、詞人。子龍初名介,後改名子龍;初字人中,後改字卧子,晚號大樽、於陵孟公等,松江華亭人,崇禎十年(1637)進士,歷紹興推官,擢兵科給事中,命甫下而明亡,繼任南明弘光朝兵科給事中。清兵陷南京,子龍聯絡太湖民衆武裝抗清,事敗後被捕,永曆元年(1647)五月十三日投水殉國。

李雯别集通行本及抄本尺牘中,保留下多封寫給陳子龍的信,大多在陳氏崇禎十年中進士前後。觀此抄本所獨存二信中“弟之形鴉之屬也,恐見者厭之”之語等,恐亦與好友高中而想到自己久困諸生而煩悶有關。

與夏彝仲(尺牘 40)

太夫人勿藥之後,强飯有加,固是孝思上格,想亦福德下造。日來爲善,益樂飲水無恙。令子倍年之覺,彌足見珍,逖聽風聲,能無增慕。弟子職多慚,微誠終鬱。三月奉旨,即復南歸,雖事不出於意中,而心實愧於所厚。歲月易邁,少壯空沉,每一念之,中懷如灼,寂寂恒患,無名有名,更憂難赴。平生雅不欲以此自終,故意氣所寄,彌復素寡。頗聞足下戴星之治,鄰國質成,乃知龎士元偃蹇百里,未免名士風流,但末世人情,忌於見能。此長兼於境外,則彼短嫌於局中。所望足下抑情忍智,閉關而謝,虞芮之成,拱手而讓,國高之治,則可以揚聲,可以避妒矣。兩見蔣生,文筆何其咄咄逼人,所謂歐冶之門,必有幹將之器也。

夏允彝,字彝仲,號瑗公,松江華亭人,崇禎十年進士,陳子龍同科,任福建長樂縣知縣。崇禎十七年國變、福王監國,任吏部考功司主事。弘光元年(1645),清軍進攻江南,夏允彝與陳子龍等在江南起兵抗清,兵敗後投水殉節。

這封尺牘中“三月奉旨,即復南歸”語,應該就是崇禎十年夏允彝與陳子龍高中不久,夏氏放長樂縣,而李雯在尺牘中“歲月易邁,少壯空沉,每一念之,中懷如灼”,就是自己與高中的好友相對比,難掩自己失落之情,並奉上對夏氏赴任福建的期待。

與宋轅文(尺牘 1、2、3、5、48、49,列其 1、2、3)

偉南序已得,不恃綺靡,兼有情妙。駢麗之體,最爲精卓矣。我輩作詞,未必能遠過前人,然自有詞以來,六七百年未有此叙,便足以驕之耶?

又：

相如作《感甄》，建子作《美人》，君家大夫亦賦《高唐》之事，古之才人，未嘗不馳情於妙麗也。今世固不乏才，而恨無此等事，發其神藻，使後人樂咏，良爲憮然。然旁近有一下流婦人，眼如岩電，頭如蒙倛，紫色蛙聲，肩贔不已，不知何術引致才流，每一見之，輒不能去。嗔目瞠視，以爲秋水微波，巨骨横陳。儗于明月欲墮。上帝恐其行幻無方，傾迷上士，遂命浮鬼王攝去。此事大可快心，而受溺之家，猶有思夢草而懷胡香者。然則古之發其神藻，令人樂咏者，其亦有可疑者耶？我素恠此事，故與足下言之，亦幸英岸之流，不再沈於下底也。

又：

春雨甚佳，但煙霧迷迷，酷不得張目，殊欲愁耳。足下元日詩定佳，弟自曠廢來，此處都無心理，故不復下意。得足下詩，寓目爲爽也。

宋徵輿，字直方，一字轅文，松江蕭塘人，"雲間三子"中最年少的一位，其父是松江著名藏書家宋懋澄。徵輿年幼時即與陳子龍、李雯砥礪古學，與李雯關係尤契。入清後，中順治四年(1647)進士，官至都察院左副都御史。

宋徵輿少李雯十歲，李、宋二人尺牘中多爲論學游戲之語，李雯在宋面前甚少有科場蹭蹬之歎。如上引尺牘第二篇"旁近有一下流婦人""不知何術引致才流，每一見之，輒不能去"，顯然是調笑宋徵輿陷入與某位女郎的豔遇之中而不能自拔。陳寅恪先生《柳如是别傳》中曾詳考宋氏與河東君的情愫，而此條陳寅恪先生所未見之材料，是否亦與河東君有聯繫，俟考。

與徐闇公(尺牘 8、9，列其 8)

弟與勒卣，握手十年，乃以悠悠之口，忽生異同，不知者以爲蘇張之事，復起今日，此何爲哉？人相忘於道術，魚相忘於江湖，苟不能相忘，則日月之下，山川之間，其爲不磦砢不平者多矣，本是與人無競，不容以競爲解。然嘗寄志霄漢，觀雲煙之往來，想達人居心，盡應如是矣。幸足下爲之散其所懷，使坦然相見。

徐孚遠(1599—1665)字闇公，晚號復齋，松江華亭人，嘉靖朝首輔徐階任孫，"幾社"創始人之一，曾以道義文章名于時。明亡後起兵抗清，後追隨鄭成功到臺灣。

幾社中李雯與徐孚遠關係甚密。徐年長李雯近十歲，處事也較穩重。此信爲李雯希望通過徐孚遠，來調解其與另一位幾社元老周立勳(字勒卣)的關係，並表明自己心跡"寄志霄漢"，追慕"達人"。最終李雯與周立勳關係似不甚糟，徐孚遠應該在其中發揮了作用。

答周勒卣(尺牘 27)

權藉不得，弧矢不利，何戰之有哉？本曠蕩之民，近觀楞嚴，彌復使人意淡，當與足下共通此懷耳。子建字已寸寸裂壞，相爲燒之，恐許子將兄弟不如此也。他人能令人疏親，而弟乃使人親疏，食萍之義，良以自愧，然當更爲掩覆，不令布於人間也。

周立勳，字勒卣，“幾社”創始人之一，時人皆推之爲社中“祭酒”，深得當日松江郡守方岳貢賞識。崇禎十二年就試金陵，客死南都。細繹此封尺牘内容，當與上引李雯致徐孚遠書有關，可以視作李雯向周立勳示好的信號。“子建字已寸寸裂壞”用的當時曹丕、曹植兄弟典故，“恐許子將兄弟不如此”，則是許劭以堂兄許相爲恥之典[①]，都是向周立勳表露自己彌補二人關係的態度。

絶交書（尺牘26）

竊聞子魚擲金，幼安爲之變色；孔遏流，子璥恨其同舟。夫已去之金，無當於懷袖；遠望之女，不接於襟襀。而二賢興於諷歎，闊若異域者，知夙好之已違，而道業之難安也。足下少馳英譽，蚤建風華，衣冠之族，人才不下我等。同在鄉曲之中，兼有牽連之合，雖静躁不同，而出處未異。數年以來，砥礪毫翰之間，慷慨坐談之際，不可謂非情寄之所系矣。本期足下，年輩在前，秋實不遠，更首義路以率後來，猶或語言附會，見疑同人。至於賞者，乃謂是輿公之一失，不足累其所長，何意顛倒差跌，便如今日長安之所語耶？夫昔之游俠，乃有奔走之交；及其相資，則有金錢之事。此其排難解紛，周旋人間，亦有一日之用，然而君子不爲者，意存於傾仄，而行事不可知也。况足下挈馬兔而求人，惟口腹之是豢，托意氣于游光之末，瀝餘潤於鵜鶘之口哉？縱使足下自謂冰雪不侵，膏腴無入，紛紛之論，皆出怨家，則足下身不入鴟鴞之林，何以遭其惡聲也。又云雅附正人，相忌者衆，則彝仲、讓木、愁人、卧子兹四君者，素有一日之歡，本非相忌之客，又何以形之書記，告之話言，皆有削面之羞，咸作頓足之論也！夫人之才，各有不同，通達者爲廊廟之器，樸静者爲山林之姿，皆有所以安之也。若施之於廊廟，則無用置之于山林，復不可利足而逐驚風，張口而望危露。一朝意得，其欲無涯，則非桁楊犴，其何以置此人耶？僕觀足下今日之所爲，殆將欲至於是矣。雖然，使足下及今之勢，闔門養静，保有賢良之目，身蹈三讓之高，上不累於舉主，下足藏其未優，此猶智者之所爲也。不然，屈下氣，輸情于向者得罪之人，使閔然見可憐之色，然後守已待命，苟就一官，即不必無傾撓，亦遂其繇來縈競之願，以愚人計之，猶未爲失策也。若復内不自量，傲然以爲辟命之人，揚眉撫掌，盛色入都，言清濁而無倫跡，望門而欲入，則足下必爲雕陵之雀，而識者方有揚湯之譏，雖欲常保鳴瑟之廬，更望南郊之樹，未可必矣。此僕之所以見影而神傷，聞聲而太息者也。當今之世，交道實難，惟此區區數人，豈不共相珍惜，何圖素絲染于成練，

① 《後漢書・許劭傳》載：劭從祖敬，敬子訓，訓子相，並爲三公，相以能諂事宦官，故自致台司封侯，數遣請劭。劭惡其薄行，終不候之。范曄《後漢書》第2234頁，中華書局，2001。

岐路輿於末途。大義既乖,同人解,當此之時,猶欲以故意相期,共相扶戴,是猶養疽痤爲腹心,着征鐘爲冠冕。達人長者,能不非而笑之乎?然某竊觀漢季朱劉絶交,詞義炳灼,怪其初無弦韋之言,酷作鴟梟之喻,心誠薄其所爲,故追存昔好,更致拳拳,義絶情深,下筆流涕。

抄本此篇《絶交書》雖未署寫予何人,但可據信中内容依然能考訂出蛛絲馬跡。

尺牘開頭有云:"同在鄉曲之中","年輩在前,秋實不遠",可以看出這位絶交的人物是他們的松江府同鄉,年少成名,是党社中的同志;其中"年輩在前",頗可注意。尺牘末有云"某竊觀漢季朱劉絶交"一語,典故即是東漢末年朱穆《與劉伯宗絶交書》及絶交詩[①]。朱穆與劉伯宗絶交本事,據《後漢書》所引之内容,主要原因爲劉伯宗對待朱穆前後態度不一,因爲朱、劉二人間的地位升降,前恭後倨,顯小人之態[②]。不僅李雯絶交對象與此典有關,與之絶交的原因,也與東漢先賢相似。

李雯曾在給陳子龍尺牘中云"對宗遠而思公叔之義,見鶴朋而懷仲舉之節",公叔、仲舉分别是漢代党争時的清流朱穆、陳蕃,而與之相對的"宗遠""鶴朋"則是幾社同志朱灝、陳增遠[③],古今人姓氏相對,態度卻相反。李雯在彼信中對此朱、陳痛加詆斥,以此二人不事清流。則此《絶交書》出現的"朱劉絶交"一語不僅與"思公叔之義"同用一典,所指甚有可能即爲朱灝一人。

同時,朱灝還符合李雯同鄉曲的身份,且朱之年齡是整個幾社中最大的,《(嘉慶)松江府志》卷五十五"周立勳"條言"時同郡諸賢相敘會,朱灝字宗遠最長"[④]"年輩在前"亦能坐實。則這封絶交書的對象,即爲這位元老朱灝。然其生平著作存世極少,似無法窺知其人物品行。李雯與之絶交原因,大約出於絶交書中"言清濁而無倫跡",俟新材料發現。

與同邑臨邑好友者

此一類尺牘篇目稍多,限於篇幅,僅揀其中代表性人物與内容列於下。

---

① 范曄《後漢書·朱樂何列傳》:"(朱)穆又著《絶交論》,亦矯時之作。"下有李賢等注:《與劉伯宗絶交書》及詩曰:"昔我爲豐令,足下不遭母憂乎?親解縗絰,來入豐寺。及我爲持書御史,足下親來入台。足下今爲二千石,我下爲郎,乃反因計吏以謁相與。足下豈丞尉之徒,我豈足下部民,欲以此謁爲榮寵乎?咄!劉伯宗于仁義道何其薄哉!"其詩曰:"北山有鴟,不絜其翼。飛不正向,寢不定息。饑則木攬,飽則泥伏。饕餮貪污,臭腐是食。填腸滿嗉,嗜欲無極。長鳴呼鳳,謂鳳無德。鳳之所趣,與子異域。永從此訣,各自努力!"蓋因此而著論也。范曄《後漢書》,第1467—1468頁,中華書局,2011年。

② 徐公持《東漢文壇點將録(八)"絶交"文豪朱穆》,《文史知識》2012年第9期。

③ 此篇尺牘題爲尺牘29"與陳卧子",收入抄本《李舒章尺牘》第二十至二十一葉。因通行本亦收入,本文未收。但抄本透露出朱、陳二人姓名,爲通行本所隱去,特此標出。

④ 宋如林《(嘉慶)松江府志》,收入《上海府縣舊志叢書·松江府卷》第7册第1299頁,上海古籍出版社,2011年。

答劉墨仙(尺牘 17)

弟目光甚短,意乃不欲使其復長。及得妙境,增明十倍。此物本是西國玻瓈,或云草石之英,或云自然之物,要是天地精華所聚,故能有益神明,利爲目睫也。天下之物,固有相假而長者,枕瓠而聽聰,臨風而聲遥,本是不相知之物,而一朝相得,其功無間。今之眼鏡,亦其類也。及人一身之中,乃有相弊者,耳聾於腎虚,目病於肝怒,故或遠而相得,或近而相賊,一身之間,蓋多有之,又何疑于人世也? 公静善病,倘有文園之意耶? 屏玉女而卻宓妃,弟復爲之誦《甘泉》矣。

據沈季友《檇李詩系》卷二十一"劉芳"載:

芳字墨仙,嘉善人。有《清唤齋稿》。[①]

《趙萬里文集》第三卷經眼録中"《清唤齋遺稿》一卷"條目即是此書。芸盦先生説劉芳作詩"詩境簡練幽遠,如哀猿叫月,令人腸斷"[②],想必是一位詩風接近竟陵派的作家。據尺牘,這位劉芳恐怕身體不甚理想,"文園之意"典出《史記·司馬相如列傳》,司馬相如曾任孝文園令,"常有消渴疾",又因各種原因稱病閒居,遂有"文園"之典故。那麽李雯遇到的什麽疾病困擾呢? 就是今日再爲常見不過的近視:"目光甚短"。而矯正他視力的"妙境",也被稱作"西國玻瓈""草石之英""自然之物"諸多叫法,但當日流行叫的名字,竟與今日無異,就叫"眼鏡",自從得到那副眼鏡,立馬"增明十倍"。李雯對這件近代科技産物有助於視力的原理,頗有自己的認識,這幅眼鏡大約就跟耳朵貼在瓢上能聽得更清晰("枕瓠而聽聰"),迎着風聲音能傳更遠的原理一樣,都是"相假(借)而長"的道理,今天聽來似乎也有無可辯駁的合理性。當然,李雯筆下的這副眼鏡,在明清之際未必是稀罕物;對西來"眼鏡"的大量仿製,並作爲一件普通的生活用品開始在民間流傳,應該就在明末湯若望引進西方制鏡理論與實體西洋望遠鏡後不久[③]。李雯本人似乎時而會過得比較窮困,尺牘中他有篇《答人索債》大概就能看得出[④];連他這樣的窮書生也能用得上這類西洋新品,可見眼鏡在當時的普及程度。

李雯擁有近視眼鏡究竟是在何時,光從尺牘中很難判斷。收信人劉芳在崇禎年間就"疽發背而死";而整部尺牘抄本,當爲李雯在國變前的作品,則李雯早在明朝崇禎年間,就已用上了平價的西洋眼鏡。當時眼鏡最重要的用途,恐怕就是輔助知識分子讀書寫字,所以今天或許不難想見李雯輩的近視文人,

---

① 沈季友《檇李詩系》卷二十一,收入《文淵閣四庫全書》第 1475 册 431 頁,臺灣商務印書館,1986 年。

② 《趙萬里文集》第三卷,第 380 頁,上海科學技術文獻出版社,2011。

③ "眼鏡仿製出現於明末"説,可參孫承晟《明清之際西方光學知識在中國的傳播及其影響——孫雲球〈鏡史〉研究》(《自然科學史研究》,2007 年第 3 期)一文中所論。

④ 《李舒章尺牘》第八葉《答人索債》。

戴上眼鏡後矯正視力恢復,給他的讀書生涯帶去的希望。清初制鏡專家孫雲球的《鏡史》裏,記載了個有趣的例子,他的舅舅董德其近視甚爲嚴重。"閱文繕寫,在見寸以内",康熙十七年(1678)參加鄉試,借助孫雲球所製眼鏡,"頓使目光遠一尺有餘",最終考上了舉人①。舅舅戴眼鏡兒高中,無形中成爲外甥製鏡的一則大廣告;而同爲戴眼鏡科考的李雯,竟然屢試不中,連帶着他戴鏡本事也隨之沉淪。

不過,李舒章尺牘中這段崇禎間士人佩戴眼鏡的記載,似乎是今天看到的民間使用眼鏡最早的記録之一。錢謙益曾有《眼鏡篇送張七異度北上公車》詩②,"張七異度"是蘇州人張世偉,"北上公車"時間在崇禎九年冬,參加崇禎十年丁丑科的考試;這與李雯尺牘當爲同一時代。當時江南應該就有熏習西人技法的知識分子,着手仿製西洋諸鏡的舉動,比如被認爲第一個獨立仿製望遠鏡的中國人薄玨就是蘇州人,大約也是李雯同時代人③。儘管第一代仿製西洋鏡的目的,多是出於修訂曆法與軍事上的考慮;但今天的材料揭示,民用眼鏡的研發幾乎也就是那個時代開始的。若不是這册珍本尺牘重現天日,我們很難想像著名的"雲間三子"的榜眼李雯,還曾是中國第一代戴上眼鏡的知識分子。

與陳眉公(尺牘 18)

侍晏山齋,敬承音旨,腴聞飽德,何可勝言!先生之在今日,猶廣成之于黄年,綺夏之於漢世。所謂心超世外,功在人間。固當使弘景埽闥,紫芝執鞭,在於某也,何能仰頌?愚父子夙蒙顧盼,兼借羽毛,而某以里巷豎子,竊記姓名。十年編卷,偶有抄掇,然皆形采外銷,神理内腐,放筆之後,椎胸頓足,自恨無奇。及讀先生所示諸作,則飆爾魂動,洞然心開,乃知姜伯牙八十之年,尚復鷹揚,其氣左奮黄鉞,右呼蒼兕,而趙孟之徒,年未及老,視日如不足者,其神智相遠,何啻千萬也。又况曹蜍李志之儔,如不肖之某者耶?乃復不自諒,恐身窮而無所見於後,故肄業之暇,學作詩歌,既已習之,見哲匠不呈其伎者,是將終身於迷惑者也。故敢録近作一卷,以塵先生之視聽,或令椎足者唱之,先生别其可否而惠教焉。不勝幸甚。

陳繼儒(1558—1639),字仲醇,號眉公、麋公,松江華亭人,晚明著名文學家、書畫家。早年隱居小昆山,後居東佘山,杜門著述,工詩善文,書法蘇、米,兼能繪事,屢奉詔徵用,皆以疾辭。陳繼儒年輩遠在"幾社"陳、李之上。據此信内容,其所作時間甚有可能是崇禎十年陳繼儒八十大壽前後,李雯以自己近作拜謁同鄉前輩。

---

① 參前引孫承晟《明清之際西方光學知識在中國的傳播及其影響——孫雲球〈鏡史〉研究》及其附録孫雲球《鏡史》原文。

② 錢謙益著,錢仲聯整理《牧齋初學集》第 286 頁,上海古籍出版社。

③ 紀建勳《我國製造望遠鏡第一人薄玨及其與西學關係之考辯》,《史林》2013 年第一期。

與方密之(尺牘 21)

弟以客冬入都,孟夏抵舍,父冤未白,徒勞風塵。申之來,具述足下近狀,知口無留飲,筆不停書,相如漫世于文園,阮公縱心於醇酒,風流不絶,固當若斯耶? 抑奇情獨唱,更有所寄也。弟薄游京華,志氣鄙陋。近乃屏詞賦而就經學,去狼抗而習揣摩,斯想既出,同學有笑之者。然弟竊思,不緣此自致,無繇得望承明之廬而戴白之。父執殳海濱,不得比於黔首之數者,畢世而莫訟其冤,則弟又何顏而仰視人間耶? 故計不返顧,暝然爲之,期密之之有以助我也。足下英華既盛,復居都會,四方談藝之士,每資以揚聲,故往往相嬲不休。然浮游之羣,無所相益,徒亂人意,人生百年,其與幾何,而半爲此等奪去,大是天下弊事。縱不能盡絶,其來亦當稍爲之節,不可與之爲無涯。若夫西園之賓,東閣之彦,此是貴侯之嘉賞,宰相之能事,又不可以我輩論矣。今之文士好訾古人,乃試取昭代作者觀之,詞賦之家,多有不可到者,况乎漢唐? 所謂持論易高,涉筆則滯;索瑕易見,臻美實難,每一論此,輒欲焚棄筆硯;然蹇拙之性,正復賴此小心,冀得少參毛分。足下修龍驥而造天雲,其將有哂於棧埒之鳴耶? 或閉門卻掃,取己之所作,與古人較其短長,亦將無取乎飄風振鐸之音,而有味乎肅雍和鸞之響也。久不作此談,每遇我賢,故伎復發,匠石思質於郢人,柯竹效響于中郎者,惟其賞音而識道也。久遲東下,何其曠然,附此數語,以當談笑。

方以智(1611—1671)字密之,桐城人,明清之際著名的文人、學者、思想家,對西學有相當認識與研究。早年爲明末四公子之一,國變後流落江南,于清原山落髮爲僧。

李雯父李逢申因彈劾内閣成基命而觸怒君王,于崇禎三年下獄,即是此信開頭"父冤未白,徒勞風塵"所言事。觀此信所作時間,據其中"足下英華既盛,復居都會"之語,當在崇禎十三年正月方以智父孔炤下獄之前,方以智身在南京與復社好友流連詩酒之時,所以李雯信中多有與方氏講文論學之談。當時,江南幾社與桐城籍士子交游,之前學界未有標出,今從李雯尺牘中可以看到依稀存在一"華亭—桐城"的交友圈,華亭以陳、李二人爲代表,桐城除了方以智,還有其舅氏吴道凝,以及孫臨與周岐,這些桐城籍士子在李雯所作尺牘中頻繁出現,所談皆爲治學問道、極親密之事。下引兩篇尺牘亦是其例。

與孫克咸(尺牘 15)

足下聰明深秀,闇公所許,以爲荀公達之儔也。弟本鄙人,於世少附麗,至於英能之士,未嘗不欲傾心也。天下詩賦之業,江南之有雲間,猶江北之有桐城;而其才用精實,足當風塵,則非雲間之可望也。弟僻居陋壤,少所見聞,日夜搜求,廢書覽求。才智之士,參伍其間,較其長短,然精神無所接,意計無所通,撫掌獨歎,心中無聊。因思足下,身在京華,覽觀衆流，左睨密之，右盼農父，華襟風動，壯思雲馳，俯仰之間，足大樂也。

孫臨字克咸，崇禎間諸生，年少時好擊劍談兵，因更字武公。崇禎中，孫臨以幕僚身份，隨方以智父孔炤巡撫湖廣有功。此信即爲李雯結納孫臨後所作，可以看出二人定交是通過徐孚遠的推薦。而其中所言“天下詩賦之業，江南之有雲間，猶江北之有桐城”，可以視作晚明時兩地的文風之盛，與士子交流的基礎。

與周農父（尺牘35）

弟與密之，意分最深，因得交於克咸之深醇，足下之英蔚。三子在桐，弟意未嘗不在桐；三子在金陵，弟意未嘗不在金陵也。昔之君子意氣，所寄越國通信，相思偶及，脂車在塗。今吴東去金陵，纔五六日，波潮相通，馹騎無徼，而闊然相隔，動以歲時。林宗枉奉高之駕，子敬就公瑾之義，求之古人何其遠，而諸賢屢遭桑梓之變，常與韜鈐之謀，想廢書之餘，登高平望，觀楚岸之横氛，聽吴兒之軍聲，有不悠然長嘯繼之悲歌耶？倘有便帆，幸示其音，使菰蘆中人助一張目也。

周岐字農父，少孤，事嫡母以孝聞。崇禎中，以明經貢入京，屢上書言時政得失，曾隨史可法於揚州贊晝軍務，後謝病歸。李雯是通過方以智與孫臨，繼而結交周岐，並將此三人視爲桐城知己，自己恨不能與三子同在的地步：“三子在桐，弟意未嘗不在桐；三子在金陵，弟意未嘗不在金陵也”，雖有些修辭誇張，卻見得此桐城諸子對李雯的影響。

答侯雍瞻（尺牘36）

别來一年所矣。雖音問間闊，而情寄彌深；每對春風，常懷悒悒。頃承令子下顧，神氣倍明。某之珍賞，已非一日，今復霍然體勝，軒舉暎人。接手之時，助爲欣快，兼得誦足下手劄，更拜諸貺，轉玩數四，神飛心馳。我輩凉凉之况，年復一年。蒙頭蒿草之下，屏跡井鮒之間，誠以尊高之勢臨之，豈復有物？而齕齮之人，苦心勞志，若有不得已而然者，固知元禮挾登仙之氣，叔夜來龍鳳之章，其不免于時者，又何疑哉？又何疑哉？正使我輩家當權軸，人列槐鼎，其間長短不同，未必無深源之誚；一朝禁錮，則伏處林下，而横得大名，當事者持此美物相餉，可爲至厚。但恐聖朝天佑，終不宜有此耳。弟本非岩穴之姿，亦無飛鳴之具，任運而往，恒不措懷。我足下當世之慮深矣，聰明之計决矣。其將有確然之志，獨立無懼者耶？南宫之二子先鳴，然不同之家，更增其疾。又覺吾儕諸生，得常在寵辱之外也。

侯岐曾（1594—1646），字雍瞻，號廣綫，明贈太常少卿震暘三子，嘉定名士侯峒曾弟，嘉定紫堤村（今屬上海市）人。國變前與兄峒曾執掌蘇嘉文壇。峒曾死於“嘉定三屠”，岐曾因奔走聯繫魯王、唐王被捕，與陳子龍、夏完淳等先後被捕殉國。此信所言多爲社中青年互相砥礪之語,因李侯二人皆爲當日復社中青年後進。

餘下尺牘中有致沈其江(尺牘 16)、戴季長(尺牘 10)、陸圻(尺牘 39)、蔣雯階(尺牘 41)、顧簡(尺牘 42)、顧默孫(尺牘 42)及未署名對象(尺牘 13 又與友人論放生、14 答人索債、37 教諸弟蓄蟋蟀)諸篇,涉及人物不出蘇松二府,內容也多以日常瑣碎爲主,兹不贅述。

姚光跋文(第 50 篇)

> 右李舒章尺牘四十九通(雙行小字:末通原有殘闕),鈔自海鹽談君麟祥處。以與李氏《蓼齋集》相較,其爲集中所有者二十二通,而字句之間,亦有參差。談君處並系鈔本,中遇涉及明代皇室之處,尚用空格,當依明季傳鈔。其匯録蓋在刻集之前矣。歲在己巳正月二十二日,姚光記於雲間秀南寓次。

跋末爲陰文"姚光"及陽文"石子"二印。

姚光(1891—1945),一名後超,字鳳石,號石子,又號復廬,江蘇張堰(今屬上海市金山區張堰鎮)人。姚氏爲金山望族,世代書香,吹萬樓主高燮(1878—1958)就是他舅舅。1909 年南社始創時,姚光即爲社中骨幹;柳亞子辭主任後,姚光出任南社主任,故有"前有柳亞子,後有姚石子"之説。姚光著作頗豐,其後人整理姚氏所存詩文、題跋等文字,彙集爲《姚光集》(2000 年)、《姚光全集》(2007 年)出版,爲其最通行的版本。然檢《姚光全集》,此跋文尚未收入,則此次發現抄本之跋文,亦可補姚光著述之闕。

抄本中的正文字體,與姚光跋文字體不一。比對姚光現存墨寶,此處跋文當出自姚光本人手書①,此抄本亦甚有可能曾爲姚光親自過録。姚光跋文述此本抄自"海鹽談麟祥",是近代海寧的藏書家談文灯(1877—1938),字麟祥,號夢石②。談文灯論年輩是姚光的長輩,與乃舅高吹萬同輩,又同爲"虞社""南社"中人,則海鹽、張堰兩家藏書交流,必爲當日極頻繁而清雅之舉動;此本《李舒章尺牘》亦可視作此種藏書交流舉動的典型産物之一。

查姚光關注李雯的著述,並非其心血來潮,而是反應出他個人及"南社"學人藏書及學術的理想,這種理想不僅包括本地精英極力搜攞保護滬上鄉幫文獻,更是代表了清末民初時的知識分子,對上一個國變、明末清初人事變遷的高度關注。身處清末民初的學人,著手研究二百多年前之先賢著作,一個重要的原因,是出於自身所處的時代,辛亥革命前後"驅除韃虜、恢復中華"的口號,

① 筆者比對金山張堰姚光故居、即今日之南社紀念館中,有姚光手書"松韻草堂",與跋文字體當一致。

② 談文灯生卒年及傳記資料研究,可參朱則傑《讀〈清人别集總目〉零劄——以"虞社"社友爲中心》,《常熟理工學院學報》,2015 年第一期。

與1644年崇禎自縊後“反清復明”的舉動,存有内在一致性。所以自清末起,晚明起遭禁的人物著作,在此時得到大規模整理與出版。首先是遺民録、遺民詩系列的書籍的問世,如卓爾堪的《遺民詩》、佚名《皇明遺民傳》、秦光玉《明季滇南遺民録》、張其淦的《元八百遺民詩咏》《明代千遺民詩咏》等等。而對遺民别集的整理出版,著名的則有上海國學扶輪社清宣統三年(1911)鉛印的遺民僧金堡(釋今釋)《遍行堂集》十六卷,四明張氏約園民國二十三年(1934)刻遺民將領張煌言的《張蒼水集》正附十七卷,民國二十九年(1940)王培孫輯校遺民高僧釋讀徹的《蒼雪大師南來堂詩集》正補編十二卷等等。《蒼雪大師南來堂詩集》中收録的《蒼雪年譜》,出自海寧陳乃乾(1896—1971)之手,而姚光也爲這本方外遺民僧别集貢獻了一篇長序。

南社另一領袖柳亞子,也曾發願研究南明史料,並搜攞了數百種之多的文獻。抗戰軍興,柳從上海避跡香港,這些藏書在太平洋戰争爆發後散落殆盡,這讓柳消沉不少,系統的研究不得不就此擱置①。那些或抗清、或逃禪的遺民,其著述能集中得到整理和出版,確是那個排滿革命年代所催生的豐碩成果;甚至,陳寅恪先生于半個世紀後開始寫作的《柳如是别傳》,或多或少也可視作圍繞仕清、遺民話題的又一次深入討論。

同時,作爲滬濱名士的姚光,還對鄉幫文獻,表現出了特别的關注。除了關注地方總集《松陵文集》《笠澤詞徵》,及志書如《金山衛佚史》《金山文徵》的編輯之外,明清之際的上海籍雲間派、幾社人物著作,也是姚光關注的焦點。其中,在晚清時新出版的陳子龍《安雅堂稿》中,就能看出姚光與乃舅高燮,對同鄉先賢表達的悲憫與敬重。宣統本《安雅堂稿》中收入高燮所作《陳卧子先生傳》《陳卧子先生遺像贊》《陳卧子先生安雅堂稿序》,及姚光的《書陳卧子先生安雅堂稿後》,文字中極盡對清初殉明的松江名賢陳子龍的贊譽,並慨歎其在明季的遭際“生不逢辰,智窮力盡”,最終“無術回天”②,那一代雲間士子的悲哀莫過如是。相似的還有姚光整理出版的徐孚遠的文集。徐孚遠作爲名相徐階侄孫,國變後參與南明諸多政權抗清,最後隨鄭氏集團出走孤島,終客死海外。民國初年姚光整理僅存的徐孚遠著述而成《徐闇公先生殘集》,十五年後闇公後人獻出徐氏《釣璜堂集》二十卷刊刻流通,姚光又欣然爲之作序張目,謂闇公“精神自在天壤,百世以下讀者,可以想望其風旨,而亦藉以考見南明二十餘年之文獻”③。類似對晚明幾社士子的文獻整理與出版的感慨,姚光在自己序跋文字中出現過多次;夏允彝文字久佚,其友陳去病輯夏允彝、完淳父子《夏氏父子合集》,姚光復稱頌有嘉。他在抒發自己崇奉滬上先賢文字的原因時説:

---

① 柳亞子《還憶劫灰中的南明史料》,收入氏著《懷舊集》,上海書店出版社影印1947年版,第80頁,上海書店,1982。

② 陳子龍《安雅堂稿》第473頁,遼寧教育出版社,2003年。

③ 《姚光全集》第130頁。

三先生之澤,皆不得斬,幾社之學,當日昌矣。今逢胡運告終,神州光復,先生有靈,九原可慰;而舊邦重建,遺大投艱,必有賴乎百折不回之士也。(《徐闇公先生殘集》序)①

姚光時代對幾社諸子如陳子龍輩的關注,是摻雜有其特殊時代背景與個人理想實現等多重因素的,所以近代再被人重提的幾社之學,除了本身所蘊含的晚明經世致用的思想外,還包含了神州國運復興,重塑漢唐文化的使命,無怪乎以雲間知識分子爲代表的江南文化圈,極力爲之奔走吶喊。

從新發現的《李舒章尺牘》的跋文來看,姚光自然是諳熟李雯及其著作的。只是從今存姚光相關的文字中,似乎已無法得到更多關於李雯的評價。其中恐怕有許多原因:李雯國變仕清、曾替多爾衮捉刀,自清中葉以來已不待見於江南士人,必是其中之重要者。所以姚光在民國初年的文字中提到的幾社陳、夏、徐三先生,並非我們熟悉的包含李雯的"雲間三子"。而歷史上"三子"中的另一位宋徵輿,國變後入進士第,默默無聞于後世,陳寅恪先生更是痛斥其人格卑劣。但今日重新翻閱如李雯《蓼齋集》、宋徵輿《林屋集》等存世文獻,此輩幾社學人不僅品行未必下劣,其學問更非一無是處,如二人之於財稅、吏治改革、守土邊疆的討論與觀點,不僅是幾社學風最好的體現,於後世也有其自身的價值。

今日關注幾社與雲間文人士大夫,其中代表人物不僅有陳子龍、夏允彝父子、徐孚遠,也包括李雯、宋徵輿在内,都是明清之際氣節學風的顯眼代表。通過研讀他們的作品,讀者窺見的將是十七世紀中葉以來,江南士大夫或獨立自由、奮不顧身,或虛與委蛇、鬱鬱而終的歷程。陳寅恪先生撰《柳如是别傳》中謂:"夫三户亡秦之志,九章哀郢之辭,即發自當日之士大夫,猶應珍惜引申,以表彰我民族獨立之精神,自由之思想。何況出於婉孌倚門之少女,綢繆鼓瑟之小婦,而又爲當時迂腐者所深詆,後世輕薄者所厚誣之人哉!"②所舉河東君爲江南知識精英中之極端例子,標明我民族中"獨立之精神";閱今日逐漸面世之雲間派珍本文獻,參以近代雲間後學極力搜羅流布前賢著述之奇節,則愈發能體會自由獨立之學風,於江南歷久而長存。

【作者簡介】 王啓元,復旦大學中華古籍保護研究院助理研究員,研究方向爲明清文學史、宗教史。

---

① 《姚光全集》第 46 頁。

② 陳寅恪先生《柳如是别傳》第 4 頁,三聯書店,2001 年。

論毛奇齡與胡渭的交往及他對《易圖明辨》的影響

种　方

【提　要】 胡渭的《易圖明辨》，是考辨宋人易圖的扛鼎之作，此書一出，它書幾可盡廢。而毛奇齡正是胡渭所參考的主要對象，這一點很少有人能夠注意到。其實毛奇齡是清代最早對宋人圖書之説進行專門研究的學者，他的相關著作有《河圖洛書原舛編》與《太極圖説遺議》，在他的《仲氏易》《經問》中也有大量相關内容。本文擬通過考證胡渭與毛奇齡的交往，與《易圖明辨》對毛奇齡的引用情况，揭示出毛奇齡對胡渭《易圖明辨》的影響。

【關鍵詞】 毛奇齡　胡渭　周易　易圖明辨　易圖

一、毛奇齡與胡渭的概況

毛奇齡(1623—1716)，原名甡，又名初晴，字大可，浙江蕭山人，學者稱西河先生。康熙十七年(1678)，毛奇齡被薦舉參加博學鴻詞科，授檢討，充明史館纂修官，七年後，假歸不復出。從思想上來説，毛奇齡崇尚王學反對道學，與主流思想格格不入。從性格上來説，毛奇齡又極其恃才傲物，好與人争辯。據全祖望稱，他在争論到激動時，甚至會詈罵毆打對方①，這使他受到很多非議，聲名不顯，在學術史上也没有得到應有的重視。

毛奇齡共有七部易學相關著作，《仲氏易》全篇疏解《周易》經文；《推易始末》則專講他自創的卦變理論——推易説；《河圖洛書原舛編》與《太極圖説遺議》是針對圖書學之河圖洛書與太極圖進行辨析的專門文章；《易小帖》則記録了毛奇齡説《易》不成篇的瑣言碎語，以及一些與《周易》有關的問答；《易韻》别出心裁地分析了《周易》正文的押韻，所得亦不少，但它與其説是易學著作，不如説是音韻學著作；《春秋占筮書》專門利用易學理論解釋《春秋》中所見的一些筮例，因此也可歸於易學著作。易學之外，毛奇齡還有許多其它的經學著

① 詳見《鮚埼亭集外編》卷十二，朱鑄禹匯校集注《全祖望集匯校集注》，上海古籍出版社，2000年，頁985—989。

作,如《古文尚書冤詞》《春秋毛氏傳》《四書改錯》等等。

胡渭(1633—1714)在舉業方面不甚成功,十五歲爲縣學生之後,屢赴行省試不售,乃入太學。錢大昕《胡先生渭傳》稱:"嘗館益都馮相國邸,會開博學鴻詞科,相國欲以先生應,堅辭不肯就。群公避嫌,以相國子師,莫敢先發,及見薦牘無先生名,則又大驚。先生自是謝科舉,專窮經義。"①胡渭于博學宏詞科亦不就,最終放棄科舉,鑽研經學,這一點與毛奇齡不同。

《易圖明辨》是胡渭最重要的著作,它有針對性地對宋代易圖説進行辨析,包括河圖洛書、先天後天、五行九宫等等,亦間及卦變之説。這部書被人們認爲,是給圖書學蓋棺定論的著作,後來之人對圖書學的研究和評價,已經很難再超過它。其實這部書,很多内容都得借鑒自毛奇齡的研究。

二、胡渭在太極、兩儀、四象、八卦問題上所受影響

1. 胡渭通過李塨對毛奇齡易説的初次接觸

胡渭對毛奇齡學説的初次接觸,出於李塨的引介。李塨(1659—1733)雖然是顔李學派中顔元之下第二人,但是並不像顔元那樣不事經學,其實他在易學、春秋學方面都很有研究,並有《周易傳注》《四書傳注》等經學著作。李塨自承受業于毛奇齡,曾在《詩經傳注題辭》中説:"予自弱冠庭訓外,從顔習齋先生游,爲明德親民之學,其明德功課,則日記、年譜所載是也。其親民條件,則《瘳忘編》《閲史郤視》,今大半匯之《平書訂》者也,而無暇治經義。經義大率閲宋儒所注今世通行者,即間及《十三經注疏》以及漢儒諸書,忽忽未深考也。迨年幾四十,始遇毛河右先生,以學樂餘力受其經學,後復益之王草堂、閻百詩、萬季野,皆學窮二酉,助我不逮。"②這一段中可見李塨的心路歷程,他最初追隨顔元,未及深考經學,直到遇到毛奇齡,在他的指導之下,才真正開始鑽研經學。李塨對毛奇齡十分推崇,在自己的書中頻繁又長篇累牘地引用毛説,且與他頻繁通信,請教各種經學問題,其中的很多問答,都被記録在毛奇齡的《經問》中。

胡渭對毛奇齡易説的接觸過程,首先始于他與李塨的討論,涉及對太極、兩儀、四象、八卦這一組概念的辨析。

胡渭在《易圖明辨》中説,自己曾經比較信服于蘇軾和朱震的説法,認爲這組概念表現的是六十四卦的形成過程,即四象爲老陽、老陰、少陽、少陰,其中老陽指乾卦、老陰指坤卦、少陽指三男即震坎艮、少陰指三女即巽離兑。雖稱爲四象,但合起來其實已經是八卦了。於是四象下一級的八卦,就只能代表八卦下一級的六十四卦。即所謂:"四象,余舊主東坡、漢上之説,乾坤爲老陽、老陰,三男三女爲少陽、少陰。蓋以四象即八卦,八卦即六十四卦也。"③但既然

---

① [清]錢大昕《潛研堂集》卷三八,上海古籍出版社,1989年,頁679。

② [清]李塨《恕穀後集》卷一一,叢書集成初編影印畿輔叢書本,中華書局,1983年,頁136。

③ [清]胡渭《易圖明辨》卷一,中華書局,2008年,頁13。

“四象生八卦”，那麽四象又怎麽會是八卦呢，胡渭深知自己的理論有不通之處。

後來胡渭與李塨結交，二人談到這個問題時，李塨就將自己請教毛奇齡的書信、毛奇的齡回信與《仲氏易》這部書，都拿給胡渭看，這就是胡渭對毛奇齡易説的首次接觸：

> 歲庚辰客京師，因金素公得交于李君，晨夕過從，間以此説就正李君，曰：八卦原該六十四卦，但經明曰“四象生八卦”，今乃以四象即八卦，是八卦生八卦矣，似難通也。因出《訊易書》并《仲氏易》以示余。①

胡渭在《易圖明辨》中，不僅引用了李塨説法的原文（李説即承襲自毛説），而且詳細交代了自己通過和李塨交流改變想法的全過程，並點明李塨之説實際上來自于毛奇齡之説。

2. 三人就太極、兩儀、四象、八卦的和而不同

其實毛奇齡最初也認爲太極、兩儀、四象、八卦這一組概念所指爲六十四卦形成過程，他的兒子毛遠宗讀後，特地寫信給毛奇齡，認爲應當是揲蓍算卦的過程，毛奇齡於是改弦更張，以太極、兩儀、四象、八卦指揲蓍算卦的過程。李塨不知毛奇齡已經改變想法，又寫信質疑，表示應當指揲蓍算卦而非六十四卦形成，毛奇齡於是又回信李塨，告知自己同意李塨，早巳改變想法了。《易圖明辨》只記録了李塨給毛奇齡的一封信，不及其餘，《易小帖》則將毛遠宗、毛奇齡和李塨的往復書信都記録在案，完整地保留了整個事件的原貌②。鑒於此事與本篇所論關係較遠，這裏不再引用原文。

而胡渭與李塨展開的相關探討，在毛奇齡、李塨通過交流達成定論之後。從此胡渭跟隨毛、李二人的脚步，從大方向上改變了看法，即認爲太極、兩儀、四象、八卦這一組概念所指並非原本所以爲的六十四卦形成過程，而是揲蓍算卦的過程。

但胡渭在具體的所指上又有所改動。李塨和毛奇齡保持一致，認爲太極、兩儀、四象、八卦與“大衍之數五十，其用四十有九。分而爲二以象兩，掛一以象三，揲之以四以象四時，歸奇於扐以象閏，五歲再閏，故再扐而後掛……是故四營而成易，十有八變而成卦”這段話相配合，太極代表五十取出一來不用，兩儀代表分而爲二，四象即四時，代表揲之以四，也就是後面所説的四營而成易，八卦則代表十有八變而成卦，即揲蓍過程全部結束，形成卦象。毛奇齡《仲氏易》在“是故易有太極，是生兩儀，兩儀生四象，四象生八卦”之下説：

> 此爲揲筮三致意也。夫衹一揲筮而本乾坤而全民用至於如是，是故未揲之先，合五十之數，聚而不分，有大中之道焉。《説文》極，中也，屋極謂之中，言不分於一隅也。崔憬云舍一蓍爲太極，是也。而於是分之爲二

---

① 《易圖明辨》卷一，頁13。

② 詳見[清]毛奇齡《易小帖》卷五，《毛奇齡易著四種》，中華書局，2010年，頁184—189。

以象兩,則是太極生兩儀也。李氏《易解》云祇四十九數,而未分爲太極,分之爲陰陽,是也。而於是揲之以四以象四時,則是兩儀生四象也。虞翻謂四象即四時,是也。而於是一扐再扐,再變三變,而八卦成焉,則是四象生八卦也。荀爽云四時通變爲八卦之所由始,是也。①

但胡渭不這樣認爲,在他眼中,開始筮卦之前,五十合爲一,即爲太極,然後直到四營成易之後,一爻形成,或四或五爲奇、或八或九爲偶,這奇偶就是兩儀,接著三變成爲三畫卦,三奇爲老陽、三偶爲老陰、一奇二偶爲少陽、一偶二奇爲少陰,合起來正好與四象相對,接著十八變形成全卦,即八卦。《易圖明辨》中的原文是:

竊意所謂太極者,一而已矣。命筮之初,奇偶未形,即是太極。迨夫"四營而成易",合掛扐之策,置之於格,或五或四則爲奇,或八或九則爲偶,是謂"太極生兩儀"。至於三變而成爻,畫之於版,三奇爲□曰老陽,三偶爲×曰老陰,一奇二偶爲—曰少陽,一偶二奇爲- -曰少陰,是謂"兩儀生四象"。至於九變而爲三畫之小成,十八變而得二體之貞悔,是謂"四象生八卦"。②

可以看出,胡渭雖然受到毛奇齡、李塨影響,將太極、兩儀、四象、八卦之義的主體對應觀點從八卦生成改爲八卦揲蓍,但其對應關係,其實相當於没有變化,生成的奇偶即相當於蓍揲的陰陽二爻,生成的陰陽老少即相當於蓍揲的乾坤六子,同樣的,生成與蓍揲的兩處八卦也均對應著六十四卦。這是胡渭認同接受毛奇齡説法,卻又仍然没有擺脱自己理解的另一面。

三、胡渭在大衍圖問題上所受影響

在《易圖明辨》中,先大段引用、旗幟鮮明地對毛奇齡的説法表示肯定,卻又不肯完全接受毛奇齡之説,肯定之後再對毛説再進行一定程度上的修正,這種情況是胡渭面對毛奇齡易説的常態。

毛奇齡在《河圖洛書原舛編》中,將自先秦古籍開始至宋代之前,各種提及河、洛的資料,收集殆盡,首先證明了,宋代以前雖然有關於河、洛的各種説法,但並未有人聲稱見過實物,只對其内容類型有所推測,或以此爲文字、或以此爲圖畫。接著毛奇齡總結了宋代河圖、洛書出現及傳承的全過程,以至於受理學統治的後世學者不敢非議:"自此言圖、書者雖仍未信,但自明迄今,無敢議焉。"③下文則開始就各種細節問題進行辨析。如馬毛龜文荒誕不經、洛書實爲《太乙下九宫法》等。

① [清]毛奇齡《仲氏易》卷二八,《影印文淵閣四庫全書》,臺北,臺灣商務印書館,1986年,頁41—452。

② 《易圖明辨》卷一,頁14。

③ [清]毛奇齡《河圖洛書原舛編》,《毛奇齡易著四種》,北京,中華書局,2010年,頁74。

《河圖洛書原舛編》的内容大致如此，本文著重要説的，是毛奇齡所發現的“大衍圖”問題。鄭玄在《繫辭》上傳“大衍之數五十，其用四十有九”一句下注曰：“天地之數五十有五，以五行通氣。凡五行減五，大衍又減一，故四十九也。衍，演也。天一生水於北，地二生火於南，天三生木於東，地四生金於西，天五生土於中。陽無耦，陰無配，未得相成。地六成水於北與天一並，天七成火於南與地二並，地八成土於中東與天三並，天九成金於西與地四並，地十成土於中與天五並也。”[①]這段話結合隔幾句之後的“天一地二，天三地四，天五地六，天七地八，天九地十”，又結合五行生成説，創造了一個很複雜的數位系統。尤其有意思的是，如果將這段鄭玄注畫成示意圖，就會發現，這圖和陳摶、朱熹等所謂的河圖一模一樣。這樣複雜的圖，能夠恰好相同的可能性太低了，因此毛奇齡認爲陳摶其實竊取了鄭玄的注，畫出圖來，而歸功於自己，而且將其安以河圖之名。毛氏原文如下：

> 間嘗學易淮西，見康成所注“大衍之數”，起而曰：此非河圖乎？則又思曰：焉有康成所注圖而漢代迄今不一引之爲據者？則又思：大衍所注，見於李氏《易解》者，宋晁公武《讀書志》曰“唐李鼎祚集《易解》，唐録十七卷，今所傳止十卷”，干寶、崔憬言人人殊，何以皆並無河圖之言？則又思：康成所注《大傳》，其於“河出圖”句既有成注，何以翻引入春秋緯文，即前河圖九篇，洛書六篇之説。而不實指之爲大衍之數？於是恍然曰：圖哉！圖哉！吾今而知圖之所來矣。摶之所爲圖，即“大衍”之所爲注也。然而“大衍”之注之斷非河圖者，則以“河圖”之注之别有在也。[②]

由宋至清數百年，毛奇齡竟然是發現這個現象的第一人，因爲王學興盛鄭學廢弛，鄭學無人問津已久，這句鄭玄注，又被收録在《禮記疏》而非《周易》注本中，難以引起易學研究者的注意。李鼎祚《周易集解》雖然收録了大量鄭玄注，也並未收録這一條。雖然王應麟《周易鄭注》自《禮記疏》中輯得此句，但是也影響不大。《書集傳或問》中倒是有所記録，朱熹也曾引此句解釋洛書，卻並未説明它來自于鄭玄。致使後世解易者引此句而不知來歷，解禮者知其來歷卻又從未聯繫到洛書的問題上。

毛奇齡繼續分析説，鄭玄本人，顯然並不認爲大衍之數與洛書有關。因爲他用這一段話解釋大衍之數，無一字提及洛書，解釋“河出圖，洛出書”一句時，又只説“《春秋緯》云：‘河以通乾出天苞，洛以流坤吐地符。’河龍圖發，洛龜書感。《河圖》有九篇，《洛書》有六篇也。”[③]無一字提及大衍之數，足以證明在鄭玄眼中二者毫無關係。而洛書的創造者張冠李戴，直接把鄭玄的大衍注安在洛書頭上，後人又一葉障目不見泰山，直到他自己才發現問題。

---

① ［漢］鄭玄《周易鄭注》卷七，清湖海樓叢書本。

② 《河圖洛書原舛編》，頁78。

③ 《周易鄭注》卷七。

在《河圖洛書原舛編》的最後，毛奇齡說："儒者窮經，以經爲主"[①]，强調解經應當從經文本身出發，並且在"以經解經"（或者應該叫以傳解經更爲準確）的前提下，對河圖、洛書問題進行了總結。在他看來，"若夫'大衍之數'，原出《易傳》，則惟大衍一圖可附之《周易》之末，曰大衍圖"[②]。河圖之圖畫，既然是大衍一章中曾經提到過的，那麼就符合經文本義，可以附在《周易》之末，但不可名爲河圖，可以叫做"大衍圖"，因爲河圖是《周易》中所没有的。至於洛書，出自九宫明堂之説，淵源爲緯書，雖然漢儒也有所採用，但仍然不可信，故"勿簒入聖經可也"[③]。

胡渭對此評論説："《原舛》云'數不得爲圖，衍不得爲畫'，真千古格言"，但"顧其説猶有不儘然者，余不可以無辨"[④]。以"千古格言"目之，但又説它有所謂不儘然者，主要在以下幾個方面：

其一，即大衍之數五十，與天一地二以至天九地十之天地之數五十五，是兩個不同的概念，可分别稱作大衍之數與天地之數。毛奇齡將它們合爲一圖，確實有問題。其二，胡渭認爲河圖真正的來源也並非鄭玄注，而是劉向的《洪範五行傳》，鄭玄沿襲了劉向：

> 大衍之數出於天地之數，而非即天地之數。蓋天地之數，《易》與《範》共之。凡天下之言數者，未有外於此者也。大衍之數則唯《易》有之，《範》不得而有之也。康成注"大衍"與"四象"，皆本《漢書·五行志》，《志》據劉向父子《洪范五行傳》，以推災異。其所引《左氏》陳災傳説，蓋劉歆取《大傳》之六七八九十以續《洪範》之一二三四五，而爲生成妃牡之數。[⑤]

其三，將天地之數雜糅五行方位，所形成的與河圖完全相同的易圖，也不能如毛奇齡所説的那樣符合《周易》經傳的原義。因爲經文中只説了天一地二以至於天九地十，即《周易》原文中實際上"無五行、無方位、無生成、無配偶"[⑥]，鄭玄所用的其它概念，如五行、方位等等，都從别處借用而來，因此不能看作對《周易》經文的直接解讀。其四，河圖洛書雖是宋人附會的圖像，但也是聖人所參考的内容，不可全盤否定，即"然河圖、洛書三語，實出於夫子，又不可如歐公輩斥之以妖妄"[⑦]。

《洪範五行傳》的作者，一説爲伏勝，一説爲夏侯昌，劉向有《五行傳論》，則是對《洪範五行傳》的進一步闡釋，因此不能説劉向是《五行傳》的作者[⑧]。胡渭在表述上有一些問題，但他對毛奇齡的修正確實抓住了毛奇齡大衍圖説的不足之處，但在一個問題上，毛奇齡的説法才正確，詳見下文。

---

① 《河圖洛書原舛編》，頁 82。

②③ 《河圖洛書原舛編》，頁 83。

④ 《易圖明辨》卷一，頁 8。

⑤ 《易圖明辨》卷一，頁 8—9。

⑥ 《易圖明辨》卷一，頁 9。

⑦ 《易圖明辨》卷一，頁 32。

⑧ 詳見[清]陳壽祺《尚書大傳定本》卷一上，《四部叢刊》影清刻左海文集本。

四、毛奇齡對胡渭的回應

《易圖明辨》成書晚于毛氏三書，而毛奇齡的《經問》，成書時間較晚，又恰好在《易圖明辨》成書之後，因此在《經問》卷十四中，記載了毛奇齡對胡渭《易圖明辨》之辨正的回應。最初，毛奇齡的侄子毛文輝先見到《易圖明辨》中反駁毛氏之説，於是給毛奇齡寫信，轉録其文自"《原舛編》云數不得爲圖，衍不得爲畫二句，真千古格言"至"毛公惡宋太過，故其立言往往刻于宋而寬於漢，夫豈平心之論與"一段①，因此毛奇齡作長文回應，就大衍天地之數與《洪範》《漢書·五行志》的關係、大衍圖是否符合易傳、毛氏刻宋寬漢等指責一一進行辯解。

首先關於大衍之數、天地之數與《洪範》《易》的關係，毛奇齡認爲實情恰恰與胡渭的説法相反，只有《周易》才有一到十的説法，《洪範》則只有一到五，所以説大衍之數是屬於《周易》的，和《洪範》毫無關係：

> 所謂五十有五者，謂以一二三四五，合之六七八九十而有此數也。《洪範》五行止有一二三四五，而無六七八九十，則止有十五數，而並無五十五數，此惟《易》闡大衍，取五行生數加之五行之成數，而然後有此。今試以相詢，《洪範》有成數乎？《洪範》五行有六七八九十乎？然則天地之數，大衍有之，《洪範》不得共之也。②

下一步是更爲重要的问题，即《漢書·五行志》《洪范》與鄭玄注的關係，胡渭之説在此本就存在問題，毛奇齡因此著重進行了闡發，他認爲：

> 據《漢書·五行志》惟有(《志》：天以一生水，地以二生火，天以三生木③，地以四生金，天以五生土。)五句，此即《洪范》本文'一曰水，二曰火，三曰木，四曰金，五曰土'五句，而合以孔傳(皆其生數)一句，與康成大衍注，有于北、于南、于東、于西、於中，及成水、成火、成木、成金、成土，及一並、二並、三並、四並、五並者截然不同，志文與注文見在也。④

劉向《五行傳論》已佚，我們只能看到《尚書大傳》和《漢書·五行志》所繼承下來的一部分内容，即《漢書·五行志》中的"天以一生水，地以二生火，天以三生木，地以四生金，天以五生土。五位皆以五而合，而陰陽易位，故曰'妃以五成'。然則水之大數六，火七，木八，金九，土十。故水以天一爲火二牡，木以天三爲土十牡，土以天五爲水六牡，火以天七爲金四牡，金以天九爲木八牡。陽奇爲牡，陰耦爲妃。故曰'水，火之牡也；火，水妃也'"⑤這一段有數字與五行，

---

① 詳見《易圖明辨》卷一，頁8—10。

② [清]毛奇齡《經問》卷十四，《影印文淵閣四庫全書》，臺灣商務印書館，1986年，第191册，頁165。

③ 四庫本《經問》"天"前衍"文"字。

④ 《經問》卷十四，頁166。括号内为原文双行小字夹注。

⑤ [漢]班固《漢書》卷二七上《五行志上》，中華書局，1964年，頁1328。

卻没有畫出河圖最關鍵的方位對應,而且數位對應的方式也與鄭玄不同。所以説,鄭玄注的數字與五行可能參考了《漢書·五行志》,但調整數字,再進一步對應方位,就是他的獨特創造了。而如果河圖的創造者没有見過鄭玄注,僅憑《漢書·五行志》,絶對不可能畫得出恰好方位也與鄭玄相同的圖。因此毛奇齡認爲河圖作者根據鄭玄注而作圖,才是實情。

至於其它,雖然毛奇齡接著就大衍之數與天地之數關係問題的自我辯解,略似詭辯:“夫所謂大衍非天地者,必謂天地多五數,大衍少五數也。夫以大衍少五數而即不得爲天地,則大衍之用又少一數,將大衍亦不得爲大衍矣。”①但是他對大衍圖引入五行、生成是否超出易傳的辯解,也有一定的道理:“所謂洪範五行非大衍四營者,必謂易卦無五行,易位無生成也。夫以夫子自言乾爲金、巽爲木、坎爲水、離爲火,則卦有五行。以夫子自言‘五位相得而各有合’,則並有生成矣。”②既然《易傳》取象説中本來就有八卦對應五行具體之象的情況,那麽用八卦對應五行,也就並不算引申很遠。而“五位相得而各有合”這一句,如果結合上文“天一地二,天三地四,天五地六,天七地八,天九地十。天數五,地數五”來看的話,一到十,奇數爲天,偶數爲地,並且五位相合,那麽自然是一奇一偶相合,離鄭玄“地六與天一並,天七與地二並,地八與天三並,天九與地四並,地十與天五並”,也已經不遠。

就大衍圖問題進行了反駁之後,毛奇齡在同一篇中還就前文所説的太極、兩儀、四象、八卦之對應問題,進一步爲自己兩儀爲分而爲二、四象(即四時)爲揲之以四、八卦則爲十有八變而成卦的看法尋找證據,其中的重點是四象即“揲之以四以象四時”,而非陰陽老少。他説:“老少陰陽之説,起于崔憬,不始于一行。其説固未嘗不善,然而斷不可爲四象。蓋四象二字,起於‘象兩’、‘象三’、‘象閏’諸象字,而以四時實之,謂以曆法譬衍法也。故又云‘法象莫大乎天地,變通莫大乎四時’,又云‘易有四象,所以示也’,皆以四時四象爲揲四之解,而陰陽老少諸説並無與焉。”③毛奇齡最終下結論説,胡渭的對應與“聖經”不合,自己的對應才符合經文本義,这是他作易学判断的一贯原则。

太極兩儀四象八卦如何對應,其實是一個見仁見智、無法判斷對錯的問題,因为不論是以四象對應揲四之四時,還是以四象對應陰陽老少,都可以從《周易》上下文中找到一些暗示,但又都難以找到足夠充分的根據。

毛奇齡最後提出的一點,確實是胡渭的一個小問題,他説:“若其備舉揲蓍之法,自舍一分而以至一十八變,其爲格爲版,爲□爲×,吾不知其與聖經有合與否。”④這是在針對胡渭所説的“合掛扐之策,置之於格,……至於三變而成爻,畫之於版,三奇爲□曰老陽,三偶爲×曰老陰”⑤,確實,不論是格版還是□×,都屬於毫無根據,個人加入蓍揲過程的細節,在《周易》中無法找到相關暗示。

---

①② 《經問》卷一四,頁 170。
③ 《經問》卷一四,頁 174。
④ 《經問》卷一四,頁 175。
⑤ 《易圖明辨》卷一,頁 14。

在這一篇中，毛奇齡反駁胡渭的具體内容自然重要，主體内容前後部分中揭示出的毛、胡二人交往細節，也很有意義，篇首毛奇齡説："今朏明，吾故交，當日在益都師相宅曾爲主客。"①可見二人曾經面對面交談過，但篇尾又説："予與朏明未嘗以經論往復，憶初主客時曾聞其有古文真僞之辨，故予向作《古文冤詞》成，謹寄一本於朏明，而未蒙裁答，或亦不然其説乎？顧予則何敢不答，坐隱忍以滋譽悔衹。恐譊譊無當，徒費筆劄，爲聖學羞，則終望乎良友之訓正也。"②也就是説，兩人雖曾相見，但並未進行經學方面的交流，恐怕也並無書信往來，毛奇齡主動將《古文尚書冤詞》寄予胡渭，也並未得到答覆。毛奇齡這一篇回應胡渭的文章，雙方著作中都没有材料能夠交代結果，恐怕它也和之前所寄書稿一樣，没有得到回應。毛奇齡在其中也表示，雖然之前寄書受挫，但是這次仍然寫下辯論，是仍然希望得到胡渭的指正，視他爲良友。

胡渭雖然避免和毛奇齡進行直接交流，但是很明顯地已經將《仲氏易》《河圖洛書原舛編》《太極圖説遺議》全都仔細鑽研過，又長篇累牘地進行分析，並在《易圖明辨》中大段徵引，對毛奇齡的重視顯而易見。倘若二人能夠有書信往復，互相去蕪取精，那麽他們的易説應該都能夠更上一層樓。

六、胡渭反駁周敦頤太極圖理論時對毛奇齡的引用

除太極兩儀四象八卦對應一處與河圖（大衍圖）一處之外，毛奇齡《太極圖説遺議》中關於三五至精圖、坎離匡廓圖與《真元品》太極先天合一圖的論述，也是胡渭大段引用的重點。

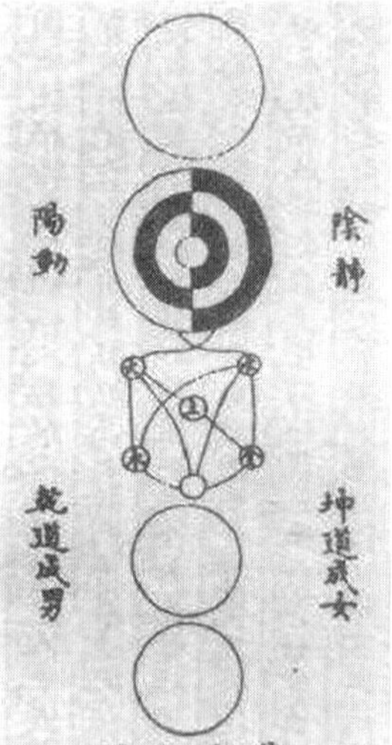

圖一：周敦頤《太極圖》

毛奇齡《太極圖説遺議》中最根本的觀點有兩條：其一是周敦頤太極圖與《參同契》頗爲相似，其二是周敦頤太極圖與道藏中的"真元品太極先天合一圖"，也幾乎一模一樣。

《太極圖》中黑白相間的圓型圖式，周敦頤解釋爲"太極動而生陽，動極而静，静而生陰，静極復動"，絲毫没有提到坎離二卦，這也使得後人難以聯想到以坎離立論的《參同契》。但如果轉换思路，將白色圓環看作陰爻，黑色圓環看作陽爻，那麽圓的左半邊由左至右即爲陰一陽一陰，右半邊爲陽一陰一陽，即爲旋轉側放的三畫坎卦☵和離卦☲，變形成圓環，拼在一起，和《參同契》所謂的"坎離匡廓，運轂正軸（匡廓即輪廓，轂即車輪中心，

① 《經問》卷一四，頁165。
② 《經問》卷一四，頁175。

軸亦爲輪子旋轉的中心)”相合[①]。至於太極圖中間五行互相聯繫的部分,將五行分爲三組,還加入一個五行之外的“一”,恰好又與《參同契》中所說的“三五與一,天地至精”相合[②]。

以前亦有零星數人,意識到周敦頤太極圖與《參同契》的密切關係,尤其是“坎離匡廓”,如元人熊朋來在他的《五經説》中,有論《先天後天圖》一篇,其中説:

> 坎離具四象之體,太極陽動陰静圖,即坎離二卦從揭之也。豈惟太極圖哉?《參同契》曰:易謂坎離。又曰:日月爲易乾坤門户。坎離匡郭,牝牡四卦,先天以乾坤坎離牝牡兑震巽艮四卦。又曰:坎離者,乾坤二用。老陽變陰用九,老陰變陽用六,其牝牡之體,九六之用,皆坎離也。姑就《參同契》言之,則先、後天圖已在其中。[③]

他看到了《太極圖》與《參同契》“坎離匡廓,運轂正軸”的相似,卻没意識到產生相似的根本原因在於《太極圖》的襲用,反而囿於對前人的盲目崇拜,以爲二者恰好同時正確地揭示了易象,所以才會十分相似。

毛奇齡則能夠轉換思路,是发现《太極圖》襲用《參同契》第一人,他説周敦頤太極圖“竊取魏伯陽《參同契》中水火匡廓與三五至精兩圖,而合爲一圖。”[④]毛奇齡认为,水火匡廓圖與三五至精圖,都是《參同契》中曾經有記録的,與周敦頤太極圖所襲用的圖幾乎一模一樣,而且其图当时仍然存在,即“第其圖自朱子注參同契後,則學者多删之,惟彭氏舊本,則或九或七,其圖猶存”[⑤]。且該彭氏舊本十分常见,“今藏書家與道家多有之”[⑥]。這段話其實存在問題。所謂“彭氏舊本”,只可能是五代人彭曉所注的《參同契》,但考涵芬樓影印正統道藏中所收的彭曉《周易參同契分章通真義》《周易參同契鼎器歌明鏡圖》,甚至是正統道藏中所收的其它各種《周易參同契》注,包括陰長生的《金碧五相類參同契》《周易參同契》《參同契五相類秘要》,兩部無名氏《周易參同契注》,俞琰《周易參同契發揮》《周易參同契釋疑》,陳顯微《周易參同契解》,儲泳《周易參同契》,都並無毛奇齡口中“或九或七”的任何圖,這一點也成爲後代學者批評毛奇齡之説不成立的根據[⑦]。

誠然,二圖是否真的存在還需要再議,但周敦頤太極圖主體的兩個部分同時與《參同契》原文兩處如此相似,其它无法借鉴的部分又都只草草使用一個

---

① [漢]魏伯陽著、章偉文譯注《周易參同契》卷上,中華書局,2014年,頁2。

② 《周易參同契》卷中,頁270。

③ [元]熊朋來《五經説》卷一,《影印文淵閣四庫全書》,臺灣商務印書館,1986年,第184册,頁251。

④ [清]毛奇齡《太極圖説遺議》,《毛奇齡易著四種》,中華書局,2010年,頁96。

⑤ 《太極圖説遺議》,頁99—100。

⑥ 《太極圖説遺議》,頁100。

⑦ 如田智忠《再論〈太極圖〉與〈周易參同契〉“三五至精”思想之關係》,《周易研究》,2015年第2期,頁46—51。

圓圈來表達意思，有根據之處如此複雜，無根據之處又過分簡單，這已經足以使人懷疑襲用的可能性。即使《參同契》中的兩句話原本無圖，毛奇齡表述有誤，也無法抹消他所發現的襲用可能。

毛奇齡還發現，正統道藏所收《上方大洞真元妙經品》後之《妙經圖》中有《太極先天之圖》，與周敦頤《太極圖》更爲相似。《妙經品》有唐玄宗之序，似于唐玄宗之前即已成書，但其中不避諱“世民”，十分可疑。且《妙經圖》與《妙經品》内容上關聯不大，成書時間也並不一定同時，後人如李申《易圖考》之考證，引用王卡之説並進行補充，認爲《妙經品》的一部分及《妙經圖》，很可能是金人時雍的弟子所作。若是如此，那麽《妙經圖》之先太極先天圖成書可能晚于周敦頤，可能是它反過來襲用了周敦頤之太極圖①。

圖二:《上方大洞真元妙經品》所收太極先天之圖

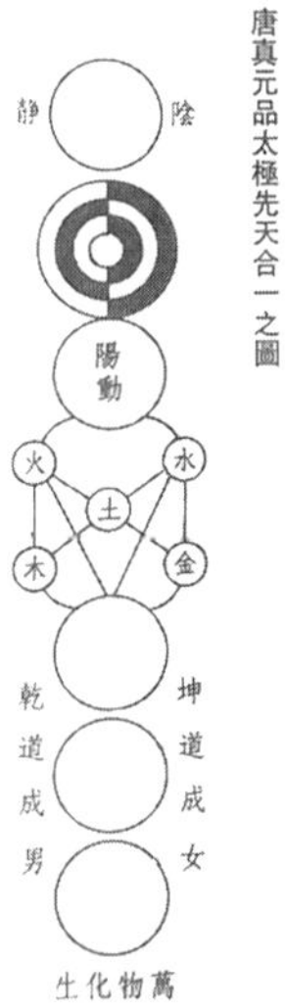

圖三:《太極圖説遺議》所收之太極先天之圖

但是，正統道藏所收的該圖與周敦頤太極圖有不同之處，在於第二個黑白交錯的圓環，左半部分爲全白，而非周敦頤太極圖之白一黑一白，也就是説，毛奇齡《太極圖説遺議》中引用的《太極先天之圖》即圖三，實際上引用有誤。如果周敦頤太極圖也是《上方大洞真元妙經品》的形式，就不符合《參同契》坎離匡廓之説，那麽毛奇齡前半部分對周敦頤太極圖取材自《參同契》的考證也存在新的問題。問題的關鍵是，如果《妙經圖》之先天太極圖晚于周敦頤之太極圖，那麽它肯定襲用了周敦頤之圖，那又爲什麽會改變更對稱、更精妙的黑白相間的形式呢？這樣看來，周圖襲用的可能性更高。或者有可能這兩種太極圖原本一致，但某一本在刊刻時出現了失誤，那麽究竟哪個圖才是原圖呢？這些問題以現有材料出發尚無法斷定，爲了表述的準確無誤，這裏只能説，周敦

① 詳見李申《易圖考》，北京大學出版社，2001 年，頁 30—36。

頤太極圖有襲用正統道藏《上方大洞真元妙經圖》的可能。

另一點需要説明的是，和毛奇齡时代相同的朱彝尊，在《曝書亭集》中，有一篇《太極圖授受考》，也提到了《上方大洞真元妙經》的問題，這裏需要就周敦頤太極圖始自上方大洞真元妙經品之説的提出者究竟是毛奇齡還是朱彝尊，進行一些辨析。二人交往頻繁，多有書信來往，討論到《上方大洞真元妙經》的問題，亦不奇怪，這就需要説明究竟最初的靈感始自於誰。

毛奇齡曾經交代過見到並抄録《道藏》本《上方大洞真元妙經》的經過，而朱彝尊卻並未有相關説明。既然毛奇齡是見到《上方大洞真元妙經》的人，那麽由他率先提出觀點，可能性更大一些。毛奇齡見《上方大洞真元妙經》的過程見於《經問》，蓋李塨翻找《道藏》未見該書，秉著嚴謹的態度，向毛奇齡寫信詢問該書的由來，毛奇齡回答説："按此書在杭州吴山火德廟《道藏》中，系刻本，王草堂搜得之，只録其書名並圖，與玄宗之序，而書仍付去。其圖與宋朱内翰震紹興間所進周子太極圖並同。"[①]整個過程交代得非常清楚，令人信服。

毛奇齡《太極圖説遺議》大膽又富有啓發性的觀點，因其存在漏洞，引發了後世的許多争議，但在胡渭那裏，三五至精圖與水火匡廓圖實際上有文字而無圖的事實還並没有被他發現，因此《易圖明辨》直接收録毛奇齡所畫的兩圖，並且引用了《太極圖説遺議》中論述二圖的内容[②]。甚至毛氏所引《妙經圖》與道藏著録原圖有出入的問題，胡渭也並没有發現，因此他在指出《妙經圖》問題時説"與宋紹興甲寅朱震在經筵所進周子太極圖正同"[③]。但對於《妙經圖》，胡渭懷疑有可能是《妙經圖》轉抄《太極圖》，因此説："或曰周子所自作，而道家竊之以入藏。疑不能明，存而弗論云。"[④]胡渭自覺無法得出結論，因此對這一點作存而弗論處理。從這一部分胡渭對毛奇齡易説的處理來看，他對毛奇齡的信服程度其實是相當高的。

七、《易圖明辨》引用毛奇齡易説的全面統計

太極兩儀四象八卦、河圖洛書、《太極圖》，這三處是胡渭對毛奇齡最集中、最大量的引用，其它的引用還不止於此。這裏將所有引用与辨析情况列表如下，并附上中華書局版《易圖明辨》對應的頁碼：

---

① 《經問》卷十七，頁 203—204。
② 詳見《易圖明辨》卷三，頁 64—66。
③ 《易圖明辨》卷三，頁 66。
④ 《易圖明辨》卷三，頁 67。

序號	引用与辨析内容	引用与辨析对象	字　數
1	間嘗……論與(頁 7—10)	基本贊同毛氏論河圖洛書、大衍之數爲宋人附會	引《原舛編》812 字，辨析 698 字
2	此爲……快之(頁 11—15)	基本贊同毛氏太極兩儀四象八卦對應	引《仲氏易》435 字、引李塨《訊易書》并簡要説明 440 字，辨析 952 字
3	大抵……道乎(頁 19—20)	反對毛氏認同鄭玄引緯書	引《原舛編》95 字,辨析 45 字
4	蜀山……名也(頁 22)	贊同毛氏論“蜀山隱者”等託名言易者	引《原舛編》53 字
5	考禹……可乎(頁 31—32)	反對毛氏論《洪範》與洛書無關	引《仲氏易》83 字,辨析 458 字
6	參同……王也(頁 54)	贊同毛氏《參同契》圖説	引《遺議》82 字
7	水火……一也(頁 64)	贊同毛氏論水火匡廓圖	引《遺議》34 字
8	三五……論云(頁 66—67)	基本贊同毛氏三五至精圖	引《遺議》173 字,辨析 300 字
9	夫图……已矣(頁 126—127)	贊同毛氏論河圖洛書非後人所附會的形態	引《仲氏易》79 字,辨析 211 字
10	右繫……眉乎(頁 134—135)	贊同毛氏反對先天圖	引李塨贊同毛氏語 148 字
11	趙宋……上文(頁 140—141)	贊同毛氏反對陰陽老少説	引《仲氏易》317 字,辨析 97 字
12	夫兩……過乎(頁 157—158)	贊同毛氏先天圖八誤説	引《仲氏易》898 字,辨析 51 字

據上表可知,《易圖明辨》引用與辨析毛奇齡説法共有十二處,遍及《仲氏易》《河圖洛書原舛編》和《太極圖説遺議》,其中十處均爲贊同内容,且字數較多,分布廣泛,多在關鍵問題處。从具体内容来看,胡渭尤其重视毛奇龄对宋學之河圖洛書與先天圖的辨析,這也是《易圖明辨》的重點内容。由此可證,如果没有站在毛奇齡的肩膀上,胡渭的《易圖明辨》不可能達到這樣的高度。

【作者簡介】 种方,天津師範大學文學院講師,研究方向爲文獻學與中國經學史。

莊存與《春秋正辭》旨趣辨釋
——《内辭》《二伯辭》《諸夏辭》讀解

辛智慧

【提　要】《春秋正辭》作爲清代公羊學的肇端之作，向以艱晦著稱，目前對該書旨趣的探討，尚多留待發之覆。《内辭》《二伯辭》《諸夏辭》，作爲該書九“辭”中與諸夏國家修己治家、立國理政相關的部分，可爲探討其旨趣提供最大便利。將之與《左傳》《公羊傳》《穀梁傳》《春秋胡氏傳》以及清代官修《日講春秋解義》《御纂春秋直解》逐條考比，可以看出，莊存與全面繼承了孟子、董仲舒、司馬遷一系對《春秋》作意的理解，以護衛天人、君臣、父子、男女、夷夏的禮教等級秩序，或曰“王道禮秩”爲志職。此一秩序，雖以政治層面的尊王大一統爲核心，但並不以此爲全部，莊存與更注重從禮制整體著眼，因而顯得更具有體系性和意識形態性。他的這一學術祈向，爲反思晚清以來所形成的公羊學認識，提供了重要的批判視角。

【關鍵詞】　莊存與　春秋正辭　王道禮秩　公羊學

莊存與(1719—1788)，字方耕，號養恬，江蘇常州武進人。作爲清代常州學派的開山，莊存與所復興的公羊學，在清代後期大放異彩，從而在梳理晚清百餘年的學術思潮時，不得不予常州莊氏之學以主流地位，錢穆先生稱之爲“足以掩脅晚清百餘年來之風氣而震盪摇撼之”[①]，其重要性殆無可疑。

但由於莊存與“素稱魁儒”，“文辭奥衍”[②]，且現存其著作總集《味經齋遺書》皆爲解經之作，索解爲難。當前對其學術的研究，多以“莊存與公羊學”“莊存與春秋學”或“常州學派”等爲主題，對之進行相對寬泛的解讀，尚未展開緊扣文本的專書研究，這對於向以艱晦著稱的莊存與而言，多顯得浮掠而不能理解準確。若再進而匆遽判分其學術派别，探討其思想意涵，則或不免有皮之不存毛將焉附之憾。有鑒於此，本文擬立足於細讀《春秋正辭》中的三“辭”——《内辭》《二伯辭》《天子辭》，對莊存與公羊學的核心旨趣展開辨釋。晚清以來，莊存與向以公羊家著稱於世，可是對其相關著作《春秋正辭》之真正旨趣，目前

【基金項目】本文爲“山東大學基本科研業務費專項資金資助”項目的階段性成果。

① 錢穆《中國近三百年學術史》，商務印書館，1997年，頁582。

② 李慈銘《越縵堂讀書記》，上海書店出版社，2000年，頁19、799。

依舊言人人殊，有待厘定[①]。本文力期立足文本，避免空論，以爲進一步研究提供基礎。

之所以立足於此三"辭"來探討其旨趣，尚出於以下考慮：

《春秋正辭》全書，是在借鑒元代趙汸之義例的基礎上完成的。該書重新將《春秋》類分爲九"辭"，以"檃括其條，正列其義"[②]，分別爲：奉天辭、天子辭、内辭、二伯辭、諸夏辭、外辭、禁暴辭、誅亂辭和傳疑辭。其中"傳疑辭"乃解釋《春秋》書法，目前僅存兩小序、一經例，有闕文，當爲莊存與生前未克整理完成所致。其他八辭分別是對《春秋》中與"天""天子""魯國""齊桓公和晋文公""諸夏國家""夷狄國家""暴行""亂行"等相關内容的分類與討論。

在每一"辭"之下，又分若干小辭目，如《奉天辭》下分"建五始"等十目。每一辭目皆有一小序，以概述主旨，並將《春秋》中從屬該辭目的經文歸置於其下以當例，且對每一經例皆有解説。另在全書首冠以《春秋正辭敘目》，以統領九"辭"，相當於九辭的小序。由此可知，《春秋正辭》是以"敘目"—"辭目及序"—"經例及解"爲主綫，層次井然、議論渾成的一本著作。

《内辭》《二伯辭》《諸夏辭》，分別爲《春秋正辭》九"辭"中的第三、四、五辭。其中《内辭》是該書中最大的篇章，分爲上中下三卷。所謂"内"，指魯國，故本"辭"主要討論《春秋》中與魯國相關的内容。其上卷主要圍繞魯公及其夫人、子女展開，共有16辭目，其中5目與魯公相關：公繼世、公繼故、君薨葬、君薨故葬故、君孫；7目與夫人相關：夫人、夫人薨葬、夫人絶、妾母、夫人寧、夫人踰竟、絶夫人踰竟；4目與子女相關：子卒、子卒故、子生、内女。中卷圍繞魯國行政事務展開，共有33辭目，其中4目與魯國祭禮相關：宗廟、郊、雩、用牲；3目與魯國大政相關：改制、土功、搜狩；5目與會晤等相關：公會諸侯，公遇諸侯，外臣與會，公會外臣，公適諸侯；13目與戰伐等相關：公以非事舉，公將，公次，師，戰，取國邑，土田，取邑歸邑，入國邑，滅國，公行致地，公行致會，公行致侵伐；8目與朝聘等相關：來朝、來聘、平、來盟、涖盟、師加我、乞師獻捷、告糴歸粟。下卷圍繞魯國大夫展開，共分13辭目，分別是：大夫出疆、大夫盟會、大夫會諸侯、大夫將、大夫私行、大夫執、大夫卒、公母弟、刺大夫、大夫奔、叛邑、邦賊、邦盜。三卷小序合計，共達62條之多，可謂内容宏富。

《二伯辭》是莊存與討論《春秋》齊桓公與晋文公的篇章。齊桓、晋文乃諸夏諸侯中先後崛起的霸主，定王室、令諸侯、攘夷狄，有功於諸夏禮教秩序的維

① 如梁啓超等前輩多將莊存與當作清代今文經學的開創者，以復興"微言大義"許之。所謂"微言大義"，在其語境中，蓋具有方法與内涵二義：前者指與乾嘉漢學家"訓詁考據"所對立的學術方法，後者指"張三世""通三統""絀周王魯"等寓含"改制"意涵的諸公羊大義。（梁啓超《清代學術概論》，上海古籍出版社，1998年，頁74。）晚近的研究則與之相反，或認爲存與之旨趣實意在維護尊王大一統（參見湯志鈞《清代經今文學的復興》，《中國史研究》1982年第2期；黄開國《莊存與"春秋"學新論》，《哲學研究》2005年第4期；或徑將莊存與的學術旨趣認定爲"發揮聖王理想""致君堯舜"（蔡長林《從文士到經生——考據學風潮下的常州學派》，臺北"中研院"文哲研究所，2010年，頁44、46。故此一問題尚有待討論。

② 莊存與《春秋正辭敘目》，《春秋正辭》，光緒八年（1882）陽湖莊氏重刊本。

護,實爲諸夏諸侯之長,故莊存與將之單列一卷討論。該辭共分 5 辭目:齊桓盟會、齊桓侵伐、齊桓救患存亡、晋文侵伐戰圍、晋文盟會。

《諸夏辭》是莊存與討論《春秋》諸夏國家的篇章。共條列 24 辭目,與外交盟會相關者 12 目:特盟會、遇、次、如、胥命、參盟會、合諸侯、大夫與會、諸侯會大夫師、諸侯在大夫盟、大夫會、大夫會城;與侵伐相關者 5 目:執諸侯、執大夫、侵伐、會侵伐、戍救;與諸侯家室相關者 5 目:諸侯卒葬、未葬未踰年君、世子、母弟母兄、疑君;與小國進退絀褒相關者 2 目:附庸成子、褒封絀爵。

究其本質而言,魯國與二伯,亦屬"諸夏"。故此三辭可看作是莊存與對諸夏國家修己治家、立國理政的總檢討。由上文對辭目的簡單梳理,亦可看出其内容之宏富,小到一家,大到一國,舉凡人倫日用、内政外交皆囊括無遺,如祭、喪、婚、葬,戰、伐、救、滅,朝覲、會同、盟誓、聘問,僭越、奔叛、弑逆、暴亂等《春秋》中的重要事類和問題,皆涵蓋其中,完整體現出莊存與對《春秋》"長於治人"之取向的體認和把握。因此,以詳細讀解此三辭,必要時亦結合其他篇章,來探討莊存與《春秋正辭》的學術旨趣,希望不致有舉偏概全之失。此爲本文命意所在,不敢自是,尚請明哲指正。

一、奉天

若細讀《内辭》《二伯辭》《諸夏辭》,會發現"奉天"之義處於莊存與所言義理的最高層,地位十分顯要,蓋與公羊家以天正王、以天道正人事的做法雷同。這一義法,莊存與在《春秋正辭》第一卷《奉天辭》中已完整提出過,在《内辭》等三辭中亦有論説,例舉如下。

其一,《春秋》隱公卷的開篇文字書作"元年春王正月",何以不書"公即位",《左傳》釋爲"攝也"。杜預集解:"假攝君政,不修即位之禮,故史不書於策。"即認爲是隱代桓立(因桓公年幼),暫居君位,且未行即位之禮的緣故。而《穀梁傳》的解釋爲:

> 公何以不言即位?成公志也。焉成之?言君之不取爲公也。君之不取爲公,何也?將以讓桓也。讓桓正乎?曰:不正。《春秋》成人之美,不成人之惡,隱不正而成之,何也?將以惡桓也。其惡桓,何也?隱將讓而桓弑之,則桓惡矣。桓弑而隱讓,則隱善矣。善則其不正焉,何也?《春秋》貴義而不貴惠,信道而不信邪。孝子揚父之美,不揚父之惡。先君之欲與桓,非正也,邪也。雖然,既勝其邪心以與隱矣,已探先君之邪志,而遂以與桓,則是成父之惡也。兄弟,天倫也,爲子受之父,爲諸侯受之君,已廢天倫而忘君父,以行小惠,曰小道也。若隱者,可謂輕千乘之國,蹈道則未也。

概略而言,穀梁子以爲,不書"公即位",是爲了成全隱公之志且惡桓公。但同時以爲隱公此舉非正,因其尊父之邪命而讓位於桓公,"是成父之惡也",究其實質是"廢天倫而忘君父"。《公羊傳》對此的解釋爲：

> 公何以不言即位？成公意也。何成乎公之意？公將平國而反之桓。曷爲反之桓？桓幼而貴，隱長而卑，其爲尊卑也微，國人莫知，隱長又賢，諸大夫扳隱而立之，隱於是焉而辭立，則未知桓之將必得立也。且如桓立，則恐諸大夫之不能相幼君也。故凡隱之立，爲桓立也。隱長又賢，何以不宜立？立適以長不以賢，立子以貴不以長。桓何以貴？母貴也。母貴則子何以貴？子以母貴，母以子貴。

同樣以爲是成全隱公之意。隱代桓暫立，是出於替桓公著想，並非真即位也。與《穀梁》相比，《公羊》似重在陳述事實與禮法，不但未責備隱公，甚且多有誇贊"隱長又賢"之意。

而在《春秋胡氏傳》（下稱《胡傳》）[①]看來，不書"公即位"，是"仲尼削之也"，原因在於"内不承國於先君，上不稟命於天子，諸大夫扳己以立而遂立焉，是與争亂造端，而篡弑所由起也"。即認爲隱公所立不正，有篡奪之嫌，故孔子削之不載。似將《公羊傳》體察隱公初衷的用心完全捨棄。

綜合而言，四傳的解釋大概可分爲三種：《左傳》《公羊傳》類似，以爲是隱公暫攝君位，故不書"公即位"，杜預並將之具體爲"不修即位之禮"；《穀梁》同樣以爲攝位所致，但批評隱公未蹈道；《胡傳》則以隱篡奪，孔子削之。

而清代官方共修有三部《春秋》經解：《日講春秋解義》（下稱《解義》），乃康熙早年經筵舊稿，雍正七年（1729）重新校訂並"恭呈御覽者再而後告成"，最終經乾隆核准後刊刻於乾隆二年（1737）[②]；《欽定春秋傳説匯纂》（下稱《匯纂》）敕修於康熙五十四年（1715），修成於五十七年（1718），刊刻於六十年（1721）[③]；《御纂春秋直解》（下稱《直解》）修成於乾隆二十三年（1758）[④]。其中《匯纂》是集注之作，除偶有案語外，一般以收羅同一條經文的不同解釋爲主，雖有編纂者自己的傾向，但不直接。而與莊存與關係最密切者當爲另外兩部刊刻於乾隆朝的著作，尤其是《直解》乃乾隆親敕儒臣編撰，充分體現了乾隆的經學主張。修成後多次頒示學官，鼓勵士子研習。以科考晋身，且多次出任學政的莊存與，對此應有充分瞭解。故將其與《春秋正辭》做比對，亦是瞭解莊存與學術主張之時代意涵的必要步驟。

《解義》與《直解》皆批駁胡氏之説，而采杜預之説，以爲"未行即位之禮，故不書即位"。莊存與卻並未因襲《左傳》《公羊傳》一直到官方經解的解釋路綫，

---

① 胡安國的《春秋胡氏傳》在元朝成爲科舉定本後，一直沿用至清。雖然在康雍乾三朝，受到官方越來越嚴厲的批判，最終於乾隆五十七年決定自下科鄉試始，廢止在科考中使用，但實際在廢止之前，它一直是官方和民間的《春秋》教本，是位列三傳之後的第四傳，地位顯要。並且是屢主文衡的莊存與的潛在對話對象之一。

② 庫勒那、李光地等《日講春秋解義》，《文淵閣四庫全書》，臺灣商務印書館影印版，1986年，總第172册，頁3。

③ 王豐先《〈欽定春秋傳説匯纂〉纂修時間考正》，《中國典籍與文化》2009年第2期。

④ 傅恒等《御纂春秋直解》，《文淵閣四庫全書》，總第174册，頁3。

而是綜合《胡傳》和《穀梁》之説，認爲書“元年”，既已行即位之禮，但依舊不書即位，是：

> 斥隱公即位與“衛人立晋”同實矣，不爲讓且爲簒矣[①]。大惑不解？盍觀夫子之賢伯夷、叔齊乎！伯夷尊父命，人知之；伯夷逃父喪，人不知之；慭自處於不孝，所以尊父之命而全之也。叔齊重天倫，人知之；叔齊尊父命，人不知之；立己非正命也，亦且逃之，寧犯二不孝，亦所以尊父之命而全之也，以是求仁而各得焉[②]。善乎穀梁子之言，隱公“成父之惡”以爲讓，所由與伯夷、叔齊異矣。嘗得而推言《春秋》之志，天倫重矣，父命尊矣，讓國誠則循天理、承父命；不誠矣，雖行即位之事，若無事焉。是以不書即位也。（《內辭上》“公繼世”經例）

衛公子晋因衆大夫之力而立，被《春秋》斥爲簒。存與以爲隱公與之同實。伯夷因父遺命立弟叔齊爲君，故雖爲長子而逃位不居，並未以衆大夫之力而立。叔齊以父命不正（廢長立幼），亦逃位不居，並未從父之邪命而立。是以存與以爲二人實質上是皆“尊父之命而全之也”。隱公在此兩點上，皆有愧於伯夷、叔齊。可見，雖然“天理”“父命”交相爲重（“天倫重矣，父命尊矣”），但並不能以父命而逆天理，即如果衆志爲邪、父命爲邪，循天理完全可以違背衆志與父命，這當是其善乎穀梁子之言的原因。蓋體現出存與奉天正人的學術主張。

其二，桓公弒君兄得位，依照《公羊》“繼弒君不言即位”之例，《春秋》當不書“公即位”。但《春秋》桓公元年卻書“元年春王正月公即位”。《左傳》無傳。《穀梁》以爲乃緣於“與聞乎弒也”。《公羊》以爲是“如其意也”。何休解詁：“弒君欲即位，故如其意，以著其惡。”其意蓋與《穀梁》近似。《胡傳》《解義》亦皆從此一角度立説。而《直解》以爲：“桓自正其即位之禮也。……以見亂賊之得志也，天王之失討也，方伯之廢職也，魯人之臣仇也。”莊存與同樣批評其他諸侯不討魯桓公，稱“同世相接之大小侯，不得委於不知賊矣”。並在此基礎上進一步稱：“上天神明，先王、先公之靈，其可欺哉！以元年春王正月臨之於祖廟，而公之即位無異‘致刑於甸人’矣。”[③]其中甸人乃周官，掌田野之事及公族死刑。而所謂“以元年春王正月臨之”，即指以“五始”之前四“始”正之，易言之，體現了存與以天道祖德正王的態度。

由以上例證可知，公羊學中“五始”之義，尤其是其中以天正王，以天道正人事之義，莊存與是完全贊同的，在其學説中具有根本地位。

---

① 衛宣公名晋。《春秋・隱公四年》：“冬十有二月，衛人立晋。”公羊子傳：“晋者何？公子晋也。立者何？立者不宜立也。其稱人何？衆立之之辭也。然則孰立之？石碏立之。石碏立之，則其稱人何？衆之所欲立也。衆雖欲立之，其立之非也。”何休解詁：“立、納、入，皆爲簒。”

② 《論語・述而》：“冉有曰：‘夫子爲衛君乎？’子貢曰：‘諾。吾將問之。’入，曰：‘伯夷、叔齊何人也？’曰：‘古之賢人也。’曰：‘怨乎？’曰：‘求仁而得仁，又何怨。’出，曰：‘夫子不爲也。’”

③ 莊存與《春秋正辭》卷三《內辭上》，“公繼故”經例桓公條。

二、尊尊

在《内辭》《二伯辭》《諸夏辭》中，莊存與闡述最多的似爲尊尊和親親之義。在存與看來，“不以親親害尊尊，亦不以尊尊害親親，是用内和而家理”（《諸夏辭》“母弟母兄”隱七年經例）。本節擬對存與的尊尊之義略作梳理，下節將對其親親之義做出考察。

質言之，存與的尊尊，似多爲强調對天王、二伯、諸侯等人的尊奉，同時譏貶僭亂，護衛禮教等級秩序，有充分的具體例證可説明此一狀況。

（一）尊王

尊奉天王是莊存與的核心觀念之一，既是其所認爲的《春秋》大義所在，亦是其褒貶進退一切人事的重要標準。在存與看來，“監一國曰守臣，長一州曰力臣”（《内辭中》“公將”小序），諸侯尊奉天子乃其職分所定。如《春秋》隱三年“齊侯、鄭伯盟於石門。”《左傳》僅傳本事。《穀》《公》無傳。《胡傳》以爲“凡書盟者，惡之也”。《解義》抄《胡傳》，《直解》批評諸侯結黨營私，而“天下始多故，諸侯遂無王矣”。存與亦沿此一解經路綫，以諸侯私盟爲説，但特别責其不率職尊王：“噫嘻！齊侯，州伯也；鄭伯，王卿士也；各率厥職，奚爲於石門而盟諸！祭伯不正其私交，則齊侯、鄭伯不正其私盟矣。”（《諸夏辭》“特盟會”經例。）

再如，對於將周桓王戰傷的鄭莊公，按照慣例，當貶不書葬，但《春秋》桓十一年卻書：“秋七月，葬鄭莊公。”《左傳》僅叙述本事，對此無解説。《公》《穀》《胡》亦皆無説。《解義》乃推測之辭，稱：“卒逾兩月而葬，慮有争也。”《直解》全抄《解義》。莊存與卻未采納官方之解，而是給出全新的解釋：

> 然則何以不去葬？曰寤生之辟有議焉，五廟之孫，於諸姬爲近，桓公死難，武公佐平王以東遷，鄭以《緇衣》立國乎天下，其功有誅而無絶，則寤生之誅，禮爲之變且隱者也。誅之必績其子孫，奚爲不志其葬！（《諸夏辭》“諸侯卒葬”桓十一年經例）

鄭莊公寤生的祖父鄭桓公死於犬戎攻周之難，父親鄭武公又有佐平王東遷之功，父祖兩代竭力王室，存與以爲“其功有誅而無絶”，故鄭莊公得以因祖蔭而書葬。可以看出，存與對鄭國三代人的褒貶皆以尊王與否爲準衡。

而與衛侯朔一樣出奔又返國，兩度爲君的鄭厲公姬突，《春秋》曾書名以“絶”之，依例亦當不書葬。但《春秋》同樣書其葬。四傳對此無説。《解義》亦未做解釋，但指出鄭突有功王室，而猶謚作“厲”，是“周室雖衰，公議尚在”。《直解》襲之。只有莊存與對其書葬給出解釋，但卻暗襲官方有功王室之論：

> 絶之而又見入焉，鄭伯突也，衛侯朔也，皆不容於誅。朔不葬，突何以葬？功以除突之罪也。突之功奈何？定王室也。惠王辟子頽之難，居於温，鄭伯誅子頽而王室定，罪固可得而除矣。（《諸夏辭》“諸侯卒葬”莊二十一年經例）

所謂定王室之功，即意在尊王矣。

再如，《春秋》文元年“衛人伐晋”，若依《春秋》諱伐盟主之例[①]，當諱而不書。但衛人此伐乃因晋人伐衛而起，存與認爲此爲不以晋爲盟主之辭，因爲晋襄公“位在藩臣，見人之不朝事己，而輒伐之，非所以安臣節而奉帥天子也。於是乎以人從欲而專行乎中國者，累世焉，卒以卑周室而啓吴、楚之心，晋襄公始爲之也。不主晋於是始，而王道行矣。”（《諸夏辭》“侵伐”文元年經例）可見存與同樣以奉帥天子，維護王道立論。

再如，《春秋》成三年：“晋侯使荀庚來聘。”諸傳或無説，或皆解釋此一具體事件，存與卻將《春秋》志王使和晋使的頻次做了總結，認爲魯人已經以王使待晋使：

> 隱、桓之《春秋》，志王使聘五焉；成、襄之《春秋》，志晋使聘九焉。魯人之所以榮且喜者，移於晋矣。以共京師者共晋，聖人之所甚懼也。舍隱、桓，則志王使也罕，自成而下，王使亦絶不見，“章疑别微以爲民坊”，《春秋》之大教也。《春秋》終不使魯人以待王使者待晋使，絶之若不相見者然，以尊王而抑晋。微故尊之，僭故抑之，王聘屢於隱、桓，晋聘屢於成、襄，皆以爲非常焉爾。（《内辭中》“來聘”成三年經例）

所謂“不使魯人以待王使者待晋使”，“尊王而抑晋”等，皆將存與尊王而貶諸侯之意明白説出。

上引諸例説明，莊存與已將“尊王”與否作爲褒貶諸侯行爲的重要標準。因此，凡是對周王有所僭越的行爲，皆當在其譏貶之列。如魯國的國家大型祭祀：宗廟、郊、雩、用牲等，莊存與即皆譏其僭越：

> 《詩》有指焉：“周公皇祖，亦其福女。”愆忘周公之禮，其福女哉？“禘於大廟”，以禘爲非；“吉禘於莊公”，以吉爲非。言“大事”、言“有事”，終以爲不可言而不言也。（《内辭中》“宗廟”小序）

存與以爲《春秋》僖八年的“禘於太廟”和閔二年的“吉禘於莊公”，皆屬僭禮行爲。而文二年：“大事於太廟，躋僖公”；宣八年：“有事於太廟”；昭十五年：“有事於武宫”等祭祀行爲，亦皆屬“不可言”的僭越禮制的行爲，故《春秋》諱而以“大事”“有事”代之。再如“郊”：

> 魯之郊禘，自僖公始也。成王建魯，“錫之山川，土田附庸”，《詩》言止矣。既而言曰：“周公之孫，莊公之子，龍旗承祀，六轡耳耳。春秋匪解，享祀不忒。”乃遂曰：“皇皇后帝，皇祖后稷，享以騂犧”。嗟歎之曰：“是饗是宜，降福既多。”繼之曰：“周公皇祖”。若曰吾君，周公之孫也。可謂善頌，可謂善規者乎！《春秋》隱、桓、莊、閔之策書，無言郊者。人曰：“僖公，魯

---

① 《春秋·定公九年》：“秋，齊侯、衛侯次於五氏。”杜預集解：“五氏，晋地。不書伐者，諱伐盟主，以次告。”

之盛君也”[①]，聖人曰：“周公其衰矣！”（《内辭中》“郊”小序）

所謂郊禘，乃以祖先配祭昊天上帝的祭禮，春秋時爲專屬周天子之禮，魯用郊禘屬僭越行爲。《禮記·禮運》：“孔子曰：‘於呼哀哉！我觀周道，幽、厲傷之，吾舍魯何適矣？魯之郊禘，非禮也，周公其衰矣！杞之郊也，禹也；宋之郊也，契也；是天子之事守也。故天子祭天地，諸侯祭社稷。’”因杞、宋作爲二王之後，依舊被允許實行先代天子郊禘之禮，但魯作爲周公之後，只該祭社稷，行郊禘禮是僭越的。故存與引《詩·魯頌·閟宫》，暗諷僖公爲周公之後裔卻不遵守周公之禮，以其當政時期爲周公之道衰敗的開始。責僭越之意依舊是明顯的。再如：

雩以大爲僭，過則書。昉於桓，成於僖。有以瀆書，有以旱書。（《内辭中》“雩”小序）

失禮於社，止此乎？舉其可道者，亦僭矣。（《内辭中》“用牲”小序）

存與以爲，書於《春秋》之“雩”祭，除了以“瀆”“旱”所書者外，皆以超越規格的僭越而書。（“雩以大爲僭，過則書。”）《春秋》之“用牲於社”，存與亦以其因僭越禮制而書。質言之，所謂僭越，依舊是存與尊王維護禮制的具體體現而已。

除國家的大型常設祭典外，其他活動中的僭越行爲亦受到存與批評。如隱五年“初獻六羽”，乃魯桓公之母仲子之宫落成，將舉行安主祭祀儀式，乃初次使用“六羽”。諸傳皆以僭越釋之，《公羊傳》所釋尤爲詳明，稱：“初獻六羽何以書？譏。何譏爾？譏始僭諸公也。六羽之爲僭奈何？天子八佾，諸公六，諸侯四。……僭諸公，猶可言也。僭天子，不可言也。”即以仲子僭用了本該魯公使用的六羽，則暗示魯公當僭用了本該周天子所用的八羽。莊存與因襲之，稱：

何以書？譏。何譏爾？用諸侯之盛樂也。曰“考仲子之宫”且“獻六羽”乎？惠宫將以何獻矣？周公之廟，魯公之室，又將何以獻矣？獻六羽可言也，以妾僭君不可言也。不可言而言之，且目之曰“初”，以魯之用樂，爲所有大不可言者矣，僭天子也。諱之而不書矣，因事以書。（《内辭上》“妾母”經例）

綜合以上諸例可以看出，莊存與的尊王，既有對現實王權的尊奉，又有對等級禮法制度中王制的尊奉，體現出個人特點。

（二）奉戴二伯及諸侯

除尊奉周天王之外，莊存與亦嚴格維護諸夏諸侯對二伯、附庸小國對州伯、臣子對諸侯的奉戴。

具體而言，莊存與之所以褒揚齊桓公，即看重其卻奸尊義、救患存亡等安諸侯修禮樂的作爲，如稱：

---

① 《魏書》卷四三《房法壽傳》，記房景先語。

經營二十餘歲，中國諸侯擬議觀望，意未决也。存三亡國，而天下咸諭乎桓公之志。再爲義王[①]，克盡臣節。修禮諸侯，官受方物[②]，"魯人至今以爲美談，猶望高子"[③]，則修《春秋》之時也。"邢遷如歸，衛國忘亡"[④]，非以文、武、成、康之世近，周禮無恙故邪！雖曰未粹，苗莠粟秕。晉文擬焉，則不算矣。（《二伯辭》"齊桓救患存亡國"小序）

雖然莊存與贊賞齊桓公經營中國，是以其"克盡臣節"爲前提的，但顯然在此前提下，他亦賦予齊桓諸侯之長的地位，贊賞其他諸侯對齊桓的翼戴。

再如《春秋》莊二十五年"春，陳侯使女叔來聘"，諸傳或圍繞"陳"，或圍繞"女叔"，或圍繞"來聘"爲説，只有莊存與以爲書此爲"録齊桓之功"：

"陳侯使女叔來聘"，何以書？録齊桓之功也。桓公"糾合諸侯，謀其不協"[⑤]，玉帛之使，盛於中國，不可勝書，書必於其簡者。陳，三恪之封也[⑥]，自我言之，邇與戚不若宋、衛；自陳言之，齊桓没而日役乎楚矣。齊桓主中國，則陳不知有楚患，國家安寧而志一以奉王事，嘉好之使接於我焉。志陳之聘我，則中國諸侯見矣。終《春秋》而一志聘者，陳與鄭爾。何言乎"陳侯使女叔來聘"？言齊桓之力，安中國而義睦諸侯也。（《内辭中》"來聘"經例）

雖然同樣以"志一以奉王事"爲前提，但齊桓的"主中國"行爲，及其背後諸夏諸侯對齊桓的服從，皆得到了莊存與的贊賞。而對於晉文公，存與認爲難擬齊桓公，"晉文擬焉，則不算矣。"（《二伯辭》"齊桓救患存亡國"小序），並贊同孔子"晉文公譎而不正，齊桓公正而不譎"之説，稱"曰正曰譎，一奪一予"（《春秋正辭叙目》）。但同樣對晉文定周室、存諸夏，多所認可，如城濮之戰晉大敗楚，有

① 《大戴禮記・保傅》："齊桓公得管仲，九合諸侯，一匡天下，再爲義王；失管仲，任豎刁、狄牙，身死不葬，而爲天下笑。"王聘珍解詁："盧注云：'陽穀與召陵也。'聘珍謂：'義王'者，以義正王室也。再爲義王，謂首止與洮之會也。左氏僖五年傳曰：'會於首止，會王太子鄭，謀寧周也。'僖八年傳曰：'盟於洮，謀王室也。'杜彼注云：'惠王以惠后故，將廢大子鄭而立王子帶，故齊桓帥諸侯會王大子以定其位。'又云：'王人會洮還，而後王位定。'"

② 《左傳・僖公七年》："管仲言於齊侯曰：'臣聞之，招携以禮，懷遠以德，德禮不易，無人不懷。'齊侯修禮於諸侯，諸侯官受方物。"杜預集解："携，離也。諸侯官司，各於齊受其方所當貢天子之物。"

③ 《春秋・閔公二年》："冬，齊高子來盟。"公羊子傳："高子者何？齊大夫也。何以不稱使？我無君也。然則何以不名？喜之也。何喜爾？正我也。其正我奈何？莊公死，子般弑，閔公弑，比三君死，曠年無君，設以齊取魯，曾不興師徒，以言而已矣。桓公使高子將南陽之甲，立僖公而城魯，或曰自鹿門至於争門者是也，或曰自争門至於吏門者是也，魯人至今以爲美談，曰：'猶望高子也。'"

④ 《左傳・閔公二年》："僖之元年，齊桓公遷邢於夷儀。二年，封衛於楚丘。邢遷如歸，衛國忘亡。"

⑤ 《左傳・僖公二十六年》："桓公是以糾合諸侯，而謀其不協，彌縫其闕，而匡救其災。"

⑥ 《左傳・襄公二十五年》："昔虞閼父爲周陶正，以服事我先王。我先王賴其利器用也，與其神明之後也，庸以元女大姬配胡公，而封諸陳，以備三恪。"杜預集解："周得天下，封夏、殷二王後，又封舜後，謂之恪。並二王后爲三國，其禮轉降，示敬而已，故曰三恪。"一説封黄帝、堯、舜之後於薊、祝、陳。《詩・陳風譜》孔穎達疏："案《樂記》云：'武王未及下車，封黄帝之後於薊，封帝堯之後於祝，封帝舜之後於陳；下車乃封夏后氏之後於杞，投殷之後於宋。'則陳與薊、祝共爲三恪，杞、宋别爲二王之後矣。"

捍禦楚國之功，則云"鄉微晋文，諸夏遂熄。"(《内辭中》"乞師、獻捷"小序)"微晋公子，魯、衛、曹、鄭，懿親上邦，惟楚是聽。"(《二伯辭》"晋文侵伐戰圍"小序)

因此，雖然存與認爲"有天子存，則諸侯不得主諸侯命也"(《二伯辭》"齊桓盟會"莊十六年經例)，"禮樂征伐有天子存，聖人必不顧其自諸侯出矣"(《諸夏辭》"參盟會"隱八年經例)，但出於春秋時期周室衰微，無伯只會帶來諸侯力正的結果，即"桓、文作而《春秋》有伯辭，實與而文不與也；桓、文没而《春秋》無伯辭，以爲是諸侯之力正[1]者爾"(《諸夏辭》"侵伐"文元年經例)。莊存與還是對二伯"主諸侯命"的行爲，亦即天下諸侯對二伯的畏服，給予了肯定。其本質不離對王權與禮制的維護。

除二伯之外，諸夏大國，皆有小國附庸。二伯受諸夏諸侯尊奉，此類州伯亦當受其附庸尊奉。如桓十五年[2]"邾人、牟人、葛人來朝"，存與曰："何以曰朝？附庸固曰朝矣。"(《内辭中》"來朝"經例)體現出存與對此一諸侯間等級秩序的强調。

對於州伯，存與以爲亦當以分災救患、安定一方爲事，如《春秋》隱四年"夏，公及宋公遇於清"，諸傳皆圍繞"遇"作發揮，存與除此之外，另强調州伯職責，稱：

> 諸侯非民事不舉，《詩》曰："之子於征，劬勞於野，爰及矜人，哀此矜寡。"此侯伯勞來，萬民還定而安集之詩也，是以不及期相見而如是其急。分災救患如此，討罪亦必如此。公及宋公有討衛亂之心乎？"遇於清"，不聞有一事焉，相得者何志矣？交譏之。(《内辭中》"公遇諸侯"經例)

據《左傳》，本年"衛州吁弑桓公而立。公與宋公爲會，將尋宿之盟。未及期，衛人來告亂。夏，公及宋公遇於清。"並未明確魯、宋相會所爲何事，故存與以爲魯、宋急於"不及期相見"(即"遇")，既非分災救患，亦非討罪，有悖侯伯之職，《春秋》交譏之。透露出存與對侯伯職分的理解。

莊存與在主張諸侯奉戴王室的同時，亦主張大夫奉戴諸侯，反對大夫僭越專權，以爲"爲人臣者必使臣也"(《内辭中》"來聘"經例)。"大夫微也，微則以爲大夫之宜"(《内辭下》"大夫盟會"隱元年經例)。故對淆亂諸侯與大夫界限的舉動，一律致以貶責，如：

> 諸侯多在，晋大夫一人，會斯人也，稱斯師焉，盾猶知爲人臣乎！大夫五人，荀偃主兵，鄭伯親之，率之乎，從之乎？伯、子、男與人臣夷乎？(《諸夏辭》"諸侯會大夫師"小序)

引文前半段指文公十四年："六月，公會宋公、陳侯、衛侯、鄭伯、許男、曹伯、晋

---

① 力正，亦作力征，謂以武力征伐。《淮南子·要略》："齊桓公之時，天子卑弱，諸侯力征，南夷北狄交伐中國，中國之不絶如綫。"

② 原文誤作"十有四年"，《皇清經解》本亦誤，據《春秋》原文改。另此條經例重見於《外辭》"小國"。

趙盾。癸酉,同盟於新城。”乃一大夫會盟衆諸侯。後半段指襄十六年:“叔老會鄭伯、晋荀偃、衛寧殖、宋人伐許。”乃一諸侯會衆大夫。從引文辭氣可看出,存與對此類等夷諸侯與人臣行爲的斥責之情。

再如,襄八年“晋侯使士丐來聘”,襄十二年“夏,晋侯使士魴來聘”等經例,諸傳皆從當時形勢出發,解釋來聘的事由或目的,而存與卻以爲:“何以書? 非常事也,以大夫答公也。”“何以書? 非常事也,以君答大夫也。”(《内辭中》“來聘”經例)即從報聘者的地位懸殊著眼,斥責等夷晋大夫與魯君的行爲。

另外對大夫參與盟會的行爲,亦皆嚴厲批評,其緣由還在於大夫僭越,如:

> 聘,大夫之禮;會,則焉得有大夫之禮?《論語》不云乎:“宗廟會同,非諸侯而何?”盟必以其君之身及其國家爲之質,大夫讀其書,可乎? 信在大夫,可乎? “及宋人盟於宿”,亂之大者。“據亂而作”,有指哉!(《内辭下》“大夫盟會”小序)

會盟皆屬諸侯之禮,大夫自不得有份。《春秋》據亂而作,書大夫會盟意在貶責大夫僭越的亂行。此類論述,無不體現出存與嚴君臣之分的堅定立場。再如:

> 歃必稱名,君乎? 臣乎? 雞澤疑矣,溴梁擅矣,盟者不義,逃者義矣。(《諸夏辭》“諸侯在大夫盟”小序)

存與所批評之“諸侯在大夫盟”,一指襄公三年:“六月,公會單子、晋侯、宋公、衛侯、鄭伯、莒子、邾子、齊世子光。己未,同盟於雞澤。陳侯使袁僑如會。戊寅,叔孫豹及諸侯之大夫,及陳袁僑盟。”另一指襄公十六年:“三月,公會晋侯、宋公、衛侯、鄭伯、曹伯、莒子、邾子、薛伯、杞伯、小邾子於溴梁。戊寅,大夫盟。”襄公十六年之會,齊大夫高厚逃歸不盟,存與以爲逃者義,盟者不義,其關鍵原因還在於盟會禮節上的僭越,即所謂“歃必稱名,君乎,臣乎?”顯示出存與維護君臣之統的態度。在莊存與看來,大夫與會,只會帶來三種結果:

> 諸侯之大夫不攝君,聽命於會可,列於會不可。有三而已:專也,甚者亂,窮諸賊。(《諸夏辭》“大夫與會”小序)

《公羊傳》文十六年:“大夫弑君稱名氏,賤者窮諸人;大夫相殺稱人,賤者窮諸盜。”所謂“窮諸”,意爲“推至極致”或“追究到極致”。故存與以爲大夫列於會,只會帶來三種結果:輕則專權,重則叛亂,更甚則弑君(所謂“賊”)。可知存與反對大夫與會的著眼點,依舊在防止專權,維護秩序上。

綜上可以認爲,存與之所以奉戴伯主和侯伯,反對僭越,其目的固不離對禮教等級秩序的維護。

(三)貶亂賊

所謂據亂而作的《春秋》,原本即對“君不君、臣不臣、父不父、子不子”類事件多有記録,此類事件大多有悖於尊尊之義,故亦成爲莊存與譏貶的重點。如對專權的季氏家臣陽虎,存與云:“陪臣執國命,不見於異邦。惟此一人而夫子究之,窮諸盜矣。”(《内辭下》“邦盜”小序)所謂窮諸盜,此處指對位卑犯罪者的窮治，其貶斥蔑視之意顯然。陽虎作爲季氏的家臣，上執魯國命，躍升了兩級，故云。

再如，昭三十一年“季孫意如會晋荀躒於適歷”，《公》《穀》無傳。《左傳》只記本事：晋侯欲伐季孫意如以納被其所逐的昭公於魯，晋國執政范鞅召意如相會以沮之。故胡安國稱，晋侯主盟，不能討意如，“而寵以會禮，不亦逆哉”！《解義》主要責范鞅“表裏爲奸，多方把持”。《直解》亦以爲“書會，責晋侯也，誅晋臣也”。可見闡釋的重點皆在責晋國君臣，但莊存與卻將之完全扭轉到責季孫意如上來：

此非君命，曷爲以會言之如恒辭然？意如無君也，不以恒辭言之則無用見意如之志也。成其志著其惡，然後曰其卒，故曰“定、哀多微辭”。（《内辭下》“邦賊”經例）

凸顯出存與更注重責逆亂之臣而非侯伯，表明其對君臣之統的重視。同樣是此逐君之季孫意如，存與在“君孫”小序中論之曰：

諸侯出則絶，我可以曠八年無君乎？《春秋》之辭恒有君。安於無君，意如之心也；若猶有君，意如之跡也。聖人誅其心因其跡，未嘗絶昭公於魯焉。（《内辭上》“君孫”小序）

昭公外奔的八年，《春秋》每年皆書有昭公的行跡。故存與以爲此爲季孫意如表面之作態（意如之跡），其心中早安於無君。孔子因之而書，乃“誅其心因其跡，未嘗絶昭公於魯焉”。存與所推原的孔子之意，蓋即爲存與對此類叛君悖逆行爲的態度。

比此類叛亂行爲更嚴重的，當爲弑逆。存與稱：“弑逆大惡，無所容於天地矣。”（《内辭中》“公會諸侯”桓十七年經例）可見其嚴譴的態度。再如“邦賊”小序稱：

士之八成，九刑不忘。聖人之辭，嚴於鈇鉞。口授弟子，不著竹帛。（《内辭下》“邦賊”小序）

所謂邦賊，揆諸後文存與所附之經例，當指逐君、弑君之卿大夫。據《周禮·秋官·士師》鄭玄注，八成爲依以判罪决事的八種成例，“邦賊”爲其中之一。據《左傳·昭公六年》杜預集解：“周之衰，亦爲刑書，謂之《九刑》。”故存與之意，以爲邦賊在聖人嚴譴之列。正因爲孔子對其當身的“邦賊”有所譏刺，才口授弟子，以避筆禍。而在更多對具體事例的闡説中，更見存與對此類弑逆者的譏貶態度，如：

慶父誅，宣公享；慶父略，宣公詳。伏其罪者，惡易盡也；享其利者，惡難盡也。宣公生，不若慶父死也。（《内辭上》“子卒故”小序）

慶父，即共仲，孟孫氏（三桓之一）之祖，魯國上卿。莊公去世後，他派人先後殺死繼位的子般和閔公，欲圖自立。季友擁立僖公後，他逃奔至莒國，後在莒國將其送回的途中自縊而死。宣公，即姬倭。文公卒，大夫襄仲（即公子遂）在齊惠公默許下，殺嫡子子赤（此處從《公羊》之説，《左傳》以被殺者爲惡、視二人），立庶子倭，即宣公。《史記·十二諸侯年表》稱："魯立宣公不正，公室卑。"

同樣是弑君奪位，慶父伏誅，宣公卻得位獲利，存與對之的看法是"宣公生，不若慶父死也"。已近乎咒罵了。

另如桓三年"九月，齊侯送姜氏于讙"，乃魯桓公新娶之夫人文姜自齊來歸，三傳及《直解》《解義》皆以齊侯親送爲非禮作解，而存與卻新添所嫁非人之意：

> 何言乎"齊侯送姜氏于讙"，譏。何譏爾？愛不以德也。自古之道，"男有分，女有歸"，雖及庶人，必擇良人而耦之，况諸侯乎！《日月》之詩曰："乃如之人兮，德音無良。"衛莊姜傷己，豈遽忘於齊侯之耳乎！"送姜氏于讙"，何異委此子於蒺藜矣。魯侯之惡，非衛莊公比。（"夫人"桓三年經例）

衛莊公無良，寵庶子州吁，致使身後州吁作難，弑嫡兄衛桓公而自立。莊姜以《詩·邶風·日月》一詩傷己不爲莊公待見，致使難作①。莊存與以爲，齊侯不鑒於此，依舊不謹慎選婿，而嫁女于弑君之賊（魯莊公身後難作，魯桓公親弑君兄，故曰"魯侯之惡，非衛莊公比"②。），何異"委此子於蒺藜"。然而齊侯所送來之文姜，乃魯國歷史上有名的不守婦道之夫人，最終與兄長齊襄公通姦而謀殺了親夫魯桓公。即使是這樣一位夫人，存與依舊以爲其所嫁非良，可見其對亂賊魯桓公的痛恨程度。

總之，亂賊僅是僭越行爲惡性發展的結果。莊存與對亂賊的譏貶，同樣是尊尊的一種體現。

三、親親

莊存與在主張尊尊的同時亦主張親親。詳參莊存與的相關文本，其旨意有二：一是人道當親親，二是親親當以禮。試爲之縷述如下。

（一）人道親親

除《内辭》《二伯辭》《諸夏辭》外，莊存與在其他"辭"中，對親親之義亦多有表述，如《天子辭》稱：

> 正王母弟曰：人道親親，念我二人。天子亦無多所厚，所厚惟世子母弟。推而放之，准乎四海。富而貴之，常常見之。同其好惡，曷問是非。一人果有所私，則萬姓咸喜。矧有師保，養以聖度。如何不思，亦莫不顧。

---

① 毛序："《日月》，衛莊姜傷己也，遭州吁之難，傷己不見答於先君，以至困窮之詩也。"

② 《春秋正辭》全書對魯桓公弑君兄多痛下譏貶，如，《天子辭》"王使"桓四年經例"天王使宰渠伯糾來聘"，莊存與即稱魯桓公爲"弑君之賊"，而悲歎周王不能"加誅"；《内辭中》"公會諸侯"桓十七年經例"公會邾儀父盟於趡"，莊存與論魯桓公曰："弑逆大惡，無所容於天地矣。"

(《天子辭》“正王母弟”小序)

以爲天子當厚其母弟,甚至不惜不問是非而富貴縱容之,且以爲“一人果有所私,則萬姓咸喜”。存與親親的態度是明確的。

再如《誅亂辭》“逐世子母弟”定十四年經例,存與稱“子無去父之義,凡民愚不肖盡知之”,“子無拒父之事,凡民愚不肖盡知之”。亦展現出存與對親親的態度。

而對於失親親之道者,則多給予譏評,即使是大賢如子産亦未能倖免。如魯昭公二年,子産誅“鄭之亂人”其同族兄弟公孫黑,並“尸諸周氏之衢,加木焉”。存與曰:“尸之加木焉,則是以兄弟爲國人也。不議自司寇則無法,身質其辭則傷恩,惜其有救世之才而愧於王者之道也。”(《誅亂辭》“殺大夫”昭二年經例)再如隱元年,鄭莊公殺其弟段,存與曰:

> 殺世子母弟則何以必目君?傷其天性也,何異自殺其身矣。一體之戚,何至不可並生於天地,豈必在忍人,一端失所以教,否不復通,逝不復還,斷不復續,是故遭人倫之變者,必以舜爲法於天下後世,而周公且曰有過也。[①] (《誅亂辭》“逐世子母弟”隱元年經例)

舜的父親、母親、弟弟皆傲狠,欲殺舜,但舜卻愈發恭卑孝順,最終將之感化。存與以爲此爲遭人倫之變者的正道。在這一方面,甚至誅殺兄弟管叔、蔡叔的周公,也不能無過。存與在親親上的主張可見一斑。

而在本文讀解的《内辭》等三辭中,存與延續了此類認識,如:

> “君子不施其親”,三刺之法,非所論於八議之辟也,季子正矣。(《内辭下》“刺大夫”小序)

《論語·微子》:“周公謂魯公曰:‘君子不施其親,不使大臣怨乎不以。故舊無大故,則不棄也。無求備於一人。’”朱熹注:施,弛,遺棄也。三刺之法,爲《周禮·秋官》司刺所執掌,指“一曰訊群臣,二曰訊群吏,三曰訊萬民”,以此來定當刑殺否。八議之辟,指對八種人犯罪後從寬處理的辦法,《周禮·秋官·小司寇》稱:“以八辟麗邦法,附刑罰。一曰議親之辟;二曰議故之辟,三曰議賢之辟,四曰議能之辟,五曰議功之辟,六曰議貴之辟,七曰議勤之辟,八曰議賓之辟。”存與以爲,君子不棄其親,對於親故的懲罰也當依八議之法從寬處理,而不應采取三刺之法詢諸衆人。故其贊賞魯莊公末年季友酖公子牙,逼慶父自盡,爲得正。因儘管二人謀劃、參與弒君,但皆爲季友庶兄,故處理當顧及親親之義。顯然此一出發點與上揭譏刺子産是一致的。

再如,對於遭遇人倫之變者,存與同樣主張隱忍含受,不廢親親。如魯宣公弒公子赤而得位,其弟叔肹頗不以之爲然,《穀梁傳》宣十七年稱:“其曰公弟

---

① 《孟子·公孫丑下》:“見孟子問曰:‘周公何人也?’曰:‘古聖人也。’曰:‘使管叔監殷,管叔以殷畔也,有諸?’曰:‘然。’曰:‘周公知其將畔而使之與?’曰:‘不知也。’‘然則聖人且有過與?’曰:‘周公弟也,管叔兄也,周公之過,不亦宜乎?’”

叔肸,賢之也。其賢之何也?宣弑而非之也。非之,則胡爲不去也?曰:兄弟也,何去而之?與之財,則曰:'我足矣!'織屨而食,終身不食宣公之食。君子以是爲通恩也,以取貴乎《春秋》。"這一立場得到存與的完全贊同:

> 骨肉之親無絶,不受禄亦不去國。叔肸遭變而不失弟之道,以取貴於《春秋》,系之公,以公尚知愧乎!(《内辭下》"公母弟"小序)

叔肸雖然不以宣公爲然,但"不受禄亦不去國",不失弟道,故爲存與所贊賞。另如《春秋》莊元年僅書"元年春王正月",《左傳》稱:"不言即位,文姜出故也。"即指與齊襄公謀害親夫魯桓公之後,文姜依舊躲在齊國未歸。《公羊》以"君弑子不言即位""隱之也"爲説。《胡傳》稱"内無所承,上不請命",蓋譏魯莊公有篡奪之嫌。皆未將父子親親作爲闡釋的重點,唯《穀梁傳》稱:

> 繼弑君不言即位,正也。繼弑君不言即位之爲正,何也?先君不以道終,則子不忍即位也。

存與對此條經文的解説全抄《穀梁傳》,完全贊同其間所突出的父子親親之義[①]。這一立場與官方的經解類似,《直解》引《穀梁》繼弑君不忍即位之説後,並稱:"然所謂不忍者,必矢志復仇,死生以之,豈僅以不即位明不忍已哉。"已在《穀梁》基礎上過度發揮。但此時與弑魯桓公者包括其妻文姜,對其子魯莊公而言,此無異於遭人倫之大變,可知此類"矢志復仇"的發揮,有失存與隱忍含受之態度,故不爲其解説所取。

綜上可以認爲,莊存與一是主張人道親親,二是在遭遇兩難的人倫之變(如親人叛變、弟弑兄、子弑父等)時,則主張伸張正義需照顧到親親之義,鼓勵低調或隱忍的處置方式,尤其反對毫不顧及親親之義而只遵循刑罰的徹底處理。

(二)親親以禮

莊存與雖然主張親親,但並非毫無限勒,其依據的標準似不離"禮"。如妾母能否升格爲夫人?存與是反對的:"妾母必不可夫人也,子必不可不親其母而事之也,天性也。"(《諸夏辭》"母弟母兄"小序)"庶子爲侯必尊君母而親其母,不以親親害尊尊,亦不以尊尊害親親,是用内和而家理。"("母弟母兄"隱七年經例)可見雖然主張其子應親其妾母,但這種親親並不是無限度的。再如:

> 齊桓明天子之禁曰:"無以妾爲妻。"人道所以異於禽獸,此其幾希。胡康侯曰:"以妾媵爲夫人,徒欲尊寵其所愛而不虞卑其身;以妾母爲夫人,徒欲崇貴其所生而不虞賤其父。卑其身則失位,賤其父則無本。"《春秋》之指正矣。(《内辭上》"妾母"小序)

即這樣的親親有害尊尊,易言之,有妨於禮教等級秩序的穩固,這當是存與反對的原因。

---

① 莊存與《春秋正辭》卷三《内辭上》,"公繼故"經例莊公"元年春王正月"條。

再如，桓九年“曹伯使其世子射姑來朝”，除《左傳》僅叙本事，無所譏貶外。諸傳皆譏曹伯、世子或魯國失禮。如《穀梁》稱：“朝不言使，言使非正也。使世子伉諸侯之禮而來朝，曹伯失正矣。諸侯相見曰朝，以待人父之道待人之子，以内爲失正矣。内失正，曹伯失正，世子可以已矣，則是故命也。”《公羊傳》以爲：“《春秋》有譏父老子代從政者，則未知其在齊與，曹與？”存與繼續沿此一視角，稱：

> 諸侯世子也，會同則可攝，朝則不可以攝。射姑非攝，曹伯使之，非禮也。……曹伯老矣，不重其子；世子親矣，不念其君。危國亂家之道，二百四十二年，惟一曹世子。（《諸夏辭》“世子”桓九年經例）

並於桓十年“春王正月庚申，曹伯終生卒”之時，繼續舊事重提：

> 曹伯老矣，曷爲見之？以其使世子來朝，不可以不之見，亂之階也。……當時不日，而不謂之正，何也？莫之致而至者，命也，雖亂，不咎其人，謂之“天作孽”；致之而幸不至，非命也，雖不亂，必正其失，謂之“行險以僥倖”。噫，彼壞國、喪家、亡人，不過先去其禮也①，亦奚其喪失全而後全亡。子曰：“言不可以若是，其幾也。”（《諸夏辭》“諸侯卒葬”桓十年經例）

可見存與將重點放在譏曹伯和世子的失“禮”上。曹伯使世子代已來朝，有伉諸侯禮之嫌，射姑代父來朝則有僭越乃父之嫌，故存與譏爲壞國、喪家、亡人的“去其禮”之舉。可見雖親爲父子，亦不能以親親而害尊尊，進而喪其禮。

總之，莊存與既不主張因尊尊而不顧及親親，亦不主張因親親而有礙到尊尊，其間的分寸皆在依禮來裁斷。

四、賢賢

莊存與在主張不以親親害尊尊的同時，亦主張不以親親害賢賢。其所主張之賢賢，亦可分爲兩點：一爲譏世卿，二爲善遇大夫。試申述之如次。

（一）譏世卿

譏世卿作爲公羊大義，莊存與有完整因襲。如稱“世卿亂本”（《誅亂辭》“大夫奔”小序）、“官人以世，實違天紀”（《天子辭》“正王臣内難”小序）。另在《天子辭》中對《春秋》隱三年“夏四月辛卯尹氏卒”的闡説稱：

> 君不尊賢，則失其所以爲君。彼世卿者，失賢之路、蔽賢之蠹也。……世卿非禮，譏不尊賢、養賢，不必其害家凶國。則凡國家之大患，靡不禁於未然之前矣，其善志哉！世禄，文王之典也；世卿，非文王之典也。“無故無

① 《禮記·禮運》：“故唯聖人爲知禮之不可以已也。故壞國、喪家、亡人，必先去其禮。故禮之於人也，猶酒之有蘖也，君子以厚，小人以薄。”

新,惟仁之親"[1],尊賢、養賢之家法也。保其宗廟、守其祭祀,卿、大夫、士之孝也。聖人誨之矣。如曰仕者不可世禄,國可以無世臣,則非譏世卿之指矣。(《天子辭》"王臣卒葬"隱三年經例)

本條經文,《公羊》《穀梁》《胡傳》《解義》《直解》皆以"譏世卿"爲説。《胡傳》另首倡譏世卿不譏世禄之説,稱:"禄以報功也,故其世可延;位以尊賢也,故其官當擇。"存與基本因襲衆人之説,以爲譏世卿的目的在於尊賢、養賢,同時亦並不譏世禄,體現出存與對賢賢的態度。

而在《内辭》中,存與亦同樣譏貶敝賢之蠹。如《春秋》文十年"春王三月辛卯臧孫辰卒",存與曰:

先孔子未生,獨有一人曰柳下惠,魯公族,而伊尹、大公之倫也。蓋其盛哉,用天之降命復文武之統於魯國,何不可得反者。而孔子因之,則世世猶三代也。魯世卿臧孫辰,聞人也,以其言爲魯大夫師,自知弗若季[2],則護其故以蔽之,俾不通然後已。以王者之法正之,蒙顯戮者,辰其首也,辭烏得無貶乎?曰:義在指矣,曷不學乎《春秋》!莊公季年迄於兹,辰也日在卿位,告糴[3]之外無見焉。魯人皆崇之矣,聖人皆削之矣。季友卒,僖政衰;仲遂恣,宣慝伏。魯無人焉。孰知辰之至是始卒也,享卿禄者又五十年矣,不爲不久矣。噫,後之君子,欽念之哉。以臧孫辰之爲良大夫,當世謂之不朽,而閔、僖、文之《春秋》削之無一事可録者,則知蔽賢之罪大,而小善不足以自贖也,甚絶之也。義在指矣,曷不讀乎《春秋》!(《内辭下》"大夫卒"文十年經例)

本條經文,四傳、《直解》皆無傳。唯《解義》稱:"臧孫,魯之名大夫也。知柳下惠之賢而不與立,自莊公末已與聞國政,四十餘年,魯政多疵,安在其爲賢哉!"即譴責臧孫敝賢,於魯政無補。存與踵之而更恣肆。原本孔子即指責臧孫辰障蔽柳下惠,如《論語·衛靈公》:"子曰:'臧文仲其竊位者與?知柳下惠之賢,而不與立也。'"《左傳·文公二年》:"仲尼曰:'臧文仲其不仁者三,不知者三。下展禽、廢六關、妾織蒲,三不仁也。"杜預集解:"展禽,柳下惠也。文仲知柳下惠之賢而使在下位。"臧孫辰,謚"文",故稱文仲。可見存與此處的闡發,確得夫子之意。同時亦彰顯出莊存與主張賢賢的明確態度。

(二)善遇大夫

莊存與以爲,大夫爲國體,榮辱與國家相關,所謂"大夫榮辱,國之榮辱也"(《内辭下》"大夫執"小序)。同時大夫又命於天子[4],故自當有其特殊之地位,不可隨便任用,更不可隨便處置。如《春秋》隱元年"公子益師卒",存與稱:

---

① 《後漢書·申屠剛傳》:"無舊無新,唯仁是親。"李賢注:"《尚書大傳》曰:武王入殷,周公曰'各安其宅,各田其田,無故無新,唯仁之親。'"

② 柳下惠,展氏,名獲,字禽,一字季。

③ 《春秋·莊公二十八年》:"大無麥禾,臧孫辰告糴於齊。"

④ 《禮記·王制》:"大國三卿,皆命於天子。"

曷爲録大夫卒？國體也，命於天子者也。曷爲以大夫録公子？魯無異姓大夫也，且見成、襄而下，公子無復爲大夫者也。知其國體，擇之不可不慎，任之不可不重，禮之不可不厚；知其命於天子，則不可以置私人，不可以不請命，不可以專廢置生殺。天子有司士官，"凡邦國，三歲則稽士任而進退其爵禄"①。諸侯之三大夫也，况生殺之柄乎！見魯無異姓大夫，則賢賢之義缺矣；見成、襄而下公子無復爲大夫，則親親之道缺。而世卿之害家凶國，爲王法所必禁矣。富哉，《春秋》之辭之指乎！（《内辭下》"大夫卒"隱元年經例）

本條經文，四傳及《解義》皆主要關注何以不日，並各自爲解，互不相襲。唯有《直解》將其重點置於"益師"上，稱："内臣書卒者，皆卿也。大國之卿三命，受王命而爲君佐，國之治亂與有責焉。卒之者，重之，且以尊君命也。"並認爲同時有譏世卿之意。顯然這一立場亦爲莊存與所繼承，存與持重大夫的根本理由，同樣是維持一國之治體、尊王、賢賢而已。正是出於此一視角，存與主張善待大夫：

古人之厚終也，建國數百千歲，强諸侯欲行天子之禮於小國之臣，不果内。自是以下，公卿巽懦，發蒙振落矣。如遇犬馬，犬馬自爲；如遇官徒，官徒自爲。犬馬有勞於人，尚加帷蓋之報，親賢大臣何如哉！桓、莊之篇不卒大夫，傷已。（《内辭下》"大夫卒"小序）

《戰國策·趙三·秦圍趙之邯鄲》記齊閔王出游，欲魯、鄒二國以天子之禮接待，被魯、鄒大臣拒之門外，"不果納"。賈誼《新書·階級》："人主遇其大臣，如遇犬馬，彼將犬馬自爲也；如遇官徒，彼將官徒自爲也。"存與引此二典，意在傷歎後世諸侯待大臣之薄。再如，《春秋》隱五年"冬十有二月辛巳，公子彄卒"，存與云：

"古之人君於其大臣，疾則臨視之無數，死則往吊哭之，臨其小斂大斂，已棺塗而後爲之錫衰麻絰，親者以其親服，三臨其喪，未殯不飲酒食肉，未葬不舉樂，當宗廟之祭而死，爲之廢樂。"《春秋》於仲遂、叔弓，謹而志之，則文王之法，其不盡熄於當年矣。故曰："魯一變，至於道。"（《内辭下》"大夫卒"經例）

存與所引古之人君臨大夫喪盡禮一段，出自《漢書》卷五十一《賈山傳》。蓋存與以爲此方爲人君待大臣的正確態度。故對於《春秋》宣八年和昭十五年，因仲遂與叔弓之喪，魯公將正在舉行的宗廟祭祀活動損樂卒事，存與心存贊賞，認爲其近於道。

綜上可以看出，莊存與既主張尊尊，譏貶大夫僭越；又主張賢賢，提倡善遇大夫。既主張親親，以爲人道如此；又主張賢賢，而譏世卿敝賢。此類表面看

① 《周禮·夏官·司士》。

來似乎衝突的提法，之所以能夠動態平衡毫不矛盾，蓋緣於其完全以禮制裁之。此一認識亦並非存與自創，而是來自儒籍，如《中庸》哀公問政，子曰："仁者人也，親親爲大；義者宜也，尊賢爲大；親親之殺，尊賢之等，禮所生也。"即亦以禮爲最後之折中。由此亦可見出莊存與深於經義的治學特徵。

五、謹男女之别

在存與看來，男女無别，乃"夷狄行"，而"人道必始於别男女也。"（《禁暴辭》"用人"僖十九年經例）而所謂的男女無别，實際上是踰越禮教大防，即不依禮行事所造成的結果。因此，莊存與在有關男女的守禮、悖禮方面，多嚴辭褒貶，亮明態度，維護男女禮制。下文將試從對守正的褒揚，對失禮和淫亂的譏貶等方面，窺測莊存與在此一方面的意旨。

（一）褒守正，貶失禮

春秋史上，有一著名的守正之女，即伯姬，魯宣公之女，後嫁與宋共公瑕，亦稱共姬。關於該女的事蹟，三傳無異辭，皆講述了其待姆不下堂，最終蹈於火的故事。其中《穀梁》襄三十年所傳最爲詳實，稱："伯姬之舍失火，左右曰：'夫人少辟火乎？'伯姬曰：'婦人之義，傅母不在，宵不下堂。'左右又曰：'夫人少辟火乎？'伯姬曰：'婦人之義，保母不在，宵不下堂。'遂逮乎火而死。婦人以貞爲行者也，伯姬之婦道盡矣。詳其事，賢伯姬也。"可知伯姬乃一不惜以生命代價來恪守婦道禮制之人。故《穀梁》乃至《公羊》皆"賢"之。

對於此一恪守婦道禮制之人，莊存與亦十分稱贊，稱"若宋共姬，守死善道之君子，不是過也，録之詳且明。"（《內辭上》"內女"小序）彰顯出存與對持守男女禮法大防者的態度。

《春秋》作爲撥亂而作之書，守正者似難得一見，而失禮者卻比比皆是，如《春秋》哀十二年"夏五月甲辰，孟子卒"。此孟子爲魯昭公違背禮法，所娶的同姓夫人。不書"夫人"與"氏"，四傳皆以爲是"諱娶同姓"。但官方《解義》和《直解》另以季氏專權，不以夫人之禮待之爲解。莊存與未采官方，而是依照四傳的解釋，譏昭公娶同姓爲失禮："然則何言爾？譏失禮也。曷爲不於其取焉譏？盈乎諱也。"（《內辭上》"夫人薨葬"哀十二年經例）存與維護禮教的態度可見一斑。再如：

> 父母在，夫人寧，禮也，禮則致。"女子及日乎閨門之內，不百里而奔喪"，奔喪則犯禮，犯禮則輕重皆不致。非奔喪也。（《內辭上》"夫人寧"小序）

此條小序後文無經例，似指《春秋·文公九年》："夫人姜氏如齊。……三月，夫人姜氏至自齊。"何休解詁："奔父母之喪也。不言奔喪者，尊內，猶不言朝聘也，故以致起得禮也。"即指姜氏因奔喪而歸齊。而存與引《大戴禮記·本命》之文，以爲女子不百里而奔喪。故奔喪爲犯禮，犯禮則《春秋》不會書致（即書寫"某人至自某地")。故以爲此次姜氏如齊,非爲奔喪(反何休之解),而是歸寧。可見存與不但强調尊奉禮制,更依禮制解經。

再如,"夫人踰竟"小序稱:

> "婦人既嫁不踰竟,踰竟,非正也。"①是謂與亂同事,雖不敗國,實小惡也。

按照禮法,夫人不踰境。故存與批評踰境夫人,"與亂同事"。雖未造成惡果,但仍爲小惡。顯示出存與防微杜漸的明確態度。

(二)譏淫亂

防止淫亂,無疑是男女大防最爲基本,亦最爲主要的目的。莊存與對不守禮教的淫亂行爲,亦常痛下針砭。如魯僖十四年,魯季姬"要遮鄫子淫泆"於防,並使鄫子至魯國請己爲夫人②。一年後,季姬嫁於鄫。這一整個過程,顯然與禮法有礙。並且僅過一年,十六年"夏四月丙申,鄫季姬卒"。對於本條經文,《左》《公》《穀》《直解》俱無傳,《解義》以爲"義不可考"。唯獨《胡傳》以爲不書其葬,乃"謹夫婦之道,正人倫之統,明下教之始也"。隱有對季姬夫婦婚配不正的批評。莊存與在此基礎上踵事增華,對季姬及鄫子嚴厲批評,甚至認爲季姬早卒是"天之示人戒也,莫著於是矣"。"往歲九月歸,今兹四月卒,敝又若是速而鄫之禍未止,可以戒乎?否乎?曷爲卒之?爲天道卒之也"。又以爲其咎由自取,則"雖貴且富謂之天之戮民,而人道之所棄也。曷爲卒之?爲人道卒之也"(《内辭上》"内女"僖十六年經例)。可謂借天道、人道而厲聲呵斥了。

而對於踰境淫亂的夫人,存與更多有批評,稱:"史盡其惡,聖人不削,'盡而不汙'③也。"(《内辭上》"絶夫人踰竟"小序)如《春秋》莊十五年"夏,夫人姜氏如齊"。此姜氏,即爲與庶兄齊襄公通姦而謀害丈夫魯桓公的文姜。此次如齊,齊國的國君已爲齊桓公小白。《左傳》《公羊》《胡傳》對本條經文皆無説,《穀梁》以"婦人既嫁不踰竟,踰竟非禮也"爲説。官方的《解義》以齊、魯欲通好,故姜氏得"復啓越境之恣"爲説。《直解》在此基礎上,另責備齊桓不當"以一時之利而決萬世之妨"。莊存與沿此思路,而發揮更徹底:

> 齊惡盡矣,則何言乎"夫人姜氏如齊"?以齊之有大災④,不可不志其

---

① 《春秋·莊公十九年》:"夫人姜氏如莒。"穀梁子傳:"婦人既嫁不踰竟,踰竟,非正也。"

② 《春秋·僖公十四年》:"夏,六月,季姬及鄫子遇於防,使鄫子來朝。"公羊子傳:"鄫子曷爲使乎季姬來朝?内辭也,非使來朝,使來請己也。"何休解詁:"使來請娶己以爲夫人,下書'歸'是也。禮,男不親求,女不親許。魯不防正其女,乃使要遮鄫子淫泆,使來請己,與禽獸無異,故卑鄫子使乎季姬,以絶賤之也。"

③ 《左傳·成公十四年》:"故君子曰:'《春秋》之稱,微而顯,志而晦,婉而成章,盡而不汙,懲惡而勸善,非聖人誰能修之。'"

④ 《春秋·莊公二十年》:"夏,齊大災。"公羊子傳:"大災者何?大瘠也。大瘠者何?痢也。何以書?記災也。外災不書?此何以書?及我也。"

故也。化不時則不生,男女無辨則亂生[①],此衛所以滅也[②]。或乃以爲不害伯,誰爲此言者?人道熄矣。君子録桓公之功,而傷其無本,謂三綱缺焉。亂男女之别,《春秋》所不忍書也,而不忍不書。若曰"人之無良,我以爲君"[③]。桓公始伯[④],其遽忘襄公之禍而又以姑姊妹接之乎?可謂與亂同事矣。蓋天災應是而予之也。《春秋》之志行,天下並興於貞信,"男有分,女有歸",民人無偏喪者,父不哭子,兄不哭弟。桓公不謹於禮,而四境之内大病焉。若之何?既不若德,又不聽罪[⑤],而以是爲數之適然也。(《内辭上》"絶夫人踰境"莊十五年經例)

存與以爲,齊之大災,應在姜氏如齊上。並譴責齊桓公亂男女之别,可謂"與亂同事"。並稱若《春秋》之志行,則"天下並興於貞信,'男有分,女有歸',民人無偏喪者,父不哭子,兄不哭弟"。其態度彰彰可見。

再如,同樣是此文姜,於莊十九年、二十年兩次如莒(《春秋》書"夫人姜氏如莒"),存與云:

於莒乎?又何譏?則曷爲再言乎"夫人姜氏如莒"?志女禍之易於後嗣子孫也。姜氏生莊公,慶父孟也,牙叔也,友季也。友也賢,慶及牙也惡。慶爲國賊,莒實受之。敖也莒甥,卒亦奔莒。仲之系援乎莒也,孰爲之?姜氏爲之也。疾之蠱者,惟甘殺其身不已也,又將殺其子孫。内主兵而外要援於邇國,慶父之禍魯也,重志乎《春秋》。姜氏再適莒,仲之父子亦再奔莒,禍所從來矣。(《内辭上》"絶夫人踰竟"經例)

此兩則經文《左傳》《公羊》俱無傳。《穀梁》皆以婦人踰境非禮爲説。《胡傳》責莊公失子之道,"不能防閑其母"。《解義》大旨抄《胡》,另稱"非惟魯之辱,亦齊之羞也"。蓋並責齊、魯。《直解》與之雷同。莊存與顯然並未著眼於批評齊或魯,而是將關注的重點放在了男女大防的"女禍"之上,稱其非"惟甘殺其身不已也,又將殺其子孫"。嚴譴的態度可見一斑。其中,慶父乃文姜子,弑閔公,後逃莒國。又稱共仲,簡稱仲。敖,指慶父之子公孫敖,因愛戀莒國女子已氏而奔莒。這當是存與責文姜禍亂後嗣子孫的事由所在。

綜上可知,莊存與對男女之防的態度是嚴肅的。其背後的出發點,當依舊是出於對禮教秩序的維護。

---

① 《禮記·樂記》:"化不時則不生,男女無辨則亂升,天地之情也。"鄭玄注:"辨,别也。升,成也。"

② 《詩·衛風·氓》毛序:"刺時也。宣公之時,禮義消亡,淫風大行,男女無别,遂相奔誘。華落色衰,復相棄背,或乃困而自悔,喪其妃耦,故序其事以風焉。美反正,刺淫泆也。"《禮記·樂記》:"鄭、衛之音,亂世之音也。"

③ 《詩·鄘風·鶉之奔奔》。

④ 《春秋·莊公十五年》:"春,齊侯、宋公、陳侯、衛侯、鄭伯會於鄄。"左氏傳:"復會焉,齊始霸也。"

⑤ 《書·高宗肜日》:"民有不若德,不聽罪。天既孚命,正厥德。"

六、嚴夷夏之防

嚴夷夏大防，爲存與的一貫主張。如上所述，其之所以認可晉文公，很大原因即出於晉文公以城濮之戰擋住了楚國對諸夏的進逼，所謂“微晉公子，魯、衛、曹、鄭，懿親上邦，惟楚是聽。”(《二伯辭》“晉文侵伐戰圍”小序)。再如，僖二十六年魯國“公子遂如楚乞師”，存與稱：

> 《魯頌》曰：“戎狄是膺，荆舒是懲。”亡何而不然！聞之董生論其指曰：“直乞師楚爾”，可謂舛矣，且國之恥也。(《内辭中》“乞師”經例)

存與引《詩經·魯頌》之語，以爲膺懲戎狄楚蠻，本爲魯國之責，魯不但不能履行職責，反乞師於楚，簡直“國之恥”。存與對夷夏大防的堅守可謂明確。再如，《春秋》書“公如齊”13次，“公如晉”21次，“公如楚”2次，莊存與以爲如楚有所諱而未全書，乃聖人有心存天下之大防：

> 公適諸侯皆書之，以非常事書也。“齊”“晉”云爾，“如楚”謂何？然而有所不書，存天下之大防也。(《内辭中》“公適諸侯”小序)

再如，對春秋後期，吴國實力上升，進與諸夏爭勝，存與同樣十分痛心，稱：“諸侯畏楚，移而畏吴，尚忍言之乎！”(《内辭中》“告糴歸粟”小序)。但吴國雖然僻陋在夷，實爲周文王伯父泰伯之子孫，與魯爲同姓國。故對於其北上伐魯，存與尤爲痛恨：

> 楚諱其侵，吴遂云“伐”，聖人去魯，戚之而不言四鄙。南夷之醜，甚於荆楚。俗之不臧，泰伯不享焉，同姓云乎哉！(《内辭中》“師加我”小序)

“南夷之醜”“泰伯不享”等用詞，顯示出存與態度之激烈。

再如《春秋》隱八年“九月辛卯，公及莒人盟於浮來”。其中“莒人”何指？《左傳》無説。《穀梁》以爲是莒大夫。《公羊》尤其是何休解詁以爲是“莒子”。《胡傳》以爲是“微者”。可見四傳即有四説。《解義》《直解》從《穀梁》，以爲乃莒大夫。但莊存與卻從《公羊》及何休，稱：

> 莒人乎？莒大夫乎？非大夫也，略其君之辭也。曷爲略其君？不使若邾儀父之漸進也。莒人曾有善事乎？以其君録之，則將與邾、宿、滕、薛比，必略不見其君，則與戎比而僅稱人爾。聖人謹於名倫等物，無一辭不盡其心焉。[①]（《内辭中》“公會諸侯”隱八年經例）

莒國近夷[②]，存與以爲《春秋》略其君，是使其不能夠與邾、宿、滕、薛等在《春秋》中書君者相比，而將之比於戎狄(《春秋》慣以國名加“人”稱戎狄)。因爲莒

① 《春秋繁露·精華》：“《春秋》慎辭，謹於名倫等物者也。是故小夷言伐而不得言戰，大夷言戰而不得言獲，中國言獲而不得言執，各有辭也。”

② 《左傳·成公八年》莒子自稱莒國“辟陋在夷”。

國乏善可稱，故夫子"謹於名倫等物"，嚴夷夏大防，而用不着褒進。

詳參存與文本，其之所以嚴夷夏大防，似出於夷狄無禮教而華夏有禮教之故。如《春秋》所書之"遇"，《公羊傳》以爲："遇者何？不期也。"《穀梁傳》同樣認爲："不期而會曰遇。"但是存與卻從《禮記・曲禮》"諸侯未及期相見曰遇"之説，認爲"先期曰遇"。其原因爲：

> 及期曰會，不及期曰如會，先期曰遇。苟"不期"焉，地無常所，焉得告命而志諸策書乎！……必期以地，否則諸侯而爲匹夫行也，安得曰禮！禮不備，有事焉而不書，貴諸夏也，不然杞何貶乎！[①]（《諸夏辭》"遇"小序）

即認爲諸夏諸侯必守禮而"期"，否則乃夷狄之行，《春秋》必諱而不書。所謂"杞何貶乎"指杞作爲夏朝王者之後，在《春秋》中本應稱侯，但是僖二十三年和僖二十七年皆書"杞子"，《左傳》以爲："用夷禮，故曰子。"是對其接近夷狄，不用諸夏禮儀的貶斥。由此可見，存與嚴夷夏大防，還是出於對禮制的維護。

七、責秕政惜民命

在《内辭》《二伯辭》《諸夏辭》中，莊存與亦對魯國及諸夏的秕政多有批評。其原因既有對個別舉動、政策的反對，又有對禮制的維護，但更多的還是對民力、民命的護惜。試縷述如下。

（一）責秕政

魯公作爲魯國的核心人物，其一言一動皆與魯政相關，莊存與常批評魯侯有悖當爲，如：

> "不軌不物，謂之亂政"，臧僖伯之諫不幸而中。"書而不法，後嗣何觀"，可教百世，曹子之言。"女有家，男有室，無相瀆也，謂之有禮"，申繻道其常而已矣。其可曰禮爲小人設哉。（《内辭中》"公以非事舉"小序）

臧僖伯所諫之事爲隱五年"公觀魚於棠"。曹子（曹劌）所諫之事爲莊二十三年"公如齊觀社"。申繻所諫之事爲桓十八年"公與夫人姜氏遂如齊"，後桓公被齊襄公謀害。存與列舉此三事，意在譴責魯公不守禮。（"其可曰禮爲小人設哉。"）

另外，存與對魯公結黨鄙争、虚内事外尤多指摘。認爲"邦國之有約，王命也，伯職也，民事也"（《内辭中》"公會諸侯"隱元年經例），凡與此無涉之會面，皆當貶責。而對"徒要結外援"（"公會諸侯"隱六年經例）、"不事國事而惟外患之防"（《内辭中》"土功"哀六年經例）者，以及相盟會的目的是"實心而亟於争奪、相殺"（"公會諸侯"隱九年經例）者，多嚴厲批評。

---

① 《春秋・僖公二十三年》："冬，十有一月，杞子卒。"杜預集解："杞入《春秋》稱侯，莊二十七年絀稱伯，至此用夷禮，貶稱子。"《春秋・僖公二十七年》："春，杞子來朝。"左氏傳："春，杞桓公來朝，用夷禮，故曰子。"

如，桓元年"夏四月丁未，公及鄭伯盟於越"，存與云：

> 三月會[①]，四月盟，兩君相見必先會而後盟，抑既會而乃繼之以盟，情狀睹矣。已致柔服於人，人待其柔服而後許，且必犯非禮以相與，然後交堅黨合，不可破矣。夏后鑄鼎象物，使民知神奸[②]，君子之作《春秋》猶是也。《春秋》歲記一事，不以他事亂之，以其餘爲無足道焉。(《内辭中》"公會諸侯"經例)

本條經文《公羊》無傳。《左傳》以爲"結祊成也"。即指是魯鄭私自交換湯沐邑之後的結盟。《穀梁》稱："及者，内爲志焉爾。"意指此盟爲魯桓公所欲。《胡傳》認爲魯桓公弑君兄得位，欲結鄭以自安。《解義》《直解》大旨同《胡》。莊存與亦沿此路綫，譏貶魯桓公鄙交結黨。所謂"必犯非禮以相與"，即指魯、鄭私自交换天子所賜湯沐邑之事。"使民知神奸"，彰顯出存與對此事的態度。

而對於魯國在大政舉措方面的其他秕政，如改制、土功等，莊存與亦多所批評。如：

> 革制度曰畔，君討而不諱，畔者在下也。病民之政不可終日，至哀公極焉。十餘世而後亡禮教，信義未盡也。不言數何？若深没其文，慮後世或且仿而行之也，知什一爲天下之中正而已矣。問焉必告之以其制，問改制則必告之以不知，聖人有敬心焉。(《内辭中》"改制"小序)

《左傳・哀公十一年》：冬，"季孫欲以田賦，使冉有訪諸仲尼。仲尼曰：'丘不識也。'三發，卒曰：'子爲國老，待子而行，若之何子之不言也？'仲尼不對。而私於冉有曰：'君子之行也，度於禮，施取其厚，事舉其中，斂從其薄。如是則以丘亦足矣。若不度於禮，而貪冒無厭，則雖以田賦，將又不足。且子季孫若欲行而法，則周公之典在。若欲苟而行，又何訪焉？'弗聽。"《春秋・哀公十二年》："春，用田賦。"何休解詁："田，謂一井之田；賦者，斂取其財物也。言用田賦者，若今漢家斂民錢，以田爲率矣。不言井者，城郭里巷亦有井，嫌悉賦之。禮，税民，公田不過什一；軍賦，十井不過一乘。哀公外慕强吴，空盡國儲，故復用田賦，過什一。"但史無明文具體數量是多少。存與認爲此爲病民之政，故孔子不言，以提防後世仿行。再如：

> 衛民居，愛民力。輕百姓，飾城郭，大禁也。功重録之，不時甚焉。(《内辭中》"土功"小序)

土功過重、"不時"(即在農忙的春、夏、秋三季興築)，皆爲病民之政。存與另稱："力役之暴，亞於師旅。"(隱七年"夏，城中邱")可見其在此一問題上的態度。再如：

---

① 指《春秋・桓公元年》："三月，公會鄭伯於垂。"

② 《左傳・宣公三年》："昔夏之方有德也，遠方圖物，貢金九牧，鑄鼎象物，百物而爲之備，使民知神奸。"杜預集解："象所圖物，鑄之於鼎。圖鬼神百物之形，使民逆備之。"

狩有常所，有常度。大閲有恒歲。昭、定之世，玩無震矣。病其國之以虚聲立也。“天事武”，不以誠，惡得不曠。（《内辭中》“搜狩”小序）

所謂搜狩，乃圍獵性軍事演練活動。存與以爲，昭、定之世，搜狩無節，已接近嬉戲，有曠武之嫌。而對搜狩的妨民後果，存與亦多有譏貶，如《春秋》桓四年“春正月，公狩於郎”，存與云：

以仲冬狩，非不時也，則何以書？狩不以地也。諸侯之狩有常所矣。郎，近郊邑也。三郊之田，爲民恒産，下地猶當以牧，實倉廪、修武備，以爲民也。爲田驅獸曰田，反致獸於田，俄且以稼穡之地爲禽獸之地，築臺焉、築囿焉，恣爲佚游，取近於國而朝夕往焉，郎不遠也。倣於桓之狩，淫於莊之臺，卒於昭之囿，而魯之國恤孰經營之乎！《春秋》之義行，則“庶土交正”，禹之明德也[1]。非聖人，誰能修之！（《内辭中》“搜狩”桓四年經例）

本條經文，《左傳》稱：“書時，禮也。”杜預集解：“郎非狩地，故唯時合禮。”《公羊》：“此何以書，譏。何譏爾？遠也。”何休解詁：“以其地遠。禮，諸侯田狩不過郊。”《穀梁》：“四時之田，皆爲宗廟之事也。”可見三傳除《穀梁》外，皆譏狩不以地。《胡傳》《解義》《直解》亦同此説。莊存與亦同諸家，並以魯桓公之搜狩，魯莊公之築臺，魯昭公之築囿，皆爲怠政荒民之舉，故《春秋》譏之。

可以看出，存與對秕政的批評，主要是站在王政、民本的立場上，譴責荒怠政事、僭越禮制、文恬武嬉、病民害政等。所論皆正大堂皇，有説教氣息。

（二）譏侵伐，惜民命

在諸多秕政中，存與尤責因貪利侵奪而發動的戰争。如，《春秋》隱八年：“冬十有二月，無駭卒。”無駭何以不氏？《左傳》僅叙其死後被賜“展氏”的經過，未有解説。《穀梁》稱“未有聞焉”。《公羊》稱：“疾始滅也。”即指緣於其滅别國之罪。《胡傳》《解義》《直解》皆以“未賜族”爲解。可見諸傳多有異説，莊存與卻以《公羊》爲准：

《春秋》有追書。賜族矣，不追書，貶之也，疾始滅國也。滅國，先王所必誅而不赦，豈徒曰‘我善爲戰’而已乎。”（《内辭下》“大夫卒”隱八年經例）

再如，《春秋》桓十年，“冬十有二月丙午，齊侯、衛侯、鄭伯來戰於郎”。齊、衛、鄭並於戰勝後即結盟，即桓十一年“春正月，齊人、衛人、鄭人盟於惡曹”，存與曰：

“人”之，貶之也。《春秋》惡兵，所尤痛者，縻爛其民而戰之也。日以志之，痛此蒼生同日而就死也。我之救死扶傷不給，彼三國者，獨不寡人之妻、孤人之子、獨人父母乎！以戰勝爲榮，彼所以放其良心者，猶斧斤之於木矣。稱之曰人，問其好惡，尚有與人相近者乎，而爲此盟也！（《諸夏

[1] 語出《書·禹貢下》。孔安國傳：“交，俱也。衆土俱得其正，謂壤、墳、壚。”

辭》"參盟會"桓十一年經例)

責問以戰勝爲榮的齊、衛、鄭三國,其好惡是否"尚有與人相近者",可見存與態度。此條經文,《左傳》僅叙本事,《公》《穀》無傳。《胡傳》《解義》《直解》皆大多以同惡相黨爲説。皆與存與責戰争痛民命之義有間,可見存與在這一方面的特出。此類意涵,存與屢有表達,如"重民故重師"(《内辭中》"師"小序),"受王嘉師,兵死痛矣"(《諸夏辭》"侵伐"小序),"多其力者多其惡,師未加於敵,民已殘矣"(《諸夏辭》"會侵伐"小序)等。再如《春秋》桓十二年"十有二月,及鄭師伐宋。丁未,戰於宋",存與云:

> 公將也,諱之而不書。曷爲爲桓公諱?殃民之罪大矣,義不可不並而列之。民者,王者所甚重也。《春秋》重民,不以桓公而不諱其敗,則不以桓公而不諱其惡矣。(《内辭中》"戰"經例)

此一經文,諸傳皆解説此一具體戰事,唯莊存與以"重民"爲説。甚至在存與看來,天子設州伯的目的即在保民:

> 交鄰有道保其國,保其國者保其民。天子設州伯,凡州之國、國之民,皆其職也。亳城北之載辭曰:"無蕴年,無壅利,無保奸,無留慝,救災患,恤禍亂,同好惡,獎王室",略具矣。不然冠帶之倫,安有寧宇哉!此非一州之伯能專之,兩州之伯實同之者也。(《諸夏辭》"胥命"小序)

依存與之見,睦鄰保民,原本即爲諸侯之職責,乃"兩州之伯實同之者也"。不過,雖然愛惜民命爲存與反對諸侯發動戰争的主要原因,但亦並不爲全部,存與稱:

> 諸侯相侵伐,惡也。輕用民死,謂之殃民;專命不請,謂之侵主權;作寇虐於中原,謂之敗王略。(《諸夏辭》"侵伐"隱二年經例)

可見存與以爲侵伐有三惡:一殃民,二侵主權(即侵害天王或諸侯之職權),三敗王略。蓋延續了其一貫的尊尊主張,依舊意在維護禮教等級秩序耳。

此外,存與不但痛斥已實現的戰争,而且對預謀戰争,亦明確貶責,認爲"其惡未成,其志可誅"(《諸夏辭》"如"小序)。如桓五年"夏,齊侯、鄭伯如紀",《左傳》稱:"夏,齊侯、鄭伯朝於紀,欲以襲之,紀人知之。"顯然並未偷襲成功,存與云:

> "外相如不書,此何以書?"非如紀也,襲紀也。飾好貌,懷寇心,庶人猶謂之賊,况諸侯乎!則何以無貶?庶人行則人之,此非人所爲,不可以稱人矣。予以侯伯之名,庶幾其以愧憤死乎!往不得所欲,事已行矣,行而不得,下得者一等也。(《諸夏辭》"如"經例)

"此非人所爲""愧憤死"等語,已近詬詈。存與以爲行而不得,僅下得者一等而已。因此對於蓄謀侵伐並獲成功者,存與固自嚴譴,如《春秋》隱十年"春王二月,公會齊侯、鄭伯於中丘",此爲謀伐宋之會,存與云:

> 此則謀動干戈之惡成矣。比周而黨，愈少鄙争而名愈辱。兄弟昏姻之國，卒於相怨一方，《詩》所謂"如蠻如髦"者乎！(《諸夏辭》"參盟會"經例)

此一經文，《左傳》稱"爲師期"，即補叙相會的目的。《公》《穀》《胡》無傳。《解義》以爲"此禮樂征伐自諸侯出之始事也"。《直解》則譏魯納賄好利。可見莊存與著眼於黨同伐異，乃獨抒大義。其責諸夏之國已淪入夷狄之域的態度，亦爲嚴明。

莊存與在《春秋正辭叙目》中論《諸夏辭》曰：

> 自天地生民以來，神聖有攸經緯，於是焉在。聖所貴，貴其民，循厥理。惟庶邦君，以厥臣續大命，孳孳其無殆。黜乃心，毋底罪。

大命，即王命。僞《書·太甲上》："天監厥德，用集大命，撫綏萬方。"孔安國傳："天視湯德，集王命於其身。"

黜乃心，語出《書·盤庚》："王若曰：'格汝衆，予告汝，訓汝猷，黜乃心，無傲從康。'"孫星衍疏："言去汝傲慢從安之心。"

底，同厎。《左傳·昭公元年》："厎禄以德，德鈞以年，年同以尊。"厎，一本作"底"，杜預集解："厎，致也。"

可見存與自己總結其《諸夏辭》的核心思想，不外落在神聖所經緯的"民"之上。聖人所貴者，亦此民也，亦此民循其理也。諸夏諸侯，應當率領其臣子續接王命孳孳無殆。去其傲慢之心，莫獲罪耳。

這從另一方面印證了上文的分析，即不論責秕政、貶侵伐，其最大目的還在於對民命的護惜。

八、餘論

董仲舒述《春秋》之義法歸趨云：

> 《春秋》之法，以人隨君，以君隨天。……故屈民而伸君，屈君而伸天，《春秋》之大義也。(《春秋繁露·玉杯》)
>
> 《春秋》明得失，差貴賤，本之天。(《春秋繁露·重政》)

太史公述《春秋》之作意云(史公明言亦本之董生)：

> 夫《春秋》，上明三王之道，下辨人事之紀。别嫌疑，明是非，定猶豫，善善惡惡，賢賢賤不肖，存亡國，繼絶世，補敝起廢，王道之大者也。……夫不通禮義之旨，至於君不君，臣不臣，父不父，子不子。夫君不君則犯，臣不臣則誅，父不父則無道，子不子則不孝。此四行者，天下之大過也。以天下之大過予之，則受而弗敢辭。故《春秋》者，禮義之大宗也。(《史記·太史公自序》)

概言之，在董仲舒和司馬遷看來，《春秋》之作意即在"屈民而伸君，屈君而伸天”,“上明三王之道,下辨人事之紀”二語。具體而言,伸天、三王之道,似多陳述理想;人事之紀,則應多規範現實。規範的内容,不離其别嫌明微,乃至“善善惡惡,賢賢賤不肖,存亡國,繼絶世,補敝起廢”及以“禮義”爲核心的君君、臣臣、父父、子子等内容。易言之,依董生、司馬遷所述,所謂《春秋》的作意,是爲了恢復一套上本天道、三王,下辨君君臣臣、父父子子的禮教秩序。顯然這一秩序既體現形而上的天道,又是形而下的政治、社會、倫理的組織模式,爲一結構天人的禮法安排。

此一對《春秋》作意的理解,在後世廣有知音。如宋人孫覺曾論《春秋》之旨趣即云:

> 孔子之年益老,而天下之亂不止,至於臣弒君、子弒父,而天子不加誅、方伯不致討,三綱五常,掃地俱盡;孔子於是因魯之史以載天子之事,二帝三王之法於是乎在。《春秋》之所善,王法之所與也;《春秋》之所惡,王法之所棄也;至於修身、正家、理國、治天下之道,君臣、父子、兄弟、夫婦之法,莫不大備。①

《春秋》之大義,在“二帝三王之法”而已。析言之,則舉凡君臣、父子、兄弟、夫婦,乃至修身、正家、理國、治天下之道,莫不大備。上可至國家政治,下可至人倫綱紀。淺近言之,乃是以君君臣臣、父父子子爲核心的大一統秩序,三綱五常亦包含在内;大而言之,則爲二帝三王之道,家、國,社會、政治,人倫、政教皆一以貫之。不得不承認,這一理解與司馬遷基本匹合無間。即在他們看來,《春秋》乃一綜合的,囊括天道、王政、人事在内的總綱紀,所謂《春秋》大義,即爲這一套可措諸政治、社會、人倫的禮制安排,若覓一名詞稱之,則“王道禮秩”庶幾近之。

而反觀上文所梳理的存與旨趣,其奉天、尊尊、親親、賢賢、謹男女之别、嚴夷夏大防、責秕政惜民命的立場,同樣是納天道、政治、社會、人倫於其中,蓋同樣意在維護君君、臣臣、父父、子子,乃至男女有别、夷夏有防的禮教秩序,或曰“王道禮秩”耳。存與門弟子邵晋涵對此已有體察,稱存與“麟義公羊,折中王道”②。究其本質,蓋繼承了董仲舒、司馬遷,乃至傳統公羊家對《春秋》大義的理解。需要注意的是,此一理解雖不悖於大一統君王的統治要求,但並不完全無原則地一味尊王,而是更看重以“禮義”爲中心的秩序安排,並含有以天正王的學術祈向。故亦更具有意識形態性,顯示了繼承傳統儒生精神的闊大氣象。晚近學界認爲尊王大一統爲存與學術旨趣的核心所在,是並不全面的認識,僅是其中偏重於政治的層面,絶非全璧。在乾嘉短於風議、長於求是的時代氛圍中,莊存與這種議論風發、結構天人的大儒氣象,尤顯得難能可貴。故時人稱

---

① 孫覺《春秋經解自序》,朱彝尊撰、林慶彰等主編《經義考新校》,上海古籍出版社,2010年,頁3339。

② 邵晋涵《莊養恬先生祭文》,《南江文鈔》卷十,《續修四庫全書》,上海古籍出版社,2003年,第1463册,頁514。

其“所貴儒者，天人貫通”[①]，“當代之儒宗，士林之師表”[②]，雖下語分量頗重，但應絶非虚譽。

厘清這一學術旨趣，不但對理解莊氏學術本身較爲重要。對我們重新理解春秋學之學術旨歸亦有較大參考價值。我們知道，晚清以來，由於言今文者，喜以經術作政論，尤其是康梁一派以公羊大義爲變法張本，使得春秋大義，幾近三科九旨（或被稱作“微言”）的代名詞，而三科九旨，不過即改制革命之題面而已。如劉逢禄稱：“無三科九旨，則無《公羊》；無《公羊》，則無《春秋》矣。”[③]康有爲稱：“讀《公羊》，先信改制。不信改制，則《公羊》一書，無用之書也。”[④]“《春秋》爲改制之書，包括天人，而禮尤其改制之著者。”[⑤]流風所及，今日言莊存與及公羊學者，依舊以爲“《公羊》學之爲《公羊》學，其特色並不在大義，而在微言。”“[莊存與]不重微言專重大義就没有《公羊》學的特色，所以不能説他的《春秋》學是《公羊》學。”[⑥]顯然這樣的公羊學理解，是晚清以來時代形勢與學人互動的結果，乃一偏之見，别有所圖，並不能當作學術之真。今日亟需於此類理解中求得解放，不爲古人所欺。

從另一方面，晚清以來，確有一派學者認識到公羊大義兩歧一本，義屬雙全，如皮錫瑞稱：“《春秋》有大義，有微言。所謂大義者，誅討亂賊以戒後世是也。所謂微言者，改立法制以致太平是也。”[⑦]而其他與康有爲立場相左，暗施譏抨的學者，亦稱：“道、咸以來，説經專重微言，而大義置之不講，其所謂微言者，又多强《六經》以就我，流弊無窮。”[⑧]“至於近代，一二倡狂者出，撥亂反正之書，一變而爲犯上作亂之媒介，吁可歎也。”[⑨]上所謂“誅討亂賊以戒後世”“大義置之不講”“撥亂反正之書”，皆不過是强調公羊學的尊王大一統之義而已。及至民國學者陳柱標舉“公羊家哲學”，亦首以“革命説”和“尊王説”爲論[⑩]。然而此類認識，雖較變法者較爲全面，但與公羊真意依舊尚存一間未達。蓋仿之莊存與可知，所謂“尊王”之義，不過是王道禮秩的一端而已，溯諸以往，最多近乎宋人積弱態勢下對《春秋》大義的理解而已，與講求天人感應、

① 邵晋涵《莊養恬先生祭文》，《續修四庫全書》，第1463册，頁514。

② 朱珪《春秋正辭叙》，莊存與《春秋正辭》卷首。

③ 劉逢禄《春秋論下》，《劉禮部集》卷三，《清代詩文集彙編》，上海古籍出版社，2009年，第517册，頁140。

④ 康有爲《康南海先生講學記》，姜義華、張榮華編校《康有爲全集》第二集，中國人民大學出版社，2007年，頁121。

⑤ 康有爲《春秋董氏學・春秋禮第三》，姜義華、張榮華編校《康有爲全集》第二集，頁330。

⑥ 黄開國《莊存與〈春秋〉學新論》，《哲學研究》2005年第4期，頁36、38。另外此一觀點黄先生一直持之未變，參見氏著《清代今文經學的興起》，巴蜀書社，2008年，頁129；氏著《公羊學發展史》，人民出版社，2013年，頁471—473。

⑦ 皮錫瑞著、周春健校注《經學通論》，華夏出版社，2011年，頁362。

⑧ 朱一新《無邪堂答問》，中華書局，2000年，頁21。

⑨ 張爾田《與王静安論治公羊學書》，晃嶽佩選編《民國期刊資料分類彙編：春秋學研究》，國家圖書館出版社，2009年，頁125。

⑩ 陳柱《公羊家哲學》，華東師範大學出版社，2014年。

五行災異、奉天正王、禮制秩序的漢人相較，則迥乎不侔。而莊存與所繼承的漢人儒學精神，也正是在這些地方才更顯得堂廡正大，這是我們應該特别留意的。

【作者簡介】辛智慧，山東大學儒學高等研究院副教授，研究領域爲清代經學、文獻與思想史。

幼學堂尺牘

吕東超 整理

《幼學堂尺牘》一册，王欣夫學禮堂鈔本，今藏復旦大學圖書館古籍部。此册收沈欽韓致許兆熊尺牘八十三通。沈欽韓(1775—1831)，字文起，號小宛，江蘇吴縣人(今屬蘇州市)。嘉慶十二年舉人，選授安徽寧國縣訓導。沈氏爲清中葉學術名家，尤長於訓詁考證，著有《漢書疏證》《水經注疏證》《春秋左氏傳補注》《幼學堂詩文稿》等。許兆熊，字凫舟，江蘇吴縣人。好收藏金石，兼精醫術。著有《藥籠手鏡》《兩京名人印録》《凫舟詩稿》等。王欣夫《蛾術軒篋存善本書録·辛壬稿》卷三"幼學堂尺牘"條云："余藏小宛與許凫舟尺牘，去其殘蝕不完者，鈔出八十餘通，輯成一册。小宛與凫舟交誼綦深，此爲里居及赴寧國訓導任，丁艱歸里時作。凫舟經營葬事，擬割讓膏腴，小宛爲之奔走籌畫。凫舟撰《藥籠手鏡》《西京名賢印録》，小宛爲之搜集材料，而己所著《左傳補注》《水經注疏證》、昌黎、東坡、半山、石湖諸詩注，亦時從凫舟借書。及奉諱後，生計拮据，移書索逋，雖家常瑣瑣，咸性情真摯，躍然紙上。……卮言逸事，均足沾溉後學，從知古人雖造次削牘，亦非浪費筆墨者。"此册即王氏據所藏原稿鈔輯而成者，於研究沈氏及清中葉學術頗多裨益，今將其整理刊布，以供學界參考。此次整理，謹按原本排序，各札均加編號，以清眉目。由於整理者學識淺薄，錯誤在所難免，敬祈方家賜正爲盼。

幼學堂尺牘

吴縣沈欽韓撰
後學王欣夫輯

與許凫舟兆熊

一

前日蒙齒藥之賜，慰問諄諄，感荷感荷。蓋患此者三日而後已，右邊幾有摇落之勢，故憶《玉壺清話》中所載，欲一試耳。竹堂處輓聯擬就，奉懇轉致。壙工想已動手，未知預于何日啓舊殯？若臨時，得無有倉卒不虞之慮否？葉處

【基金項目】本文係全國高等院校古籍整理研究工作委員會直接資助項目"沈欽韓《幼學堂詩文稿》整理"(批准號：1861)階段性成果。岳麓書院羅琴同門曾代爲觀覽相關資料，謹致謝忱。

兒女子作事，與朱某不相涉。買田典庫，意尚未定。其西席王公來説，又死一婦，即前月新産者。恐不堪倚賴，奈何！不特現在急須也，過芒種後便又作一年之遲矣。吾兄純質敦行非今世人，而事多掣曳，可歎于今小人道長耳。葬事可節省則省之，《孟子》曰“君子不以天下儉其親”，只對充虞木美之問，以破墨翟菲薄之甚，非謂竭天下所有也。此亦吾兄所自知者，聊一及耳。即候凫舟三兄大人日安。今日小兒又自館中來，却要田數七八十畝者，惟裁酌，可即寄下。欽韓頓首。

二

凫舟尊兄閣下：此月之二日，城中專差人來，接得琴南手札，并撰尊府君墓誌一通。銘文甚簡潔有法，幸不辱命。但書篆無人，美中不足，奈何！代匱之人，惟吾兄裁之。知甚急切，先奉上，并琴南札同覽。笠亭尚未來，惜此文遲到旬日耳。葬事力從省儉，移步换影，則尊先人心上亦安，慎勿以前度相較。孔子之言，不勝于庸俗之觀美乎？叨在至愛，故略言之。即候不一。欽韓頓首。三月初二日。子含以失足墮水，攀船用力，臂痛，乞惠膏藥一帖。

三

凫舟三兄大人閣下：月初舟人來，惠頒珍品，即泐一函奉謝，并訊起居，想邀目入。溽暑方滋，渴欲面晤，竟未遂願。欽韓此時撰集《左傳補注》幸已脱稿，惟《考異》尚未動手耳。比來何所營？汝南之事已定妥否？念念。小城若有興寫字，則有一碑版較他作爲易著。然作顔體方妙，歐書未免太瘠弱。若許諾，則更寄本來。此係僧家之事，撰文與寫書俱檀施功德也。《查注蘇詩》望一借，并《後漢書・郡國志》一本，幸向補拙上人之便將出。補拙于内外典俱通，詩亦清雋，近今所不易得者。琴塢近日事亦不佳，今年薄游西江，不免作把勢人。天道如此，看來庸惡陋劣之人方有福耳。一笑。日安不既。愚弟沈欽韓頓首。廿二日。

自暮春來夜眠不得着，往往至四五更，遂至晏起。晝間又委頓，于讀書工夫甚妨。晚間不過二鼓睡，亦無甚苦心覃思處，不解其故也。飯亦照常，但日長午後可不用添一頓耳。不知有引夢藥否？碑石已刻完否？即候日佳，不一。欽韓又啓。

四

接手示，備悉。琴南處已曾修書去，亦略及吾兄近况與周氏情形，此後祈隨意寫數行寄彼。尊札筆墨正自絶佳，不通套，不客氣，真當行也。弟去札有二千言存稿，晤時奉承也。知欲讀《水經注》，老而好學，古人所難，弟何憚丹鉛之勞？便可即將本寄出也。近來木瀆風雅道絶，弟如鮑覺生閉門思過而已。吴磊齋從鄙人問詩，亦頗可觀，有《光福雜咏律詩十首》。前哲今賢皆臚列，今則足下一人也。俟向彼索稿奉達。冰輪半缺，金粟微香，最好光景，不必靈隱、南屏也。足下漸當作詩，爲《巾箱集》之續，想正當高達夫時耳。即候侍奉萬福。欽韓頓首。初十日。

五

寄來手卷接到，弟已先致意于琢卿矣，月底進城當付之也。月初八日，琢卿有信來，甚是從容。欲薦明年遠出教書之館，弟逆料選期已及，辭之。後望日即寄一書問其委屈，緣琢卿不在家，未復，想無事耳。斗山小像補景當即至，鐵簫處亦可得也。然吾兄筆墨甚幽秀，胡不經營之，却更破錢鈔于别人耶？茂庭處將《稗海》舊板一部索價甚昂，要十洋出脚，天地頭亦切短。此書弟已留心，凡屬新奇藥方皆録出，此外並無，則亦非吾兄所急切不可少之書。且此時經費尤當顧念，故未即奉上。擬欲還彼，未知尊意如何？許知可舉子，想已有吉夢，佇望佇望。即候日安。愚弟欽韓頓首。廿一日。　　外《王臨川集》九十二卷，乞將尊本研對付下。

六

嵬舟三兄大人足下：兩日前于飯霞處寄所寫尊太君墓碣一紙，字跡惡劣，技止斯爾，想已接到。所託之事，隨唤兒子入城將信與蘭齋，蘭齋即寫信帶下，仍堅託潘某。一時無便，容一二日内寄往潘某處也。孟昭處適有信來，雖調九江，尚未赴任，只在此春，不能出，囑韓呈送新藁一本，并附上暇日補作《探梅十二絶》，并《永安常平五銖錢》詩一首録政。梅花之游不啻四五度，年年有詩有文而圖未作，不免缺典。俗筆不足辱此盛舉，花光逃禪不可復得，俟吾兄事定後澹澹寫幾筆，傳此事，了此願耳。永安錢外更要常平錢一枚爲墜佩，不知家中有此否？乞并寄我爲幸。桃花開時或再入山盡一切也。即候日佳，不一。愚弟欽韓頓首。廿三日燈下。

七

三日前曾奉一函，并類書八本、《九域志》四本，知尚未接到。今日笠亭來，又奉手示，并《翻譯名義》，感感。眼前光景如此，只是有抵無主故耳。必不得已，乞緩兵之策，再作計較。韓又爲出一經帳與人，但亦須出月耳。初三四間，因朱氏有媒人之局，須入城去。或彼時有挪移三四百金之處，亦爲吾兄留意也。然總非數日所能辦，如何？《唐文粹》問諸黄蕘夫，云初印者今須廿餘洋。如此雖缺一目録，猶是登品之物，有餘力則收之。金母行狀閲畢即寄來。所存《水經注》三本，怡泉亦爲鈔竟，俟校勘一過送上。以後四五本，有的便不妨再寄下也。韓因修志之説，絶意不出門，然使來年有修金，大約甚微，須是得兩三膳徒帖補方過得去，乞預爲留意。校官之選已掄，甲子科大約兩年之内可望補缺也。前説稍有眉目，即馳信以慰尊懷。細帳亦望便中寄出。即候嵬舟三兄大人日安。愚弟沈欽韓頓首。廿九日。

八

接手札，謹悉。蘇集已於初旬選閲畢，緣前心香屬畢後欲一過目，故送彼處，不知其俗事聯綿，東閣十餘日也。《菊花賦注》尚缺三種書，一時不得，故未奉上。一兩日内促守拙出來，令其向二如處一借也。李長吉、屈翁山，此兩家詩吾兄處有之否乎？如有，即俾守拙帶出也。《東籬集》點黓一過，前序可删，而僭擬一小引，當否？黄山之館坐地頗佳，來闗説者知吾兄與心香、守拙輩時須往來，早言雞黍留賓，草堂下榻，喜慕從事，此一端亦不俗也。弟處賃屋所讀書三椽，已轉賣徽州人爲酒作屋，殊堪浩歎。下半年須覓居，或作山林把臂，未可定也。蘇詩精妙者不可思議，而其隨意塗抹，亦較他人爲惡。弟選擇稍嚴，其雄渾精深者亦略無遺漏矣。今年正可肆力詞章，亦聊以諷守拙，何如？即請凫舟尊兄日安。愚弟沈欽韓頓首。

九

笠亭來後又已旬餘，盛暑想起居安適，不知摒擋諸事若何？其不能即入城之故，或如笠亭所營未集乎？目下旱勢方熾，勘田之舉又非酷熱所爲，此計將復倚閣，奈何！米價日長，弟家無甔儲，中心焦灼，不知吾兄篙笔所餘，除口分之外，尚可分匄一二石否？現在不能奉價，得賒兩三月，幸甚。《荆公詩集》將補注録完，惟文集注等待兩三種書竟不得耳。然亦須録出，秋凉不能不餬口他處也。所借查注等可以奉還，俟有便即繳。草木蟲魚之事，只用《本草綱目》甚不體式，乞仍假《大觀本草》備閲，有便即帶來也。山中想插秧久畢，沿山字圩恐半爲不毛矣。去年之病，又復動頭，要諸非疫也。即疝氣之急者，《金匱》最詳，而醫家于雜病概不留意耳。京師翰林考試差一開坊洗馬陳玉銘至帶懷挾革職治罪，可笑可笑。餘俟面悉，不一。凫舟三兄大人閣下。欽韓頓首。

十

凫舟尊兄先生閣下：所送書俱接到，《唐文粹》容即詳勘。尊意欲作《本草證考》，甚善，即必傳之書。今先定名曰“藥籠手鏡”，可乎？耳目非一時所能集，書證亦非一時所能具，先詳訪劚藥之人及川廣老販子，以文言飾其俚語，如陸璣《草木蟲魚疏》，當日只是常諺，由今觀之，何其雋妙！此書無全本，散在《毛詩正義》中，類書中亦有摘出者，可先觀其文筆，然後采奇書可也。《夢溪筆談》亦可采取，惜無此書奉上耳。前有《水經注》摘本，弟處可不用。雅愛竹堂楷法，能即此數十葉寫一清本見惠，幸甚。“平番”一條從《一統志》采録，今奉政。弟又將《韓文公集》清謄一遍，窮此歲不知得完。明年將携此書北游，售與富貴人以稍濟貧困，然不知有機緣否也。即候日佳，不盡。小城均此。其《左傳》于歲底見還可耳。藥丸收到，感荷感荷。愚弟欽韓頓首。

十一

凫舟三兄先生閣下：暮春通音問後忽忽夏秋，身無羽翰，何由得見？然見亦不遠矣。兹小兒來吴，故順訊起居，伏惟萬福。欽韓于七月初得一孫，只喜添丁，遑望傳硯？知己如閣下，既爲悵恨得子之艱，亦幸朋儕之不落莫也。今年秋稼豐登,春繭應好,積久虧空,頗能補苴不?欽韓甚欲居光福,然可意者難得,十分荒落,又有穿窬之患。明年泊船時,或暫借池上作璅結之寄,不則當在黄山管旭堂家耳。箕兒尋常。今往府城預覓送考之寓,往往不可意。爲久居之計,彼更非材,亦萬不敢作主矣。所存之項,不必汲汲在。如果能割閒田,亦大幸也。總諸,俟鄙人歸時定奪可矣。治家之外,作何消遣?《藥籠手鏡》已成書不?箕兒來,尚欲小考,爲父執者正色曉其不必作癡想,未有不耕而穫者。其瑣屑,渠口亦能細述。二同景况如何?伊昆仲自謂太山可靠,不意作冰山也,呵呵。順請近安。内人風癬膏藥乞一張。愚弟沈欽韓再拜。

十二

乍笠亭去,匆匆札未盡。弟欲將《王荆公全集》人物、制度稍加箋釋,自正史外,凡屬宋人説部皆須參考。尊處若有此等書,一總見借。《容齋隨筆》想已有之,此外零星亦有揀擇也。《廣東新語》如不須檢尋,亦見付,則查水道也。大約《水經注》此月中可了,則當握管了結文債。然尊作金母行略,自改齋等傳觀後,不知寘在何處,奈何!仍須録艸槁一通,罪罪。菊花乾乞包付,幸甚。冬至後須上城再爲吾兄覓所謀耳。并候鳧舟三兄大人起居。欽韓頓首。十六日。

十三

來信領悉,膏藥接到,荷荷。前所云尚有書籍者,乃《名勝志》《五燈會元》諸書耳,非有新奇可資《藥籠》者也。兩次便人來,適忘付之。頃借得李燾《長編》五百卷,乃黄蕘翁家所新購而又得主顧已轉售者,急向書坊裝潢。而韓追回一觀,期甚促,卷帙又大,甚是趕緊,然非一月不能了也。得此則注王半山集無遺憾矣。此候近況,不一。鳧舟三兄先生。欽韓頓首。

十四

日來取書法玩之,倣中興碑,力勁氣完,霜鷹排翮,鋒棱已可畏,況可當其搏擊乎?篆體走墨連綿,字勢倔强。皖人鄧完白體齊梁人筆意者,此二者皆是。墨寶增輝蓬屋多矣,感荷感荷。未敢徑呼漆匠爲之,欲同談怡泉鉤勒,不失絲毫,然後廓填耳。圖章近得,此非乃復氣王,稍復汪古香時舊觀,但印泥嫌不足用耳。梅雨霑足,佇望有秋。今年蝦子時,適家中病人,稍過其時,子已嘯盡,不知光福尚有帶子者否?吾兄曾煎油貯之,乞惠一小瓶,幸甚。目下經筌油而未收柴,到一半月則日子難過矣。望不無稍助,盼切盼切。何首烏、牛膝,佇望見寄,弟意欲合地黄、茯苓爲丸常服。威靈仙,乞以《蘇内翰方》辨其真贋,冀萬有一遇也。制弟沈欽韓頓首。

十五

兩旬不通音問,比日想督工土石,依瞻松楸,勞瘁之時,益宜珍重。前途皆未得確信,葉處吉凶坌集,大約過此月方議及他事,奈何!日來在山,去聖恩寺不遠。欽韓意欲煩吾兄作一札送寺主,借宋惠洪《僧寶傳》。此係萬曆間紫柏大師重刻,想寺中必有。又《天下寺刹志》,亦順便一問其有無,未可必也。《王荆公集》他悉措置,亦無多掛漏,惟待此書及李濂之《汴京遺蹟志》兩三種耳。竹堂家欲作弔,然以月底須詣府,不復僕僕,乞代買香燭,寫一晚生帖送去以表意,幸甚。八十畝頭,若有佳音續布耳。皃舟尊兄萬福。愚弟欽韓頓首。四月初二日。

十六

日前偶入城中勾當,文駕來,遂失迎候,歉甚。蒙賜老母壽禮,又賜大風兜一領,感荷感荷。欽韓此時尚候部憑,中間驗看考驗節次,當于歲底方了。同年李玉坡監院勸于歲内即往,可得便宜。彼乃不知韓之私累,未能幡然即行耳。初四以後尚無事,當造尊府信宿,以罄離懷。尊處所存《名勝志》《施注蘇詩》等皆久欲奉繳,倘有便船,即屬其來取,無便則韓當賫之而來也。重念足下家累宿逋如何得了,爲之於邑。初四日是應酬常局,足下不得暇,亦可無煩屈尊,俟入城完糧,過舍從容一宿,幸甚。專此鳴謝,並候皃翁三兄大人日安。愚弟沈欽韓頓首。廿五日。

十七

入冬以來,鹿鹿無狀,惟吾兄起居清勝。逋負催促,如何到此?當集衆謀而從其優長者,不必專一説也。欽韓青氊生活,投老窮鄉,然亦不過五六年,即歸爲終養之計。現在須覓一厨一媪。厨但取其淳謹,作使易從者,不必高手;媪則粗細兼之。到彼或更買一粗婢幫使。兩月以來,竟不可得,不知貴處及舊僕之中有願去者不?乞爲留意一問,急切待用,感感。至行計籌畫,芒芒無措,退房租可買幾件衣服,此後了無打算也。得暇尚當走詣話别,惟珍攝不既。愚弟沈欽韓頓首。皃舟三兄大人日安。固齒方中木律即鬼臼,在毒草門。

十八

皃舟三兄大人足下:自得手示後匆匆久未報者,以不得要領故也。兹于廿三日始接錢改齋信,方有消息。然此字在十五日展轉託寄,遂爾遲延如此,爲之悵悵。今將改齋原札奉上,乞即飛信將價值開下,欽韓即唤一小舟至横塘面詣改齋,核實此話也。英白者,姓李,本在管氏管帳,今開門授徒,雖非吾輩,要亦稍異于螞蟻耳。磊齋之爲人,萬事不着實,素知之,一時無奈,亦託之耳。田數在彼處,索歸可也。欽韓頓首。

十九

皃舟尊兄賜鑒:接手札,欣悉一切。當此百事倥偬,尚寵惠下頒,感荷感荷。弟之行況,但少盤纏及正月間所用耳。要須别覓一債主,此時尚未定奪也。吴紀肯隨去,甚善。正月間吾兄處亦有事,弟已可應酬,不如待唤張五官船押船出也，惟尊見裁之。《呂覽》已點完第五本，因拙本缺兩葉補鈔，新歲繳耳。初四六日。專候台從，并賀近禧。

二十

前日匆匆慢別爲罪。乍晤蘭齋，知經手人乃伊姻家潘志伊，得業者爲高氏。據蘭齋述，潘姓已言十分當成。但此人性喜夸誕，恐未必真實。弟因説吾兄之意，歲底事忙，得從容至新正更妙。就弟與蘭齋之意推之，想是潘姓極力慫慂，或稍縱即逝，即聽其緩之急之可也。又以爲年底價可殺賤也，則當稍緩之。彼乃市井小人，想駕馭之道吾兄自得之耳。彼得經帳後即將蘭齋抛却，無論弟也，其人可知。《容齋隨筆》奉繳，有沈存中《夢溪筆談》乞借一觀，北宋人究竟勝南宋人也。再《施注蘇詩》單本乞并付核查。偶信手翻閱查氏之注，無不紕繆。成二卷之外，尚可得數百條。讀書研究四通八達之道理，非國初人所知。彼此相笑，孰知後來明眼人有以制其死命乎！弟衰窮且賤，然十餘年屏居用力，纔得有此地位。雖妻子飢寒，天之賦畀最爲厚矣。假三十左右聯翩科第，仕宦烜赫，其才分亦不過如查初白輩耳。出月初當進城。四五日董琴南處當爲寄去求文。欲覓小種書，乞開示《方言》《釋名》《廣雅》《淮南》《韓非》，或須檢閱，月内見還，餘則儘從容不要緊也。即候鳧舟三兄大人。欽韓頓首。廿九日。

二十一

鳧舟尊兄足下：新正失迓，歉甚。承委校點所鈔《唐文粹》，雨雪中撥置他事，三日而畢，亦頗有意見可爲準的。前此守拙以目録來，忽忽一過，故去取間有未當。今删補若干，各以次第附識于旁，俟吾兄得暇再補入，是則唐文之全豹亦略見矣。唐人之長，以少工詞賦，故小文不患其枯瘠，而患其時樣。真能入古者，韓、柳外，惟劉夢得、元、白、杜牧之、皇甫持正數公耳。燕、許、常、楊，臺閣文章，亦當採獲，惟李邕、蕭穎士、陳子昂輩，榛蕆塞路，無取焉爾。幸高明鑒之。同年生董琴南有入山探梅之約，其時得一詣尊齋稍暢闊悰也。不既，惟近祉增佳。欽韓頓首。正月廿六日。

二十二

接手札，并頒到藥物珍粒諸種領訖，感荷感荷。欽韓賤體甚欲加餐，然多添一匙即覺飽脹作痛，亦由氣分虧觸惱多嚚妻愚子之累也。比來爲人選宋詩百家，不能從事奥學，尊處《水經注》且待明年來耳。所坐書齋前欲栽玉蝶小梅二株，此窮儒之奢望也。倘新歲守拙出門之便，祈爲覓得，該價若干亦乞示知，甚望甚望。新歲下旬約略梅花開後登堂快談也。即候近祉，不既。鳧舟三兄大人。愚弟沈欽韓頓首。太夫人閫福。

二十三

前日拙詩十餘首寫呈教，想已達。今日城中朱子含處寄來辟疫方一法，潘氏意欲周氏行此善緣,彼家非能具善根者也,故轉寄足下。鄉間有此症否?雖不發動,亦當預慮備之爲善。既有此方,若不廣布,則宿善不祥,古人所戒。謹呈左右,并候日佳,不一。欽韓頓首。十三日酉刻。原札附呈。

二十四

接手札後至初九日始入城,即將信件交董氏。今年尚須通信,想春正可得報。十三日即知琴南子授室,不得已稍遲一日。文駕來,遂爾爽約,罪罪。《宋文鑒》絶少,有一家大約以假宋板論,猶未得見也。《吕氏春秋》雖多,竟無畢刻者,城隍廟、五柳居、館前街皆明刻,絶不堪,價亦不對。因此空手歸。若急于讀之,則五柳居可買,然已缺目録矣。歸家三四日,《水經注疏證》亦畢功,乃始營二母墓文,謹繕艸呈教,元藁過録,求寄還存底。不能與行略争長也。府志光景落漠,大有寢格之狀,鄙人薪水之計不望此矣。歲暮有書可讀,無米可炊,堪一笑也。蕘圃處卻借得書數種,于吾兄著述無所益,然亦爲留心可摘録者紙條奉寄也。弃田之事今歲誠不復舉,彼處不是空談否?春期甚近,殊爲結念。即候鳧舟三兄大人近履。愚弟沈欽韓頓首。十九日。《水經注》十二本全繳。

二十五

前田數將至城中,一胡姓一彭姓,皆有田在光福。彼意欲得大票,嫌此數少,須二三百畝方肯舉動,乃知前此傳言者之誤也;并欲先問價,然後撥人將田界踏逐勘當。韓不能言也,乞吾兄預定一價付小兒去,其間亦有經手者。田數不知原寫者現成否?望撥冗一抄即寄出。若果得全去,亦何須葉姓乎!但恨蘭齋將田帳亂付人,并不在葉氏。杳無音信,多此周折耳。即候鳧舟三兄日安。欽韓頓首。前一信託小城寄者已達否?欲乞作札向玄墓寺經藏中借《僧寶傳》也。宋僧惠洪撰,明紫柏大師重刻。

二十六

鳧舟尊兄足下:接手示,領悉。琹隖處已作札,并一紙付上。紙照字數畫定,付去人持札往求可也。鄙書不佳,勉應吾兄之命,不敢藏拙,奈何奈何。近雜疏藥方以備《藥籠》采取,附上。此後要《名勝志》江西及江寧府本,乞寄來。嚴山塔院之《佛祖統記》,不知尚缺多少?頃注《王文公集》,惟僧寺、僧名最難着手,其餘制度、人物尚可借儒書查取也。桃花開時更俟面晤。即候。欽韓頓首。

二十七

接手教,荷勤惓彌至。所列藥物,纖悉備具,粲若列眉,雖雷斆桐君何以復加。然市肆積習,益知療治之難。吴下尚如此,他方偏陋,將奈之何!吾兄于此事考核體驗,惟有急著書以流布,家置一編,庶可挽其弊乎!欽韓服熟地數劑,胃不覺滿,所患亦不減。用心與動氣,二者即是對頭。動氣便痛,用心便熾。且無事之時,裩襠、被窩偶着即濕,正不必舉也。肌膚益瘦削,恐便成痼疾,如何!今將改齋錢名珏第二方附呈,以此病用此方,乞吾兄爲參詳之,是與否祈示知也。改齋讀書而通醫,數年前吴中老醫歎其能,曾羅致于門。今雖不懸牌,親友知者亦爲診治,欽韓故信之耳。改齋曾言今冬于文字一切都廢,漠不動心始可,然此事韓能之否耶?頑愚眷屬斷亦争先觸惱也。此事付諸天,都不復預慮耳。荷至愛如足下,故粗及之。琴南寄足下詩,乞鈔韻出來,擬爲代作,或先就槁稍潤色更妙,尺牘不必過謙也。前《巾箱集序》既不及刻,又今本未録,乞就格子上廿四字一行。録寄續稿,當有刊削。尊處所録兩本頭,或過目有可補入者,乞示我。守拙補花迄不見還,渠云心未閒,不知其心幾時得閒耳。草草布候蒓舟三兄尊吉祉。欽韓頓首。十六日。

二十八

蒓舟三兄大人閣下:初間發書及少物二簍,數日問脚夫猶未去,故復寄寸箋。明年徐信齋因無館,信來欲寄迹敝署。弟適少一人,舍親王某以作過犯去。因招之課兩子,但力至微不能多出束脩耳。渠出門時必竭据,吾兄稍津帖之,或千文,或乙洋,助成其行,甚望甚望。此番信後既無妥便,就有銀兩不敢輕寄。今年將最急之項還者已六七十金,明年一年庶可清楚耳。《爾雅注疏》若不須必用,乞付信齋帶來,此間無處買也。即候近安,不一。愚弟沈欽韓頓首。十一日。

二十九

笠亭來,接奉手札如面談,欣慰也。令祖墓碑刻手甚佳,翠墨珍重,惟磨去槑隖之名又費周折耳。琴隖處迄無信息,所寄四種即當附去求序二種,伊必不食言。前者札中屢以病瘍荒于筆墨爲詞,蓋即指此也。《切問齋文鈔》久不見,誠經濟大文,末學所宜究心也,得借觀幸甚。《竺林庵記》妙絶,以此上石,爲惡文增光矣。前所賜《煙墨箸録》《巾箱集》等已爲潘榕皋輩分携盡矣,便中再存幾帙爲幸。包慎伯在城已就宜興之聘云,當至韓處告别,且略識西山面目。彼若能宿留,或放櫂詣池上一訪。其字精能之至,作山水亦可觀,亦一俊侶,不可不一識面也。吾亭楹帖,草率書之,誤寫煖字爲煐。雖六朝碑中有此俗書,究不雅觀。此間無紙可賠,不罪。近日欲注《昌黎文集》,只繙閲新舊《唐書》及《通鑒》。未嘗作詩,惟一爲槑隖太翁撰墓志銘耳。閲王述庵《金石粹編》,其荒謬絶可笑者却駁記數十條,得十餘紙,暇日録寄奉政也。暑中一切珍重,不具。欽韓頓首。蒓舟先生文几。守拙、小城俱候。小城當鄉試,乍日適都中寄來薦卷,聊付一篇,以博一粲。

三十

《查注蘇軾》十七本,假館歸,託守拙轉呈,想已收到。比來有新作否?令先祖碑想亦刻好,若搨得,只用紙張寄三四通與槑隖也。寓齋中有楹對惡札可厭,乞轉致小城楷書五言一副,只用素紙,上旭堂號。三四日内幸即寄下。即請皃舟尊兄先生日安。欽韓頓首。栞隖札來,瘍未愈,未理筆墨,屬致矦,已向其索還原稿矣。

三十一

接手札,《石湖集》俱接到,郭注《莊子》亦附上。在齋中所圖雙桂至今猶未來,不知守拙直恁忙亂。一行作吏,此事便廢,但遥遥相對矣。日來身體郎當之至,喫飯多一匙即脹,着衣遲一刻即噎,直似老翁。兼相火上升,陰源時泄,現服錢改齋方以制火,壯水爲法,用熟地、麥冬、黄柏、知母、龜版、牡蠣,而以南沙參治洩,尚未有效也。《水經注》却考得兩本,年來自課已減十之五,稍涉心思,則有瞶亂不能自支之患。其黄河古今源流亦稍能分晰,惜爲之不早也。兹亦先將已用朱筆者奉繳,乞目入。菊花想大放,若也迂來瀆,或高興同彼一來亦未可知。即候侍奉萬福。栞南若有信寄去,乞付來。新詩勿忌生眼,亦寄來。皃舟尊兄先生。欽韓頓首。十月初四日。

三十二

前日盛擾,荷荷。《爾雅翼》檢出,其後皆與藥理無涉,故不全奉,并《酉陽雜俎》中支動植頗有新妙處。又摘鈔《御覽》,《范子計然》言藥之出處最古,但今時無用著書,可備一説耳。范子即范蠡也,其書是漢郡縣,蓋後人假託耳。《草木略》一時檢尋不獲,想又被小子抛向亂紙堆中,續當奉上。前從磊齋轉借《列朝小傳》,見吾兄已别購得,或可還之。弟處現無蘇集,欲乞借一部時時流覽也。望雨久矣,得此瑞雪,不惟首種入土,亦可免癘疫之作,幸甚。小城處《左傳》尚未寄來者,緣《一統志》未了故也,非有所悋,希諒之。即候皃舟尊兄先生日安。欽韓頓首。小城均此。

三十三

前日二朝奉來,匆匆作一字,并《抱朴子》四卷及田帳一本,想納入。欽韓至今舊恙頗息,善飯,惟前三日又感冒腹痛,清虚兩日則飯量又減,現今决意戒酒。右臂似稍有力,然尚不能搔爬如意,看來亦不至偏廢,待顧生製藥酒方服之耳。《雜鈔》一本如閲畢,便中寄出。又即查注三本,乞復假我。前此見鈔本誤者疑而輒止,今欲復補數條也。《大觀本草》尊府有之否?如有,幸一借。想《綱目》自有此,可暫輟也。東坡題畫所謂寒菊者,果是蒉草似菊者否?《水經注》窮十餘日之力,纔叙得兩本完。飢來驅我,俟有便,欲薄游維揚,稍覓口食。然亦未定日期,恐此願尚未能即了,况其他多所著述乎!“香白寮”三字,乞便一揮,幸勿多讓。弟處窗心欲换下故友黄香涇之佛桑花裝裱,乞吾兄别畫一幅,取“溪上桃花無數,花上有黄鸝”二語爲景,何如?帶毛高三尺六寸、闊九寸半可陷入矣。眼前料理有打筭不?喫虧否?念念。即候皃舟三兄孝履。愚弟沈欽韓頓首。十九日。

又啓者：顧徒製方合藥醪並送，渠言惟少虎首、黄耆，不甚合式。仍乞向吾兄處取，幸爲配此二味，原方附呈政。幸甚。乍閲《夷堅志》，得羊肝圓一方頗佳，可載入《藥籠》"小品"，并方呈上。凡著藥録，除方書之外有新奇效驗者，載之可也。并候皃舟三兄大人。

三十四

數日談讌，眼無俗客，旨酒嘉殽，已荷雅愛，瀕行又辱厚貺，益使受者難安，如何如何！歸家付榜人錢，又以奉命捨之而去。然此後宜有要約，饌具勿過豐，只以肉、豆腐，酒數行而止，庶幾朋友耐久，亦令客來情安也。夜來得詩七首，録呈政。竹堂諸君不及再寫，少遲補録。然札翰不佳，徒污目耳。稍晴即入郡去。省軒大母節略即寄來。《人帖》四卷奉上，未裝好，惶恐。即候皃舟三兄大人日安。愚弟沈欽韓頓首。初七日午刻。

三十五

月初榘隖處寄來詩箋與信札，託守拙口致，想已入記室。韓自初三日渡湖，宿石公者三夕，信奇秀甲于吴中，未知常熟、虞山何如耳。得詩大小十三首，多不能寫呈，俟圖一晤質正耳。《瀛奎律髓》接到，方虚谷專奉江西詩派，固是老秃翁没意智。如二馮者本以《玉臺》《才調》爲家寶，于《香奩》之外實無所得也。屬以鄙人决之，無所偏袒，惟論工拙是非而已。吾兄慧眼必能照見癥結，與鄙見不契，不妨指示也。新作并不吝見教是荷。《菊花譜》已上板否？不盡此。上皃舟先生左右。欽韓頓首。初十日。小城并候。

三十六

前日慢褻殊甚，到府想已定昏時也。對紙及《吕覽》一本奉繳。日期已迫，而所事芒然，奈何奈何！初十邊須入城去，所許之項，有便望即寄下，先去料理轎店及房科找頭也。春光甚佳，梅花定有信，若所辦已就，當亦偷閒入山於水邊籬下携手話别耳。即候皃舟三兄先生日祉。欽韓手狀。

三十七

琴南和詩，晚間即依韻擬稿，謹呈明鑒，不知可用否？琴南非長于詩者，似此亦可搪塞，其題款照原稿可也。吾兄尺牘，踈踈落落，不煩雕飾，正合晋人風味，韓所不能及。若使韓爲之，非奥則縟。自可隨意爲之，不必遲疑也。前信已發過，從容在冬底達，亦無庸汲汲。其詩須吾兄自寫，不可他人爲之。並請皃舟三兄日佳。欽韓頓首。廿六日燈下。

三十八

乍忽忽封信失去一件，乞吾兄總封寄去。種費清神，面謝不一。太夫人舉觴之期乞先示知，緣彎兜不來往不得音問也。許老爺。欽韓。

三十九

小城出來接手翰，并書二種。所委之事已面託，後復兩度令人探聽，俱無實信。子含原札轉呈，極知尊意懸懸。欽韓是一不即濡鈍漢耳。一笑。梅雨連綿，似有豐年氣象，然衝泥出門則難矣。倘月内笠亭入城之便，是否便去討一回音，較諸兩層寄信尤徑易也。此事若成，子含必下來，此時或偕彼詣府一晤耳。即候皃舟三兄日安。愚弟沈欽韓頓首。十五日。

四十

皃舟尊兄閣下：新歲未得走賀爲歉。去年弟有留瀆之説，蒙閣下與鄭香俱已允諾。兹有相好朱春帆覘知弟處已有此局，其令甥管旭堂復欲延弟至其家課讀，其家在東跨塘。黄山來言者已預爲地，道作草堂夜叙，常常如此，並不厭客。乍已將此事札知心香，惟恐吾兄或有未慊，故特走筆奉聞。若意以爲不可者，弟本不欲慁一，作主人者在家本可耳。幸速賜覆爲荷。欽韓拜上。皃舟尊兄。十九日。

四十一

皃舟尊兄閣下：望後入城買得《政和本草》十厚本，係成化四年板，末有劉祁跋及刊書人姓名，頗完而厚實，但稍糊塗耳。價四洋。饒得《李長吉集》一本。又《名勝志》，明曹學佺所撰，四十本。采《水經注》《寰宇記》《方輿勝覽》《輿地紀勝》等書，雖有紕謬，猶可取用。緣洪志太粗略，不合考證耳。價亦四洋。想自合用其全書，尊處有便舟來取可耳。前日問趙文麟，不知曾否將此事説過。若未經説起，則朱子含有熟人可以説合。渠在碧鳳坊巷後門香店，在館前街，吾兄亦到過，或笠亭有便去告之可也。欽韓揚州之行須在秋凉，亦無甚投合，作信天翁耳。《水經注》二本并繳，怡泉要借録前此三本，未知可否？伏候尊裁。一切不具。欽韓頓首。廿三日。

四十二

皃舟三兄大人閣下：殘暑逼人，乍得微雨，遂爾凉潤可喜。琴南有信來，問閣下近况若何，池上花藥無恙否。煙蘿舊監，無時或忘，可謂殷殷也。近來許侍郎青士名乃濟。上疏請開博學宏詞科，得旨已俞，而軍機大臣以非急務，且謂天下未必有此人，遂止。琴南諸人扼腕太息，然欽韓之意，即使此事果行，亦决不復作出山之計耳。府志近日方遂修纂，但不設局，亦無修俸，只是本郡有文望者自備筆札分修。欽韓不免爲同輩所牽率，然嫌有老輩而非通雅者居前，恐爲所掣肘，仍如舊志之潦草貽譏耳。光福沿山古蹟名勝、前賢今事節孝者，便託吾兄爲留心蒐羅，務祈確實，不濫不漏，幸甚。《巾箱集》行當送城中，弟處尚有，不須付來也。桂花盛時，便致一信，痛暢欲言。并候近佳，不一。趙翠香覆朱子含，以光福田非熟處，照管難，不果矣。欽韓頓首。

四十三

乍守拙處遣人匆匆，故未及細答。《齊民要術》今年向談怡泉處借看，彼已索回。及垂詢，今朝遣問之，云已還藹堂矣。《石湖集》在磊齋處久，連次索之，不料其束諸高閣，未一動手也。今者弟方點勘《石湖詩鈔》，仍借尊本一過目，亦並添注于上，俟新歲奉上也。十年以來，承吾兄厚愛，有加無已，非言詞所能罄，特作七古一首，以志肺腑之情。他日兩家添丁長成，增一重氣誼耳。養食丸甚妙甚速，感感。今如法服之，稍有作痛便立止，比一切丸遠勝矣。新歲倘有便舟，便乞載梅出，止消三尺許者。瑣事瀆尊聽，惶恐惶恐。即候皃翁三兄大人新祉。愚弟沈欽韓頓首。伯母前并叱名預賀。

四十四

别後又半月，乍至翠厓處，仍以石脚太輕，如春初之説，將數已還，俟别有頭主耳。延壽丹甚好，即常服拜貺幸甚。奉上唐人小説卅六本、《爾雅翼》五本、《金樓子》二本、《嶺表録異》一本。孫炎《正義》今無有，散見古書中所引耳。近有邵晋涵《正義》，是乾隆中人，亦頗可觀。如要，續奉寄也。便間將《水經注》河水至漳水之本寄出，并《范石湖集》，要添上數條注也。第六本《水經注》即奉繳。順候皃舟三兄大人日安。欽韓頓首。

四十五

接初一日手示，承注念之深，情逾骨肉，使人感激銘心。欽韓服改齋藥，下源漸好，然飲食總不進，大便燥結。稍稍飲食，不時氣惱，偶涉仍自作痛。前月晦日左右在黄山，其醫家有江兼山，力主消食去濕鬱，用雞内金、神麯、砂仁、枳殼、陳皮、麥芽、金石斛、茯苓、杏仁，又須晨服越鞠丸。于彼處復邀改齋來，則主葉香岩法，云脾陽虚，用參术之類；脾陰虚，則用地芍之屬。剛燥之品，斷不宜進，惟滋水涵土，則木不乘土，胃自强。仍用生地、麥冬、山藥、穀芽、柏子仁、白芍、川石斛、知母、陳皮，蓋此方見江君後稍參彼法也。欽韓素不知醫理，故不以原方寄上。亦無所適從，但現服尊處丸藥耳。吾兄以爲如何？當服何方？亦得一明白之俟再服耳。承諭濫交爲貧之語，愧悚殊甚。然前此吾兄猶未深知，韓亦從未説起。十年以前却是如此，保緒聞之，亦以書力言答書在拙集中。其故。只緣性好厮混，但悦順從，亦苦家無一椽之地可以攤書静坐，遂與小人作緣。然只是杯酒往來，其時無心化莠爲嘉穀，亦不能污白爲緇。涇渭原分，界限殊嚴。至稍益貧，計者仍是遠交，非狎暱者，狎暱之徒了無分毫干涉。然一欲霑染，悔之入骨。自甲戌以後，掃除殆盡。雖如袁芸樓，亦假細故與之生分，始覺太虚廓然。嗣後癡心復發，欲勸人讀書，而周平叔寔來。此匪我求彼，乃彼來求我。漸漸習熟，遂忘形骸，不量非其所堪。實韓愚暗所致，敢不自咎？不知尊兄所言者即其人耶？抑猶前此所經歷者也？又蒙告以累德之事，益復懞然，疑團滋甚，惟恐細人搬弄兩家之言以爲口實。前月夜間所述，幸尊兄不信語及之，使韓稍明衷曲。今此所聞，倘復類是，望指及其人其事。果有傷忠厚，則敬佩良箴，痛自改過；若無其事，亦得一剖白于知己，豈非快事？蓋此故韓尚茫然不自知，吾兄愛我之意，則已有的聞，非欲詢弄口之人，實急求己之虛實有無耳。韓素不得罪于細小之輩，然若等乃嫉如讐，此是前生罪孽所招，不敢怨也。荀卿云：“流丸止于甌臾，流言止于智者。”非尊兄，孰肯以肝膈見箴耶？欽韓寸心久執兄禮事足下，此後幸勿以過矜之名相假，如慎伯之于韓，不勝幸甚。慎伯于前年固執以一月之長見推。又恐尊兄以前書中偶及保緒、慎伯二君，此只是高處説下，如二君者，豈常才所能及？韓自量才短，故不敢效其迹而師其心，非欲好議論人也。東坡云：周伯仁所謂客卿等千百者，正謂王茂弘諸人，豈此小子輩哉！尊兄自能喻諸濠濮間也。一切珍重，續展布，不盡。覺舟尊兄大人。愚弟沈欽韓頓首。初三日燈下。

四十六

初秋暢叙後遂闊問，乍晤石香，知樂天有金鑾之悼，蕣華早隕，玉樹同悲，諒在高明，能制下流之哀，以慰堂上之望。禪家四諦之究竟，由苦而得空，乃由煩惱而出清凉，故維摩詰言：“無離煩惱求解脱，大海中有無價寶珠。”此因苦而得空之證也。未知苦諦，便已漠然，此是頑空，非諸佛種子，乃外道耳。吾兄既從生死熱惱中百結纏繞，能撒手向上，豁然自性本無，便是慧地，即是真解脱，區區兒女之情，尚何有哉？外道無情，無情非佛性。凡夫不能忘情，種種生情亦自墮苦海，此雖義學淺嘗，聊以印諸左右耳。登山臨水，高人釋子皆足以宣壹鬱而道和氣。能暫離故處，此身如雲如鶴，何地不足自娱？此又撥煩惱之一法也。管子云：“不和不生。”周保緒無子，僕嘗以和字箴之，渠深服爲名言，亦更陳于吾兄，當有繁衍之徵耳。他不多及。即候覺舟三兄先生日佳。弟沈欽韓頓首。初四日。

四十七

接手札，具領悉，幸甚。紅梅詩絶佳，小城作已借易之，題徐元歎五言亦渾然有俯仰之情。小城作妄效彼竟陵體改抹，想兩措大有知，亦粲然也。《晤言圖》試重做。鄙思亦索不得。凡握管不可太難，難則易阻；亦不可太易，易則心粗也。偶亦效顰，殊不清新，若同録于左方，甚幸也。蘇詩查本且留下一月，亦可輟翰。緣前度者是館中書，不爽利借出也。小城寫《竹林庵記》，目下要釀錢爲刻之，此韓與平叔之任耳。苦雨，牡丹與菜花同盡矣。月底當暫還家數日，詩筒往來更便。即請覺舟先生日安。欽韓頓首。

四十八

承諭已悉，先劃烏絲以待耳。所事蘭齋信中與潘某者，亦言以清明爲要。但權在人手，其如願則有天緣耳。倘所圖較晚，或先割數十畝以濟然眉，如何？弟亦以此説託人，并屬小兒語其館東。恨心力止于斯，不能廣應兄長之急，愧荷愧荷。即候日佳,不一。欽韓頓首。廿五日。

四十九

《自光福石契齋抵鍾吾道院寄呈梟舟居士用釋豁然韻》:"一塔指吾去,湖光入遠天。雲坳冪樵影,風葉裊邨煙。酒渴思巖乳,詩慵撥鼎鉛。且陪荼褐侶,不必歎瓠堅。"欽韓呈稿。

五十

初間接手書并藥餌,匆匆未即報。兹上《水經注》已完者七本,後來三本俟畢勘并刊誤寄上也。此書經杜佑、李吉甫盡情排擊,宋元以來遂日晦没。明時稍稍流布,鍾、譚之徒大都耽玩文采,以爲獨得妙趣,爲簡牘抄括之用。惟鬱儀氏爲之箋,廓清摧陷,比于披草萊、立城邑之功矣。然《水經注》仍不可讀者,以水道脈絡支分條割,古今異名或有或無,學者目不知《史》《漢》爲何物,况能盡通六代之史及山經地志乎?此其流行而能通之者,絶無僅有也。國初則胡渭、閻若璩、黄儀稍有得于此,即紛然以輿地名家,初未有發明于酈氏也。趙一清之爲此注釋,其考訂甚勤,蒐采甚富,然毛舉細故,務欲掎摭其短而夸奇徵奥,及短于目睫之視,翻爲謬論,供人撫掌,亦不可枚舉,而讀是書者益汎濫炫耀而無可憑。欽韓惜之久矣,聊因足下之請,取《元和志》《寰宇記》以下至本朝《一統志》,以證郡縣之沿革、山川之顯晦,而秦漢以來諸子百家、正史稗乘爲酈亭所採取者,亦悉訂其得失,撮其本末,名曰《水經注疏證》。學者于方輿之大,往往不知東西南北,今但以某縣即古之某鄉某邑,水道縱横曲直亦可想見。前人藏此秘而不肯宣,要亦憚其煩重而莫能竟耳。足下清閒時讀之,又能爲韓别録一通如《漢書疏證》之例,本可單行也,幸甚。即候起居清佳,不一。欽韓頓首。

五十一

乍晚笠亭忽忽來,所致書尚漏落兩本,今奉上。趙甲處想笠亭面悉。《大觀本草》眼前無暇,終當一校。《輿地廣記》亦不足副所求,惟宋時州縣今用耳。若不須,即寄出。《名勝志》,詩文採取却可,考證不足用也。大約地理書捨本朝《一統志》之外無足數者,惟《方輿紀要》崛起不可磨滅,亦嫌其娓娓成敗形勢,近縱横習氣耳。欽韓度于今夏考證《水經注》可畢,爲己爲人均有所益。交游寥落,出門安所向?文史自娱,不知飢寒之切身也。臂肘似稍活動,然背癢遂不能搔矣,亦賴七珍膏之力。兩日以喉痛不飲藥酒,遂不能寐。燈下亦爲《王荆公詩》稍緝考證,駁李壁注之謬誤,俟成卷後送閱過上尊本也。自料一無所能,若使校書石渠、天禄,亦差可繼劉向、楊雄之後。狂言發兄一笑也。芭蕉不知此時移植可活否?池上甚茂,幸分一本。即候梟舟尊兄大人。愚弟沈欽韓頓首。廿九日。

五十二

《題徐元歎處士遺象次梟舟韻》:"白髮風吹不受簪,青山苔老欲封庵。蟲吟詩派空張楚，驂絓禪心輟過譚。憔悴還家幾江總，殷勤把酒少何戡。楊雄《法言》：戡、龕同。惟留澗上寒松色，兩兩鬚眉照碧潭。”沈欽韓呈稿。

五十三

覺舟三兄大人閣下：使來有盧橘、蝦菜之賜，祗領，感荷。朱明正中，想起居佳勝，侍奉萬福。欽韓北行不遂，想玉峰試友自能傳説。暨謀游粤，復以老人憚遠行而輟。兩月來操觚發篋撰《左傳補注》一書，已得七卷，大約竟夏可畢。但陽鴈南鄉，不免北首覓稻粱耳。比來家居何所營？治生之道若補綻衣，壞一以完一，猶自可完善，幸裁之。本草考證有就緒否？欽韓近日偷閒，亦不廢吟咏，但分心多不工耳。蘇詩仍乞見借，時時披繹。《後漢書・郡國志》一本，監本者亦借一查，幸甚。即候近安，并謝一切，不盡。小城并候。《杜詩箋》幸即付下。愚弟沈欽韓頓首。

五十四

覺舟尊兄先生閣下：前日有信，并已點勘之《水經注》二本，由守拙處轉寄，想得達。藥酒已合好，然頗謂其性温，恐有强陽之患。惟賤體似日覺健，雖終日丹鉛，亦不覺其勞，可爲吾兄告也。近來諸事有端緒否？念念。烏龍丸將完，此後仍可服否？《大觀本草》此刻非佳，惟元板者無增損，方是真本。其方秘而博，其考精而核，洵本草第一書，今尚未暇求討也。即候日佳，不一。欽韓頓首。初八日。

五十五

《覺舟以紅梅贈屠孟昭戲贈孟昭并簡覺翁》欽韓呈本：“餘春桃杏未承當，的皪瓊枝壓錦囊。絳蠟生花人半醉，青苔和雨水微香。游蜂却趁浮梅檻，西湖舟名。歸燕仍迎待月廊。從此潛園修故事，擘箋小閣倚紅妝。”

五十六

園丁來，接手札，餘件俱悉。承爲作《倒騎驢圖》，精彩生動，恐潘逍遥所得未必過此。圖成後不識更當傅色否？東坡在惠州日出游，于肩輿却行，以與客談。此老婆娑，直是會得頑。欽韓鈍置，不過于紙上寄興而已。《餘冬瑣録》校畢藉上，其中改字俱扣準字數，便于剗補。許爲補《探梅圖》，使拙詩增光，幸甚。恐還須尊畫作就，以促孟昭，兩家不能互觀望，清景一失後難摹也。小城作詩肯綿綿不絶，此所禱祠而求，豈有所吝？并望吾兄同此鼓舞。詩筒絡繹，爲馬季長斗室笙簧耳。律法可以方回《瀛奎律髓》檢性識相近者揣摹之，不消數月，若顔、歐書面目在豪端也。又以蘇詩化其拘滯，雖前輩金針，不過如此。幸采納之。有七律一首呈政，第一句貪用成語，自謂力能駕之；至第二句大費力，三易而後止，終嫌不自在也。求與小城屬和外，有《潛園十咏》，多不能録。查氏《補注》零星收拾，而其中亦有絶乖誤處，已批得一本，若暇時當借録也。

尊處現有查注本，要拙批即寄出。《中吴紀聞》新本最謬訛，今以此本附上，乞就舊本校之。野芳爛漫，能命駕一破岑寂否？即請皃舟尊兄先生日安。欽韓頓首。十四日燈下。

五十七

弟十九日偶因飽後以瑣細致怒，乃至浸淫。然三日亦旋止，今一切照常。深厪尊懷，幸無過念。廿三日仍進城不出門，招琴隖至碧鳳坊談一時，翌日渠亦開帆去矣，十一月當復來。董氏拜壽至廿七日方補祝，吾兄亦可不必挂名，故不爲送也。廿九日歸家，以城中已得補缺之信，而報者不來，今日乃至，尚是八月部選之缺。好否尚未細悉，惟在安徽中，猶是近處耳。藥多不服，琴隖傳一法，以瓜子殻二兩、桂圓七个，去黄殻，針挑眼，亦不必透穿，煎湯服之，可除根。董氏亦傳一方，以野薔薇根煮爛豬蹄，略用鹽花，飽食半月，亦永不發。又一方，以風懸、海参直一番餅得一斤者，隨分隔夙爛煮，不着鹹甜，常服亦可斷根不發。此三方書中有之否？附聞。深承厚愛，稍暇尚當走詣，暢談不盡。皃舟三兄大人。欽韓頓首。三十日。

五十八

兩旬以來碌碌無寧緒，故奉音希闊；亦以行李措置尚無端倪，故未敢奉報。兹者各處斷截，惟管旭堂當衣三十番，而董琢卿亦云爲弟張羅五十金，尚未到手，此□□遠矣。《石湖集注》已鈔清，底本奉繳。行期在十九，大約應日子再細收於極速，亦消停一兩日也。若董處竟不成，此真筆管燒鰍耳。磊齋極力把望，然事情到，難下手，反有慍意，可惜也。弟之氣惱非常情可比，今年不知是何晦氣。俟吾兄或出，當面悉此，不必言也。足下他日當急圖收稍之計，燦四曾一到舍，其言吾兄，至不堪聞。寧去膏腴之産，而子母日積月累，將此出息爲人，生利不過數年，脂膏竭矣，弟所爲深憂者也。弟治家尚如此，吾兄得毋反唇以譏乎？匆匆不盡所懷。即候春祺，不一。皃舟三兄大人。欽韓頓首。十七日。

五十九

别來又旬日，思山中清景，欲作詩而未暇也。聞尊處沿山已得快雨，此間仍涓滴之微也。琴南在都傳言甚謬，後得審信，固知蘇人好造謡言，而□孝□□上諭云“小人之尤者”，云“革職已□□報，不知何與若輩事”，真可一笑也。雜書中録出可附本草者附上。近日頗患眼，液凝□眵，終日摩拭，固自生厭，亦恐將來眼枯之漸，然終不能不用此耳。即候皃舟三兄大人日安。欽韓頓首。

六十

前日奇觀皆承雅愛所致，歸後即鈔一紙，不足供吟諷，聊以爲畫卷之引首耳。也迂畫恐不堪用，還須尊作，則可傳布覓能文詞者題之。前舟子回，帶《爾雅》及《左傳》首二本，想接到也。春間頗有庚癸之厄，將伯之呼想不以爲搪突。

已致意小城,惟希諒之。即候凫舟尊兄日安。愚弟沈欽韓頓首。十九日。

六十一

《西磧桃花記》:"西崦放舟太湖,出銅坑汎橋五里而近,湖濱西南衆山睥睨,其傑然與湖連犿迴互者曰西磧山。山之支斗插湖中,望若蟹簖,曰斗柄嵴。湖中謂渡爲嵴。又南循隩行,石如削鐵,有大鍑扶胥植者,有牛馬角午偃者。或抵水中如曝鼉,劇捍篙足,跡蒙瀷行,劣不容踵。石皴中璺,甘泉泓然,勢同貳師佩刀之刺,曰夾石泉。上積堂皇,果園蔚然。鹿裘鶡冠之夫,必有長往之迹焉。下多芟苫草,芳馨酷烈,楚思滿目。自旁蘆扣舷,因風蕩漾,財十里許,峭蒨青悤中,林暉浦靚,雲緋烟翠,悉桃花,李居其一。嬞嬞蕤蕤,或晻或晶。酡顔赬玉,共笑穠春。于是霽宇橫黛,日光漏紗。水波微起,影浴組練。汲泉炊玉,浮香吸渌。極望蒸霞,簪巒藻涯。與大口相接,則又緩尋桂筍,輕狎凫鷖。窮其林源,逮潭西灣而止。迴艫轉䑳,雲日遲回。春禽倦囀,舞蝶時來。其始也,山澹澹,水溶溶,舟森森,村寂寂。一遇是境,若錦纈之鋪芳苑,蓮炬之照繡屏,頑石野花皆如細婢名倡,承意恉而奉夫金屋人焉。余與諸君體中盎盎,衣袂僊僊。造化冲融,胸次玲瓏。面目清妍,吐屬芳鮮。及夭冶已遠,風氣悽戾。歸艎彌渚,見草木僕遬若陳梗,内視蓬心,昌丰乍忘,舉止傖楚。向之茶鐺酒盃皆爲鈍置,其移情也如是。老子云:"萬物熙熙,如登春臺。"有旨哉!抑不知飽綏山而役瞿童者,綦何如耶?同游者許處士兆熊、盛布衣杲、徐茂才保、曹畫史堪,沈欽韓爲記。己卯歲春三月次望日。"

六十二

廿九日有一札託小城帶回,想已入目。日來賤體頗爽利,飯亦加餐,臂痛仍然,指迷丸八日内喫完矣。惟眼力不濟耳。小兒病亦旋已,知廑尊懷,故奉聞也。《看梅絶句》八首呈政。前途事尚無回音,兩三日内必有定奪,再作札相聞。查注越看越病,其引證《宋史》,無不舛謬而加以臆斷;其引《地志》,無不拆洗而加以乾没。已具批于上方,吾兄他日讀之,定發一笑。細細思量如鄙人者,要亦不可多得。且如《金石萃編》,其舛謬乃類于目不識丁,而竟公然行世。三年前已著駁論二卷,尚是唐代,其餘未及也。喪事稍暫畢,定有餘閒,尚可細細與吾兄商榷今古也。欽韓草草白。

六十三

凫舟三兄先生閣下:廿二日吴七來,奉手書,欣悉近況。又知郡志促成,而兄處先集,未入志局。吾兄固負氣,然彼人亦不情甚矣。因人之力而成事,既乃背本而私營,鹿食苹而相呼,爲人若此真野獸不若矣。今蕘圃處修書一封,并書帖三種,今吴七遥便投遞,書艸附覽。又王秋陶書一封,即葉氏西席,呈覽後寄去。乃琢堂門人,亦能致力。吾兄可另將《巾箱集》、墓志三張未裱者亦可。投彼,能自往謁更妙。伊亦久聞大名,當傾蓋如故也。秉筆之餽,蕘圃前不便唐突。秋陶貧士，閣下些小意思四洋如何？送之，固不妨。既不宜爲大事惜費，亦當酌量己力。若蕘圃、琢堂，送彼便喫力不討好，無寧已也。

木瀆人大約如吾兄，舊日至契，其人方得氣爲馬上人，如此盡然。弟永不至木瀆，將來定居，非光福則城内。然老母年邁，豈能如吾意善歸？望閣下即爲留意，有數椽暫栖身，脱有意外，可作退步。兒子親事，年已大急，何能擇？但得女子不甚劣癡者，爲度種計，何暇更論親家翁之雅俗乎？閣下用意過精審也，還望于申氏諸老親處作蹇修，明年收得考規，便爲了此心願。若次兩兒年尚小，則固當慎重，非得閣下作親家翁不可也。一笑。

今年大水如此，其割産償逋之計又虚懸矣。積利已幾何？言之於邑。所言入田元墓常住，爲墳墓計最善。然與其依託釋子，何如盡田若干，立一義莊。倘有子息，則賣不去之産，仍衣食于此。萬一伯道無兒，亦不令族人瓜分豆剖，而祭埽固永久也。幸思之。

弟光景清澹，居至恶之地，生生之具皆仰給于蘇，日與不肖人從事，妻子頑劣，無片刻之歡，此即現在苦趣皆前生粗行之報也。吴七本欲留過殘冬，署中現在一猾僮一劣嫗，給使不周。然以閣下正事要緊，不敢强留。將來媽子仍要向蘇州覓一枚，語言不通至難耳。

始時帶一妻弟來，其人本廢類，已同乞丐，及稍温飽，便思酒色。外間吃酒，晚間偷上帶來至醜之阿媽，猶謂不稱意，便糾夥同走。分定溝中瘠，不可强也。

此間尤不便者，煮一斤肉須用四五十文之醬油。屢託店家，俱不肯帶。彼亦自爲地步，頓失厚利故耳。若令表姪行中客人肯帶爲買一空大罎，裝二三十斤，量出力錢，猶是便宜也。然有約：苟可，便遞相致，則每物須開一帳，前信接，後信寄價；若概云送者，只一遭，下次雖有急需，斷不敢奉煩矣。但能費神，已是感德。其酒則六文一斤，裁用酒露半，超許盡傾水，否則粟燒臭不可近。

此間人直如蟲蟻耳，淫風則甚。民婦有一漢，私奉便算貞潔。夫亦自有外好，公然不恥。近日弟手内却詳革一武生余殿鰲，係彼姦婦控告，始誘之姦，誆令逼夫離婚，盡移其財物入己，終乃弃之，却别娶一有夫之婦。罪狀如此，而同寅田駿尚欲利其賄，至無心肝。弟一人作主，一日辦詳文，十日批回，已發縣嚴究定擬矣。因此同寅讐恨，斷絶往來，弟亦喜耳根清滯。修縣志，梁令屬弟一人秉筆，其束脩則均因思勞佚迥殊。且紳士之荒陋全不知黑白，所要查閲之書，不過《宋文鑒》《元文類》《列朝詩集》之類耳。開一名目皆咄咄奇怪，雖梁令亦不知也，如此如何作得？因還了聘書，不願爲之。

明年須送考，家内無人。徐信齋彼以就學爲急，諒不苛責束脩供飲，故邀之來，未知相安否？閣下亦略須致意于彼也。所惠藥丸，一一珍妙，半夏即喫，痰已較止，何其神也！城中荒陋，吴七所目擊，雖欲稍買土宜爲敬不可得，諒知己所矜諒耳。蜜棗一包、冬筍十四斤、葛粉二斤，聊博一笑。吴七來此適甚窘時，并資斧不能多貼，惶恐惶恐。前時所致書及筍、栗少許，想已收入矣。敬問起居，不盡。愚弟沈欽韓頓首。廿三日。

笠亭、斗山、香橋、芷橋、省軒,俱道候。竹堂近況如何?所寄三件,啓封檢點,金母龍氏墓版文似不在内。如果未也,則封入秋陶信中。外信三件,乞分寄錢改齋處。銀信一封,還彼紬緞價也。然有表無裏,彼處入城不便,如申玉兄有便,即乞爲買袍套、夾裏、塘濮各一副,并廣東紐子一付。或無便亦不必要緊。如買得無便,仍改齋或信齋亦可。

又啓者:《東籬中正》徐份序雖出僕之手,然可惜將珠玉擲于糞窖,豈可使佛頭着糞耶?宜不惜工夫,逐本拆出,以董序添入,只消費絹綫幾錢耳。尊府君墓表,吾兄所寄原有事略在内,匆匆未抽出,後便寄來,明年當更撰也。此間日用之具一切皆無,别開帳一紙,若賣筍客人好帶,則乞申玉兄爲一買。然非貴重之物,以此瑣事奉煩,不免惶悚耳。以後通音問更便,不消在城中轉灣矣。前寄栗子十斤及冬筍數斤收到否?欽韓又拜。

《幼學堂詩文稿》只剩十部,盡行帶出。初時未免一兩處妄送,明珠暗投,到今已完。明年新學臺來,却須送一部。因思前年曾將兩部託吾兄存元墓經藏者,未知付彼否?如可討出轉寄來大妙,萬一新學使當面索之,無一應命,不原亮者便以爲傲慢不恭。又府尊郭松厓亦恐彼索耳。板存磊齋家没有帶來,此却没擺法也。欽韓又啓。覺舟三兄。

六十四

覺舟三兄先生閣下:客歲冬間箕衍回寧,接手書并珍貺種種,欣荷無量。入春以來異常嚴冷,雖欲告假,衰年怯寒,只好候春氣融和再取道回吴耳。貴房老汪淑人去冬已作墓志,適付梓,大約今春夏之間可了畢。刻工刷印俱不易爲,念殘年哀哀,兒子薄劣,不自了當,更待何人?所以决然不復顧惜。詩七卷、文四卷,附《金石萃編條駁》一卷,比舊少什之二耳。惜著述許多,不能盡付梓工,每自感慨,亦幸以藏拙也。南壕後街不可居之説甚是,弟亦知之,但以告歸絶俸入計之,置屋則無以爲生,且買廛窮鄉,開門課徒,所獲甚微。只如箕衍,一時無館,家口總共一竈,力自難支。彼處課徒,修俸可得二金,十徒可得元銀二百金。弟再課大徒五六枚,又可得二百金。除房租去其半,七八口尚能敷衍,以是計之决矣。若顧令親,可以分居大妙,俟歸時定奪耳。弟本不喜見人,囂塵雜穢,近又鼻塞耳聾,因能耐之,所謂小人近市求利也。極承忠告,敢忘之乎?弟向來爲吾兄所作文,惟金家龍氏墓版最超絶,已入梓;惟《巾箱集序》及緹園墓志與申夫人行狀,脱稿時本不愜意,緹園志又爲盲人亂批訾,皆在所去。與閣下相知深,分誼重,不敢不告。胡君廷芳文亦在所存,原無定見,只以文爲去取耳。家中鼠耗甚害,欲乞俊狸子,作一口袋盛來,幸甚。愚弟沈欽韓頓首。廿四日凍筆。

六十五

覺翁三兄先生閣下:箕衍來,得□□,潭府康樂,眷稚俱佳爲慰。承命作痘司對聯,羌無故實,又遲慕才思退盡,聊湊字塞白而已。可用與否,在乎尊裁。

今年告假至二月下旬，滿擬春和而謀諸阮明府，以待上司畫可，動輒三四旬再給假回籍，則耽誤送考，恐不及事而徒多損，乃悔不早動念也。又懊恨區區微官，束縛如此，姑待待考畢，索性投劾歸來，與閣下輩作山澤之游耳。拙集被梓人遲誤兩月，今方動手，可恨之極。入春來了無一事遂心，情懷惡劣，不可言也。伏惟調攝得宜，當老有少容，如弟者勞生瘁行，何能企及？惆悵惆悵。即候近履萬福。愚弟沈欽韓頓首。展上巳日見諸相好，道愚所以不能即歸負約之故。

六十六

欽韓白：得手書，承摘拙集中譏斥大函山人事，并以息盧所作辨誣見示，負悚無已。不佞學荒識陋，客歲以全稿仰求訂正，若登即糾駁，何難應手刊削？今已刷印，爲流輩覩聞，乃操白簡隨其後，可奈何！竊謂有明中葉，文人學士馳騖聲華，名過其實。始則竿牘交馳，百端鉤致。羽翼已成，更生傾軋。孝廟以後，肩背相望。何、李並興，猶致隙末。若其洊登仕門，著有勤績，又不可以一節掩，非獨伯玉一人也。息盧所辨，不忍先祖受緇之辱，爲別白煩撋，大義較然。世有賢子孫，自當則而效之。然其事已播，亦不能禁人絶口不道。拙詩作於丙寅年，未見息盧辨誣，未與足下相識，何足深怪？至如某公末路蒼黄，名節不立，爲世詬病，亦奚待言？跡彼當時，樹幟詞壇，自負龍門。及聲欬漸銷，視息裁存，雖門館舊客，多出神錐刺刕，非其平昔雌黄月旦盛氣凌轢，人皆承其望而畏其口，鳴鏑叢集的使之耶？同時後輩，聚而梟之，要皆習氣未除，意存袒護，各樹其黨，摧落老物，出一頭地。乃至百年以來，冬烘學究，哆口申申，能搏死虎，未見其勇，猶扇死灰，益非智者所爲矣。伯玉斥蘇文忠爲不通，見《明史稿》。王元美晚年有違言，張文和所纂亦載之。且廣陵陸弼非無聞者，不佞雖庸虚，寧止一閲《列朝詩集》者耶？直此事有無，非若賢奸消長、家國安危之重也。果風裁政績，卓然自立，此僅文人一口業耳，不必爲孝子慈孫羞。朱、陳諸公悉其非真因交好之請而跋之。不佞先無所主，偶覩傳記而述之，兩者均無累也。不佞賦命窮薄，與世抵梧，不欲喋喋置辨，傷良友規過之心。又見同類中都凡以薄物細故往復鐫責，便成嫌隙，當以此爲鑒。嘗閲吴中文氏筆記曰《瑯邪漫鈔》者，卷末盛稱徐元玉再造勳，以于忠肅爲實叛當族，鄉曲之私，務崇其丈人行，不顧義理如斯。即此推之，前明人物，元、黄、馬、鹿，澀讀梟獍，一經搬演，笑啼皆罪。伯玉之被誣，亦奚怪乎？聊舉一端，以博笑謔。苦言至計，銘諸五中，勿忘以他規我。趨侍在邇，一切面述。欽韓再拜。

六十七

別來又經旬矣。十日之中，料令郎痘痂已脱，諸凡順吉爲慰。弟回家又枯坐旬時，兼開發送來僕嫗，幾無地可鑽。所面懇利洋廿枚，此時不啻窮途，望慨然應付爲感。就使家中不能裕如，亦祈張羅挪掇，湊足此數，纔可對付。何也？弟自九月聞訃之後有出無入，始也猶得同寅一兩洋奠，分以爲零用，合并即作舟脚用度。到木瀆又人事應酬,工匠用度久已告罄,而不知我者以爲尚有宦囊,殊不知一項在尊處,一項在寧國。寧國鞭長莫及,此時可爲將伯之呼,舍吾兄其誰耶?濟人之急,諒有同心,幸勿忽略。至餘利尚有數十斤,從此截住,慢慢陸續見付可耳。又承見諭以割産抵項,弟本窶人,驟享膏腴,分非所宜。且收帳時人工傢伙只得區區無幾,而工料無論多寡,其有耗羨一也。且望先付經帳,與小兒門主顧劃成此數則可,弟可免于奪産之譏,又得銀錢鬆動支用。假使得田之後,呆守至冬,此半年之中能不飲不食,又有錢買辦栲栳、蘆席、斗斛諸物?必不能也。惟原諒是荷。此上凫舟三兄大人。弟欽韓頓首。

六十八

箕衍迴,徒手以復。以等米下鍋之情事,而緩至新絲出賣之後,不敢怨吾兄之忍,自笑恨鄙人之闇而緩計也。前者在學舍,幸自捃拾可度,故不欲曉曉費筆。至已歸,方收拾新屋,百事叢集,冀閣下當自知之。本錢即不還,亦宜將子金算明交付應用始得,而漠然置之,鄙人亦艱于啓齒,從容艸具而退,致令尊處百事叢出,乃至父子往返竟一籌莫展,將奈之何哉!以此自笑自恨云。作絲賣去之後,但恐所指者所許者必非一處,人之捷足善討者必非一人。果能如期付下,則暫典質衣裘以爲一月之糧亦説不得。據舍弟爲算利錢,除收洋錢外,及洋錢已透付外,仍作元銀廿八兩,淨該找利銀八十餘兩,有帳在尊處可查也。此後新絲既賣,當不止二十洋之數,宜見付其半,其半俟秋收,或準米照時價,或糶米見錢,將六年未了之利清楚纔是,然本錢絲豪未動也。承開示田帳十畝,則係湖濱,起漲不常,其餘亦是平常,惟葛舍之三畝六分則有人肯買。通卅二畝,每畝只值價六洋。看來劃田之説,又屬虚語。來示云其餘田産在祖塋之旁,不欲即賣。此等肯割捨之田决非膏腴。就使膏腴,鄙人却不能忍飢典衣置辦家伙什物、人工船隻收此卅七石之米,本願欲得銀耳。閣下借券上寫明兩三年即還,而今乃爲此末底策耶?今爲兄計,只將兩券並作一券,以飯霞、心軒作中,仍立一利摺以四月起。敷衍下去。他日補官缺好,可以終老,索性將原券奉還。古人有折千金之券,此區區何足數也。但現在實難支持,弟之自奉仍如未補官時,寒酸之極。家中只用一嫗,猶以没油水吃辭去,其劉子已打發去。但人口較多,用度有不能省者,故須得此帖補耳。此係肺腑之談,幸吾兄勿以爲忤恚也。陳節母傳原本甚好,可梓行,不必鄙人作也。初時爲人作文不取潤筆,以已已彀用,不欲傷廉。兹者閒居,大可以佐薪米,小亦可以佐烟酒,雖一兩洋亦所不辭,諒令内姪必不能如禮倚仗姑夫之面孔爲應作。且前時聞閣下曾于兼山處挪借,知其爲我,彼悍然不應,則亦非爲其祖母者也,故意與山夫異。所諭題詩,望將原稿并畫寄出,弟不惜爲寫上也。圖章望寄來,一曰“織簾藏書圖記”六字陽文,一曰“幼學堂書”陰文四字。其扁額一真行一篆,亦望揮就,感感。此上凫翁三兄先生閣下。棘人弟沈欽韓頓首。

六十九

弟於正月廿九日□□道中日日逆風,兼之苦雨,除衣箱包裹較厚,餘書籍紙札無不沾濕。過垻□,竟日大雨,小兒衣物竟自徹底淋透。換船後,又是打頭石。尤可笑天公作劇,如欽韓者豈有餘情之戀?十四日晚抵新屋,摒擋窮一二日方得粗了,所帶什物大半折損。召匠修理,又不免所費。計發行李器物,自寧國搬運河瀝錢七兩,船價二十二□□垻挑運五千足文,有下垻挑轎□□千,有零船三隻錢三十五兩,零用飯錢又不啻十洋。心力盡瘁,到家小劇,身體不快。想閣下于二月下旬六十大壽,雖爲時尚有數日,恐不能走詣高齋奉一觴爲慶。去歲所懇山夫置辦□塾,乞寄下爲感,其價亦祈示知。謹呈蜜棗三斤、果貍一隻,恐不足□□□。道中蒸鬱已久,不免臭腐,惶恐惶恐。閣下舊有此言,故聊□□骨之虧耳。謹此致意,藉祝仁壽,並候近祉,不宣。愚弟沈欽韓稽首。覺舟三兄大人足下。

七十

覺舟三兄大人閣下:别後蒙于航船上數寄書,及大兒自吴回反,不蒙一信,殊自怪訝。弟落落貧宦,已迫暮年,一兩年内即作回船收帆之計,非特無味,亦支撑不住也。所以承愛借去朱提,以前了不提及,此時却要陸續歸楚,諒原諒矜察弟之此宗,乃心神喉舌惱恨委屈萬狀所致,非談笑而得之,亦欲爲仰事俯育計。且脾氣不肯求人,臨老如何復行託鉢?專恃吾兄一項爲經營生息計。吾兄爲人仁義,兼盡有作用人,不至一無籌畫。若續時不能繳,則後來並歸更難。故鄙意今年先還張老勝獨中之項,明年還二百,再明年復清一百餘元之項。吾兄所用盡是,因疾病死喪大正經項上用去,所借亦因料理重利之債,則弟亦未始不有裨于尊兄也。願速圖之,幸甚幸甚,至切至切。即候日安,不一。愚弟沈欽韓頓首。

七十一

弟以遠水不救近火,故迫與吾兄商量。接手札,惆帳之至。弟意中元不知有顧姓,殊不意近況艱窘至此也。然置屋之説,閣下知之已久,不爲奄卒。所望接濟僅二十塊之數,無論利息當應付,即以筆墨論,如山夫、方氏兩項,不能作人情布施,故以此微動正合其數耳。今尊兄苦衷既陳,不知弟亦有苦衷。所帶洋錢半是同寅及門生託買物,將銀用去,分豪不爲置辦,臉實難過。今將所須物件開列呈覽,吾兄若能令張勝兄代辦此項,縱未必全能賒取,亦帖補小半,事力有限矣。所賒若買,各開細帳,待異日算明也。至弟之盤纏,自行張羅,典衣借債,艾生、顧恕堂兩處俱借過,餘人未之有也。俱不敢觖望吾兄。此亦苦情,望于三四日内陸續辦齊,至幸至望。菊花種候研樵去取,想可得同寄耳。即候覺翁三兄日安。愚弟沈欽韓頓首。十八日早。研樵乍已致尊命,今日忽入城去,不知何故,異日送上。

七十二

廿三日早自顧恕堂處回,接手札,並洋錢二十枚領悉,感感。弟一來恕堂多情，將船來迎取至館看戲，二來亦緣催取所扎之轎，將應買之物開帳與彼，託其嘱人辦齊。恐吾兄處不能接濟，故令應墊。今來銀雖尚不能全清，所少有限，當面還他，更覺鮮明耳。自做交易以後，囊中罄盡，不得已將文楊畫字兩種仍浼研樵去消，前途只肯十洋，研樵再三絮説，彼却云要弟做潛園詩，别出二洋，云他日覺翁不肯絶，只消十洋取贖。富翁脾氣，要便宜又畏首畏尾，惟恐得罪人，甚可笑也。吾兄痰飲病發，想是心境不佳所致。弟擇于廿七日長行，轎子及買物皆恕堂齊備，不能造府詣别，歉甚。即候覺翁三兄先生近安。愚弟沈欽韓頓首。即日。

七十三

覺舟三兄先生閣下：前廿三日寄復一示，想已收到。所存册卷十二種、立幅三軸，既無過而問焉者，欲帶至寧邑，路上恐車夫糟壞，又未必有售主，只揀程松圓册、馬湘蘭卷二種帶去，姑嘗試之。彼若欣喜獲寶，後且再試之可耳。所餘十種，謹存留在舍弟處，俟有便來取去，不則候二十日令箕衍送還也。前時尊役來，惜弟不在家，故致擔誤。蠶事方興，弟亦摒擋碌碌，不能詣靈蘭室話别，悵悵。即候近安。弟欽韓頓首。廿五日。

七十四

舍弟回，接到卷册軸共十四事。翌日即携前途去看，奈彼總之不要，要亦價甚低微，况不過取墓田卷。楊補册又要大落價，即此一事亦已矣。今日與周氏交易成，青石橋西堍李坤陽舊居四進，各三間，兩夾箱，一過路，後邊園地甚大，要添造屋三進俱可。東墻夾一浜水，踏渡在第三進旁，水漿甚便。房子駁岸俱竹香處，新收拾靠門東書房一大間，甚精雅，所以合式。看定價五百六十洋絶兑，比諸紹聞堂損價一百洋，省得上石蹬跋涉之勞。彼處煩爲謝却，亦前緣也，但媿山夫及吾兄雅愛耳。所存餘貲，除去中東之外，尚少押契銀。又向吴艾生處挪借，出去時要買些少物件，及盤費尚少二十洋，無可打算，望吾兄代爲張羅移借，至懇至懇。停數日，當躬自繳畫及道别。即候覺舟三兄大人日安。弟欽韓頓首。十六日早。

七十五

覺翁三兄足下：今晨屈駕只爲弟一人，遠來勞動，又草具供客簡慢，罪甚。别後至桂隱園稍逗留喫飯，吴艾生已令人來尋説話，誰知徐處爲先要押契銀一百兩之數，講了半天，竟是摺縫不能動移。弟今無奈，遠水不救近火，只得與吾兄商量，方做契議，亦知兄處一時安能湊集，敢懇悉索其存留，不彀則揀小件畫、手卷、册頁之類付與舍弟批定實價，只得下闕。　　馨山詩已題就，乞收入付之。

七十六

覺舟三兄大人先生閣下：一乍詣高齋，八年之别，頓釋中懷。擬欲再申别情,一則以府上蠶忙,賤計亦復逼累,遂不果初願。廿七日解舟,初一早自四安起陸,初三日下午到署,幸託平安。只遇雨一日,不無沾濕,幸即晴。次日耳重,蒙頒賜扇袋,一諾不忘。山夫前時所寄香牛皮塾致爲精工,想來不要錢,弟亦覥然受之。更有請者,欲爲代買椅上六塾,款式如前,較狹一寸已足,寬則椅上放不下。仍用牛皮、青布兩面,但須定價若干奉上,不好説不要錢,使弟爲貪而不知饜也。另做研匣一個紅木面者,所以要煩山夫,不過貪上海價值便宜些,亦趁便耳。不論時日,或竟到歸時見賜耳。舊宣紙八張并附,乞哂納。今年蠶事有出息否?弟因房價約在初秋付清,故先曾向飯霞道意,誠恐奄卒。吾兄所以設法緩期,待三月之久。今于此月中令大兒旋里,亦欲與吾兄熟爲商量。弟處事力至綿薄,所存不過寧邑店中三四百,亦藉此支利度日,不然竟難措手。吾兄處若能全還更妙,即可全清房價,否則弟尚能竭力支撑其半,過此則實不能矣。借券帶來,如换券最便。二十年如弟兄骨肉,苟非不得已,斷不爲此阿堵物屑屑計較也。所帶馬湘蘭、程松圓卷册二件,嘗示此間阮明府,亦道好物。弟索價四十番,亦爲過多,未知彼意何如耳。看來等他銀不及,且俟後信奉知耳。餘者卷軸十件,已託飯霞奉上矣。玫瑰露如弔就,即付箕衍帶下。太乙丹再乞付一匣,爲吾兄造福施送,舊已完矣。二陳丸亦大合病源,吾兄痰飲病發,不知服此見效否?一切覼縷,待箕衍造候時面析。幸勿多與彼酒,飲亦成病也。每感韓昌黎詩云:"辛勤三十年,以有此屋廬。"今有此廬,尚未得居,不知兒輩終能保此。欲乞吾兄篆書"有此廬"三字,行楷寫"幼學堂"三字,不欲更煩軒冕人書額,以見吾二人永以爲好之意。新茶二斤、舊紙八張,聊奉左右。《幼學初稿》知吾兄已盡與人,今奉上一部,乞照入。即候尊安,不一。暨孺人、郎君輩好。愚弟沈欽韓頓首。初八日。

七十七

□□□晤,思想殊殷,何日出山,以慰軫結。《印録》之作,簡覈顯□,摘采幽隱,務使兩者悉稱。故于顯貴,必功名氣節灼然無爽者入之,寧嚴無濫;其側陋之子,幸得伸眉攘臂以一節之詣立名史册。然世少博雅,耳目不及,雖存若亡,此宜採録靡遺,以慰古人者也。又或坎壈失志,不無可議,以忠厚之心,亦有可憐如禰正平者,間所不遺,大旨如此。雜書所載不復補掇者,以徵信無從,且蹈挂一漏萬之嫌也。謝承等記載率皆諛言虚美,一人行事皆有活套,孔、曾、夷、魚,信口比擬,若不參校他書,亦無從知范書之雅□□故一依范書爲斷,或以官,或以姓名,亦無定例,大約以事功顯則刻其官,以名德著即刻其姓氏。論贊則吾兄竟自出名,韓無藉于此也。未知今年得畢工否?韓更當作後序,已畢工則復刻。西京蘧伯玉恥獨爲君子,石契四友可共爲之,四人並列名,惟論贊則屬吾兄,亦歸功于帥之義也。玆將稿本奉上,乞正書謄清,或有誤字,再付一看。韓今年作冷淡中煩嬲生活,《漢書疏證》未知究竟得成,亦不能自必也。承畫《看劍圖》,已裱好,專待題款,其時亦當有小文記之。又意欲作《畫中三友傳》,一爲胡眉峰。苦卒卒無間耳。此上覺舟尊兄。欽韓頓首。

七十八

前月杪接讀手書，珍重稠疊，愧荷之至。重以長腰白粲之賜，淅香炊玉，每飯不忘，謝謝。讕言鄙語，每承獎借，昌歜之癖，益足感也。琳琅卷軸，乃使青蠅點污，捉管思維，不勝額泚，謹當續續奉繳呈政耳。《巾箱集》接到，校讀一過，訛字不多，稍易數字，幸恕僭妄也。前乎此者，賴賢子孫如吾兄發其幽光矣，尤願珠聯璧合，代興有人，如拙序所云者，非吾兄孰繼之？不朽之業，庶非空生。忝在友朋，故敢相勗。《池上菊賦》下旬過滸溪時奉繳，然李遠之諺，殊慚出手；江淹之夢，久已探懷，不足殿尊著後塵也。即請覺舟尊兄日安。愚弟沈欽韓頓首。栞隝處碑額到蘇被沉閣，想守拙能述之也。

七十九

前守拙來，奉到藥物種種，未遑作札致謝。兹又接信，備承注念，感激之至。欽韓服藥，胃納反比常勝，此亦他醫所不敢用也。承諭再服此方，已服至八劑矣。擬向改齋再診，寄方奉求。固精亦已服，亦甚宜。序文、琴南詩俱收到，閒中偶預作一札，稍舒無聊之氣，附呈一笑，不必與他人看也。即候日安，不一。覺舟尊兄先生。欽韓頓首。廿六日。

八十

頃纂撰《疏證》至蔡邕傳論云："屬其慶者，夫豈無懷？"元惡大憝如董卓，而以爲可懷。甚哉，范碑之陋也！因思吾兄《東京印録》論蔡邕一段甚爲快心，乞鈔出見示，以證范氏之失，亦藉吾兄大名以光拙著也。即請覺舟大兄大人日安。欽韓頓首。十七日。

八十一

日前賜顧，怱怱不盡。本擬造山，緣天色不晴明，當晚程君回棹，故中輟，幸不訝也。橘香酒熟，回望停雲，何時能釋？《後漢書・百官志》副稟奉呈左右，或可佐職官印章之萬一。冬間擬録拙著後集，但憾比來脱藁，嬾不復録。即如吾兄處所有，皆無底本，不識能令人鈔付一通？除零碎不成章句者，大約詩文又可益數十首也。《前漢書》已撰注其半，今冬未必能畢。志長日短，追歎前此，光陰徒然浪擲耳。近日囑友人鈔録《六韜》《三略》、孫、吴、司馬兵法五種，皆善本也。不及百葉，功小而易就。前承致囑，不識此可以梓行否？即候覺舟三兄先生文安。愚弟欽韓頓首。小城、世長均此。

八十二

三度見蘭齋，催其討明下落。伊竟每日噇酒趕食，竟無回音。已到館矣，蓋其心性，韓所熟諳，性非高潔，甚是嗜利，才則平庸，不肯出身，只是湊現成、喫乖食而已。不然，葉氏既是師生，便可直談，何必靠在朱律宣？葉底等他輕重其手乎？彼則以爲得計，于兩造均無良心也。韓今日乃自向葉氏託望伊家先生爲名，雖學生不在館，却得實信。只緣新産之婦病勢稍重，又經手人不在此，一兩日内即覆。看來經手者亦不必定是律宣。其姨太自有親戚。即欲誘以謝儀，亦當在看定議價之時，但先説明一句可耳，今便點綴，恐成虚擲。蘭齋之妄想便是如此，韓早料破也。此後成否，亦不消彼導達，韓自向彼先生處討消息矣。杭州信已來否？念念。前日携去扇，詢飯霞云不知，便中乞封好寄下。或别存他處亦示明，然守拙便欲想乾没者也。只此一扇可用，兄所見也。使貪使詐，有急之時不能揀擇，但如蘭齋此等人，無益而有害。惜袁雲樓與葉氏不浹，其材固可用也。覺舟尊兄大人。欽韓頓首。二十日。

八十三

覺舟尊兄先生足下：前月與慎伯造山，深爲攪擾。慎伯屬于吾兄及守拙處致謝，兹《池上記》及宋紙兩幅，并守拙畫一幅，早已在弟處，緣無便送上，故遲遲。乞檢入。《草堂記》慎伯以六朝法書之，渠最得意，屬上石時擇刻工之謹愿而不敢妄爲增損者，先用反面鉤出，恐其鉤時已亂出主意也，反鉤則無能爲矣。刻石須直牆平底，其價則倍于側鑱者。則于字形一無走作。慎伯自言其書若刻壞，較諸世間俗書更不堪入目，故屬付殷殷也。《宋鏡録》于儒書上不甚可用，要懇吾兄在玄墓寺購借僧史及禪門故事一種，只須唐代者，幸甚。慎伯有事句留，望後不走，須得月底也，桂花開時或圖晤耳。即候日佳，不一。欽韓頓首。十五日。守拙并此。　　鄉試頭場題“君子和而不同”二句、“追王”“太王”“王季”三句、“孟子之鄒”一節，賦得“一樹百穫”。

【作者簡介】吕東超，陝西師範大學歷史文化學院講師，研究方向爲中國古文獻學、清代學術史。

中華書局整理本《公羊義疏》底本、標點指瑕

駢宇騫

【提 要】 整理古代典籍，正確選擇工作底本、參校本，尤爲重要。一種古籍或有多個不同的版本，其中總會有優劣之分。在整理之前，一定要對所整理書籍的現存版本調查清楚，然後儘量選擇被學術界所公認的優秀版本作爲工作底本和參校本，方可以開始進行整理工作。此外，標點斷句是整理古籍的最基本的工作。標點斷句的正確與否，是判斷古籍整理品質優劣的標準之一。因爲斷句對於正確理解文本十分重要，斷句錯誤，必然會使讀者對文本發生誤解，甚至叫人無法理解。差若毫釐，繆以千里，在出版的書籍中留下難於磨滅的遺憾。近讀中華書局整理本《公羊義疏》，發現其中尚有不少誤讀誤斷、失校、上下引號誤標等瑕疵。現將筆者所見，依次列出，就正於方家。

【關鍵詞】 整理古籍　公羊義疏　底本　標點斷句

整理古代典籍，正確選擇工作底本、參校本，尤爲重要。一種古籍或有多個不同的版本，其中總會有優劣之分。在整理之前，一定要對所整理書籍的現存版本調查清楚，儘量選優秀的、被學術界公認的權威版本作爲工作底本和參校本，才可以開始進行整理工作。在整理過程中，標點斷句是最基本的工作。斷句的正確與否，是判斷古籍整理質量優劣的標準之一。因爲斷句對於正確理解文本十分重要，斷句錯誤，必然會使讀者對文本發生誤解，甚至叫人無法理解。差若毫釐，繆以千里，在出版的書籍中留下難於磨滅的遺憾。當然標點古書很難避免出錯，即使是專家學者也在所難免，所以我們就要在力所能及的範圍裏儘量避免。

近讀中華書局整理本《公羊義疏》，發現書中尚有不少誤讀誤斷現象。因個人鑽研不深，管窺之見，不敢自是。現將筆者所見（卷一至卷四十三），依次列出，就正於方家。

一、整理底本的選擇問題

整理古籍，選擇工作底本尤爲重要，這是個基本常識。一種古籍或有多個不同的版本，其中總會有優劣之分。在整理之前，一定要對所整理書籍的現存

版本調查清楚，儘量選優秀的、被學術界公認的權威版本作爲工作底本，底本、參校本確定以後才可以進行整理工作。這一事先的準備工作，很有必要，也非常重要，因爲它和被整理書籍的質量有着密不可分的關係。所以底本選用的確當與否，對古籍整理的質量起着决定性的作用。

中華書局出版的《公羊義疏》整理本所採用的底本，據點校者前言裏説，是用1936年中華書局據《南菁書院續經解》重刻本排印的《四部備要》做底本的。大家知道，《四部備要》本是當時中華書局爲了對付商務印書館的《四部叢刊》，在民族資本企業競争中的産品。它的編印不用舊本影印而是用仿宋鉛字來排印，如此則難免再發生誤植、失校的現象。

現存《公羊義疏》的版本：(1) 有國家圖書館藏小字雙行，蘭格白口，四周單邊稿本，十二册，不分卷(該書由於蟲蛀，未拍縮微膠捲，不可借閱)；(2) 有小字雙行，小紅格紅口，左右雙邊清抄本十一卷，二十四册；(3) 有上海圖書館藏戴望跋、陳汝恭校六十九卷(卷八—卷七十六)手稿本；(4) 有温州市圖書館藏孫詒讓校七十六卷清抄本；(5) 有清光緒十四年(1888)南菁書院刻《清經解續編》本；(6) 有1920至1936年中華書局陸續編輯排印(個别影印)的《四部備要》本。(7) 1932年至1947年商務印書館陸續編輯印行的《國學基本叢書》本。在現存版本中，我們認爲當今整理《公羊義疏》，使用南菁書院《清經解續編》本作爲工作底本，是最佳的選擇。

中華書局出版的整理本《公羊義疏》是採用《四部備要》本作爲底本，這是極不嚴肅的一個選擇。《四部備要》本雖然當時也曾據南菁書院《清經解續編》本校勘過，但由於是重新排印，誤植失校的差錯在所難免。我們在閱讀中華書局出版的《公羊義疏》整理本時，就發現《四部備要》本中確有不少當時誤植失校而南菁書院《清經解續編》本不誤者。此外，點校者選擇商務印書館編輯印行的《國學基本叢書》本《公羊義疏》作爲參校本也存在嚴重的瑕疵。黄永年先生曾經指出："底本選用的確當與否，對古籍整理起著决定性的作用，在這個問題上出現了失誤，其他工序做得再努力也難於補救。因此，應該把這項工作重視起來。"

在閱讀中華書局整理本《公羊義疏》時，發現不少由於《四部備要》本在排印時所産生誤植、失校的現象。現就筆者所見，舉例如下：

卷　一

1. p48，5—6行，舊《注》云："已若辭立，則未知桓之得立以否，是一慮也。假使桓得立，又恐諸大夫不能相幼君，是其二慮也。"

按："是一慮也"下點校者出《校勘記》云："'一'，原訛作'二'，《叢書》本同，據《公羊注疏》校改。"此爲《四部備要》本排印時失校所誤。南菁書院刻皇清經解續編本《公羊義疏》作"是一慮也"，不誤。

2. p52，倒7—3行，《北齊書・刁柔傳》："時議者以爲立五等爵邑，……微子舍其孫盾而立弟衍。"

按:"弟"下點校者出《校勘記》云:"'弟'字原脱,據《北齊書》校補。"此爲《四部備要》本排印時失校所誤。今查四庫全書本《北齊書·刁柔傳》、南菁書院刻皇清經解續編本《公羊義疏》有"弟"字,不誤。

3. p64,倒3,王引之《經義述聞》云:"……《説文》:'冣,積也。從冖取,取亦聲。'……。"

按:點校者"從冖"下出《校勘記》云:"冖,原作一,據《説文》校改。"此爲《四部備要》本排印時失校所誤。南菁書院刻皇清經解續編本《公羊義疏》作"冖",不誤。

4. p78,8行,緣葬者臣子之事,蔡桓侯有惡,故奪臣子尊稱也。

按:點校者"尊"下出《校勘記》云:"尊,原訛作'虧',《叢書》本不誤,據改。"此爲《四部備要》本排印時失校所誤。南菁書院刻皇清經解續編本《公羊義疏》作"尊",不誤。

5. p88,倒3—2行,劉逢禄《公羊釋例》云:"……《春秋》之爲道屢遷……衆例具舉……"

按:點校者"舉"下出《校勘記》云:"舉,原訛作'舊',叢書本不誤,舉《春秋公羊釋例》校改。"此爲《四部備要》本排印時失校所誤。南菁書院刻皇清經解續編本《公羊義疏》作"舉",不誤。

6. p111,5行,《詩·伐木》云:"以速諸父。"

按:點校者"木"下出《校勘記》云:"木,原訛作'本',《叢書》本同,據《詩經》校改。"此爲《四部備要》本排印時失校所誤。南菁書院刻皇清經解續編本《公羊義疏》作"木",不誤。

7. p114,倒2行,《穀梁傳》注:"卑者,謂非卿大夫也。"

按:點校者"者"下出《校勘記》云:"'者'字原脱,《叢書》本不誤,據補。"此爲《四部備要》本排印時失校所誤。南菁書院刻皇清經解續編本《公羊義疏》有"者",不誤。

8. p121,2行,《廣韻》以祭爲周大夫邑名。周公第五子祭伯,其後以爲氏。

按:點校者"子"下出《校勘記》云:"'子',原訛作'字',《叢書》本同,據《廣韻》校改。"此爲《四部備要》本排印時失校所誤。南菁書院刻皇清經解續編本《公羊義疏》作"子",不誤。

9. p128,倒2行,"粗,曹憲音在户反,與'牖'之讀才古反者正同。"

按:點校者"才古反"下出《校勘記》曰:"反,原作户,據文意徑改,形近而訛。"此爲《四部備要》本排印時失校所誤。南菁書院刻皇清經解續編本《公羊義疏》作"反",不誤。

10. p129,5行,二年:"公會戎于潛。"

按:點校者"于"下出《校勘記》云:"于,原作'子',《叢書》本不誤,據改。"此爲《四部備要》本排印時失校所誤。南菁書院刻皇清經解續編本《公羊義疏》作"于",不誤。

11. p130,3行,《繁露·竹林》云:"《春秋》之於偏戰也,猶其於諸夏也。引之魯,則謂之外;引之夷狄,則謂之内。"

按:點校者"謂"下出《校勘記》云:"謂,原訛作'調',《叢書》本不誤,據改。"此爲《四部備要》本排印時失校所誤。南菁書院刻皇清經解續編本《公羊義疏》作"謂",不誤。

卷 四

1. p142,1行,《説文·人部》:"侅,奇侅,非常也。"

按:點校者在第一"侅"下出《校勘記》曰:"'侅',原訛作'亥',《叢書》本不誤,據改。"此爲《四部備要》本排印時失校所誤。南菁書院刻皇清經解續編本《公羊義疏》作"侅",不誤。

2. p142,4行,段玉裁《注》:"逵,經典叚率字爲之。……"

按:點校者"叚"下出《校勘記》曰"'叚',原訛作'段',《叢書》本同,據《説文解字段注》改。"此爲《四部備要》本排印時失校所誤。南菁書院刻皇清經解續編本《公羊義疏》作"叚",不誤。

卷 五

1. p183,1行,《疏》云:"士禄以代耕,而今遂死,是不終其禄。"

按:點校者"士"下出《校勘記》曰:"士,原訛作'上',《叢書》本不誤,據改。"此爲《四部備要》本排印時失校所誤。南菁書院刻皇清經解續編本《公羊義疏》作"士",不誤。

2. p191,1行,惠士奇《禮説》云:"……《諸子職》云'國子存游倅',游者貴游,倅者副倅,然則門子爲正,國子副之。蓋卿之側室,大夫之貳宗與?"

按:點校者"子"下出《校勘記》曰:"子,原訛作'之',《叢書》本不誤,據改。"此爲《四部備要》本排印時失校所誤。今查四庫全書本《禮説》、南菁書院刻皇清經解續編本《公羊義疏》皆作"子",不誤。

3. p194,3行,《史記·宋世家》:"宣公卒,弟和立,是爲穆公。"

按:點校者"世"下出《校勘記》曰:"世,原訛作'史',《叢書》本不誤,據改。"此爲《四部備要》本排印時失校所誤。南菁書院刻皇清經解續編本《公羊義疏》作"世",不誤。

4. p195,倒3行,《通典》引《石渠禮議》云:"……戴聖對曰:'君死未葬曰不禄,既葬曰薨。'……"

按:點校者"戴"下出《校勘記》曰:"戴,原訛作'載',《叢書》本不誤,據改。"此爲《四部備要》本排印時失校所誤。今查四庫全書本《通典》卷八十三《禮》四十三《喪制》之一、南菁書院刻皇清經解續編本《公羊義疏》作"戴",不誤。

5. p200,《校勘記》①、②、④曰:"縐,原訛作'緆',字在'弦部',非'糸部',《叢書》本不誤,據改。"

按:此爲《四部備要》本排印時失校所誤。南菁書院刻皇清經解續編本《公羊義疏》作"竭",不誤。

卷　六

1. p234,6 行,《韓詩外傳》四:"……故駟馬之家不恃雞豚之息,伐冰之家不圖牛羊之入,千乘之君不通貨財,冢卿不修幣施,大夫不爲場圃,委積之臣不貪市井之利。是以貧窮有所懽,而孤寡有所措其手足也。"

按:點校者"貪"下出《校勘記》曰:"貪,原訛作'食',《叢書》本不誤,據改。"此爲《四部備要》本排印時失校所誤。南菁書院刻皇清經解續編本《公羊義疏》作"貪",不誤。

2. p238,5 行,馮氏景《解舂集·與閻百詩書》云:"……"

按:點校者"舂"下出《校勘記》曰:"舂,原訛作'春',《叢書》本同。皇清經解、叢書集成初編中收有馮景的《解舂集》《解舂集詩鈔》《解舂集文鈔》,没有'解春集',據改。"此爲《四部備要》本排印時失校所誤。南菁書院刻皇清經解續編本《公羊義疏》作"舂",不誤。

卷　七

1. p271,5 行,《公羊》以仲子爲惠妾桓母,隱即爲桓立,亦不必遽爲其母立廟,故仍疑其非禮與?

按:點校者"立廟"下出《校勘記》云:"'立廟',原作'廟立',《叢書》本不誤,據乙。"此爲《四部備要》本排印時失校所誤。南菁書院刻皇清經解續編本《公羊義疏》作"立廟",不誤。

卷　八

1. p284,7 行,臧氏琳《經義雜記》云:"……'《漢書評注藝文志》云:劉向以中古文《易經》校施、孟、梁丘經,或脱去"無咎""悔亡",唯費氏經與古文同。'"

按:點校者"劉向"下出《校勘記》云:"'劉向',原訛作'劉何',《叢書》本同,據《漢書》據改。"此爲《四部備要》本排印時失校所誤。南菁書院刻皇清經解續編本《公羊義疏》作"劉向",不誤。

2. p299,6 行,《三代改制》云:"主天法商而王,其道佚陽,親親而多仁樸,故立嗣予子,篤母弟。"

按:點校者"予"下出《校勘記》云:"'予',原訛作'子',《叢書》本不誤,據改。"此爲《四部備要》本排印時失校所誤。南菁書院刻皇清經解續編本《公羊義疏》作"予",不誤。

3. p304,5 行,《詩·大雅·瞻卬序》云:"凡伯刺幽王也。"

按:點校者"卬"下出《校勘記》曰:"卬,原訛作'邛',《叢書》本不誤,據改。"此爲《四部備要》本排印時失校所誤。南菁書院刻皇清經解續編本《公羊義疏》作"卬",不誤。

卷　九

1. p316，倒3行，舊《疏》云："'三年一使三公絀陟'，《書傳》文。"

按：點校者"三"下出《校勘記》曰："'三'，原訛作'二'，《叢書》本同，《公羊傳注疏》作'三'，上引注文不誤，據改。"此爲《四部備要》本排印時失校所誤。南菁書院刻皇清經解續編本《公羊義疏》作"三"，不誤。

2. p330，1行，《春秋正辭》（駢按：該引文實際出自莊存與《春秋指要》）曰："……以見其所不可書……。"

按：點校者"所"下出《校勘記》曰："'所'字原誤迭，《叢書》本不誤，據改。"此爲《四部備要》本排印時失校所誤。今查南菁書院刻皇清經解續編本《公羊義疏》及續四庫全書本141冊p120《春秋指要》一卷，"所"字並不誤迭，不誤。當據删改。

3. p332—333，1行，《經義雜記》云："……《傳》以'霖'解'大雨'，以'凡雨，三日以往爲霖'，自解'霖'字。"

按：點校者"自"下出《校勘記》曰："上引《傳》文'三日'上，《左傳》有'自'字，此脱，疑誤倒於此。"此爲《四部備要》本排印時失校所誤。今查南菁書院刻皇清經解續編本《公羊義疏》及續四庫全書本130冊p87《經義雜記》卷九，"自"字不缺，不誤。當據補。

卷十一

1. p417，倒1行，師古曰："胥，相也。"

按：點校者"曰"下出《校勘記》曰："'曰'，原訛作'者'，《叢書》本不誤，據改。"此爲《四部備要》本排印時失校所誤。今查續四庫全書本130冊南菁書院刻皇清經解續編本《公羊義疏》卷十一作"曰"，不誤。

卷十二

1. p445，4行，【注】天子下大夫，繫官氏名且字……

按：點校者"【注】"下出《校勘記》曰："'注'，原訛作'疏'，《叢書》本不誤，據改。"此爲《四部備要》本排印時失校所誤。今查續四庫全書本130冊南菁書院刻皇清經解續編本p116《公羊義疏》卷十二作"注"，不誤。

卷十四

1. p527，3行，《穀梁》上九年《傳》云："使世子伉諸侯之禮而來朝，曹伯失正矣。……。"

按：點校者"伉"下出《校勘記》曰："'伉'，原訛作'抗'，《叢書》本不誤，據改。"此爲《四部備要》本排印時失校所誤。今查續四庫全書本130冊南菁書院刻皇清經解續編本p138《公羊義疏》卷十四作"伉"，不誤。

2. p527，5行，"此朝聘鄰國，可無汲汲，故《春秋》於曹伯父子交譏之也"。

按：點校者“汲汲”下出《校勘記》曰：“‘汲汲’，原訛作‘汲没’，《叢書》本不誤，據改。”此爲《四部備要》本排印時失校所誤。今查續四庫全書本130册南菁書院刻皇清經解續編本p138《公羊義疏》卷十四作“汲汲”，不誤。

3. p530，8行，【疏】《校勘記》云：“圍，《唐石經》、鄂本以下同。……”

按：點校者“云”下出《校勘記》曰：“‘云’，原訛作‘二’，《叢書》本不誤，據改。”此爲《四部備要》本排印時失校所誤。今查續四庫全書本130册南菁書院刻皇清經解續編本p139《公羊義疏》卷十四作“云”，不誤。

卷十五

1. p537，3行，《漢書・律曆志第一上》云：“……本起於黄鐘之龠，用度數審其容，以子穀秬黍中者千有二百實其龠，以井水準其槩。……”

按：點校者“井”下出《校勘記》曰：“‘井’，原訛作‘升’，《叢書》本不誤，據改。”此爲《四部備要》本排印時失校所誤。今查續四庫全書本130册南菁書院刻皇清經解續編本p141《公羊義疏》卷十五作“井”，不誤。

2. p541，倒1行，“野”作“鄙”，與注合。

按：點校者“作”下出《校勘記》曰：“‘作’，原訛作‘在’，《叢書》本不誤，據改。”此爲《四部備要》本排印時失校所誤。今查續四庫全書本130册南菁書院刻皇清經解續編本p142《公羊義疏》卷十五作“作”，不誤。

3. p577，2行，《疏》：“委謂委積之物，重此粢盛委積之物，故内於神倉。引《公羊傳》云‘粢盛委之所藏’。皇氏云：‘委謂輸也。’其義非。”

按：點校者“非”下出《校勘記》曰：“‘非’，原訛作‘禮’，《叢書》本不誤，據改。”此爲《四部備要》本排印時失校所誤。今查續四庫全書本130册南菁書院刻皇清經解續編本p151《公羊義疏》卷十五作“非”，不誤。

4. p577，3行，《周禮・廩人職》云“大祭祀則共其接盛”，注：“接讀曰扱。扱以授舂人舂之。大祭祀之穀，藉田之收藏於神倉者，不以給小用。”

按：點校者“禮”下出《校勘記》曰：“‘禮’，原訛作‘非’，《叢書》本不誤，據改。”此爲《四部備要》本排印時失校所誤。今查續四庫全書本130册南菁書院刻皇清經解續編本p151《公羊義疏》卷十五作“禮”，不誤。

5. p583，倒2行，何氏謂廢一祭，正傳“不如勿嘗”義，亦未爲不得《公羊》旨也。

按：點校者“何氏”下出《校勘記》曰：“‘何氏’上，原衍一‘時’字，《叢書》本不誤，據删。”此爲《四部備要》本排印時失校所誤。今查續四庫全書本130册南菁書院刻皇清經解續編本p153《公羊義疏》卷十五作“廢一時祭”。(1)此爲《四部備要》本排印時誤植“時”字於“何”上。(2)點校者當據皇清經解續編本《公羊義疏》在“廢一時祭”之“一”下補“時”字。

6. p585，倒3行，至是，宋復以四國伐鄭，則曲在宋。

按：點校者“至是”下出《校勘記》曰：“‘至是’，原訛作‘互是’，不辭，《叢書》本作‘至是’，據改。”此爲《四部備要》本排印時失校所誤。今查續四庫全書本

130 册南菁書院刻皇清經解續編本 p153《公羊義疏》卷十五作“至是”,不誤。

卷十七

1. p649,倒 3 行,聖人緣人情以制禮,親親之殺,不能無厚薄重輕,故較爲略也。

按:點校者“禮”下出《校勘記》曰:“‘禮’字原空闕,據《叢書》本校補。”此爲《四部備要》本排印時所誤。今查續四庫全書本 130 册南菁書院刻皇清經解續編本 p170《公羊義疏》卷十七“制”下有“禮”字,不空闕,不誤。

卷十九

1. p721,1 行,《志》又云:“成帝永始二年二月癸未,夜過中,星隕如雨,長一二丈,繹繹未至地滅,至雞鳴止。……”

按:點校者“未”下出《校勘記》曰:“‘未’,原訛作‘夫’,《叢書》本不誤,據改。”此爲《四部備要》本排印時失校所誤。今查續四庫全書本 130 册南菁書院刻皇清經解續編本 p189《公羊義疏》卷十九作“未”,不誤。

卷二十

1. p761,倒 1 行,上注云“以下浚洙,知其脅”,故此云“亦所以起其脅也”。

按:點校者“上”下出《校勘記》曰:“‘上’,原訛作‘止’,《叢書》本不誤,據改。”此爲《四部備要》本排印時失校所誤。今查續四庫全書本 130 册南菁書院刻皇清經解續編本 p199《公羊義疏》卷十九作“上”,不誤。

卷二十一

1. p789,倒 3 行,《詩・曹風・鳲鳩》云“淑人君子”是也。

按:點校者“鳲鳩”下出《校勘記》曰:“鳲鳩,原訛作‘鳴鳩’,《叢書》本同,據《毛詩》改。”此爲《四部備要》本排印時失校所誤。南菁書院刻皇清經解續編本《公羊義疏》作“鳲鳩”,不誤。

卷二十二

1. p844,7 行,《吕覽》:“殷湯良車七十乘,必死六千人,以戊子戰於郕,遂禽推移、大犧。”

按:點校者“乘”下出《校勘記》曰:“乘,原訛作‘乖’,《叢書》不誤,據改。”此爲《四部備要》本排印時失校所誤。南菁書院刻皇清經解續編本《公羊義疏》作“乘”,不誤。

卷二十三

1. p874,8 行,程氏瑶田《通蓺録》云:“……。”

按:點校者“通”下出《校勘記》曰:“通,原訛作‘趙’,《叢書》不誤,據改。”此爲《四部備要》本排印時失校所誤。南菁書院刻皇清經解續編本《公羊義疏》作“通”,不誤。

卷二十四

1. p904,6行,舊《疏》云:“知其非者,正以日食者,陰氣侵陽,社官五土之神,理宜抑之,而反營衛,失抑陰之義也。”

按:點校者“官”下出《校勘記》曰:“官,原訛作‘宫’,《叢書》不誤,據改。”此爲《四部備要》本排印時失校所誤。南菁書院刻皇清經解續編本《公羊義疏》作“官”,不誤。

卷二十六

1. p977,倒3行,《史記·淮南王安傳》:“膠西王議曰:淮南王安廢法行邪,懷詐僞心,以亂天下,熒惑百姓,倍畔宗廟,妄作妖言。《春秋》曰‘臣無將,將而誅’。安罪重於將,謀反形已著。”

按:點校者“膠西王”下出《校勘記》曰:“王,原訛作‘主’,《叢書》不誤,據改。”此爲《四部備要》本排印時失校所誤。南菁書院刻皇清經解續編本《公羊義疏》作“王”,不誤。

卷二十八

1. p1044,倒2行,夏,六月,邢遷于陳儀。【疏】《左》、《穀》作夷儀。杜、范並云:“夷儀,邢地。”

按:點校者【疏】下出《校勘記》曰:“‘【疏】’,原訛作‘【注】’,《叢書》不誤,據改。”此爲《四部備要》本排印時失校所誤。南菁書院刻皇清經解續編本《公羊義疏》作“【疏】”,不誤。

卷二十八以下略。

二、標點、斷句指瑕

整理古籍,標點斷句是最基本的工作。斷句的正確與否,是判斷古籍整理質量優劣的標準之一。因爲斷句對於正確理解文本十分重要,斷句錯誤,必然會使讀者對文本發生誤解,甚至叫人無法理解。差若毫釐,繆以千里,在出版的書籍中留下難於磨滅的遺憾。當然標點古書很難避免出錯,即使是專家學者也在所難免,所以我們就要在力所能及的範圍裏儘量避免。近讀中華書局整理本《公羊義疏》,發現其中尚有不少誤讀誤斷現象。現就淺見所及,分列如下,就正於方家。

卷 一

1. p3,8行,“蓋魏晋間本,有稱何休學或何氏,當時不敢自稱注述,謙言學耳。"

按:此句斷句有誤。"有稱何休學或何氏"之"或何氏"當屬下讀。全句當斷爲:"蓋魏晋間本有稱何休學,或何氏當時不敢自稱注述,謙言學耳。"

2. p5,倒4行,洪頤煊《讀書叢録》:"頤煊按,《疏》中引《爾雅》孫炎注、郭璞《書序》、長義《孝經疏》之類皆唐以前本。"

按:此處引《讀書叢録》文有失校且標點有誤。1. "郭璞《書序》"之"郭璞"下,今查續四庫全書本1157册p606《讀書叢録》卷六有"音義"二字,當指郭璞《爾雅音義》。當據補。2. "郭璞《書序》"句,《書序》並非郭璞所著,疑指孔安國《書叙》。《漢書·儒林傳·孔安國》:"又采《左氏傳》、《書叙》爲作首尾,凡百二篇。"亦作"書序",指《尚書》的小序或大序。3. "長義《孝經疏》"句,當標爲"《長義》《孝經疏》"。"長義"爲書名,疑指賈逵《左氏長義》。《漢書·儒林傳》云:"漢興,北平侯張蒼及梁太傅賈誼、京兆尹張敞、大中大夫劉公子皆修《春秋左氏傳》。始,劉歆字子駿,向之子,王莽國師。從尹咸及翟方進受《左氏》,哀帝時,歆與房鳳、王龔欲立《左氏》,爲師丹所奏,不果,平帝世始得立。由是言《左氏》者本之賈護、劉歆。歆授扶風賈徽,字元伯,後漢潁陰令,作《春秋條例》二十一卷。徽傳子逵,逵受詔列《公羊》、《穀梁》不如《左氏》四十事奏之,名曰《左氏長義》,章帝善之。"何休《春秋公羊傳序》亦云:"至使賈逵緣隙奮筆,以爲《公羊》可奪,《左氏》可興。"疏解云:"賈逵者,即漢章帝時衛士令也。言'緣隙奮筆'者,莊、顔之徒説義不足,故使賈逵得緣其隙漏,奮筆而奪之,遂作《長義》四十一條,云《公羊》理短,《左氏》理長,意望奪去《公羊》而興《左氏》矣。鄭衆亦作《長義》十九條十七事,專論《公羊》之短,《左氏》之長,在賈逵之前。何氏所以不言之者,正以鄭衆雖扶《左氏》而毁《公羊》,但不與讖合,帝王不信,毁《公羊》處少,興《左氏》不强,故不言之。豈如賈逵作《長義》四十一條,奏御于帝,帝用嘉之,乃知古之爲真也,賜布及衣,將欲存立,但未及而崩耳。然則賈逵幾廢《公羊》,故特言之。"4. 《孝經疏》,當指唐元行冲《孝經疏》。以上孫炎《爾雅注》、郭璞《爾雅音義》、孔安國《書叙》、賈逵《左氏長義》、元行冲《孝經疏》,皆唐以前本。5. 校補後全句當標點爲:"頤煊按,《疏》中引《爾雅》孫炎注、郭璞《音義》、《書序》、《長義》、《孝經疏》之類,皆唐以前本。"

3. p10,2行,《通義》:"《春秋》本公羊口受説於子夏,以傳其子平,平傳地,地傳敢,敢傳壽,凡五世至漢景帝時,乃與齊人胡毋子都著於竹帛。"

按:此處引《公羊春秋經傳通義》文斷句有誤。"凡五世"下當句斷加"。"號。"凡五世"是指上面所説"公羊口受説於子夏,以傳其子平,平傳地,地傳敢,敢傳壽"五世,而非"公羊口受説於子夏"至"漢景帝時"五世。

4. p19,倒6行,舊《疏》曰:"問曰:'元年春王正月公即位,實是《春秋》之五始,而《傳》直於"元年春"之下發言始,而"王正月"下不始何?'答曰:'元是天地之始,春是四時之始,"王正月,公即位"者,人事之始,欲見尊童道略於人事故也。'"

按:此處引舊《疏》文斷句有誤。"《春秋》之五始",即指元年、春、王、正月、公即位,所以"元年春王正月公即位"當斷爲:"問曰:'元年,春,王,正月,公即位,實是《春秋》之五始,而《傳》直於"元年"、"春"之下發言始,而"王"、"正月"下不始何?'答曰:'元,是天地之始;春,是四時之始,"王正月,公即位"者,人事之始,欲見尊重天時,略於人事故也。'"

5. p20,1行,《御覽》引《元命包》云:"春含名蠢位,東方動,春氣明,達六合,俱生萬物應節。"

按:此處引《元命包》文斷句有誤。"春含名蠢位"之"位"當屬下讀;"達六合"之"達"當屬上讀,"六合"當屬下讀,"合"下","號當删;"俱生萬物應節"之"俱生"當屬上讀。全句當斷爲:"春含名蠢,位東方動,春氣明達,六合俱生,萬物應節。"清趙在翰《春秋元命苞》注曰:"春之言蠢,東之言動,合此三名以自明自達也。"

6. p24,6行,引《書大傳》:"文王受命一年,斷虞、芮之訟,二年伐邘,三年伐密須,四年……。"

按:此處引《書大傳》文斷句有誤。"文王受命一年"之"一年"下","號當移至"命"下。當斷爲:"文王受命,一年斷虞、芮之訟,二年伐邘,三年伐密須,四年……。"

7. p33倒1行—p34,1行,"如三代所尚,自是依天命之色也,似非,不出校記法時物之牙色也,以爲難其實,兩不相妨也。"

按:此處斷句有誤且失校。1. "不出校記法時物之牙色也"之"不出校記"四字屬排印誤植,《公羊義疏》無此四字,當删。2. "以爲難其實"之"以爲難"當屬上讀,"其實"當屬下讀。此句當斷爲"法時物之牙色也以爲難,其實兩不相妨也"。

8. p46,5行,集言"板",挽也,引也,援也。皆本此文爲説。

按:此處引《集韻》文失校且斷句有誤。1. "集言",當作"集韻",國家圖書館藏《公羊義疏》抄本正作"集韻";今查,"板,挽也",爲《集韻》文,當據改。2. 此句當標點爲:"《集韻》:'板,挽也。'引也,援也,皆本此文爲説。""引也,援也,皆本此文爲説",非《集韻》文,當在《集韻》文引號外。

9. p50,3行,《周禮疏》引何君《膏肓》云:"《春秋》之義,三代異建,……王后無適明尊之敬之,義無所卜筮。"

按:此處引何君《膏肓》文斷句有誤。"王后無適明尊之敬之"之"適"下當加","號;"敬之"下","號當移至"義"下。此句當斷爲:"《春秋》之義,三代異建,……王后無適,明尊之敬之義,無所卜筮。"

10. p56,4行—57,倒5行,《解詁箋》云:"不書即位……故其羼入之《傳》,灼然其爲説,亦必以適母在即稱夫人,紆繙其辭,又以士庶爲人君母,亦不得稱夫人,子不得爵命父母,自破其例,其意微而顯也。"

按:此處引《春秋公羊釋例後録·解詁箋》文斷句有誤。"灼然其爲説"之"灼然"當屬上讀;"説"下","號當删;"又以士庶爲人君母"之"母"當屬下讀。全句當標點爲:"不書即位……故其羼入之《傳》灼然,其爲説亦必以適母在即稱夫人，紆緬其辭；又以士庶爲人君，母亦不得稱夫人，子不得爵命父母，自破其例，其意微而顯也。”

11. p58,2—4 行，淩廷堪《禮經釋例》云：“……《大功九月章》：‘大夫之庶子爲母’，《注》：‘大夫之庶子，則父在也爲母，謂妾子也。’此言庶子爲後爲其所生母也，父在服緦。又《大功九月章》：‘公之庶昆弟爲母’，注：‘公之庶昆弟則父卒也。’此言諸侯庶子不爲父後者，父卒亦爲所生母。大功，若爲後之庶子，父卒爲母，並得伸三年也。”

按：此處《禮經釋例》引《大功九月章》注文斷句有誤。1. “大夫之庶子，則父在也爲母，謂妾子也”，此句《儀禮注疏》原作：“大夫之庶子，則父在也。其或爲母，謂妾子也。”所以，“父在也”下當加“。”號；“爲母”屬下讀。此句文當斷爲：“大夫之庶子，則父在也。爲母，謂妾子也。”2. “此言庶子爲後爲其所生母也”之“庶子爲後”下，當加“，”號斷開。3. 《注》文“父卒亦爲所生母。大功，若爲後之庶子，父卒爲母，並得伸三年也”句，“生母”下句號當刪，“大功”屬上讀，“功”下當作“。”號；“後之庶子”下“，”號當刪，“父卒”之“卒”下當加“，”號；“爲母”屬下讀，“母”下“，”號當刪。全句當斷爲：“父卒亦爲所生母大功。若爲後之庶子父卒，爲母並得伸三年也。”

卷 二

1. p61,1 行，“三月，公及邾婁儀父盟於眛。”【疏】：“《釋文》：‘婁，力俱反。邾人語聲後，曰婁故曰邾婁。’”

按：此處【疏】引《釋文》斷句有誤。“曰婁故曰邾婁”之“曰婁”當屬上讀。當斷爲：“邾人語聲後曰‘婁’，故曰邾婁。”

2. p63,1 行《石經考文提要》云：“宋景德本、鄂州本、泮宮書本皆作眛。”

按：此處引《石經考文提要》失校且斷句有誤。點校者在“書”下出《校勘記》云：“‘書’，殆爲‘刻’字之誤。”此大謬也。點校者對原文理解有誤。1. 今查續四庫全書本 183 册 p50 及中華書局影印阮元《公羊傳注疏校勘記》p2201 引《石經考文提要》作：“宋景德本、宋鄂泮官書本皆作‘眛’。”《義疏》所引“鄂”上脱“宋”字，“鄂”下衍“州本”二字，且“官”誤作“宮”。“鄂泮官書”，是指鄂州州學的官書。如《天禄琳琅書目》卷一著録的《春秋公羊經傳解詁》，其注云：“書中每開數紙輒有真書木印，曰‘鄂州州學官書’，曰‘鄂泮官書，帶去準盜’”“鄂泮官書，帶去准盜！”是鄂州州學官書上的訓誡語，意謂帶官書離開鄂泮，將和盜賊一樣看待。《公羊義疏》引《石經考文提要》文當據阮元《公羊傳注疏校勘記》校，“鄂”上補“宋”字，“宮”改爲“官”，刪去“州本”二字。2. 校改後，此句當斷爲“宋景德本、宋鄂泮官書本皆作‘眛’”。

3. p63,5—7 行，惠棟《左傳補注》：“蔑，本姑蔑。定十二年《傳》‘費人北，國人追之，敗諸姑蔑’是也。隱公名息姑，而當時史官爲之諱，猶定公名宋，哀廿四年《傳》宗人釁夏曰‘孝惠取于商’，不云宋也。古人舍故諱新，故哀爲定諱定，不爲隱諱。”

按：此處引《左傳補注》文斷句有誤。“故哀爲定諱定，不爲隱諱”之第二“定”字當屬下讀。當斷爲：“……古人舍故諱新，故哀爲定諱，定不爲隱諱。”

4. p71，2行，《説文·囧部》：“盟，《周禮》曰：‘國有疑則盟。’諸侯再相與會，十二歲一盟，北面詔天之司慎司命，盟殺牲歃血，朱盤玉敦以立牛耳。”

按：此處《説文解字》引《周禮》文斷句有誤。“司命”下當爲“。”號；“盟殺牲歃血”之“盟”下當加“，”號。“玉敦”下當加“，”號。全句當斷爲：“……十二歲一盟，北面詔天之司慎司命。盟，殺牲歃血，朱盤玉敦，以立牛耳。”

5. p77，1行，《通義》云：“……《春秋》撥亂世，約信故盟者，《春秋》所不惡。”

按：此處引《公羊春秋經傳通義》文有失校且斷句有誤。1. “約信故盟者”之“約信”上，今查續四庫全書129册p4《公羊春秋經傳通義》卷一尚有“尤尚”二字，當據補。2. 如此，則全句當斷爲“……《春秋》撥亂世，尤尚約信，故盟者，《春秋》所不惡。”

6. p81，7—8行，【疏】“僖五年，‘晋侯殺其世子申生’，彼亦惡，晋侯無克文，故據難之。”

按：此處引【疏】文斷句有誤。“彼亦惡”之“惡”下“，”號當移至“晋侯無克文”之“侯”下。此句當斷爲“僖五年，‘晋侯殺其世子申生’，彼亦惡晋侯，無克文，故據難之。”

7. p85，末行，—p86，2行，杜氏《釋例》曰：“兄而害弟者，稱弟以章兄罪；弟又害兄，則去弟以罪弟身。統論其義，兄弟二人交相殺害，如有曲直，存弟則示兄曲也。鄭伯既失教，若依例，存弟則嫌善段，故特去弟，兩見其義是也。”

按：此處引杜氏《春秋釋例》文失校、下引號有誤且斷句有誤。1. 今查四庫全書本《春秋釋例》卷一，“稱弟以章兄罪”之“稱弟”上有“則”字；“章”作“彰”；“鄭伯既失教”之“失教”上有“云”字；“若依例”之“依例”作“于例”；“兩見其義是也”之“兩見”上有“而”字、無“是也”二字。2. “是也”二字爲陳立《義疏》判斷語，當在引號外。3. “存弟則嫌善段”之“存弟”二字，當屬上讀。此句當斷爲：“兄而害弟者，則稱弟以彰兄罪；……鄭伯既云失教，若于例存弟，則嫌善段也，故特去弟，兩見其義”是也。

卷　三

1. p93，6行，《白虎通義·謚》篇：“夫人無謚者何？無爵故無謚。或曰夫人有謚，夫人一國之母，修閨門之則，羣下亦化之，故設謚以彰其善惡。《春秋》曰：‘葬宋恭姬’，傳曰：‘稱謚何？賢也。’傳曰：‘哀姜者何？莊公夫人也’。”

按：此處引《白虎通義》失校且斷句有誤。1. “修閨門之則，羣下亦化之”，四庫全書本《白虎通義》作“修閨門之内，羣下亦化之”，中華書局整理本《白虎通疏證》作“修閨門之内，則羣下亦化之”。所以此句“門之”下當據上列各本補“内”字。2. “修閨門之則”之“則”當屬下讀，作“修閨門之内，則羣下亦化之”。

2. p95，6行，《通義》云：“時隱、桓之母並稱夫人，禮無二嫡之義。《春秋》

絶正之故,據隱現爲君,其母稱夫人。桓未爲君,則其母不稱夫人。"

按:此處引《公羊春秋經傳通義》文斷句有誤。"《春秋》絶正之故"之"故"當屬下讀,作"《春秋》絶正之,故據隱現爲君,其母稱夫人。桓未爲君,則其母不稱夫人"。

3. p98,3行,《注》引《爾雅》:"'駷牝驪牡。'元此不及駷。"

按:此處引《爾雅》文失校且斷句有誤。點校者於"元此不及駷"下出《校勘記》曰:"'元此不及駷',不辭。'元','玄'之避諱用字;'此',殆爲'牡'字之訛。牝者色驪,牡者色玄。該句殆爲'玄牡不及駷'之訛。"1. "元"爲"玄"之避諱字,改作"玄",是。但"玄此不及駷"之"玄"當屬上讀,作"駷,牝驪,牡玄",謂牝駷馬爲驪色,牡駷馬爲玄色也。鄭玄注《禮記·檀弓》引此文云:"駷,牝驪牡玄。謂七尺曰駷,牝者色驪,牡者色玄。"2. 引《爾雅》文當至"駷,牝驪,牡玄"止。3. "此不及駷"之"此",亦非點校者《校勘記》所云爲"牡"字之訛。"此不及駷"句爲陳立《義疏》語,作"此"不誤。非《爾雅》文。全句當斷爲:"《注》引《爾雅》:'駷,牝驪,牡玄。'此不及駷。"

卷 四

1. p149,7—9行,《通義》云:"推褒猶稱且字,知履緰蓋下大夫,名見者,以接内也。紀侯爵當從大國例,凡大國之下大夫,與小國之卿同,非接内不録其名氏。唯大國之上大夫然後書名氏,若褒之,則以伯仲書。禮,五十不稱且字,所以示法未五十不得命爲卿也。"

按:此處引《公羊春秋經傳通義》文失校且斷句有誤。1. "非接内不録其名氏"句,今查續四庫全書129册p8《公羊春秋經傳通義》作"非接内不録其録不名氏",四部備要本"其"下脱"録不"二字,此處失校。且此句當斷爲"非接内不録,其録,不名氏"。2. "知履緰蓋下大夫"下當作"。"號;"紀侯爵當從大國例",當斷爲"紀,侯爵,當從大國例","例"下當作"。"號;"然後書名氏"下當作"。"號;3. "所以示法未五十不得命爲卿也",當斷爲"所以示法,未五十,不得命爲卿也"。

2. p149,末行,《繁露·玉英》云:"《春秋》有經禮,有變禮。爲如安性平心者,經禮也。於性雖不安於心,雖不平於道,無以易之,此變禮也。是故昏禮不稱主人,經禮也。辭窮無稱,稱主人,變禮也。"

按:此處引《春秋繁露》文斷句有誤。"於性雖不安於心,雖不平於道,無以易之"句,文不成義。"於心"、"於道"皆當屬下讀,當斷爲"於性雖不安,於心雖不平,於道無以易之,此變禮也"。

3. p150,6—8行,張爾岐《鄭注句讀》云:"此請期以上五禮皆命使者行之,故言使命所出必自其父,若無父者,則母命之。母命之者,亦但命子之父兄師友使之,命使不得稱母命以通使也。"

按:此處引《儀禮鄭注句讀》文斷句有誤。"五禮"下當加","號斷開。"亦但命子之父兄師友使之,命使不得稱母命以通使也"之"命使"當屬上讀,"使之”下“，”號當移至“命使”下。此句當斷爲：“亦但命子之父兄師友使之命使，不得稱母命以通使也。”

4. p150，9 行，盛世佐《儀禮集編》：“母命之者，母使子之諸父兄。命五禮之使者親迎，則使命其子，昏辭皆稱母所使出命者之名也，雖有諸父諸兄，必待母命而後爲之，尊大宗也。”

按：此處引《儀禮集編》斷句有誤且失校。1. “母使子之諸父兄”下之“。”當删；“命五禮之使者”下當加“，”號；“親迎”下之“，”當删。2. “則使命其子”，四庫全書本《儀禮集編》無“使”字。全句當斷爲：“母命之者，母使子之諸父兄命五禮之使者，親迎則命其子，昏辭皆稱母所使出命者之名也。雖有諸父諸兄，必待母命而後爲之，尊大宗也。”

5. P150，倒 2—p151，2 行，沈彤《儀禮小疏》云：“《士冠禮》，若孤子，則父兄戒宿，冠之日，主人紒而迎賓，拜、揖讓，立于序端，皆如冠主，禮于阼階。”《注》云：“父兄，諸父諸兄。冠主，冠者親父。若宗兄也是諸父諸兄，但可以戒宿，而不可以爲冠主。推之昏禮，亦但可稱諸父諸兄以命使，而不可以諸父諸兄主昏。蓋旁尊不得而加諸正適也。”

按：此處引《儀禮小疏》文斷句及下引號有誤。1. 今查皇清經解本卷三百二十二 p17《儀禮小疏》，以上全段皆爲《儀禮小疏》文，當在一個引號內。下引號當至“蓋旁尊不得而加諸正適也”止。2. “若宗兄也”下當加“。”號。全段當句讀爲：“《士冠禮》：‘若孤子，則父兄戒宿，冠之日，主人紒而迎賓，拜揖讓，立于序端，皆如冠主，禮于阼階。’《注》云：‘父兄，諸父諸兄。冠主，冠者親父。若宗兄也。’是諸父諸兄但可以戒宿，而不可以爲冠主。推之昏禮，亦但可稱諸父諸兄以命使，而不可以諸父諸兄主昏。蓋旁尊不得而加諸正適也。”

6. p155，8 行，沈彤《儀禮小疏》云：“……彤謂：先王之禮敬宗，收族支子，既稱其宗以命使者，則宗子自必代其父而主其昏。謂支子得承宗子之命而親迎是也。”

按：此處引《儀禮小疏》文斷句有誤。依沈彤意，“先王之禮敬宗”之“禮”下當加“，”號斷開；“宗”下“，”號當移至“收族”下，“支子”下“，”當删。當斷爲“先王之禮，敬宗收族，支子既稱其宗以命使者，則宗子自必代其父而主其昏。謂支子得承宗子之命而親迎是也”。

7. p155，倒 6 行，盛世佐《儀禮集編》：“敖氏創爲無父者不親迎之説。據昭元年《左傳》楚公子圍娶婦事曰：‘圍布几筵，告于莊、共之廟而來。’則無父者告于廟，而後迎禮也。豈以無所承命而廢鬼神陰陽之大典乎？……敖氏之云，其爲臆説無疑矣。”

按：此處引《儀禮集編》文斷句有誤。盛世佐是不同意敖氏所創無父者不親迎之説。依《左傳》義，是圍祭告於祖與父之廟而後來娶婦也，這才符合禮。故“無父者告于廟，而後迎禮也”句，當斷爲“無父者告于廟而後迎，禮也”。

8. p160，6 行，入國稱夫人。【注】入國則尊，尊有臣子之辭，夫人姜氏入是也。

按:此處引《注》文斷句有誤。“入國則尊,尊有臣子之辭”句,斷句有誤。“親親尊尊”是西周立法和司法的根本原則和指導思想,其意思是要親近應該親近的人,尊重應該尊重的人。所以“入國則尊,尊有臣子之辭”之“尊尊”不當斷開,下“尊”字当屬上讀。斷爲“入國則尊尊,有臣子之辭,……”。

9. p164,8行,何意謂《春秋》無聞之文,皆由孔子口授,弟子未著竹帛之故。劉氏必謂爲孔子所闕,未知何所見云然也。

按:此處引文斷句有誤。此句意謂《春秋》無聞之文,都是由於孔子口授弟子而未著竹帛的緣故。所以“皆由孔子口授,弟子未著竹帛之故”句,當斷爲“皆由孔子口授弟子,未著竹帛之故”。

10. p165,倒4—1行,《禮記》疏引《釋廢疾》云:“……《公羊》正當六國之亡,讖緯見,讀而傳爲三時田也。”

按:此處《禮記》疏引《釋廢疾》文斷句有誤。“讖緯見,讀而傳爲三時田也”句,其下陳立有《義疏》語曰:“鄭氏蓋亦以孔子避時遠害,陰志於緯,而《公羊》家適已見讀,故多與緯文合故。”故“讀而傳爲三時田也”之“讀”字當屬上讀。當斷爲“讖緯見讀,而傳爲三時田也”。

11. p167,3行,【注】時隱公卑屈,其母不以夫人禮葬之,以妾禮葬之,以卑下桓母,無終爲君之心,得事之宜,故善而不書葬,所以起其意而成其賢。

按:此處引《注》文斷句有誤。“時隱公卑屈,其母不以夫人禮葬之”之“其母”當屬上讀。其下陳立《義疏》語亦云:“隱公既即位,應依庶子爲後之服,即不卑屈其母,亦但能於葬禮從夫人耳,其服制仍不得一如適母也。”故“其母”屬上讀爲是。當斷爲:“時隱公卑屈其母,不以夫人禮葬之”。

卷 五

1. p172,5—7行,己巳,日有食之。《漢書・五行志》:“……《公羊傳》曰食二日也。”包氏慎言云:“……何休《公羊注》以此爲二日。小二月則己巳,爲三月二日,非二月二日也。……。”

按:此處引包慎言文斷句有誤。“小二月則己巳”之“則己巳”當屬下讀,“巳”下“,”號當移至“小二月”下。當斷爲:“小二月,則己巳爲三月二日,非二月二日也。”

2. p178,倒3行,錢大昕《潛研堂答問》云:“……《春秋》不書月食,三尺童子知之,以爲《五經》無雙之大儒而復不省,憶必不然矣。”

按:此处引錢大昕《潛研堂答問》文有失校且誤斷。1.“復不省”,今查續四庫全書本1438册p540《潛研堂文集》卷十一《說文答問》作“漫不省”,當據改。2.又“憶必不然矣”之“憶”當屬上讀,此句當斷作“以爲《五經》無雙之大儒而漫不省憶,必不然矣”。

3. p179,倒3—1行,《說苑・修文》云:“必其時奈何?天子七日而殯,七月而葬。諸侯五日而殯,五月而葬。大夫三日而殯,三月而葬。士庶人二日而殯,二月而葬。皆何以然?曰:禮,不豫凶事,死而後治凶服衣裳,修飾棺椁,作穿窆宅兆，然後喪文成。”

按：此处引《説苑·修文》文有失校且誤斷。1.“死而後治凶服衣裳”之“衣裳”，四庫全書本、中華書局本《説苑疏證》《説苑校證》皆作“衣衰”，“修飾”作“飾修”。且斷句作“死而後治凶服，衣衰飾，修棺椁，作穿窆宅兆”。衰衣，古代的一種喪服。這些治凶服、衣衰飾、修棺椁、作穿窆宅兆等工作都是在死者死後进行。2.“死而後治凶服”下當加“，”號。此句當斷爲：“禮，不豫凶事，死而後治凶服，衣衰飾，修棺椁，作穿窆宅兆，然後喪文成。”

4. p180，6 行，不得必其時也。【注】設有王后崩，當越紼而奔喪，不得必其時，故恩録之。

按：此處引《注》文斷句有誤。“有王后崩”下，陳立有《義疏》曰：“此云王后者，謂王與后也。”依陳立意，“王”下當加“、”號斷開，作“設有王、后崩”。

5. p180，倒 6 行，《通典》引：“《異義》：《公羊》説：天王喪赴者，至諸侯雖有父母之喪，越紼而行。”

按：此處《通典》引《異義》文有失校且斷句有誤。1.“至諸侯雖有父母之喪”之“諸侯”下，四庫全書本《駁五經異義·諸侯奔喪》有“哭”字，當據補。2. 如此，則此句當斷爲：“天王喪，赴者至，諸侯哭，雖有父母之喪，越紼而行。”

6. p191，6 行，《通義》云：“……居喪之禮，升降不由阼階，出入不當門，隧三年之中，恒若父存，故義繫於父也。”

按：此處引《公羊春秋經傳通義》文斷句有誤。“升階不由阼階，出入不當門，隧三年之中”之“隧”當屬上讀，作“出入不當門隧”。《禮記·曲禮上》：“居喪之禮，毁瘠不形，視聽不衰，升降不由阼階，出入不當門隧。”孫希旦《集解》曰：“門隧，門外當門之中道。”《禮記述注》云：“門隧，門之中道。不由阼階，不當門隧，執人子之禮而未忍廢也。”當據改。

7. p195，倒 5—4 行，《禮記》疏引：“《異義》：……鄰國来赴，書以卒者，言無所老幼皆終，成人之志，所以相尊敬。”

按：此處《禮記》疏引《異義》文斷句有誤。今查四庫全書本《駁五經異義》，此句作：“鄰國来赴，書以‘卒’者，言無老無幼，皆以成人之稱，亦所以相尊敬。”這裏的引文爲陳立意引。“言無所老幼皆終”之“皆終”二字當屬下讀，當斷爲：“鄰國来赴，書以‘卒’者，言無所老幼，皆終成人之志，所以相尊敬。”

8. p198，3 行，《白虎通·崩薨》篇：“天子七月而葬，諸侯五月而葬，何尊卑有差也？天子七月而葬，同軌必至；諸侯五月而葬，同會必至，所以慎終重喪也。”

按：此處引《白虎通·崩薨》文斷句有誤。“天子七月而葬，諸侯五月而葬，何尊卑有差也”之“何”字當屬上讀。此句當斷爲：“天子七月而葬，諸侯五月而葬何？尊卑有差也。”

卷 六

1. p211，1 行，○下十年取郜、取防，僖二十二年取須句，襄十三年取詩之屬是。内取邑常書也,外但以疾始書,……。

按:此處引文斷句有誤。此爲陳立《義疏》釋"内取邑常書"之文。《傳》云:"内取邑常書,外但疾始,不常書者,義與上逆女同。"故上"取詩之屬是"之"是"當屬下讀,且"是"下改爲","號。當斷爲"……襄十三年取詩之屬,是'内取邑常書'也"。"内取邑常書"句爲《公羊注疏》原文,當加引號。

2. p211,3行,○十行本《疏》中標"注"作"傳"。不託始者,《校勘記》云:"此誤倒,當據以訂正。閩本、監本、毛本亦倒作'不傳'。"又云:"按,依《疏》文云'何故不發傳',然則'不傳'者言'不發傳'也,謂此應有託始之傳,而竟不發此傳也,十行本作'傳不',非也。"

按:此處引文斷句有誤。"○十行本《疏》中標'注'作'傳'。不託始者"句,爲陳立《義疏》釋"不傳託始者"者之文。他指出"十行本《疏》中標《注》作"傳不託始者",而非"十行本《疏》中標'注'作'傳'。不託始者"。下文引阮元《校勘記》亦云:十行本作"(傳不)爲誤倒,當據以訂正。閩本、監本、毛本亦倒作'不傳'。"最後阮元指出"十行本作'傳不',非也"。所以此處"○十行本疏中標'注'作'傳'。不託始者"句,當標點爲:"○十行本疏中標《注》作'傳不託始者'。"當據正。

3. p212,3行,"弒其",《校勘記》云:"唐石經、諸本同。《釋文》本作'殺',其音申志反。今本亦改作弒。"

按:此處引文斷句有誤。"《釋文》本作'殺',其音申志反"之"其"字當屬上讀,當斷爲"《釋文》本作'殺其',音申志反"。《春秋穀梁注疏·文公十四年》"齊公子商人殺其君舍",《音義》云:"殺其,音試,本又作弒。"與此同,當據改。

4. p212,6行—p213,1行,段玉裁《經韻樓集》云:"凡《春秋傳》於弒君或云殺者,述其事也。……漢人注經,正其誤字曰'當爲弒',果譌殺,則當正之曰'殺當爲弒',不當曰申志反而已。……經文於殺諸侯必曰弒,二百四十二年,凡書弒二十有六。《春秋》正名之書,周公之典曰'放弒其君則殘之',正其名曰'弒',定其罪曰'殘'。……《釋文》發凡曰:'弒,本又作殺,同音試,凡弒君之例皆仿此。'不重音,此何等大事,而謂聖人垂教之書本無一定之字,可以蒙混書之,待讀者之定其字乎?"

按:此處引《經韻樓集》文斷句有誤。1."漢人注經,正其誤字曰'當爲弒',果譌殺,則當正之曰'殺當爲弒',不當曰申志反而已"句中"正其誤字曰'當爲弒',果譌殺",當斷爲"正其誤字曰'當爲','弒'果譌'殺',不當曰'申志反'而已"。"當爲"二字,爲漢代訓詁學家所創術語,並被歷代沿用。意思是某字是錯字,當作某。這裏指"殺"是譌字,當作"弒"的意思。2."周公之典曰"之"周公之典"即指《周禮》,當加書名號。殷周之際,周公輔助周武王伐紂滅商。建周次年,武王即逝,周成王年幼,由周公攝政。他依據周朝的特點對殷禮進行損益,完善了各種典章制度,這些典章制度後來被稱作"周禮"或"周公之典"。"放弒其君則殘之"句正見《周禮·大司馬之職》。3."《釋文》發凡曰:'弒,本又作殺同音試,凡弒君之例皆倣此。'不重音。……"句,這裏爲引《釋文》文，今查四庫全書本《經典釋文》卷十五，下引號誤，當至“不重音”止。

5. p216，倒 3 行，桓公六年《傳》：“慢之也，曷爲慢之？化我也。”《注》：“行過無禮，謂之化。諸侯相過至竟，必假塗，入都必朝，所以崇禮讓，絶慢易，戒不虞。”

按：此處引桓公六年《傳》注文斷句有誤。“諸侯相過至竟”之“至竟”當屬下讀，斷爲“諸侯相過，至竟必假塗，入都必朝，所以崇禮讓”。桓公元年《傳》曰：“古者天子邦畿千里，遠郊五百里，諸侯至遠郊，不敢便入，必先告至，由如他國至竟而假塗也。皆所以防未然，謹事上之敬也。”即其意。

6. p219，倒 4 行，《經傳釋詞》云：“矣，猶乎也。《易・師・彖傳》‘吉又何咎矣’，《詩・中谷有蓷》云‘何嗟及矣，六月侯誰在矣’是也。”

按：此處引《詩・六月》文斷句有誤。“何嗟及矣”是《詩・中谷有蓷》的内容，“侯誰在矣”是《詩・六月》的内容，本爲兩首詩的文字。點校者斷爲“《詩・中谷有蓷》云：何嗟及矣，六月侯誰在矣”，大謬也。此句當斷爲：“《詩・中谷有蓷》云‘何嗟及矣’，《六月》‘侯誰在矣’是也。”“六月”爲《詩經》篇名，當據改。

7. p225，4 行，《春秋・昭公九年》杜預《注》：“以夷田在濮水西者，與城父人。”服虔曰：“濮水名。”

按：此處引服虔文斷句有誤。“濮水名”，點校者將“濮水”標爲水的專名號，誤。《春秋左傳注疏・隱公四年》杜預《注》作：“濮，陳地，水名。”因此“濮水名”，當斷爲“濮，水名。”《春秋左傳詁・昭公九年》【詁】服虔曰：“濮，水名也。”是。當據改。

8. p232，倒 3 行，《通義》云：“……本緣黄金方一寸重一斤，謂之一金，或可凡物以斤計者，亦通言金。百金之魚，蓋大魚重百斤者與?”

按：此處引《公羊春秋經傳通義》文斷句有誤。“或可凡物以斤計者”之“或可”二字當屬上讀。當斷爲：“……本緣黄金方一寸重一斤，謂之一金或可。凡物以斤計者，亦通言‘金’，百金之魚，蓋大魚重百斤者與?”

9. p233，2—6 行，俞樾《平義》云：“……《傳》文但言張不言張罔罟，何解非也。《詩・韓奕》：‘孔修且張。’《毛傳》：‘張，大也。’桓六年《左傳》‘隨張’，杜注：‘張自侈大也。’百斤之魚公張之，蓋言棠有百斤之魚，故公侈大之也。上文曰：‘公曷爲遠而觀魚？登來之也。’下文曰：‘登來之者，美大之辭也。’然則此文言公之正，所謂美大之也，若以爲張罔罟，則與上下文不屬矣，亦未諦當。”

按：此處引《群經平議》文斷句有誤且失校。1.“然則此文言公之正，所謂美大之也”，續四庫全書本 178 册 p369《群經平議》卷二十三，“公”下有“張”字，作“然則此文言公張之正”，如此，則“正”字當屬下讀，作“然則此文言‘公張之’，正所謂美大之也”。2.“俞樾《平義》云”之“義”，原書名作“議”，當據改。3.“登來之者”之“者”下原有“何”字，作“登來之者何?”；當據補。4. 原下引號標至“亦未諦當”止，誤。今查續四庫全書本《群經平議》卷二十三，下引號當至“則與上下文不屬矣”止，“矣”下當作“。”號。“亦未諦當”句，爲陳立《義疏》語。

10. p233,8行,【注】“其言大而急者,美大多得利之辭也。實譏張魚,而言觀譏遠者,耻公去南面之位,下與百姓争利,匹夫無異,故諱使若以遠觀爲譏也。……”

按:此處引《注》文斷句有誤。上《經》文曰“公觀魚于棠”,《傳》云:“公曷爲遠而觀魚?登來之也。登來之者何?美大之之辭也。”陳立《公羊義疏》下文(見中華整理本p233—234)曰:“是實譏張魚而諱之言觀,若以遠觀爲譏也。”所以,此處“實譏張魚,而言觀譏遠者”句,當斷爲“實譏張魚而言觀,譏遠者,耻公去南面之位,下與百姓争利……”。

卷 七

1. p246,倒3—2行,惟《穀梁》以仲子爲孝公之妾,隱公爲其孫故,非隱爲失禮。

按:此處引文斷句有誤。“隱公爲其孫故”之“故”字當屬下讀,當斷爲“惟《穀梁》以仲子爲孝公之妾,隱公爲其孫,故非隱爲失禮”。

2. p259,3行,《繁露·考功名》云:“考績絀陟,計事除廢,有益者謂之公,無益者謂之煩。擥名責,實不得虚言,有功者賞,有罪者罰,功盛者賞顯,罪多者罰重。……。”

按:此處引《春秋繁露·考功名》文斷句有誤。“擥名責,實不得虚言”之“實”當屬上讀,當斷爲“擥名責實,不得虚言”。猶言循名考實,不得虚言。

3. p262,1—3行,《解詁箋》云:“禮,諸侯不敢作乐。天子得賜之樂,樂以象先王之功也,周于姜嫄廟用樂舞,以《大濩》則武舞矣。……諸侯既不得親祭妾母,若妾祖母安得奏文樂乎?”

按:此處引《春秋公羊經何氏釋例後録·公羊解詁箋》文斷句有誤且失校。1.“周于姜嫄廟用樂舞,以《大濩》則武舞矣”之第一個“舞”字,當屬下讀,當斷爲“周于姜嫄廟用樂,舞以《大濩》,則武舞矣”。據《周禮·大司樂》“舞《大濩》以享先妣”,即姜嫄也。《律吕正聲》卷二十九云:“《大夏》而上,文舞也;《大濩》而下,武舞也。”2.“諸侯既不得親祭妾母,若妾祖母安得奏文樂乎”句,今查續四庫全書本129册p573《春秋公羊經何氏釋例後録·公羊解詁箋》,作“諸侯既不得親祭妾祖母與妾母,安得奏文樂乎”,當據此出異文《校勘記》且改正。

4. p263,1—3行,《樂記》云:“德者,性之端也;樂者,德之華也;金石絲竹,樂之器也。詩,言其志也;歌,詠其聲也;舞,動其容也。三者本於必然,後樂器從之。”

按:此處引《樂記》文斷句有誤且失校。1.“三者本於必然,後樂器從之”之“必”,四庫全書本《禮記注疏》卷三十八《樂記》、南菁書院刻皇清經解續編本《公羊義疏》皆作“心”,是。此爲《四部備要》本排印時失校所致。當據改。2.改正後,“然”字當屬下讀。全句當標點爲“三者本於心,然後樂器從之”。

5. p267,倒5行,《漢書·董仲舒傳》:“教化之情,不得《雅》、《頌》之樂不成,故王者功成作樂,樂其德也。”

按:此處引《漢書·董仲舒傳》文斷句有誤。"教化之情,不得《雅》、《頌》之樂不成"之"不得"當屬上讀,當斷爲:"教化之情不得,《雅》、《頌》之樂不成……"。

6. p268,倒4行,浦云:"《儀禮經》、《傳》通解作紹。"

按:此句標點有誤。"《儀禮經》、《傳》通解",當標點爲"《儀禮經傳通解》",爲宋朱熹所撰書名。該書初名《儀禮集傳集注》,北宋時,王安石獨尊《周禮》,廢黜《儀禮》,朱熹乃以《儀禮》爲"經",而將《禮記》及諸經史雜書中所載古代禮制,附在本經之下,兼取後儒注疏,加以詮釋,晚年更定書名爲《儀禮經傳通解》。如此,則此句當斷爲:"浦云:"《儀禮經傳通解》作'紹'。"

7. p272,1行,《通義》云:"《爾雅》曰:'食苗心螟,食葉蟘,食節賊,食根蟊。'……。"

按:此處引《爾雅》文斷句有瑕疵。"螟"、"蟘"、"賊"、"蟊"爲四種農作物的害蟲:"螟"食多種農作物的苗心,"蟘"食農作物的葉子,"賊"食農作物的禾稈,"蟊"棲息在地下,食農作物的根。所以此句當斷爲:"食苗心,螟。食葉,蟘。食節,賊。食根,蟊。"爲好。

8. p273,6行,《説苑·貴德》云:"故爲人君者,明貴德而賤利。以道下下之,爲惡尚不可止,今隱公貪利而身自漁濟上,而行八佾,以此化於國人,國人安得不解於義而縱其欲? 則災害起而臣下僻矣。故其元年始書螟,言災將起,國家將亂云爾。"

按:此處引《説苑·貴德》文斷句有誤。"以道下下之"之"下之",當屬下讀。全句當斷爲"故爲人君者,明貴德而賤利以道下,下之爲惡,尚不可止"。

9. p276,5行,《繁露·玉杯》云:"《春秋》之好微與其貴志也。鄭伯志在滅段,故如其意書克;宋人志在得長葛,故如其意言圍。所謂逆而罪之,不如徐而味之也。《春秋》之所惡者,不任德而任力,故表其意以惡其彊也。"

按:此處引《春秋繁露·玉杯》文斷句及下引號有誤。1. "《春秋》之好微與其貴志也"之"與"下當加"?"號斷開,當標點爲:"《春秋》之好微與? 其貴志也。"《春秋繁露義證》云:"'與'字絶句。言《春秋》之好微,以其貴志也。"2. 原下引號標至"故表其意以惡其彊也"止,誤。今查四庫全書本《春秋繁露·玉杯》,下引號當至"《春秋》之好微與? 其貴志也"止。當據改。

卷 八

1. p277,2行,《老子道德經考異》唐傅奕定本:"質直若輸。"河上公、王弼作"渝",古字通。

按:此處文句斷句有誤。1. "《老子道德經考異》唐傅奕定本",當爲兩本書,即清代畢沅的《老子道德經考異》和唐傅奕定本《道德經古本》,所以"唐傅奕定本"當標爲"唐傅奕《定本》"。唐代,因皇帝與老子同姓李氏,故大力提倡道教,設置崇玄學,令生徒論習《道德經》,先後注《老子》的名家有孫思邈、傅奕、尹知章、成玄英、唐明皇、李榮、强思齊、杜光庭等。傅奕撰《道德經古本》,所謂"古本",即指北齊後主高緯武平五年(574年)彭城人開項羽妾冢所得古本《道德經》,傅奕參考了九家注本進行整理,校訂爲《古本篇》,保存了較多的古句、古語、古字,共5556字,或稱“定本”。2. 清代學者畢沅撰《老子道德經考異》,即以唐傅奕授定本爲底本,參校河上公、王弼、顧歡、陸德明、彭耜、《永樂大典》、焦竑《考異》等,間有不合于古者,則折衷衆説,以定所是。3. “唐傅奕定本‘質直若輸’。河上公、王弼作‘渝’,古字通”句,皆爲《老子道德經考異》文。故此句當斷爲:《老子道德經考異》:“唐傅奕《定本》‘質直若輸’,河上公、王弼作‘渝’,古字通。”

2. p305,2行,《鹽鐵論·論功》云:“凡伯因執而使。”不通。

按:此處引《鹽鐵論·論功》文失校、誤斷且下引號有誤。1. “凡伯因執而使”之“因執”,四庫全書本《鹽鐵論·論功》作“囚執”,點校者失校。“囚執”,謂執季孫隱如。《漢書·劉向傳》云:“戎執其使。”2. “凡伯因執而使”句,文不成義。今查四庫全書本《鹽鐵論·論功》卷十一,原文作“凡伯囚執而使不通”,點校者將“不通”標在原文引號外,大謬也。3. 原下引號標至“凡伯因執而使”止,誤。今查四庫全書本《鹽鐵論·論功》卷十一,下引號當至“不通”止。全句當標點爲“凡伯囚執而使不通”。當據改。

3. p299,倒4行,《通義》云:“《春秋》承衰周之敝,文勝而離,人知貴貴,莫知親親。開端首見鄭段之禍將大,矯其失,非因人情所易親者而先示之親,則其教不易成。”

按:此句標點有誤。“《春秋》承衰周之敝”之“《春秋》”二字不當標爲書名號,在這裹“春秋”二字爲時代名,當標爲專名綫。“開端首見鄭段之禍將大,矯其失”句,“將大”二字當屬下讀。當斷爲“開端首見鄭段之禍,將大矯其失”。

卷 九

1. p311,3行,《一統志》:“費縣故城在今沂州府費縣西北二十里。劉宋移縣理,祊城即古祊邑也。”

按:此處引《一統志》文斷句有誤。“祊城即古祊邑也”之“祊城”當屬上讀。當斷爲“劉宋移縣理祊城,即古祊邑也”。“移縣理”謂“移縣治”。

2. p335,2行,《初學記》引《洪範五行傳》云:“正月雷漸動而雉雊雷,諸侯之象也;雉,亦人君之類也。”

按:此處《初學記》引《洪範五行傳》文斷句有誤。“正月雷漸動而雉雊雷,諸侯之象也”之“正月”下當加“,”號斷開;第二個“雷”字當屬下讀。當斷爲:“正月,雷漸動而雉雊。雷,諸侯之象也;雉,亦人君之類也。”

3. p337,5行,《五行志》又曰:“庶徵之恒雨,劉歆以爲《春秋》大雨,劉向以爲大水。‘三月癸酉,大雨,震電’,‘庚辰,大雨雪’。大,雨之水也;震,雷也。劉歆以爲,大雨,常雨之罰也。於始震電八日之間而大雨雪,常寒之罰也。”

按:此處引《漢書·五行傳》文失校且斷句有誤。1. “大,雨之水也”,文不成義。今查四庫全書本及中華書局整理本《漢書·五行傳》卷二十七中之上,該句作“大雨,雨水也”。“大,雨之水也”之“之”當作“雨”字。點校者失校。

2. 第一"雨"字當屬上讀，作"大雨，雨水也"。"大雨，雨水也"是解釋上文"隱公九年'三月癸酉，大雨，震電'"之"大雨"的；下文"震，雷也"，是解釋上文"隱公九年'三月癸酉，大雨，震電'"之"震電"的。當據改。

4. p352，倒2行，《大戴禮·朝事》篇："……君親致饗，既還圭，饗食，致贈，郊送，所以相與習禮樂也。諸侯相與習禮樂，則德行修而不流也。"

按：此處引《大戴禮·朝事》文失校且斷句有誤。1."君親致饗，既還圭"，點校者"饗"下出《校勘記》曰："'饗'，原訛作'饔'，《叢書》本同，據《大戴禮記》校改。"今查四庫全書本《大戴禮記》及中華書局整理本《大戴禮記彙校集解》皆作"君親致饔既"，其下注云："案：既，即古餼字。"則"饔既"即"饔餼"。《儀禮注疏》卷八《聘禮第八》鄭玄《注》曰："牲，殺曰饔，生曰餼。""饔餼"，皆指古代的祭品。《周禮·秋官·司儀》"致飧如致積之禮"句下鄭玄《注》曰："小禮曰飧，大禮曰饔餼。"故"君親致饗，既還圭"之"饗"當作"饔"，不應改爲"饗"，點校者誤改。2."既還圭"之"既"當屬上讀。此句當斷爲："君親致饔既、還圭，饗食、致贈、郊送，所以相與習禮樂也。"

卷　十

1. p365，9行，……其時去古未遠，師説未替，絶非後學以義説經者。比王氏所駁，猶泥於杜預，其或費法、違常、失不班曆之癡説，恐未可語《春秋》微言大義也。……

按：此處《義疏》文斷句有誤。"絶非後學以義説經者。比王氏所駁"之"比"，當屬上讀，當斷爲"絶非後學以義説經者比。王氏所駁，猶泥於杜預……"。

2. p380，9行，《御覽》引鄭注《孝經》云："古者諸侯五年一朝天子，使世子郊迎，芻米百車，以客禮待之。晝坐工殿，夜設庭燎。思與相見，問其勞苦。"

按：此處引鄭注《孝經》文斷句有誤。"古者諸侯五年一朝天子"之"天子"二字當屬下讀，作"古者諸侯五年一朝，天子使世子郊迎，芻米百車，以客禮待之。"賈公彦《儀禮》疏引《孝經》鄭注曰："'天子使世子郊迎'者，皆異代灋，非周禮也。"是，當據改。

卷十一

1. p386，末行—p387，1行，《通義》云："累者，相連及於死之名，讀若《甫刑傳》云'大罪勿纍'，字本從三田，今省，之反。《離騷》謂屈原爲湘纍，李奇注：'諸不以罪死曰纍。'荀息、仇牧皆是也。"

按：此處引《公羊春秋經傳通義》文斷句有誤且誤校。1."之反"下，點校者出《校勘記》曰："'之反'，《公羊通義》作'作之反'，其意不明。"今查續四庫全書本129册p21《春秋公羊經傳通義》卷二，作"（纍）字本從三'田'，今省作之"，文通義順。意謂"纍"字本從三"田"，今省作之爲"累"。點校者未查原書，又誤斷爲"今省，之反"，此大謬也，致其意不明。2."今省作之反"之"反"字當屬下讀，爲"《反離騷》謂屈原爲湘纍"。《反離騷》爲揚雄所作，見《漢書·揚雄傳上》。其云："先是時，蜀有司馬相如，作賦甚弘麗温雅，雄心壯之，每作賦，常擬之以爲式。又怪屈原文過相如，至不容，作《離騷》，自投江而死，悲其文，讀之未嘗不流涕也。以爲君子得時則大行，不得時則龍蛇，遇不遇命也，何必湛身哉！乃作書，往往摭《離騷》文而反之，自㟭山投諸江流以吊屈原，名曰《反離騷》。"故此句當斷爲："累者，相連及於死之名，讀若《甫刑傳》云'大罪勿纍'，字本從三'田'，今省之。《反離騷》謂屈原爲湘纍……。"當據改。

2. p401，倒 8—7 行，"宋以不義取郜鼎，《春秋》即書其本名，以正不義，所謂因其可貶而貶之也。故何氏云：'然其實宋即以義取，亦止能謂之郜鼎，不得言宋大鼎也。'"

按：此處《義疏》語斷句有誤。此爲陳立《義疏》語。他同意何休"宋始以不義取之，不應得，故主之謂之郜鼎。如以義應得，當言取宋大鼎"的解釋。所以他説"宋以不義取郜鼎，《春秋》即書其本名，以正不義，所謂因其可貶而貶之也。故何氏云然"。點校者斷爲"故何氏云：然其實宋即以義取……"，此大謬也。"然"字當屬上讀，當斷爲："宋以不義取郜鼎，《春秋》即書其本名，以正不義，所謂因其可貶而貶之也。故何氏云然。其實宋即以義取，亦止能謂之郜鼎，不得言宋大鼎也"。"其實宋即以義取，亦止能謂之郜鼎，不得言宋大鼎也"句，並非如點校者所標爲"何氏"所説的話。

3. p405，1 行，《校勘記》云："作'名'，是終不可名有，猶云終不可爲有，此專以地言，不如《疏》所説。"

按：此處引《校勘記》文斷句有誤。"作'名'，是終不可名有，猶云終不可爲有"之"是"下當加"。"號，"是"當屬上讀，是阮元的判斷語。"終不可爲有"，爲變引《傳》注"明其終不可名有"語。此句當斷爲："作'名'，是。'終不可名有'，猶云終不可爲有。"

4. p408，倒 4 行，《公羊禮説》云："……《傳》：'宋三世無大夫，三世内娶也。'《注》：'宋以内娶故，公族以弱，妃黨益强，威權下流，故政分三門，卒生簒弑，親親出奔，疾其末故正其本。'"

按：此處引《公羊禮説》文斷句有誤。"宋以内娶故，公族以弱，妃黨益强"之"故"字當屬下讀。當斷爲："宋以内娶，故公族以弱，妃黨益强，威權下流，故政分三門，卒生簒弑，親親出奔，疾其末故正其本。"

5. p420，2 行，《禮疏》引《異義》又云："凡國有疑盟，詛其不信者。"

按：此處《禮疏》引《異義》文斷句有誤。"凡國有疑盟，詛其不信者"之"凡國有疑盟"下，點校者出《校勘記》曰："'盟'字原脱，《叢書》本同，據《禮記正義》及《五經異義》校補。"今查四庫全書本《駁五經異義》作："凡國有疑，盟詛其不信者。"上引《異義》文"盟"字當屬下讀，當斷爲"凡國有疑，盟詛其不信者"。"盟詛"，即結盟立誓。《周禮·春官·詛祝》云："作盟詛之載辭，以叙國之信用，以質邦國之劑信。"鄭玄《注》："盟詛主於要誓。"孫詒讓《正義》云："盟詛亦有誓，但以用牲爲異。"《公羊義疏》下文亦云："許君謹按，從《左氏》説，以太平之時，有盟詛之禮。"當據改。

6. p421,倒4行,《詩・大雅》"汔可小康",《箋》:"汔,幾也。"亦通。既爲小食,與盡訓別。

按:此處斷句有誤。"亦通。既爲小食"之"既"當屬上讀,當斷爲"亦通既,爲小食,與'盡'訓别"。這裏是説"汔"可通假爲"既",其義爲"小食",與訓"盡"義有别。

卷十二

1. p438,7行,范云:"上殺中心,死速,乾之以爲豆,實可以祭祀。"

按:此處引《春秋穀梁傳》范寧《注》文斷句有誤。"乾之以爲豆,實可以祭祀"之"實"字當屬上讀。當斷爲"乾之以爲豆實,可以祭祀"。"豆實",《禮記・王制》注云:"乾豆,謂腊之以爲祭祀豆實也。"孔《疏》云:"爲乾豆者,謂乾之以爲豆實。豆實非脯,而云乾者,謂作醢及臡,先乾其肉也。"當據改。

2. p442,8行—p443,1行,《校勘记》云:"《五經文字》:'髎,羊紹反,見《春秋傳》。又作髀,見《詩》。'"見《春秋傳》者,即指《公羊》此注也。見《詩》者,指《毛詩・車攻傳》也。今《詩傳》作"髃",此《注》作"髓",皆"髀"字,形近之訛作。髀,從肖,故音羊紹反,《毛詩音義》。字書無"髀"字,一本作"髎",與張參所據《春秋傳》正合。……《五經文字》注中髀乃髓之誤。《詩音義》"髃"字亦髓字之誤。

按:此處引《公羊注疏校勘记》文斷句及下引號有誤。1."此注作'髓',皆'髀'字,形近之訛作。髀,從肖,故音羊紹反"之"字"下","號當删;"作"字屬下讀。當斷爲:"此《注》作'髓',皆'髀'字形近之訛。作髀,從肖,故音羊紹反。"2.原下引號標至"又作髀,見《詩》"止,誤。今查續四庫全書本183册p61《公羊注疏校勘記》卷二及中華書局影印十三經注疏本下册《春秋公羊經傳注疏》卷四所附《校勘記》p2217,下引號當至"《詩音義》'髃'字亦髓字之誤"止。當據改。

3. p443,7—9行,《釋文》:"捕,本又作搏,音博。"按:當作"搏"。禽獸,《御覽》引《韓詩内傳》曰:"春曰畋,夏曰搜,秋曰獮,冬曰狩。天子抗大綏,諸侯小綏,羣小獻禽其下,天子親射之於門。夫田獵,因以講道義,習武,簡兵也。"

按:此處陳立按語斷句有誤且失校。1."按:當作'搏'。禽獸,"句,當斷爲"按:當作'搏禽獸'"。此爲陳立按語,是指上《傳》文"……禽獸多則傷五穀,因習兵事,又不空設,故因以捕禽獸,……"中的"捕禽獸"而言的,他認爲當作"搏禽獸",以此"因習兵事","示不忘武備"。2.《御覽》引《韓詩内傳》文"因以講道義",今查四庫全書本《太平御覽》卷八百三十一《資産部十一・獵上》,"道"下無"義"字,當據删。

4. p447,2—3行,○《周禮》天官之屬,有大宰、小宰、宰夫、太宰卿。小宰,中大夫;宰夫,下大夫。……。

按:此處引文斷句有誤。第一個"宰夫"下當作"。"號;"卿"上當加","號。全句當斷爲:"《周禮》天官之屬,有大宰、小宰、宰夫。太宰,卿;小宰,中大夫;

宰夫，下大夫。……。”

5. p470，5 行，《左傳》疏引：“服虔云：‘《春秋》前，以黜陟之法進爵爲公。’劉炫難云：‘周法，二王之後乃得稱公。雖復周公、太公之勳，齊桓、晋文之霸，位止通侯，未升上等。州有何功，得遷公爵？若其爵得稱公，土亦應廣，安得爵爲上公，地仍小國？若地被兼黜，爵亦宜减，安得地既削小，爵尚尊崇？此則理之不通也。’”

按：此處《左傳》疏引文標點有誤。1. “《春秋》前，以黜陟之法進爵爲公”，這裏“春秋”二字並非書名，而爲時代名。當標點爲“春秋前，以黜陟之法進爵爲公”。2. “若地被兼黜，爵亦宜减”之“兼”下當加“，”號斷開，“黜”下“，”號當移至“爵”下。此句當標點爲：“若地被兼，黜爵，亦宜减，安得地既削小，爵尚尊崇?”

卷十三

1. p488，4 行，【注】樵，薪也。以樵燒之，故因謂之樵之。樵之，齊人語。

按：此處引《注》文斷句有誤。“以樵燒之，故因謂之樵之”之“故”當屬上讀。當斷爲“以樵燒之故，因謂之樵之”。

卷十四

1. p504，1 行，《大戴禮・曾子天圓》云：“諸侯之祭，牲牛，曰太牢；大夫之祭，牲羊，曰少牢；士之祭，牲特豕，曰饋食。”

按：此處引《大戴禮・曾子天圓》文斷句有誤。“牲牛”、“牲羊”、“牲特豕”之三“牲”字，皆當屬上讀。當斷爲：“諸侯之祭牲，牛，曰太牢；大夫之祭牲，羊，曰少牢；士之祭牲，特豕，曰饋食。”“祭牲”二字，不可斷開。古代祭祀時用牲畜作祭品，稱爲“祭牲”。《禮記・祭義》：“犧牷祭牲，必於是取之，敬之至也。”《尚書注疏》引《曲禮》云：“天子祭牲，必用純色。”《經》《傳》多言“三牲”，知“牲”即指牛、羊、豕。

2. p511，倒 5—4 行，《儀禮》疏引鄭《注》云：“孔子或出或病，不自親祭，使攝者爲之，不致肅敬之心與不祭同。”何氏謂“士有公事，不得與祭，則不敢美其衣服”，下引《論語》爲證其説，不與鄭氏同。故《禮・特牲饋食注》云：“士賤職褻，時至事暇，可以祭，則筮其日矣。”

按：此處陳立《義疏》文斷句有誤。“下引《論語》爲證其説，不與鄭氏同”之“其説”二字當屬下讀。當斷爲“下引《論語》爲證，其説不與鄭氏同”。

3. p523，2—3 行，《獨斷》：“天子所都曰京師。京，水也。地下之衆者，莫過於水；地上之衆者，莫過於人。京大師衆也，故曰京師也。”

按：此處引《獨斷》文斷句有誤。“京大師衆也”，當斷爲：“京，大。師，衆也。”上面《傳》文曰：“京者何？大也。師者何？衆也。天子之居必以衆大之辭言之。”是其證。

4. p530，倒 4 行，《通義》云：“近，幾也。師迫都城，幾幾乎圍，故戰去‘及’

文,言‘來’以起之也。”

按:此處引《公羊春秋經傳通義》文斷句有誤。“故戰去‘及’文”之“故戰”下當加“。”號;“‘及’文”下之“,”號當删。此句當斷爲:“師迫都城,幾幾乎圍,故戰。去‘及’文言‘來’,以起之也。”

卷十五

1. p542,倒1行,《鄭世家》:“宋莊公聞祭仲之立,忽乃使人誘召祭仲而執之,曰:‘不立突,將死。’”

按:此處引《史記・鄭世家》文斷句有誤。“宋莊公聞祭仲之立,忽乃使人誘召祭仲而執之”之“忽”字當屬上讀。當斷爲“宋莊公聞祭仲之立忽,乃使人誘召祭仲而執之”。祭仲之立忽,見《史記・鄭世家》,其云:“四十三年,鄭莊公卒。初,祭仲甚有寵於莊公,莊公使爲卿,公使娶鄧女,生太子忽,故祭仲立之,是爲昭公。”據《左傳・桓公十一年》及《史記・鄭世家》記載:誘騙祭仲到宋國者是宋莊公“使人誘召”,而非“忽”也。

卷十六

1. p597,8行,《通義》云:“仲之存亡爲忽輕重故,忽微弱甚不足録也。”

按:此處引《公羊春秋經傳通義》文斷句有誤。上《傳》文云:“言忽爲君之微也,祭仲存則存矣,祭仲亡則亡矣”,所以這裏的“仲之存亡爲忽輕重故”之“故”,當屬下讀,當斷爲:“仲之存亡爲忽輕重,故忽微弱甚不足録也。”

2. p603,5行,《九經古義》:“鄭注《尚書》‘丕,讀曰不愛,子孫曰子’。《史記》作‘負子’。”

按:此處引《九經古義》文斷句有誤。“丕,讀曰不愛,子孫曰子”之“愛”字當屬下讀。此句當斷爲:“丕,讀曰‘不’,愛子孫曰‘子’。”

3. p607,倒1行,此何氏以意言之,故云“蓋爲疑詞也”。

按:此處斷句有誤。“故云‘蓋爲疑詞也’”句,“蓋”字當加引號,“蓋”下當加“,”號。當斷爲“故云‘蓋’,爲疑詞也”。p607,1行,《經》文曰:“五月,丙午,及齊師戰于奚。”何氏《注》文云:“此戰蓋由桓公曰‘同非吾子’云爾。”此句即指何氏《注》文“蓋”字而言也。

卷十七

1. p626,11行,俞云:“何氏此解,甚爲違失《傳》言正月以存君。不言練祭以存君,乃曰練祭取法存君,一失也。”

按:此處引俞樾《群經平議》文斷句有誤。“甚爲違失”下當加“。”號斷開;“《傳》言正月以存君”下當爲“,”號;“乃曰練祭取法存君”下當爲“。”號。全句當斷爲:“何氏此解,甚爲違失。《傳》言正月以存君,不言練祭以存君,乃曰練祭取法存君。一失也。”

2. p630,7行,段氏玉裁云:依《説文》當作“搚”。許云:“摺也。”從手劦聲作搚者,或體也;作拉者,假借字也。

按:此處引段玉裁《説文解字注》文斷句有誤。"從手劦聲作搚者"之"聲"下當加"。"號斷開。"從手劦聲"者是指"拹"字而言。"作搚者,或體也",是指"搚"爲"拹"之或體也。

3. p639,9行,《易·泰》:"六五,帝乙歸妹。"《集解》引《九家易注》:"五者帝位震象,稱乙是爲帝乙。六五以陰處尊位,帝者之姊妹,五在震後,明其爲二也。五應於二,當下嫁二。婦人謂嫁曰歸,故言帝乙歸妹。謂下居二,以中和之道相承,故元吉也。"

按:此處《周易集解》引《九家易注》文斷句有誤且失校。1."五者帝位震象,稱乙是爲帝乙",當斷爲"五者,帝位,震象稱乙,是爲帝乙"。2."明其爲二"之"二",四庫全書本《周易集解》作"妹"。當據改。3."以中和之道相承",四庫全書本及中華書局整理本《周易集解》皆無"之道"二字。

4. p640,8行,《穀梁傳》曰:"仇讎之人非所以接婚姻也。衰麻,非所以接弁冕也。"何氏所本《穀梁》,又云:"其不言齊侯之來逆何也?不使齊侯得與吾爲禮也。"

按:此處斷句有誤。1."仇讎之人"下當加","號斷開。2."何氏所本《穀梁》,又云"之"穀梁"當屬下讀,當斷爲"何氏所本。《穀梁》又云……"。"何氏所本",是指上文何休注《公羊傳》此句曰"禮,齊衰不接弁冕,仇讐不交婚姻"是本《穀梁傳》"仇讎之人,非所以接婚姻也。衰麻,非所以接弁冕也"的。所以,此句當斷爲:"《穀梁傳》曰:'仇讎之人,非所以接婚姻也。衰麻,非所以接弁冕也。'何氏所本。《穀梁》又云:'其不言齊侯之來逆何也?不使齊侯得與吾爲禮也。'"

5. p651,倒2行,《傳》云:"闞者何?邾婁之邑也。曷爲不繫乎邾婁?諱亟也。"《注》:"與取濫爲亟,是。"邑不繫國,本有二例,故此及桓七年如此解也。

按:此處引《春秋公羊傳注》文斷句有誤。1."與取濫爲亟,是"句,原《注》文至"與取濫爲亟"止,"是"屬下讀。當斷爲:"《注》:'與取濫爲亟。'是邑不繫國,本有二例,故此及桓七年如此解也。"2."是邑不繫國,本有二例,故此及桓七年如此解也"句,爲陳立《義疏》語,非《公羊注》文,當在《注》文引號外。

卷十八

1. p660,倒3行,《疏》云:"案,《既夕》記朝廟至廟中更設遷祖奠,此移柩向新葬之處所設之奠,亦如大斂之奠。士用豚三鼎,則大夫已上更加牲牢。"

按:此處引《公羊春秋傳注疏》文斷句有誤。"此移柩向新葬之處所設之奠"之"所設之奠"四字當屬下讀,當斷爲:"此移柩向新葬之處,所設之奠亦如大斂之奠。士用豚三鼎,則大夫已上更加牲牢。"

2. p665,倒4行,【注】"紀與齊爲讎,不直齊大紀小。季知必亡,故以酅首,服先祖有罪於齊,請爲五廟後以酅共祭祀、存姑姊妹。"

按:此處引《春秋公羊傳注》文斷句有誤。"不直齊大紀小"之"不直"下當加“。”號斷開;“齊大紀小”下當作“,”號;“服先祖有罪於齊”之“服”當屬上讀,作“故以鄰首服”;“服”下作“。”號;“請爲五廟後”下當加“,”號斷開;“祭祀”下當爲“,”號。全句當斷爲:“紀與齊爲讎,不直。齊大紀小,季知必亡,故以鄰首服。先祖有罪於齊,請爲五廟後,以鄰共祭祀,存姑姊妹。”

3. p693,倒 5 行,《士喪禮》又云:“主人降北面,視肂設熬,旁一筐,踴無算。”

按:此處引《士喪禮》文斷句有誤。“主人降北面,視肂設熬”之“北面”當屬下讀;“視肂”下當加“。”號。全句當斷爲:“主人降,北面視肂。設熬,旁一筐,踴無算。”

4. p696,倒 4 行,《通義》云:“等諱不没公。言齊侯,而必貶齊侯:稱人者,没公,則但有諱義;人齊侯,兼以惡齊也。”

按:此處引《公羊春秋經傳通義》文斷句有誤。“等諱不没公”下當作“,”號;“而必貶齊侯”之“貶”下當加“。”號;“齊侯”二字當屬下讀。全句當斷爲:“等諱不没公,言齊侯而必貶。齊侯稱人者,没公則但有諱義;人齊侯,兼以惡齊也。”

卷十九

1. p703,8 行,按:不書“納朔”,爲内諱伐王;書人,起其貶也。

按:此處按語斷句有誤。“爲内諱伐王”之“爲内諱”當屬上讀,“伐王”當屬下讀。全句當斷爲:“按:不書‘納朔’爲内諱,伐王書人,起其貶也。”。

2. p705,倒 6 行,故《繁露・玉英》云:“遣子突征衛,不能絶諸侯,得以大亂,篡弒無已。”

按:此處引“《繁露・玉英》”文失校且斷句有誤。1. 今查四庫全書本《春秋繁露》卷四,引文實出自《春秋繁露・王道》篇,而非出自《繁露・玉英》篇。2.“不能絶諸侯”之“不能絶”當屬上讀,“諸侯”當屬下讀。盧文昭《春秋繁露》校本注云:“衛侯朔得罪於天子,天子立公子留,五國伐衛納朔。莊六年,王人子突救衛,而朔仍入於衛,故云‘不能絶’。”全句當斷爲:“遣子突征衛不能絶,諸侯得以大亂,篡弒無已。”

3. p705,倒 3 行,弱愈,《校勘記》云:“鄂本、宋本同。閩本、監本、毛本‘弱’改爲‘非’。按,弱愈,猶少愈也。”

按:此處引《校勘記》文斷句有誤。“‘弱’改爲‘非’”之“非”當屬下讀。阮元認爲閩本、監本、毛本把【注】文中的“弱愈”之“弱”字改爲“爲”字是錯誤的。所以全句當斷爲:“鄂本、宋本同。閩本、監本、毛本‘弱’改‘爲’,非。按,弱愈,猶少愈也。”

4. p706,倒 5 行,彼《傳》云:“得罪于天子也。其得罪于天子奈何?見使守衛朔,而不能使衛小衆,越在岱陰齊,屬負兹,舍不即罪爾。”

按:此處引《傳》文斷句有誤。“屬負兹,舍不即罪爾”之“舍”當屬上讀。《注》云:“屬,託也。天子有疾稱不豫,諸侯稱負兹,大夫稱犬馬,士稱負薪。

舍，止也。託疾止，不就罪。"所以"屬負玆，舍不即罪爾"，當斷爲："屬負玆舍，不即罪爾。"

5. p717，2行，《九經古義》云："王伯厚曰：《晋語》司馬侯曰：羊舌肹習於《春秋》、《楚語》。申叔時曰：教之《春秋》，皆在孔子前，所謂《乘》、《檮杌》也。魯之《春秋》，韓起所見，所云不修《春秋》也。"

按：此處引《九經古義》文斷句有誤。1. 今查四庫全書本《國語・晋語七》，《晋語》文至"羊舌肹習於《春秋》"止。所以"《晋語》司馬侯曰：羊舌肹習於《春秋》、《楚語》"之"《楚語》"當屬下讀，"羊舌肹習於《春秋》"下當作"。"號。2. "申叔時曰：教之《春秋》"語，見《國語・楚語上》卷十七，屬《楚語》文。故全句當斷爲："王伯厚曰：《晋語》司馬侯曰：羊舌肹習於《春秋》。《楚語》申叔時曰：教之《春秋》。皆在孔子前，所謂《乘》、《檮杌》也。"

6. p720，8行，按：狼亦近弧，弧在井之分域，故得兼主持平衡之義。其實狼爲野，將主侵掠，見《史記正義》。

按：此處文句斷句有誤。"其實狼爲野，將主侵掠"之"將"當屬上讀。《史記正義》云："狼一星，参東南。狼爲野将，主侵掠。"《晋書・天文志》："狼一星在東井東南，狼爲野將，主侵掠。"故此句當斷爲："其實狼爲野將，主侵掠。見《史記正義》。"

7. p721，倒6—3行，舊《疏》云："即上備云房爲天子明堂，《文耀鉤》云：'房心爲明堂中央火星，天王位。'若相對言之，則房爲明堂，心爲天王矣。既有天王，復有明堂布政之象也。"按："上備"，當"星備"之誤。"星備"亦見《周禮・大宗伯》疏所引《文耀鉤》。"火星"，火字亦誤，《開元占經》六十云："心爲明堂中大星。"火當作大也。

按：此處陳立按語斷句有誤。"'星備'亦見《周禮・大宗伯》疏所引《文耀鉤》"之"《文耀鉤》"當屬下讀。此句意謂"星備"見《周禮・大宗伯疏》所引。阮元《校勘記》亦云"'星備'亦見《周禮・大宗伯疏》"。而"火星"則是指舊《疏》引《文耀鉤》文中的"房心爲明堂中央火星"之"火星"。陳立認爲當作"大星"。全句當斷爲："按：'上備'，當'星備'之誤。'星備'亦見《周禮・大宗伯》疏所引。《文耀鉤》'火星'，'火'字亦誤，《開元占經》六十云：'心爲明堂中大星。''火'當作'大'也。"

8. p721，倒2行，"未墜"，《釋文》同《校勘記》，《釋文》當本作"未隊"，直類反。文三年、定八年皆作"而隊"，直類反，可證。《釋文》凡音直類反者，字皆作"隊"。

按：此處引文斷句有誤，且《校勘記》下引號亦誤。1. "《釋文》同《校勘記》"之"《釋文》同"下當加"。"號；"《校勘記》"三字當屬下讀，是指阮元《公羊釋文校勘記》，見續四庫全書183册p140。《經典釋文》卷二十一《春秋公羊音義》作"未墜，直類反"。2. "《校勘記》"三字以下皆爲《校勘記》文。3. 全句當斷爲："'未墜'，《釋文》同。《校勘記》：'《釋文》當本作"未隊"，直類反。文三年、定八年皆作"而隊"，直類反，可證。《釋文》凡音直類反者，字皆作"隊"。'"

9. P725，倒 3 行，五月大水，方種之禾不能長遂，將成之麥又復漂没，故云“待無麥然後書”也。

按：此處引文斷句有誤。“方種之禾不能長遂”之“遂”當屬下讀。全句當斷爲：“五月大水，方種之禾不能長，遂將成之麥又復漂没，故云‘待無麥然後書’也。”

10. p731，5 行，按：何氏作祠兵，説與《異義》所載《公羊》説同，是《公羊》先師家言。

按：此處引文斷句有誤。“何氏作祠兵，説與《異義》所載《公羊》説同”之第一“説”字當屬上讀，當斷爲“何氏作祠兵説，與《異義》所載《公羊》説同”。

卷二十

1. p748，7 行，《公羊問答》云：“問：後漢鄭衆傳《春秋》，書‘齊小白入于齊’，不稱侯，未朝廟故也。二説不同何故？曰：鄭衆爲《左氏》經師，與何氏不同，無足異也。第《後漢書注》引《公羊》以釋之，誤矣。注書者於經師家法不可不知也。”

按：此句引《公羊問答》文失校且標點有誤。1. “《春秋》，書‘齊小白入齊’，不稱侯，未朝廟故也”句，實爲《後漢書・鄭興傳》文，“鄭衆傳”當據改爲“鄭興傳”。2. “二説不同何故”之“不同”下當加“，”號。3. “問：後漢鄭衆傳《春秋》，書‘齊小白入齊’，不稱侯，未朝廟故也”句，當校改標點爲：“問：《後漢・鄭興傳》：‘《春秋》書“齊小白入于齊”’，不稱侯，未朝廟故也。二説不同，何故?”當據改。

2. p752，6—10 行，【傳】復讎者，在下也。【疏】《通義》云：“下猶後也，義如‘下武維周’之下。……。”按：孔義下作後，解亦通。

按：此處按語文斷句有誤。“孔義下作後，解亦通”，當斷爲：“孔義‘下’作‘後’解，亦通。”這裏的“孔”即指上引《公羊春秋經傳通義》作者孔廣森；“孔義‘下’作‘後’解”，指《公羊春秋經傳通義》云：“下，猶後也。”

3. p752，11 行，何義下謂臣下。按：君父之讎，人人所共復讎之。志出於臣下，故没公文也。

按：此處按語文斷句有誤。“人人所共復讎之。志出於臣下”之“復讎之。志”當屬一句，不可斷開。“共”下當加“。”號。“志”字當屬上讀。此句當斷爲：“君父之讎，人人所共。復讎之志，出於臣下，故没公文也。”

4. p766，6 行，《唐律・名例》亦云：“諸二罪以上，俱發以重者論。”《疏議》云：“假有甲任九品一官，犯盜絹五疋，徒一年。又私有矟一張，合徒一年半。又過失折人二支，合贖流三千里。是爲二罪以上俱發，從有禁兵器斷徒一年半。”

按：此處《唐律・名例》文斷句有誤。“諸二罪以上，俱發以重者論”，據《疏議》云“是爲二罪以上俱發，從有禁兵器斷徒一年半”，“俱發”二字当屬上讀。此句當標點爲：“諸二罪以上俱發，以重者論。”

卷二十一

1. p787,倒4—p788,2行,王氏念孫《廣雅疏證》云:"簙,通作博。"《韓非子·外儲説》云……《列子·説符》篇《釋文》引《六博經》曰:"博法,二人相對坐向局,局分爲十二道,兩頭當中名水,用棊十二枚法,六白六黑。又用魚二枚,置於水中,其擲采以瓊爲之,二人互擲采行棊。棊行到處即竪之,名爲驍棊,即入水食魚,亦名牽魚。每牽一魚,獲二籌,翻一魚,獲三籌。若已牽兩魚而不勝者,名曰被翻雙魚,彼家獲六籌,爲大勝也。"

按:此處引《廣雅疏證》文下引號及斷句有誤且失校。1. 原標點至"通作博"止,誤。今查續四庫全書本191册p255《廣雅疏證》卷八上,下引號當至"爲大勝也"止。當據改。2. "用棊十二枚法,六白六黑"之"法"字當屬下讀,當斷爲"用棊十二枚,法六白六黑"。3. "兩頭當中名水"之"名"下,續四庫全書本《廣雅疏證》有"爲"字,當據補。

2. p792,3行,《新序》云:"萬怒,遂搏閔公頰,齒落於口,絶吭而死。"

按:此處引《新序》文斷句有誤。"遂搏閔公頰"之"頰"當屬下讀,斷爲"遂搏閔公,頰齒落於口,絶吭而死"。通常把前臼齒與臼齒叫做頰齒。

3. p793,倒2—1行,《管子·八觀》云:"閭閈不可以毋闔。"注:"闔扉,扉即扇也。"

按:此處引《管子·八觀》注文斷句及下引號有誤。1. "闔扉"之"扉"是注釋"闔"字的,所以二字間當加","號斷開,作"闔,扉"。2. 原標點至"扉即扇也"止,誤。今查四庫全書本《管子·八觀》卷五,下引號當至"闔扉"止。當據改。"扉即扇也"四字爲陳立《義疏》語。

4. p806,3行,《繁露》:"對膠西王云:《春秋》之義,貴信而賤詐,詐人而勝之,雖有功,君子弗爲也。……五伯者,比於他諸侯爲賢者,比於仁賢,何賢之有?"

按:此句標點有誤。"對膠西王云"之"對膠西王"四字是《春秋繁露》篇名《對膠西王越大夫不得爲仁》之縮寫,當加書名號。當標爲:《春秋繁露·對膠西王》云:……。

5. p807末行—p808,2行,《大事表》云:"後爲齊豹邑。昭二十年'衛公孟彄與齊豹狎,奪之司寇與鄄',即此鄄,讀絹。漢末爲兖州治焉,曹操創業于此。"《水經注》:"鄄城,在河南岸十八里。河上之邑,最爲險固。"今山東曹州府濮州東二十里,舊城集,故鄄城也。

按:此處引《春秋大事表》文斷句及下引號有誤。1. "即此鄄,讀絹"之"鄄"當屬下讀。此句當斷爲"'衛公孟彄與齊豹狎,奪之司寇與鄄'即此。鄄,讀絹"。2. 原下引號標點至"曹操創業于此"止,誤。今查四庫全書本及中華書局整理本p777《春秋大事表·春秋列國都邑表》卷七之二,下引號當至"故鄄城也"止。當據改。

6. p809,1行,《元和姓纂》:"兒、郳、黎、來之後亦爲兒氏,是郳、兒通也。"

按:此處引《元和姓纂》文斷句及下引號有誤。1.“兒、郳、黎、來之後亦爲兒氏”句,當斷爲:“兒,郳黎來之後,亦爲兒氏。”2. 原下引號標點至“是郳、兒通也”止,誤。今查四庫全書本《元和姓纂》卷三,下引號當至“亦爲兒氏”止。當據改。“是郳、兒通也”句,爲陳立《義疏》語。

卷二十二

1. p816,末行,故《詩・陳風》“東門之池,可以漚麻。”《傳》:“漚,柔也。”《疏》引《考工記》注:“漚,漸也。”楚人曰漚。

按:此處引《詩經》文標點及下引號有誤。1.“東門之池”四字,既爲《詩》的篇名,亦爲《詩》的正文。按本書體例,在這裏似應標點爲《詩》的篇名,而不作正文處理。作:“故《詩・陳風・東門之池》‘可以漚麻’,《傳》:‘漚,柔也。’”2. 此處引《疏》文下引號有誤。原標點至“漚,漸也”止,誤。今查四庫全書本《毛詩注疏・國風・陳風・東門之池》,下引號當至“楚人曰漚”止。當標點爲:《疏》引:“《考工記》注:‘漚,漸也。’楚人曰漚。”

2. p822,倒 6—5 行,《大事表》云:“杜注:‘公逐戎于濟水之西。’濟在魯界爲魯濟,蓋魯地。宣元年‘齊人取濟西田’,杜注:‘故曹地。僖三十一年,晋文以分魯。’濟西,約在今曹州府曹縣、鄆城、鉅野三縣之地。”

按::此處引《大事表》文標點有誤。1.“濟在魯界爲魯濟,蓋魯地”亦是《左傳》莊公三十年經杜注文,當在注文引號内。2.“故曹地。僖三十一年,晋文以分魯……”,杜注文謹“故曹地”三字。3.“僖三十一年,晋文以分魯。濟西,”此句斷句有誤,“晋文以分魯。濟西”不當斷開。當斷爲:“僖三十一年,晋文以分魯濟西,約在今曹州府曹縣、鄆城、鉅野三縣之地。”

3. p828,9—11 行,《白虎通・嫁娶》篇:“所以不聘妾何?人有子孫,欲尊之,義不可求人以爲賤也。《春秋傳》曰:‘二國來媵。’可求人爲士,不可求人爲妾何?士即尊之,漸賢,不止於士,妾雖賢不得爲適。”

按:此處引《白虎通・嫁娶》文標點有誤。“士即尊之,漸賢,不止於士”之“漸”當屬上讀;“賢”當屬下讀。廖平《穀梁古義疏》成公八年謂:“《春秋》書‘來媵’。可求人爲士,不可求人爲妾。士即尊之漸,次不止于士;妾雖賢,不得爲嫡。”故此句當標點爲:“士即尊之漸,賢不止於士,妾雖賢不得爲適。”

4. p828,倒 2 行,《釋名・釋親屬》:“姑,謂兄弟之女,爲姪姪迭也。共行事夫,更迭進御也。”

按:此處引《釋名・釋親屬》文標點有誤。1.“姑,謂兄弟之女”之“姑”下逗號當删;2.“爲姪姪迭也”之“爲姪”二字當屬上讀。全句當斷爲:“姑謂兄弟之女爲姪。姪,迭也,共行事夫,更迭進御也。”

5. p833,6 行,○“公比”,鄂本、宋本同。十行本“比”誤“此”,閩本、監本、毛本改,皆非。按:比猶頻也,上十五年……

按:此處所引爲阮元《校勘記》文,見中華書局影印《十三經注疏》本下册 p2239。該句標點及下引號有誤。1.“閩本、監本、毛本改,皆非”之“皆”字,當屬上讀。這是關於“公比”二字的《校勘記》,當斷爲:“閩本、監本、毛本改‘皆’,非。”2. “按:比猶頻也”亦爲《校勘記》語,“比猶頻也”之“比”下當加“,”號;“也”下當作“。”號。全句當標點爲:“鄂本、宋本同。十行本‘比’誤‘此’,閩本、監本、毛本改‘皆’,非。按:比,猶頻也。”

6. p833,8—9 行,又十六年“齊侯、宋公、陳侯、衛侯、鄭伯、許男、曹伯、滑伯、滕子同盟于幽”,皆無“公會”之文,是公比不至。今本十六年《經》誤衍“公會”。此《經》舊《疏》云:“正以彼二《經》皆不言公會。”是舊《疏》本無“二”字矣。

按:此處標點有誤。“是舊《疏》本無‘二’字矣”之“二”字不當加引號。這裏意謂十六年《傳》文及舊《疏》“皆不言‘公會’”,所以陳立認爲舊《疏》本無“公會”二字矣。“二字”當指“公會”二字,非指“二”字也,“二”字不當加引號。

7. p839,倒 6 行,《月令》:“仲冬行春,令民多疥癘。”

按:此處引《月令》文標點有誤。“令民多疥癘”之“令”當屬上讀;作“仲冬行春令,民多疥癘。”此句與《禮·月令》曰:“仲冬行春令,則蝨蝗爲敗。”句式相同。

8. p840,5 行,舊《疏》云:“襄公霸諸侯,唯淫妹而已,齊人猶作《南山崔崔》以刺之。桓公小白相淫九人,而齊人不刺之者,蓋以功多足以除惡故也。”

按:此處標點有誤。“齊人猶作《南山崔崔》以刺之”之“《南山崔崔》”不當加書名號,“南山崔崔”四字爲《詩經·齊風·南山》篇的正文文字,當標爲:“齊人猶作‘南山崔崔’以刺之……。”“南同崔崔”,舊注謂以南山喻國君之尊嚴,至以雄狐爲比,則失人君之度矣。今雌雄無别,失陰陽之匹。襄公兄與妹淫,亦失陰陽之匹也。

9. p842,倒 4 行,盧氏文昭《龍城札記》:“一云古眚、省通用。”《周禮·大司徒》眚禮即省禮也。

按:此處引《龍城札記》文標點及下引號有誤。1. “一云古眚、省通用”之“一云”二字,是指《龍城札記》卷一云,而非《龍城札記》正文。全句當標點爲:《龍城札記》一云:“古眚、省通用。《周禮·大司徒》‘眚禮’即‘省禮’也。”2. 原下引號標點至“古眚、省通用”止,誤。今查續四庫全書本 1149 册《龍城札記》卷一 p699,下引號當至“眚禮即省禮也”止。當據改。

10. p850,2 行,《通義》云:“等諱必没公,言高傒,不貶言公及齊人者,以其貴,須見名氏也。”

按:此處引《公羊春秋經傳通義》文標點有誤。“不貶言公及齊人者”之“不貶”二字當屬上讀;此句當標點爲“言高傒不貶,言公及齊人者,以其貴”。

卷二十三

1. p857,倒 2 行,僖二十四年《左傳》所謂“凡蔣、邢、茅、胙、祭,周公之胤也。”

按:此處引《左傳》文標點有誤。“凡蔣、邢、茅、胙、祭”之“凡”字下,當加“、”號斷開。“凡”,也國名,亦周公之後。即隱公七年《經》“天王使凡伯來聘”之“凡伯”。當與蔣、邢、茅、胙、祭並列。作“凡、蔣、邢、茅、胙、祭，周公之胤也”。

2. p877，8 行，《特牲》、《饋食》及《士昏禮》皆云：“……。”

按：此處標點有誤。“《特牲》、《饋食》”爲《儀禮》之完整篇名，中間不當加頓號，當標爲：“《特牲饋食》及《士昏禮》皆云……。”

3. p877 末行—p878，1 行，惠氏棟《毛詩古義》云：“《吕覽》曰：‘招蹶之機。’高注：‘招，至也。蹶，機門内之位也。乘輦於宫中，游翔至於蹶機，故云務於自佚。……。’”

按：此處引《吕覽》高誘注文標點有誤。1.“蹶，機門内之位也”之“機”字當屬上讀；作“蹶機，門内之位也”。2.“乘輦於宫中，游翔至於蹶機”之“游翔”當屬上讀，當標點爲：“乘輦於宫中游翔，至於蹶機。”

4. p883，倒 6 行，《説苑・修文》云：“雉者，不可指食籠狎而服之，故士以雉爲贄禮。”《士相見禮》“冬用雉”，注：“取其耿介，交有時，别有倫也。”

按：此處引文標點有誤。“故士以雉爲贄禮”之“禮”字，並非《説苑》文，當屬下讀；作“《禮・士相見禮》‘冬用雉’，……。”“冬用雉”，爲《儀禮》卷三《士相見禮第三》文字。

5. p883，倒 4 行，《白虎通・瑞贄》云：“大夫以鴈爲贄者，取其飛成行、止成列也。”《大夫職》：“在奉命適四方，動作當能自正以事君也。”

按：此處引《白虎通》文標點有誤。“《大夫職》”並非篇名，而是《白虎通》的正文。全句當標點爲：“大夫以鴈爲贄者，取其飛成行、止成列也。大夫職在奉命適四方，動作當能自正以事君也。”《周禮・大宗伯》“大夫執鴈”，注云：“取其候時而行。”《儀禮・士相見禮》“大夫相見以鴈”，注：“雁取知時飛翔，有行列也。”即其意。

6. p890，末行，《通義》云：“……《春秋》稟文王之法，假天子之事，小國之卿不命於天子，故亦不得以名通。於《春秋》，唯來接我者，然後書。羈非接内，而亦書者，乃特見其賢也。”

按：此處引《公羊春秋經傳通義》文標點有誤。“故亦不得以名通。於《春秋》”之“於《春秋》”三字當屬上讀；全句當斷爲：“《春秋》稟文王之法，假天子之事，小國之卿不命於天子，故亦不得以名通於《春秋》。唯來接我者，然後書。羈非接内，而亦書者，乃特見其賢也。”

7. p896，4—7 行，僖三十三年《傳》，彼云：“秦伯將襲鄭，百里子與蹇叔子諫曰：‘千里而襲人，未有不亡者也。’秦伯怒曰：‘爾，宰上之木拱矣！曷知師？’百里子與蹇叔子送其子，而戒之曰：‘爾即死，必於殽之嶔巖。吾將尸爾焉。’子揖師而行。”

按：此處引《春秋公羊傳》文失校且標點有誤。1.“曷知師”之“師”下，四庫全書本有“出”字，作“師出，百里子與蹇叔子送其子”。此處失校，當據補。2. 補“出”字後，“師出”二字當屬下讀。此句當斷爲：“秦伯怒曰：‘爾，宰上之木拱矣！曷知？’師出，百里子與蹇叔子送其子，而戒之曰：‘爾即死，必於殽之嶔巖。吾將尸爾焉。’子揖師而行。”

卷二十四

1. p901,3 行,《禮疏》引《膏肓》云:“何氏引《感精符》云:‘立推度以正陽,日食,則鼓用牲於社,朱絲營社,鳴鼓脅之。’《左氏》云:‘用牲,非常。’明《左氏》説非夫子《春秋》,於義爲短。”

按:此處何氏引《感精符》文標點有誤。“日食,則鼓用牲於社”之“則鼓”二字當屬上讀;作“日食則鼓,用牲於社”。

2. p905,6 行,如上二十四年“用幣”之書,“用”爲譏其不宜用矣。

按:此處標點有誤。“‘用’爲譏其不宜用矣”之第一個“用”字當屬上讀;此句當斷爲:“‘用幣’之書‘用’,爲譏其不宜用矣。”

3. p911,1 行,上二十四年注云:“據國見侵,出奔以辟難。”爲其嫌故,據以難也。

按:此處標點有誤。“爲其嫌故,據以難也”之“故”字當屬下讀;此句當斷爲:“爲其嫌,故據以難也。”

4. p912,7 行,禮,婦人無外事,諸侯夫人非大故不得反父母,終不得歸寧。

按:此處標點有誤。“諸侯夫人非大故不得反父母”之“父母”二字當屬下讀;“終”下當加“,”號斷開。此句當斷爲:“諸侯夫人非大故不得反,父母終,不得歸寧。”

5. p922,10 行,“然《曾子問》所記,特因女有大喪,停而不娶,服除之後,仍許成昏與? 此不娶義究勉强。蓋謂無父之女,故曰無教戒耳。”

按:此處標點有誤。“仍許成昏與? 此不娶義究勉强”之“與”字當屬下讀;此句當斷爲:“特因女有大喪,停而不娶,服除之後,仍許成昏,與此‘不娶’義究勉强。”

6. p922,倒 2 行,《禮疏》引《鼎》初六鄭《注》:“嫁於天子,雖失禮,無出道,廢遠而已。若其無子,不廢,遠之。后尊,如故其犯六出,則廢之。”

按:此處《禮記疏》引《鼎》初六鄭《注》標點有誤。“后尊,如故其犯六出,則廢之”之“如故”二字當屬上讀;此句當斷爲:“后尊如故,其犯六出則廢之。”

7. p923,9 行,《通典》又云:“爲所後者不應服親母出,以廢所後者之祭也。”爲所後者若子,言若者,明其制如親母,出其情異也。母出亦當異於親子矣。

按:此處引《通典》文標點有誤。“明其制如親母,出其情異也”之“出”字當屬上讀;此句當斷爲:“明其制如親母出,其情異也。母出亦當異於親子矣。”

8. p925,5 行,《通義》云:“大夫位隆任重,不敢妄交,無與異國爲婚媾之,《禮·喪服·齊衰三月經》:‘大夫在外,其妻、長子爲舊國君。’”

按:此處引《公羊春秋經傳通義》文失校且標點有誤。1. “《禮·喪服·齊衰三月經》”之“禮”字,續四庫全書本 129 册《公羊春秋經傳通義》卷三上 p54 作“理”,此處失校。2. 如此則“理”當屬上讀,此句當斷爲:“大夫位隆任重,不敢妄交,無與異國爲婚媾之理。《喪服·齊衰三月經》……。”

9. p927,倒4行,公侯俱大國,惟王者之後異之爲公。稱侯,則黜小國之義;不顯,故降稱伯。……。

按:此處標點有誤。“則黜小國之義;不顯”之“不顯”二字當屬上讀;此句當斷爲:“稱侯,則黜小國之義不顯,故降稱伯。”

卷二十五

1. p933,7行,《通義》云:“《春秋》首褒邾婁,故遂得常卒。於所傳聞之世,示與滕、薛尤加異焉。”

按:此處引《公羊春秋經傳通義》文標點有誤。“故遂得常卒。於所傳聞之世”之“卒”下“。”號當删。全句當斷爲:“《春秋》首褒邾婁,故遂得常卒於所傳聞之世,示與滕、薛尤加異焉。”

2. p940,倒5行,《繁露·王道》云:“新延廐,譏。驕溢不恤下也。”

按:此處引《春秋繁露》文標點有誤。“新延廐,譏。驕溢不恤下也”之“譏”,當屬下讀。當標點爲:“新延廐,譏驕溢不恤下也。”《玉海》卷一百六十《宫室》:王應麟曰:“春秋重民力,謹土功,新一廐,築一臺,必書之,示人君不可縱欲以病民也。”是“譏驕溢不恤下也”。

3. p942,6行,《别録》云:“形似蠶蛾,腹下赤陶。”《注》:“形亦似䗪蟲,而輕小能飛。本生草中,八九月知寒,多入人家屋裏逃爾。……南人亦噉之。”

按:此處引《别録》注文標點有誤且下引號有誤。1.“形似蠶蛾,腹下赤陶。《注》”之“陶”當屬下讀,“陶”指“陶弘景”,曾爲《本草》作注。今查四庫全書《本草綱目》卷四十一,下引注文即爲陶弘景注文。2. 陶弘景注文下引號有誤。原下引號標點至“南人亦噉之”止,誤。今查四庫全書本《本草綱目》,下引號當至“多入人家屋裏逃爾”止。當據改。

4. p952,倒6行,《公羊問答》云:“《詩·江漢箋》云:‘非可以兵病害之也,非可以兵急躁切之也。’孔冲遠引《公羊傳》何《注》云:‘躁,迫也。已,甚也。蹙,痛也。’蓋戰迫之而甚痛。其意言齊侯殺傷過多,甚可痛蹙,是齊桓之兵急躁之也。鄭言急躁意,亦出於彼。……。”

按:此處引《公羊傳》何《注》文標點有誤。“鄭言急躁意,亦出於彼”句,四庫全書本《毛詩注疏》卷二十五作“鄭言急躁,意出於彼”,如此則“意”字當屬下讀。當斷爲“鄭言急躁,意亦出於彼。……。”

卷二十六

1. p955,倒4行,《通義》云:“十年‘宋師次於郎’,《左傳》言‘自雩門出’,敗之,明郎在南門外,其地有逵泉,臺下臨水,泉臺所由名也。”

按:此處引《公羊春秋經傳通義》文標點有誤。“其地有逵泉,臺下臨水,泉臺所由名也”句,第一“臺”字、第二“泉”字,皆當屬上讀。此句當斷爲:“其地有逵泉臺,下臨水泉,臺所由名也。”

2. p961，倒 4 行，黄帝出軍，决曰："有所攻伐，作五采牙幢：青牙旗引住東方，赤牙旗引住南方，白牙旗引住西，黑牙旗引住北，黄牙旗引住東。"

按：此句標點有誤。"黄帝出軍决"，見《初學記》《太平御覽》《文選注》《北堂書鈔》等書中引，亦見新世界出版社出版的由欒貴明主編之《中國古典數字工程叢書·黄帝集》。"黄帝出軍决"爲《黄帝集》中的一篇名，"軍"下不當加逗號斷開，當標爲："《黄帝出軍决》曰……。"又"黄牙旗引住東"之"東"，《初學記》卷二十二、《太平御覽》卷三百三十九作"中"。

3. p962，4 行，《稽命徵》云："天子之旗九仞，十二旒曳地。諸侯七仞，九旒齊軫。卿大夫五仞，七旒齊較。士三仞，五旒齊首。"

按：此處引《古微書·禮稽命徵》文標點有誤。"十二旒"、"九旒"、"七旒"、"五旒"，皆當屬上讀。當斷爲："天子之旗九仞十二旒，曳地。諸侯七仞九旒，齊軫。卿大夫五仞七旒，齊較。士三仞五旒，齊首。"《廣雅·釋天》云："天子杠高九仞，諸侯七仞，卿大夫五仞，士三仞。天子十二斿，至地；諸侯九斿，至軫；卿大夫七斿，至軹；士三斿，至肩。"

4. p966，5 行，宗廟、社稷皆在雉門内，與朝廷近，故皆爲國。宗社祭祀所在，朝廷政治所出，故皆不當臨。

按：此處文句標點有誤。"故皆爲國。宗社祭祀所在"之"國"下"。"號當删。作"，宗廟、社稷皆在雉門内，與朝廷近，故皆爲國宗社祭祀所在，朝廷政治所出"。

5. p970，3 行，《傳》中所載季友誅牙事，與《史記》、《左傳》合，固非《傳》家擬度。可知公弟叔肸以賢而書，弟叔牙以罪而去弟，各不相妨，不必定據慶父爲難。

按：此處文句標點有誤。"固非《傳》家擬度。可知公弟叔肸以賢而書"之"可知"二字當屬上讀。全句當斷爲："《傳》中所載季友誅牙事，與《史記》、《左傳》合，固非《傳》家擬度可知。公弟叔肸以賢而書，弟叔牙以罪而去弟，各不相妨，不必定據慶父爲難。"

6. p970，8—9 行，成十六年"乙酉，刺公子偃"不据者，正以無罪大夫書，曰偃無罪故也。

按：此處文句失校且標點有誤。1. "大夫書曰"之"曰"，當爲"日"字。《穀梁傳·成十六年》云："大夫日卒，正也。先刺後名，殺無罪也。"2. "不据者"前當加"，"號；"正以無罪"下當加"。"號；"偃無罪故也"前當加"，"號。全句當斷爲："成十六年'乙酉，刺公子偃'，不据者，正以無罪。大夫書日，偃無罪故也。"

7. P970，倒 3—2 行，《注》意得臣不發遂惡，故卒去日，以起其當誅。今季子發揚牙惡，誅之得正宜，不必諱也，故據以難。

按：此處文句標點有誤。"誅之得正宜"之"宜"當屬下讀。當斷爲："今季子發揚牙惡，誅之得正，宜不必諱也，故據以難。"

8. p977，1 行，《通義》云："巫僳氏，魯巫官名，僳者之家也。《左傳》曰'鍼巫'，鍼蓋僳之氏。"

按:此處引《通義》文標點有誤。“魯巫官名,僎者之家也”之“名”下逗號當刪,作“魯巫官名僎者之家也”。

9. p977,末行,《叔孫通傳》:“博士諸生三十餘人前曰:人臣無將,將即反罪,死無赦。”

按:此處引《史記》文標點有誤。“將即反罪,死無赦”之“罪”字,當屬下讀,作“將即反,罪死無赦”。

10. p987,4—5行,按:世子謂然友,語緊承滕文公下,猶之《曾子問》君薨下稱世子也。“至于子之身”,語出於臣下,雖在未葬前不得直稱君名,故亦止曰子。

按:此處引文標點有誤。“世子謂然友,語緊承滕文公下”及“‘至于子之身’,語出於臣下”之兩“語”字,皆當屬上讀。作“‘世子謂然友’語,緊承滕文公下”、“‘至于子之身’語,出於臣下”。“滕定公薨,世子謂然友”句、“至于子之身”句,皆見《孟子》卷五《滕文公上》,“至于子之身”句爲滕國的父老官吏語,故曰“出於臣下”。

11. p991,倒5行,閔二年《傳》云:“既而不可及,因獄有所歸,不探其情而誅焉,親親,之道也。”

按:此處引《春秋公羊傳》文標點有誤且失校。1. “親親,之道也”之“親”下“,”號當刪,作“親親之道也”。2. “閔二年《傳》”,誤。此句實出閔元年《傳》。當據改。

卷二十七

1. p1008,9行,祫禘之所以分者,祫則殷廟之主,陳於太祖,未毁廟之主皆升,合食於太祖。

按:此處引文標點有誤。“未毁廟之主皆升,合食於太祖”之“升”下“,”號當刪,當斷爲“未毁廟之主皆升合食於太祖”。下面有云:“未毁之廟,各於其廟祭,不升合食。”是“升”下不當逗開。

2. p1014,2行,《釋名》云:“間月而禫,亦祭名也。孝子之意,澹然哀思益衰也。”

按:此處引《釋名》文標點有誤。“孝子之意,澹然哀思益衰也”之“澹然”二字,當屬上讀,作“孝子之意澹然,哀思益衰也”。畢沅《釋名疏證》云:“禫之言澹澹然,平安意也。”

3. p1022,1行,《通義》云:“……至於滕文公復三年之喪,父兄百官以爲,宗國魯先君莫之行,有自來矣。故於變禮之始,重譏之。”

按:此處引《公羊春秋經傳通義》文標點有誤。“父兄百官以爲,宗國魯先君莫之行”之“宗國”二字,當屬上讀,作“父兄百官以爲宗國,魯先君莫之行,有自來也”。

4. p1022,8行,按:《差繆略》:“辛丑作辛酉。”則正與曆合,爲八月之十五日也。

按:此處引文“辛丑作辛酉”並非《差繆略》之原文。當斷爲:“按:《差繆略》

'辛丑'作'辛酉',則正與曆合,爲八月之十五日也。"

5. P1033,5行,此文主譏棄師,不爲惡高克言,高克不足惡也。

按:此處引文標點有誤。"不爲惡高克言"之"言"字當屬下讀。當斷爲:"此文主譏棄師,不爲惡高克,言高克不足惡也。"

卷二十八

1. p1038,4—5行,李如圭《儀禮集釋》駁之:"謂諸侯世國,大夫不世爵禄,恐不得以世數爲比,是也。所不臣者服此國君,先儒据《小記》,謂與諸侯爲兄弟者服斬,亦非。"

按:此處引《儀禮集釋》文標點及引號有誤。今查四庫全書本《儀禮集釋》卷十八,此段文字中"是也"、"亦非"並非原文,而是陳立《義疏》的判斷語。此句當標點爲:《儀禮集釋》駁之:"謂諸侯世國,大夫不世爵禄,恐不得以世數爲比",是也。"所不臣者服此國君,先儒据《小記》,謂與諸侯爲兄弟者服斬",亦非。

2. p1053,倒2行,《通義》云:"有夫人喪,公再出不諱者,本不當喪。以小君之禮,從下喪至貶見義。"

按:此處引《公羊春秋經傳通義》文標點有誤。"本不當喪。以小君之禮"之"喪"字下"。"號當删。此句當斷爲:"有夫人喪,公再出不諱者,本不當喪以小君之禮,從下喪至貶見義。"

卷二十九

1. p1073,1—3行,《大事表》云:"今爲山西吉州,州治東北二十一里有北屈廢縣,爲晋北屈邑,即夷吾所居之屈也。案,《傳》二五言于公曰:'狄之廣莫,于晋爲都。'則知蒲、屈、向皆狄地矣。"

按:此處引《春秋大事表》文標點有誤且失校。1. "則知蒲、屈、向皆狄地矣"之"屈"下"、"號當删,作"則知蒲、屈向皆狄地矣"。2. "則知蒲、屈向皆狄地矣"之"向"下,四庫全書本及中華書局整理本《春秋大事表》p512,有"日"字,當據補。如此則該句當斷爲"則知蒲、屈、句日皆狄地矣"。

2. p1078,倒3—1行,《通義》云:"晋亦同姓大國,獨後見者,曲沃武公弑翼君而盜晋國,王法所誅絶。《春秋》書之不正則傷教,正之則觸大惡,嫌文公無君晋國道,方將撥亂序積,予文公爲霸主,因是有所諱避,故武公之事,一切不書,繼自所聞之世,始録晋也。"

按:此處引《公羊春秋經傳通義》文標點有誤且失校。1. "《春秋》書之不正則傷教"之"之"下當加","號斷開;2. "繼自所聞之世"之"繼"字,續四庫全書本129册《公羊春秋經傳通義》p64,作"斷"字,當據改。

3. p1080,4行,《括地志》:"貰城,今名蒙澤,縣城與今歸德商丘縣接界。"

按:此處引《括地志》文失校且斷句及下引號有誤。1. "貰城",中華書局整理本《括地志》作"貫城";"今名蒙澤縣城",中華書局整理本《括地志》無"縣"

字,作“貫城,今名蒙澤城”。2. 如無“縣”字,則此句當斷爲:《括地志》:“貰城,今名蒙澤城。”與今歸德商丘縣接界。3. 原標點至“縣城與今歸德商丘縣接界”止,誤。今查中華書局整理本《括地志》卷三,下引號當至“今名蒙澤縣城”止。“與今歸德商丘縣接界”句爲陳立《義疏》語。當據改。

4. p1081,末行,《通義》云:“……蓋宋大國尊爵,必不數從伯主,獨會二國之微者,故其事得以相起也。”

按:此處引《公羊春秋經傳通義》文標點有誤。“蓋宋大國尊爵”之“尊爵”二字當屬下讀,此句當斷爲:“蓋宋大國,尊爵必不數從伯主,獨會二國之微者,故其事得以相起也。”

5. p1091,末行,《説文》有竦無莅。涖,鄭注《儀禮》讀位爲莅,蓋竦之隸變也。

按:此處引《説文解字》文標點有誤。“《説文》有竦無莅。涖”之“涖”字當屬上讀,此句當斷爲:《説文》有“竦”無“莅”、“涖”。鄭注《儀禮》讀“位”爲“莅”,蓋“竦”之隸變也。

卷三十

1. p1109,末行,若如《史記》,師已過,陳濤塗始説其師出東夷,則更無及矣。

按:此處文字標點有誤。“師已過,陳濤塗始説其師出東夷”之“陳”字當屬上讀,作“師已過陳,濤塗始説其師出東夷”。

2. p1112,倒4行,【疏】注“以己”至“爲也”。○謂陳之不欲其反由己,自招,不知自責,而反執人,周公所不爲也。

按:此處文字標點有誤。“謂陳之不欲其反由己”之“由己”二字當屬下讀,此句當斷爲:“謂陳之不欲其反,由己自招,不知自責,而反執人,周公所不爲也。”原注云“以己所招而反執人,古人所不爲也”是也。

卷三十一

1. p1141,10行,古者坐而論道,謂之王公宰,則又三公中爲政者,故爲職號尊名也。

按:此處文字標點有誤。“謂之王公宰”之“宰”字當屬下讀,此句當斷爲:“古者坐而論道,謂之王公,宰則又三公中爲政者,故爲職號尊名也。”

2. p1142,8行,《通典》引:“……鄭駁曰:昔武王卒父業,既除喪,出至孟津之上,猶稱太子者,是爲孝也。今未除喪而出稱爵,是與武王義反矣。《春秋》僖九年:‘春三月丁丑,宋公禦説卒。夏,公會宰周公、齊侯、宋子、衛侯、鄭伯、許男、曹伯于葵丘。’宋子即踰年君也,出與天子大夫會,是非王事而稱子耶!”

按:此處引《通典》文標點有誤。“昔武王卒父業”之“業”字當屬下讀,此句當斷爲:“鄭駁曰:昔武王卒父,業既除喪,出至孟津之上,猶稱太子者,是爲孝也。”

卷三十二

1. p1180，倒3行—p1181，2行，《大事表》云："在今青州府之昌樂縣，亦曰營陵，路通登萊。僖十四年'諸侯城緣陵'蓋是。時淮夷病杞，齊桓遷之稍北以自近。如楚遷許於葉，吴遷蔡於州來然。"杜注："杞地，則仍爲杞地，錯入於齊者耳。至襄二十七年杞復遷淳于。是年晋合諸侯之大夫城杞，'祁午數趙文子之功，曰：城淳于。'蓋城杞，即城淳于，是杞復遷淳于之証也。今縣東南三十里有營陵故城。"

按：此處引《春秋大事表·春秋列國都邑表卷七之二》文標點有誤且引杜注文下引號有誤。1."路通登萊"之"登"下當加"、"號。2."僖十四年'諸侯城緣陵'蓋是。時淮夷病杞"之"蓋是"二字，當屬下讀，"是"下"。"改爲"，"號，此句當標點爲"僖十四年'諸侯城緣陵'，蓋是時淮夷病杞"。3."吴遷蔡於州來然。杜注：杞地，則仍爲杞地，錯入於齊者耳"句之"然"字當屬下讀；今查《春秋左傳注疏》卷十二《僖公十四年經》杜注"緣陵"文當至"杞地"止，"杞地"以下皆非"杜注"文。故此句當斷爲："如楚遷許於葉、吴遷蔡於州來。然杜注'杞地'，則仍爲杞地錯入於齊者耳。"

2. p1193，1行，按：不能其國者，絶，奪其國文。十八年："莒弑其君庶其。"《傳》："稱國以弑，衆弑君之辭。"《注》："舉國，以明失衆，坐絶也。"

按：此處按語標點有誤。"奪其國文。十八年"之"文"字當屬下讀，此句當斷爲："不能其國者，絶，奪其國。文十八年：'莒弑其君庶其。'"。"莒弑其君庶其"句，見《春秋公羊傳注疏》卷十四《文公十八年》。

3. p1197，3—4行，顧氏棟高："厲、賴一國。"論云："春秋時有賴國，《左氏》桓十三年《傳》'楚子使賴人追之'，杜云：'賴國在義陽隨縣。'……。"

按：此處引顧棟高《春秋大事表》文標點有誤。"顧氏棟高：'厲、賴一國。'論云："句，標點大謬。今查四庫全書本及中華書局整理本《春秋大事表》卷六之下《春秋列國地形犬牙相錯表》後有所附之《春秋時厲賴爲一國論》一文，《公羊義疏》所引一大段文字，皆出自此文。故此句當標點爲"顧氏棟高《厲賴一國論》云：……"，當據改。

4. p1197，倒2行，《通義》云："前大夫之師無功，書次，見譏。此復伐楚，與國以緩徐寇，善齊桓誠謀救徐，故月録之。"

按：此處引《公羊春秋經傳通義》文標點有誤。"此復伐楚，與國以緩徐寇"之"與國"二字當屬上讀，《經》文"齊師、曹師伐厲"，杜預注云："厲，楚與國。"是也。此句當標爲"此復伐楚與國，以緩徐寇"。

5. p1202，倒5行，《繁露·郊語》篇云："……不謹事主，其禍來至顯；不畏敬天，其殃來至闇。闇者不見其端，若自然也。故曰：堂堂如天殃。言不必立校，默而無聲，潛而無形也。由是觀之，天殃與上罰所以別者，闇與顯。……。"

按：此處引《春秋繁露》文標點有誤。"堂堂如天殃"之"殃"字當屬下讀，當斷爲："故曰堂堂如天。殃言不必立校，默而無聲，潛而無形也。"又"故曰"下之

“：”號亦當删除。

6. p1205，倒 2 行，《紀要》或曰：“故韓原，當在河東，今山西芮城縣。”河北古城有韓亭，即秦、晋戰處。

按：此處引《讀史方輿紀要》文標點有誤且下引號有誤。1. “今山西芮城縣。河北古城有韓亭”之“河北古城有韓亭”當屬上讀，此句當斷爲：“故韓原當在河東，今山西芮城縣河北古城有韓亭，即秦、晋戰處。”2. 原《紀要》引文下引號標點至“今山西芮城縣”止，誤。今查中華書局整理本《讀史方輿紀要》卷五十四《陝西三》p2611，下引號當至“即秦、晋戰處”止，當據正。

7. p1209，末行，《經義雜記》引《五經文字》：“磌，之人反，又大年反，聲響也。見《春秋傳》。”《穀梁釋文》同大年反，讀若《孟子》“填然鼓之”之填。

按：此處引《經義雜記》文標點有誤。“《穀梁釋文》同大年反”之“同”下當加“。號”斷開。當斷爲：“《穀梁釋文》同。大年反，讀若《孟子》‘填然鼓之’之‘填’。”

8. p1215，倒 3 行，《大事表》云：“……楚頵之猾夏也，於僖二十六年圍宋；楚莊之争伯也，於宣十四年又圍宋；至向戌爲弭兵之策，合天下諸侯盟于宋而伯，統絶而蠻夷横矣。謂《春秋》全無意於宋者，豈識《春秋》之旨哉！”

按：此處引《春秋大事表》文標點有誤。“合天下諸侯盟于宋而伯，統絶而蠻夷横矣”之“而伯”二字當屬下讀，此句當斷爲：“至向戌爲弭兵之策，合天下諸侯盟于宋，而伯統絶而蠻夷横矣。謂《春秋》全無意於宋者，豈識《春秋》之旨哉！。”

卷三十三

1. p1227，7 行，十　年：“冬，十有一月，丁酉，楚師滅蔡。”注：“日者，疾諼滅人。”是也。夷狄滅，微國不月。昭十三年：“吴滅州来。”《注》：“不日者，略兩夷。”故此不月亦從略也。

按：此處引文標點有誤。“夷狄滅，微國不月”之“滅”下“，”號當删，此句當斷爲：“夷狄滅微國不月，昭十三年‘吴滅州来’，《注》：‘不日者，略兩夷。’故此不月亦從略也。”

2. p1237，倒 2 行—p1238，5 行，《潛研堂答問》曰：“季姬許嫁邾婁，何氏何以知之？曰：《白虎通・嫁娶》篇云：‘《春秋》伯姬卒時，娣季姬更嫁鄫，《春秋》譏之。’此必《公羊》家説。僖九年伯姬卒，十四年《經》書‘季姬遇鄫子’，十五年‘季姬歸于鄫’，蓋季姬本伯姬之娣，不欲爲娣於邾婁，而使鄫子請己爲適，故季姬歸鄫，而二國之交惡始於此。其説是也。襄公本欲和解，邾婁與鄫反爲所欺者。……所以不稱君，没其公文也。”

按：此處引《潛研堂答問》文標點及下引號有誤且失校。1. “襄公本欲和解，邾婁與鄫反爲所欺者”之“邾婁與鄫”四字，當屬上讀，作“襄公本欲和解邾婁與鄫，反爲所欺者”。2. 引文下引號原標點至“没其公文也”止，誤。今查續四庫全書本 1438 册 p504《潛研堂答問》卷七，下引號當至“而二國之交惡始於此”止。當據正。3.“不欲爲娣於邾婁，而使鄫子請己爲適”之“適”，續四庫全書本《潛研堂答問》卷七作“嫡”。

3. p1243，2行，《通義》云：“梁實爲秦滅，緣其民先亡地，乃入秦，故以自亡言之。”

按：此處引《公羊春秋經傳通義》文標點有誤。“緣其民先亡地，乃入秦”之“地”當屬下讀，當斷爲“緣其民先亡，地乃入秦”。

4. p1249，8—9行，〇何意以西宫亦小寢之别，《經》不舉其重者，故解之若以齊女本非夫人，楚女不當反繫于齊女，故不以行西宫繫之小寢。

按：此處引文標點有誤。“故解之若以齊女本非夫人”之“故解之”三字，當屬上讀。此句當斷爲“何意以西宫亦小寢之别，《經》不舉其重者，故解之。若以齊女本非夫人，楚女不當反繫于齊女，故不以行西宫繫之小寢。”

5. p1250，2行，滑縣在《春秋》止稱漕邑，無滑之名。

按：此處標點有誤。“滑縣在《春秋》止稱漕邑”之“《春秋》”二字，在此是時代名，而非書名，當去掉書名號。

6. p1250，9行，江村蓋以《傳》云滑人聽命師還，又即衛，謂滑必鄭、衛交界地。

按：此處引《春秋左傳》文標點有誤。“滑人聽命師還”之“命”下當加“。”號斷開。作“滑人聽命。師還，又即衛”。

7. p1251，6行，《水經注・涓水》篇：“東南過隨縣西，縣故隨國矣。《春秋左傳》所謂漢東之國，隨爲大者也。楚滅之以爲縣。”蓋《春秋》後。

按：此處標點有誤。“蓋《春秋》後”之“《春秋》”二字，在此是時代名，而非書名，當去掉書名號。

8. p1253，9行，《通義》又云：“序楚子於諸侯之上，使主其罪也。楚至此稱子者，方將終僖之篇貶若壹，皆稱人，嫌但是外楚常文，須張其本爵於前，貶之於後，意乃得顯。”

按：此處引《公羊春秋經傳通義》文標點有誤。“方將終僖之篇貶若壹”之“若壹”二字，當屬下讀，斷作“方將終僖之篇貶，若壹皆稱人，嫌但是外楚常文”。

9. p1256，4行，孫盛曰：按光武紀，建武九年，盜刦陰貴人母弟，吏以不得拘質迫盜，盜遂殺之。

按：此處引《三國志・魏志》注文標點有誤。“光武紀”三字，在此是指《後漢書・光武紀》篇名，所以“光武紀”三字當加書名號。

10. p1258，倒2行，〇以獻戎捷書六月也起事者，舊《疏》云：“《春秋》之義，滅國例月。莊十年‘冬十月，齊師滅譚’，十三年‘夏六月，齊人滅遂’之類。今此宋公幾亡國，是以爲諱之，去其月以起其賢。”

按：此處引舊《疏》前文標點有誤。“以獻戎捷書六月也起事者”之“也”下，當加“。”號斷開，作“以獻戎捷書六月也。起事者，舊《疏》云：……”。

11. p1260，倒5行—p1261，7行，王氏鳴盛《尚書後案》云：“皇甫謐以偃師爲西亳，而别以蒙爲北亳，穀熟爲南亳。……劉昭又引杜預《左傳注》云：‘蒙縣西北有薄城，中有湯冢。'於是……商丘、平衍與成皋等地大不類，何山險之有，而云阪乎？其辯三也。《漢志》云……立政三亳，鄭解爲遷亳之民而分爲三，亳本一也，安得有三？"

按：此處引《尚書後案》文斷句及下引號有誤。1."商丘、平衍與成皋等地大不類"句斷句有誤。"商丘、平衍"，並非兩地名。而"平衍"是説"商丘"地勢平坦廣寬，與成皋等地大不類。故"商丘"下之"、"號當删。2."立政三亳"之"立政"二字當加書名號，是指《尚書・周書・立政》篇。3.引文下引號原標點至"安得有三"止，誤。今查續四庫全書本45册p233—234《尚書後案》卷四，下引號當至"其辯三也"止。當據正。

12. p1261，倒5行，蓋薄縣者，漢本屬山陽郡，後漢分其地置蒙，穀熟與薄並改稱梁國，晋又改薄爲亳，且改屬沛陰。

按：此處標點有誤。"後漢分其地置蒙，穀熟與薄並改稱梁國"句之"蒙，穀熟與薄"，當斷爲"蒙、穀熟與薄"三個並列地名，爲後漢時梁國之地。王氏鳴盛《尚書後案》云："皇甫謐以偃師爲西亳，而别以蒙爲北亳，穀熟爲南亳。"《續志》梁國屬縣有蒙，有穀熟。又有薄，司馬彪自注云"湯所都"。

卷三十四

1. p1283，1行，上二十四年《左傳》："富辰曰：凡蔣、邢、茅、胙、祭，周公之胤也。"

按：此處引《左傳》文標點有誤。"凡蔣"之"凡"下，當加"、"號斷開，斷作"凡、蔣、邢、茅、胙、祭，周公之胤也"。"凡"者，亦爲國名，爲周公之後。亦見《左傳・隱公七年》。

2. p1283，7行，不然，晋人執虞公，虞雖有罪謀，肇於晋連滅二同姓國，不當絶乎？

按：此處標點有誤。"虞雖有罪謀，肇於晋連滅二同姓國"之"罪"下當加"，"號斷開；"謀"下"，"號當删；"晋"下當加"，"號斷開。此句當斷爲："晋人執虞公，虞雖有罪，謀肇於晋，連滅二同姓國，不當絶乎？"

3. p1285，2行，《禮・士冠禮》"兄弟畢袗"，玄注："兄弟，主人親戚也。"

按：此處引《儀禮・士冠禮》標點有誤。"玄注"之"玄"字，當屬上讀。今查四庫全書本《儀禮・士冠禮》，"兄弟畢袗玄"爲《士冠禮》原文，並非指"鄭玄"。"注"字以下爲漢鄭玄注。當據改。

4. p1285，3行，又云："凡妾爲私，兄弟如邦人。"注："私，兄弟目其族親也。"

按：此處引《儀禮・喪服記》標點有誤。兩"兄弟"，皆當屬上讀。當標點爲："'凡妾爲私兄弟，如邦人。'注：'私兄弟，目其族親也。'"《詩經・葛藟》"終遠兄弟"，注云："兄弟，猶言族親也。"《儀禮・士冠禮》"兄弟畢袗玄"，注云："兄弟，主人親戚也。"故此"兄弟"，是專指宗族言之也。當據改。

5. p1286，5行，按：彼云《春秋》有經禮，有變禮。爲如安性平心者，經禮也;於性雖不安於心、雖不平於道,無以易之,此變禮也。

按:此處引文標點有誤。“於性雖不安於心、雖不平於道,無以易之”之“於心”、“於道”皆當屬下讀。“安”下當作“,”號。此句當斷爲:“於性雖不安,於心雖不平,於道無以易之,此變禮也。”

6. P1287,7 行,劉氏《申何》云:“……稱名氏,使若異姓,緣飾宋殺山之文,言之非《經》誼也。”

按:此處引劉氏《申何》文標點有誤。“緣飾宋殺山之文,言之非《經》誼也”之“言之”二字當屬上讀,作“稱名氏,使若異姓,緣飾宋殺山之文言之,非《經》誼也”。

7. p1294,11 行,《繁露·仁義法》云:“……然則觀物之動,而先覺其萌,絶亂塞害於將然而未行之時,《春秋》之志也,其明至矣。非堯舜之智,知禮之本,孰能當此。故救害而先,知之明也,公之所恤遠,而《春秋》美之,詳其美恤遠之意,則天地之間,然後快其仁矣。……”

按:此處引《春秋繁露》文標點有誤。“故救害而先,知之明也”之“知之”二字當屬上讀,作“故救害而先知之,明也”。義同上云“然則觀物之動,而先覺其萌,絶亂塞害於將然而未行之時,《春秋》之志也,其明至矣”是也。

8. p1298,6 行,《水經注·江水》篇“又東過秭歸縣之南”,《注》云:“縣故歸鄉。《地理志》曰‘歸子國也’。……。”

按:此處引《水經注》注文標點有誤。“縣故歸鄉”之“縣”下,當加“,”號斷開,作“縣,故歸鄉”。《禹貢鄭注釋》卷下“秭歸”注云:“歸鄉,故歸國。”

9. p1302,7 行,《繁露·隨本消息》又云:“由此觀之,所行從不足恃所事者,不可不慎,此亦存亡榮辱之要也。”

按:此處引《春秋繁露》文標點有誤。“所行從不足恃所事者”之“所事者”三字,當屬下讀,作“由此觀之,所行從不足恃,所事者不可不慎,此亦存亡榮辱之要也”。

10. p1302,倒 4 行,○注“孔子”至“伐也”。見《論語·雍也》章《集解》:“包曰:誣罔正直之道而亦生者,是幸而免。”

按:此處引文標點有誤。“見《論語·雍也》章《集解》”之“章”下當加“。”號斷開,作:“見《論語·雍也》章。《集解》:‘包曰:誣罔正直之道而亦生者,是幸而免。’”謂上注文“孔子曰:人之生也直,罔之生也幸而免”句見《論語·雍也》章。以下“包曰:誣罔正直之道而亦生者,是幸而免”句爲《論語集解》文。

卷三十五

1. p1313,4 行,則此晉文行霸,亦宜增倍楚大夫。書名,許其有大夫,以醇霸業。

按:此處文字標點有誤。“亦宜增倍楚大夫”之“倍”下當加“。”號斷開,“楚大夫”三字,當屬下讀。全句當斷爲:“則此晉文行霸,亦宜增倍。楚大夫書名,許其有大夫,以醇霸業。”

2. p1313，8行，王氏引之《周秦名字解詁》云："定九年：'得歸寶玉大弓。'《左傳》：'陽虎歸寶玉大弓，書曰："得器用也。"'凡獲器用曰得。……。"

按：此處引王引之《經義述聞·春秋名字解詁》文標點有誤且失校。1."書曰：得器用也。凡獲器用曰得"之"器用也"三字，當屬下讀，作"書曰'得'，器用也。凡獲器用曰得"。這裏的"書曰得"是指《經》文"得寶玉大弓"之"得"。2."周秦名字解詁"之"周秦"二字，今查續四庫全書本175册《經義述聞》卷二十三 p128，作"春秋"，故"王氏引之《周秦名字解詁》云"句，當改爲"王氏引之《春秋名字解詁》云"。

3. p1326，1行，《通義》云："再失禮，重不復爲諱，故著言'天子在是'。然不可以斥言其致天子，故加狩辭焉。"

按：此處引《公羊春秋經傳通義》文標點有誤。"再失禮，重不復爲諱"之"重"字，當屬上讀。全句當斷爲："再失禮重，不復爲諱，故著言'天子在是'。"《傳》注云："一失禮尚愈，再失禮重，故深正其義，使若天子自狩，非致也。"

4. p1331，倒3行，【注】文公本逐之，非故致此禍也。

按：此處引《春秋公羊傳注》文標點有誤。"非故致此禍也"之"非"字，當屬上讀。全句當斷爲："文公本逐之非，故致此禍也。"

卷三十六

1. p1335，正文4行，《穀梁傳》："介國也。"

按：此處引《春秋穀梁傳》文標點有誤。原標"介國"爲一個國名，誤。今查《左傳》"介葛盧來"，杜注云："介，東夷國也。在城陽黔陬縣。葛盧，介君名也。"《公羊傳》注亦云："介者，國也。葛盧者，名也。"故"介國也"之"介"下，當加"，"號斷開。作："介，國也。"

2. p1370，4行，—p1371，5行，胡氏培翬《庪縣浮沉解》云："承詢《爾雅》庪縣浮沉之義，謂庪縣不當訓爲埋庪，當與《禮經》閣庪食同義。"按：尊見甚確。《玉篇》云："庋，閣也。"庪同庋，引"祭山曰庪縣"可證。但《爾雅》《儀禮》《周禮》三經文各有當，而義無妨。《鄭志》引疑《爾雅》文雜，不可據以難《禮》。《周禮》賈《疏》"庪縣"爲"異代法"，皆非《爾雅》"祭地曰瘞薶"，"祭山曰浮沉"。……《周禮·小子職》："沈辜候，禳飾其牲。"鄭司農云："沈謂祭川。"則牲亦言沈也。祭川或言浮沈，或言沈，猶《爾雅·祭地》曰"瘞薶"，《儀禮》云"祭地，瘞"，文有詳略，而義不殊。……謂《爾雅》"庪縣"爲即《周禮》之所謂"薶"，固非，而以《周禮》疑《爾雅》亦非也。

按：此處引《研六室文鈔·庪縣浮沉解》文標點有誤且下引號有誤。1."謂庪縣不當訓爲埋庪，當與《禮經》閣庪食同義"之第二個"庪"字，當屬下讀，當斷爲"謂庪縣不當訓爲埋。庪，當與《禮經》'閣庪食'同義"。2."《爾雅》《儀禮》《周禮》三經文各有當，而義無妨"之"經"下當加"，"號斷開，"文各有當"當屬下讀，當斷爲"《爾雅》《儀禮》《周禮》三經，文各有當而義無妨"。3."《周禮》賈《疏》'庪縣'爲'異代法'，皆非《爾雅》'祭地曰瘞薶'……"之"皆非"下當加“。”號斷開，作“《周禮》賈《疏》‘庪縣’爲‘異代法’，皆非。《爾雅》‘祭地曰瘞薶’……。”4. “沈辜侯，禳飾其牲”之“禳”字當屬上讀，作“沈辜候禳，飾其牲”。《月令》曰：“九門磔禳，以畢春氣。候禳者，候四時惡氣禳去之也。”5. “猶《爾雅·祭地》曰‘瘞薶’”之“祭地”二字，爲《爾雅》正文而非篇名，當斷爲“猶《爾雅》‘祭地曰瘞薶’”。6. 引文下引號原標點至“當與《禮經》閣庪食同義”止，誤。今查續四庫全書本 1507 册《研六室文鈔·庪縣浮沉解》卷五 p413—414，下引號當至“而以《周禮》疑《爾雅》亦非也”止。當據正。

3. p1374，9—12 行，翁氏方綱《兩漢金石記》云：“《傳》文初無‘雲’字，唐人《類書》引此乃加一雲字，曰唯大山雲爾，誤也。……觀此《白石神君碑》，上言出‘讚天地長育萬物’，下言‘澍雨沾洽’，信知《公羊》二語之不指雲矣。”

按：此處引《兩漢金石記》注文有失校且標點有誤。1. “上言出‘讚天地長育萬物’”之“出”，今查續四庫全書本 892 册 p429《兩漢金石記·白石神君碑》卷十一及四庫全書本《隸釋》卷三、卷二十五引《白石神君碑》，皆作“幽”字，且爲“白石神君碑”碑正文。故此句當標點爲“上言‘幽讚天地，長育萬物’”。2. “唐人《類書》引此乃加一雲字”之“《類書》”二字，並非專指某本“類書”，而是泛指“類書”一類的書，所以，此處書名號當删除。

卷三十七

1. p1385，3 行，錢氏大昕《潛研堂答問》云：“問：春秋世，戎人由瓜州遷中國者蓋有二種：一曰姜姓之戎，一曰允姓之戎。姜戎以殽之役見，《春秋》戎子駒支其後也。……。”

按：此處引《潛研堂答問》文標點有誤。“姜戎以殽之役見，《春秋》戎子駒支其後也”之“春秋”二字，當屬上讀。全句當斷爲：“姜戎以殽之役見《春秋》，戎子駒支，其後也。”

2. p1388，末行，杜云：“孟明，百里孟明。”則孟明宜爲百里子與？《史記·世族譜》並同。

按：此處引文標點有誤。“則孟明宜爲百里子與？《史記·世族譜》並同”之“與”字，當屬下讀。全句當斷爲：“則孟明宜爲百里子，與《史記·世族譜》並同。”

3. p1391，倒 3 行，段氏玉裁《經韻樓集》云：“肅與肅拜當爲二。《左傳》之肅不言拜，則肅而不拜，未嘗跪也。《曲禮》‘介者不拜，爲其拜而蓌拜’，故肅以爲禮。肅，如後世長揖。……《漢書·周勃傳》‘天子至中營，亞夫揖曰：介胄之士不拜，請以軍禮見’，是其不跪。顯然郤至之肅，與禮之肅拜，有跪不跪之殊。肅者，立而低頭下手，如今人之揖也。”

按：此處引《經韻樓集》文標點有誤。“是其不跪。顯然郤至之肅”之“顯然”二字，當屬上讀。全句當斷爲：“《漢書·周勃傳》‘天子至中營，亞夫揖曰：介胄之士不拜，請以軍禮見’，是其不跪顯然。郤至之肅，與禮之肅拜，有跪不跪之殊。肅者，立而低頭下手，如今人之揖也。”

4. p1400,6行,今此文公以去年十二月卒,至今年四月,適五月,當時而書日,明襄公有殯用師,故危不得葬也。因危文公葬故,知此稱人爲貶襄公也。

按:此處引文標點有誤。"因危文公葬故,知此稱人爲貶襄公也"之"故"字,當屬下讀。全句當斷爲:"因危文公葬,故知此稱人爲貶襄公也。"

5. p1400,9行,時衛侯晋卒於上年十一月,其年三月始葬衛惠,亦背殯用師,稱侯不稱人,故據以難。

按:此處引文標點有誤。"其年三月始葬衛惠,亦背殯用師"之"衛惠"字,當屬下讀。《傳》注云:"据桓十三年,衛侯背殯用兵,不稱人。"是也。故全句當斷爲:"時衛侯晋卒於上年十一月,其年三月始葬,衛惠亦背殯用師,稱侯不稱人,故據以難。"

卷三十八

1. p1419,8行—p1420,7行,惠氏士奇《春秋説》云:"《小雅·瞻彼洛矣》、《大雅·采菽》、《韓奕》皆錫命諸侯之詩也。諸侯世子,除三年之喪,見天子,猶未爵命,服士服。故《瞻彼洛矣》之首章曰'靺韐有奭'。靺韐者,士之祭服之韠也。而《采菽》諸侯來朝曰'赤芾在股',此諸侯既受爵命,得服赤韍。則未爵命而君其國,皆服元士之服,與路車、乘馬、玄衮及黼,即《覲禮》所以賜侯氏者。……文元年、成八年,天子皆來錫命,未聞文、成二公入覲,故《穀梁》言:天子命,諸侯有往受而無來錫。其論甚正。按,……但不必如《韓詩》爲即賜其所歸瑞圭耳。"

按:此處引惠氏《春秋説》文標點有誤且下引號有誤。1."皆服元士之服,與路車、乘馬、玄衮及黼"之"與"字當屬上讀,當標點爲:"則未爵命而君其國,皆服元士之服與?路車、乘馬、玄衮及黼,即《覲禮》所以賜侯氏者。"2."天子命,諸侯有往受而無來錫"之"諸侯"二字,當屬上讀,當標點爲"天子命諸侯,有往受而無來錫"。3.引文下引號原標點至"但不必如《韓詩》爲即賜其所歸瑞圭耳"止,誤。今查今查四庫全書本惠氏《春秋説》卷十五,下引號當至"其論甚正"止。當據改。

2. p1433,倒6行,故注《檀弓》云:"期而神之,人情然。"又不可以殷禮注《儀禮》,故依違其辭云:"如祫祭訖,主反於廟相似。"

按:此處引文標點有誤。"期而神之,人情然"之"然"字,今查《禮記注疏·檀弓下》卷九注,無"然"字,故此"然"字當屬下讀,當斷爲:"故注《檀弓》云:'期而神之,人情。'然又不可以殷禮注《儀禮》,故依違其辭云:'如祫祭訖,主反於廟相似。'"

3. p1433,倒4行,《左氏》云:"卒哭而祔,祔而作主。"此正用《周禮注》者。因"特祀於主,烝嘗禘於廟",遂謂祭祀於寢,不同於廟。

按:此處引文標點有誤。"此正用《周禮注》者"之"注者"二字,故當屬下讀,當斷爲:"此正用《周禮》。注者因'特祀於主,烝嘗禘於廟',遂謂祭祀於寢,不同於廟。"

4. p1434,倒 3 行,《續漢志注》引《漢舊儀》曰:"高帝崩,三日小斂室中牖下,作栗木主,長八寸,前方後圓,圍一尺,置牖下。已葬,收主,爲木函,藏廟太室中西牆壁埳中。望内外不出室堂之上。"

按:此處引《漢舊儀》文標點有誤。"三日小斂室中牖下"之"三日"二字當屬上讀,當斷爲:"高帝崩三日,小斂室中牖下,作栗木主,長八寸,前方後圓,圍一尺,置牖下。"

5. p1435,1 行,據《馮君章句》郊藏西壁者,正廟主藏北壁者,遷廟主也。

按:此處引《馮君章句》文標點有誤。"正廟主藏北壁者"之"主"下,當加"。"號斷開。當斷爲:"據《馮君章句》郊藏西壁者,正廟主。藏北壁者,遷廟主也。"《通典》引:"魏代或問高堂隆曰:'昔受訓云,馮君《八萬章句》説,正廟之主,各藏太室西壁之中;遷廟之主,於太祖太室北壁之中。'"是也。

6. p1436,倒 2 行,宋氏鳳翔《過庭録》云:"如《古論》本作'問社',則鄭方解爲社主文,亦必從古讀也,正不得反作'問主'。蓋《集解》采孔説,遂妄改作'問社'。……。"

按:此處引《過庭録》文標點有誤。"則鄭方解爲社主文"之"文"字當屬下讀,當斷爲:"如《古論》本作'問社',則鄭方解爲社主,文亦必從《古》讀也,正不得反作'問主'。蓋《集解》采孔説,遂妄改作'問社'。"又,此引文并非《過庭録》文,實出自宋翔鳳之《論語説義》。

7. p1457,7 行,但《傳》明言"先禰後祖",恐是升僖爲昭,則必降閔爲穆,然文仍昭,宣仍穆與?閔爲昭、僖爲穆無異,何至自此以下昭穆皆逆?

按:此處引文標點有誤。"然文仍昭,宣仍穆與?閔爲昭、僖爲穆無異"之"與"字,當屬下讀,當斷爲:"然文仍昭,宣仍穆,與閔爲昭、僖爲穆無異。"

8. p1458,倒 1 行,而《春秋》之際,家世其爵禄,雖大夫猶有爲兄後者矣,况天子、諸侯之兄弟有君臣之分者耶?

按:此處引文標點有誤。"而《春秋》之際"之"春秋"二字。從文意來看,此處是表示時代名,而非書名。所以"春秋"二字只能加專名綫,而不可標書名號。

9. p1463,倒 3 行,【注】以人心爲皆有疾痛,不忍娶。

按:此處引【注】文標點有誤。"以人心爲皆有疾痛"之"疾痛"二字當屬下讀,當斷爲:"以人心爲皆有,疾痛不忍娶。""以人心爲皆有"句,下文引"《表記》注引《公羊》,'仁之'作'人之',是'人'即'仁'也。以仁心爲皆有之者,以哀痛父母之心爲衆所同有也。作'人'者,借字耳。"《春秋公羊傳注疏·文公二年》卷十三何注曰:"有人心念親者,聞有欲爲己圖婚,則當變慟哭泣矣。"

10. p1463,末行,創鉅者其日久,痛甚者其愈遲,蓋哀迫思慕有餘於三年之外者,然而先王爲之中制,斷爲五五,猶且葬而有變,練而有除,將使不肖者皆易跂及焉。

按:此處引文標點有誤。"斷爲五五,猶且葬而有變"之第二個"五"字當屬下讀,當斷爲:"然而先王爲之中制,斷爲五,五猶且葬而有變,練而有除,將使不肖者皆易跂及焉。”

11. p1466，末行，於義亦迂説，變字亦未明。

按：此處引文標點有誤。“於義亦迂説”之“説”字當屬下讀，當斷爲：“於義亦迂，説‘變’字亦未明。”

卷三十九

1. p1468，2 行，《穀梁傳》：“此不卒者也。何以卒之？以其來會葬我，卒之也。”

按：此處引《春秋穀梁傳》文標點有誤。“以其來會葬我，卒之也”之“我”字當屬下讀，當斷爲：“以其來會葬，我卒之也。”

2. p1468，4 行，彼爲爲魯主故，爲恩隆王者，此爲會葬恩隆於親親，尤當加報之也。

按：此處引文標點有誤。“彼爲爲魯主故，爲恩隆王者”之“故”字當屬下讀，當斷爲：“彼爲爲魯主，故爲恩隆王者。”

3. p1468，倒 2 行，按：《左傳》：“此伐晋爲秦伯，此書人，知爲貶爵。”

按：此處引文標點有誤。“此伐晋爲秦伯，此書人，知爲貶爵”句，今查並非《左傳》原文，當爲陳立《義疏》語，所以不當加引號。當標點爲：“按《左傳》，此伐晋爲秦伯，此書人，知爲貶爵。”

4. p1476，倒 4 行，《釋名・釋喪制》云：“含以珠貝，含其口中也。”

按：此處引《釋名》文標點有誤。“含以珠貝，含其口中也”之“以珠貝”三字當屬下讀，當斷爲：“含，以珠貝含其口中也。”

5. p1482，4 行，按：昭公母齊歸，何氏以爲襄公嫡母孔氏，所據《左傳説》也。

按：此處引文標點有誤。“何氏以爲襄公嫡母孔氏”之“孔氏”二字當屬下讀，當斷爲：“昭公母齊歸，何氏以爲襄公嫡母，孔氏所據《左傳》説也。”

6. p1483，倒 4—3 行，《左傳》僖二十一年云：“任、宿、須句、顓臾，風姓也，實司大皡與有濟之祀。”《注》：“太皡，伏羲四國，伏羲之後。”

按：此處引《左傳・僖二十一年》注文標點有誤。“伏羲四國”之“伏羲”二字下當加“。”號斷開。當斷爲：“太皡，伏羲。四國，伏羲之後。”

卷四十

1. p1494，4 行，《禮記疏》引《異義》：“《公羊》説：每月告朔朝廟。”以告朔朝廟爲一禮而以。《左氏》分爲二，《左傳疏》云：“告朔、視朔、聽朔，朝廟、朝享、朝正，二禮各有三名，同日而爲之也。”

按：此處引文標點有誤。“以告朔朝廟爲一禮而以。《左氏》分爲二”之“而以”二字下當屬下讀。當斷爲：“以告朔、朝廟爲一禮。而以《左氏》分爲二，《左傳疏》云：‘告朔、視朔、聽朔，朝廟、朝享、朝正，二禮各有三名，同日而爲之也。’”以告朔、朝廟爲一，用《公羊》説也。若《左氏》之義，則分爲二禮。

2. p1495,3行,《通義》云:“非年年常有之月也。十二月各有其政,著于明堂。月令閏月,非常月,則無常政,故頒朔不及也。頒朔不及,則告朔亦不及也。”

按:此處引《公羊春秋經傳通義》文標點有誤。“著于明堂。月令閏月”之“月令”下,點校者出《校勘記》曰:“‘月令’二字疑爲衍文。”大謬也。“明堂”下“。”號當删。“明堂”、“月令”皆爲《禮記》篇名,“著于明堂月令”,意謂“十二月各有其政”之内容在《明堂》《月令》皆有記載。故此句當斷爲:“十二月各有其政,著于《明堂》《月令》。閏月,非常月,則無常政,故頒朔不及也。”

3. p1499倒4—p1500,1行,劉氏逢禄《左傳考證》云:“《公羊》家以爲内取之妃黨。……《年表》云:‘公孫固殺成公。’《世家》云:‘成公卒。成公弟禦殺太子及大司馬公孫固,而自立爲君。宋人共殺君禦,而立成公少子杵臼,是爲昭公。’《年表》又以杵臼爲襄公子與?今《左傳》絶不合。”

按:此處引《左傳考證》文標點有誤。“《年表》又以杵臼爲襄公子與?今《左傳》絶不合”之“與”字當屬下讀。當斷爲:“《年表》又以杵臼爲襄公子,與今《左傳》絶不合。”

4. p1508,1行,《通義》云:“君使臣,至於不可使,恥甚,故諱言不至復,使若有故而復之辭。不舉所至者,别於至黄實有疾也。”

按:此處引《公羊春秋經傳通義》文標點有誤。“使若有故而復之辭。不舉所至者”之“辭”字當屬下讀。又“黄”下當加“,”號斷開。此句當斷爲:“故諱言‘不至復’,使若有故而復之。辭不舉所至者,别於至黄,實有疾也。”“至黄”,見宣公八年“公子遂如齊,至黄乃復。”《穀梁傳》云:“不言所至,未如也。未如,則未復也。”即此義。

5. p1511,1—2行,昭四年《左傳》,杜洩謂季孫曰:“吾子爲司徒,實書名。夫子爲司馬,與工正書服。孟孫爲司空,以書勳。”夫子謂叔孫可知。魯三卿位次矣。

按:此處引文標點有誤。“夫子謂叔孫可知。魯三卿位次矣”之“可知”二字當屬下讀。當斷爲:“夫子謂叔孫,可知魯三卿位次矣。”

卷四十一

1. p1514,9—10行,《曲禮疏》又云:“踰年則稱王者,據臣子稱也。若王自稱,必待三年。《顧命》成王崩殯後,未能踰年,稱‘予一人’者,熊氏云:‘天下不可一日無王故也。’”

按:此處引《禮記注疏·曲禮下疏》文標點有誤。“《顧命》成王崩殯後,未能踰年,稱‘予一人’者”句,“殯後”二字當屬下讀,作“《顧命》成王崩,殯後未能踰年,稱‘予一人’者”。

2. p1524,9行,《通義》云:“此主書,與獻六羽同意。我有往者,猶可言也;我無往者,不可言也。又以我無往者惡重,不待譏,使卿會葬,疑若得禮,而重譏之。故禮之爲用,在於别微也。……。”

按：此處引《公羊春秋經傳通義》文標點有誤。“又以我無往者惡重，不待譏”之“惡重”二字當屬下讀，作“又以我無往者，惡重不待譏，使卿會葬，疑若得禮而重譏之”。故禮之爲用，在於别微也。

3. p1534，2行，《通義》云：“《穀梁》以爲僖公之成風。非也。且又推之，以爲惠公仲子亦惠公之母。若然，妾母必以其子氏者，今僖公在，何以稱之？”

按：此處引《公羊春秋經傳通義》文標點有誤且失校。1. “且又推之，以爲惠公仲子亦惠公之母”之“以爲惠公”四字當屬上讀，當標點爲：“且又推之以爲惠公，仲子亦惠公之母。若然，妾母必以其子氏者，今僖若在，何以稱之？”2.“今僖若在”，今查續四庫全書本129册《公羊春秋經傳通義》卷五p95，作“令惠、僖尚在”，當據改。

4. p1535，5—8行，《通義》云：“復稱國者，秦、晋搆怨起於襲鄭。秦爲罪首，自是二國交刃，相仍無已。要互有曲直，不可專責秦伯。但即殽之役及此，見始終狄之而已。……。《易》曰‘无咎’者，善補過者也。”

按：此處引《公羊春秋經傳通義》文標點有誤且失校。1. “要互有曲直，不可專責秦伯。但即殽之役及此，見始終狄之而已”之“秦伯”“及此”皆當屬下讀；“見”下當加“，”號斷開。此句當標點爲：“要互有曲直，不可專責。秦伯但即殽之役及此見，始終狄之而已。”2. “秦伯但即殽之役”，今查續四庫全書本129册《公羊春秋經傳通義》卷五p96無“伯”字，當據删。3. “《易》曰‘无咎’者，善補過者也”，《易》之文只標“无咎”二字，誤。今查四庫全書本《周易注疏》卷十一作“无咎者，善補過也”，故下引號當至“善補過也”。

5. p1536，7行，《通義》云：“言及，不言主名，蓋内微者也。知非公者，天子之大夫視諸侯，體敵得盟，無取諱不言公也。”

按：此處引《公羊春秋經傳通義》文標點有誤。“天子之大夫視諸侯，體敵得盟，無取諱不言公也”之“諸侯”、“得盟”皆當屬下讀，“取”下當加“，”斷開。此句當斷爲“天子之大夫視諸侯體敵，得盟無取，諱不言公也”。

6. p1538，4行，《釋文》：“《説文》作圈。《字林》臼萬反。二《傳》作麇。”

按：此處引文標點有誤。“《釋文》：”下引號内文字，並非《釋文》原文，而是指出“圈”字在幾種書内的異文及注音。此句當斷爲：“《釋文》《説文》作‘圈’；《字林》‘臼萬反’；二《傳》作‘麇’。”

7. p1542，4行，《魯語》云：“吴伐越，隳會稽，獲骨焉，節專車。吴子使來聘問之，仲尼曰：‘昔禹致群神於會稽之山，防風氏後至，禹殺而戮之。其骨節專車，此爲大矣。’客曰：‘防風氏何守？’仲尼曰：‘汪芒氏之君，守封、禺之山者也。’”

按：此處引《國語》文標點有誤。“吴子使來聘問之，仲尼曰”之“問之”二字，當屬下讀。“尼”下當加“，”號斷開。此句當斷爲：“吴子使來聘，問之仲尼，曰：‘昔禹致群神於會稽之山，防風氏後至，禹殺而戮之。其骨節專車，此爲大矣。’”

8. p1542，末行—1543，1行，《穀梁傳》亦云：“弟兄三人，佚宕中國。”

《注》:“佚,猶更也,明非同時。兄弟,故言相類。”

按:此處引《春秋穀梁傳》注文標點及下引號有誤。1.“明非同時。兄弟”之“兄弟”二字當屬上讀。此句當斷爲:“明非同時兄弟,故言相類。”“猶更也”下當改作“。”號。2. 注文下引號原標點至“故言相類”止,誤。今查四庫全書本《春秋穀梁傳注疏·文公十一年》卷十一,下引號當至“猶更也”。當據改。“明非同時兄弟,故言相類”句,爲陳立《義疏》語。

9. p1543,倒5行,《左傳》云:“獲長狄僑如。富父終甥摏其喉以戈,殺之。埋其首於子駒之門,以命宣伯。”

按:此處引《春秋左傳》文標點有誤。“富父終甥摏其喉以戈,殺之”之“以戈”二字當屬下讀。此句當斷爲:“富父終甥摏其喉,以戈殺之。埋其首於子駒之門,以命宣伯。”

10. p1546,1—5行,《漢書·五行志》云:“劉向以爲,是時周室衰微,三國爲大,可責者也。天戒若曰:不行禮義,大爲夷狄之行,將至危亡。其後三國皆有篡弒之禍,近下人代上之痾也。劉歆以爲,人變屬黄祥。一曰,屬贏蟲之孽;一曰,天地之性人爲貴,凡人爲變,皆屬皇極下人代上之痾云。……。”

按:此處引《漢書·五行志》文斷句有誤且有失校。1.“劉歆以爲,人變屬黄祥”之“人變”二字當屬上讀,作“劉歆以爲人變,屬黄祥”。2.“近下人代上之痾也”“皆屬皇極下人代上之痾云”之兩“代”字,四庫全書本及中華書局整理本《漢書·五行志》皆作“伐”字。當據改。

卷四十二

1. p1550,1行,《通義》又云:“若其出奔他國,雖兄弟之君,亦名衛侯衎出奔齊是也。”

按:此處引《公羊春秋經傳通義》文標點有誤。“雖兄弟之君,亦名衛侯衎出奔齊是也”之“亦名”二字當屬上讀。此句當斷爲:“雖兄弟之君亦名,衛侯衎出奔齊是也。”

2. p1550,3行,桓七年“穀伯綏來朝”、“鄧侯吾離來朝”,《傳》皆“何以名?失地之君也”。

按:此處引文標點有誤。“《傳》皆‘何以名?失地之君也’”之“皆何以名”四字皆爲《春秋公羊傳·桓公七年》之正文,“皆”字當在引號内。此句當斷爲:“《傳》‘皆何以名?失地之君也’。”

3. p1551,5—12行,顧氏棟高《子叔姬卒論》云:“《左氏》謂叔姬爲已嫁于杞,被出而見絶,以《經》文不繫杞而言絶也。……據今士庶人家無絶一女而更請一女之理,杞何敢?然魯亦安肯許?既如其意,以次女續昏矣,二十餘年,又復見絶,杞何不道乃爾?……杞伯自來朝魯,叔姬自卒,兩事本自風馬牛者,作兩事自無此病。若啖氏助、劉氏敞、吕氏大圭,謂此《傳》當在成公八年而誤置于此,亦覺費手。……。”

按:此處引《春秋大事表》文標點有誤且失校。1.“杞何敢?然魯亦安肯許”之“然”字當屬上讀。此句當斷爲:“杞何敢然?魯亦安肯許?”2.“兩事本自風馬牛者,作兩事自無此病”之“者”字,今查四庫全書本及中華書局整理本《春秋大事表・春秋凶禮表》卷十六 p1551,作“看”字,如此則“事”下當加“,”號斷開。此句當斷爲:“兩事本自風馬牛,看作兩事,自無此病。”當據改。

4. p1560,2—4 行,孔氏廣森《經學卮言》云:“邢《疏》‘異端,諸子百家之言’,非也。楊、墨之屬行於戰國春秋,時未有攻之者也。戴東原説:端,頭也。凡事有兩頭,謂之異端。言業精於專,兼攻兩頭,則爲害耳。”

按:此處引《經學卮言》文標點有誤。“楊、墨之屬行於戰國春秋,時未有攻之者”之“春秋”二字當屬下讀,此句當斷爲:“楊、墨之屬行於戰國,春秋時未有攻之者也。”

5. p1569,末行,今本《穀梁》亦同。《左氏》作“大室猶世室也。”

按:此處《義疏》文標點有誤。“今本《穀梁》亦同。《左氏》作‘大室猶世室也’”句,本意謂《公羊》“世室屋壞”之“世室”二字,今本《穀梁》《左氏》皆作“大室”,“大室”二字,猶世室也。故此句當標點爲:“今本《穀梁》亦同《左氏》作‘大室’,猶世室也。”

6. p1580,6、7、13 行,《經義述聞》云:“《疏》曰:‘正以山脊曰岡,故知騂犅爲赤脊矣。’引之謹案:牛有赤色謂之騂,犅則自脊以外非赤色也。《魯頌・閟宫》篇‘享以騂犧’,《傳》曰:‘騂、赤、犧,純也。’騂,赤。犧,純也。《箋》曰:‘赤牛純色。’今唯脊毛赤,而餘則否,豈純色之謂乎?……騂犅猶言騂牡耳。《小雅・信南山》曰:‘祭以清酒,從以騂牡。’”

按:此處《經義述聞》文標點有誤且失校。1.“牛有赤色謂之騂,犅則自脊以外非赤色也”句之“犅”字當屬上讀。【注】云:“騂犅,赤肩,周牲也。”騂犅謂赤特也。《説文》云:“犅,特也。”“特,牛父也。”是犅與牡名異而實同,“騂犅”猶云騂牡,特變文以與牡相對耳。2.“騂、赤、犧,純也”,當斷爲:“騂,赤。犧,純也。”3.“牛有赤色謂之騂”之“有”,今查續四庫全書本 175 册 p161《經義述聞》卷二十四作“脊”,下文有云“今唯脊毛赤,而餘則否”。作“脊”是,當據改。

7. p1580,末行,《曲禮》:“豕曰剛。”鬣亦謂豕肥則肩上毛長也。

按:此處引《周禮・曲禮》文標點有誤。“‘豕曰剛。’鬣亦謂豕肥則肩上毛長也”句之“鬣”字當屬上讀。爲《曲禮》之原文。《疏》曰:“豕曰剛鬣者,豕肥則毛鬣剛大也。”故此句當斷爲:“《曲禮》‘豕曰剛鬣’,亦謂豕肥則肩上毛長也。”

8. p1584,4 行,《拜經日記》云:“《注》‘稟者,連新於陳上,財令半相連上,《疏》‘稟,謂全是故穀,但在上少有新穀,財得相連而已’,故謂之稟稟者,希少之名。是以鄭《注》云:‘讀如羣公稟之稟。……。”

按:此處引《拜經日記》文標點有誤。“故謂之稟稟者”之上“稟”字下當加“。”號斷開。當斷爲:“故謂之稟。稟者,希少之名。”

9. p1585,6 行,《素問・脉要精微論上》:“盛則氣高,下盛則氣脹。”

按:此處引《素問・脉要精微論》文標點有誤。“《素問・脉要精微論上》”之“上”,今查四庫全書本《黄帝内經・素問》卷五作“上盛則氣高,下盛則氣脹”,“上”字當屬下讀。當據正。

10. p1587,1行,《通義》云:“屋者,當中霤上出重屋也。魯有復廟重檐,亦天子之制也。”蓋本《五行志》所載。《左氏》説謂其上重屋,尊高者也。

按:此處引文標點有誤。“蓋本《五行志》所載。《左氏》説謂其上重屋”之“《左氏》説”三字,當屬上讀。今查《漢書・五行志》引曰:“《左氏》説:太廟,周公之廟,饗有禮義者也。……前堂曰太廟,中央曰太室。屋,其上重屋,尊高者也,象魯自是陵夷,將墮周公之祀也。”即指此。故此句當斷爲:“蓋本《五行志》所載《左氏》説,謂其上重屋,尊高者也。”

11. p1588,1行,《繁露・隨本消息》云:“所行從不足恃所事者,不可不慎,此亦存亡榮辱之要也。”

按:此處引《春秋繁露・隨本消息》文標點有誤。“所行從不足恃所事者,不可不慎”之“所事者”三字當屬下讀。當斷爲:“所行從不足恃,所事者不可不慎,此亦存亡榮辱之要也。”

卷四十三

1. p1591,正文3行,爲臣子喜録上事,見上文僖四年《注》。凡公出滿三時月,危公之久,同書月,義不同。

按:此處引僖四年《注》文標點有誤。今查四庫全書本《春秋公羊傳注疏・僖公四年》,“凡公出滿三時月,危公之久”句爲僖四年《注》文。故此句當斷爲:“爲臣子喜録上事,見上文僖四年《注》‘凡公出滿三時月,危公之久’。同書月,義不同。”

2. p1595,倒6—5行,《書・堯典》:“在璿璣玉衡,以齊七政。”《疏》引馬《注》:“日月星皆以璿璣玉衡度知其盈縮、進退。失政所在,聖人謙讓,猶不自安,視璿璣玉衡以驗齊日月五星行度,知其政是與否,重審己之事也。”

按:此處引《尚書・堯典》疏文標點有誤。“日月星皆以璿璣玉衡度知其盈縮、進退。失政所在”之“縮”下“、”號當删,“進退”下之“。”當改爲“,”號。此句當斷爲:“日月星皆以璿璣玉衡度知其盈縮進退,失政所在,聖人謙讓,猶不自安……。”

3. p1597,2行,惠氏士奇《春秋説》:“漢末建安十一年,正月,星孛于北斗,首在斗中,尾貫紫宫及北辰。其後魏受禪。晋隆安四年,二月,己丑,有星孛入北斗,魁至三台。三月,遂經太微帝座端門。占曰:‘彗星入北斗,經三台,易主之象。’其後宋受禪。……。”

按:此處引《春秋説》文標點有誤。“有星孛入北斗,魁至三台”之“魁”字當屬上。此句當斷爲:“有星孛入北斗魁,至三台。”《晋書・天文下》云:“安帝隆安四年二月己丑,有星孛于奎,長三丈,上至閣道、紫宫西蕃,入北斗魁,至三台,三月,遂經于太微帝坐端門。”

4. p1601,5行,【注】時邾婁再娶二子,母尊同,體敵。

按:此處引注文標點有誤。“時邾婁再娶二子”之“娶”下當加“,”斷開;“二子”字，當屬下讀；“同”下“，”當删。此句當斷爲：“時邾婁再娶，二子母尊同體敵。”“體敵”者，謂彼此地位相等，不分上下尊卑。

5. p1603，5行，彼《疏》云：“郤缺納不正，貶稱人。”今趙鞅亦是納不當得位之人，而不貶，正以納父，罪不至貶也。

按：此處引疏文標點及下引號有誤。1. “正以納父，罪不至貶也”之“父”下“，”當删。當斷爲：“今趙鞅亦是納不當得位之人而不貶，正以納父罪不至貶也。”2. 引文下引號原標點至“貶稱人”止，誤。今查四庫全書本《春秋公羊傳注疏・哀公二年》卷二十七，下引號當至“罪不至貶也”。當據改。

6. p1613，5行，段玉裁《説文解字注》又云：“……然則《周禮》輂之制，四方，如車之輿，故曰轝。或作轝。或駕馬，或人舉，皆宜用之。徙土則謂之土輿，即《公羊》之筍、《史記》之簻輿也。……。”

按：此處引《説文解字注》文標點有誤。“或駕馬，或人舉，皆宜用之。徙土則謂之土輿”之“用之”當屬下讀。當斷爲：“或駕馬，或人舉，皆宜。用之徙土則謂之土輿，即《公羊》之筍、《史記》之簻輿也。”

7. p1613，8行，《通義》云：“筍，未詳。舊云：取其尸置編輿中，赦死已閱八月，豈得尸猶可致？此明事之不然。……。”

按：此處引《公羊春秋經傳通義》文標點有誤。“豈得尸猶可致？此明事之不然”之“此”字當屬上讀。當斷爲：“取其尸置編輿中，赦死已閱八月，豈得尸猶可致此？明事之不然。”

8. p1619，4行，《通義》云：“故猶從大歸曰來歸之文。但繫齊人爲別異耳。……。”

按：此處引《公羊春秋經傳通義》文標點有誤。“故猶從大歸曰來歸之文”之“歸之文”三字當屬下讀。“但繫齊人”下當加“，”斷開。此句當斷爲：“故猶從大歸曰來。歸之文但繫齊人，爲別異耳。”

9. p1629，末行—p1630，2行，【疏】閩、監、毛本於此下有《注》云：“‘賤者，窮諸人’者，言士先自稱人，今弒君，亦稱人，故曰窮諸人矣。云‘賤者，窮諸盜’者，言士之賤名不過於盜，故也”，共四十二字，在“降大夫使稱人”之上，鄂本《注》無之，係《疏》文誤入。十行本繫此四十二字於上“毀泉臺”《傳》《疏》，故如此解，下亦誤。

按：此處引文標點有誤。“十行本繫此四十二字於上‘毀泉臺’《傳》《疏》，故如此解”之“故如此解”四字爲十行本“毀泉臺”《傳》的《疏》文。故此句當斷爲：“十行本繫此四十二字於上‘毀泉臺’《傳》《疏》‘故如此解’下，亦誤。”

10. p1633，3行，【疏】《通義》本作“嬰”：“《音義》：嬰舊同，《左氏經》作‘罃’。兹從昭公五年《注》校改。”

按：此處【疏】引《公羊春秋經傳通義》文標點有誤。“《音義》：嬰舊同，《左氏經》作‘罃’”之“嬰”下當加“，”號斷開；“舊同”二字當屬下讀。當斷爲：“《音義》：嬰，舊同《左氏經》作‘罃’。兹從昭公五年《注》校改。”

11. p1633，7行，按：如《傳》義，則使遂來聘之。秦伯仍是穆公，孔氏據

《左氏》改《公羊》,可以不必。

按:此處引文標點有誤。"則使遂來聘之。秦伯仍是穆公"之"之"下"。"號當删。此句當斷爲:"如《傳》義,則使遂來聘之秦伯仍是穆公,孔氏據《左氏》改《公羊》,可以不必。"

12. p1633,倒2行,《解詁箋》云:"……繆公之卒,反不得如滕侯卒之例,先書於《經》者,《詩》刺繆公以人從死,未能盡變其俗,不可爲典,且嫌於謹以康公接内録,能變之賢反不著也。何君失《經》、《傳》意矣。"

按:此處引《公羊春秋經何氏釋例後録·解詁箋》文標點有誤。"且嫌於謹以康公接内録,能變之賢反不著也"之"録"字,當屬下讀。"之"下當加","號斷開。此句當斷爲:"且嫌於謹以康公接内,録能變之,賢反不著也。"

13. p1638,3行,《御覽》引:"《春秋决事》云:甲夫乙将船,會海盛風,船没,溺流死亡,不得葬四月。甲母丙即嫁甲,欲皆何法?或曰:'甲夫死未葬,法無許嫁,以私爲人妻,當棄市。'……。"

按:此處引《太平御覽》文標點有誤。"溺流死亡,不得葬四月。甲母丙即嫁甲"之"四月"當屬下讀;"月"下當作","號。此句當斷爲:"溺流死亡,不得葬。四月,甲母丙即嫁甲。"

（待續）

【作者简介】駢宇騫,中華書局編審,主要從事傳世文獻和出土簡帛文獻的整理與研究。

俞樾致汪鳴鑾函札釋證

汪少華　顔春峰

【提　要】 西泠印社 2010 年秋季藝術品拍賣會第 94 號拍品是俞樾致汪鳴鑾的十通函札，由於字跡難以辨認，以往釋讀或有謬誤與遺漏，今試作訂補："纘甫"不是朱友緒而是包承善，"同甫"是俞奎垣之子俞志善，光緒二十九年六至十月俞陛雲妻生一子、妾生一女，"祝少英"即祝承桂，"沈大使"是沈儀吉侄子沈光訓。

【關鍵詞】 俞樾　汪鳴鑾　包承善　俞志善　慶寶　沈光訓

西泠印社 2010 年秋季藝術品拍賣會第 94 號拍品，是俞樾致汪鳴鑾的十通函札[①]，《俞樾函札輯證》（以下簡稱《輯證》）收入並作釋讀考證[②]。由於網上所見手跡不清晰，字跡難以辨認，妨礙文意理解。而其中有些信息對於俞樾研究較有價值，故在《輯證》基礎上試作完善。

第一通，《輯證》第 384 頁：

> 郎亭先生侍史：《茶香室四鈔》封面大筆所無，今始刻成，奉呈一紙。又，纘甫兄求法篆一聯，勿吝珠玉。又一聯托轉求建霞書，未知可否。手此，敬頌吟安，天暖再走叩起居，不一一。弟樾頓首，初九。

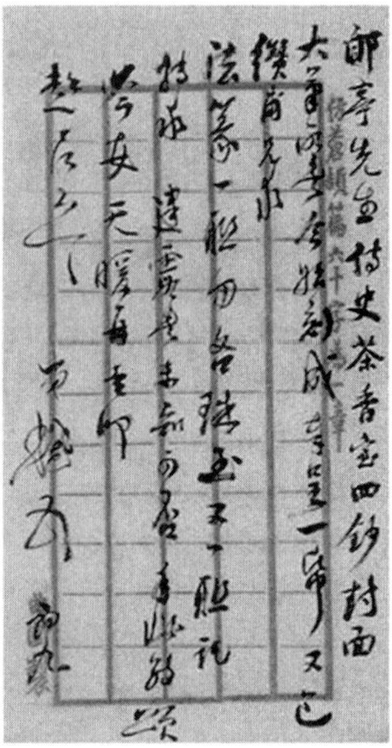

第一通

今按："《茶香室四鈔》封面大筆所無"不知所云，經核對拍品照片，"無"原作"書"，與下"又一聯托轉求建霞書"之"書"同；"纘甫兄求法篆一聯"，《輯證》注："纘甫，即朱友緒。"經核對，"纘甫"前原有"包"字，則是字纘甫（贊甫）的包承善（1867—1902），號隨盦，浙江歸安

【基金項目】本文係全國高校古籍整理研究工作委員會重點資助項目"《俞樾全集》整理點校（批准編號 1352）"階段性成果。

① https://auction.artron.net/paimai—art98400094/。

② 張燕嬰《俞樾函札輯證》第 383—388 頁，鳳凰出版社 2014 年。

(今湖州)人,虎臣孫,諸生,工篆隸,擅治印,宗鄧石如一派[①]。俞樾有挽包纘甫聯[②]。又"法纂"原作"法篆",是對對方書法的美稱,例如曾國藩復錢寶青"頃辱賜書,兼惠法篆"[③]。

第二通,《輯證》第385頁:

手示謹悉。弟今歲不特得一曾孫,又得一曾孫女。小孫雖已得差,然亦不無所獲也,一笑。同甫乃同姓不宗,然向來卻認本家,乃□云太史之子也。此番伊得吴淞差,弟已薦二人矣。已赴任矣,明日接手。手此布復,敬頌郎亭仁兄世大人安。同甫乃□署文案,認識者必多,原信奉還,或可另托人也。樾頓首。

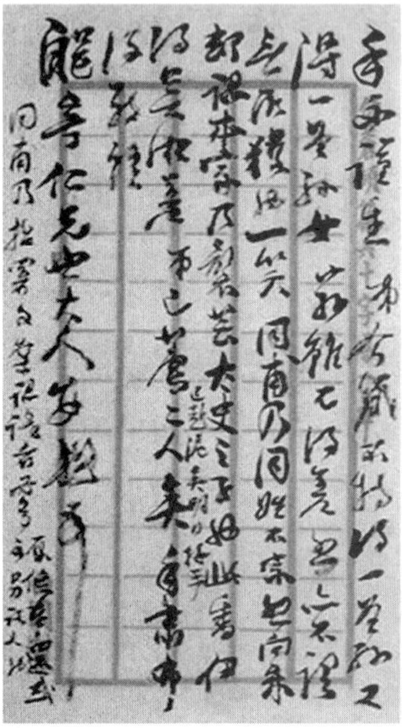

第二通

今按:"已赴任矣"之"任"原作"滬";"手此布復"之"此"原作"肅";"原信奉還"之"信"原作"條",應是指請托時所用的名條,如俞樾致盛宣懷注釋"又附名條,題'藍翎指分江蘇試用府經歷兼襲騎都尉廪貢生錢清顥'(紅紙一張)"(《輯證》第332頁),俞樾致應寶時"交一名條,有所干求"(《輯證》第563頁)。

"同甫乃□署文案",缺字原作"撫";"乃□雲太史之子也","太史"是對翰林的稱呼。經反復辨認,"□雲"原作"襲芸"。俞奎垣字襲芸,生於道光丙戌(1826)十二月,籍貫順天府大興縣,原籍浙江德清縣[④],"道光二十九年(1849)舉於鄉,咸豐二年(1852)成進士,改翰林院庶吉士,授編修。六年,充會試同考官,擢御史。八年,主試湖北,留充學政","失足墜井卒,年三十八歲"[⑤];"同甫乃同姓不宗",這位俞同甫,俞陛雲受俞樾之命致恩壽[⑥]函札曾提及"前有手箋托俞同甫大令帶奉,計蒙垂登"[⑦],"大令"與"明府"都是尊稱知縣,從《申報》"候補知縣俞同甫明府志善"[⑧]可確認俞同甫名志善。"同甫乃同姓不宗,然向來卻認本家",俞樾去世六年後《申報》報導《南軍退走

① 李國鈞主編《中華書法篆刻大辭典》第995頁,湖南教育出版社1990年。

② 俞樾《春在堂全書》第5册第678頁,鳳凰出版社2010年。

③ 曾國藩《曾國藩全集》第31册第296頁,岳麓書社2011年。

④ 顧廷龍主編《清代朱卷集成》(18),第123頁,臺北成文出版社有限公司1992年。

⑤ 徐世昌《大清畿輔先哲傳》第1437頁,北京古籍出版社1993年。《翁同龢日記》(中西書局2012年329頁):"御史劉慶奏前湖北學政俞奎垣投井自盡,係伊父兄威逼所致。"

⑥ 恩壽光緒二十五至二十七年(1899—1901)任江蘇布政使,光緒二十七年至三十年任江蘇巡撫。

⑦ 中國國家圖書館·中華古籍資源庫《曲園老人書札》稿本(善本書號17533)。

⑧ 1904年9月14日《申報》(上海版)第11283號《琴堂冠蓋》。

後之嘉定》"代理縣知事夏琅雲早於南軍入城時倉皇出走,現由省長另委俞志善承乏,已於十九號蒞任",在"俞志善"下括注"浙江德清人,俞曲園之侄孫"[①],這恐怕也是"向來卻認本家"的結果。"同甫乃撫署文案"是"得吴淞差"之前的曾任職。據《申報》報導,俞志善"得吴淞差"是"吴淞釐卡委員",光緒二十九年十月七日俞志善前往吴淞[②],十月十日作爲"吴淞釐卡委員"拜會上海縣知縣汪瑶庭[③]。俞樾此函説"已赴滬矣,明日接手",則寫信時間當在十月初七或初八。

"不特得一曾孫,又得一曾孫女",且"小孫已得差",是三大喜事,怎會説"不無所獲"? 經核對,"雖已得差"之"已"(肯定)原作"不"(否定),"然亦不無所獲也"之"不"下原有"謂"。如此則"然亦不謂無所獲也"(得一曾孫一曾孫女)與"小孫雖不得差"方才構成轉折關係。"小孫不得差"指的是本年四月二十八日俞陛雲作爲戊戌科散館人員被引見,授職仍是編修;六月十日作爲考取經濟特科人員被引見,翰林院編修俞陛雲"著記名遇缺題奏"[④]。《輯證》雖然誤讀爲"小孫已得差"不足爲據,但是將此札系於俞樾第三次得曾孫的光緒二十九年是正確的,與俞同甫赴滬就任吴淞釐卡委員年份吻合。"不特得一曾孫",指的是此年六月二十七日出生的慶寶[⑤];"又得一曾孫女",與慶寶同年的曾孫女雖未見記載,但俞樾此年所作《六月三日姚夫人生日焚寄》"桑蓬會見疊懸門"自注"陛雲妻妾皆懷任"("任"同"妊"),可爲間接證據,曾孫女的出生日期當在六月四日至十月八日之間。此妾是前妻彭見貞去世(1894)前一年爲陛雲買的,姓龍氏,俞樾取名"懷珠"[⑥]。

第三通,《輯證》第 386 頁:

手示讀悉。海寧麥實不知是何粉,

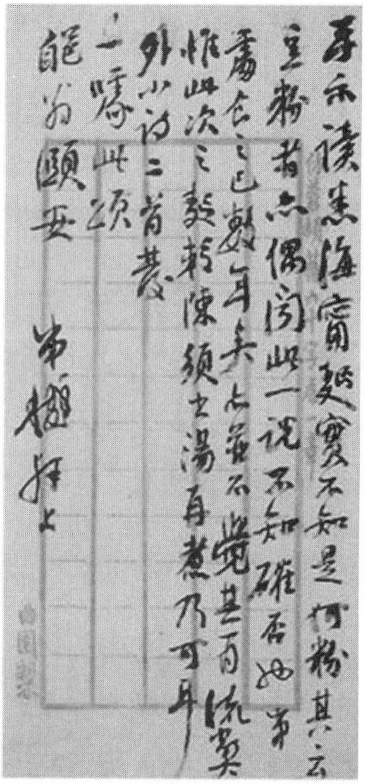
手示讀悉海寧麥實不知是何粉其云
主粉者亦偶閱此一説不知確否也弟
齋食已數年矣亦無不覺其有流弊
惟此次之麥粉陳須先湯再煮乃可耳
外小詩二首博
一噱此頌
能翁頤安
弟樾拜上

第三通

① 1913 年 8 月 24 日《申報》(上海版)第 14565 號《南軍退走後之嘉定》。

② 1903 年 12 月 4 日《申報》(上海版)第 11002 號《蘇省官報》:"十月初七日……知縣俞志善辭赴吴淞江釐局差。"

③ 1903 年 11 月 29 日《申報》(上海版)第 10997 號《上海官場紀事》:"江蘇候補道李吕文觀察、吴淞釐卡委員俞同甫明府均於昨日來滬,先後詣上海縣署,拜會縣主汪瑶庭大令。"

④ 《清實録》第 58 册《德宗景皇帝實録》卷五一八,中華書局 1987 年。

⑤ 《輯證》第 385 頁引"《春在堂詩編》卷二十葉二十三"爲據。此葉俞樾《陛雲舉第二男志喜》自注:"以其生於六月二十七日,乃萬壽慶賀期内,故取乳名曰慶寶。"

⑥ 俞樾《哭孫婦彭氏》"最難去歲衡湘返,買得明珠一顆圓"自注:"去年孫婦歸衡陽,以奩中資爲陛雲買一妾而還,余因其姓龍,名之曰懷珠。"

其云豆粉者,亦偶聞此一説,不知確否也。弟處食之已數也矣,亦並不覺其有流弊。惟此次之面較陳,須出湯再煮乃可耳。外小詩二首,發一噱。此頌郎翁頤安。弟樾拜上。

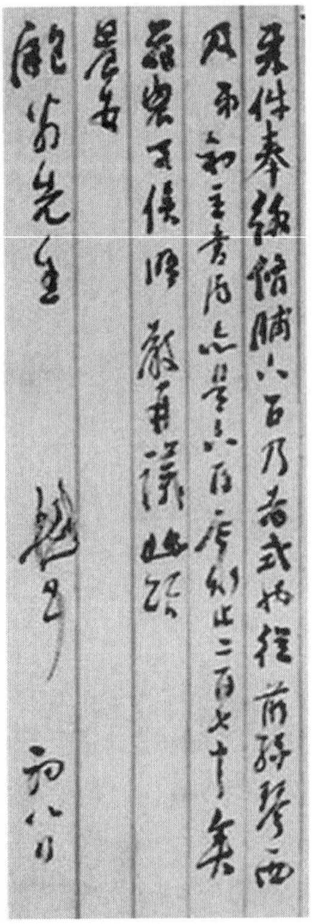

第四通

今按:“海寧麥實不知是何粉”之“麥”原作“麪”,“弟處食之已數也矣”之“也”原作“年”。

第四通,《輯證》第387頁:

來件奉繳。脩脯六百乃□式也。從前孫琴西乃,弟初主書局亦是六百,今則止二百七十矣。茲可俟晤再議。此頌晨安。郎翁先生。樾頓首,初八日。

今按:“從前孫琴西乃”缺謂語不成句,“乃”原作“及”(逗號當删),“從前孫琴西及弟初主書局”,指浙江官書局初設之時,孫衣言(字琴西)委任爲總辦,俞樾方主講詁經精舍,受聘爲總校[①]。“□”原作“老”,“亦是六百”與“六百乃老式”對應。“茲可”原作“花農事”,“晤”下有“教”字,“花農事俟晤教再議”,花農是俞樾得意門生徐琪號(生平見《輯證》第473頁)。

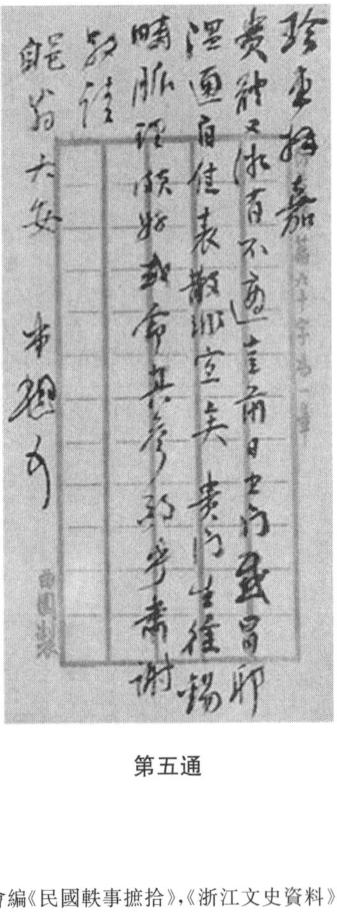

第五通

第五通,《輯證》第387頁:

珍惠拜嘉,貴體又有不適,豈前日出行感冒耶?温通自佳,表散非宜矣。貴門生徐錫疇脈理頗好,或命其參□乎?肅謝,敬請郎翁大安。弟樾頓首。

今按:“又有不適”原作“又微有不適”,“出行”原作“出門”,“參□”原作“參酌”。由此知徐錫疇是汪鳴鑾門生。據《縉紳全書》,徐錫疇是浙江德清人,監生,道光二十三年(1843)七月補太倉州甘草司巡檢;據《同治徐州府志》卷六下,德清人徐錫疇咸豐七年(1857)任邳州州判;徐錫疇光緒十九年(1893)爲佚名《咽喉脈

① 夏定域《浙江官書局始末》,浙江省政協文史資料委員會編《民國軼事摭拾》,《浙江文史資料》第70輯,浙江人民出版社2002年。

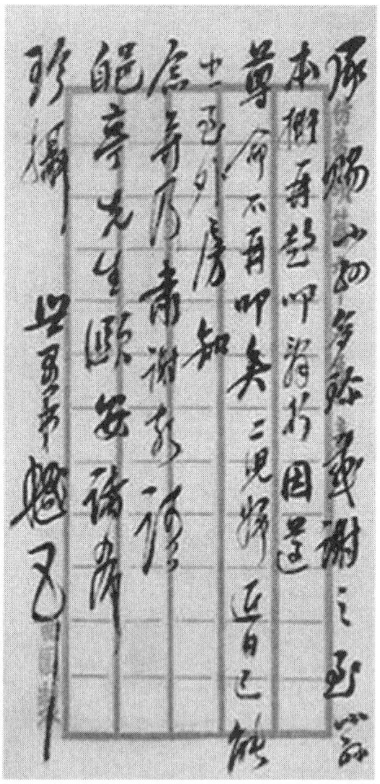

第六通

證通論》隨月館刻本作序,官銜是"同知銜廣東候補知縣"。光緒二十八年(1902)徐錫疇去世,俞樾五月十八日致洪爾振:"吴下時症甚熾,徐錫疇夫婦均在劫中,相繼而逝,無以爲殮。愚當即送去二十元,亦無濟於事,其家止存二子三女,伶仃可憐。愚雖言於方伯及首府,然時勢孔艱,未必能集腋成裘也。伏念此君爲人甚好,愚處請其診治,並輿金亦不受,聞於尊處亦然。"①

第六通,《輯證》第387頁:

承賜小孫多珍,感謝之至。小孫本擬再趨叩行,因遵尊命,不再叩矣。二兒婦近日已能出至外房,知念並及。肅謝,敬請郎亭先生頤安,諸希珍攝。世愚弟樾頓首。

今按:"趨叩行"原作"趨叩辭行"②。

第七通,《輯證》第388頁:

郎亭先生侍史:昨惠顧,暢談爲快。聞吾兄與紡紗廠祝少英兄相熟,有敝友胡小樓茂才祖蔭在紗廠當揀花司事,出息甚微。聞近有日報帳房王君辭退一缺,祈求鼎言,即托祝少英將揀花司事胡小樓調派日報帳房,光景稍佳,感戴無況。手此布瀆,即頌大安。世愚弟期樾頓首,三十。

今按:"即托祝少英"原作"即托祝少英兄","感戴無況"原作"感戴無既","無既"即無窮、不盡。"祝少英"即祝承桂(? —1905)③,"紡紗廠"應指蘇綸紗廠,據徐仁官《蘇綸紗廠紀略》,蘇綸紗廠1897年夏建成開工,陸潤庠爲經理,受蘇州商務局管轄督辦。1898年春陸潤庠入京供職,清政府續派紳士候選郎中祝承桂接辦,1900年之後虧損,1903年4月由商人費承蔭接租④。《中國近代紡織史》也説是1898年祝承桂與蘇州商務局簽訂協定,承租包辦5年。5年内累計虧損銀31萬餘兩⑤,祝承桂承租時是"紙商捐户部郎中銜"⑥。可見此函作於1898年春至1903年4月之間。

① 西泠印社拍賣有限公司(紹興)2017年春季拍賣會拍品 http://auction. artron. net/paimai-art5103630927/。

② 此承張燕嬰編審指教。

③ 1905年9月19日《申報》(上海版)第11647號《祝少英觀察大殮廣告》。

④ 江蘇省政協文史資料委員會《江蘇文史資料集粹・經濟卷》,《江蘇文史資料》編輯部1995年。

⑤ 《中國近代紡織史》編輯委員會《中國近代紡織史》下卷第242頁,中國紡織出版社1997年。

⑥ 《中國近代紡織史》編輯委員會《中國近代紡織史》下卷第305頁。

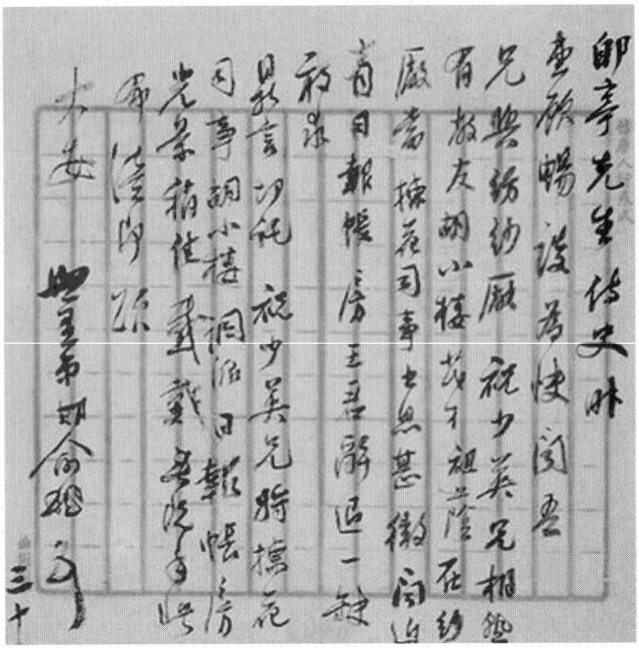

第七通

第八通,《輯證》第 388 頁:

郎亭仁兄世大人閣下:頃有同鄉敝年侄沈大使自江西奉差到此,意欲求閣下致翁方伯一書,春風噓拂。其人在江西多年,老成歷練,翁方伯亦深知其人,但欲得鼎言爲重耳。如尊處說項人多,不妨說此人是弟所托,亦無不可也。手此布瀆,即頌台安。世愚弟樾頓首。

今按:"同鄉敝年侄沈",據《重修浙江通志稿·考選譜》"清代歷科舉人題名"之"道光二十四年甲辰科",與俞樾同是德清人的沈姓舉人只有沈儀吉[①],字鴻漸。"年侄沈大使",沈儀吉的侄子沈光訓,字芷卿。"大使",俞樾《沈母童太孺人墓誌銘》說"年家子沈光訓""以道庫大使試用於江西"[②]。"意欲求閣下致翁方伯一書",《輯證》第 388 頁介紹"翁方伯":"疑即翁曾桂(1837—1905),字筱珊,一作小山,江蘇常熟人。翁同書三子……後官安徽按察使、江西布政使。光緒二十四年(1898)七月,護理江西巡撫,九月以憂免。"翁曾桂是翁同龢侄子,汪鳴鑾雖於光緒二十一年(1895)被革職,但曾是翁同龢門生和得力幹將,俞樾所托得人。翁曾桂光緒二十一年(1895)閏五月到任江西按察使[③],次

① 民國浙江省通志館編,浙江省地方志編纂委員會整理《重修浙江通志稿》第 14 册第 9244、9245 頁,方志出版社 2010 年。

② 《春在堂全書》第 4 册第 589—590 頁。

③ 秦國經主編《清代官員履歷檔案全編》(6),第 493 頁。

年四月調任江西布政使[1]，次年正月委派“沈芷卿參軍光訓”等人赴浙江採辦桑秧[2]，1897 年 4 月出版的《利濟堂學報》節録二月十六日《蘇報》：“江西藩憲翁筱山方伯札委沈芷卿大使光訓赴浙採辦桑秧萬株……均於月初由浙旋省開辦矣。”[3]可知“翁方伯亦深知其人”之不誣，而“沈大使自江西奉差到此”也很可能是此次“赴浙採辦”，即此札作於 1897 年正月至二月初，翁曾桂時任江西布政使（藩憲）。

郋亭仁兄世大人閣下：頃有同鄉劉年伯沈大使自江西奉差到此，意欲求閣下賜一函翁方伯一書，春風噓拂。其人在江西多年，老成歷練，翁方伯亦深知其人，但欲得吾言為重耳。如尊處薦牘人多，不妨說此人……布謝，即頌台安。世兄弟樾頓首

第八通

【作者簡介】汪少華，復旦大學出土文獻與古文字研究中心教授，研究方向爲訓詁學、古代典籍與文化；顔春峰，杭州師範大學人文學院教授，主要從事古代漢語、中國古代文化教學與研究。

---

① 檢自台灣“中研院”近代史研究所、臺灣大學數字人文研究中心：清季職官表查詢系統（2015），http://doi.org/10.6681/NTURCDH.DB_SSOP/Service。

② 1897 年 3 月 16 日《申報》（上海版）第 8587 號《廣興蠶政》。

③ 陳虬編《利濟堂學報》第六册，《農學瑣言》卷一《蠶桑大興》，《中國近代中醫藥期刊彙編》第一輯第 545 頁，上海辭書出版社 2010 年。

古代墓銘讖言故事考論

李道和

【提　要】傳世文獻、出土墓誌、口頭傳説中都有預卜葬後發墓、改葬等内容的墓銘讖言故事，目前所知文本數量已逾70例。這種讖言從先秦到清代均有記載，遍布南北，可謂源遠流長、傳承廣遠。墓銘讖言内涵豐富，與古代地理的環境變遷、命數觀念、占卜文化等密切相關。

【關鍵詞】墓銘　讖言　易經　占卜　筮短龜長

一、前言

從先秦開始，中國古代就曾出現大量讖謡、銘文預言故事。在多種預言故事中，有一種可稱爲"墓銘讖言故事"，即墓中銘文預測後事乃至得到"應驗"的故事。尤其是占卜選擇墓址、預測後世發墓之類人事的部分，在傳世文獻、出土墓誌甚至民間口傳故事中不斷湧現，最值得關注。關於墓銘故事，前人已有一些研究，但總體上還較薄弱，可以作進一步探討。

關於墓銘讖言故事文例的收集，古今學者多有貢獻。子書如宋王洙等《地理新書》卷九《史傳事驗》列9例（我們只取本文討論的既是墓銘又是讖言的有關擇址、發墓、改葬之類故事，後同）①，《新編分門古今類事》卷一七《墓兆門》列6例②，明郎瑛《七修類稿》卷四八《奇謔類·前知事蹟》列有7例③，李清《歷代不知姓名録》卷六《異人類》《術士類》共列9例④，清來集之《倘

【基金項目】本文爲2011年度國家社科基金項目《古代文言小説的故事學研究》（批准號11BZW076）的階段性成果。又本文初稿原爲2014"碑誌、文獻與考古"學術研討會論文（2014年12月，台灣嘉義，中正大學）。

① ［宋］王洙等撰，［金］畢履道、張謙校《重校正地理新書》，成書於嘉祐元年（1056），金大定二十四年（1184）畢氏序，《續修四庫全書》影木犀軒藏元刊補足金刻本，上海古籍出版社，2002年，册1054，頁67c—71a；金身佳《地理新書校理》，湘潭大學出版社，2012年，頁263—275。

② ［宋］宋某（宋如璋之子）《新編分門古今類事》，成書於乾道五年（1169），《叢書集成初編》排印光緒間《十萬卷樓叢書》本，中華書局，1985年，册2722，頁203—209。

③ ［明］郎瑛（1487—1566）《七修類稿》，中華書局，1959年，頁699—701。

④ ［明］李清（1602—1683）《歷代不知姓名録》，《故宫博物院叢刊》影四庫子部撤出書，海南出版社，2000年，册343，頁171c—177a，187c—198b。

湖樵書》二編卷八《陵墓興廢之數》列 18 例[①]，袁棟《書隱叢説》卷六《數已預定》列 15 例[②]。總集如《全唐詩》卷八七五《讖記》列唐代故事 8 例[③]，嚴可均《全上古三代秦漢三國六朝文》列唐前諸代部分文例[④]。此外，《中國社會史料叢鈔》第九《傳説・發墓之傳説》列有 7 例[⑤]，《中國古代民間故事長編》列 15 例[⑥]。但往往轉據晚出文獻，故事時代不免顛倒，又往往與非墓銘讖言故事混雜。

關於故事意藴的考論，古代多數學者主要揭示"事有定數"的觀念，清代後期、近現代及當代金石學者倒是多有切實的貢獻。如清瞿中溶《古泉山館金石文編》卷二《宣城尉李夫人賈氏墓志》跋考釋發墓者"劉黄頭"名意[⑦]，近代羅振玉在著録多種相關墓誌的同時討論隋趙洪等三種墓誌相似讖語[⑧]，顧燮光《夢碧簃石言》卷三《石刻之前知》論及唐賈氏、李宗墓誌[⑨]，趙萬里《漢魏南北朝墓誌集釋》卷一一《元子邃墓誌》結合墓誌與傳世文獻加以考論[⑩]，葉昌熾《語石》卷四《墓誌》及柯昌泗"異同評"亦有引論[⑪]。當代學者或從讖謡文化揭示文獻中墓銘的傳播特點，批評其欺騙性[⑫]，或從盜墓史驚異於其"準確性"、神秘性[⑬]，或釋讀小説作品[⑭]，或分析小説中遺銘求葬的叙事藝術[⑮]。特别是已有學者較爲集中地討論了墓誌讖言故事，如趙振華、王學春論列 11 例墓誌，分析其

---

① ［清］來集之《倘湖樵書》，康熙二十一年（1682）自序，《續修四庫全書》影倘湖小築刻本（回改題名印本），册 1196，頁 242a—246a。

② ［清］袁棟《書隱叢説》，乾隆九年（1744）自序，《四庫全書存目叢書》影乾隆十六年（1751）阮學濬序刊本，齊魯書社，1995 年，子部，册 116，頁 479c—480c。

③ ［清］曹寅、彭定求等《全唐詩》，成書於康熙四十五年（1706），中華書局編輯部點校增訂本，中華書局，1999 年，册 13，頁 9985—9988。

④ ［清］嚴可均《全上古三代秦漢三國六朝文》，成書於道光十四年（1834），中華書局，1987 年。

⑤ 瞿宣穎《中國社會史料叢鈔》（甲集），商務印書館，1937 年，頁 530—534。

⑥ 顧希佳《中國古代民間故事長編》，浙江大學出版社，2012 年，魏晋南北朝卷，頁 55—56；隋唐五代卷，頁 99；宋元卷，頁 307；明代卷，頁 52—55、377。

⑦ ［清］瞿中溶（1769—1842）《古泉山館金石文編》（殘稿），《叢書集成續編》影民國間《適園叢書》本，上海書店，1994 年，册 72，頁 462c—463b。

⑧ 《隋趙洪專誌跋》，載《國粹學報》第 62 期，宣統元年十二月二十日（1910 年 1 月 30 日），美術篇，頁 1a—2b。

⑨ 顧燮光撰，王其褘校點《夢碧簃石言》，成書於 1914 年，遼寧教育出版社，2001 年，頁 106—107。

⑩ 趙萬里《漢魏南北朝墓誌集釋》，科學出版社，1956 年；此據《石刻史料新編》第 3 輯，新文豐出版公司，1986 年，册 3，頁 259—260。

⑪ 葉昌熾撰（1909），柯昌泗評（1943），陳公柔、張明善點校《語石・語石異同評》，中華書局，1994 年，頁 237、259。

⑫ 謝貴安《中國讖謡文化研究》，海南出版社，1998 年，頁 71—75，169—175。

⑬ 王子今《中國盜墓史》，中國廣播電視出版社，2000 年，頁 131—132。

⑭ 許彰明品讀《梁大同古銘記》，見李劍國主編《唐宋傳奇品讀辭典》，新世界出版社，2007 年，頁 228—231。

⑮ 張玉蓮《古小説中的墓葬叙事研究》，人民出版社，2013 年，頁 85—89。

與《易》占的關聯[①]，劉天琪論列 14 例，分析其與厚葬、盜墓風氣的關聯[②]。還有學者在相關論文中作了部分涉及[③]。

總體來看，相對於一般讖謡特别是政治讖謡研究較爲多見，墓銘讖言研究不免沉寂，所以古今學者的已有研究還存在拓展空間，如研究對象還需加强傳世文獻記録與考古發現的比照參觀，文例收集還需系統梳理，内涵闡釋還可進一步深入抉發等，本文擬在前人基礎上再作考論。

二、傳世文獻記録的墓銘讖言故事

關於古代選擇墓址、預言發墓或改葬之類的墓銘讖言故事文例，前人往往略舉數例，或時代錯雜，我們擬作全面梳理（非墓銘讖言者暫不列入討論）。主要從傳世文獻記録、考古發現兩個方面梳理出約 70 個文例（文末附一覽表，前爲文獻所録，中爲出土墓誌，後爲非墓銘讖言舉例），陳述人事概況，輯録、釋讀、校正讖言文字，考論相關史事，儘量注明最早或較早文獻出處，對於後世記録則因考論所需方有涉及。由於故事不免虚飾，難以確知某些下葬、發墓時間，故文獻記録部分大體以知見文獻出處時間爲序。

從先秦至清代，中國古代出現大量墓銘讖言故事，在傳世文獻記録中不絶如縷，其文例至少有 50 餘例。故事略謂地中銘文預言某人將葬於此，或是葬後數百年有某人發墓、改葬，其事往往得到"應驗"。

1. 春秋衛靈公（前 534—前 493 年在位，衛國在今豫中北地區）卜葬

《莊子·雜篇·則陽》記，孔子問諸大史：衛靈公"其所以爲靈公者何邪"？狶韋曰："夫靈公也死，卜葬於故墓不吉，卜葬於沙丘而吉。掘之數仞，得石槨焉，洗而視之，有銘焉，曰：'不馮其子，靈公奪而（里）〔埋〕之。'夫靈公之爲靈也久矣。"[④]《太平御覽》卷五三引作"不憑其子"，"奪而埋之"[⑤]。《博物志》卷七作"靈公奪我里"[⑥]。意謂靈公墓址借用了古墓，銘文不僅預告了靈公卜葬，而且是其謚號靈公的證明，故《文選》卷一四班固《幽通賦》稱"魯衛名謚於銘謡"[⑦]。

---

① 趙振華、王學春《談隋唐時期喪葬文化中的墓誌讖言——讀〈柳山濤墓誌〉及其讖言》，載《碑林集刊》第 10 輯，陝西人民美術出版社，2004 年；此據趙振華《洛陽古代銘刻文獻研究》，三秦出版社，2009 年，頁 160—168。

② 劉天琪《隋唐"讖語"墓誌及相關問題》，載《唐都學刊》2009 年第 4 期，頁 34—37。

③ 陸揚《從墓誌的史料分析走向墓誌的史學分析——以〈新出魏晉南北朝墓誌疏證〉爲中心》，載《中華文史論叢》2006 年第 4 期，參頁 112—113，列 6 例；陳昊《墓誌所見南北朝醫術世家的身份認同與宗教信仰——以丹陽徐氏爲中心》，載《文史》2008 年第 2 輯，頁 77—103，此據人大復印資料《宗教》2008 年第 5 期，參頁 103—106，列 11 例；王其禕、王慶衛《〈隋代墓誌銘彙〉考補》，載《碑林集刊》第 13 輯，陝西人民美術出版社，2008 年，王伯誌部分，頁 195—197，列 11 例。

④ ［清］郭慶藩輯，王孝魚整理《莊子集釋》，中華書局，1982 年，參頁 906—908。

⑤ ［宋］李昉等《太平御覽》，中華書局，1960 年，影宋本，頁 256d—257a。

⑥ ［晋］張華（232—300）撰，范寧校證《博物志校證》，中華書局，1980 年，頁 85。

⑦ ［南朝梁］蕭統編，［唐］李善注《文選》，中華書局，1977 年，影嘉慶十四年（1809）胡克家刻本，頁 211b。

《莊子》雜篇成書時代難以斷定，但大體是先秦文獻。較早將衛靈公事與其他墓銘讖言故事併列的或是清人來集之《倘湖樵書》(頁 244c)(説明：爲節省篇幅，本文再次引用同一文獻時，不再注明出處書刊信息，僅隨文夾注頁碼，若無新注，則頁碼無變)，儘管没有指出其爲最早文例。

2. 商蜚廉得霍太山(在今晋西南霍州市)石棺

《史記》卷五《秦本紀》載，殷紂時，蜚廉爲壇於霍太山，得石棺，銘曰："帝令處父不與殷亂，賜爾石棺以華氏。"卒葬於此山。唐司馬貞索隱解釋説，蜚廉别號處父，爲臣至忠，"國滅君死而不忘臣節，故天賜石棺，以光華其族"①。其後蜚廉一族繁衍爲趙氏。

3. 西漢夏侯嬰(? —前 172)卜葬長安(今西安市)東都門外

《西京雜記》卷四記，滕公(夏侯嬰封滕公)"駕至東都門，馬鳴，跼不肯前，以足(跑)〔踣、掊〕地久之"。滕公使人掘得石槨，有科斗書銘文，叔孫通釋曰："佳城鬱鬱，三千秊見白日，吁嗟滕公居此室。"滕公以爲天意，死遂葬焉②。此謂生前卜葬，而《博物志》卷七(頁 85)、《太平廣記》卷三九一引《獨異志》(晚唐李伉撰)佚文③，乃云薨後求葬，因銘改卜，仍不影響銘文卜葬的故事框架。

4. 蔡伯公卜葬

《太平御覽》卷五九〇引《博物志》佚文曰："魯闍里蔡伯公死，求葬，庭中有二人行，頃還葬，二人復出，掘土得石槨，有銘曰：'四體不勤孰爲作？生不遭遇長附託，賴得二人發吾宅④。'閭里祠之。"(頁 2657b)該條故事僅見於此，未詳"魯闍里蔡伯公"所指，不知是否爲《史記》卷三五《管蔡世家》被西周成王封於新蔡的蔡叔之子蔡伯荒(頁 1565—1566)?

5. 秦始皇發孔子墓(在今魯西南曲阜市)

《異苑》卷四記，秦世有謡曰："秦始皇，何僵梁。開吾户，據吾床。飲吾酒，唾吾漿。飱吾飯，以爲糧。張吾弓，射東牆。前至沙丘，當滅亡。"始皇果發孔子墓，見"謡文刊在冢壁"，後至沙丘，"得病〔而殂〕"⑤。"而殂"二字，據《開元占經》卷一一三引補⑥，殷芸《小説》卷二作"至沙丘而亡"⑦，殂亡是冢壁讖謡應驗的結果。孔子遺讖早見《論衡・實知》等，但詳細謡辭及刊在冢壁之説當始見於南朝。此外，《後漢書》卷四一《鍾離意傳》注引《鍾離意别傳》(南朝梁以前

---

① 《史記》，中華書局，1959 年，頁 174—175。

② [漢]劉歆(? —23)撰，[晋]葛洪(283—363)集《西京雜記》，《四部叢刊初編》景嘉靖三十一年(1552)刊本，商務印書館，1929 年，册 461，頁 2b。

③ [宋]李昉等編，汪紹楹點校《太平廣記》，中華書局，1961 年，頁 3123。

④ 按，據《毛詩古音考》卷三，此處"宅"字當音"鐸"，與前文"作""託"合韻，"宅"亦指人所假托。參[明]陳第撰，康瑞琮點校《毛詩古音考》，萬曆三十四年(1606)焦竑序，中華書局，1988 年，頁 121—122。

⑤ [南朝宋]劉敬叔(? —453?)撰，范寧校點《異苑》，中華書局，1996 年，頁 29。

⑥ [唐]瞿曇悉達《唐開元占經》，景印文淵閣《四庫全書》本，台灣商務印書館，1986 年，册 807，頁 978d。

⑦ [南朝梁]殷芸撰，周楞伽輯注《殷芸小説》，上海古籍出版社，1984 年，頁 51。

人撰)[①]、《水經注》卷二五《泗水》[②],有孔子懸甕丹書讖語,惟非屬墓銘。

6. 南朝宋朱護改葬如皋縣(今爲江蘇如皋市)古墓

《異苑》卷七記,"海陵如皋縣東城村邊,海岸崩壞,見一古墓,有方頭漆棺。以朱題上,云:'七百年墮水。'元嘉二十載(443)三月,墜于懸巘"。村人朱護啓棺,見一老姥,後夢姥置錢一千,乞爲再葬,護乃重殮,"移於高阜"(頁67)。

7. 東晋信安縣(在今浙西衢州市)獨松山古冢崩

此冢磚文見載於《太平御覽》卷五五九、卷七六七並引《東陽記》(南朝宋員外郎鄭緝之撰)(分見頁2529a、3404b),及《水經注》卷四〇《漸江水》(頁3290),今互校其文。《東陽記》曰:"獨(公)〔松〕山,在縣東八十里,有古冢臨溪。其塼文曰:'筮言吉,龜言凶,三百年,墮水中。'義熙(405—418)中,冢猶半存,自後稍已崩盡。"《水經注》記:"穀水東逕獨松故冢下,冢爲水毁,其塼文:'筮言吉,龜言凶,〔三〕百年,墮水中。'今則同龜繇矣。"楊守敬按語以爲,"《東陽記》未明山在何縣,據下文東陽郡治長山縣,如指長山,則冢在今金華東矣"。其實若考慮穀水(今衢江)東經古冢,則可能是郡西信安縣,在今浙西衢州市。再看《水經注》接云,"穀水又東逕長山縣南,與永康溪水合",永康溪水今稱武義江,知穀水未經長山,更知獨松古冢當在信安以東。

8. 南朝宋皮熙祖取上虞(今爲浙中上虞市)黄氏古冢磚

《太平御覽》卷五五九引《會稽郡十城地志》:"上虞縣東南,有古冢二十餘墳,宋元嘉之初,潮水壞其大冢。初壞一冢,塼題文曰:'居在本土厥姓黄,卜葬於此大富强。《易》卦吉,龜卦凶。四百年後(随)〔墮〕江中,當墜值王顒。'縣令皮熙祖取數塼,置縣樓下池中,録之悵然而已。"(頁2529a)

嚴可均將此文既輯作後漢文(頁1046a),當據讖言倒推四百年,又輯作先唐文(頁4245a),當是疑惑此志時代;魯迅以志名相近,混輯作夏侯曾先《會稽地志》(脱十八字)[③]。均嫌未恰。據《宋書》卷三五《州郡志一》[④]、《南齊書》卷一四《州郡志上》[⑤],揚州會稽郡轄山陰、永興、上虞、餘姚、剡、諸暨、始寧、句章、鄮、鄞十縣,亦即十城;梁、陳、隋之會稽郡已無十城,唐時又改會稽爲越州;冢又壞於南朝宋元嘉(424—453)之初,凡此可推《會稽郡十城地志》撰者約爲南朝宋、齊間人,而非魯迅所推陳隋間夏侯曾先,或是嚴可均所擬模糊的先唐人。磚文謂"當墜值王顒",而地志未記實際所值者,僅言皮縣令取磚。

9. 北魏龍沙(在今贛中南昌市)故冢没水

《水經注》卷三九《贛水》:"贛水又北逕龍沙西,……昔有人于此沙得故冢,

---

① 《後漢書》,中華書局,1965年,頁1410。

② [北魏]酈道元注,[民國]楊守敬、熊會貞疏,段熙仲點校,陳橋驛復校《水經注疏》,成書於515—524年間,江蘇古籍出版社,1989年,頁2108—2109。

③ 魯迅輯録,汪紹楹、林辰、王永昌編校《魯迅輯録古籍叢編》,人民文學出版社,1999年,卷3,頁325—326。

④ 《宋書》,中華書局,1974年,頁1030—1031。

⑤ 《南齊書》,中華書局,1972年,頁245。

刻塼題云：‘西去江七里半，筮言其吉，卜言其凶。’而今此冢垂没于水，所謂筮短龜長也。”(頁 3249)《太平御覽》卷三二引《豫章記》(南朝宋雷次宗撰)：“龍沙在郡北帶，江沙甚潔白高峻，而陂有龍形。”(頁 153b)知龍沙故冢在豫章郡治南昌。

10. 南朝宋謝靈運取浦陽江(亦即曹娥江，流經今浙中地區)琵琶圻古冢甓

《水經注》卷四〇《漸江水》：“(浦陽)江有琵琶圻，圻有古冢墮水，甓有隱起字，云：‘筮〔云〕吉，龜〔云〕凶，八百年，落江中。’謝靈運取甓詣京，咸傳觀焉。乃如龜繇，故知冢已八百年矣。”(頁 3331)《太平御覽》卷五五九引《輿地志》亦稱，琵琶(折)〔圻〕古冢“半在水中”，甓字云：“琵琶，筮云吉，龜云凶，八百年，墮水中。”(頁 2529b)《輿地志》爲南朝梁陳間顧野王(519—581)撰，時代緊接《水經注》。從銘文三字句式看，當以《輿地志》有二“云”字爲是。

嘉泰《會稽志》卷一〇則以爲，“酈道元誤以曹娥爲浦陽江”，故據《十道志》(唐梁載言撰)“浦陽江有琵琶圻，岸有曹娥碑”，而斷“曹娥江即浦陽爾”①。蓋因曹娥遺蹟當在曹娥江，而浦陽江有其碑，故二江名同。萬曆《紹興府志》卷七又引《上虞縣志》“曹娥江，始寔名浦陽”，分析“浦江一源而分二派”，至上虞、會稽間者“爲曹娥江”②；卷八又説，上虞縣琵琶洲，“一名琵琶圻”，接引《水經注》琵琶圻古冢事(頁 675)。知琵琶圻古冢在上虞曹娥江岸。

11. 北魏張恩得汾陰(在今晋西南萬榮縣)湯冢志

《太平廣記》卷三九一引《史系》：“後魏天賜中，河東人張恩盜發湯冢，得志云：‘我死後二千年，困於恩。’恩得古鍾磬，皆投於河。此又別見《聖賢城冢記》。”(頁 3123—3124)諸書稱事件發生於北魏拓跋珪天賜(404—409)中，而《太平寰宇記》卷四六作北魏孝文帝太和(477—499)中，具體指稱蒲州寶鼎縣(唐置，北魏爲汾陰縣，先屬河東郡，後屬北鄉郡，在今晋西南運城市萬榮縣)有湯陵，張恩得冢志下句作“終困于恩”③。

至於文獻出處，《史系》宋代始著録，《太平御覽》《太平廣記》引其佚文多孝感、博物等異聞，除點明南朝梁、北魏事外，他事多在唐代，其書當爲唐人撰。此一事更早見於《聖賢城冢記》，《地理新書》卷九引出《城冢記》(頁 68b)，《東原録》引出《汲冢記》④，“汲”當爲“城”字之形誤。《宋史》卷二〇四《藝文志三》著録《城冢記》一卷，注：“按序，魏文帝三年，劉裕得此記。”⑤《諸史拾遺》卷四⑥、補《三國藝文志》卷二⑦，均以魏文帝三年爲曹丕時，後者以爲或即《皇覽冢墓

① [宋]施宿《(嘉泰)會稽志》，嘉泰元年(1201)陸游序，正德五年(1510)重刊本，頁 14b—15a。

② [明]蕭良幹等修，張元忭等纂萬曆《紹興府志》，《中國方志叢書》影萬曆十五年(1587)刊本，成文出版社，1983 年，頁 601。按，此府志前，有正統六年(1441)郭南及萬曆十一年(1583)陳絳、葛棆兩種《上虞縣志》。

③ [宋]樂史(930—1007)撰，王文楚等點校《太平寰宇記》，中華書局，2007 年，頁 959。

④ [宋]龔鼎臣《東原録》，上海書店，1990 年，影民國十五年(1926)涵芬樓《宋人小説》本，頁 6b。

⑤ 《宋史》，中華書局，1977 年，頁 5152a。

⑥ [清]錢大昕《諸史拾遺》，《續修四庫全書》影嘉慶間稻香吟館刻本，册 455，頁 37b。

⑦ [清]姚振宗《三國藝文志》，《續修四庫全書》影民國間《適園叢書》本，册 914，頁 516d—517a。

記》。然魏文帝時書不得記北魏時事，除非後世有增補。頗疑《宋志》所謂魏文帝三年，或是北魏文成帝興安三年（公元 454 年，其在位僅有三年），其時恰略晚於張恩事之北魏天賜年間。儘管歷代城冢諸記繁多混雜，但記録張恩得湯冢志的《聖賢城冢記》要當出於唐前。

12. 東魏高澄改葬小平津（在今豫中鞏義市）古冢

《太平御覽》卷七二六引《三國典録》曰："東魏相、齊王澄，以舟師還次於小平津，北岸古冢崩，骨見，銘曰：'今卜高原，千秋之後，化爲下泉，當逢霸主，必爲改遷。'王曰：'古人之卜，其何至也？'令更葬之。"（頁 3217a）

據《舊唐書》卷一九〇中《員半千傳》附丘悦傳，《三國典録》撰人爲初唐丘悦，開元初卒[①]。高澄是東魏宰相、齊王、大將軍，幾乎奪取孝静帝皇位（後被追謚爲文襄皇帝），知墓主確實遇到霸主爲之改葬。《三國典録》稱高澄爲東魏相、齊王，《資治通鑑》卷一六二載高澄封齊王在梁武帝太清三年（即東魏孝静帝武定七年，549）四月[②]，則遷葬事發生於高澄即將受禪代齊之際。《資治通鑑》卷五九載，東漢中平六年（189）八月，陳留王至小平津，注："（李）賢曰：小平津在今鞏縣西北。杜佑曰：鞏縣西北有小平縣故城，又北有津，曰小平津。"（頁 497c）知古冢在今鞏義市。

13. 北魏高流之改葬徐州（？）古墓

《朝野僉載》卷四："後魏高流之，爲徐州刺史，決滹沱河水繞城。破一古墓，得銘曰：'吾死後三百年，背底生流泉。賴逢高流之，遷吾上高原。'流〔之〕爲造棺槨衣物，取其柩而改葬之。"[③]

諸書多作徐州刺史，惟《地理新書》卷九引作"某州刺史"（頁 68b），或以爲徐州非是。又有不言滹沱河者，如《類説》卷四〇録作"河決水遶城"[④]，《新編分門古今類事》卷一七又引作"決河水繞城"（頁 207—208），且不論決水有自然、人爲之别，關鍵是流經徐州城者爲汴水、泗水，非滹沱河，亦非黄河。按，北魏及唐時，滹沱河流經肆州、定州、瀛洲，即今晋、冀大部地區，非在徐州。疑高流之任所在肆州（州治在今晋中原平、定襄、沂州之間），諸書作徐州、除州、滁州者可能有誤。

14. 唐築東都洛陽豐都市得古冢銘

《朝野僉載》卷四記，東都初築豐都市垣，掘得古冢，得銘云："筮道居朝，龜言近市。五百年間，於斯見矣。""當時達者參驗，是魏黄初二年所葬也"（頁 118）。又見《太平御覽》卷一九一引韋述（691？—758）《（西）〔兩〕京記》（頁 925b）、《隋唐嘉話》卷上[⑤]，即連續被盛唐開元以後文獻所載。

雖説當時參校古冢葬年爲三國魏黄初二年（221）並無實據，乃據銘文逆推

---

① 《舊唐書》，中華書局，1975 年，頁 5015。

② ［宋］司馬光撰，［元］胡三省音注《資治通鑒》，中華書局，1997 年，頁 1280a。

③ ［唐］張鷟（658—730）撰，趙守儼點校《朝野僉載》，中華書局，1979 年，頁 118。

④ ［宋］曾慥《類説》，《四庫全書》本，册 873，頁 696a。

⑤ ［唐］劉餗（天寶至大歷間人）撰，程毅中點校《隋唐嘉話》，中華書局，1979 年，頁 3。

五百年，但可順推假定其掘發時間當在開元九年(721)左右。又按，關於古冢地點，《朝野僉載》稱“東都豐都市，在長壽(市)〔寺〕之東北”，《隋唐嘉話》解釋説“洛陽南市，即隋之豐都市”；而唐所謂“南市”隋曰東市，唐西市隋又曰“南市”，此之“南市”乃唐稱(在雒水南)，隋曰東市，亦曰豐都市[①]。

15. 唐王果改葬雅州(今爲川西南雅安市)懸棺

《蒙求》卷中注引《神怪志》記，“將軍王果，昔爲益州太守，路經三峽”，見江崖懸棺，有石誌云：“三百年後水漂我，欲及長江垂欲墮。欲墮不墮遇王果，〔五百年中重收我〕。”果歎曰：“數百年前知我名，如何捨去？”乃改葬之[②]。

《太平御覽》卷五五九所引不稱王果官職，言“王果經三峽”(頁 2529b)。《太平廣記》卷三九一(頁 3125，無出處)、《地理新書》卷九引(頁 69b)，並稱“唐左衛將軍王果被責，出爲雅州刺史”。知王果本知益州，遷雅州，是唐人，魯迅《古小説鉤沈》乃誤將此條作爲唐前缺名《神怪録》佚文(見《魯迅輯録古籍叢編》，卷 1，頁 469)。事實上，此條竟是盛唐孔昚言(開元中爲解縣令、黄州刺史)撰《神怪志》惟一已知佚文，王果爲雄誕子，武后時人[③]。《隋唐嘉話》卷下記銘文稱“更後三百年”云云(頁 38)，句式參差，不似銘文體。《蒙求》《太平御覽》引前三句，無末重葬句，《太平廣記》《地理新書》引僅後二句，末作“五百年中重收我”，第三句皆稱“欲墮不墮”，惟《太平御覽》作“欲落不落”。時間數有“三”“五”二字，可能有一誤，抑或意指三百年水漂，五百年重葬。

諸書多言懸棺在三峽，《聞見後録》卷三〇以宋時三峽懸棺與王果事相互印證[④]，而《蜀中廣記》卷一四[⑤]、《蜀中名勝記》卷一四[⑥]，並引《録異記》乃稱，王果“謫雅州刺史，經平羌江中”，改葬岩腹鐵棺，《全唐詩》卷八七五稱“《録異記》亦載此”云云(頁 9987)。碑銘有四句：“地裂山崩(《蜀中廣記》作“山摧”)水漂我，臨及長江危欲墮。欲墮不墮遇工果，五百年後改葬我。”今傳唐末杜光庭撰《録異記》中未見此條(其書卷八專記墓事)。諸書記事分歧在：或謂作益州太守經長江三峽，或稱出爲雅州刺史經平羌江。文獻往往説王果“見銘愴然”“悽然”，所悲者當在被貶雅州刺史，《太平廣記》《地理新書》更記王果喟然嘆曰：“吾今葬此人，被責雅州，固其命也。”則貶知雅州較爲可信。從益州(治今成都)到雅州(治今川西南雅安市)，正要經過平羌江(今青衣江上游)，則銘文所謂“長江”，非必今日長江。《資治通鑒》卷二〇三載，高宗弘道元年(683)十二

---

① 參[清]徐松撰，張穆校補，方嚴點校《唐兩京城坊考》，中華書局，1985 年，頁 160；楊鴻年《隋唐兩京考》，武漢大學出版社，2005 年，頁 73—76。

② [五代後晋]李瀚《古本蒙求》，天寶五年(746)李良薦表，《叢書集成三編》影日本《佚存叢書》本，新文豐出版公司，1997 年，册 22，頁 738ab。

③ 李劍國《唐五代志怪傳奇叙録》(1993)，南開大學出版社，1998 年，頁 215—216。

④ [宋]邵博撰，劉德權、葛劍雄點校《邵氏聞見後録》，中華書局，1983 年，頁 234。按，懸棺於巖崖、洞壁，實爲長江流域等南方地區懸棺葬古俗。

⑤ [明]曹學佺《蜀中廣記》，成書於萬曆四十二年(1614)，《四庫全書》本，册 591，頁 180c。

⑥ [明]曹學佺《蜀中名勝記》，萬曆四十六年(1618)鍾惺序，《叢書集成初編》排印光緒元年(1875)《粤雅堂叢書》本，册 3193，頁 207。

月,“遣左威衛將軍王果”等四人,“分往并、益、荆、揚四大都督府,與府司相知鎮守”(頁1631d)。王果知益州、貶雅州正當在弘道元年以後。又,《舊唐書》卷五六載,雄誕子果,“垂拱(685—688)初,官至廣州都督、安西大都護”(頁2272),則王果弘道元年入蜀數年後,或從雅州改任廣州。若此,則王果見古棺的時間當在弘道、垂拱間。

16. 唐太平公主鑿長安西市放生池得墓銘

《隋唐嘉話》卷下:“太平公主於京西市掘池,贖水族之生者置其中,謂之放生池。墓銘云:‘龜言水,蓍言市。’”(頁46)太平公主是武則天所生高宗女,此謂鑿池得銘。

17. 唐洛陽北市得朱買臣墓銘

《隋唐嘉話》卷下:“東封之歲,洛陽平御路,北市東南隅得銘,漢丞相長史朱買臣墓,云:‘蓍言市,千載之後阿誰是?’”(頁50)東封之歲不知何年,亦不知封禪泰山的是高宗還是玄宗,朱買臣墓各地有之。《讀書雜録》卷上引《隋唐嘉話》乃稱“玄宗封太山之歲”,又指嘉興朱買臣墓爲訛傳[①]。玄宗東封當是因《隋唐嘉話》此節前後皆記開元間事而補釋,據《舊唐書》卷八《玄宗本紀》,東封在開元十三年(725)(頁188—189)。銘文末“阿誰是”令人費解。按,《顧氏文房小説》本《隋唐嘉話》此句作“阿誰是七十年丞相”[②],宛委山堂本《説郛》卷三六録文亦作八字連讀[③],或是録自《顧氏文房小説》本《隋唐嘉話》。《隋唐嘉話》點校本據《歷代小史》本改“七十”爲“十七”,且屬下條開元十七年丞相源乾曜等請定“千秋節”事。“七十年丞相”不合事理,亦與朱買臣生平不相應。

18. 唐許州(在今豫中許昌市)盧彦緒見秦瓦棺銘

《太平廣記》卷二七九引《廣異記》云,“許州司倉盧彦緒所居溷,夏雨暴至,水滿其中,須臾漏盡”,見其下有古壙瓦棺,中有婦人,銘志云:“是秦時人,千載後當爲盧彦緒開,運數然也。閉之吉,啓之凶。”彦緒取釵鏡,夢婦人怒責,一年而卒(頁2221)。此條當屬中唐戴孚撰《廣異記》,其書成於貞元九年(793)之前(《唐五代志怪傳奇叙録》,頁463—464)。此事常被載入夢占書,其實重點是墓銘應驗。

19. 唐鄭欽悦釋鍾山(在今南京市)南朝梁古壙銘

《太平廣記》卷三九一引《異聞(記)〔集〕》説,天寶時商洛任昇之貽書鄭欽悦求解古墓銘:梁大同四年,其五代祖“於鍾山懸岸圮壙之中得古銘”,小篆文云:“龜言土,蓍言水,甸服黄鍾啓靈趾。瘞在三上庚,墮遇七中巳。六千三百浹辰交,二九重三四百圯。”後欽悦釋爲漢光武帝建武四年(公元28年)所葬,

---

① [明]胡震亨《讀書雜録》,《四庫全書存目叢書》影康熙十八年(1679)陳光綍序刻本,子部,册109,頁725d—726b。

② [唐]劉餗《隋唐嘉話》,《叢書集成新編》影正德、嘉靖間《顧氏文房小説》本,新文豐出版公司,1985年,册83,頁383c—384a。

③ [明]陶珽重輯《説郛》,《説郛三種》影順治四年(1647)周南李際期宛委山堂刊本,上海古籍出版社,1988年,册4,頁1670c。

五百一十一年後於大同四年(538)崩圮。又稱其後李吉甫訪得欽悦復昇之書，於貞元九年(793)爲之作《記》，並爲著論(頁3127—3129)。按，《異聞集》爲晚唐陳翰所編小説集，此篇實即李吉甫《梁大同古銘記》，其事亦載入《新唐書》卷二〇〇《儒學傳下》鄭欽説(説、悦字通)本傳中，稱昇之五世祖任昉得墓銘，推釋銘文成爲欽説"通曆數"的事證[①]。

20. 唐姜師度鑿無鹹河避解梁(在今晋西南運城市)衛大經墓

《宣室志》卷五記，"開元中大水，姜師度奉詔鑿無鹹河，以溉鹽田"，既至解梁衛大經墓前，掘地得銘："姜師度，更移向南三五步。"師度異其事，即命工人改其河道，避墓數十步[②]。

按，解梁本爲春秋地，唐稱解縣，後有解州，轄今晋西南運城市鹽池一帶。嘉慶《大清一統志》卷一五四載，衛大經墓在解州州城西北十五里[③]。據《舊唐書》卷一八五下本傳(頁4816)、《新唐書》卷三七《地理志》(頁965)，姜師度鑿河溉鹽池事當在開元六年(718)其河中尹(蒲州刺史)任上，而次年已遷同州刺史，《舊唐書》卷四八《食貨志上》所云開元元年(頁2106)者有誤[④]。

又，姜師度所鑿非必是無鹹河。《舊唐書》本傳僅謂鹽池漸涸，故"疏决水道，置爲鹽屯"，而《宣室志》乃稱"鑿無鹹河，以溉鹽田"。據《夢溪筆談》卷三，解州鹽澤北有"巫咸水"，而"巫咸乃濁水，入滷中則淤澱鹵脈，鹽遂不成"，"鹽不復結"，故人謂之"無鹹河"，"爲鹽澤之患，築大堤以防之，甚於備寇盜"[⑤]。既然無鹹河水敗壞鹽滷，築堤防溢，怎麽會鑿其水以溉鹽田呢？《肇域志》山西卷《平陽府・鹽池》亦言"滷脉惡濁喜清"，"巫咸水最濁，澮、金二泉清冽而甘"[⑥]，故疑師度所鑿者當爲清冽甘泉，而非無鹹濁水。

又據《舊唐書》卷一九二《衛大經傳》，開元初，解縣令孔慎言曾因衛大經"德厚"名聞，"造門就謁，時大經已年老，辭疾不見"(頁5122)。考慮到孔眘(慎)言在《神怪志》中記有王果改葬懸棺事(前文第15條)，則可推知孔氏任解縣令在開元六年前，而且孔書很可能記有衛大經異事甚至有此一同類墓銘事，惟不見諸書引有佚文。

21. 唐鄔載改葬江南古墓

《宣室志》卷五記，"開元中，江南大水"，溺死甚多，"郡以狀聞"，玄宗詔侍御史鄔載往巡之。"載至江南，忽見道傍有古墓，水潰而穴出"。載令遷葬於高

---

① 《新唐書》，中華書局，1975年，頁5704。

② ［唐］張讀撰，張永欽、侯志明點校《宣室志》，成書於咸通四年(863)後，中華書局，1983年，頁66。

③ ［清］穆彰阿等《大清一統志》，斷至嘉慶二十五年(1820)，成書於道光二十二年(1842)，《四部叢刊續編》景清史館藏寫本，商務印書館，1934年，册152，頁19b。

④ 參杜來梭《唐姜師度在安邑設置鹽屯和檢校海内鹽鐵之課時間考》，載《鹽業史研究》2004年第2期，頁14—15。按，鹽池東北爲安邑縣，西南爲解縣。

⑤ ［宋］沈括撰，胡道静校注《新校正夢溪筆談》，中華書局，1957年，頁40。

⑥ ［清］顧炎武《肇域志》，成書於康熙元年(1662)，《續修四庫全書》影清鈔本，山西卷之二，册590，頁492，又參頁495。

原，發墓得誌銘，"乃卜地者之詞"。銘曰："爾後一千歲，此地化爲泉。賴逢鄔侍御，移我向高原。"載覽而異之，校其年果已千歲（頁66）。若非墓誌明載葬年，則後人無從斷其已歷千載，如鄔載事不虛，則其墓至少下葬於戰國時。鄔載，《太平廣記》卷三九一引稱"鄔君載往巡之"（頁3126），鄔氏當單名載，《廣記》編者亦將此條題作"鄔載"。《唐詩紀事》卷二七記，鄔載爲蕭穎士門人，與錢起友善，於"天寶十三年（754），楊浚侍郎下登第"[①]。若跟本條爲同一人且本條記時無誤，則鄔載及第前已作侍御史。古墓所在的江南較爲模糊，不知何郡，事發時間開元亦較籠統。

22. 隋麻叔謀開河改葬大梁（今開封市）上源驛古墓

晚唐佚名小説《煬帝開河記》敘麻叔謀開河（汴渠）鑿墓事甚多[②]，其中有墓銘讖言故事。涵芬樓本《説郛》卷四四録文記，隋煬帝大業五年（609），麻叔謀鑿運河，於大梁（今豫東開封市）上源驛掘古墓，得篆字石銘："我是大金仙，死來一千年。數滿一千年，背下有流泉。得逢麻叔謀，葬我在高原。髮長至泥丸，更候一千年，方登兜率天。"叔謀乃改葬於"城西隅之地（今大佛寺是也）"[③]。

23. 隋麻叔謀開河避睢陽（在今豫東商丘市）華元墓

《煬帝開河記》又記，麻叔謀鑿河至雍丘（今開封市杞縣），掘皇甫隱士墓，神魂傳語若得護墓，將奉二金刀爲酬。至睢陽（隋稱宋城縣，今豫東商丘市），擬穿城鑿河，林中有墓，傳云"宋司馬華元墓"，得石銘："睢陽土地高，汴水可爲濠。若也不迴避，奉贈二金刀。"叔謀以爲詐，夜夢宋襄公、大司馬華元，責其護城，後得"陰注陽受"黄金賄賂，乃回屈東行而過。又掘彭城（今蘇北徐州市）偃王墓，夢王贈玉印乞爲護墓，王稱"刀刀之兆"，又夢童子奉命贈二金刀。後叔謀因受賄、食童諸不法事發，被煬帝斬爲三段，二金刀讖乃驗（頁14b—19a）。偃王當是西周徐偃王，但汴渠似未經彭城，西周徐國都於洪澤湖岸邊，不在彭城。宋襄公乃春秋宋國君（前650—前637年在位），宋國都確實在商丘，《周禮》中也有大司馬，但偃王、宋襄公及其大司馬華元均當是小説附會人物。

24. 唐李憲開洪州（今南昌市）郭璞墓

《録異記》卷八記，洪州廳事前有皂莢樹，數有靈應，"李憲爲太守，既至，命伐其樹"，掘其下見巨墓，"中有石誌讖言數百字"，末云："郭璞墓也。後五百歲，開墓賊李憲是也。"因所讖事多驗，乃修墓遷廳事以避之[④]。

作者加按語辨正説："東晉元帝元年時，郭璞爲王敦所殺，事在金陵，不知

① ［宋］計有功撰，王仲鏞校箋《唐詩紀事校箋》，巴蜀書社，1989年，頁753—754。此侍郎姓亦作陽，名亦作俊、浼。《全唐詩》卷二〇九作天寶十二年（頁2178），非是。又參嚴耕望《唐僕尚丞郎表》，上海古籍出版社，2007年，影印"中央研究院"歷史語言研究所1956年專刊本，頁129—130，857—858。

② 或以爲宋代作品，此取晚唐説（僖宗、昭宗、哀帝之間），參《唐五代志怪傳奇叙録》，頁895—896；又，李劍國《〈大業拾遺記〉等五篇傳奇寫作時代的再討論》，載《文學遺産》2009年第1期，頁21—28。

③ ［元］陶宗儀輯，張宗祥重校涵芬樓本《説郛》，中國書店，1986年，影商務印書館1927年本，册7，頁13b—14a。

④ ［唐］杜光庭《録異記》，成書於乾德三年（921），《叢書集成初編》影萬曆間《祕册彙函》本，中華書局，1991年，册2704，頁163—164。

何因墓在豫章。東晋元年丁丑，至唐文宗、敬宗中，即五百歲矣。”實際上郭璞(276—324)卒於東晋明帝太寧二年甲申[①]，而非元帝建武元年丁丑(317)。據《舊唐書》卷一七上《敬宗紀》及《文宗紀上》，李憲爲江西觀察使兼洪州刺史，時在敬宗寶曆二年(826)八月至文宗大和二年(828)十月間(頁521、530)，開墓事當在寶曆二年下車時，大體就是郭璞離世的“後五百歲”。郭璞墓多有訛傳，在所非一，確實不必在洪州治所豫章(今南昌市)。《丹鉛續録》卷一〇即云：“郭璞善地理，凡遇吉地，必剪爪髮以瘞之，故郭璞墓所在有之。”[②]不僅墓葬，郭璞卒地亦無定論。

25. 唐熊博改葬建安縣(在今閩中北建甌市)古墓

《稽神録》卷一記，建安津吏熊博，見岸崩出冢，藤蔓纏棺，傍有石銘：“〔筮卦吉，龜卦凶，三十年後洪水衝。〕欲陷不陷被藤縛，欲落不落被沙閣，五百年後遇熊博。”博使平光寺僧葬之，“博後至建州刺史”[③]。《太平廣記》卷三九二引亦稱，“博時貧，老僧爲率錢葬之”(頁3134)。

弘治《八閩通誌》卷八五據“本志”(當指建寧府志)，乃云熊博“爲建州刺史”時得銘，銘文首竟多三句：“筮卦吉，龜卦凶，三十年後洪水衝。”可補《稽神録》。又稱熊博“後仕至工部尚書”[④]。卷一叙建寧府建置記熊博事跡：“中和四年，(陳)巖爲觀察使，鎮福州，表郡人熊博爲刺史，寓治建陽。未幾巖卒，徐歸範擄州叛，以應王潮，博遇害，郡遂爲王氏所有。”(册177，頁383cd)《輟耰述》卷一[⑤]、《湧幢小品》卷六[⑥]，均記爲熊博“爲建州刺史，寓居(治)建陽”時事。雖然見銘時間記載不一，但大體當在晚唐僖宗中和四年(884)前後。若在作建州刺史並寓治建陽時，則地點在今閩北建陽市，但建州本治建安，且熊博時貧，寺僧捐錢葬棺，故當以建安津吏時事爲是，時在中和四年以前。

26. 前蜀王承檢壞上邽縣(在今甘東南天水市)王氏瓦棺

《太平廣記》卷三九二引《玉溪編事》(五代後蜀金利用撰)記，五代前蜀時，“秦州節度使王承檢，築防蕃城，至上邽，山下獲瓦棺”。有石刻篆字稱是隋開皇二年(582)渭州刺史張崇妻王氏墓，銘曰：“車道之北，邽山之陽。深深葬玉，鬱鬱埋香。刻斯貞石，焕乎遺芳。地變陵谷，崄列城隍。乾德(丙)〔六〕年，壞者合郎。”作者接着解釋説：“是歲僞乾德六年，丙子歲也。言‘壞者合郎’，即王承檢小字也。”(頁3135)

按，王承檢，又作王承休。《新五代史》卷六三載，“(乾德)六年，以王承休爲天雄軍節度使，天雄軍秦州也”，《五代史記注》乃以《玉溪編事》王承檢獲瓦

---

① 參陸侃如《中古文學繫年》，人民文學出版社，1985年，頁669、847。

② [明]楊慎《丹鉛續録》，《四庫全書》本，册855，頁210cd。

③ [宋]徐鉉撰，白化文點校《稽神録》，成書於935—965年間，中華書局，1996年，頁3。

④ [明]陳道、黄仲昭纂修弘治《八閩通誌》，弘治二年(1489)黄氏序，《四庫全書存目叢書》影弘治四年(1491)彭韶序刻本，齊魯書社，1996年，史部，册178，頁765d—766a。

⑤ [明]陳全之《輟耰述》，萬曆五年(1577)自序，《續修四庫全書》影萬曆十一年(1583)陳瑞序刻本，册1125，頁260c。

⑥ [明]朱國禎《湧幢小品》，天啓二年(1622)跋，中華書局，1959年，頁130。

棺事注釋此條[①]，乃因王承檢即王承休。《十國春秋》卷三九已謂，"王承檢事高祖，賜姓名，與諸孫齒"[②]，則此人本名承檢，前蜀王建已賜名承休。《資治通鑒》卷二七三載，後唐莊宗同光二年（前蜀王衍乾德六年）十二月庚午，王衍"以（王）承休爲天雄節度使，封魯國公"；"蜀安重霸勸王承休請蜀主東游秦州，承休到官，即毀府署，作行宫，大興力役"，次年十月，王衍發成都，欲幸秦州，因後唐伐蜀，承休隨即離開秦州（頁2262b—2265c）。《太平廣記》卷二四一引《王氏聞見録》（五代後晋王仁裕撰）亦記，承休爲迎接王衍，"到方鎮下車當日，毀拆衙庭，發丁夫採取材石，創立公署使宅，一如宫殿之制"，咸康元年（同光三年，925）王衍幸秦州而亡國（頁1858—1864）。則王承休獲瓦棺非必緣於節度使之修防蕃城，或緣於宦官、男寵之爲王衍造作行宫。

承檢掘壞瓦棺時間當在乾德六年。作者釋稱"乾德六年丙子歲"，其實該年爲甲申年（924），非丙子，此前八年有丙子，乃王建通正元年（916），此後兩年爲丙戌（926），但已是後蜀孟知祥時代，則所釋不免有誤。銘文"乾德丙年"四字中，最有可能是"丙"爲"六"字形誤（"甲"、"申"二字誤爲"丙"字的可能性較小），先誤此字，再於釋語"乾德六年"後誤加"丙子歲也"，卻未注意此年非是丙子。諸書記此事皆明據暗引《玉溪編事》，或輾轉傳録，均稱六年丙子，不知其誤，實在可怪。釋語"乾德六年"四字正暗示銘文可能本作是語，不知何故反置於釋語中。無論如何，掘棺時間在乾德六年。又《通鑒》載承檢被任節度使在該年十二月庚午，此月乙丑朔，庚午爲初六，公元年已跨年爲925年1月3日，壞棺事又在到官後。

27. 南唐高安縣（今爲贛西高安市）沈彬卜葬

此事諸書並載，銘文大同。《三洞羣仙録》卷一二："《賈氏録談》：沈彬郎中少好道，將卒，戒其子云：'吾所居堂中，正是吉地，即葬之。'子孫不敢違，既兆其穴，開之見石槨一所，甚寬廣，及有青石蓮燈三枚，鐫刻甚妙。又有石記，云：'開成二年開，雖開亦不埋。漆燈猶未照，留待沈彬來。'後人見棲於西山天寶洞。"[③]

按，《羣仙録》所引《賈氏録談》，一般作《賈氏譚録》，五代南唐至北宋間張洎撰，現存一卷本26條，此條未見於傳本中[④]。漆燈之"未照"，别書作"未點""未爇""未滅"，未點、未爇即未照，未滅之説不合情理。諸書多稱沈彬自卜葬地，而《乘異記》僅云葬後得銘[⑤]，《南唐近事》又記沈彬自卜，植樹誌之，卒後因

① [宋]歐陽修原撰，[清]彭元瑞注，劉鳳誥排次《五代史記注》，嘉慶二十年（1815）劉氏識語，《續修四庫全書》影道光八年（1828）刻本，册292，頁6b。

② [清]吴任臣《十國春秋》，康熙八年（1669）自序，《四庫全書》本，册465，頁370c。

③ [宋]陳葆光《三洞群仙録》，《四庫全書存目叢書》影涵芬樓景正統《道藏》本，子部，册258，頁561b。

④ [宋]張洎《賈氏譚録》，開寶三年（970）自序，《四庫全書》本，册1036，頁129a—132b；《叢書集成新編》影道光間《守山閣叢書》本，册86，頁404—405，均未見此條。

⑤ [宋]張君房《乘異記》，咸平六年（1003）自序，《叢書集成新編》影乾隆間《龍威祕書》本，册82，頁296b。

術士之言離樹數尺，夢中彬責其子擅移葬地，終依遺命，伐樹掘土，得石椁，蓋上字云："開成二年，壽椁一所。"[①]這與上述四句石記不同，文意不夠完足，非必讖言。

"開成二年"(837)，乃中唐某氏爲沈彬預開墓穴時間，沈彬爲唐末五代人，南唐中主李璟保大二年(944)已届八十餘歲，卒時已在百歲左右[②]。至於沈彬葬地究在何處，諸書所載最爲歧出。按，馬氏《南唐書》卷一五載，彬爲"筠陽高安人"，"屬唐末亂離，南游湘湖，隱于雲陽山十餘年"，"歷名山，治方術"，"絶不求進，高安士人多爲給其粟帛"[③]。陸氏《南唐書》卷七作"洪州高安人"[④]。《藝彀》卷中説，《一統志》記沈彬墓在瑞州府，宜據馬氏書，以爲"彬嘗老於筠，葬於筠也"；"雲陽山當在湘湖間，非吾郡丹陽之山也"[⑤]。作者所謂吾郡丹陽在常州。雍正《江西通志》卷七一引原《跋》(?)有按語云："沈彬，一人也，《稽神録》以爲吴興人，《一統志》載彬墓在京口丹陽縣，《豫章書》則以爲宜春人，《江西新舊志》袁州、瑞州重複互載，今據《南唐書》定爲高安人。"[⑥]亦以馬氏書爲是。《藝彀》和《江西通志》所引《一統志》皆爲《大明一統志》，志中沈彬墓址異説併存，《大清一統志》亦然。甚至别書還有稱彬墓在閩南同安、長泰者。比較而言，超出江西特别是高安以外的沈彬墓，當是其游歷遺蹟，終當以籍里、葬地均在高安(唐屬筠州、洪州，五代屬筠州，宋改瑞州，今爲贛西高安市)爲是。

28. 北宋孫賁破衢州(今爲浙西衢州市)疑冢

《東堂集》卷九《雙石堂記》記，北宋衢州廳事下有古冢，相傳有碑文云："五百年後，當有刺史爲吾守墓。"孫賁作刺史，到任執意破冢以新堂園，掘土得石上題識，僅記唐宋前二刺史置石事，並無冢銘，賁乃築雙石堂，毛滂於紹聖三年(1096)記其事[⑦]。據《墨莊漫録》卷六[⑧]、《夷堅志補》卷九[⑨]，孫賁破疑冢事在紹聖元年，《方輿勝覽》卷七乃作紹聖二年，又稱其爲郭璞墓[⑩]。《雙橋隨筆》卷七又記嘉靖十七年(1538)郡守李遂破衢州郭璞疑冢事[⑪]，這與前述《録異記》洪州郭璞墓銘事相應，印證郭璞墓"所在有之"的情形。附帶説一下，跟此條内容

① [宋]鄭文寶《南唐近事》，太平興國二年(977)自序，《叢書集成初編》排印萬曆間《寶顔堂祕笈》本，册 3856，頁 4。

② 參[元]辛文房撰，傅璇琮主編《唐才子傳校箋》，中華書局，1990 年，册 4，頁 452—456。《沈彬》一條爲周祖譔、賈晋華撰稿。

③ [宋]馬令《南唐書》，崇寧四年(1105)自序，《四部叢刊續編》景明刊本，册 92，頁 2a—3a。

④ [宋]陸游撰，[清]周在浚注《南唐書注》，康熙三十四年(1695)自識，《續修四庫全書》影民國間《嘉業堂叢書》本，册 333，頁 422b。

⑤ [明]鄧伯羔《藝彀》，《四庫全書》本，册 856，頁 17cd。

⑥ [清]謝旻修，陶成等纂《江西通志》，成書於雍正十年(1732)，《四庫全書》本，册 515，頁 462d。

⑦ [宋]毛滂《東堂集》，《四庫全書珍本初集》，集部别集類，商務印書館，1935 年，册 1309，頁 6b—13b。

⑧ [宋]張邦基(1095？—?)撰，孔凡禮點校《墨莊漫録》，中華書局，2002 年，頁 186—188。

⑨ [宋]洪邁(1123—1202)撰，何卓點校《夷堅志》，中華書局，1981 年，頁 1634。

⑩ [宋]祝穆撰，祝洙增訂，施和金點校《方輿勝覽》，嘉熙三年(1239)祝穆序，咸淳三年(1267)祝洙跋，中華書局，2003 年，頁 127。

⑪ [清]周召《雙橋隨筆》，《四庫全書珍本初集》，子部儒家類，册 804，頁 17b—19a。

相似,《金文最》卷九〇收大定二十年(1180)孫鎮《斛律光墓碑》又記,北齊斛律光自卜葬地,且云:"及百年,當有二千石爲吾守墳。"[①]雖然"二千石"亦代指州郡守,但此讖言乃俚俗相傳遺言,非必見於墓誌。

29. 唐烏重胤葬先世得石牌

《雲仙散録》引《壠上書》曰:"烏重胤葬先世,掘得石牌,有云:'牛領岡前,紅簫隴下。葬用丙日,手板相亞。'重胤依之。"[②]按,《雲仙散録》舊題五代後唐馮贄撰,其實當出南宋前。所謂《壠上書》又作《壠上記》,僞題蘇頲撰。蘇頲爲盛唐時人,烏重胤乃中唐元和間名將,頲著書絶不可能記後世重胤事。其書尚有夏侯嬰、熊博、張恩墓銘事,皆屬僞署蘇頲名。又,據《韓昌黎文集》卷六《烏氏廟碑銘》,重胤屬烏氏北支,家張掖,父承玭,"貞元十一年(795)二月丁巳薨于華陰告平里,年若干,即葬於其地",後詔贈工部尚書,並作廟享於天都,元和八年(813)成廟於京師崇化里[③]。重胤葬先世得石牌,疑是貞元十一年作爲長子葬父於華陰(今陝東華陰市)時事。其父卒於該年二月丁巳(十九日),若果依銘文"葬用丙日",則下葬日最早當在該月二十八日(丙寅)。

30. 南宋吕源築吉州(今爲贛西南吉安市)城得唐逸翁葬子銅鐘刻文

此事諸書並載,銘文略異。《雞肋編》卷下記,建炎四年(1130),吕源知吉州,築城得枯骨,"投於江中",又有銅鐘刻文,爲唐人逸翁葬子所記:唐興元元年(784)春,卜土葬子,瘞於西壘之垠。其後,"浙、梁相繼喪亂之時,章、貢(唐)〔康〕昌之日,復工是壘,吾〔子?〕亦復出是(邽)〔邦〕。東平(梟)〔鳩〕工,決使吾愛子之骨,得同河伯,聽命於水府矣"。其所讖者往往皆符[④]。雖然《雞肋編》記録較早,但文字多誤,可據他書校正。

按,銅鐘究爲何時何人掘出難以論定。據《雞肋編》對刻文的解釋,得鐘當在建炎四年吕源知吉州時。《雞肋編》不提前任楊淵,《退齋筆録》則記,建炎二年楊淵修城掘墓得銅鐘文,三年吕源來守,"下車即修城",工事方畢,"東平鳩工之言亦驗云"[⑤]。《投轄録》據作者外家仲舅云,"吕源子原守吉州日",修城得石志,略曰:"後十六甲子,東平公守此郡,吾兒當出而從河伯之游矣。"[⑥]銘文又稍異,若作"後六甲子",則與得銘時間差近。《獨醒雜志》卷五又記作建炎二年,楊淵得鏡文,不提吕源[⑦]。《宋史》卷六六《五行志四》載得鍾銘事於建炎

---

① [清]張金吾編,梅伯春等整理《金文最》,成書於道光二年(1822),中華書局,1990年,頁1307。

② 舊題[五代後唐]馮贄編,張力偉點校,《雲仙散録》,天成元年(926)自序,中華書局,1998年,頁73。

③ [唐]韓愈撰,馬通伯校注《韓昌黎文集校注》,古典文學出版社,1957年,頁229—231。

④ [宋]莊綽撰,蕭魯陽點校《雞肋編》,紹興三年(1133)自序,記有九年事,中華書局,1983年,頁101—102。

⑤ [宋]侯延慶(政和六年1116進士)《退齋筆録》,《叢書集成初編》影萬曆間《歷代小史》本,册2791,頁1—2。

⑥ [宋]王明清《投轄録》,紹興二十九年(1159)自叙,《叢書集成三編》影民國間涵芬樓《宋元人説部叢書》本,册71,頁311c。

⑦ [宋]曾敏行《獨醒雜志》,淳熙十二年(1185)楊萬里序,《叢書集成初編》排印乾隆、道光間《知不足齋叢書》本,册2775,頁36。

三年，不提州守（頁 1437—1438）。記載不同如此。

檢萬曆《吉安府志》卷三《秩官表》載，高宗建炎二年（1128），楊淵任；紹興三年（1133），吕源任[①]。光緒《吉安府志》卷一一亦同[②]。萬曆府志雖於卷三一《雜傳・遺事》記楊淵修城得鏡文事（頁 431b，實轉據《獨醒雜志》），然於卷一四《建置志》府城修造卻不提楊淵，而稱"紹興則吕源增壘濬濠"（頁 200a），似其間修城者主要是吕源。

讖言也似乎着重於"東平鳩工"導致其墓墮水，《投轄録》記石志又云"東平公守此郡"。至於諸書所未明釋的"東平"二字，據《元和姓纂》卷六，乃吕姓所出首望[③]，在今魯西南東平縣。又《宣室志》卷七記，唐柳光見得道者石室銘文，銘文中甚至預知吕生釋銘："人誰以辨，其東平子？"果有吕生解曰："吾能辨之，東平，吾之邑也。"（頁 86—87）即因東平爲吕姓郡望。考慮到前任楊淵也有可能先得銅鐘，但工事在吕源任上方畢，銅鐘刻文（或石志、鏡文）雖然可能涉及兩任太守，但偏重於吕源，文獻亦多記作吕源，故吕源鳩工棄骨於水的可能性較大，其時當在紹興三年下車修城之際。

31. 王叵重葬會稽縣（在今浙中紹興市）東漢曹娥墓

東漢會稽上虞孝女曹娥碑，因蔡邕題"絶妙好辭"而名聲更著，然蔡邕題辭後世又有新説。嘉泰《會稽志》卷一〇所記蔡邕題辭後有"二百年後碑當墮，當墮不墮逢王叵"兩句（頁 3a）。別書或謂"三百年"。

按，此一讖言究出何時何人之手難以論定。《會稽志》置於蔡邕八字後，讓人以爲乃蔡邕所題，然《後漢書》卷八四《列女傳》注引《會稽典録》（晋虞豫撰）（頁 2795）、《世説新語・捷悟》等早期文獻僅載蔡邕題隱語八字[④]。據《文選補遺》卷四〇邯鄲淳《曹娥碑》注，讖言後署："易平二年八月十五日記之。勾章令滿騫。"[⑤]滿騫爲南朝梁人，然史無昜平年號（梁有正平、太平年號）。蔡邕亡命江南時有靈帝中平（184—189）年號，但讖言當不出蔡邕手。《兩浙名賢録》卷五〇於讖言後稱"碑有王右軍所書小字"[⑥]。《書法正傳》卷九所記讖言後署"昇平二年八月十五日記之"，作者以爲，"昔人碑目往往疑爲六朝人書"，然此小楷"非右軍必不能"[⑦]。前述"昜平"或即此處"昇平"，昇平二年（358）乃東晋穆帝時，其時王羲之（卒於 361 或 379 年）尚在世，但又距梁時滿騫尚早，故讖

① ［明］余之禎修，王時槐纂《吉安府志》，《日本藏中國罕見地方志叢刊》影萬曆十三年（1585）刻本，書目文獻出版社，1991 年，册 5，頁 24a。

② ［清］定祥修，劉繹纂《吉安府志》，《中國方志叢書》影光緒二年（1876）刊本，成文出版社，1975 年，頁 394c。

③ ［唐］林寶撰，岑仲勉校記，郁賢皓、陶敏整理，孫望審定《元和姓纂》（附四校記），中華書局，1994 年，頁 870—871。

④ ［南朝宋］劉義慶撰，［南朝梁］劉孝標注，余嘉錫箋疏，周祖謨等整理《世説新語箋疏》，上海古籍出版社，1993 年，頁 579。

⑤ ［宋］陳仁子《文選補遺》，《四庫全書》本，册 1360，頁 630b。

⑥ ［明］徐象梅《兩浙名賢録》，《四庫全書存目叢書》影天啓四年（1624）黄汝亨序刻本，史部，册 114，頁 572bc。

⑦ ［清］馮武撰，崔爾平點校《書法正傳》，上海書畫出版社，1985 年，頁 330。

言究出誰手實不可考。

曹娥碑讖言意較模糊，沈德潛《戴文進看碑圖》詩云："此言似誘還似謡，不解解之無不可。"[①]前述孔旮言《神怪志》王果遇雅州懸棺誌稱"三百年後……垂欲墮"，"欲墮不墮遇王果"，其中言辭甚至王果、王叵之名，讓人聯想到曹娥碑讖言，頗疑後者當據王果事附會加題。題辭暗示曹娥碑墮壞、王叵見而埋葬，其事似無事證。然觀《藥房樵唱》卷二《庚寅四月廿八日樿旁成》自述己志，有云"誰肯野夫爲計早"，"莫憂王叵逢碑墮"[②]；《春草齋集》卷二《惠墨歌》云"王叵偶登江上石"[③]；明弘治刻本《石田稿》所收《蜀國宋承奉好義歌》，稱贊蜀王府承奉（宋昌）以自建净居讓作宋濂佳城，比之爲"今之内相古王叵"[④]，似乎王叵確曾重葬曹娥。

32. 南宋南陵縣（今爲皖東蕪湖市屬縣）臧主簿得棺

《輿地紀勝》卷一九載，寧國府南陵縣有臧主簿冢，紹興（1131—1162）初，主簿臧君督役修大農陂，得棺刻云："〔《易》筮吉，龜卜凶。五百年，大水通。〕若遇臧主簿，移我上高（原）〔峰〕。"[⑤]嘉慶《南陵縣志》卷一六《雜志》所記刻辭前多數句："《易》筮吉，龜卜凶。五百年，大水通。"末作"上高峰"，更合韻，且云"乃移葬分界山"[⑥]。

33. 蒼溪縣（今爲川北廣元市屬縣）主簿金拯改葬古冢

《輿地紀勝》卷一八五載，"金拯爲蒼溪（尉）〔簿〕"，"治道伐石"得冢，有石刻云："歲月不須論，車塵擁石門。若逢金主簿，移我向高原。"乃改葬之，相沿誤稱金主簿墓（頁 4770）。"車塵擁石門"句，即預卜治道通車事。《蜀中廣記》卷二四引《志》則云主簿名爲金極（頁 311c）。北宋徽宗崇寧間元祐黨人有金極，編管廬州（今合肥市），不知此人是否即蒼溪縣主簿金極（拯）。

34. 金劉機掘濟州（在今魯西南濟寧市）唐一行禪師墓

《續夷堅志》卷一記，金劉機作濟州刺史，兵亂後"復立州宅"，掘出唐一行禪師墓，有石記云："劉機當破吾墓。"[⑦]

35. 南宋天台縣（在今浙東南台州市）朱主簿改葬古棺

涵芬樓本《説郛》卷七録《葦航紀談》記，"（紹興）〔紹定〕庚寅，天台水起"，"主簿廳基衝出一朱棺"，主簿朱公令人移往山東掩瘗，掘出一碣，有字云：

---

① ［清］沈德潛撰，潘務正、李言點校《沈德潛詩文集》，人民文學出版社，2011 年，頁 185。

② ［元］吴景奎（1292—1355）《藥房樵唱》，收入民國間胡宗楙輯《續金華叢書》集部，江蘇廣陵古籍刻印社，1984 年，册 93，頁 3b。

③ ［明］烏斯道《春草齋集》，上海書店《叢書集成續編》影民國間《四明叢書》本，册 111，頁 491b。

④ ［明］沈周（1427—1509）撰，湯志波點校《沈周集》，浙江人民美術出版社，2013 年，中册，頁 636。

⑤ ［宋］王象之《輿地紀勝》，建置以寶慶三年（1227）爲斷，中華書局，1992 年，影道光二十九年（1849）岑氏懼盈齋刻本，頁 881。

⑥ ［清］徐心田等纂修《南陵縣志》，《故宫珍本叢刊》影嘉慶十三年（1808）刻本，海南出版社，2001 年，册 105，頁 177a。

⑦ ［金］元好問（1190—1257）撰，常振國點校《續夷堅志》，中華書局，2006 年，頁 14—15。

“《乾》卦吉,《坤》卦凶,五百年逢朱主簿,移我葬山東。”(頁 27b)

按,紹興無庚寅年,雍正《浙江通志》卷二七九照録其誤[①],《書隱叢説》卷六作“紹興中”(頁 480a)。疑當作紹定三年庚寅(1230)。《愛日齋叢抄》卷三稱,《荆溪集》中有詩句乃“爲紹定己丑秋天台水灾而作”[②],時在紹定二年。康熙《天台縣志》卷一五載,紹定二年,“水溢,淞溪居民盡爲水漂,二十里煙火斷絶”[③]。另據資料,紹定二年台州、臨海、天台、仙居皆水災;紹定三年,烏程、浙西、富陽、臨海皆發大水[④]。雖未記天台紹定三年水災,但臨海即北鄰天台。又,宛委山堂本《説郛》卷二〇《葦航紀談》撰人題蔣津(《説郛三種》,册 3,頁 979a),若爲元祐黨人蔣津,則不及記紹定庚寅事,此書記兩宋事,疑非出北宋蔣津。《千頃堂書目》卷一五《類書類》列《廣説郛》八十卷目中,卷五五有《葦航紀談》,撰人注云“趙葵”[⑤]。據《宋史》卷四一七本傳,趙葵(1186—1266)爲南宋中後期人(頁 12498—12504),其人可記紹定時事,而不能記紹興事。今定撰人爲趙葵,事發於紹定間。假設碣文預估時間亦是“神算”,則古棺當葬於盛唐開元十八年(730)。

36. 元軍厮狗兒壞臨安(今杭州市)南宋馬三寶墓

《武林舊事》卷五載,南宋臨安(元稱錢塘)葛嶺路教場有馬三寶墓,元至元十五年(1278)六月,有軍厮名狗兒者,樵採得一鐵券,云雁門馬氏葬於横衝橋,後云:“至元十五六,狗兒壞我屋。”蓋古人知數者所作,乃知横春橋本名横衝橋[⑥]。

37. 元朱德潤祖母卜葬避吴縣(今爲蘇州市)三國吴陸績墓

《存復齋文集》附録元虞集佚文《朱宜人吉氏墓碣銘》記,至元甲午(1294),朱德潤祖母施夫人疾亟,祖父“卜地陽抱山之原”,夫人夢一丈夫來告:“勿奪吾宅,吾且爲夫人孫。”既而,地下得石刻,曰太守陸君績之墓,别有刻石云:“此石爛,人來换。”治地時,“石果斷矣”,亟掩之,而更卜兆。德潤生,字曰順孫。延祐丁巳(1317)三月,德潤母卒,“今十有一年矣”[⑦]。據此,虞集此文當作於泰定四年(1327)。《研北雜志》卷下:“按《吴地記》云,(陸)績墓在閶門外,而不言葬陽抱山。”[⑧]正德《姑蘇志》卷三四:“吴鬱林太守陸績墓,在陽抱山。《吴地

① [清]嵇曾筠修,沈翼機等纂《浙江通志》,成書於雍正十三年(1735),《四庫全書》本,册 526,頁 626a。

② [宋]葉寘撰,孔凡禮點校《愛日齋叢抄》,成書於宋末,中華書局,2010 年,頁 57。

③ [清]李德燿纂,天台縣地方志編纂委員會辦公室點校《大台縣志》,成書於康熙二十二年(1683),方志出版社,2012 年,頁 444。

④ 陸文衍《浙江省歷史自然災害彙編》(一),載《浙江水利志通訊》1987 年第 1 期,頁 89—90。

⑤ [清]黄虞稷《千頃堂書目》,《叢書集成續編》影民國間《適園叢書》本,新文豐出版公司,1989 年,册 4,頁 395a。

⑥ [宋]周密《武林舊事》,成書於 1280—1290 年間,古典文學出版社,1956 年,頁 434。

⑦ [元]朱德潤《存復齋文集》,《四部叢刊續編》景鐵琴銅劍樓藏明刊本,册 448,見 1a—2a。

⑧ [元]陸友仁《研北雜志》,元統二年(1334)自序,《叢書集成新編》影萬曆間《祕册彙函》本,册 87,頁 406bc。

記》云：在閶門外泰伯廟西。"又以朱德潤祖母事注於後[①]，或暗示當在陽抱山。墓地差異僅在吴縣範圍内。崇禎《吴縣志》卷二八記事發時間爲元至正(1341—1368)間，已届元末，當以諸書所載元初至元三十一年甲午爲是。

按，"此石爛，人來换"的刻石，表明陸績此墓原爲生壙壽冢，刻石則爲代替活人的"石真"，欲藉石之不爛，使活人得以不死。如成都金魚城出土淳熙九年(1182)南宋墓，其中有墓主石刻像，銘文稱"預造千年吉宅，百載壽堂"，"今將石真替代，保命延長"。上海朱行鄉出土嘉定六年(1213)張瑋墓，亦有石像，石像後插屏背面刻有"石若爛，人來换"六個大字[②]。據《水東日記》卷一一《虞文靖朱宜人墓碣》小字校語，石碣上陸績墓刻石文字正作"石若爛，人來换"[③]，與張瑋墓相同。

38. 宋王益築蘄州(今爲鄂東黄岡市蘄春縣)城得古墓

《大明一統志》卷六一載，南宋景定間，王益知蘄州，開麒麟山立郡治，見古墓石刻云："本有千年地，姑借五百年。感謝王刺史，移我過西園。"[④]嘉靖《蘄州志》卷六[⑤]、《湧幢小品》卷六記作景定四年(1263)(頁130—131)。

39. 明王震濬河改葬張秋(在今魯西聊城市陽谷縣)古棺

正德《姑蘇志》卷五九載，"明宣德七年，徐武功伯(徐有貞封武功伯)時爲都御史，治水張秋"，屬下東平州判官王震，掘地見棺，石板有字云："前卦吉，後卦凶，五百年後水來衝。幸遇王州判，移我在河東。"遂移葬河東漏澤園(頁879ab)。

事發之宣德七年(1432)，《石田翁客座新聞》卷一一記作景泰(1450—1456)間[⑥]，《蘇談》"東平誌異"條記作正統(1436—1449)中[⑦]，《罪惟録》志卷三《五行志》記作正統十二年丁卯(1447)[⑧]。按，《明史》卷一七一《徐有貞傳》載，景泰三年(1452)，河决沙灣七載，治者無功，廷臣舉有貞，至張秋，治渠建閘，起張秋以接河、沁，"閱五百五十五日而工成"[⑨]。七十回本《于少保萃忠傳》第三十九回乃將墓主作爲河神加以神化：張湫(即張秋，亦作漲湫)水怪豬婆龍爲患，徐有貞夢得河神賜教，適東平判官王震稟稱，濬河時見石碑上書："鄭當柱、

① [明]王鏊《姑蘇志》，學生書局，1986年，影正德元年(1506)自序刊本，頁472d。

② 參張勛燎《試論我國南方地區唐宋墓葬出土的道教"柏人俑"和"石真"》，載陳鼓應主編《道家文化研究》，第7輯(道教研究專號)，上海古籍出版社，1995年，頁312—322；巫鴻《黄泉下的美術》，三聯書店，2016年，頁129—131。按，後者在虞集文寫作時間、人物關係上均有誤混。

③ [明]葉盛撰，魏中平校點《水東日記》，中華書局，1980年，頁121。

④ [明]李賢等《大明一統志》，三秦出版社，1990年，影天順五年(1461)刻本，頁941c。

⑤ [明]甘澤纂《蘄州志》，上海古籍書店，1962年，影嘉靖八年(1529)吴稷序刊本，頁5b—6a。

⑥ [明]沈周《石田翁客座新聞》，成書不早於正德三年(1508)，《續修四庫全書》影清鈔本，册1167，頁452—453。

⑦ [明]楊循吉(1456—1544)《蘇談》，《叢書集成初編》影萬曆四十五年(1617)《紀録彙編》本，册2898，頁14。

⑧ [清]查繼佐《罪惟録》，成書於康熙十一年(1672)，《四部叢刊三編》景民國間嘉業堂藏手稿本，商務印書館，1935—1936年，册75，頁6b。

⑨ 《明史》，中華書局，1974年，頁4561—4562。

郝回龍，爲衆捨生在水中。幸遇王州判，移我顯河東。"原來是鄭、郝二人爲民護河，捨身成神，現身示法，有貞乃依神言，用鐵柱鐵釜治之。"歷三年，功始完"①。小説没有明言治水時間，約始於景泰二年。綜合推測王震獲棺銘事當在景泰三、四年間。

40. 明蘇州濬吴淞江得古墓

《石田翁客座新聞》卷五記，明成化十二年(1476)，蘇州吴淞江淤塞，民衆疏濬，得古墓石刻云："蓍筮吉，龜卜凶，三百年後潮來衝。"蓋江道已塞而淤於田野(頁187—188)。

41. 明虞廷璽爲洛陽北宋邵雍建祠

《餘冬序録》卷五三記，洛陽郡治(河南府治洛陽)南，昔有兩農得一石刻曰："大明景泰乙亥，知府事者虞廷璽爲我復興此窩。"虞廷璽恰於其年(景泰六年，1455)爲知府，虞謂此必是北宋邵雍故居，即倡民建祠焉②。《罪惟録》志卷三《五行志》記兩農得石刻事在該年正月(頁7b—8a)。按，其"窩"爲安樂窩即故居，非是墓塋，但爲之建祠，與墓相近，姑屬墓銘讖言故事一型。

42. 明王洛州發武强縣(今爲冀南衡水市屬縣)隋皇甫興墓

嘉靖《真定府志》卷一七載，武强縣西北皇甫村(在今孫莊鄉)有皇甫興墓，興"歷河陰太守，卒於開皇中，葬于咸通之三年"。銘陰云："吾葬後一千三百年，被王洛州發之。〔存吾貴，損吾亡。〕"嘉靖七年(1528)，"果被土姓小名洛州者發其墓"。知縣張相"聞而異之"，收石至縣，後任知縣馬充封葬故處③。康熙《武强縣志》卷七所載銘文多"存吾貴，損吾亡"六字④，可據補。

按，皇甫興卒於隋開皇(581—600)中，而葬於晚唐懿宗咸通三年(862)，光緒《畿輔通志》卷一五二已辨其卒葬時距過大，疑是子孫改葬於初唐高宗咸亨(670—674)中，至於發墓時間亦與銘文不合⑤。其實康熙縣志早已稱"咸亨七年葬皇甫村"，然咸亨僅五年，疑實際葬於高宗上元三年(676)。又，古代河陰(在今豫北滎陽市北)多爲縣制，似僅東魏元象二年(539)嘗置郡，道光《武强縣志》卷二《營建志·冢墓》條目名作"齊皇甫興墓"⑥，北齊亦似無河陰郡，故太守之職抑或不實。康熙《新河縣志》卷六載，隋有"皇甫興，爲堂陽長，政治不可悉考"⑦。隋堂陽縣(治所在今冀南衡水市新河縣北)，與武强縣同屬信都郡，

---

① [明]沈士儼撰，田斌點校《于少保萃忠傳》，成書於萬曆二十四年(1596)後，北京師範大學出版社，1993年，頁195—197。

② [明]何孟春《餘冬序録》，《四庫全書存目叢書》影嘉靖七年(1528)自序刻本，子部，册102，頁126ab。

③ [明]唐臣修，雷禮纂《真定府志》，《四庫全書存目叢書》影嘉靖二十八年(1549)商大節序刻本，史部，册192，頁246ab。

④ [清]冼國幹修，張星法纂《真定府晋州武强縣新志》，康熙三十三年(1694)冼氏、張氏序刻本，頁20b。

⑤ [清]李鴻章等修，黄彭年等纂《畿輔通志》，成書於光緒十二年(1886)，《續修四庫全書》影宣統二年(1910)石印本，册635，頁451bc。

⑥ [清]翟慎行修，翟慎典纂《武强縣志》，道光十一年(1831)翟慎行序刻本，頁19b。

⑦ [清]王汝翰《新河縣志》，康熙十八年(1679)王氏序刊本，頁10b。

頗疑武强人皇甫興即隋時嘗任堂陽縣長者。

43. 明李淮發邢臺縣(今爲冀西南邢臺市)元劉秉恕墓

《萬曆野獲編》卷二九:"順德府邢臺縣,有元劉秉恕墓。嘉靖初被發,不知主名,視其識記云:'發冢者李淮也。'官司捕得其人正罪。秉恕即秉忠弟,蓋精于術數者。"[①]《湧幢小品》卷六記,秉恕及父兄墓,俱在邢臺縣治西南先賢村(頁131)。

44. 明徐溝縣(在今晋中清徐縣)王知縣改葬唐李淳風墓

萬曆《徐溝縣志》之《輿地志·陵墓》載,"嘉靖年間",驛堂前唐李淳風墓出小碑,有刻文云:"吾是唐朝一地仙,五百年(前)〔後〕復見天。上覆徐(川)〔州、溝〕王大尹,將余葬在白圭南。"故移葬白圭之南[②]。此謂徐溝驛堂,而雍正《山西通志》卷五七謂在祁縣白圭鎮驛堂前[③],乾隆《祁縣志》卷四云:"在縣東三十五里白圭鎮驛堂前,舊墓在徐溝縣洞渦驛。"[④]知原在徐溝洞渦驛,移葬於祁縣白圭驛。李淳風爲唐代著名術士,其墓在陝、川、冀、豫、皖等地皆有之。

按,"徐川王大尹",此後康熙《徐溝縣志》卷三同[⑤],而雍正《通志》、乾隆《祁縣志》皆作"州"。大尹,此指令尹即縣令。檢康熙《徐溝縣志》卷二《職官》,明嘉靖間王氏知縣有:王鑰,嘉靖十年任。王懷禮,深澤人,"嘉靖十二年任,九載,賦性剛明,而蒞政有條,聽訟果斷,而興建多方"。王邦憲,耀州人,嘉靖四十二年任(頁112cd)。其中並無徐川或徐州籍王氏,歷代似無"徐川"州縣名,明代亦未見徐州籍人作徐溝知縣者。故疑碑文本作"徐溝",音訛作"徐州",再形誤作"徐川","徐溝王大尹"指任徐溝縣令之王氏。碑文所指徐溝王氏知縣若即碑文出土之嘉靖時在任者,則王鑰、王懷禮、王邦憲皆有可能,而懷禮可能性最大。咸豐《深澤縣志》卷八亦載,王懷禮知徐溝時,"築城禦水患","凡學宮及公廨郵亭,無不修築"[⑥]。從王懷禮"興建多方"、"無不修築"看,他最有可能掘發李淳風墓,時間約在嘉靖十二年至二十年(1533—1541)之"九載"間。又,"五百年前復見天",别書多作"五百年前一見天",從萬曆志用"復"字看,當以"五百年後復見天"爲是。

45. 明阜陽縣(今爲皖西阜陽市)張繼寶掘唐郭冀墓

《露書》卷七《跡篇》載,唐天寶中,郭冀避亂汝陰,卒葬潁州城(州治阜陽縣,今爲皖西阜陽市)西鸞翔鄉。張大司馬爲諸生時,居民張繼寶掘其冢得古磚,云:"吾居此宅千年後有張氏,〔子〕(爾)〔本〕長壽,破吾宅者不吉。"果然"是

① [明]沈德符撰,謝興堯斷句《萬曆野獲編》,萬曆三十四年(1606)自序,中華書局,1997年,頁758。

② [明]楊國楨纂修,王敷學續纂修《徐溝縣志》,萬曆四十年(1612)王氏序刊本,頁9b。

③ [清]覺羅石麟等《山西通志》,成書於雍正七年(1729),《四庫全書》本,册544,頁15cd。

④ [清]陳時《祁縣志》,乾隆四十五年(1780)陳氏序刊本,頁16b。

⑤ [清]王嘉謨等《徐溝縣志》,《中國地方志集成》山西府縣志輯影康熙五十一年(1712)王氏序刻本,鳳凰出版社,2005年,册3,頁143a。

⑥ [清]王肇晋《深澤縣志》,咸豐十一年(1861)王氏序,《中國方志叢書》影同治元年(1862)汪鳴和序刊本,成文出版社,1976年,頁254。

年,繼寶闔門疫作,子四人俱罹官刑,繼寶八十四始卒”,悉如所讖[①]。其説似違邏輯:掘冢的父親繼寶得享高壽,而無關的四子反遭不吉的官刑。康熙《潁州志》卷一六記録的磚文卻不同:“爾長壽”作“子本長壽”,即多一“子”字,“爾”又作“本”,諸生也具體指爲張鶴鳴[②]。這應該是相對合乎邏輯的文本:張繼寶之子本來命該長壽,但因繼寶破壞冢墓,所以自己雖然長壽,但當年就斷子絶後,故謂破墓者繼寶不吉。據《明史》卷二五七,張鶴鳴中萬曆十四年(1586)會試,越六年成進士,天啓六年(1626)以平苗功任兵部尚書(别稱大司馬)(頁6617、6619)。則掘墓在張鶴鳴中會試前爲諸生時。從郭冀避亂的唐天寶(742—756)間到明萬曆間,尚不足千年,康熙州志所謂“年姓吉凶鏡乎不爽”不免神化其術。

46. 北宋惠安縣(在今閩南泉州市)崔知縣改葬五代張悃墓

《閩書》卷一〇載,泉州府惠安縣青山有廟,祀張悃之神。悃爲三國吴將,嘗屯兵此山禦海寇,“殁葬於〔今〕縣堂左庫”。北宋太平興國間,“令崔某移古縣於今縣”,開基得銅牌。志云:“太平興國間,古縣移惠安。若逢崔知縣,送我上青山。”牌陰云:“開我墓者立惠安,葬我身者祀青山。”崔令遂於青山立廟祀之,後顯靈助虞允文與金人戰,朝廷賜封[③]。

按,據《宋會要輯稿》方域卷七,析晋江縣地置惠安縣,時在太平興國六年(981)[④],此當即崔令得張悃墓銅牌銘時。嘉靖《惠安縣志》卷二、卷一〇並載,悃禦海寇在僞閩[⑤],即五代閩王氏時代,此與宋初接近,故疑三國吴將之説非是。至於助虞允文破金兵事,據《絳跗草堂詩集》卷二《青山靈安王廟》序,是在紹興三十一年(1161)[⑥]。未知宋初惠安首任縣令崔氏之名。

47. 明義烏縣(今爲浙中金華市屬縣級市)劉尚恭重修祖先劉豪墓

《徐氏筆精》卷八《占驗·朱子前定數》記:義烏縣東平山有宋平昌刺史劉豪墓,明隆慶戊辰長至,裔孫尚恭重修墓碑,於壙臺磚上見晦庵(朱熹)爲門人劉煇、劉熺卜其祖墓云:“天聖戊辰葬此丘,蔭十八紀出公侯。子子孫孫垂不替,繩繩(武武)〔蟄蟄〕永無休。五百四十一年損,(十七八歲)〔十六七世〕裔孫修。戊辰戊辰新一石,(重修重修)〔重興重興〕千百秋。”按語云:“天聖戊辰至隆慶戊辰,年數良是,而長至又恰戊辰。仍孫劉仕龍,在宋贈武節侯,修墓裔

① [明]姚旅撰,劉彦捷點校《露書》,印行於天啓三年(1623)後,福建人民出版社,2008年,頁178。

② [清]張鈁修,王錫纂《潁州志》,康熙五十五年(1716)張氏序刊本,頁2b—3a。

③ [明]何喬遠撰,厦門大學古籍整理研究所、歷史系古籍整理研究室校點《閩書》,終成於崇禎二年(1629),福建人民出版社,1994年,頁227。

④ [清]徐松《宋會要輯稿》,中華書局,1957年,册8,頁7430b。

⑤ [明]莫尚簡修,張岳纂《惠安縣志》,上海古籍書店,1963年,影嘉靖九年(1530)何彦序刊本,頁7a、6a。

⑥ [清]陳壽祺《絳跗草堂詩集》,《續修四庫全書》影嘉慶、道光間陳紹鏞補刻《左海全集》本,册1496,頁499b。

〔孫〕果年十七歲。文公之數亦奇矣。"[①]

其中朱熹卜辭有異文,"繩繩武武",諸書多同,惟《堅瓠集》秘集卷一《劉豪墓》作"繩繩蟄蟄"。典出《詩・周南・螽斯》咏"宜爾子孫"之"振振兮"、"繩繩兮"、"蟄蟄兮"後二句[②],當據改。"十七八歲",崇禎《義烏縣志》卷一九《雜述考中・遺事》作"十六七歲",後云"修墓孫果十六七歲"[③],《棗林雜俎》中集《營建》所據《義烏縣志》當即此志[④]。《堅瓠集》又作"一十七歲",稱"尚恭修墓時果年十七"。預知修墓裔孫年歲若相面之辭,疑非是。康熙《義烏縣志》卷五《祠祀志・丘墓》乃作"十六七世",後云"修墓孫果十七世矣"[⑤],則較合理,雍正《浙江通志》卷二三九《陵墓五》所據《義烏縣志》當即此志[⑥]。"重修重修",諸書多同,而《堅瓠集》作"重興重興",義似較勝。

就朱熹卜數之奇言,天聖戊辰(天聖六年,1028)至隆慶戊辰(隆慶二年,1568),兩者間歲差恰爲五百四十年,假定兩代人時差爲三十年,則五百四十年恰爲十八世,惟文獻似無"一十八世裔孫修"之文,好在"十六七世"也相差不大。前文又有"蔭十八紀出公侯"句,似與劉仕龍事相應。據康熙《義烏縣志》卷一三《人物志・志節・劉仕龍傳》及所附馮夢得《劉仕龍墓誌銘》,劉仕龍(1196—1264),因勤於政事,督兵禦敵,中流矢以歿。祥興二年(1279),户部侍郎季鏞奏其事,贈侯,謚武節(頁56b—59b)。劉仕龍贈侯距離劉豪下葬,雖已超過十八紀(一紀爲十二年)三十多年,也算大體相近。崇禎《義烏縣志》等尚載吕祖儉記文,略記劉氏源流、劉豪生平、朱熹卜墓緣由,末稱因朱熹卜墓且"有'裔衍家昌千載'之(久)〔文〕,予因識大略,而納坟臺上,以俟後日之驗云",則吕氏亦在等待後日之驗。修墓時在隆慶,應驗異聞很可能早載於周士英纂修之萬曆《義烏縣志》。

48. 明亓百户修河南府(今豫西洛陽市)月堤得郭公磚

《因樹屋書影》卷二記,嘉靖元年(1522),會城撫軍命亓百户修月堤,發得古冢,塼上朱書曰:"郭公磚,郭公墓,郭公逢着亓百户。巡撫差爾修月堤,臨時讓我三五步。"即讓之十數步[⑦]。所謂會城不知何處府城。《書隱叢説》卷六謂之汴城(頁480b),即開封府城,《明詩綜》卷一〇〇謂之河南府,撫軍爲何天

---

① [明]徐㶿《徐氏筆精》,崇禎四年(1631)黄居中序、五年(1632)邵捷春序,新文豐《叢書集成續編》影民國間《芋園叢書》本,册17,頁580bc。

② 《詩經》,中華書局,1980年,影清阮元校刻《十三經注疏》本,頁279ab。

③ [明]周士英纂修,熊人霖增修《義烏縣志》,萬曆二十四年(1596)周氏序,崇禎十三年(1640)熊氏序刊本,頁16ab。

④ [清]談遷(1594—1657)撰,羅仲輝、胡明校點校《棗林雜俎》,崇禎十七年(1644)高弘圖序,中華書局,2006年,頁413—414。

⑤ [清]王廷曾纂修《義烏縣志》,康熙三十一年(1692)王氏序刻本,頁45b—46a。

⑥ [清]嵇曾筠、李衛等修,沈翼機等纂《浙江通志》,成書於雍正十三年(1735),《中國地方志集成》浙江省志輯據民國間商務印書館影光緒刻本影印,鳳凰出版社,2010年,册7,頁858b。

⑦ [清]周亮工《因樹屋書影》,成書於1655—1660年間,《續修四庫全書》影康熙六年(1667)刊本,册1134,頁315d—316a。

衢[①],則在洛陽。亓爲姓氏,百户乃世襲軍職,統兵百人。世因郭公磚空心,作爲琴几,其聲清越。《中州雜俎》卷二〇:"或云郭公,古之富而高隱,作此磚遍埋土中,云滄桑後當必出人間。此未必然。"[②]必出人間云云自然未必,當是據磚刻而來的民間傳説。

49. 清高郵州(今爲蘇中高郵市)王鼎因棺銘遇合伍秋月

《聊齋誌異》卷五《伍秋月》叙,秦郵(揚州府高郵州,古稱秦郵,今蘇中高郵市)王鼎,夢少女伍秋月,與之遇合。女實夭歿,顯魂稱"先父名儒,邃於《易》教",瘞女立石棺側,曰:"女秋月,葬無冢,三十年,嫁王鼎。"乃請鼎"速發瘞處","側有小碑,果如女言,發棺視之,女顔色如生"。後果蘇活,與鼎結爲夫妻[③]。此女棺銘雖未明確預知發墓者爲未婚夫,但實際上女子復活嫁人必然有賴於發墓,亦比一般墓銘讖言發墓事更具男女情思。

50. 明金壇縣(今爲蘇南常州市金壇區)張巡檢濬河遷唐戴叔倫墓

康熙《金壇縣志》卷一〇載,唐戴叔倫墓,在縣南三里。明正德中,濬河得一碑,云:"(龜卦吉,易卦凶)〔筮之吉,卜之凶〕,五百年後被水衝。寄語湖溪張巡檢,(留吾)〔移我〕骸骨(在其中)〔上高峰〕。"乃稍紆河道以避之[④]。《尚絅堂集》詩集卷一一《戊己集》下《戴叔倫墓》云:"斷碑三尺吉凶字,五百年來問誰志?"注稱"明正德中,築城得遺碑"[⑤]。

按,戴叔倫爲金壇(今爲蘇南常州市金壇區)人,《輿地紀勝》卷七早記其墓在縣南三里(頁417)。又《秋燈叢話》卷八記,乾隆甲子,江南饑,制府尹公修濬水道,於常州荆溪開一引河,命巡檢張某督其役,掘得古冢,短碣署"唐詩人戴叔倫墓",碣底鐫文曰:"筮之吉,卜之凶,六百年後遇大工。寄語荆溪張巡檢,將我骨骸葬其中。"張白制府,乃改河道[⑥]。掘墓人事較明(制府尹公或指兩江總督尹繼善),但時在乾隆九年甲子(1744),地作荆溪(在今蘇南無錫市屬縣級宜興市),與康熙《金壇縣志》明正德金壇縣事不同。從康熙縣志已載看,乾隆時間當誤;從諸書多載墓在金壇看,荆溪地點亦當誤。關於發墓時間距卒葬時差,則均有不合,《桃溪客語》卷四辨正説,叔倫爲官於德宗時,至乾隆甲子不下九百餘歲,與銘文六百年不合[⑦]。按,戴叔倫(732—790?)卒後至明正德約七百三十年,至乾隆九年約九百五十年,與五百、六百之數皆不合。

---

① [清]朱彝尊輯録,劉向榮、孫通海、王秀梅點校《明詩綜》,中華書局,2007年,頁4577。

② [清]汪价(字介人)《中州雜俎》,《中國風土志叢刊》影民國十年(1921)印本,廣陵書社,2003年,册19,頁798—799。

③ [清]蒲松齡撰,張友鶴輯校《聊齋誌異會校會注會評本》,康熙十八年(1679)自序,後有續作,中華書局,1962年,頁668—672。

④ [清]郭毓秀《金壇縣志》,康熙二十二年(1683)郭氏序刊本,頁18a。

⑤ [清]劉嗣綰《尚絅堂集》,嘉慶十二年(1807)自序,本卷作於乾隆五十四年己酉(1789),《續修四庫全書》影道光六年(1826)刻本,册1485,頁163a。

⑥ [清]王椷《秋燈叢話》,成書於乾隆四十三年(1778),《續修四庫全書》影乾隆四十五年(1780)刊本,册1269,頁495cd。

⑦ [清]吴騫《桃溪客語》,乾隆五十三年(1788)周廣業序,《續修四庫全書》影乾隆、嘉慶間《拜經樓叢書》本,册1139,頁560bc。

至於碑文，康熙《金壇縣志》稱"留吾骸骨在其中"，《秋燈叢話》稱"將我骸骨葬其中"，均不合邏輯：墓碑在所濬河道中，碑文又云"五百年後被水衝"，如果骸骨仍然留葬其中或者僅僅只是"稍紆其河道"以避之，則寄語没有多少實際意義。光緒《金壇縣志》卷一五《雜志上・軼事》碑文乃作"移我骸骨上高峰"，後即遷於壩南里許[①]；民國《金壇縣志》卷一二《雜記志下・記事》碑文亦同，後遷於壩南文明門外[②]。可以據改康熙縣志。此外，碑文開頭當以《秋燈叢話》所記"筮之吉，卜之凶"爲是（參後）；中間"張巡檢"前地名《秋燈叢話》作"荆溪"，以與事發地名相合，而他書多作"湖溪"，前者非是。

51. 清沙河縣（今爲冀西南邢臺市屬縣級市）楊君墓

乾隆《順德府志》卷一六《雜事》記，沙河縣北楊村有古墓，誌蓋書"楊君墓誌"，傍刻："葬後一千七百年，墓爲張安所發，發者滅門。"誌石存古廟前，而楊君不可考[③]。此一銘文較有特色，惟無發墓驗證。

52. 清元氏縣（今爲冀西南石家莊市屬縣）劉黄頭掘唐賈夫人墓

《雙硯齋詩鈔》卷七《劉黄頭行》序略記，元氏縣劉黄頭，劚地得石，識字者知爲唐建中二年（781）賈夫人墓誌銘（引按，夫人諱嬪），銘後别綴一行云："後一千三百年，爲劉黄頭所發。"黄頭"聞其有己名也，乃大駭異，縣之人亦相與詫歎之"。雖年代小誤，"然劉黄頭之名適合，固亦奇矣"。太守陶凫香"搨以見贈，爲作此詩"。詩正文有云，"大書深刻黄頭名"，"書法秀整真唐碑"，"作誌先計發冢年"，"應讖乃在千秋前"[④]。

《壹齋集》卷二八亦有詩，題名甚長，首云賈氏墓誌發現於"道光三年秋"[⑤]。諸書多作三年（1823），而光緒《元氏縣志》卷三作道光八年[⑥]，當誤。據《雙硯齋詩鈔》卷七首及書前目録，知本卷詩歌正作於道光三年癸未，中有《癸未生日》。《劉黄頭行》雖未明示劚發時間，但詩作緣於"太守搨以見贈"，即在事發不久，此詩前詩題稱至日（冬至）、臘八，接此下詩題稱除夕，知《劉黄頭行》當作於歲末，可能是該年秋天劚發後的最早記録。《壹齋集》詩題亦云，"今清河道陶梁任真定太守時，拓得數本，分寄都下"。據《清史稿》卷四二二《陶梁傳》，陶梁（字凫薌，一作凫香）"調正定"知府（雍正後改真定爲正定），時在"道光四年擢清河道"前[⑦]。不但可印證發冢在道光三年，且正因陶梁拓印相贈，此銘才屢見題咏、記載、著録和考論。

---

① ［清］丁兆基等修，汪國鳳等纂《金壇縣志》，光緒十一年（1885）夏宗彝序刊本，頁 29a。

② 馮煦《金壇縣志》，商務印書館，民國十五年（1926）鉛印本，頁 6a。

③ ［清］徐景曾等《順德府志》，乾隆十五年（1750）徐氏序刊本，頁 108b。

④ ［清］鄧廷楨《雙硯齋詩鈔》，道光八年（1828）方東樹序，《續修四庫全書》影清末刻本，册 1499，頁 354a—c。

⑤ ［清］黄鉞撰，陳育德、鳳文學校點《壹齋集》，詩集卷二八至三五刻於道光十年（1830），黄山書社，1999 年，頁 551—552。

⑥ ［清］胡岳修，趙文濂等纂《元氏縣志》，光緒元年（1875）胡氏序刻本，此處當據其所引張衍度説而記，參頁 50b、51a。

⑦ 《清史稿》，中華書局，1977 年，册 40，頁 12192。

學術研究晚於詩歌題咏，較早的或是《古志石華》卷一三[①]，距事發僅五年。其後略有瞿中溶《古泉山館金石文編》卷二、《衎石齋記事稾》卷四[②]、《常山貞石志》卷一〇[③]、《補寰宇訪碑録》卷三[④]、《八瓊室金石補正》卷六五[⑤]、羅振玉《隋趙洪專誌跋》、顧燮光《夢碧簃石言》卷三、趙萬里《漢魏南北朝墓誌集釋》卷一一、葉昌熾《語石》及柯昌泗“異同評”等，清代以來就成爲金石學集中論題之一。《唐代墓誌彙編》據周紹良藏拓收《大唐故宣州宣城縣尉李府君夫人賈氏墓誌銘并序》録文[⑥]。

53. 民國嘉興王氏發明李維(?)墓(附録)

《民國趣史·博物院·篆書墓磚》載，嘉興東栅鎮牛場濱王姓開荒，發現墓磚，上有篆書“大明隆慶二年”“道路將軍”“李維”字樣。磚上有堪輿家“白鶴仙人”所誌數語，“大略謂若干年後此塋當被發掘”云云。“屈指計算，適爲今年”，鎮人聞之，咸囑王姓停止開墾[⑦]。按，未知磚銘原文，道路將軍爲鎮護墳墓的神將，李維當爲墓主，當下葬於隆慶二年(1568)，發墓當在民國間，惟不知“今年”所指。

54. 夔州(在今渝東北奉節縣)許由發三國蜀甘夫人墓(附録)

除了傳世文獻，民間口頭也還有墓銘讖言故事，據田野搜集而載入故事集。如渝東奉節縣《許由點燈》説，從前，夔州有個州官叫許由，搜刮民財，貪得無厭。一天他撬開州衙大堂地板，發現三國劉備甘夫人墓，墓中有大油缸，燈座上有張紙條寫着：“許由許由，無冤無仇。私開古墓，罰你上油！”這紙條是“前知五百年，後知五百年”的諸葛亮替甘夫人留下的，“他早料定，某年某月某日，要出許由這樣一個貪財亡命的贓官，來偷盜這座古墓”。許由爲了上油，耗盡家財，家徒四壁，醒悟後痛改前非。後任縣令接替時題了“奉公守節”的匾額，後人取頭尾兩字“奉節”作爲縣名，沿用至今[⑧]。

雖然《入蜀記》卷六稱夔州州治在“甘夫人墓西南”[⑨]，《大明一統志》卷七〇亦云在夔州府治内(頁 1092b)，但據《三國志》卷三二、三四劉備及其甘皇后傳，甘夫人墓當與劉備合葬在成都[⑩]，故嘉慶《大清一統志》卷三九八説，“其墓

① [清]黄本驥《古志石華》，道光八年(1828)自序，次年初刻，上海書店《叢書集成續編》影咸豐六年(1856)刻本，册 73，頁 710d—711c。

② [清]錢儀吉《衎石齋記事稾》，道光十四年(1834)戚嗣曾序，《續修四庫全書》影光緒六年(1880)印本，册 1508，頁 562ab。

③ [清]沈濤《常山貞石志》，《續修四庫全書》影道光二十二年(1842)自序刊本，册 906，頁 450d—451d。

④ [清]趙之謙《補寰宇訪碑録》，《續修四庫全書》影同治三年(1864)自序刻本，册 904，頁 645b。

⑤ [清]陸增祥《八瓊室金石補正》，《續修四庫全書》影民國十四年(1925)希古樓刊本，册 897，頁 369c—371d。

⑥ 周紹良主編，趙超副主編《唐代墓誌彙編》(1992)，上海古籍出版社，2007 年，頁 1825。

⑦ [民國]李定夷《民國趣史》，民國五年(1916)倪承燦序，江蘇廣陵古籍刻印社，1998 年，頁 199。

⑧ 徐廉明《三峽民間傳説》，四川人民出版社，1982 年，頁 24—26。

⑨ [宋]陸游《入蜀記》，《叢書集成初編》排印《知不足齋叢書》本，册 3190，頁 58。

⑩ 《三國志》，中華書局，1982 年，頁 891、905—906。

不應在此(夔州府城内)”(頁 9a)。劉備傳稱,“梓宫自永安還成都”,甘夫人也當跟劉備一樣是從奉節(三國時稱永安)遷葬成都的,故在奉節有傳説附會之,而這樣的傳説竟然也屬古傳墓銘讖言故事。

三、出土墓誌中的讖言銘文

上述元氏縣賈氏墓誌就是道光三年的出土墓誌,有金石著録,文獻記録的其他數十種墓銘讖言也可能是當時出土,惟金石史料極少。至於典型的出土墓誌,近現代以來則多有金石文獻著録。跟古代相關墓葬時代模糊渺茫不同,出土墓誌則有明確的卒葬時間,所以下面以卒葬或撰誌時間爲序,對出土墓誌的墓銘讖言加以梳理。

1. 北齊鄴城元子邃墓誌(1940 年前出土於豫北安陽市)

《漢魏南北朝墓誌彙編》據北京圖書館藏拓録《齊故征西將[軍]上洛縣開國□□□□元子邃墓誌銘》,誌稱元子邃,河南洛陽人,卒於天保六年(555)十月,次月,與夫人李氏遷窆於鄴城西南廿里。銘後書:“今葬後九百年,必爲張僧達所開,開者即好遷葬,必見大吉。”[①]《漢魏南北朝墓誌集釋》卷一一以爲,“近出晋魏墓誌無作此等語者,要以此誌爲首見矣”(頁 260)。此誌出土於安陽,1940 年經于右任移存西安碑林收藏,藏石編號 1208[②],北京大學圖書館藏有拓片[③]。

2. 北齊朔州庫狄洛墓銘(1973 年出土於晋東壽陽縣)

據發掘報告,此墓誌 1973 年出土於山西壽陽縣西南賈家莊,報告有墓銘圖版,無録文[④]。《漢魏南北朝墓誌彙編》據發掘報告録《齊故定州刺史太尉公庫狄順陽王墓銘》,誌稱王諱洛,字迴洛,朔州部落人,大寧二年三月薨於鄴,河清元年八月葬於朔州城南門。銘後書:“□天度,八百年後開吾墓。改封更葬起丘墳,宜官享禄多福祚。”(頁 414—416)

據《資治通鑒》卷一六八,太寧二年四月,因河水清,改元河清(頁 1332a),故庫狄洛卒葬實在同年(562)。據《魏書》卷一〇六上《地形志二上》,朔州,本漢五原郡,後爲鎮,“孝昌中改爲州,後陷,今寄治并州界”[⑤]。朔州本治朔縣(今晋北朔州市),墓誌卻發現於壽陽縣(魏、齊時屬并州),原因即在寄治(參發掘報告,頁 400)。《通鑒》卷一五一載,北魏孝昌二年(526)四月,“魏朔州城民鮮于阿胡等據城反”,七月,“鮮于阿胡擁朔州流民寇恒州,戊申,陷平城”,注:“恒州治平城,平城,魏之故都,亦陷於賊,其不競甚矣。”(頁 1202d、1203c)寄治并州即

① 趙超《漢魏南北朝墓誌彙編》(1992),天津古籍出版社,2008 年,頁 401—402。

② 參李域錚《陝西古代石刻藝術》,三秦出版社,1995 年,頁 259。

③ 參孫貫文遺作《北京大學圖書館藏歷代石刻拓本草目》(四),載《考古學集刊》,第 10 集,地質出版社,1996 年,頁 262。

④ 王克林《北齊庫狄迴洛墓》,載《考古學報》1979 年第 3 期,頁 377—414,墓銘圖版見頁 395。

⑤ 《魏書》,中華書局,1974 年,頁 2498。

在朔州陷落後。又，銘文後半從合韻看，"天度"後當絶句(《彙編》録文未斷)，末字"祚"亦合韻，宋本重修《廣韻》卷四注"祚"音"昨誤切"[①]。

3. 隋金鄉縣徐之範墓誌(1976 年出土於魯西南嘉祥縣)

據發掘報告，此誌 1976 年出土於嘉祥縣，報告附銘文圖版，無録文[②]。據報告圖版及《隋唐五代墓誌匯編》江蘇山東卷所收拓片[③]，《隋儀同三司徐公墓誌》載，徐之範，東莞姑慕人，開皇四年(584)四月卒於晉陽縣宅，十二月還葬金鄉縣都鄉節義里(墓所在滿硐鄉，處於今嘉祥、金鄉、巨野縣交界地)。銘後書："公第四弟之權，譙郡太守、散騎侍郎，卜此葬地，得《泰》卦，後一千八百年爲孫長壽所發，所發者滅門。"按，《全隋文補遺》卷二録文"散騎侍郎"後作句號[④]，似以上介紹其四弟，以下爲讖言，我們以爲當是徐之權卜兆。

4. 隋零泉縣趙洪磚誌(1909 年出土於豫北安陽市)

據羅振玉《永豐鄉人稿》丙稿《雪堂金石文字跋尾》卷三《趙洪塼跋》，此磚誌宣統元年(1909)出土於河南安陽[⑤]。磚文僅 58 字，録文首見次年羅振玉《隋趙洪專誌跋》(頁 1a)，又見《全隋文補遺》卷二(頁 129b)。誌記趙洪卒於開皇九年(589)，葬於相州靈泉縣(在今安陽、林州間)。誌末云："千七百年，爲樂受所發，發者滅門，還覆大吉。"

5. 隋洛陽張茂墓誌(2002 年出土於豫西北孟津縣)

此誌 2002 年出土於河南洛陽孟津縣，《邙洛碑誌三百種》收墓蓋及誌拓片[⑥]。《隋故輕車將軍開府騎兵參軍張君墓誌》言，張茂，襄州定南人，開皇九年(589)正月卒，冬十月葬於芒山之陽、穀水之陰，背芒面洛。銘文後書："(莝)〔筮〕占：葬後一(遷)〔千〕八百秊，爲吴奴子所發掘。誡奴子：必宜還葬之，子孫得福，家熾盛，大富貴。如違，招致殃禍絶滅。"按，莝、筮二字，當是草、竹偏旁及坐、巫混書。遷，或有三義，一指遷葬，從下文還葬看則非；二指變異，則"八百年"當屬下句；三則可能屬於遷、千同音借字，後者可能性最大。

6. 隋洛陽王節墓誌(2004 年前出土於洛陽)

學者曾談及此誌，稱近年出土於洛陽邙山，墓誌蓋右側坡面上縱刻八卦符號與隸書一行："(謙卦卦圖)。一千八百年，吴奴子所發。誡之：厚葬得福累世。"(趙振華文，頁 163)目前拓片没有正式公布，已經出現僞造。有學者從舊書網得見拓片，作録文並考釋墓主生平及僞拓，推測出土於 2004 年前。録文《齊梁州故別駕王君墓誌銘》載，王節，太原人，三十九歲卒於鄴城，開皇十五年

---

① [宋]陳彭年、邱雍奉敕修，周祖謨校《廣韵校本》，中華書局，1960 年，影康熙四十三年(1704)澤存堂刊本，附周氏校勘記，頁 371。

② 嘉祥縣文物管理所《山東嘉祥英山二號隋墓清理簡報》，載《文物》1987 年第 11 期，頁 57—61；墓銘圖見頁 59。

③ 王思禮等《隋唐五代墓誌匯編》，江蘇山東卷，天津古籍出版社，1991 年，頁 2。

④ 韓理洲《全隋文補遺》，三秦出版社，2004 年，頁 104b—106a。

⑤ 羅振玉《永豐鄉人稿》，收入《羅雪堂先生全集》初編，大通書局，1986 年，影 1920 年貽安堂本，册 2，頁 552—554。《雪堂金石文字跋尾》自序於 1920 年。

⑥ 趙君平《邙洛碑誌三百種》，中華書局，2004 年，頁 37—38。

(595)二月,與夫人趙氏葬於洛城西清風鄉。王節仕於北齊,卒年約在北齊清河(562—565)間[①]。

7. 隋洛陽王伯墓誌(2004 年出土於豫西北孟津縣)

《隋王伯墓誌并蓋》著録於《河洛墓刻拾零》[②]。2004 年出土于孟津縣。《齊輕車將軍通事舍人黄縣開國男王君墓誌并序》記,王伯,秦州略陽人,大業四年五月卒於雒陽,五年(609)十一月與夫人合葬。接言:"三金□所請,筮得《觀》卦:葬後八百年,爲王天安所發,發見此銘,還即奄塞,天安及子孫世世富貴;□(若?)不奄塞,天安子孫滅門大禍。"(王其禕、王慶衛考補文,頁 195—196)缺字當是"若"或"如"字。

8. 隋洛陽董穆墓誌(1909 年前出土於洛陽)

關於此誌出土情况,《漢魏南北朝墓誌集釋》卷八説,"出土地未詳,舊藏寶華盦,今不知何往矣"(頁 225—226),現今一般稱洛陽出土,曾歸端方收藏[③],或經北京大學藏於北京故宫[④],《匋齋臧石記》卷一六已有録文[⑤],故至少此前已出土。據《漢魏南北朝墓誌集釋》下册圖版 441(册 4,頁 151),《大隋大業六年歲次庚午十一月戊午朔三日庚申襄城郡汝南縣前主簿墓誌序》稱,董穆,出自隴西,用董姓爲宗。大業三年四月卒於輔城(指洛陽),六年(610)葬於城西北二里(諸家録文"城西北"前缺四五空,至少前一字可識爲"葬")。接云:"《易》卜此地,安葬大吉。□□□□□大(?)安所發此墓。"

羅振玉《隋趙洪專誌跋》稱,"隋董穆墓誌末記'爲張大安所發'",似識末二缺字作"爲張"。據圖版,此誌左上角闕落,"大"字頭已不見,所謂"張"字更付闕如;再據上述王伯誌"王天安"、下文李宗誌"張天安"(前文沙河楊君墓稱"張安"),則董穆誌預言發墓者亦可能稱"張(王)天安"。能否進一步推測前三字或爲"後□年"? 全句可爲"後□年爲張(王)大(天)安所發此墓"?

9. 隋雒陽李吁〔典〕墓誌(1995 年出土於洛陽)

此誌僅見《邙洛碑誌三百種》著録,稱無首題,擬名《隋李吁墓誌》,葬於大業六年(610),1995 年出土於洛陽城東,今歸張氏,有拓片(頁 48)。按,著録似有未確,學者引用亦沿其成説。

據拓片,誌序言:"大(隨)〔隋〕大業十二年歲次丙子(潤)〔閏〕五月丙辰朔五日庚申,皇朝將軍,姓李,諱吁〔典〕,出壟西,河南郡雒〔陽〕縣歸淳鄉人也。春秋五十有九,去大業六年五月十三日,薨於雒陽縣常平鄉,大殯於北望山邊。……吁典祖爲甘州剌史,父皇朝將軍。吁典爲人存修礼讓,抱信餘恩,裁

---

① 上據王其禕、周曉薇《洛陽新見隋代墓誌銘輯釋三種》,載《華夏考古》2011 年第 4 期,頁 109—118。

② 趙君平、趙文成《河洛墓刻拾零》,北京圖書館出版社,2007 年,頁 57—58。

③ 王壯弘、馬成名《六朝墓誌檢要》,上海書畫出版社,1985 年,頁 332。

④ 郭玉海、方斌《故宫博物院藏歷代墓誌彙編》,紫禁城出版社,2010 年,册 1,頁 98,圖版見頁 99。

⑤ [清]端方《匋齋臧石記》,中國東方文化研究會歷史文化分會《歷代碑誌叢書》影宣統元年(1909)十月自序石印本,江蘇古籍出版社,1998 年,册 12,頁 162ab。

素超游，情深遠察，慈戀化民，……”按，隨、潤二字屬於借字，隴西亦可偶作壠西、壟西。占籍雒陽縣(隋稱洛陽縣)，脱“陽”字，否則爲蜀郡屬縣。主要脱字在墓主名諱處，據後文兩次出現“吁典”，知前文介紹名諱時或因與下句“出”字形近而脱一“典”字，墓主當作“李吁典”。尤其值得注意的是，該墓下葬至少撰誌時間在大業十二年(616)，該年歲次、月朔、五日三種干支皆無誤，學者多誤會卒時六年爲葬時。

與本題相關的是銘文後以墓主口吻綴以讖言：“吾殯後三千年，有崔胸顯所破。”按，殯，原字作左“土”右“賓”(序言“大殯於北望山邊”亦然)，義同。顯，原字作左“頁”右“累”，義同。

10. 唐伊闕縣柳山濤墓誌(2001 年出土於豫西北伊川縣)

此誌 2001 年出土於洛陽市伊川縣(趙振華文，頁 160—168)。《全唐文補遺》千唐誌齋新藏專輯收《唐故貝州鄃縣主簿柳君墓誌銘并序》録文，誌言柳山濤，河東人，麟德二年十一月卒，次年乾封元年(666)三月葬於洛州伊闕縣歸善鄉。銘後書：“《易》占云：葬後一千三百年，乃爲黄頭所發。其所開發者，當更好埋葬之。若不好埋葬者，凶不出年。”[①]或釋讀作“其亦開發者”(趙振華文，頁 160)，疑非是。

11. 唐洛陽劉府君夫人韓净識墓誌

出土情況未知。《全唐文補遺》第 8 輯收《大唐故劉府君韓夫人(净識)墓誌銘并序》録文，誌記韓净識，洛陽人，總章二年十二月卒，三年(670)正月葬於洛陽縣東原。銘後書：“九百年張僧達所發，發時更吉，若不閉藏，所發之人滅門。”[②]所謂“發時更吉”似不合理，從前述北齊元子邃墓銘“今葬後九百年，必爲張僧達所開，開者即好遷葬，必見大吉”看，二銘相仿，疑韓氏銘“發時”“更吉”間，應有“遷葬”“還葬”“閉藏”之類文字。

12. 唐河南縣(在今洛陽市)郗瑞達墓誌

出土情況未知。《全唐文補遺》千唐專輯收《唐故隨謁者臺員外郗府君(瑞達)墓誌銘并序》録文，誌言郗瑞達，高平金鄉人，上元三年(676)十月卒，十一月葬於河南縣龍門之原。銘後書：“占(日)〔曰〕：葬後一千五百年，有孫長壽發，若不掩藏，凶不出年。”(頁 41ab)按，録文“占日”當作“占曰”。

13. 唐南和縣郭祥墓誌(1986 年出土於冀南南和縣)

據發掘報告，此墓 1986 年出土於河北省南和縣侯郭村。誌蓋題《郭君墓誌》，墓誌題《大唐鮮州賓徒縣令郭善摩墓誌并序》[③]。《全唐文補遺》第 4 輯收録文，誌言郭祥，字善摩，太原郡南和人，嗣聖元年正月卒，夫人焦氏早卒於龍

① 吴鋼《全唐文補遺》，千唐誌齋新藏專輯，三秦出版社，2006 年，頁 25a—26a。

② 吴鋼《全唐文補遺》，第 8 輯，三秦出版社，2005 年，頁 277。

③ 辛明偉、李振奇《河北南和唐代郭祥墓》，載《文物》1993 年第 6 期，頁 20—27、64，墓誌蓋、墓誌拓片見頁 27。拓片亦收入孟繁峰、劉超英《隋唐五代墓誌匯編》，河北卷，天津古籍出版社，1991 年，册 1，頁 43。

朔二年,乃以垂拱四年(688)十月,合窆於邢州南和縣[①]。與本題有關的是誌蓋。據報告拓片及介紹,蓋中十字格綫竪綫位置陰刻楷書:"葬後四百年,爲奇黄頭所發。"

報告又指出,南和從未屬太原郡,隋嘗隸襄國郡,唐嘗屬鉅鹿郡。"賓徒,查無此縣,或爲賓從之誤,地在今通縣境内"。按,《漢書·地理志下》載,遼西郡有賓從縣(王莽曰勉武)[②],《後漢書·郡國志五》載,遼東屬國有賓徒,故屬遼西(頁3530),《資治通鑒》卷八三載,趙王倫貶吴王晏爲賓徒縣王,注:"賓徒縣,前漢屬遼西郡,後漢屬遼東屬國都尉,晋屬昌黎郡。"(頁684a)漢晋間賓徒(從)治所在今遼西錦州市北。《舊唐書》卷三九《地理志二》載,河北道鮮州,天寶間僅領賓從一縣,"初置營州界,自青州還寄治潞縣之古潞城"(頁1524)。營州在今遼西朝陽市,古潞城在今冀東三河县。知墓誌賓徒乃用漢晋舊稱,非必誤書。

14. 唐汲縣李宗墓誌(出土於豫北衛輝市?)

《京畿冢墓遺文》卷中《李君墓誌》録文稱,"君諱字,趙郡人也,因田食税,今爲汲人焉"。"解褐授襄陽郡攣道縣尉,政績纔施,憂虞已及"。天寶元年七月卒於攣道縣之官舍,二年(743)正月,"宅兆於本郡西北三里之平原而厝焉"。銘文後書:"葬後一千七百年,有張天安所發。"[③]

此誌出土時間不明,墓主、題名、地點及讖言位置均有歧說。羅振玉著録爲李君,又如《雪堂類稿》戊之二作《趙郡李君墓誌》[④]。《唐代墓誌彙編》據羅氏録文,乃作《李君墓誌并序》,攣道縣作欒道縣,讖言在韻文銘辭前(頁1545)。又有稱李宗墓誌者,如《夢碧簃石言》卷三稱汲縣新出,末記讖言(頁107),《石刻名彙》卷六著録陝西長安出土[⑤],《隋唐五代墓誌匯編》河南卷拓片説明稱河南省出土[⑥]。均無理由説明及録文,當是徑釋爲李宗。按,誌首言"君諱字",似不成詞,刻石時若僅有三字,當在"諱"、"字"二字尤其是"諱"後有空缺,如漢碑然。拓片無空字缺,"字"當是"宗"或"宇",姑依前人以李宗墓誌爲是。誌本無題,擬名自然有差異。從李氏爲汲人葬於本郡看,疑當以出土於汲縣(今豫北衛輝市)爲是。欒道非縣名,屬誤釋。攣,同率。《詩·大雅·召旻》"彼疏斯粺",鄭箋:"米之率,糲十,粺九。"陸德明釋文:"率,字又作攣。"(《十三經注疏》,頁579c)率道縣在今鄂西北宜城市。檢拓片,讖言乃在銘文末後接書。

15. 唐晋城縣(今爲晋南晋城市)張劍墓誌

墓石藏山西省晋城市古建築藝術博物館,出土情況未知。據《大唐故陪戎

① 吴鋼《全唐文補遺》,第4輯,三秦出版社,1997年,頁393。

② 《漢書》,中華書局,1962年,頁1625。

③ 羅振玉《京畿冢墓遺文》,《歷代碑誌叢書》影民國間自刊本,册14,頁18bc。

④ 羅振玉著,蕭文立編校《雪堂類稿》,遼寧教育出版社,2003年,頁282。

⑤ [清]黄立猷《石刻名彙》,《石刻史料新編》第2輯影民國十五年(1916)黄氏萬碑館《穀盦叢刊》本,新文豐出版公司,1979年,册2,頁1063b。

⑥ 郝本性《隋唐五代墓誌匯編》,河南卷,天津古籍出版社,1991年,頁68。

副尉張君墓誌銘并序》録文,張劍,高平郡晋城人,天寶二年(743)九月卒,十月葬於高平郡城東。銘詞後書:"吾葬以後一百卅年,被彭里來開發,破墳者凶,塋墳者吉。"[①]按,其時晋城爲高平郡治,郡所屬高平縣今爲晋城市北之高平市。

16. 唐臨邑縣蘇崇俠妻張氏墓記(1987 年出土於魯北臨邑縣)

據發掘報告,此墓 1987 年 11 月出土於山東省臨邑縣,誌蓋、誌文皆無題,自左至右書寫,報告附拓片[②]。收入《隋唐五代墓誌匯編》江蘇山東卷,拓片下擬題《蘇崇俠妻張氏墓誌》(頁 47),《全唐文補遺》第 4 輯有録文,擬題《蘇崇俠妻張氏墓記》(頁 460),今取後題。據録文,蘇崇俠妻張氏,天寶十四載(755)十月葬於濟南郡臨邑縣。誌末書:"急急如律令:忽有程陸開此墓,必滅程氏。"按,"急急如律令"原在"故勒石銘"之後,"忽有程陸"以後原爲提行(自左至右)書寫,上空五字,末字與前行對齊,今以冒號連讀,實即"石銘"整體(别無韻文銘詞)。

17. 唐潞州府城(今爲晋東南長治市)郭遠墓誌(2006 年前出土)

此誌出土情況未知,僅知 2006 年入藏西安碑林博物館。據《唐故天興觀主太原郭府君墓誌銘并序》,郭遠,太原人,貞元十二年(796)七月卒,夫人程氏十五年十一月卒,二十日合葬於潞府城南(潞州治上黨縣,今爲長治市,其東北有潞城縣即今潞城市)。銘文後書:"筮得《解》卦,葬後三百年大富,孫位登刺史。"[③]按,讖言因占卦而得,所示爲子孫富貴,而誌蓋《大唐故郭府君墓誌銘》大字周圍有小字環讀詩:"明神無所鑒,貞良命不延。送終後此隔,號動别墳前。"(録文爲筆者讀)似對神明鑒察、子孫祭奠均不信任,亦是有趣。

18. 金屯留縣"宋三命墳"室壁題字(1999 年出土於晋東南屯留縣)

1999 年屯留縣李高鄉宋村發現磚室墓,乃金宋二命墓,墓室北、西、東三壁均有題記,然漫漶嚴重,釋讀難以連貫。發掘報告發表後[④],後續主要有關樹東、王義印等人考釋[⑤],今參據諸家略述相關情況。

據西壁左部題記,多處題記由石匠李通製作,他因遭遇紅巾"盜賊",由沁州銅鞮縣流落到潞州屯留縣,但題記内容當出自墓主家人。北壁門左側題記:"元本住屯留縣宋村。宋三命墳:東至古墓,西至疑山,南至本村鬼廟,北至嶺畔。"西壁中部題記:"天會十三年歲次乙卯三月一日甲戌〔朔〕,廿一日甲午日癸時,下李高宋村宋三命,名榮,在此於□□□□冢塋。當年本村修蓋佛殿

① 周紹良、趙超《唐代墓誌彙編續集》,上海古籍出版社,2001 年,頁 586—587;亦見周紹良《全唐文新編》卷九九七,吉林文史出版社,2000 年,第 5 部,册 5(總册 22),頁 15188。

② 蔡鳳書、蔡鳳麟《山東臨邑發現唐墓誌》,載《文物》1991 年第 4 期,頁 95。

③ 上據趙力光《西安碑林博物館新藏墓誌彙編》,綫裝書局,2007 年,册中,頁 593—595。

④ 王進先、楊林中《山西屯留宋村金代壁畫墓》,載《文物》2003 年第 3 期,頁 43—51,有圖版、釋文。

⑤ 關樹東《屯留宋村金墓題記考釋》,收入《隋唐遼宋金元史論叢》第 1 輯,紫禁城出版社,2011 年,頁 357—363;王義印《山西屯留宋村金代壁畫墓墨書題記研究》,載《中原文物》2014 年第 6 期,頁 113—118。

□□□，遷奉父母家兄大哥□□□□□。都歸大夜，命奄幽谷。”天會十三年乙卯（1135，當南宋紹興五年）自然是下葬時間，東西壁共有三處提及“乙卯”。

與本題相關的是西壁中部題記“命奄幽谷”後接言：“葬於此所，後□五百年間，必逢張强到此，馬四毁壞不良，必須再葬。”其上方又題寫：“張强張强，馬四不良。謝你來覰，必須再葬。”其中“後”字下一字疑爲“千”或“四”“三”諸字。又北壁左側述墳墓四至後接言：“勸人休毁壞，壞者必定身亡。且記耳。”此乃咒語，非讖言。

除傳世文獻、出土資料所見墓銘讖言外，古代還有一些銘文讖言，雖非必出自墓銘，但言詞、事件相似，此不贅述，僅略舉數例於附表。

四、古代墓銘讖言故事的文化内涵

古代墓銘讖言故事充滿奇趣：預知數百上千年後事，而且往往“應驗”如其讖。究竟應如何解釋其中的文化内涵？這顯然能夠刺激人們探求的好奇心，但冥思苦想似乎難以找到解讀的途徑。如前言所述，古今已有一些學者對此提出了看法，如事有定數、數術精湛、欺人惑世、護墓作僞、《易》經關聯、盜墓背景等，但客觀地説，相關研究仍然處於初步階段，倒是關於發墓者名“黄頭”、“僧達”緣由的考證，由於從細節出發，更覺切實有趣。

我們認爲，古代墓銘讖言故事確實神秘，很難全面抉發其本質、成因、内涵，若謂之隨意妄書、自欺欺人，但歷代相傳、言之鑿鑿；若謂之數術精湛，但也還多有年數不合、發者非是的案例。不過，仔細辨析，這種墓銘讖言仍然可以在相關文化背景中得到部分闡釋，除了前人論述外，我們也提出一些初步意見。

1. 與《地理新書》《易三備》比較

墓銘讖言的主旨是預知後事，重點在用後事證明前知的準確性，就預知後事言，墓銘讖言與相關卜葬術存在類似之處，這裏以《地理新書》《易三備》爲例。

在《地理新書》卷五《筮地吉凶》中，有對筮地六十四卦宅、墓吉凶的筮占説明（頁43a—48b）。其中預測安葬時有各種現象以應吉凶，特别是較爲具體的尺寸、時間、結果説明，如穴地多深可見何物，葬日有何人物、鳥獸出現，甚至安葬後數年、數十年、百年後事件。這裏不必看“其後”、“世世”、“百年”之類一般性籠統説法，僅就預測安葬後具體可驗的何時何果略作梳理，列一簡表：

卦名	葬後何時有何種結果
觀卦	葬後三年，有遠行人歸。四年，生貴子。
坎卦	二年後家破，六畜死。三年，出縣官，獄死，二百日後殺葬師。
屯卦	十八年，絶嗣，縱有一二子孫，常食於人，不能自活。其墓三十年，爲人所劫，骸骨暴露。其後五十年，爲塔寺。

續表

卦名	葬後何時有何種結果
革卦	葬後三年，主失火。
師卦	七年，當亡損十口，有病人來爲應，後出暴死。
艮卦	後八年，得横財，令人百年大富。
賁卦	後五年，有遠方人來，得財物，子孫端麗。一百五十年，子孫官禄二千石。
大畜卦	後五年，出無圖人及不善之類。三十年，憂奴婢口舌，家破滅絶。
損卦	後三年，有貴人引接，子孫官禄。二十年，出令長。
睽卦	主七年内殺(五)〔主〕人，其後百日内主重丧至。
履卦	後三年，出龍馬，奴婢來。
中孚卦	四年，得横財，子孫世世有官，至三品。
漸卦	葬後十年，生子癡頑，女子淫奔，灾怪頻起。
解卦	一年後，有將軍，禄至二千石，子孫興盛。
恒卦	六年後，得財物；十年後，長男得官。三世後，一子(世)〔出〕家。
升卦	後一百日内，有死者。一年内，主子孫牢獄。後四年，出産死。七年，絶煙火。
家人卦	葬後二年，妨家長。
无妄卦	葬後三世，出方伯。葬日有紫衣人騎馬來應。一百日内，得財。五年，生貴子。
噬嗑卦	其後十年，出國師。
蠱卦	三年後，墳遭劫發，形骸暴露。七年，死人馬十口以上，或子孫棄市。
離卦	九年，得貴婦。三十年，官不絶。
旅卦	後三年，暴富，失火，牢獄。十年後，子孫流散氣索，女子多淫，遭棄逐。八十年，墳墓被毁，子孫絶滅。
鼎卦	九年，合得鞍馬。
未濟卦	三年後，主縣官破家。
蒙卦	十年，出孝廉。二十年，出將軍。世世官禄豐盛。
訟卦	後一年，憂鬥訟死傷。三年，出兵死，子孫滅絶。
坤卦	主富貴百年，子孫昌盛。二年，得官職。
臨卦	後七年，家破亡，或被劫掠。
泰卦	葬後三年，得官禄。
夬卦	後六年，逃亡奴婢自還，得官禄。七年，生貴子。
需卦	葬後六年，出方伯。
比卦	葬一年後，失火，造宅水厄。
困卦	後三世，以奴爲役。

續表

卦名	葬後何時有何種結果
萃卦	後五年,錢物横至,世世當爲近臣,居清顯臺諫之任。
小過卦	八年後,縣官災。

其中,若遇《屯》卦,安葬凶,"其墓三十年爲人所劫,骸骨暴露,其後五十年爲塔寺"(頁44a);遇《蠱》卦,安葬凶,"三年後墳遭劫發,形骸暴露";遇《旅》卦,安葬凶,"八十年墳墓被毁"(並頁46c),就與葬後墳墓被發毁的墓銘讖言相似。又如遇《解》卦,"安葬大吉,不擇五姓貴賤皆宜用之,一年後,有將軍,禄至二千石,子孫興盛"(頁45b),也跟唐郭遠墓誌讖言"筮得《解》卦,葬後三百年大富,孫位登刺史"相似。子孫福禄之兆亦見於《地理新書》之《賁》《中孚》《坤》《萃》諸卦。作爲占卜工具書,《地理新書》筮地六十四卦葬墓一節,只能羅列占卜所得預言,而不能像卷九《史傳事驗》那樣列舉墓葬預言在後世的人事驗證,自然也不是典型的墓銘讖言,但後者源出《地理新書》之類占卜文化是肯定的。

比如《地理新書》諸卦吉凶的預言,讓人聯想到前述南宋朱主簿改葬天台古棺讖言述"《乾》卦吉,《坤》卦凶",明王震改葬張秋古墓言"前卦吉,後卦凶",隋徐之範墓誌言卜兆"得《泰》卦",唐王節墓誌讖言前有《謙》卦卦圖,隋王伯墓誌言"筮得《觀》卦",唐郭遠墓誌言"筮得《解》卦",以及泛言筮卜、《易》占者等,凡此皆説明墓銘讖言確實跟《易》占相關,這種關聯似乎可以在《地理新書》中找到一些類似的葬後吉凶預測。至於墓銘讖言只明確涉及《泰》《謙》《觀》《解》,《地理新書》中則只有《屯》《蠱》《旅》《解》與墓銘讖言相似,當與占筮的時、地、人、事不同,不可能同卦吉凶時時相同、處處一轍。

與《地理新書》類似的,還可提及敦煌鈔本《易三備》(S6349、S6015、P4924),據S6349末題記,此卷抄寫於晚唐懿宗咸通五年(864),成書當在六朝間。其下備《占葬日及地下事》亦預卜葬後事,如《節》卦"不過三年,乃大吉利",《恒》卦"三十年大吉",《賁》卦"葬之百日,禄自來",(卦名缺)"葬後七年外,大富貴",但這種葬後吉凶的條目不多。反倒是其書中備《筮宅吉凶法》有些條目酷似墓銘讖言:

(遘卦)後一百八十年,有孫苟仁發之。
(否卦)後三百四十一年,有劉文度破之。
(觀卦)八百年,有孤寡楚女破之。
(晋卦)後一百年,有員天破之。
(坤卦)後一百八年,有水從南來。
(復卦)後一百年,有崔同破之。
(臨卦)後二百年,有王僧居之。
(泰卦)後一百七十年,有山東人董初居之。
(夬卦)後一百四十年,龐文居之。
(需卦)後一百八十年,有許子賢來。

(謙卦)八百年,有奴益□□。[①]

惟占卜的都是陽宅而非墳墓。跟《地理新書》一樣,《易三備》是占書,當然不能記録這些預言的應驗,陽宅預言似不能像墓銘那樣書刻屋壁,也似未見居宅預言的應驗史例,但其占卜内容跟墓銘讖言如出一轍,具有明顯的可比性。尚有差異的是,陽宅似以破屋占居爲多,而墓銘則以遷葬重埋爲多。

墓銘讖言的久遠傳承及其跟《地理新書》《易三備》等占卜宅墓吉凶的對應、類似,雖然不能藉以證明占卜術的科學性,但可以證明墓銘讖言與占卜術具有因果關聯,是占卜術滋生了墓銘讖言,也證明着相關文化傳統是互爲表裏、源遠流長的。

2. 卜筮術與相墓術

所謂源遠流長、互爲因果,一是就我們收集的材料言,墓銘讖言從先秦起直到清代或民國,歷代盛傳,甚至還有口頭傳説流傳至今。二是就相關方術言,墓銘讖言體現的選擇術也長期流傳,這是因爲墓銘讖言主要使用的是筮占龜卜葬術,而非必世傳晋郭璞以來的講究風水形勢的相墓術。《江城名蹟》卷二談到《水經注》載龍沙墓銘時説:"(酈)道元生於後魏,此冢不知葬自何時,用筮龜而不用相墓之説,則猶景純未著書之前事也。"[②]景純書即郭璞《葬書》,後世尊爲《葬經》者。

梳理墓銘讖言的選擇術可以發現,運用蓍占龜卜之術的最多。有些個别案例是動物、異人暗示,或夢幻、謡辭明示等,大體是神諭方式,體現了定數的神秘性。至於烏重胤得石牌所謂"牛領岡前,紅簫隴下",可能有相墓法的些微影子。除此以外,其他大多數讖言都是蓍占龜卜的結果,又以明確提示蓍占龜卜者爲多,如無明示,也有墓主善《易》之類背景,或卜葬、卜地的説明,而考察地形的相墓擇葬則幾乎未見。

《四庫全書總目》卷一〇九以爲,相墓術"盛傳於東漢以後,其特以是擅名者,則(郭)璞爲最著",惟《葬書》"自宋始出"[③]。無論如何,郭璞擅長相墓是明確的,筮龜卜兆法早於風水形勢的相墓術這種先後關係也較明確,這又跟殷商龜卜、《周易》筮占文化源遠流長是相關聯的,所謂"源遠流長"也可通過相墓術興起後墓銘讖言仍以筮龜占卜爲主這一現象看出來。這裏以《金石萃編》卷九四所録中唐大曆二年(767)李季卿《拪先塋記》爲例,看看相墓術盛行後卜筮術仍然長期不衰的情形。季卿爲父建塋於長安霸陵後十餘年間,三位兄長相繼去世,乃請方士遷葬先塋至鳳栖原:

君子曰:"李氏子天假其才,不將其壽,盍謀及龜策,謀及鬼神歟?"方

---

① 關於《易三備》時代、原文,參陳槃《燉煌唐咸通鈔本三備殘卷解題》,原載中央研究院《歷史語言研究所集刊》,第10本,1948年;此據較新增訂本,收入其《古讖緯研討及其書録解題》,上海古籍出版社,2010年,頁543—596。

② [清]陳宏緒《江城名蹟》,《四庫全書》本,册588,頁332d—333a。

③ [清]永瑢等《四庫全書總目》,中華書局,1965年,影乾隆六十年(1795)杭州官刻本,頁921a、b。

士邵權，遍得管、郭之道，喈曰："霸岸鑿龕，客土托矣。干温冥之禁，非窀穸攸宜。"是用□叶永地，其原鳳栖。筮之，遇《損》之《解》，曰："損孚解緩，吉孰甚焉！"迺□卜郃城左、□□右，惟兹食。枚卜滻水東、樊水西，亦惟兹食。新卜塋連山南佐平崌□□坤勢之宜，隧而順之。伯氏、仲氏、叔氏三墳陪側。①

方士邵權似乎較多地運用了相墓法，如《萃編》按語解釋説："霸岸鑿龕，客土托矣，此是形家之言。""霸崖鑿龕，有傷地脈，此云客土，猶形家謂之來龍也。"(頁92b)形家即相度地形、講究形勢的堪輿家。又如考察城郭左右、水流東西以及山崗形勢，終得"坤勢之宜"。較多運用相墓法的表象還緣於記文稱邵權"遍得管、郭之道"，郭璞之道在此似乎是相墓之道。雖然管輅、郭璞亦言地形，但他們更多地是魏晋時易占筮卦名家。《三國志》卷二九《魏書·管輅傳》記載其大量占筮事例，最後在史評中將"管輅之術筮"，屬諸"玄妙之殊巧、非常之絶技"(頁811—830)；《晋書》卷七二《郭璞傳》亦載郭璞洞曉卜筮諸術，嘗"撰前後筮驗六十餘事，名爲《洞林》"，傳末贊其"沈研鳥册，洞曉龜枚"②。頗疑邵權所得前輩方術或以卜筮爲主，因而在選擇新址時，特别運用易占，以卦筮之，遇《損》之《解》，得到"吉孰甚焉"的好兆。又如城郭、水流、山崗方面的選擇還運用了龜卜方法，有初卜、枚卜、新卜諸程序，兆跡皆順食墨畫即爲吉象(參後文)。《抲先塋記》雖無墓銘讖言，但其通過占筮得到具體卦象，讓人聯想到《地理新書》及出土墓銘讖言之徐之範、王節、王伯、郭遠諸人墓誌。

再看《地理新書》六十四卦筮地法部分最後説明："右本《括地林》，專筮地吉凶，參《内外宅占》。題云郭璞撰，似託。"(頁48b)據研究，《括地林》，又稱《易括地林》《周易括地林》，絶非郭璞所撰，其成書年代大致當在南北朝時期，至少其時該書已具雛形，只是《括地林》已將易占與相墓形法相結合甚至以後者爲主③。即使相墓術逐漸興起甚至超過筮龜占卜，但現存《括地林》以及據其編撰的《地理新書》的葬術仍然具有易占框架，或墓銘讖言多以筮龜卜葬，都是商周數術影響深遠的結果。

就明確提示通過筮龜占卜得到墓銘讖言的22例來説，當以南朝宋《東陽記》所記獨松山冢"筮言吉，龜言凶"爲早，其後宋齊間《會稽郡十城地志》1例、北魏《水經注》2例。儘管《地理新書》根據《括地林》編成的《易》卦筮地法僅有數條與墓銘讖言相似，或《易三備》主要是陽宅占卜與墓銘讖言相似，但南北朝

① [清]王昶《金石萃編》，嘉慶十年(1805)王昶自序，同治十年(1871)錢寶傳補修本，《續修四庫全書》影印，册889，頁90d—91a；亦見[清]董誥等《全唐文》，嘉慶十九年(1814)内府刻本，中華書局，1983年影印，册5，頁4682c—4683c；亦可參趙超《石刻古文字》所作釋文，文物出版社，2006年，頁138—145。

② 《晋書》，中華書局，1974年，册6，頁1899—1910、1914。

③ 參張齊明《筮占與風水——以〈易括地林〉爲中心》，載《周易文化研究》，第3輯，社會科學文獻出版社，2011年，頁224—234，參227—230；又見其《亦術亦俗——漢魏六朝風水信仰研究》，中國人民大學出版社，2011年，頁100—102。

4條占卜墓銘跟《括地林》《易三備》的時代相應，應該存在因果關係。北宋政府用數十年時間由官方編撰地理書，先後完成景祐、嘉祐兩種地理新書，成書於嘉祐元年(1056)的官方《地理新書》，也可能是此後宋代甚至明清筮龜占卜墓銘讖言的成因之一，較早的或是《輿地紀勝》臧主簿棺銘，共有文獻5例。至於隋唐時代，有文獻5例、出土7例，應該跟六朝《括地林》《易三備》之類地理文獻的影響有關。至於其他没有提及占卜的讖言，究竟是通過蓍龜占卜還是相墓得出的結果則難推知，但蓍占龜卜是墓銘讖言主要運用的選擇術是可以肯定的。

3. 筮短龜長

雖然墓銘讖言主要使用筮占龜卜法，但其結果往往截然不同甚至相反。如獨松山古冢："筮言吉，龜言凶"；上虞黄氏冢磚："《易》卦吉，龜卦凶"；琵琶圻冢甓："筮云吉，龜云凶"；龍沙冢："筮言其吉，卜言其凶"；豐都市冢銘："筮道居朝，龜言近市"；朱買臣墓銘："蓍言市"；鍾山壙銘："龜言土、蓍言水"；吴淞江古墓："蓍筮吉，龜卜凶"。這類銘文的數量相對較多。更重要的是：一般情況是龜卜結果往往應驗，而蓍筮讖言基本失算。

《水經注》記獨松古冢時即説，"冢爲水毁"，"今則同龜繇矣"；又記琵琶圻冢説，"古冢墮水"，"乃如龜繇"，《太平廣記》卷三九一引作"乃驗龜繇"(頁3124)；又記龍沙故冢，"而今此冢垂没于水，所謂筮短龜長也"。《此木軒雜著》卷四"筮短龜長"條談到《水經注》所記三個墓銘讖言時加按語説："志乘所記此類多矣，筮短龜長，此尤其信而有徵者。"①所以正如《水經注》所言，龜卜應驗、筮占失算這種現象是古代"筮短龜長"觀念的産物。

古代"筮短龜長"的區别性觀念傳統較爲盛行。《左傳・僖公四年》載：

> 初，晋獻公欲以驪姬爲夫人，卜之不吉，筮之吉，公曰："從筮。"卜人曰："筮短龜長，不如從長。"

杜預注：

> 物生而後有象，象而後有滋，滋而後有數，龜象筮數，故象長數短。

孔穎達等正義：

> 象者，物初生之形；數者，物滋(見)〔息〕之狀。凡物皆先有形象，乃有滋息，是數從象生也。龜以本象金木水火土之兆以示人，故爲長；筮以末數七八九六之策以示人，故爲短。②

注語象數之説或本出同書《僖公十五年》韓簡之言(頁1807a、c)。《周禮・春官・占人》："掌占龜。"注："占人亦占筮，言掌占龜者，筮短龜長。"③又《簭人》：

---

① [清]焦袁熹《此木軒雜著》,《續修四庫全書》影嘉慶九年(1804)王寶序序刻本，册1136，頁512b。

② 《左傳》,《十三經注疏》本，頁1793b。

③ 《周禮》,《十三經注疏》本，頁805a。

“凡國之大事,先簭而後卜。”(頁805b)《禮記·曲禮上》言泰龜、泰筮有常,鄭注:“大事卜,小事筮。”孔穎達正義:“其大夫則大事卜,小事筮。大事則葬地及葬日,爲事之大,則卜,故《雜記》云大夫卜宅與葬日是也;其小事用筮,則少牢常祀筮日是也。士亦大事卜,小事筮,故《士喪禮》卜葬日,以喪葬爲重,須定吉凶,故用卜也,其尋常吉祭比葬爲輕,故筮日也。葬既卜日得吉,餘事皆吉可知,故唯筮葬地,不復用卜也。”①值得注意的是,葬乃大事,故主要用卜法,雖然士不像大夫那樣葬地及葬日皆用卜,但喪葬大事用卜法是較爲講究的。

雖然《僖公四年》正義肯定蓍卦神智,認爲聖人演筮爲《易》而比卜人高明,“若至理而言,卜筮實無長短”(頁1793bc),《説理會編》卷一五亦言“《易》以蓍龜并稱,其德本無高下”②,或者如學者説“當易筮之始興也,人皆習於龜卜,重龜而輕筮,故有筮短龜長,大事卜小事筮之説,其後卜筮並重,終則卜廢而筮行矣”③,但這種筮龜區别觀念後世多有實事傳承。如《雲谿友議》卷下《龜長證》記,“李相公回以舊名躔,累舉未捷”,洛橋二術士,“一者筮,一者能龜”。筮者勸其改名,龜者鄒生誡其先勿改名,後二十年方可易。其後果及第,武宗登極,始改爲回(武宗李炎初名瀍,李躔字昭回,避諱改名回),乃曰:“筮短龜長,鄒生之言中矣。”④這種觀念也被載入《地理新書》卷六《卜地〔吉凶〕》:“古者先筮後卜,筮之不吉,則不卜也;筮之吉,卜之不吉,則從卜。故曰筮短龜長,不如從長。今卜筮之官,名存而實廢,故占相之術行焉。然江淮、巴蜀之民尚能(知)〔灼〕龜,其言多中。”(頁48c)就擇葬言,後世占相之術顯然指風水相墓術。龜卜“其言多中”似乎也在墓銘讖言中得到證明。

前述墓銘讖言大多是筮言吉龜言凶,而且後來冢墓變故大都印證了龜言,這不僅是先筮後卜程序、筮短龜長觀念的事證,也可讓人由此琢磨墓銘讖言中的幾個特殊占卜事例。

如唐洛陽豐都市冢銘所謂“筮道居朝,龜言近市”,涉及城市布局,豐都市在洛陽東南,至於處理朝政的皇城,乃在洛陽西北,中隔雒水及諸多坊里,冢銘占卜朝、市方位及應驗與否差距均較大,冢銘因“築市垣”而得,證明“近市”之龜言得到應驗,其言亦可謂“近是”。

又如太平公主放生池墓銘所謂“龜言水,蓍言市”。公主在長安“西市掘池”,置水族放生,籠統地説,蓍龜占卜皆得到應驗,但從最終結果鑿池蓄水來看,龜言顯然比蓍言更爲準確,只是銘文以市、水二字代替了吉、凶。再從一般先筮後卜、筮短龜長的古代傳統,以及諸多墓銘讖言多是先蓍後卜且龜言準確看,都可讓人懷疑此一墓銘當在傳承中出現誤倒,即最有可能的文本當是“蓍

① 《禮記》,《十三經注疏》本,頁1251b、1252a。

② [明]季本《説理會編》,嘉靖三十三年(1554)自序,《四庫全書存目叢書》影馮繼科刻本,子部,册9,頁387b。

③ 沈啓無、朱耘菴《龜卜通考》,載《國立華北編譯館館刊》(一之一),1942年,頁4。

④ [唐]范攄《雲谿友議》,成書於唐末,《四部叢刊續編》景鐵琴銅劍樓藏明刊本,册349,頁4b—5b。

言市，龜言水"。又，太平公主鑿放生池得墓銘事，跟僧法成鑿放生池得銘事相似，惟後者非必墓銘。《太平御覽》卷一九一引《(西)〔兩?〕京記》佚文記，僧法成於西市(在長安，隋曰利人市)鑿池放生，"得古石銘"，文云："百年爲市，而後爲池。"果然，"自〔隋〕置都立市，至是時，百餘年矣"(頁 925c)。此記爲韋述《兩京新記》，其書殘存卷三記法成鑿池事，但恰無得銘事[①]，學者已據《太平御覽》引文補入[②]。法成跟太平公主一樣在長安鑿池，一樣得銘，一樣是先市後池，幾乎是一個故事的異文，惟在是否墓銘或是否蓍龜占卜上未必明言，故可據推太平公主所得銘文"蓍言市"應該不是最終結果，蓍、龜順序當乙正，至少《全唐詩》卷八七五所録"龜言市，蓍言水"(頁 9985)，其中"市""水"當互易。

與上述兩個放生池墓銘近似的還有洛陽北市朱買臣墓銘。銘文稱"蓍言市，千載之後阿誰是"，末句"阿誰是"貌似費解，但在先筮後卜、蓍龜併舉的語境下，可以推知此三字似在疑惑千載之後究竟誰人占卜應驗，而銘文僅及蓍者之占，疑有龜言之類脱文。《隋文紀》卷八《豐都市冢銘》注引《隋唐嘉話》前有"龜言水"三字[③]，或是誤混太平公主得銘，但從"阿誰是"的疑問及蓍龜同占的一般情形看，確實應該另有龜卜。墓銘得於北市東南隅，似當以蓍言爲是，然實因平整御路而發墓(北市與西邊的東城、皇城、宫城僅隔二坊，皇帝出行的御道當多經北市)，則蓍言亦非必的是，當如法成得銘爲市、爲路有先後，從"市""是"合韻看，疑銘文首原當有"龜言路"之類卜辭。

又如上虞黄氏冢磚言"《易》卦吉，龜卦凶，四百年後墮江中"，《八閩通志》所載熊博得懸棺銘亦言"筮卦吉，龜卦凶，三十年後洪水衝"。所謂"龜卦"自然是龜卜，二例也都印證了先筮後卜、筮短龜長的常規常事。至於嘉慶《南陵縣志》所記南陵臧主簿得棺刻辭前多數句："《易》筮吉，龜卜凶。五百年，大水通。"而嘉靖《寧國府志》卷一〇《雜紀》乃誤作"《易》卜吉，蓍卜凶"[④]，《易》卜、蓍卜均是筮占，蓍或當作龜。《秋燈叢話》記戴叔倫墓碣文云"筮之吉，卜之凶"，而多種《金壇縣志》及《尚絅堂集》作"龜卦吉，易卦凶"，後者或誤。再如朱主簿得天台水衝古棺銘"《乾》卦吉，《坤》卦凶"，以及王震得張秋棺銘"前卦吉，後卦凶，五百年後水來衝"。雖然乾坤均屬《易》，前後二卦都是卦，故皆爲筮占，表面上没有龜卜，但實際上均可據先筮後卜的程序理解爲筮占、龜卜的先後，其後水衝又是筮短龜長的事證。故上述數例皆可在一定程度上從先筮後卜、筮短龜長角度加以理解。

當然我們不能根據筮短龜長的常事去判斷所有筮占後皆有龜卜(前引《地

---

① [唐]韋述《兩京新記》，殘存卷三，成書於開元十年(722)，《叢書集成初編》影《佚存叢書》本，册3205，頁 18。

② [唐]韋述撰，辛德勇輯校《兩京新記輯校》，三秦出版社，2006 年，參頁 49。該書前附[日]福山敏男《兩京新記解説》，亦有此一石銘輯補，參頁 14。又，前述《御覽》引豐都冢銘被輯入卷五，見頁 86。

③ [明]梅鼎祚《隋文紀》，《四庫全書》本，册 1400，頁 401d。

④ [明]黎晨修，李默纂《寧國府志》，上海古籍書店，1962 年，影嘉靖十五年(1536)聞人詮序刊本，頁 7b。

理新書》卷六言，筮之吉乃卜，不吉則不卜），或所有筮占皆不如龜卜，如梁大同鍾山墓銘“龜言土、蓍言水”，從“懸岸圮壙”“大雨之後，纔墮而獲”的情形看，龜土蓍水都應有其合理性，太平公主得墓銘、朱買臣墓銘之蓍言也差不多接近後事。或者説“卜筮實無長短”之説也有其合理性，有時也可能出現“筮長龜短”的占卜事例，這裏只是討論墓銘占卜中常見的乃是筮短龜長的吉凶判斷。

4. 決疑權擇與吉凶趨避

上述墓銘讖言大體是筮言吉、龜言凶，上引《地理新書》卷六《卜地〔吉凶〕》標題“吉凶”二字乃據序目增補（頁5c），“吉凶”之説讓人思考墓銘讖言既然已知凶兆，爲什麽没有加以規避呢？爲什麽邏輯上是筮短而龜長，而實際選擇上卻從筮而違龜呢？《此木軒雜著》卷四談到《水經注》三個讖言時就疑惑道：“龜誠有知，而當時葬者從筮不從龜，豈其不務爲久遠計邪？將然疑之間，天定而人不能違者邪？然冢可八百年，不爲不久，龜猶言凶。然則，葬地得元吉之兆者，殆千百無一二也。其果盡然邪？”（頁512bc）其所疑惑者正涉及到古代選擇術的觀念。《易・蒙》“初筮告”王弼注：“筮者決疑之物也。”[①]又《損・六五》“十朋之龜弗克違”注：“龜者決疑之物也。”（頁53b）看來，筮占和龜卜雖有長短之異，但均屬決疑釋惑之法。

所謂“決疑”，可以理解爲猶疑迷惑之際作爲一種權衡選擇，本無吉凶禍福的趨避。但疑惑本身也説明有輕重利弊左右於其間，所以後世由決疑轉向吉凶趨避。《舊唐書》卷七九《吕才傳》載才《叙葬書》説：

> 《易》曰：“古之葬者，衣之以薪，不封不樹，喪期無數。後世聖人易之棺槨，蓋取諸《大過》。”《禮》云：“葬者，藏也，欲使人不得見之。”然《孝經》云：“卜其宅兆而安厝之。”以其顧復事畢，長爲感慕之所；窀穸禮終，永作魂神之宅。朝市遷變，不得豫測於將來；泉石交侵，不可先知於地下。是以謀及龜筮，庶無後艱，斯乃備於慎終之禮，曾無吉凶之義。暨乎近代以來，加之陰陽葬法，或選年月便利，或量墓田遠近，一事失所，禍及死生，巫者利其貨賄，莫不擅加妨害。遂使葬書一術，乃有百二十家，各説吉凶，拘而多忌。且天覆地載，乾坤之理備焉；一剛一柔，消息之義詳矣。或成於晝夜之道，感於男女之化，三光運於上，四气通於下，斯乃陰陽之大經，不可失之於斯須也。至於喪葬之吉凶，乃附此爲妖妄。（頁2723—2724）

吕才以爲墓塋僅爲安魂感慕之所，本無吉凶之義，但近代葬家“各説吉凶，拘而多忌”。他雖然批評葬書妖妄，但也認爲朝市遷變、泉石交侵之類後艱，需要謀及龜筮，以備慎終之禮；也承認乾坤有理，消息有義，陰陽有大經，且不可失諸斯須。既然喪葬吉凶附此爲妖妄，其説似亦有其“正理”。這都説明吕才在喪葬觀念的正妄把握上有所游移，或者説他主要批評的是葬書擅加妨害，拘而多忌，選擇術也確實由決疑轉向求吉。

① 《周易》，《十三經注疏》本，頁20a。

再如他一方面批評葬書吉凶之説，另一方面又肯定宅經吉凶之説，本傳亦載其叙宅經曰：

> 《易》曰："上古穴居而野處，後世聖人易以宫室，蓋取諸《大壯》。"迨于殷周之際，乃有卜宅之文，故《詩》稱"相其陰陽"，《書》云"卜惟洛食"，此則卜宅吉凶，其來尚矣。（頁2720）

按，《詩》《書》已載卜宅建都之事，如《詩・大雅・綿》云，"民之初生"，"未有家室"，故古公亶父"至于岐下"，"聿來胥宇"，"爰契我龜"，"築室于兹"（《十三經注疏》，頁509b—510b）。《大雅・公劉》云，公劉"于胥斯原"，"相其陰陽，觀其流泉"（《十三經注疏》，頁542a—543a）。《尚書・召誥》序："成王在豐，欲宅洛邑，使召公先相宅。"①《洛誥》序："召公既相宅，周公往營成周，使來告卜。"傳："召公先相宅卜之，周公自後至，經營作之，遣使以所卜吉兆逆告成王。"誥載周公曰："予惟乙卯，朝至於洛師。我卜河朔黎水，我乃卜澗水東、瀍水西，惟洛食。我又卜瀍水東，亦惟洛食。伻來以圖，及獻卜。"傳："我使人卜河北黎水上，不吉；又卜澗、瀍之間南近洛，吉。""卜必先墨畫龜，然後灼之，兆順食墨。"（《十三經注疏》，頁214ab）。卜於水流東西以及"（亦）惟洛食"的語句，當是前述《扸先塋記》"迺□卜郘城左、□□右，惟兹食；枚卜滻水東、樊水西，亦惟兹食"的源頭。展開一些説，從選擇數術上看，宅第、都城、墓塋等地址的選擇，在方法、觀念等方面其實没有本質差異，都是通過某種方法選擇一個相對合適的地方加以營建，其方法不外筮卦、龜卜、相地諸法，其觀念也不外决疑權擇、趨吉避凶。

吕才説葬書講究吉凶似在近代以來流行，而卜宅吉凶其來甚古，從陽宅、陰宅選擇相似性以及《論衡・譏日》引《葬歷》"葬於墓獨求吉"看②，葬地趨避吉凶的觀念顯然不是唐之"近代以來"才出現的。

墓銘讖言之所以往往從筮而不從龜，明知凶象而没有事先規避，除了凶果到來時間尚早不必兼顧或不能排除凶兆外（參後論水流衝棺），從下葬之際的選擇觀念看，應該主要體現了趨吉避凶的求吉心理，也是决疑之際權衡吉凶利弊後的自然選擇。若從故事叙述上看，則是通過相反對立，營造出一種"千載之後阿誰是"的懸疑和凶兆果然應驗的驚奇，也爲後續遷墳改葬事件預作鋪墊。《地理新書》卷五《筮兆域》説："今官書舊文以爲，筮也，卜也，皆决疑之法，而善地有神靈護之，多得不吉之象，謂神靈所吝惜之者。盖未知前文，已從删去。"（頁41c）神靈護惜吉宅善地反得不吉之象，當是曲爲之説。

5. 泉石交侵與朝市遷變

吕才《叙葬書》謂："朝市遷變，不得豫測於將來；泉石交侵，不可先知於地下。"其實有很多墓銘讖言預知的吉凶往往是將來地理環境遷變導致的冢墓移易，這種環境變遷也主要就在於泉石、朝市環境的變化。

其中，最爲常見的是"泉石交侵"，即山川環境變易，使冢墓受到影響。一

① 《尚書》，《十三經注疏》本，頁211a。

② ［漢］王充撰，黄暉校釋《論衡校釋》，中華書局，1990年，參頁989—992。

是自然界山崩水衝使冢墓墮落江河之中。如如皋縣古墓乃因“海岸崩壞”，而“墜于懸巘”，“從潮漂沈”；獨松古冢依山“臨溪”，崩僅半存，後竟崩盡；上虞黄氏墳，有“潮水壞其大冢”；琵琶圻古冢，“半在水中”，所謂“圻”正是彎曲水流的岸邊；小平津冢當因津渡北岸山崩，而墮於水中；據《蜀中廣記》，王果經平羌江，“望岩腹有鐵棺欲墜”，碑銘曰“地裂山崩水漂我，臨及長江危欲墮”，岩腹之棺雖似本爲懸棺葬，但畢竟也因地裂山崩水漂而墮；鄔載也因“江南大水”，見道傍古墓“水漬而穴出”，乃遷骸於高原；許州秦時婦人瓦棺，是因“夏雨暴至，水滿其中”；梁大同古銘得於“鍾山懸岸圮壙之中”。從“龜言土，蓍言水”的占卜看，山崩水浸都是誘因；天台古棺亦因“水起”，自“主簿廳基衝出”。這些墓葬的變易均是自然界河水、海水、潮水之類洪水衝擊，致使水邊山崖崩塌，墓土浸潰，冢墓墮落水中，爲水衝蕩，變遷動力主要來自自然界的水環境。《石墨鐫華》卷四稱唐李輔光墓：“葬在咸陽東北近涇，萬曆中，涇岸崩，擁水不流三日，乃得兹石，其銘曰：‘水竭原遷，斯文乃傳。’適符其事，可謂奇矣。”[①]除地殼運動外，環境的自然變遷主要是由水流衝蝕及其所帶來的土壤崩塌造成的，這是古代墳墓“泉石交侵”的基本情形。

二是人爲鑿河開渠、修路築堤等導致冢墓損壞。如高流之在徐州决引“河水繞城”破墓，太平公主於京西掘放生池得墓銘，姜師度鑿河剗潰丘墓甚多，衛大經墓僅其穿鑿之一，麻叔謀開河沿途如睢陽居民“皆恐掘穿其宅并塋域”，南陵縣臧主簿修大農陂得棺銘，臨安狗兒樵採墾土得墓中鐵券，王震在張秋濬河見棺，蘇州疏濬吴淞江見古墓，農民耕田得邵雍石刻，亓百户修月堤發古冢，張巡檢於金壇縣濬河見戴叔倫墓等。人爲因素中較爲突出的是鑿河開渠改變水環境而使冢墓受到影響。

“泉石交侵”主要發生在山川地帶，而“朝市遷變”當然發生在都邑城市地區，後者也是人類活動，但屬於城邑建設。例如洛陽豐都市初築市垣時掘得古冢，洛陽平御路時北市得朱買臣墓銘，就是城市興建、改造時發生的。此外如蒼溪縣金主簿治道伐石得冢，王承檢築防蕃城（更可能是爲王衍建行宫）獲瓦棺，吕源在吉州“葺築州城”獲古墓銅鐘銘，濟州劉機立州宅掘土值冢，王益在蘄州開山立郡治見古墓石刻，惠安置縣開張栖墓等。都邑建設範圍較大，往往導致古墓掘發。説到都邑，墓銘讖言雖然遍布南北，但大多集中在州縣、王朝都邑（洛陽地區似最多），這種地理分布既可能是因爲都市人口集中（包括家族中央化）[②]、經濟發達、厚葬風氣流行而使墓葬集中在城邑，也是因爲都城歷時

---

① ［明］趙崡《石墨鐫華》，萬曆四十六年（1618）自序，《叢書集成初編》排印《知不足齋叢書》本，册1607，頁52。

② 參毛漢光《從士族籍貫遷移看唐代士族之中央化》，原載台灣《“中央研究院”歷史語言研究所集刊》52本第3分，1981年第3期，頁421—510；此據其《中國中古社會史論》（1988），上海書店出版社，2002年，頁234—333。其文總結指出，唐代南北地方士族設籍或歸葬於兩京地區，即京兆府（長安）、河南府（洛陽），而“兩京亦有區别，大士族著支遷移河南府者比京兆府者幾多一倍”（參頁329—333）。洛陽，從東漢至北宋，或爲帝京首都，或爲東都、西京輔城，確實是人口遷移的主要目的地。

長久、不斷擴建從而導致墓葬屢被發掘。

比較而言，新設城址較難意料，而故都改造可以預期。《史記》卷七一《樗里子傳》載，秦樗里子卒葬渭南章臺之東，曰："後百歲，是當有天子之宫夾我墓。"漢興，"長樂宫在其東，未央宫在其西，武庫正直其墓"（頁2310）。故樗里子有智囊之稱。其預言當爲在世時所言，但也可能作爲墓銘埋於壙中，只是没有明確記載。再比較都邑朝市和山川陵谷變易，自然環境的改變似乎較易預期，這是因爲山崖水邊的環境最易變動，而人類活動似乎可以控制。其實山川、都市都容易發生變遷，而不易改變的似乎是李輔光墓志所謂"水竭原遷，斯文乃傳"，更不容易改變的是石頭，故三國吴陸績墓刻石云"此石爛，人來换"，但李墓偏偏是在明朝水擁岸崩時湧出，吴墓亦在元代朱德潤祖母卜葬治地時"石果斷矣"。這樣看來，墓塋顯然不可能永恒存在。

《千一録》卷二四談到王果改葬峽口懸棺時疑問道："胡不卜於高阜，水所不及耶？《葬經》作於郭璞，亦葬江濱，何以不擇善地，昌其後人耶？"①墓銘讖言往往説到因山崩水衝，請求後人移葬高原，事實上，高阜平原自然比山崖岸邊是更好的墓址。《吕氏春秋・節喪》言："葬不可不藏也。葬淺則狐狸抇之，深則及於水泉，故凡葬必於高陵之上，以避狐狸之患、水泉之溼。"②後世地理數術亦有相關講究，如《葬書》稱，"斷山不可葬"，箋注："地師多以窄地小圩、斷連無來誤葬。"③經書又説"水泉沙礫"爲凶宅之一，因爲"内生氣化之水，外滲天雨之水，葬之則亡人潰衣而冰體也"④。《地理新書》卷二《地形吉凶》："古之王者（都）〔葬〕高山，諸侯葬連岡，大夫葬長原，庶人葬平地，各有宜也。"（頁22d）卷四《水勢吉凶》："凡水直來衝冢宅，皆主爲殃禍。"（頁34a）知歷來葬術尤其是相墓術主張選擇高陵之地，以免泉石交侵。

世傳佷子（渾子）葬父於沙渚故事。《太平御覽》卷五五六引《襄陽耆舊記》（晋習鑿齒撰）説，前漢有（佷）〔佷〕子者，"自少小不從父語"。父臨亡，"意欲葬山上"，恐兒不從，到（倒）言："葬我着瀦下石磧上。"佷子竟從其言，"積土繞之，成一洲"。晋元康（291—299）中，"始爲水所壞"（頁2515c）。據《水經注》卷二八《沔水》，其地在陰縣（頁2365），在今鄂北老河口市、丹江口市之間。《酉陽雜俎》續集卷四所記渾子與佷子相似，葬父於長安昆明池中⑤。《異苑》卷七記，商仲堪在丹徒（今鎮江市），夢亡魂求改葬："移我在高燥處。"明日，果有一棺"逐水流下"，仲堪"葬之於高岡"（頁70—71）。此事跟前述同書同卷如皋墓銘事大體相似，都是將墮水棺木移葬高阜，惟墓主求救一用墓銘，一用夢語，這樣的

① ［明］方弘静《千一録》，《續修四庫全書》影萬曆三十九年（1611）汪元功序刻本，册1126，頁448d。

② 陳奇猷《吕氏春秋校釋》，學林出版社，1984年，頁525。

③ 舊題［晋］郭璞撰，［清］吴元音箋注《葬經箋注》，《叢書集成新編》影嘉慶間《借月山房彙鈔》本，册25，頁222b。

④ 舊題［晋］郭璞撰，［元］吴澄删定，［明］鄭謐注釋《劉江東家藏善本葬書》，《叢書集成新編》影咸豐、光緒間《琳琅祕室叢書》本，册25，頁236b。

⑤ ［唐］段成式撰，方南生點校《酉陽雜俎》，中華書局，1981年，頁237。

請求似乎没有别的途徑可尋。又世傳郭璞葬母水邊事。《世説新語·術解》載,郭璞於暨陽(在今蘇南江陰市)葬母與昆,"墓去水不盈百步,時人以爲近水",璞稱"將當爲陸",後沙漲數十里(頁705)。

葬書的明文規定以及佷子、郭璞諸故事,都反映了墓穴避水擇陸、去低就高、遠離泉石侵害的葬術選擇原則。這是擇址時自然顧及的,也該是相墓術關注的。反觀墓銘中較多巖崩墮水之類的水患讖言,墓主卻没有避開已知的凶兆,選擇的是先享吉果,後受凶險。儘管筮吉龜凶,但正如占卜所言,獨松冢要三百年、張秋冢要五百年、琵琶圻冢要八百年才有水來衝,小平津冢銘言"今卜高原,千秋之後,化爲下泉",百年千載的後果是可以不必計議的。這説明針對吉凶併存的占卜,人們主要是重在決疑,在兩可中作出權擇,從吉不從凶,也説明蓍龜占卜與相墓形法存在區别。

再把筮短龜長、決疑權擇跟泉石交侵、朝市遷變結合起來看,其實無論長短、吉凶,墓銘讖言的蓍占龜卜都是臆測,而臆測也還有偶爾言中的可能。《漢書》卷七五贊説,董仲舒等"推陰陽言災異","納説時君","察其所言,仿佛一端,假經設誼,依託象類,或不免乎'億則屢中'"。注:"言仲舒等億度,所言既多,故時有中者耳,非必道術皆通明也。"(頁3194—3195)墳墓埋葬最容易受到地理環境的影響,所謂泉石交侵、朝市遷變,所謂或吉或凶,都是大體能夠預料到的必然結果,其間必然吉凶併存,皆可預知。只是千百年後某一具體人事的應驗不免神奇,這又反過來"證明"着占卜術的神秘性。

6. 他占與自卜

葬地是通過占卜選擇的,而占卜有術士身份的不同,也牽連到墓銘讖言的作者身份。漢晋以前似多神諭方式,南朝後多見蓍龜法,這種占卜應該多是來自於專業術士的他占。但孔子墓銘、湯冢志給人的感覺似爲墓主自作,這從聖人角度很好理解。此外,又還有較多以"我"(如"五百年後重收我")、"吾"(如"吾死後三百年")口吻自述,或以發墓者姓名呼告(如"姜師度更移向南三五步")的讖言,似乎更可能是墓主自己卜葬;尤其是"我是金大仙","吾是唐朝一地仙","必滅程氏","必須再葬"等,凡此皆顯示墓銘讖言已由神諭、他占變爲自命神仙的自卜了,這種讖言多見於唐代以後。

跟絶大多數墓葬僅稱古墓古棺一樣,其墓銘讖言的作者或占卜術士亦不可知,但其數術精湛已由千百年後人事驗證。鄭欽悦甚至稱鍾山古壙銘的占卜者爲"絶代之賢":"藏往知來,有若指掌。契終論始,不差錙銖。隗炤之預識龔使,無以過也。"如前所述,相映成趣的是鄭欽悦能釋此一銘文,又被載入《新唐書》本傳,成爲他"通曆數"之一證。除了大多數讖言主體模糊外,也有一些墓銘作者(占卜者)較爲明確。如隋徐之範墓誌記,四弟之權"卜此葬地,得《泰》卦";王伯墓誌稱"三金□所請筮得《觀》卦",三金或是給術士的酬金;吉州唐逸翁葬子銅鐘刻文末署"京兆逸翁深甫記",《雞肋編》稱"逸翁之術,亦可謂精矣";阜陽郭冀墓磚文末署"淮陽郭府君記",《露書》以爲"府君即冀也"。

當然,我們也需注意,某些著名術士的墳墓亦不必當真,其墓往往"所在有之”，某些讖言也可能是假托這些墓主所作。但將著名術士作爲某些墓葬的占卜者或讖言的作者，則是墓銘讖言與古代數術密切相關的典型反映。

一是晋郭璞(276—324)。《晋書》本傳稱其“洞五行、天文、卜筮之術，攘災轉禍，通致無方，雖京房、管輅不能過”；“探策定數，考往知來，邁京管於前圖，軼梓竈於遐篆”(頁1899、1913)。與世傳托名郭璞撰《葬書》《括地林》等數術文獻類似，如前述傳爲郭璞墓者亦所在有之，而相關讖言據傳出自璞手。前述唐李憲開洪州郭璞墓，宋孫賁、明李遂破衢州疑冢訛傳，前者預知開墓者，後者預知太守爲之守墓，這樣的讖言當爲郭璞自撰，或是其他術士所卜假托郭璞之名而僞造。無論這些墓主是否郭璞，或讖言是否出自郭璞，關於郭璞墓及其讖言都反映了郭璞精通數術的情形。

二是唐李淳風(602—670)。其墓也多地有之。徐溝縣李淳風碑銘稱“我是唐朝一地仙”，墓主確實是著名天文、曆算、占候家。《舊唐書》卷七九本傳載，淳風“博涉羣書，尤明天文、曆算、陰陽之學”，撰修前代天文、律曆、五行志，推象知女主武王將代有天下，注算經，撰《麟德曆》《乙巳占》等(頁2717—2719)。《新唐書》卷二〇四稱，“淳風於占候吉凶，若節契然，當世術家意有鬼神相之，非學習可致，終不能測也”(頁5798)。則自稱“地仙”似有所據，其碑銘或屬自卜。

三是唐衛大經(卒於開元初)。《宣室志》卷五記，衛大經“周知天文曆象，窮冥索玄”，姜師度鑿河發其墓，石上“刻字爲銘，蓋先生之詞也”，師度異其事，歎咏久之，顧謂僚吏曰：“衛先生真奇士也。”大經自作墓銘在此僅爲推測，但其事已明載正史。《舊唐書》卷一九二、《新唐書》卷一九六皆有其傳，舊傳稱其“篤學善《易》”，“嘗預筮死日，鑿墓自爲誌文，果如筮而終”(頁5122)。新傳稱：“大經邃于《易》，人謂之‘易聖’。豫筮死日，鑿墓自爲誌，如言終。”(頁5601—5602)號爲“易聖”的衛大經，已經不是一般的術士可以比擬的了，史書僅稱其預筮卒日，“如筮而終”，小説則稱其居然也預測到發墓者是姜師度，不知這種内容是否亦見自撰誌文。據《朝野僉載》卷四，姜師度曾在長安、棣州等處穿渠引河，京中以專事穿鑿“姜師度一心看地”，跟善占星象“傅孝忠兩眼相天”作比，嘲其矯飾(頁90)，《大唐新語》卷四亦有類似記載，只是肯定其“明於川途，善於溝洫”①。看來，姜師度得衛大經墓銘的讖言故事，是大經邃精於《易》與師度大事穿鑿兩方面情況共同作用的結果。

四是唐僧一行(683—727)。一行禪師墓銘預知劉機破其墓，此當爲一行自卜。一行是著名天文曆法家，《舊唐書》卷一九一本傳載，“博覽經史，尤精曆象、陰陽、五行之學”，“推《周易》大衍之數”，“改撰《開元大衍曆經》”(參頁5111—5113)。《明皇雜録》補遺②、《酉陽雜俎》前集卷一、三、五(分見頁9—10、40、58—59)，載其神機妙算異術甚多。

---

① [唐]劉肅撰，許德楠、李鼎霞點校《大唐新語》，中華書局，1984年，頁65—66。

② [唐]鄭處誨撰，田廷柱點校《明皇雜録》，中華書局，1994年，頁42—44。

五是五代南唐沈彬。大體除《乘異記》外，諸書皆言沈彬自卜葬地。如《賈氏譚録》記，沈彬"少好道"，將卒戒其子云："吾所居堂中，正是吉地。"而後人又見其"棲於西山天寶洞"。馬氏《南唐書》載，沈彬"治方術"，馬氏似將自卜葬地且卒後掘得壽椁，作爲"彬學方外之術"的唯一異事。涵芬樓本《説郛》卷六五録《采異記》（撰人題宋汴，約成書於徽宗朝）稱，沈彬"（其）〔具〕狀卒年，自（下）〔卜〕葬地"（頁15a）。《江南野史》卷六記，"彬生平虛懷好道"，嘗指居近阜上大樹謂家人："我死可葬于是。"[①]《南唐近事》記事則有反複：沈彬嘗於原野手植一樹，召諸子指爲葬地。卒後"有術士語以吉凶事，近樹北數尺之地卜葬"。其夜諸子咸夢家君訶責："擅移葬地，復違吾言，禍其至矣。"終依遺命，伐樹掘得石椁，蓋上字云"開成二年，壽椁一所"，"乃舉棺就椁而葬之，廣狹之間，皆中其度"。無論是漆燈未照、留待沈彬的石記，還是某年壽槨的蓋字，這樣的墓銘都可能是沈彬自卜自撰預埋土中，這是其"好道""治方術"的證驗。從掘得石銘看，沈彬自然比侈談吉凶擅移葬地的普通術士更爲高明。《稽神録》卷五對沈彬的道術神通更有渲染："少而好道"，"恒以焚修服餌爲事"；嘗"見仙女數十，冉冉而下"，"几案上皆有遺香"；卒後，豫章漁人"見一白髯翁，諦視之，頗類彬"（頁84）。若此，則沈彬不僅能察往知來，甚至可以通神仙化，那麽他自作墓銘讖言就不奇怪。

六是元劉秉恕（附北宋邵雍）。劉秉恕墓於明時被發，官司據其讖記而捕獲發冢者李淮，讖言得到應驗，故《萬曆野獲編》説："秉恕即秉忠弟，蓋精于術者。"《湧幢小品》亦説："劉兄弟精數學，故前知如此。"按，《元史》卷一五七有劉氏兄弟傳，稱"秉忠於書無所不讀，尤邃於《易》及邵氏《經世書》，至於天文、地理、律曆、三式六壬遁甲之屬，無不精通"。至元十一年（1274）卒，世祖稱："其陰陽術數之精，占事知來，若合符契，惟朕知之，他人莫得聞也。"秉忠弟秉恕亦"好讀書，年弱冠，受《易》於劉肅，遂明理學"[②]。按，元劉肅嘗集諸家《易》説，撰《讀易備忘》。至於《皇極經世書》則爲北宋邵雍撰易學數術之書，邵雍通《易》，讓人聯想到邵雍"虞廷璽爲我復興此窩"的讖言（邵雍之"窩"爲居所而非墓塋）。《讀史賸言》卷四稱，"凡傳邵知來之説，多附會如此類"，以爲"孔子之知來甚易而不可無，邵氏之知來甚難而不必有"[③]。可以否定知來附會之説，但不必信孔而疑邵。若邵雍、劉秉恕真有讖言，自當出於自卜。

七是隋徐之權。隋徐之範墓讖言"卜此葬地，得《泰》卦"云云，緊接"公第四弟之權，譙郡太守、散騎侍郎"之後。按，前半若爲單純附載四弟，卜葬事似當另起行，重要的是諸兄弟中僅及四弟之權，連最著名的徐之才亦未及，可知之權身份下接言占卜事就説明卜葬及讖言出於之權之手。之權史料未詳，但其長兄之才史書有傳。《北齊書》卷三三《徐之才傳》載，年十三，"粗通《禮》《易》"，每與人"共論《周易》及《喪服》儀，酬應如響"，人稱神童。"之才少解天

---

① [宋]龍衮《江南野史》，新文豐《叢書集成續編》影民國間胡氏《豫章叢書》本，册274，頁32d。

② 《元史》，中華書局，1976年，頁3688、3694。

③ [清]秦篤輝《讀史賸言》，《叢書集成初編》排印光緒間《湖北叢書》本，册3568，頁44。

文,兼圖讖之學,共館客宋景業參校吉凶,知午年必有革易”。“既善醫術”,“博識多聞,由是於方術尤妙”[①]。《漢魏南北朝墓誌彙編》據北京圖書館藏拓録《齊故司徒公西陽王徐君誌銘》亦稱,之才“名參圖讖,精著星辰”,“方術小學,經耳得心”(頁456)。丹陽徐氏家族爲醫學世家,“徐之才少年時即學習方技數術,這種知識應該是在徐氏家族内部傳遞的”(陳昊文,頁106)。之才本傳亦載,其弟之範“亦醫術見知”,“爲尚藥典御”,曾因武明太后病,之才向之範講論醫藥方術。則其弟之權能占卜葬地,也當緣於家族數術傳統。

至於朱熹爲門人劉煇、劉熺卜其祖墓,甚至吕祖儉接續作記,應該都是僞托。學者據乾隆《浙江通志》卷二三九以“宋平昌刺史劉豪墓記”爲題,將記文收入《全宋文》卷六四〇二《吕祖儉二》,並疑朱熹卜辭、祖儉記文均爲僞作[②]。墓主所任“平昌刺史”一職不免有疑。卜辭預言亦無甚玄妙,非如《書隱叢説》所謂“絲毫不爽”。如“蔭十八紀出公侯”、“五百四十一年損”説得太死,“十六七世(歲)裔孫修”又較模糊,“戊辰戊辰新一石”究竟指兩個戊辰歲,還是某一戊辰歲的戊辰日?尤其是預言主要着眼於子孫修墓可以帶來繁昌,無甚神奇玄秘可言。預言墓主自己裔孫修墓的此一文例,跟預言他人發墓、改葬之類的其他絶大多數文例相比,無疑要遜色得多。

7. 文獻記録與出土墓誌

墓銘讖言既在古代傳世文獻中得到大量記載,又在出土墓誌中發現較多實例,説明其傳承載體、方式、文化現象具有明顯聯繫,這樣的關聯也可能呈現出一些異同特質。

無論是古籍記録還是出土墓誌,銘文預言都可謂之墓銘讖言,都是對葬後事件尤其是關於冢墓損害、發墓、盜墓、改葬、修墓諸事的預測。但墓銘讖言在傳世文獻記録和墓誌發現中也還存在些微差異。

一是讖言宣告與故事驗證。

出土墓誌讖言基本只有讖言宣告,絶無相關後發事件去驗證讖言,因而一般也不具有“故事”的人、事諸情節要素,只是偶然出土或計劃發掘的結果,而古籍記録的讖言除了少數例外,大多具有前後因果互證的事件組合,從而使得到印證的預言真正成爲讖言,相關人事也構成故事流傳,個别人事及銘文不斷得到文獻記載,甚至産生異文,更顯示了故事的傳承性和變異性。反復記録或異文較多的如:夏侯嬰卜葬、琵琶圻冢甓、洛陽豐都市墓銘、王果改葬懸棺、熊博改葬古墓、沈彬卜葬、孫賁破疑冢、吉州逸翁葬子銅鍾、王震改葬張秋古棺、亓百户得郭公磚、劉黄頭掘唐賈夫人墓等,都是較爲著名的故事。

後事驗證之際,當事人往往不禁感嘆。如夏侯嬰曰“嗟乎,天也”,王果“見銘愴然”“悽然”,姜師度見衛大經銘而“異其事,歎咏久之”等。時隔千百年的

① 《北齊書》,中華書局,1972年,參頁444—448。“午年革易”,指武定八年庚午(550),高洋(北齊文宣帝)迫使東魏孝静帝禪位,改國號爲齊,改年號爲天保。

② 曾棗莊、劉琳主編《全宋文》,上海辭書出版社、安徽教育出版社,2006年,册282,頁254。按,此一《浙江通志》成書於雍正十三年(1735),刻印於乾隆元年(1736),我們前文稱作雍正《浙江通志》。

互證雙方主人公，似乎因爲墓銘也有了命定的緣分。如《新編分門古今類事》卷一七引《朝野僉載》高流之改葬古墓事末有感嘆：

> 嗟夫！流之何人？而姓名先見於三百年前；彼亦何人？而知三百年之後有一高流之耶？蓋凡物莫不囿於有形，有形則有定數，將亦以數而知之也。

此數語不見别書引及，《四庫全書》本末出處亦云"注闕"[①]，《叢書集成初編》本注云"出《僉載》"，然《朝野僉載》並無"嗟夫"以下文字，當是《類事》編者附加的感慨，揭示出當事雙方的定數和緣分。盧彦緒所見秦瓦棺銘徑稱，"千載後當爲盧彦緒開，運數然也"。梁大同鍾山古銘甚至還在銘文作者與釋銘者之間造成神秘聯繫，鄭欽悦即反復説"原卜者之意，當待僕言之"。

有些事件還關涉後事主人公的事前事後命運，如衛靈公卜葬，讓人知道"靈公之爲靈也久矣"，似乎成爲其謚號靈公的徵兆，蜚廉亦因"天賜石棺以光華其族"。王果見懸棺，不僅驚異於"數百年前已知有我"，不忍捨去，改葬祭奠，甚至進而推導出："吾今葬此人，被責雅州，固其命也。"《新編分門古今類事》卷一七則合併爲："吾被責雅州，固前定，不然何以五百年而知吾之來乎?"(頁208)《蘇談》記，因張秋棺銘言"幸遇王州判，移我葬河東"，州判王震改葬之，後王震陞任知州，嘆曰："前人止言我爲州判，今至握印，得無過乎?"竟終於官。《耳談類增》卷一一又聯繫王震上級徐武功的命運："武功後得罪，戍金齒，其卦凶之説耶?"[②]則是誤會，卦凶乃指"水來衝"棺。這些墓銘讖言似乎是相關人物命運的證明。文獻中這種具有事證的讖言故事，顯然比出土墓誌單純的讖言宣告，具有更爲豐富的文化内涵和文學意趣。

二是文獻記録與出土物證。

一般地説，傳世文獻記録的讖言大多缺乏發掘情況的金石學證明，而出土墓誌又往往缺乏古籍文獻的記叙。古籍記録的墓銘極少有金石學互證，偶有幾例，如唐戴叔倫碑，著録於《寶鐵齋金石文跋尾》卷中，惟不言收藏存佚情况，僅據《縣志》略載之，且未提及讖言銘文[③]。乾隆《順德府志》稱沙河楊君墓誌"今石見存古廟前"，《金石彙目分編》卷三之二亦據《府志》著録，惟列諸"待訪"類[④]。至於道光間元氏縣劉黄頭發唐賈氏墓事，因真定太守陶梁"拓得數本，分寄都下"，《常山貞石志》又謂"今在元氏縣署中"，從而首先得到詩人題咏，隨後又得到其他文獻記録特别是金石著録、考論，是古籍記叙與金石著録並見的範例。

雖然少有金石學互證，或個别事件缺乏旁觀證明人，但文獻記録中卻多有

---

① [宋]宋某(宋如璋之子)《分門古今類事》，《四庫全書》本，册1047，頁162a。

② [明]王同軌《耳談類增》，萬曆三十一年(1603)自序，《續修四庫全書》影金陵世德堂刊本，册1268，頁81cd。

③ [清]韓崇《寶鐵齋金石文跋尾》，道光二十一年(1841)嚴保庸序，《叢書集成初編》排印《滂喜齋叢書》光緒四年(1878)刊本，册1531，頁13—14。

④ [清]吴士芬(1796—1856)《金石彙目分編》，光緒間海豐吴氏刻民國文録堂刊本，頁64b。

物證、人證説明：如滕公所見銘文文字古異，叔孫通知爲科斗文，並以今文釋之；琵琶圻古冢甓出，“謝靈運取甓詣京，咸傳觀焉”；洛陽豐都市銘由“當時達者參驗”，考定安葬年代；鍾山大同古壙銘爲盛唐任昇之五代祖（南朝梁任昉）所得，當時曾“録示史官姚（訾）[謍]並諸學官，詳議數月”，昇之請鄭欽悦釋讀之事，又爲中唐李巽、張玄陽知聞，爲李吉甫編次論列；《録異記》稱李憲所開郭璞墓，“中有石誌讖言數百字”，“所讖將來之事，至今猶有知者”；《退齋筆録》稱吉州逸翁葬子“銅鐘文銘得之劉僩”，《宋史·五行志》亦載其事；《蘇談》記王某（震）改葬古壙，稱“其子洪，余與交，親言之也”；嘉靖《真定府志》載，王洛州將皇甫興墓銘抛棄後，前知縣張相“聞而異之，使人收其石至縣，文字楷書，曉然可讀”，後知縣馬充“返葬故處而封之”，水又衝出，“深州民移置逯村廟前，今尚在云”；郭冀墓被發後，“大司馬（張鶴鳴）爲文祭之，磚仍瘗故疃間”；張巡檢遷戴叔倫墓後，光緒《金壇縣志》言“築墓門以識之”（康熙志已言之，惟稱紆河避墓而非遷葬），《秋燈叢話》更稱“築其墓”，“表碣於旁，并鎸碑紀其事”。這些物證、人證甚至不斷記録並傳承着的事件，反復證明着故事的真實性、神奇性。

至於出土墓誌則幾乎未見文獻記録，這與墓誌埋於地下且僅有讖言而無故事等因素有關。當然墓誌本身就是讖言最直接的物證，由這些數量不小的出土墓誌，我們可以反推傳世文獻記叙的大量墓銘讖言，也確實應該在相關人事證明之外多有其出土墓銘物證，只是未見金石文獻著録而已，這又可能跟各個時代金石收藏、研究風氣甚至故事的虚實等因素有關。雖然讖言不必當真，但具備一定物、人、事證據的墓銘讖言之久遠傳承，卻是不能否認的歷史文化現象。

三是運數緣分與吉凶咒祝。

一般地説，傳世文獻墓銘讖言中的咒祝成分遠比出土墓誌少。古籍記録的墓銘主要是預知發墓者，請其改葬，基本没有對發墓者的詛咒。諸多事例中，似只有極個别事例涉及咒語。如隋皇甫興墓銘稱“存吾貴，損吾亡”，沙河楊君墓稱“發者滅門”，睢陽華元墓銘稱“若也不迴避，奉贈二金刀”。盧彦緒所見秦瓦棺銘稱“閉之吉，啓之凶”，彦緒亦因取棺中釵鏡，夢中被墓主怒責，一年而卒。至於唐郭冀墓磚銘謂張氏“子本長壽，破吾宅者不吉”，張繼寶破墓當年即因四子“俱罹官刑”而斷子絶孫，悉如所讖，康熙《潁州志》編者感嘆：郭冀墓磚“藏之荒烟冷草間，千年一發，而年姓吉凶鏡乎不爽，真奇數也”。其中兼具讖言與咒祝。五代張栩墓所謂“開我墓者立惠安，葬我身者祀青山”，更多的意味是立惠安者開其墓，移葬青山續祀，幾乎没有移葬得吉、反之獲咎之意。

不僅少有詛咒，而且跟詛咒相反，古籍中的讖言故事往往渲染的是墓主與卜葬者、發墓者、改葬者之間的運數緣分。除前文提及的以外，再如卜葬事例：“佳城鬱鬱，三千秊見白日，吁嗟滕公居此室”；“漆燈猶未照，留待沈彬來”。發墓事例：秦瓦棺稱“千載後當爲盧彦緒開，運數然也”。即使是破壞、發掘的厄運也是注定要發生的：如湯冢志之“終困於恩”，王氏瓦棺之“壞者合郎”；唐人逸翁葬子銅鐘之“東平鳩工，决使吾愛子之骨，得同河伯，聽命於水府矣”；一行禪師墓之“劉機當破吾墓”;馬三寶墓之“至元十五六,狗兒壞我屋”。

至於改葬、護墓事例則較多,情形也較丰富。如有些銘文强調墓主對改葬者、護墓者的依賴或期待:“賴逢高流之,遷吾上高原”;“賴逢鄔侍御,移我向高原”;“得逢麻叔謀,葬我在高原”;“若遇臧主簿,移我上高峰”;“若逢金主簿,移我向高原”;“五百年逢朱主簿,移我葬山東”;“幸遇王州判,移我在河東”;“上覆徐溝王大尹,將余葬在白圭南”;“若逢崔知縣,送我上青山”;“郭公逢着亓百户”,“臨時讓我三五步”;“寄語湖溪張巡檢,移我骸骨上高峰”。有些銘文强調在某一特定情形下與後人相遇:上虞黄氏冢“四百年後墮江中,當墜值王顒”;雅州懸棺“欲及長江垂欲墮,欲墮不墮遇王果”;建安古墓“欲落不落被沙閣,五百年後遇熊博”;曹娥墓“二百年後碑當墮,當墮不墮逢王叵”。將墮未墮之際是最危險的時刻,恰在其時偏有改葬者出現,這是典型的機緣巧合。還有銘文在期待中預先表達感謝,如蘄州古墓石刻稱“感謝王刺史,移我過西園”。這種感謝甚至可以在夢中實現,如朱護祭奠如皋墓中老姥後,夢中見謝,且贈錢一千,用諸改葬。有些銘文暗示改葬者會有鴻運,如小平津冢銘稱遷葬者爲“霸主”,幾乎是高澄受禪代齊的政治讖言。

這樣説來,古籍記録讖言的吉凶基本集中在卜葬徵兆,主要涉及筮占、龜卜預知的泉石交侵與朝市遷變,而少有針對開棺、掘墓者的吉凶禍福,相反卻有不少讖言强調對改葬者、護墓者的依賴、期待和感謝。

與此形成區别的是,出土墓誌讖言中則較多出現針對發墓者的吉凶告示或咒祝。例如目前所知最早出現讖言的北齊元子邃墓誌(555 年葬)中即言,“開者即好遷葬,必見大吉”。在我們擇收的 18 例墓誌中,除隋董穆、李吁〔典〕,唐郭祥、李宗 4 例外,其他 14 例全部都有對發墓者或子孫的咒祝,比例在 7 成以上。除了唐郭遠墓誌是對“孫位登刺史”的祝辭外,其他 13 例都是針對發墓者。其中,有 3 例跟文獻記録一樣,是請求其改葬的,但不同的是多了祝福語,如齊元子邃墓之“遷葬必見大吉”,庫狄洛墓之“宜官享禄多福祚”,唐王節墓之“厚葬得福累世”。又有 5 例是從反面詛咒發掘者、不加埋葬者,如隋徐之範墓“所發者滅門”,唐柳山濤墓、郗瑞達墓“凶不出年”,韓净識墓“所發之人滅門”,蘇崇俠妻張氏墓“必滅程氏”(開墓者程陸)。還有 5 例是恩威並用、咒祝兼施,如隋趙洪碑“發者滅門,還覆大吉”(此語稍乖邏輯);張茂墓“必宜還葬之,子孫得福,家熾盛,大富貴,如違,招致殃禍絶滅”;王伯墓“還即奄塞,天安及子孫世世富貴;□(若?)不奄塞,天安子孫滅門大禍”;唐張劍墓“破墳者凶,塋墳者吉”;金宋三命墳“謝你來觑,必須再葬”。此外,還有一些墓誌銘文後有針對發墓者的提示警告或厭劾語,但没有何時何人發墓的讖言,我們没有列爲讖言墓誌討論。如隋爾朱端墓誌(591)末言:“開吾墓者,改葬之,大富貴。”[1]這樣的祝辭可與元子邃、庫狄洛、王節墓誌讖言比觀。有趣的是,據《太平御覽》卷五五一引南朝宋盛弘之《荆州記》,三國魏張詹墓銘稱:“白楸之棺,

① 張鈁《千唐誌齋藏誌》,文物出版社,1984 年,圖版見頁 5。

易朽之裳。銅錢不入，瓦器不藏。嗟爾後人，幸勿我傷！"後人發掘，見"金銀錫銅之器爛然畢備"（頁2496b）。《水經注》卷二九《湍水》稱其"虛設白楸之言，空負黄金之實"（頁2465—2466）。所以這種宣示其實是欲蓋彌彰，真可謂"此地無銀三百兩"矣。

古籍故事與墓誌讖言咒祝言詞的有無或多寡之分，能否從所涉人物角度加以理解？除了泉石、朝市的卜筮預言外，古籍記録的改葬護墓讖言可跟墓誌讖言相比較。其中的改葬護墓者身份較爲特殊，大體官員居多，如刺史有高流之、王果、姜師度、孫賁、王益，州判官有王震，巡檢有金壇張巡檢，知縣有惠安崔知縣，主簿有南陵臧主簿、蒼溪金主簿、天台朱主簿，此外鄔載是侍御史，奉詔巡察，麻叔謀是奉詔開河，高澄是宰相、齊王、大將軍。在一定程度上，這些官職身份可能是墳墓得以成功改葬或加庇護的重要保障，也是讖言得到驗證成爲故事的原因之一。

較之改葬護墓故事，古籍記録的發墓故事其實更能跟墓誌讖言比較，因爲内容都是發墓。古籍記録的發墓人物有：孔子墓之秦始皇、湯冢之張恩、郭璞墓之李憲、王氏瓦棺之王承檢、一行禪師墓之劉機、皇甫興墓之王洛州、劉秉恕墓之李淮、楊君墓之張安。其中，除了楊君墓没有發墓驗證外，其他發墓讖言均有人事驗證，從而真地成爲讖言故事。可以注意的是，古籍記録的改葬、護墓、發墓故事中的人物，似乎都没有重複、雷同現象（惟王叵可能受到王果影響）。

至於出土墓誌中的發墓讖言所涉人物，大略有：張僧達（並見於元子邃、韓净識墓誌）、孫長壽（並見於徐之範、郗瑞達墓誌）、樂受、吴奴子（並見於張茂、王節墓誌）、王天安、崔胸顯、黄頭、奇黄頭、張天安、彭里來、程陸、張强、馬四。將這些人物姓名跟上述古籍故事人物相比，不難看出，古籍中故事人物身份可以相似，讖言句式言詞可以相近，但人物名姓絶無相同和重複，而墓誌中發墓者往往雷同。後者如張僧達、孫長壽、吴奴子，皆並見於兩種墓誌。又如"天安"之名，既有王氏也有張氏，則董穆墓誌的"大安"可能是"王天安"或"張天安"。乾隆《順德府志》所記楊君墓之"張安"，也當是相近的姓名。再如除了柳山濤墓的"黄頭"、郭祥墓的"奇黄頭"外，還有並見於古籍與出土的賈夫人墓之"劉黄頭"。

墓誌中發墓者姓名已經引起學者注意，個别姓名已得到解釋。清瞿中溶在《古泉山館金石文編》卷二討論元氏縣唐賈夫人墓誌時，考釋發墓者"劉黄頭"名意：

> 唐代以前人每取"黄頭"爲名，見後魏張猛龍碑陰及北齊董洪達、周費氏、王妙暉等造像記，而我吴近年有於城内干將坊治屋者，掘得唐貞元時龔夫人甎刻墓志，亦云祖諱黄頭。"黄頭"二字，以"黑頭公"例之，猶云黄髮也，乃取老年有壽耳。據貞元墓志，可知唐人尚有黄頭之名，宋以後無聞矣。然則，此刻題劉黄頭者，必是當時流俗之語，惟所言發冢歲數已不相符，則"劉黄頭"亦必是隨口渾造之姓名，未必今實有其人，而相傳乃云

掘得者果稱劉黄頭,蓋妄信邪説,傅會不經之談耳。(頁463a—b)

趙萬里在《漢魏南北朝墓誌集釋》卷十一中,討論元子邃墓誌"必爲張僧達所開"的讖言時説:

> 其稱"張僧達"者,蓋因六朝人多以"僧達"二字爲名,亦猶醜奴、甑生、桃棒、鍾葵之類,史傳碑刻中屢見不鮮。如《宋書》列傳有王僧達,《魏書·房法壽傳》有從祖弟僧達,《宋翻傳》有成僧達,《張普惠傳》有田僧達,《續高僧傳》十九有釋僧達,龍門造象有比丘尼僧達,唐誌有侯僧達等皆是。事涉左道,未可以常理論也。(頁260)

其實除以上所舉外,史傳中以"黄頭""僧達"爲名字者還有不少。除指老年外,"黄頭"也指少兒,如《晋書》卷二八《五行志中·詩妖》載,京口百姓據"王恭"之名稱其爲"黄頭小兒(人)",暗示其爲亂賊(頁848)。《資治通鑒》卷一二七載,元嘉三十年(453)三月,沈慶之稱劉駿主簿顔竣爲"黄頭小兒",胡三省注:"男女始生爲黄頭小兒,言其如嬰兒,未有知識也。"(頁1022d)嬰兒不免太幼,"黄頭"亦指懵懂少年、莽撞小伙、黄髮男兒。

無論如何,"黄頭""僧達"之名不僅多見於墓誌讖言,也常見於古籍文獻,甚至是六朝或唐代以前人的常用名。依此類推,"長壽""天安""奴子""馬四"之類也顯然是較爲常見的名字。關樹東考釋宋三命墳已指出,"張强、馬四猶如今人泛指張三、李四,這裏泛指毁墓人"(頁358)。這樣説來,墓誌中的發墓者可能更多的是虚擬的某種類名符號,非必是實有其人的專名。

表面看來,古籍文獻記録的讖言似乎更像虚構的運數前定故事,而出土墓誌是地下文物,具有無可辯駁的真實性。但古籍故事人物不重復、時地不雷同,相同或相似的僅是讖言詞句,尤其是讖言應驗的機緣巧合,其中有些還被載入官方文獻,有些切合人物經歷,反而像是曾經發生的真事。而墓誌人物重複雷同,這種發墓人物姓名的雷同化,既是類名化、模式化的表現,也是"隨口渾造"的虚擬化的表現,實際上也似乎從未有發墓人事的驗證,所以墓誌之真不能代替其中讖言之真,這樣的讖言反而像是假的,至少是未經驗證的。

墓誌讖言的模式化、虚擬化,又可能暗示這種讖言的寫作目的正在於咒祝,是對可能遇到的發墓者的警告。趙萬里分析元子邃墓誌讖言又説,"其文荒誕不經,蓋術者厭勝之辭,古人誌墓之文多有之","近出晋魏墓誌無作此等語者,要以此誌爲首見矣"(頁260)。嚴格地説,元子邃墓所謂"開者即好遷葬,必見大吉"屬於正面的祝福,而非反面的詛咒或厭勝,在趙氏所舉古代墓銘中,鄔載、王果、高流之等也非遭到厭勝。但包括提醒、告知、警示、恐嚇、詛咒在内的咒祝,確實是墓銘讖言的用意所在,所以展開一點説,咒祝也許是所有墓銘讖言的本意所在。正如筮占、龜卜總有"億則屢中"的可能,"所言既多,故時有中者",附有讖言的墓銘在時間的長河中總有遇到被發現的可能,那麽進一步,具有咒祝語句的讖言,甚至只是具有呼告、祈使、請求、命令語氣的讖言,就都有可能促使發現者去保護或改葬墳墓,即使發現者的姓名並未出現在銘文中,他也可能在驚異感嘆中去完成使命。古籍記録的故事當然有作者虚構、編造的成分(尤其像建城、開河這種大規模工程背景,或像《煬帝開河記》《聊齋志異》這樣的小説),但也可能只是那些"時有中者"偶然"應驗"的事例才得到了記録。

墓銘讖言的咒祝性質讓人聯想到相關的墓葬文體。金屯留縣宋三命墳墓室北壁有題記,王義印考釋的文字云:"元本住屯留縣宋村宋三命墳,東至古墓,西至疑山,南至本村鬼廟,北至嶺畔。勸人休毀壞,壞者必定身亡。且記耳。"末尾"勸人休毀壞"以後是典型的咒祝,而前半文字講明該墳的四周邊界。民國嘉興王氏所發明李維(?)墓磚文中,有"道路將軍"字樣,讖言又爲"當時堪輿家白鶴仙人所誌"。這兩個墓銘似乎跟古代買地券相關聯。

買地券的必要内容之一是説明墳地的四至範圍或邊界,也往往有護墓神將道路將軍參與其事。兹以《地理新書》卷一四所載北宋買地券的官方文本爲例:

> 某年月日,具官封姓名,以某年月日歿故。龜筮叶從,相地襲吉,宜於某州某縣某鄉某原安厝兆宅。謹用錢九萬九千九百九十九貫文,兼五彩信幣,買地一段。東西若干步,南北若干步。東至青龍,西至白虎,南至朱雀,北至玄武。内方勾陳分擘四域,丘丞墓伯封部界畔,道路將軍齊整阡陌。千秋萬歲,永無殃咎。若輒干犯呵禁者,將軍亭長收付河伯。今以牲牢酒飯,百味香新,共爲信契,財地交相分付,工匠修營安厝,已後永保休吉。知見人:歲月主。保人:今日值符。故氣邪精不得忏恡,先有居者永避萬里。若違此約,地府主吏自當其禍。主人内外存亡,悉皆安吉。急急如五帝使者女青律令。(頁113c)

所謂"龜筮叶從,相地襲吉",表明卜筮術與相墓術的結合運用。在這裏,東南西北四至已由早期的具體步數虚化爲青龍、白虎等四靈。整齊阡陌的道路將軍,在其他一些實際買地券文例中還較複雜,如廣東仁化縣出土《元嘉二十一年(444)田和買地券》稱,"道上游(羅)〔邏〕將軍、(營)〔當〕道將軍、横道將軍、斷道將軍、道左將軍、道上將軍、道右將軍、三道將軍、五道將軍"①。

至於嘉興墓之堪輿家白鶴仙人,也當是買地券中神仙。古代買地券常常將天上鶴(另有水中魚、山頭鹿等)作爲地券的寫作者、書寫者或宣讀者,這種"天上鶴"應該是後世買地券中"白鶴仙"的原型,白鶴的神仙化則是其大背景。正如天上鶴一樣,買地券中的白鶴仙角色也是多樣化的。較早的如廣州出土《南漢大寶五年(962)馬氏二十四娘買地券》:"量地:神仙白鶴仙。"白鶴仙在宋代又爲寫契人、讀契人,明代又爲賣地人、書契人、遷穴人、驗地人,清代又爲交錢人或買地中介人②。所謂"中人"也即買地的操作者、買地券的作者,實際就

① 魯西奇《中國古代買地券研究》,厦門大學出版社,2014年,頁119。

② 以上並參魯西奇《中國古代買地券研究》,天上鶴材料太多,馬氏二十四娘等材料可參頁238、329、339—340、588、596、599、600、612、616、624—628。

是民間喪葬術士，或嘉興墓磚文所謂堪輿家。

就文體來看，嘉興墓磚文由於出現“道路將軍”“白鶴仙人”字樣，頗讓人疑心磚文屬買地券，惟其原文不可見，詳情不可知。無論其文體如何，其中出現發墓讖言而且得到驗證是可以肯定的。至於宋三命墳墓室題記由於内容複雜，文體類屬或有争議，如關樹東、王義印兩位學者的意見就剛好相反。我們認爲，除去年曆、石匠經歷，題記主要記録了墓主姓名、籍貫、下葬、祖墳再葬等，大體還是墓誌的基本内容，甚至還有句式整齊的“銘”體，在這點上我們認同王氏的意見。至於該墳的四至説明，則跟唐宋及金代“以四方神爲界”的買地券完全不同，“墓壁題記的内容、形式與唐宋時期常見的厭鎮亡魂和鬼神的鎮墓文、買地券不同”(頁 358)，在這點上我們認同關氏的意見。而王氏以爲，涉及張强、馬四的兩處題記“屬於宋金時期盛行的‘買地券’中常見的内容”(頁117)，似乎未對關氏意見加以注意，我們亦不贊同。

在我們的知見範圍内，古代買地券似未見宋三命墳中預知五百年後張强、馬四毁墓之類文詞，换言之，買地券甚至鎮墓文中似乎未見本文所論墓銘讖言。墓銘讖言中有時包含咒祝言詞，而買地券中也有咒祝。如上引《地理新書》買地券：“千秋萬歲，永無殃咎”，“已後永保休吉”，“主人内外存亡，悉皆安吉”。這大體是正面的祝禱。“若輒干犯呵禁者，將軍亭長收付河伯”，“故氣邪精不得忏恡，先有居者永避萬里”，“若違此約，地府主吏自當其禍”。這大體是反面的詛咒。表面看來買地券中的咒祝跟墓銘讖言的咒祝相似，其實二者的緣由、對象、内容完全不同。

必須注意的前提是：買地券、鎮墓文是人與鬼神之間的約定和限制文書，目的均在安亡魂、保活人。買地券是向神買地，驅逐邪精野鬼，購置空地以便葬骸安魂，鎮墓文是爲鬼立規，爲死者解適祛過，爲生者除殃祈福。買地券重在將死者送入地府，鎮墓文重在將死者與生人隔絶。所以即使買地券、鎮墓文有咒祝文字，也是針對鬼神、精怪、邪氣而發，所謂“故氣邪精不得忏恡，先有居者永避萬里”，就是對占據墳地的精怪進行驅逐。即使是地府主吏，如果違約也要自當其禍。這種針對鬼神、精怪的咒祝，跟墓銘讖言絶不相同，後者乃是針對人世間發現、盜掘墳墓的人而發的，内容也主要集中在“閉之吉，啓之凶”，或“發者滅門，還覆大吉”，或“破墳者凶，塋墳者吉”，發覆、啓閉、破塋(“塋”通“謍”，或是借字)的都是墳墓，而非買地券强調的墳墓之下的土地。看來墓銘讖言跟買地券、鎮墓文儘管均有相關的墓葬文化背景，但顯然屬於不同的文體，墓銘讖言是爲保護墳墓而作，買地券是爲獲得墳地而作，鎮墓文是爲分别死生而作。儘管這些文體可能存在交叉混雜(如宋三命墳)，但我們討論的有關墳墓掘發、改葬之類讖言主要見於墓誌銘中，而在買地券、鎮墓文中尚未見到類似文例。

四是韻文與散體。

不難發現，傳世文獻記録的讖言多爲韻文體，而出土墓誌讖言多爲散文體。除北齊庫狄洛墓銘、金宋三命墳題字外，絶大多數出土墓誌差不多都是散文讖言，而文獻記録除少數外，絶大多數卻是韻文讖言，秦始皇發孔子墓而亡之讖甚至是歌謡形式，“謡文刊在冢壁”，某些個别讖言僅存單句，也可能本屬於多句韻文。

一般情況下，墓誌銘除誌蓋外，略有墓誌序、墓銘及附屬語，序叙生平卒葬，韻文銘乃頌贊緬懷，讖言基本是附屬語。若讖言也是韻文，則讓人懷疑其跟韻文銘贊不僅在文體上甚至在文面上本屬一體。這種同體關係當然能説明讖言在墓誌銘整體中的重要性、嚴肅性，或精心寫作、慎重書刻、寄予厚望的用心。而散體讖言即使不是作僞、後添，也不免在文面、文體上就給人輕率、隨意之感。就出土墓誌讖言重複出現的發墓者言，如“黄頭”“僧達”之類，顯然已經成爲程式化套語，没有文獻記録讖言時針對獨特人事的丰富個性，所以程式化也是形式化、應付性的體現。反觀韻文讖言的重要性也還有其他層面，比如讀者在初見或者是在反復玩味韻文讖言時，顯然能夠感受到鑒往知來、事有定數、命中注定的複雜意藴，平添了驚奇、沉思、感染等多種閲讀效果，這種感知體悟是跟其韻文回環往復、一唱三歎、餘味不盡的文體特徵分不開的，押韻本身也是産生韻味的手段。至於墓誌散體讖言除了照搬模仿、簡單宣告外，差不多只剩下咒祝，讀者的感覺當然不免平淡單一。這種差異似乎也是墓銘讖言及相關占卜文化衰變的一個表徵。

可以將上述有關文獻記録與出土墓誌的比較討論作一小結：我們討論的墓銘讖言主要見於古籍文獻記録與地下出土墓誌，古籍記録者似無金石學的學術證明，但有鮮活的人事驗證，讖言也成爲故事流傳，寫作嚴謹，韻味深長；地下出土者似爲歷史文物，具有真實性、可靠性，但因缺乏人事驗證，不能形成故事，僅剩下單純的讖言宣告、吉凶咒祝，寫作流於形式，意味單薄，文學意趣遠不及古籍故事。

五、結　語

古代墓銘讖言故事載體多樣、數量龐大、傳承久遠、内涵豐富，在相關讖言故事中獨樹一幟、蔚爲大觀，包涵較爲深廣的歷史文化。

墓銘讖言故事既可能在傳世文獻中得到記録，也可見諸出土墓誌，甚至還可見於民間口頭流傳，目前所知文本數量至少已逾 70 例。從傳世文獻的類屬看，主要載於雜史、地志、小説、筆記、詩文等中。其中尤以地志及志怪題材的小説爲多，後者如張華《博物志》、劉敬叔《異苑》、孔昚言《神怪志》、戴孚《廣異記》、李吉甫《梁大同古銘記》、唐張讀《宣室志》、佚名《煬帝開河記》、杜光庭《録異記》、徐鉉《稽神録》、洪邁《夷堅志》、元好問《續夷堅志》及蒲松齡《聊齋志異》等，可以説墓銘讖言已成爲小説特别是志怪的一個題材類型，志怪也可能是墓銘讖言不免虚飾、怪異的載體原因。再從文獻記録的時代看，至少從先秦始有，直到清代甚至民國文獻都有記載，口傳則流傳到現當代。文獻中墓主時代除無名古墓外，大多爲漢唐間人，出土墓誌則集中於北齊隋唐。涉及地域則遍布南北，主要分布於北方豫、晋、冀、魯諸省，南方浙、贛、蘇、閩、川等處。可謂源遠流長、傳承廣遠、沿革有緒、枝繁葉茂。墓銘讖言内涵豐富，與古代地理的環境變遷、數有前定的命數觀、護墓安魂的社會心理、神秘莫測的占卜文化尤其是卜葬術、《易》占術、著名術士的數術等密切相關。

當然，古代墓銘讖言故事還有很多疑難無法得到充分闡釋，如出土墓誌讖言主要集中在隋朝前後，尤其是古籍讖言往往得到相關人事"驗證"，這樣的事例又層出不窮、屢見記載、振振有詞，除了"億則屢中"和僅記應驗事例的可能性外，我們還有别的闡釋嗎？儘管我們不能絶對否定世間神秘現象的存在，或是不能否認讖言存在虚構僞造，但墓銘讖言的諸多驗證事例，必然激發釋疑慾望。我們當然不能一味相信甚至誇大其神秘性，或要對這種神秘事件竭力作出釋然的分析，但也不能一味批評其欺騙性、虚僞性，而忽略其中藴涵的歷史文化需要得到抉發。

附記：根據外審專家的意見，本稿修改時增加討論的有：《栖先塋記》的占卜、宅第都城擇址的占卜、買地券的咒祝。謹此説明，並致感謝。

【作者簡介】李道和，雲南大學文學院教授，主要研究中國古代小説、民俗及相關文獻。

附：古代墓銘讖言故事一覽表

序號	故事概況	銘文預言	較早文獻
1	春秋衛靈公（前 534—前 493 年在位，衛國在今豫中北地區）卜葬	不馮其子，靈公奪而（里）〔埋〕之。	《莊子·雜篇·則陽》
2	商蜚廉得霍太山（在今晋西南霍州市）石棺	帝令處父不與殷亂，賜爾石棺以華氏。	《史記·秦本紀》
3	西漢夏侯嬰（？—前 172）卜葬長安（今西安市）東都門外	佳城鬱鬱，三千年見白日，吁嗟滕公居此室。	《西京雜記》（漢晋間）卷四
4	蔡伯公卜葬	四體不勤孰爲作？生不遭遇長附託，賴得二人發吾宅。	晋張華（232—300）《博物志》佚文
5	秦始皇發孔子墓（在今魯西南曲阜市）	秦始皇，何僵梁。開吾户，據吾床。飲吾酒，唾吾漿。飧吾飯，以爲糧。張吾弓，射東牆。前至沙丘，當滅亡。	南朝宋劉敬叔（？—453？）《異苑》卷四
6	南朝宋朱護改葬如皋縣（今爲蘇東南如皋市）古墓	七百年墮水。	《異苑》卷七
7	東晋信安縣（在今浙西衢州市）獨松山古冢崩	筮言吉，龜言凶，三百年，墮水中。	南朝宋鄭緝之《東陽記》
8	南朝宋皮熙祖取上虞（今爲浙中上虞市）黄氏古冢磚	居在本土厥姓黄，卜葬於此大富强。《易》卦吉，龜卦凶。四百年後（随）〔墮〕江中，當墜值王顒。	南朝宋、齊間《會稽郡十城地志》
9	北魏龍沙（在今贛中南昌市）故冢没水	西去江七里半，筮言其吉，卜言其凶。	北魏酈道元《水經注》（515—524）卷三九《贛水》
10	南朝宋謝靈運取浦陽江（亦即曹娥江，流經今浙中地區）琵琶圻古冢甓	筮〔云〕吉，龜〔云〕凶，八百年，落江中。	《水經注》卷四〇《漸江水》
11	北魏張恩得汾陰（在今晋西南萬榮縣）湯冢志	我死後二千年，困於恩。	唐前《聖賢城冢記》
12	東魏高澄改葬小平津（在今豫中鞏義市）古冢	今卜高原，千秋之後，化爲下泉，當逢霸主，必爲改遷。	唐丘悦（開元初卒）《三國典略》
13	北魏高流之改葬徐州（？）古墓	吾死後三百年，背底生流泉。賴逢高流之，遷吾上高原。	唐張鷟（658—730）《朝野僉載》卷四
14	唐築東都洛陽豊都市得古冢銘	筮道居朝，龜言近市。五百年間，於斯見矣。	《朝野僉載》卷四
15	唐王果改葬雅州（今爲川西南雅安市）懸棺	三百年後水漂我，欲及長江垂欲墮。欲墮不墮遇王果，〔五百年中重收我〕。//地裂山崩水漂我，臨及長江危欲墮。欲墮不墮遇王果，五百年後改葬我。	唐孔昚言（開元中爲解縣令、黄州刺史）《神怪志》
16	唐太平公主鑿長安西市放生池得墓銘	（龜言水，蓍言市）〔蓍言市，龜言水〕。	唐劉餗（天寶至大歷間人）《隋唐嘉話》卷下

續表

序號	故事概況	銘文預言	較早文獻
17	唐洛陽北市得朱買臣墓銘	〔龜言路〕，蓍言市，千載之後阿誰是？	《隋唐嘉話》卷下
18	唐許州（在今豫中許昌市）盧彦緒見秦瓦棺銘	是秦時人，千載後當爲盧彦緒開，運數然也。閉之吉，啓之凶。	唐戴孚《廣異記》（793 年前）
19	唐鄭欽悦釋鍾山（在今南京市）南朝梁古壙銘	龜言土，蓍言水，甸服黄鐘啓靈趾。瘞在三上庚，墮遇七中巳。六千三百浹辰交，二九重三四百圮。	唐李吉甫《梁大同古銘記》（793）
20	唐姜師度鑿無鹹河避解梁（在今晋西南運城市）衛大經墓	姜師度，更移向南三五步。	唐張讀《宣室志》（863 年後）卷五
21	唐鄔載改葬江南古墓	爾後一千歲，此地化爲泉。賴逢鄔侍御，移我向高原。	《宣室志》卷五
22	隋麻叔謀開河改葬大梁（今開封市）上源驛古墓	我是大金仙，死來一千年。數滿一千年，背下有流泉。得逢麻叔謀，葬我在高原。髮長至泥丸，更候一千年，方登兜率天。	晚唐佚名《煬帝開河記》
23	隋麻叔謀開河避睢陽（在今豫東商丘市）華元墓	睢陽土地高，汴水可爲濠。若也不迴避，奉贈二金刀。	《煬帝開河記》
24	唐李憲開洪州（今南昌市）郭璞墓	後五百歲，開墓賊李憲是也。	唐末杜光庭《録異記》（921）卷八
25	唐熊博改葬建安縣（在今閩中北建甌市）古墓	〔筮卦吉，龜卦凶，三十年後洪水衝。〕欲陷不陷被藤縛，欲落不落被沙閡，五百年後遇熊博。	南唐徐鉉《稽神録》（935—965）卷一
26	前蜀王承檢壞上邽縣（在今甘東南天水市）王氏瓦棺	……乾德（丙）〔六〕年，壞者合郎。	後蜀（934—965）金利用《玉溪編事》
27	南唐高安縣（今爲贛西高安市）沈彬卜葬	開成二年開，雖開亦不埋。漆燈猶未照，留待沈彬來。	北宋張洎《賈氏譚録》（970）
28	北宋孫賁破衢州（今爲浙西衢州市）疑冢	五百年後，當有刺史爲吾守墓。	北宋毛滂《東堂集》卷九《雙石堂記》（1096）
29	唐烏重胤葬先世得石牌	牛領岡前，紅簫隴下。葬用丙日，手板相亞。	舊題後唐馮贄《雲仙散録》（926?，當出南宋前）
30	南宋吕源築吉州（今爲贛西南吉安市）城得唐逸翁葬子銅鐘刻文	……東平（梟）〔鳩〕工，決使吾愛子之骨，得同河伯，聽命於水府矣。//後十六甲子，東平公守此郡，吾兒當出而從河伯之游矣。	兩宋間莊綽（? —1143）《雞肋編》卷下
31	王叵重葬會稽縣（在今浙中紹興市）東漢曹娥墓	二百年後碑當墮，當墮不墮逢王叵。	南宋施宿《會稽志》（1201）卷一〇
32	南宋南陵縣（今爲皖東蕪湖市屬縣）臧主簿得棺	〔《易》筮吉，龜卜凶。五百年，大水通。〕若遇臧主簿，移我上高（原）〔峰〕。	南宋王象之《輿地紀勝》（1227）卷一九

續表

序號	故事概況	銘文預言	較早文獻
33	蒼溪縣(今爲川北廣元市屬縣)主簿金拯改葬古冢	歲月不須論,車塵擁石門。若逢金主簿,移我向高原。	《輿地紀勝》卷一八五
34	金劉機掘濟州(在今魯西南濟寧市)唐一行禪師墓	劉機當破吾墓。	金元好問(1190—1257)《續夷堅志》卷一
35	南宋天台縣(在今浙東南台州市)朱主簿改葬古棺	《乾》卦吉,《坤》卦凶,五百年逢朱主簿,移我葬山東。	南宋趙葵(1186—1266)《葦航紀談》
36	元軍斲狗兒壞臨安(今杭州市)南宋馬三寶墓	至元十五六,狗兒壞我屋。	宋元間周密《武林舊事》(1280—1290)卷五
37	元朱德潤祖母卜葬避吴縣(今爲蘇州市)三國吴陸績墓	此石爛,人來换。	元虞集《朱宜人吉氏墓碣銘》(佚文,1327)
38	宋王益築蘄州(今爲鄂東黄岡市蘄春縣)城得古墓	本有千年地,姑借五百年。感謝王刺史,移我過西園。	明李賢等《大明一統志》(1461)卷六一
39	明王震濬河改葬張秋(在今魯西聊城市陽谷縣)古棺	前卦吉,後卦凶,五百年後水來衝。幸遇王州判,移我在河東。	明王鏊《姑蘇志》(1506)卷五九
40	明蘇州濬吴淞江得古墓	蓍筮吉,龜卜凶,三百年後潮來衝。	明沈周(1427—1509)《石田翁客座新聞》卷五
41	明虞廷璽爲洛陽北宋邵雍建祠	大明景泰乙亥,知府事者虞廷璽爲我復興此窩。	明何孟春《餘冬序録》(1528)修病卷五三
42	明王洛州發武强縣(今爲冀南衡水市屬縣)隋皇甫興墓	吾葬後一千三百年,被王洛州發之。〔存吾貴,損吾亾。〕	嘉靖《真定府志》(1549)卷一七
43	明李淮發邢臺縣(今爲冀西南邢臺市)元劉秉恕墓	發冢者李淮也。	明沈德符《萬曆野獲編》(1606)卷二九
44	明徐溝縣(在今晋中清徐縣)王知縣改葬唐李淳風墓	吾是唐朝一地仙,五百年(前)〔後〕復見天。上覆徐(川)〔州、溝〕王大尹,將余葬在白圭南。	萬曆《徐溝縣志》(1612)之《輿地誌・陵墓》
45	明阜陽縣(今爲皖西阜陽市)張繼賓掘唐郭冀墓	吾居此宅千年後有張氏,〔子〕(爾)〔本〕長壽,破吾宅者不吉。	明姚旅《露書》(1623)卷七
46	北宋惠安縣(在今閩南泉州市)崔知縣改葬五代張梱墓	太平興國間,古縣移惠安。若逢崔知縣,送我上青山。//開我墓者立惠安,葬我身者祀青山。	明何喬遠《閩書》(1629)卷一〇
47	明義烏縣(今爲浙中金華市屬縣級市)劉尚恭重修祖先劉豪墓	天聖戊辰葬此丘,蔭十八紀出公侯。子子孫孫垂不替,繩繩(武武)〔蟄蟄〕永無休。五百四十一年損,(十七八歲)〔十六七世〕裔孫修。戊辰戊辰新一石,(重修重修)〔重興重興〕千百秋。	明徐𤇥《徐氏筆精》(1631)卷八
48	明亓百户修河南府(今豫西洛陽市)月堤得郭公碑	郭公碑,郭公墓,郭公逢着亓百户。巡撫差爾修月堤,臨時讓我三五步。	清周亮工《因樹屋書影》(1667)卷二
49	清高郵州(今爲蘇中高郵市)王鼎因棺銘遇合伍秋月	女秋月,葬無冢,三十年,嫁王鼎。	《聊齋誌異》(1679)卷五《伍秋月》

續表

序號	故事概況	銘文預言	較早文獻
50	明金壇縣(今爲蘇南常州市金壇區)張巡檢濬河遷唐戴叔倫墓	(龜卦吉,易卦凶)〔筮之吉,卜之凶〕,五百年後被水衝。寄語湖溪張巡檢,(留吾)〔移我〕骸骨(在其中)〔上高峰〕。	康熙《金壇縣志》(1683)卷一〇
51	清沙河縣(今爲冀西南邢臺市屬縣級市)楊君墓	葬後一千七百年,墓爲張安所發,發者滅門。	乾隆《順德府志》(1750)卷一六
52	清元氏縣(今爲冀西南石家莊市轄縣)劉黄頭掘唐賈夫人墓	後一千三百年,爲劉黄頭所發。	清劉廷楨《劉黄頭行》詩(1823)
53	民國嘉興王氏發明李維(?)墓(附録)	(大略謂若干年後此塋當被發掘云云。)	《民國趣史》(1916)
54	夔州(渝東北奉節縣)許由發三國蜀甘夫人墓(附録)	許由許由,無冤無仇。私開古墓,罰你上油!	《三峽民間傳説》(1982)
1	北齊鄴城元子邃墓誌(1940年前出土於豫北安陽市)	今葬後九百年,必爲張僧達所開,開者即好遷葬,必見大吉。	《齊故征西將[軍]上洛縣開國□□□□元子邃墓誌銘》(555)
2	北齊朔州庫狄洛墓銘(1973年出土於晋東壽陽縣)	□天度,八百年後開吾墓。改封更葬起丘墳,宜官享禄多福祚。	《齊故定州刺史太尉公庫狄順陽王墓銘》(562)
3	隋金鄉縣徐之範墓誌(1976年出土於魯西南嘉祥縣)	公第四弟之權,譙郡太守、散騎侍郎,卜此葬地,得《泰》卦,後一千八百年爲孫長壽所發,所發者滅門。	《隋儀同三司徐公墓誌》(584)
4	隋零泉縣趙洪磚誌(1909年出土於今豫北安陽市)	千七百年,爲樂受所發,發者滅門,還覆大吉。	《隋趙洪磚誌》(589)
5	隋洛陽張茂墓誌(2002年出土於豫西北孟津縣)	(莁)〔筮〕占:葬後一(遷)〔千〕八百年,爲吴奴子所發掘。誡奴子:必宜還葬之,子孫得福,家熾盛,大富貴。如違,招致殃禍絶滅。	《隋故輕車將軍開府騎兵參軍張君墓誌》(589)
6	隋洛陽王節墓誌(2004年前出土於洛陽)	(謙卦卦圖)一千八百年,吴奴子所發。誡之:厚葬得福累世。	《齊梁州别駕王君墓銘》(595)
7	隋洛陽王伯墓誌(2004年出土於豫西北孟津縣)	三金□所請,筮得《觀》卦:葬後八百年,爲王天安所發,發見此銘,還即奄塞,天安及子孫世世富貴;□(若?)不奄塞,天安子孫滅門大禍。	《齊輕車將軍通事舍人黄縣開國男王君墓誌并序》(609)
8	隋洛陽董穆墓誌(1909年前出土於洛陽)	《易》卜此地,安葬大吉。□□□□□(後□年爲張//王?)大(天?)安所發此墓。	《大隋大業六年歲次庚午十一月戊午朔三日庚申襄城郡汝南縣前主簿墓誌序》(610)
9	隋雒陽李吁〔典〕墓誌(1995年出土於洛陽)	吾殯後三千年,有崔胸顯所破。	《李吁〔典〕墓誌》(616)

續表

序號	故事概況	銘文預言	較早文獻
10	唐伊闕縣柳山濤墓誌(2001年出土於豫西北伊川縣)	《易》占云:葬後一千三百年,乃爲黄頭所發。其所開發者,當更好埋葬之。若不好埋葬者,凶不出年。	《唐故貝州鄃縣主簿柳君墓誌銘并序》(666)
11	唐洛陽劉府君夫人韓凈識墓誌	九百年張僧達所發,發時更吉,若不閉藏,所發之人滅門。	《大唐故劉府君韓夫人(凈識)墓誌銘并序》(670)
12	唐河南縣(在今洛陽市)郗瑞達墓誌	占(日)〔曰〕:葬後一千五百年,有孫長壽發,若不掩藏,凶不出年。	《唐故隨謁者臺員外郗府君墓誌銘并序》(676)
13	唐南和縣郭祥墓誌(1986年出土於冀南南和縣)	葬後四百年,爲奇黄頭所發。	《郭君墓誌》(誌蓋)(688)
14	唐汲縣李宗墓誌(出土於豫北衛輝市?)	葬後一千七百年,有張天安所發。	《李宗墓誌并序》(743)
15	唐晋城縣(今爲晋南晋城市)張劍墓誌	吾葬以後一百卅年,被彭里來開發,破墳者凶,塋墳者吉。	《大唐故陪戎副尉張君墓誌銘并序》(743)
16	唐臨邑縣蘇崇俠妻張氏墓記(1987年出土於魯北臨邑縣)	急急如律令:忽有程陸開此墓,必滅程氏。	《蘇崇俠妻張氏墓記》(755)
17	唐潞州府城(今爲晋東南長治市)郭遠墓誌(2006年前出土)	筮得《解》卦,葬後三百年大富,孫位登刺史。	《唐故天興觀主太原郭府君墓誌銘并序》(799)
18	金屯留縣"宋三命墳"室壁題字(1999年出土於晋東南屯留縣)	葬於此所,後□五百年間,必逢張强到此,馬四毁壞不良,必須再葬。//張强張强,馬四不良。謝你來覷,必須再葬。	天會十三年(1135)
1	戰國樗里子(?—前300)卜葬渭南章臺之東(在今西安市)	後百歲,是當有天子之宫夾我墓。	《史記·樗里子傳》
2	三國吴孫權得盆城(在今贛北九江市)灌嬰井銘	三百年當塞,塞後不滿百年,當爲應運者所開。	晋張僧鑒《潯陽記》
3	南朝宋元嘉六年(429)發冠軍縣(在今豫西南鄧州市)三國魏太和(227—233)張詹墓	白楸之棺,易朽之裳。銅錢不入,瓦器不藏。嗟爾後人,幸勿我傷!	南朝宋盛弘之《荆州記》
4	東漢鍾離意得魯國(在今魯西南曲阜市)孔廟夫子懸甕丹書	後世修吾書,董仲舒。護吾車,拭吾履,發吾笥,會稽鍾離意。璧有七,張伯藏其一。	《鍾離意别傳》(南朝梁以前)
5	隋河陰縣(後併入洛陽)爾朱端墓誌銘(1930年出土於洛陽)	開吾墓者,改葬之,大富貴。	《隋故車騎歸化郡開國公爾朱公墓誌銘》(591)
6	唐僧法成鑿長安西市放生池得石銘	百年爲市,而後爲池。	唐韋述《兩京新記》(722)
7	唐梼杌過符離縣(在今皖北宿州市)西墜穴得石銘	旁有水,上有道,八百年中逢梼杌。	唐鍾輅《前定録》(830—834)

續表

序號	故事概況	銘文預言	較早文獻
8	唐李福修洛陽玄元觀鐘樓得刻文	山水誰無言，元年有福重修。	唐末杜光庭《道教靈驗記》卷二
9	北齊斛律光遺言卜葬(在今晋西南運城市新絳縣)	吾死後葬於此，及百年，當有二千石爲吾守墳。	金孫鎮《斛律光墓碑(記)》(1180)
10	明龍晋鑿嘉定(今爲上海市轄區)吴淞江得石刻	得一龍，江水通。	明王錡《寓圃雜記》(1500)卷四
11	明毛澄護駕過藁城(今爲冀中藁城市)橋崩見碑文	橋崩天子過，碑出狀元來。	明郎瑛(1487—1566)《七修類稿》卷四八

從寫本到刊本:《七經孟子考文補遺》成立考

瞿艷丹

【提　要】 在享保刊本《七經孟子考文補遺》成立之前,除《七經孟子考文》寫本之外,還有《考文補遺》寫本。日本宫内廳書陵部與國立公文書館内閣文庫各藏《考文補遺》寫本一種,本文將這兩種寫本與《考文》寫本、享保刊本比較,可知宫内廳本《考文補遺》是享保刊本的起點,其價值已得明治以來圖書寮及内閣文庫工作人員公認。而内閣文庫本《考文補遺》很可能是上版刊行之際承擔出版任務的江户書肆所用底本。透過分析荻生觀補遺的内容,還原補遺經過及思路,可知荻生觀並未完全掌握山井鼎的校勘原意,亦多未曾超出山井鼎原有的發現。

【關鍵詞】 山井鼎　七經孟子考文補遺　寫本　刊本

江户時代學者山井鼎曾與同門根本遜志赴足利學校,以宋版五經正義、古鈔本等校讎諸經,後寫成《七經孟子考文》(以下略稱《考文》),得西條藩主嘉賞,又得幕府認可。八代將軍吉宗命荻生觀作補遺,刊版行世,即所謂享保刊本《七經孟子考文補遺》(以下略稱《考文補遺》)。此書隨商船自長崎進入我國,學術價值頗得乾嘉學者重視,這已是中日學術交流史上廣爲人知的佳話,此處不多贅述。學者對四庫全書本、享保刊本《考文補遺》的利用已很充分,而日本宫内廳與内閣文庫還各藏有《考文補遺》寫本一種,是《考文》寫本到《考文補遺》刊本的中間形態(有關《考文補遺》各本源流,參考表 1),尚未得到足夠的關注。本文將通過分析這兩種《考文補遺》寫本,探明其各自價值及成立經緯,進而考察《考文補遺》刊本的成立過程,兼論荻生觀等人補遺的意義,并加以評價。

一、宫内廳藏《七經孟子考文補遺》寫本的成立

先行研究對《考文補遺》刊行經緯已有不少細緻的梳理[①],但由於前輩學者都不曾有機會利用宫内廳藏《補遺》寫本,也未曾詳細分析《補遺》從寫本到刊本的過程,故有必要對此過程再作查考。物觀《補遺叙》云:

---

① 如藤井明、久富木成大《山井崑崙山縣周南》(叢書　日本の思想家 18),明德出版社,頁 73—80。山本巖《七經孟子考文補遺西渡考》,《宇都宫大學教育學部紀要》第一部(40),1990 年 2 月,頁 35—36。

兹者西條侯縢寫山鼎七經孟子考文以進，戊申孟秋，政府俾臣觀校其所撰。臣與講官平直清及諸勝等放鼎目録，採集校讎，書若干卷，援引書若干卷以校，如鼎之舊。考文爲書也，撰足利學所藏書寫本《周易》三通、《毛詩》二通、《尚書》《禮記》《孝經》《孟子》各一通、《論語》二通，《魯論》《皇侃義疏》各一通、活字板《周易》《禮記》《左傳》《論語》《孟子》各一通、宋板《周易》《尚書》《毛詩》《左傳》《禮記》各一通與今本字異者。鼎言曰書寫本，吾邦古博士家所藏，爲唐以前物。活字板，本學印書寫本，皆世之所無，蓋謂本學所藏者幾亡，則不可復得也。此鼎考文所由而興焉。但前書頗有所遺漏，臣愚昧掇拾于校讎之際，敢補前書之闕，以係各條後，題曰補遺。每條各四目，曰經，曰注，曰釋文，曰疏。放前書之舊，其句中字或闕，注每句下謹按、正誤條。闕本名注每條下，併嵌以補遺别之。編寫成日，刊布中外，欲使人有知今本之所失乎古者也。……享保十有五年歲在庚戌暮春之日，東都講官臣物觀謹識。

徂徠門人宇佐美灊水《雜著》"七經孟子考文補遺"條：

是歲秋，德廟命物叔達名觀，官儒，徂徠之弟。再校君彝所獻《七經孟子考文》。《考文》所校古書皆令自足利學校取來，集叔達以下徂徠門人共相校讎。是故石川之清、字叔潭，號嘿齋。三浦義質、字子彬，號竹溪。木村晟字得臣。上言，三人會於叔達之宅日日校勘。余是時尚在蘐園塾中。叔達呼余以助校書。余與義質對校，之清與晟對校，且補遺漏，叔達判裁異同之是非。歲杪校畢。官各賜賞銀。是時受命於校讎中時時來觀者爲室師禮。名直清，號鳩巢，官儒。翌年繕寫呈獻，題曰"七經孟子考文補遺"。官命書肆雕刻，賜工價三百金。①

《蘐園雜話》云：

灊水因助《考文》之功，得縣官賜古金七兩。是爲査閲嘉靖版《十三經》，得古金七兩。②

也就是説，補遺的工作是在江户完成，因爲是幕府的命令，所以竟可以將一向"不許出學校閫外"(上杉憲實向足利學校寄贈宋版《禮記正義》等善本之際書於卷端之語)的宋版五經正義等珍貴典籍從足利學校送至江户。校讎場所在荻生觀家中，校讎工作大約半年完成，次年(享保十四年，1729)謄寫獻上幕府。

《德川實紀》享保十四年三月二日條云：

是日儒員荻生惣七郎觀奉上此前所命之《七經孟子考文》補遺，其功

① 《灊水叢書・雜著》，《近世儒家文集集成》第十四卷，ぺりかん社，1995年，頁183。引文爲拙譯。又森銑三《山井鼎とその七經孟子考文》中"工價三百金"作"二百金"，《森銑三著作集》卷八，中央公論社，1971年，頁243。

② 荻生徂徠門人編《蘐園雜話》，早稻田大學圖書館服部文庫藏寫本，葉23b。

已成。[①]

享保十五年十二月十七日條云:

近日荻生惣七郎進呈《七經孟子考文補遺》,賜金。補助門人三人亦各有賞銀。[②]

據宇佐美灊水記述及物觀叙可知,補遺工作始於享保十三年秋七月。宇佐美灊水稱當年歲末已校讎完畢,享保十四年謄寫獻上,與《德川實紀》所載相合,但物觀叙所署日期卻在享保十五年春三月。山本巖認爲這是編纂《德川實紀》之際誤將享保十五年三月之事繫於享保十四年三月條下,因此補遺工作應該有一年半之久[③]。向來依據物觀叙所記時日推斷補遺工作時期者,也有相似的結論[④]。而灊水所著《雜記》大約完成於其去世前不久的安永五年(1776,乾隆四十一年)左右,是他晚年的回憶録[⑤],距離當年的補遺工作已遠隔四十餘載,出現偏差也不是不可能。

二、補遺之評價

接下來,我們來看荻生觀等人補遺的性質。顧永新先生通過以享保刊本與《考文》正、副本的比較研究,指出《考文補遺》主體部分實爲《考文》,《補遺》部分所占份額極小,整體架構都是《考文》固有。物觀等人的補遺工作有補闕、正譌、整齊體例、變换表達方式等數端,但校勘價值並不很大,識見較山井鼎又爲下,所論極是[⑥]。具體而言,顧先生云:"補闕類異文在《補遺》中所占份額最大,數量最多,但所補經、注、疏文的異文大多是虚字損益,無關宏旨,校勘價值並不大,所以我們毋寧理解爲山井原本無意出校。"[⑦]結合京都大學人文研究所藏山井鼎手校嘉靖本《十三經注疏》卷端識語可知,顧先生的結論十分允當。譬如《禮記注疏》卷二十六葉1b"獻命庫門至示民嚴上也"下有"補遺"云:古本,[注]"庫或爲廄"下有"也"字。而在山井鼎手校本《十三經注疏》之《禮記注疏》卷二十六葉6b,可見山井鼎在"庫或爲廄"下以藍書添有"也"字。此外,同葉"大廟者,祖廟也"一句"祖廟"上有藍書"大、二本"字樣,此句上端有藍書云"祖廟上二本有大字",此處則忠實反映到《考文》"考異"條下:"古本,[注]大廟者,祖廟也,祖上有大字,足利本同。"可推測山井鼎的校勘準則,并未將虚字之有無全部收入《考文》。

---

① 《德川實紀》第五編,卷廿九,[日]經濟雜誌社編,1904年,頁952。

② 前揭《德川實紀》第五編,卷卅二,頁1007—1008。

③ 前揭山本巖《七經孟子考文補遺西渡考》,頁34。

④ 杜澤遜《影印〈七經孟子考文補遺〉序》,影印享保刻本《七經孟子考文補遺》,國家圖書館出版社,2016年,頁2。

⑤ 澤井啓一《〈灊水叢書〉解題·解說》,前揭《灊水叢書·雜著》,頁28。

⑥ 顧永新《〈七經孟子考文〉正、副本及〈考文補遺〉初刻本比較研究》,《中國古籍文化研究:稻畑耕一郎教授退休紀念論集》上卷,頁206—214。

⑦ 前揭顧永新《〈七經孟子考文〉正、副本及〈考文補遺〉初刻本比較研究》,頁212。

《禮記注疏》卷二十七"后王命冢宰降德"下有補遺云：古本[注]令一云冢宰，令作今，足利本同。而此條山井鼎在前文"正誤"條已云："令當作今。"此處山井鼎爲何不出校？也與其所用工作底本及校勘準則相關。山井校勘過程中的工作底本是嘉靖本《十三經注疏》，此處作"今一云冢宰"，與其所用足利學校藏室町時代寫本《禮記》及慶長間古活字刊本《禮記》對校，并無出入，故在其手校嘉靖本《十三經注疏》卷端自未見校語。而在整理、寫作《考文》之際，則以崇禎本爲底本，"以崇禎本世所尚也"(《考文》凡例)，雖然山井鼎對崇禎本評價並不高，認爲其"甚難信用""妄作"(《考文》凡例)。在崇禎本中，此處確作"令一云冢宰"，故而山井鼎在"正誤"條有所指出。

又如同卷二十七"舅没則姑老至而后與之"下有補遺云：古本[經]藏以待之，之作乏，足利本同。而此條山井在前文"正誤"中亦有指明："之當作乏。"宋本、嘉靖本、室町時代寫本、慶長間古活字刊本等均作"乏"，據凡例可知，山井列入"正誤"條的原則是"字若句無所缺而誤寫灼然者也"，類似問題，顯然屬於山井所認爲的"誤寫灼然者"，不必出校。由此可知，物觀等人補遺之際，工作雖可稱細緻，但對山井鼎的出校原則並未充分把握。而此類嘉靖本與古本或宋本同、與崇禎本相異之處，山井時常未出校，因爲工作底本嘉靖本上並未留下校語，整理《考文》之際也難以盡數收録。如《禮記注疏》卷二十七"在父母舅姑至共帥時"下有補遺云：宋板[疏]"酉在西方"(十葉右八行)，在作是。而嘉靖本作"酉是西方"，萬曆本、崇禎本爲"酉在西方"。在山井鼎手校嘉靖本《十三經注疏》上，此處僅留下了與萬曆本對校的痕跡。又如同卷二十七"庶人耆老不從食"，山井"正誤"云"從當作徒"，而下有補遺云："庶人耆老不從食，從作徒，足利本同。"此類複述"正誤"式的"補遺"用例所占比例甚高，對比山井鼎手校嘉靖本《十三經注疏》，便可更清晰地知道，許多補遺都不曾超出山井鼎工作之際的發現。物觀補遺全在山井鼎既定格式之下，使用諸本也没有超出山井鼎所用範圍。且無"謹按""正誤"類考辨訂訛類内容，只是純粹的校讎，物觀的學術思想在補遺中難有體現。

三、宫内廳本《考文補遺》與内閣文庫本《考文補遺》

在幕府藏書管理者書物奉行撰寫的《幕府書物方日記》中，可以見到享保十六年九月七日條載：

> 新收入《七經孟子考文》書本三十二册一筥，但爲二重筥。花色紋形表紙，紫絲，外題萌黄。右淺黄羽二重袷服紗包，内箱桐白木，附萌黄絲製真田紐，有摺板一枚，上箱桐白木，附綿製真田紐。併附獻上年月文書一通。右爲享保十三申年六月松平左京大夫獻上之由。
>
> 新收入《七經孟子考文補遺》書本三十二册一筥，淺黄土佐紙表紙，紫絲。右溜塗箪笥，銅鎖，有摺板二枚。附鑰匙一把。併附此書由來文書一通。
>
> 右文書二通併鑰匙一把，收入會所箪笥。

松平左京大夫獻上之本，由左京大夫之儒者往足利學校校讎七經而成，因是荻生惣右衛門之弟子，遂與惣右衛門商議，集成《考文》三十二册，獻於左京大夫。又詳查此本，由荻生惣七郎併室新助稍加校讎補遺。此度得以板行，因謄抄卅二册《考文補遺》，交與兵庫頭大人。[①]

這段話的意思是説，此日新收兩種圖書，其一爲《考文》寫本，爲享保十三年六月松平左京大夫(即伊予西條藩第三代藩主松平賴渡)獻上。另有《考文補遺》謄寫本一種，是《考文補遺》刊行之後進獻，交給了兵庫頭(即有馬氏倫)。曾在内閣文庫工作近三十年的福井保指出，《幕府書物方日記》中提到的"《七經孟子考文補遺》謄抄(清書)卅二册"正是今藏内閣文庫的《考文補遺》寫本[②]，山本巖也有同樣的觀點[③]。筆者先後在宫内廳書陵部和國立公文書館内閣文庫見過這兩種《考文補遺》寫本[④]，可知宫内廳本無論是鈔工、裝幀、保存狀況，皆明顯優於後者，照此來看，似乎江户時代入藏御文庫的應該是宫内廳本，福井保與山本巖的推論是否正確? 好在《幕府書物方日記》對寫本形態有詳細描述，其云《考文補遺》封面用紙爲"淺黄土佐紙"，在江户時代，"淺黄"併非我們所熟知的淺黄色，絶大多數情況下是指水藍色。其正字當爲"淺葱"(日文讀若 asagi)，因與"淺黄"同音，遂漸訛作"淺黄"。而内閣文庫本《考文補遺》封面正是水藍色土佐紙，符合《日記》記載。宫内廳本《考文補遺》是枯葉色布面書衣，確非《日記》所指(資料 1)。那麽，宫内廳本《考文補遺》及内閣文庫本《考文補遺》究竟有何區别? 其實在明治年間，宫内省圖書寮及内閣文庫的工作人員已對這兩種寫本作出了價值判斷。

明治二十二年(1889)七月，日本内閣記録局長股野琢向黑田清隆總理大臣提出申請書，建議將内閣文庫中最爲精要的善本移交宫内省管理(資料 2)。明治二十三年(1890)十月，時任内閣總理大臣的山縣有朋認可了這項提案，貴重書移管宫内省一事提上日程。明治二十四年(1891)三月三十日，移交工作完成。據《明治二十四年移管書目録》可知，共移交圖書約三萬册，當中記有一部《七經孟子考文補遺》三十二册，並未説是寫本還是刊本。不久，宫内省發現其中有一部分圖書不符合移管的善本標準，遂於明治二十六年(1893)一月二十三日向内閣記録局發出文書，提出要交還這九種(共 249 册)圖書。當日交還工作完成，其中就有《七經孟子考文補遺》，亦未説明是寫本還是刊本。同月二十六日，内閣記録局向宫内省提出文書及書單，表示找出了符合移管標準的這九種圖書(共 288 册)，其中依然僅記録"《七經孟子考文》三十二册"，次日完

① 《幕府書物方日記》九，收入《大日本近世史料》，東京大學出版會刊行，1973 年 3 月，頁 74。

② 福井保《江户府編纂物　解説編》雄松堂出版，1983 年，頁 199。

③ 前揭山本巖《七經孟子考文補遺西渡考》，頁 39。

④ 日本國立公文書館數字檔案館已公開内閣文庫本《七經孟子考文補遺》寫本全文高清圖像，訪問地址：https://www.digital.archives.go.jp/das/meta/F1000000000000034404(最後訪問時間：2019 年 5 月 4 日)

成了交接工作[①]。

《移管書目》的記録十分簡略,除了一些著名的版本(譬如宋刊單疏本《尚書正義》)之外,僅記書名及册數,甚至不知寫本還是刊本,《七經孟子考文補遺》就是一例。因此,僅從《移管書目》並不能完全確定當時從内閣文庫到宫内省的書籍具體爲何。長澤孝三曾以宫内廳書陵部《和漢圖書分類目録》《圖書寮典籍解題》逐一對照《移管書目》,發現這項工程比想象中浩大許多,如果不是一一核對原書,不少情况都無法下定論。長澤指出,《移管書目》中的《七經孟子考文補遺》返還之後,又收入一種《七經孟子考文補遺》,但《和漢圖書分類目録》中收録了《考文》和《考文補遺》兩種寫本,均爲 32 册、秘閣本[②]。那麽,雖然在 1891 年的《移管書目》中並没有《考文》寫本、《考文補遺》寫本的明確信息,但事實上這兩種精寫本的確已入藏圖書寮。而現藏國立公文書館内閣文庫的《考文補遺》寫本,則很有可能是 1891 年先被送至宫内省、又被返還的那一種。也就是説,當時的圖書工作者們在實際工作中已知《考文補遺》至少有兩種寫本,並認爲現藏宫内廳書陵部的《考文補遺》寫本價值最高。

另外,在大正末、昭和初年圖書寮管理的"御物甲種圖書"目録中,也能看到"《七經孟子考文》並《補遺》寫　享保十一　六四册　三〇二一枚"的記載,正是《考文》和《考文補遺》精寫本,其中"享保十一"爲誤,後來長澤孝三已更正作"享保十五"[③]。

宫内廳《考文補遺》寫本寬 18.5cm,高 28.5cm,枯葉色布面書衣,淺緑綾包角,四孔裝訂,白色雙股綫,正文用紙潔白堅密。每册題簽作"七經孟子考文補遺周易(或其他)　幾幾册",每册卷首鈐朱文方印"宫内省/圖書記"。第一册卷首無徂徠、物觀序文,徑從凡例始。後接山井鼎識語、校讎所用諸書、援引書目、總目及葉數等。其後爲正文,每部經書卷首題"西條掌書記山井鼎謹輯","補遺"下列"物觀纂修,石之清、平義質挍,木晟同挍"。而内閣文庫本及享保刊本"物觀纂修"前均有"東都講官",與"西條掌書記"併列,皆選用中國風的職官名(資料 3)。

宫内廳本《考文補遺》第三十二册卷末識語云:

> 西條書記山鼎嘗搜足利學書以撰前書也,兹者/臣觀與諸生等復校足利學書,敢掇其所闕失,爲/之補遺,平直清以校正監焉云爾。/享保十有六年歲次辛亥孟夏之日物觀謹識。(資料 4)

而内閣文庫本、享保刊本均無此信息。對比宫内廳本《考文補遺》與内閣文

① 平井芳男、長澤孝三《明治二十四年宫内省に移管した内閣文庫本について》《北の丸——國立公文書館報》第 13 號,1980 年 12 月,頁 26—65。相關文書見 JACAR(アジア歴史資料センター)Ref. A15111981700,《内閣所管の図書ニシテ永世保存スヘキモノヲ帝室御府ニ移ス》(國立公文書館)。

② 長澤孝三《明治二十四年宫内廳に移管した内閣文庫本について(續の上)》《北の丸——國立公文書館報》第 25 号,1993 年 3 月,頁 37—50。長澤孝三《明治二十四年宫内庁に移管した内閣文庫本について(續の下)》《北の丸——國立公文書館報》第 25 号,1994 年 3 月,頁 37—50。

③ 小森正明《圖書寮文庫の沿革と漢籍》,宫内廳書陵部藏漢籍研究會《圖書寮漢籍叢考》,汲古書院,2018 年,頁 10—11。

庫本《考文補遺》可知,文本内容大略無差,一些細小的改動也十分一致(參考表2)。如《周易》卷七葉二 b“序,易象次序”,二本在“象”下均補入小字“之”,享保刊本據此補入“之”字,不過並未補入次行,可以想象刻工盡量與寫本原貌保持一致的苦心,又或不排除因版刻完成後發現錯漏而重新修補的可能。而有些地方,内閣文庫本有細小的改動,享保刊本與之相同。如《周易》卷七“顯諸仁藏諸用”下注文,京大本《考文》云:“未能全无以爲體,正嘉萬曆等本全作至,崇禎本與古本足利本宋板同。”宫内廳本《考文》云:“不能全无以爲體,正嘉萬曆等本全作至,崇禎本與古本足利本宋板同。”宫内廳本《考文補遺》增補云:“不能全无以爲體,古本‘不’作‘未’,無‘无’字,宋板、足利本‘不’作‘未’,萬曆本‘全’作‘至’。”内閣文庫本在宫内廳本的基礎上,末句改作“萬曆等本全作至”,享保刊本同此。諸如此類,可確知宫内廳本成立在前,内閣文庫本爲其副本。

另有耐人尋味的一點值得留意。在京大本《考文》第四册《尚書・古文考・堯典》葉 4b 中,“荆則似當作刲”下有雙行小字注文“《康熙字典》載之”。宫内廳本《考文》、宫内廳本《考文補遺》、内閣文庫本《考文補遺》寫本均同此,而唯獨享保刊本删去此注。京大本《古文考・禹貢》葉 11b“齒”之古文下雙行小字注云“再按《康熙字典》齒字古文有𠚒𦥒𠚕𣥖𠚘者,亦甚博矣”,宫内廳本《考文》、宫内廳本《考文補遺》、内閣文庫本《考文補遺》均同此,而享保刊本卻删去“再按康熙字典”六字。京大本《考文》卷首《凡例》所附“援引書目”條未載“康熙字典”,但京大本《尚書・古文考》中顯然都有對《康熙字典》的引用。宫内廳本《考文》“援引書目”比京大本略增數種,多爲對正文所引書目的補闕,也包括“康熙字典”。從宫内廳本《考文補遺》開始,“援引書目”中不再見到“康熙字典”,雖然此時正文内關涉《康熙字典》的引文依然存在,内閣文庫本同此。但到享保刊本,“康熙字典”徹底消失了。從京大本至宫内廳本《考文》,再至宫内廳本《考文補遺》、内閣文庫本《考文補遺》,《尚書・古文考》卷末山井鼎“謹按”條中,均有“今據《説文》《字彙》《金石韻府》正其偏傍,所闕者繼以《續字彙》《正字通》《康熙字典》等書而彼此參校,亦可以互證也”之語,確知《康熙字典》在山井鼎校勘工作中起到的作用。从這一細節或可窺見江户時代日本對中國的態度。《康熙字典》在江户時期曾大量進口日本,是江户時代讀書人日常使用的工具書,與其他舶來的漢籍一樣,擴大了日本學者的知識視野,是他們的案頭常備書籍①。日本學者們也對之進行過大量的勘誤、增補工作,并翻刻印行,在著作中引用此書原無問題②。但在幕府刊刻《考文補遺》之際,雖保留《康熙

① 參考《齎來書目》等資料,可知《康熙字典》曾通過船舶運輸大量出口日本,如寶曆己卯(1759)一番船有十九部百十四套(即函)、己卯十番船有《康熙字典》十一部四十四套、己卯七番船有四部四十四套等等。見大庭脩《江戸時代における唐船持渡書の研究》(関西大学東西学術研究所,1967 年)《資料篇》索引“康熙字典”條。

② 譬如本居宣長所作《古事記傳》中,就大量引用《康熙字典》。參考千葉真也《〈古事記傳〉における〈康熙字典〉》,《相愛大學研究論集》卷 5,1989 年 3 月,頁 53—61。有關日人對《康熙字典》的增補校訂情況,亦可參考虞萬里《〈康熙字典〉總閱官、纂修官行歷考實》脚注④,《榆枋齋學林》(下),華東師範大學出版社,2012 年,頁 843—844。

字典》的引文，卻删去了出處，或可説明補遺編纂者荻生觀等人有意識地與清王朝對立的態度，在一部幕府官修、可向中國誇耀本國藏書及學術水平的作品中，悄然隱去了參考文獻中清朝敕撰字典的身影。

以上可知，儘管《幕府書物方日記》所載享保十六年九月七日同時入藏御文庫的，是宫内廳本《考文》和内閣文庫本《考文補遺》；但歷來最受珍視的《考文補遺》寫本，當屬宫内廳本。宫内廳本《考文補遺》不僅裝幀、書寫均優於内閣文庫本，還是享保刊本的起點。

四、從寫本到刊本

最後，不妨接著來看一看《考文補遺》刊刻的過程。《享保撰要類集》第十一下卷收録了詳細記載《補遺》刊板梓行始末的文書，提供了非常豐富的信息。先是享保十五年（1730，雍正八年）七月九日大岡越前守（1677—1753，名忠相）提交給本多忠統的文書：

一、板行雕刻預計需金五百餘兩，問屋（按：書籍批發商）齊力合作亦難及，故懇請先賜下金額之一半。《七經孟子考文補遺》總紙數千五百四十枚[①]。

一、銀七百七十錢，鈔工之費（按：江户時代銀兩單位，日文漢字作"匁"）

一、銀三貫八百五十錢，上板書寫之費，一板所費二錢五分（按：鈔工將原稿謄抄完畢後，又有上板鈔工在薄紙上以濃墨再鈔寫一遍，後將書寫完畢的薄紙反過來直接貼上板木，即可交給刻工【雕師】鏤版。書肆一般都有自己專屬的上板鈔工，頗重書法風格，這類鈔工又名"筆耕"）。

一、銀二百六十六錢，諸種紙之費

一、銀二十一貫三百六十錢，極佳上板刻工雜費等

一、銀五貫目，板行校合之費、往來京都之費、其餘雜項等

合銀三十一貫二百四十六錢，即金五百二十兩三分（按即銀31246錢，約金520兩3分，交换比率爲銀：金＝60∶1。符合元禄十三年【1700】幕府所定兑换率，即金一兩等於銀六十錢）

一、謄抄需五個月

一、上板書寫需十七月餘

一、鋟板需一年半可成

諸書肆還提出了一個方案，即省去抄寫、上板抄寫、前兩項所用紙張這三

① 在《考文》寫本《凡例》之後，有《七經孟子考文總目》，詳記各經册數、葉數，"總計參拾貳本，壹阡叁陌捌拾柒葉"。而《補遺》寫本未曾重新計算葉數，照録《考文》之數，這一葉數（1387）在享保刊本中也有保留。實際清點宫内廳藏《補遺》獻上本，總葉數在1554葉前後，與此處清點的1540板接近。宫内廳藏《補遺》獻上本卷首無徂徠序，直接從《凡例》開始。第三十二册末有物觀識語，而享保刊本三十二册卷末無此識語，僅"享保辛亥六月穀旦梓畢"一語。卷末另有東都書林十一家刊記。因此從《考文》到《補遺》寫本再到《補遺》刊本，總葉數會有差别，承擔刊刻工作的書物問屋最早估算的葉數和最後實際刊刻的葉數也有不同。

項,合金八十一兩二分餘,請幕府賜下《補遺》原本,直接以原本鏤版刊行,這樣可以更快地見到刊本,成書後定價也可稍低。

享保十五年八月九日,大岡忠相提交的文書中希望幕府能支付預算全款,並同意了節省開支的方案。如此看來,前文宇佐美所記"官命書肆雕刻,賜工價二百金"是書肆本來的計劃[①]。

享保十五年八月十二日給本多忠統的文書中講明《補遺》每部定價及具體支出、經銷商、書肆得利等信息:

> 《補遺》凡三十二册,一部價銀四十五錢。
>
> 一、岩城紙一千六百四十枚(按:岩城紙即陸奥産檀紙)、表紙畾紙(按:表紙畾紙即表紙禮紙,封面内所附空白紙張)等共銀十九錢六分六厘
>
> 一、表紙銀六錢四分
>
> 一、裝訂銀五錢七分六厘
>
> 一、刷印所用人工、墨等雜費銀三錢九分五厘
>
> 一、破紙折損凡一百六十枚費銀一錢九分二厘
>
> 五項共銀三十七錢七分一厘(按:五項應共三十七錢六分九厘,比預算少二厘,不知何處有誤)。
>
> 餘銀七錢二分九厘。其中負責發售的諸家商户得利一成,即四錢五分,餘二錢七分九厘,爲書物問屋共得。

兩年後的享保十七年(1732,雍正十年)十二月十六日,呈給本多忠統的文書稱:

> 前年八月九日有關《七經孟子》書物一事,書物問屋刊板等諸項費用合計金五百二十兩三分。右書校合已畢,刷印功竣。此後有改動,新刻版木一百二十枚,新製出售本一百十部,新刷紙數凡一萬三千二百枚,諸項所費如左。書物問屋共乞賜金。
>
> 新雕板木一百二十枚、新刷上納本用紙等等,銀三百五十三錢,此金五兩三分併銀八錢。
>
> 新製出售本一百十部、更换一萬三千二百葉等等,銀二百六十四錢,此金四兩一分併銀九錢。
>
> 兩項合銀六百十七錢,此金十兩一分併銀二錢。

由上可知,《補遺》刊刻完畢之後,還曾加以改訂,重刻 120 葉。用於市面流通的出售本(賣本)共 110 部,每部都需要更换這 120 葉,因此要重新刷印 13200 張,不得不説工程浩大。出售本之外,還有上交幕府以供審核、保存的"上納本"。而十二月十六日提交的文書中還有附記,稱實際刊刻此書所費金 437 兩 3 分,並銀 13 錢 7 分 5 厘,因此比預算省下了金 82 兩 3 分,銀 12 錢 7 分 5 厘。這裏比預算節約下的數額,應該是因此前改變方案、直接以原本上板

① 前揭山本巖《七經孟子考文補遺西渡考》(頁 31—43)已指出幕府慷慨預付全額這一點。

的緣故[①]。

上一節已指出,較之宫内廳本《考文補遺》,内閣文庫本《考文補遺》結構與享保刊本距離更近,很可能是承擔出版任務的江户書肆所使用的底本。在從寫本到刻本的過程中,也作出一些適宜的調整,如《考文》及《考文補遺》寫本中補闕處皆以朱圍表示,而享保刊本則以重圍表示。《考文補遺》比《考文》雖多出一百餘葉,但並非所有的補遺工作都稱完善,顧永新先生已闡明補遺的一些不足。最後,必須强調的是,反映在山井鼎手校嘉靖本《十三經注疏》上的校勘信息,還有許多未曾體現在《考文》及《考文補遺》中,要更多地了解山井鼎的學術思想及人物性情,不能離開對山井手校嘉靖本《十三經注疏》的考察。

結　語

綜上所述,在《七經孟子考文補遺》由寫本成爲刊本的旅程中,最初的起點是京大附圖本《考文》,而各刊本的起點是宫内廳本《考文補遺》寫本。補遺工作由荻生觀及徂徠其他門人共同完成,補遺工作雖堪稱細緻,但大多未超出山井鼎工作之際的發現,且不乏未能理解山井鼎本意之處。刊行《考文補遺》是幕府的官方文化事業,用力用心,最終其價值也如願爲中國學界所識。只是雖然幕府的目的在於誇耀本國文化,而清儒們更關心的還是日本所藏中土已亡佚的珍本。《考文》並非當時日本主流學風的産物,在山井鼎之前,也有日本學者了解足利學校的藏書,但並没有一人如他這般勤力校勘諸經,乃至書成病歿。《考文補遺》傳入中國,又以覆刻本的形式更多地回流日本,日本學界對此素來津津樂道。但其實,山井鼎歿後很長一段時間,日本學界都没有在他已有的研究基礎上有真正的進展,甚至連他曾經供職的西條藩新藩主也忘記本藩曾有這樣一位學者的存在。直到松崎慊堂、近藤重藏、森立之、澀江抽齋等考據學者的出現,才對山井鼎的工作有所回應。狩野直喜曾云:"昔德川時代有藩札學問之語。藩札即藩内紙幣,通用於其藩内,而一旦出境,不過紙片而已。"狩野强調山井鼎學問的獨創性,不論在日本還是中國都有價值。這番話有其獨特語境及意圖,旨在批評當時日本的學術風氣。在今日的我們看來,依然是通行的道理。

---

① 該資料最初似經森銑三《山井鼎とその七經孟子考文》(《森銑三著作集》卷八,頁 244—248)介紹。原始文獻又見日本國立國會圖書館數位典藏公開電子書《享保撰要類集》39、十一之下《新規物併書物之部》,訪問地址:http://dl. ndl. go. jp/info:ndljp/pid/2572794? tocOpened=1。(最後訪問時間:2019 年 5 月 4 日)是考察江户出版史、書籍史的重要資料。又《享保撰要類集》爲享保元年(1716)至寶曆三年(1753)之間的法令先例集。町奉行大岡忠相爲工作之便分類、編纂而成。收入 1934 年石井良助編《近世法制史料叢書》別編第一册。另有 1985 年至 1986 年間野上出版刊行的影印本,共四册。亦見收入《未刊資料による日本出版文化》第三卷《江戸町奉行と本屋仲間》之"史料編"(書誌書目シリーズ26,ゆまに書房,1988 年,頁 217—221)。

附記:

2014年以來,筆者留意到狩野直喜在爲京都大學及人文科學研究所(東方文化學院京都研究所之後身)購入藏書之事中起到十分關鍵的作用。進而注意到京大附屬圖書館藏《七經孟子考文》寫本及人文科學研究所藏山井鼎手校嘉靖本《十三經注疏》,由此走進山井的世界。2015年冬以來,圍遶對山井鼎及其著作的心得,陸續在《南方都市報》"京都讀書記"刊發若干非專業的短文。復得師友鼓勵,逐漸寫成論文,而狩野直喜、顧永新等先生的先行研究無疑是極重要的參考和指引。2017年5月14日,經蔡丹君先生推薦,向《中國典籍與文化》投稿小文《〈七經孟子考文〉正副本研究》,更有幸得到顧永新先生的熱情鼓舞與細緻指點,感激無已。

不久,顧先生來信告知,鳳凰出版社可能會有影印京大本《考文》的計劃,欣喜何如。後經顧先生及鳳凰出版社韓鳳冉先生裁定,也將一同影印宮内廳藏《考文補遺》寫本。這兩種寫本素來深藏庫閣,難得一見。鳳凰出版社特向京都大學附屬圖書館、宮内廳書陵部申請複製縮微膠捲,再據此轉换爲電子圖片格式,併全文影印出版,一齊呈現給讀者。如此,我們可與公諸網絡的内閣文庫《考文補遺》寫本圖像、已影印出版的享保刊本《考文補遺》及四庫本《考文補遺》對照,也可與京大人文研東方學電子圖書館公開的山井鼎手校嘉靖本《十三經注疏》圖像對照,探索山井鼎的具體工作過程,必有更多發現。如今,這兩種寫本的影印本即將面世,謹以此文,作拋磚引玉之用,并深深感謝顧永新先生爲山井鼎研究所作的莫大努力與推進。

2019年8月6日

【作者簡介】瞿艷丹,日本京都大學文學研究科東洋史學博士生,研究方向爲社會文化史、書籍史。

表1:《七經孟子考文補遺》諸本源流

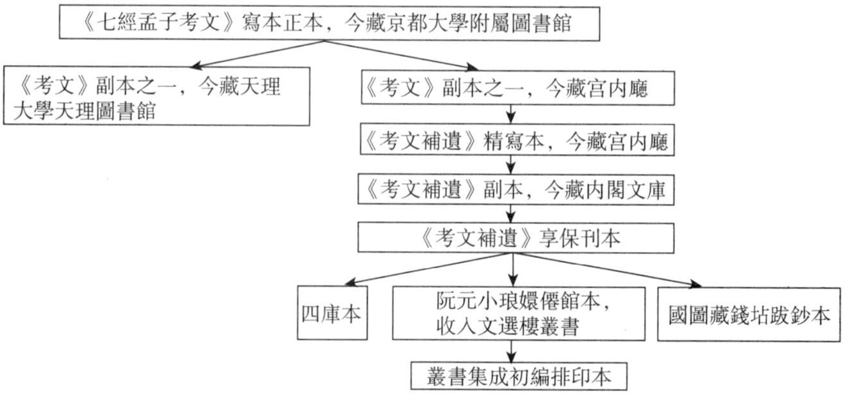

表 2:《考文》及《考文補遺》諸本異文對照

諸本位置	京大本《考文》	宫内廳本《考文》寫本	宫内廳本《考文補遺》	内閣文庫本《考文補遺》	享保刊本《考文補遺》	備注
周易卷七	2b 序,易象之/次序	同京大本	2b 序易象(小字補入“之”)次	同宫内廳本《考文補遺》	據宫内廳本《考文補遺》改	
	3b 未能全无以爲體,正嘉萬曆等本全作至,崇禎本與古本足利本宋板同	3b 不能全无以爲體,正嘉萬曆等本全作至,崇禎本與古本足利本宋板同	4a—b 不能全无以爲體,古本“不”作“未”,無“无”字,宋板足利本“不”作“未”,萬曆本“全”作“至”	不能全无以爲體,古本“不”作“未”,無“无”字,宋板足利本“不”作“未”,萬曆等本“全”作“至”	同内閣文庫本	
卷八		6a(補遺)恒易略不(小字補入“有”)艱難	同宫内廳本《考文補遺》	據宫内廳本《考文補遺》改		
尚書古文考	4b 佹則似當作繿(康熙字典載之)	同京大本	同京大本	同京大本	無“康熙字典載之”	
	11b“齒”之古文下雙行小字注“再按康熙字典齒字古文有作[illegible]者,亦甚博矣”	同京大本	同京大本	同京大本	無“再按康熙字典”	
	20a 繼以續字彙、正字通、康熙字典等書而彼此參校	同京大本	同京大本	同京大本	繼以續字彙、正字通等書而彼此參校	

續表

諸本位置	京大本《考文》	宫内廳本《考文》寫本	宫内廳本《考文補遺》	内閣文庫本《考文補遺》	享保刊本《考文補遺》	備注
禮記卷一	2b 正義曰,案鄭目録云名曲禮者,以其篇記五禮之/事……	2b 正義曰,案鄭目録云名(下有小字"曰")曲禮者,以其篇記五禮之/事……	3a 據宫内廳本《考文》改,但分行爲"五禮/之事……"	文字同宫内廳本《考文補遺》,但分行爲"五禮之/事"	同内閣文庫本	
	3b 曲禮曰,勿不敬(禮主於敬)	3b 曲禮曰,勿不敬(禮主於敬也)	同宫内廳本《考文》	同宫内廳本《考文》	同宫内廳本《考文》	
	3b 若不如古本足利本,則何以解疏/中所謂……	同京大本	4a 同京大本	同京大本	不如古本足利本,則何以解疏中/所謂……	
	7b【釋文】長竹杖/反……	同京大本	8b 同京大本	8b 同京大本	8b【釋文】長竹/杖反……	
	8b 今四十於二十者,於上有則字	8b 今四十於二十者,於上有則字。"上有則字"有旁點,更正爲"作則"	據宫内廳本《考文》修改	同宫内廳本《考文補遺》	同宫内廳本《考文補遺》	
卷二	5a【正誤】納當作丁	同京大本	6a【正誤】納當作/丁	同宫内廳本《考文補遺》	同宫内廳本《考文補遺》	
	5a 離坐離立至同器而食	5a 離坐離立至同器而食,"同器而食"有旁點,作"弗與爲友"	據宫内廳本《考文》修改	同宫内廳本《考文補遺》	同宫内廳本《考文補遺》	
卷三	1b(古本)"所以養衰老,人五十始衰也"作"所以養衰老人,人年五十始衰也"	同京大本	1b(古本)"所以養衰老,人五十始衰也"作"所以養衰老人,人五十始衰也"	與宫内廳本《考文補遺》同	與宫内廳本《考文補遺》同	山井鼎手校所記無誤,京大本衍一"年"字,自《補遺》寫本始得更正

續表

諸本位置	京大本《考文》	宮内廳本《考文》寫本	宮内廳本《考文補遺》	内閣文庫本《考文補遺》	享保刊本《考文補遺》	備注
卷十一			5a(補遺)土城關遂郊郭十八葉左九行宋板土作王	5a(補遺)土城關遂郊郭十八葉左九行,土作王	同内閣文庫本	
			10a(補遺)既云五載四十三葉左二行,宋板既作即	10a(補遺)既云五載四十三葉左二行,既作即	同内閣文庫本	
卷十二			1a(補遺)故不敬也一葉左四行,宋板故作爲	1a(補遺)故不敬也一葉左四行,故作爲	同内閣文庫本	
			5b(補遺)(釋文)注夏曰礿夏祭曰二十二葉下曰夏有礿字。(疏)今鄭注此視二十三葉右一行宋板此下有云字	5b(補遺)【釋文】注夏曰礿夏祭曰二十二葉下曰夏有礿字。(疏)已改禘爲禴二十三葉右三行,宋板改作破。今鄭注此視二十三葉右一行宋板此下有云字	同内閣文庫本	
卷二十二	3b 宋板禮上有用字	同京大本	4a 禮上有用字	4a 宋板禮上有用字	同内閣文庫本	
卷二十三	4a(謹按)敦是也云四字,正嘉萬曆三本闕,崇禎本又係强補	同京大本	5a(謹按)敦是也云四字,正嘉萬曆三本闕,崇禎本係强補	同宮内廳本《考文》	同宮内廳本《考文》	
卷二十四		3a(補遺)頖下有宮字	3a(補遺)頖下有宮	同宮内廳本《考文補遺》		
	3b(考異)古本犧周禮作獻,獻作戲	同京大本	4a(考異)古本犧周禮作獻,下有也字,獻作戲	4a(考異)古本犧周禮作獻(旁注小字:下有也),獻作戲	同宮内廳本《考文補遺》	

資料 1:宫内廳本《考文補遺》、内閣文庫本《考文補遺》封面情況

宫内廳本《考文補遺》封面爲枯葉色,與《幕府書物方日記》所載不符	内閣文庫本《考文補遺》封面爲水藍色土佐紙,與《幕府書物方日記》所記相符
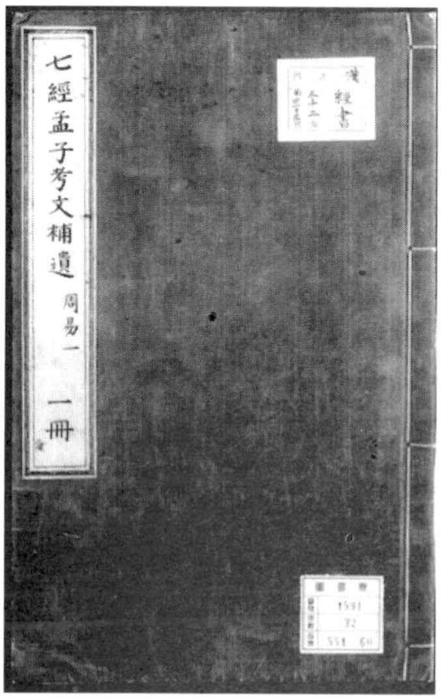	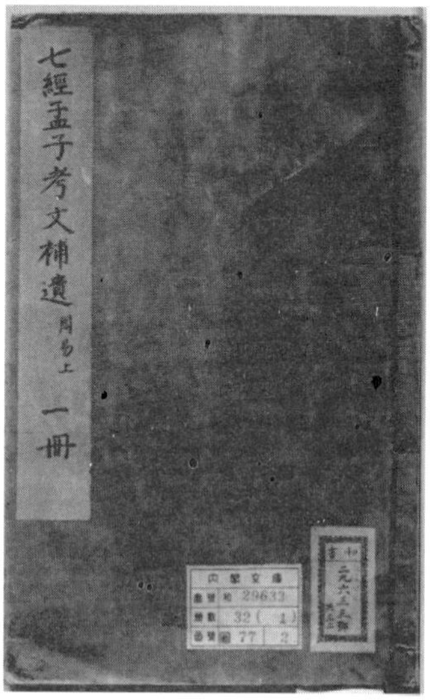

資料 2:明治二十二年(1889)七月,日本内閣記録局長股野閣向黑田清隆總理大臣提出的申請書《古書處分ノ件》,建議將内閣文庫中最爲精要的善本移交宫内省管理

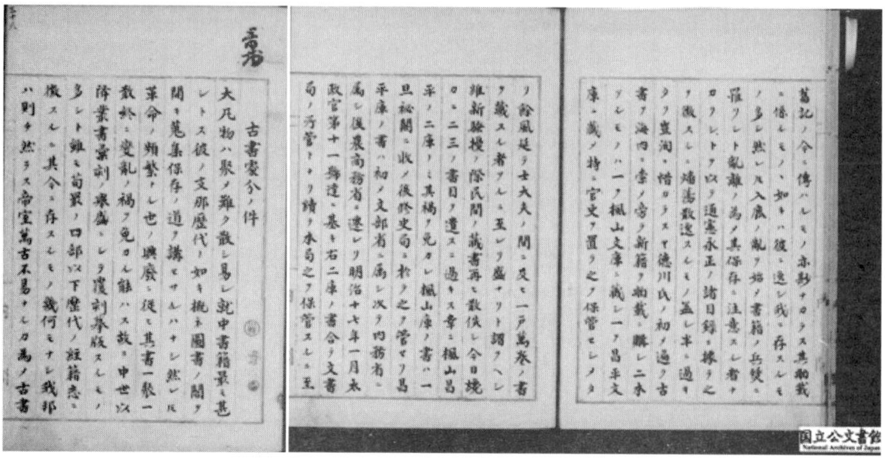

古書處分ノ件

大凡物ハ聚メ難ク散シ易シ就中書籍最モ甚シトス彼ノ支那歷代ノ如キ概ネ圖書ノ闕ヲ聞キ蒐集保存ノ道ヲ講セサルハナシ然レ圧革命ノ頻繁ナル世ノ興廢ニ從ヒ其書一聚一散於ニ變亂ノ禍ヲ免カル能ハス故ニ中世以降叢書彙刻ノ擧盛ニシテ覆刻叢版スルモノ多シト雖モ前漢ノ四部以下歷代ノ經籍志ニ徵スレハ其今ニ存スルモノ幾何モナシ我邦ハ則チ然ラス帝室萬古不易ナルカ為ノ古書舊記ノ今ニ傳ハルモノ亦尠ナカラス其輸載ニ係ルモノヽ如キハ彼ニ逸シ我ニ存スルモノ多シ然レ圧入唐ノ亂ヲ始メ書籍ノ兵燹ニ罹リシト亂離ノ為メ其保存ニ注意スル者ナカリシトヲ以テ通憲永正ノ諸目錄ニ據テ之ヲ徵スレハ殆ト散逸スルモノ無シ半ニ過キタリ寬潤ニ皆ロヲスマ德川氏ノ初メ遺ク古書ヲ海内ニ索メ舍ク新舊ヲ輸載シ勝レニ本ツレモノハ一ヲ楓山文庫ニ藏シ一ヲ昌平文庫ニ藏メ特ニ官吏ヲ置テ之ヲ保管セシメタリ餘風延テ士大夫ノ間ニ及ヒ一戶萬卷ノ書ヲ藏スル者アルニ至レリ盛ナリト謂ツヘシ維新騷擾ノ際民間ノ藏書再ヒ散佚シ今日僅ロニ二三ノ書目ヲ遺スニ過キス幸ニ楓山昌平ノ二庫ノミ其禍ヲ免カレ楓山庫ノ書ハ一旦秘閣ニ收メ後修史局ニ於テ之ヲ管セリ昌平庫ノ書ハ初メ文部省ニ屬シ次テ內務省ニ屬シ後農商務省ニ遷レリ明治十七年一月太政官第十一號達ニ基キ右二庫ノ書合テ文書局ノ所管トナリ續テ本局之ヲ保管スルニ至

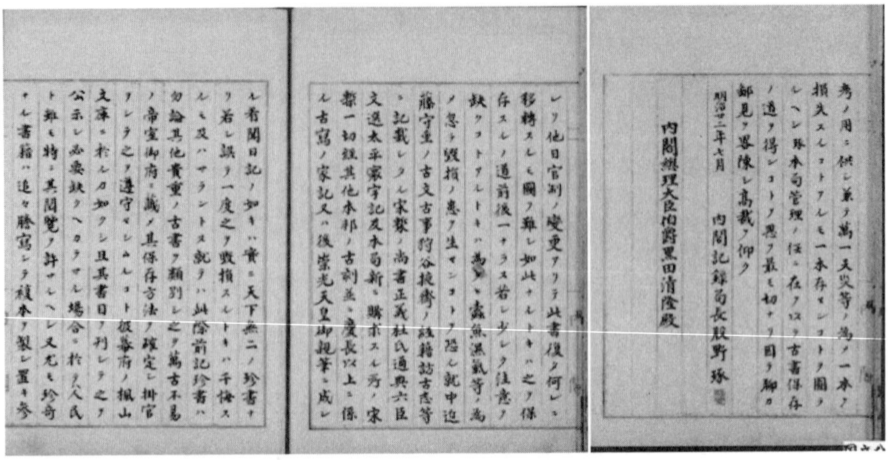

レリ他日官制ノ變更アリテ此書復タ何レニ
移轉スルモ圖リ難シ如此ナルトキハ之ヲ保
存スルノ道前後一ナラス若シ少シク注意ヲ
缺クコトアルトキハ爲ニ蠹蝕濕氣等ノ爲
メ忽チ毀損ノ患ヲ生センコトヲ恐ル就中近
藤守重ノ古文古事狩谷棭齋ノ經籍訪古志等
ニ記載シタル宋槧ノ尚書正義杜氏通典六臣
文選太平寰宇記及本局新ニ購求スル所ノ宋
槧一切經其他本邦ノ古刻並ニ慶長以上ニ係
ル古寫ノ家記又ハ後崇光天皇御親筆ニ成レ

ル看聞日記ノ如キハ實ニ天下無二ノ珍書ナ
リ若シ誤テ一度之ヲ毀損スルトキハ千悔ス
ルモ及ハサラントス就テハ此際前記珍書ハ
勿論其他貴重ノ古書ヲ類別シ之ヲ萬古不易
ノ帝室御府ニ藏メ其保存方法ヲ確定シ掛官
アリテ之ヲ遵守セシムルコト猶幕府ノ楓山
文庫ニ於ケルカ如クシ且其書目ヲ刊シテ之ヲ
公示シ必要缺クヘカラサル場合ニ於テ人民
ト雖モ特ニ其閲覽ヲ許サルヘシ又尤モ珍奇
ナル書籍ハ追々謄寫シテ複本ヲ製シ置キ參

考ノ用ニ供シ兼テ萬一天災等ノ爲メ一本ヲ
損失スルコトアルモ一本存セシコトヲ圖ラ
ルヘシ抑本局管理ノ任ニ在テ以テ古書保存
ノ道ヲ得ンコトヲ思フ最モ切ナリ因テ卿カ
鄙見ヲ具陳シ高裁ヲ仰ク
明治廿二年六月　內閣記録局長股野琢
內閣總理大臣伯爵黑田清隆殿

資料 3:宮内廳本《考文補遺》、内閣文庫本《考文補遺》、享保刊本《考文補遺》各經卷首銜名情況

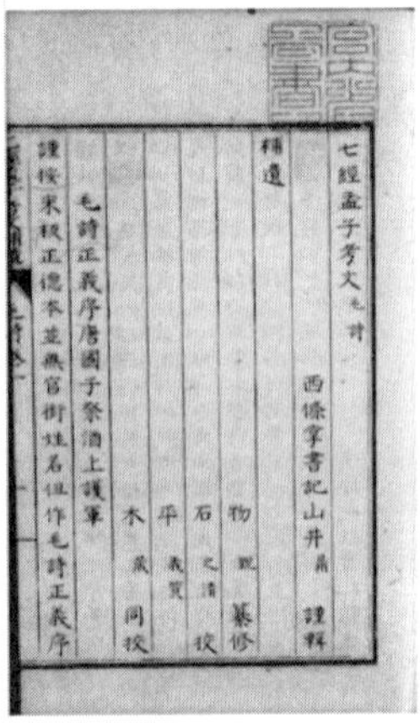

七經孟子考文 毛詩
西條掌書記山井鼎 譔
補遺
物觀 纂修
石之清 校
平義質
木晁 同校
毛詩正義序唐國子祭酒上護軍
謹按宋板正德本並無官銜姓名但作毛詩正義序

宮内廳精寫本《考文補遺》

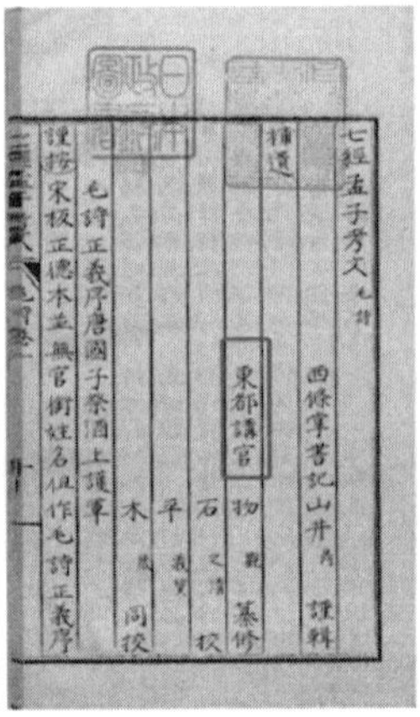

七經孟子考文 毛詩
西條掌書記山井鼎 譔
補遺
東都講官
物觀 纂修
石之清 校
平義質
木晁 同校
毛詩正義序唐國子祭酒上護軍
謹按宋板正德本並無官銜姓名但作毛詩正義序

内閣文庫寫本《考文補遺》

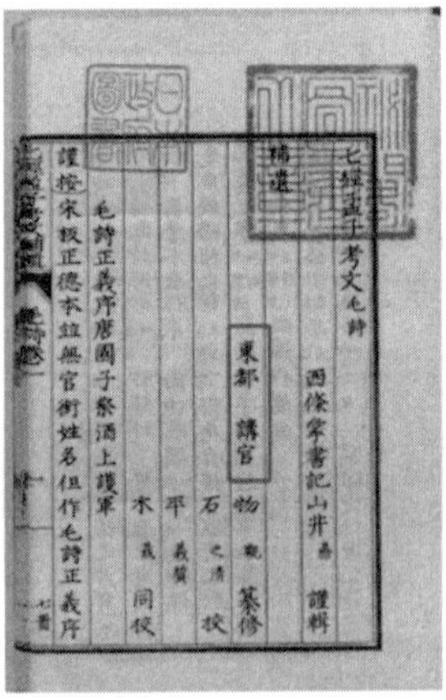

七經孟子考文 毛詩
西條掌書記山井鼎 譔
補遺
東都講官
物觀 纂修
石之清 校
平義質
木晁 同校
毛詩正義序唐國子祭酒上護軍
謹按宋板正德本並無官銜姓名但作毛詩正義序

享保刊本《考文補遺》

資料 4:宮内廳本《考文補遺》、内閣文庫本《考文補遺》、享保刊本《考文補遺》卷末情況

宫内廳本《考文補遺》第三十二册卷末識語	内閣文庫本《考文補遺》寫本卷末,無識語	内閣文庫藏享保刊本《考文補遺》卷末,有享保辛亥六月穀旦梓畢一行
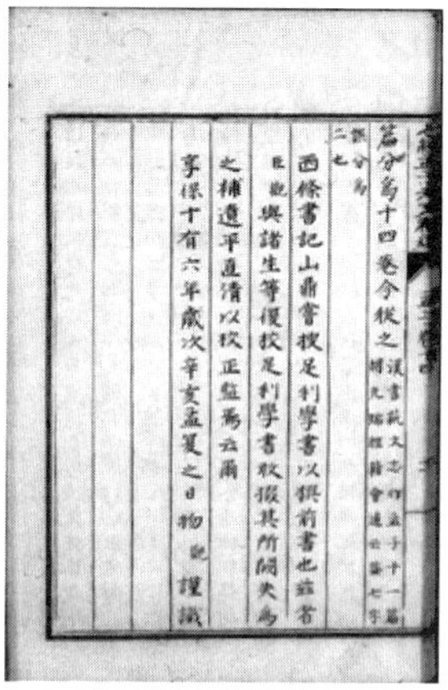 篇分為十四卷今從之 西條書記山鼎嘗校足利學書以撰前書也茲者 與諸生等復校足利學書收撥其所闕失為 之補遺平直清以校正監焉云爾 享保十有六年歲次辛亥孟夏之日物觀謹識	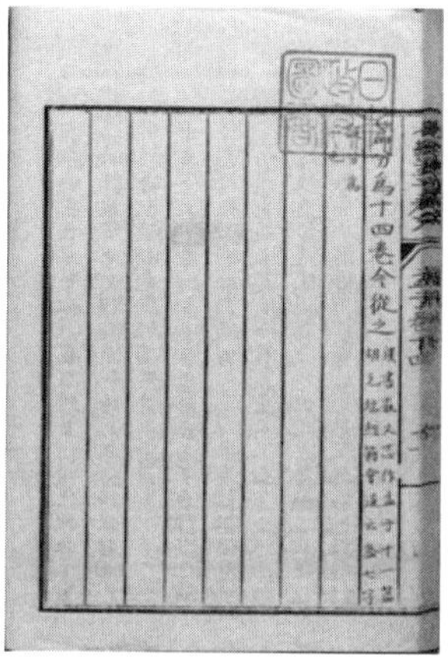 篇分為十四卷今從之	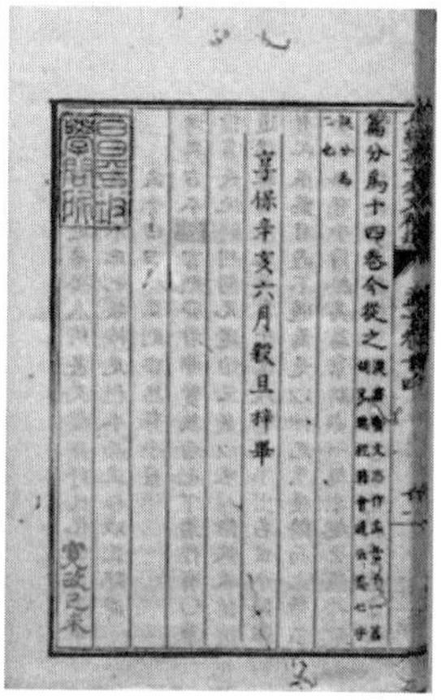 篇分為十四卷今從之 享保辛亥六月穀旦梓畢

論倉石武四郎《儀禮疏考正》的特點與價值

李洛旻

【提　要】 倉石武四郎於昭和六年至十二年主持"禮疏校譌"研究，其報告及後付梓爲《儀禮疏考正》，是日本研究賈公彦《儀禮疏》的首部著作。是書針對單疏本《儀禮疏》作出各方面考正。本文通覽全書，歸納其特點有四：第一，其書以單疏本爲底本，並且廣泛地利用各種版本作出校勘，尤其對殿本的採用最爲突出；此外，又吸收大量近儒學説，擇善而從。第二，對賈疏内容作出修正和釐清。第三，考究賈疏論説的源流，包括對賈疏所闡述的經義、注解和六朝舊疏，都鉤沈其依據。第四，辨識孔穎達與賈公彦禮説之異同。《考正》一書有許多洞見和發明，對賈公彦學術和唐疏研究有莫大裨益，我們應加以發掘和利用。

【關鍵詞】 倉石武四郎　賈公彦　儀禮疏　十三經注疏　校勘

一、前言

倉石武四郎(1897—1975)[①]，日本新瀉縣高田市人，曾任東京大學及京都大學名譽教授。自幼嗜喜中國文學，在東京帝國大學支那文學科畢業後，便到中國考察，足跡遍及上海、蘇州、揚州、杭州等地。及後更進入京都帝國大學，跟從京都學派狩野直喜及内藤次虎學習。他先後任教於東京大學和京都大學，成爲知名教授，並於 1928 年至 1930 年間被日本文部省遣至北京留學。倉石氏致力於漢語教育，他所創立的中國語學研究會和倉石中國語講習會編纂多種書籍，如《支那語教育的理論與實際》(1940)、《漢字的命運》(1952)、《倉石中國語教本》及《岩波中國語辭典》(1963)。至於他個人的著作成就則是多方面的，涵蓋經學、文學及音韻學等範籌，包括：《尚書正義(校訂本)》(1936)、《儀禮疏考正》(1937)、《段懋堂的音韻學》(1941)、《中國文學史》(1956 年初版、

【基金項目】本文爲 2014 年度中國國家社科基金重大項目"《儀禮》復原與當代日常禮儀重建研究"(14ZDB009)階段性成果。

① 有關倉石武四郎的生平略歷，請詳參江上波夫編《東洋學の系譜》第二集《倉石武四郎》，東京：大修館書店，1994 年版，頁 198—208。又倉石武四郎著，榮新江、朱玉麒輯注《倉石武四郎中國留學記》，北京：中華書局，2002 年版，《前言》。

1962年再版)、《中國文學講話》(1968)、《目録學》(1973)。同時,倉石氏也有大量的中國文學作品翻譯,對學界有莫大貢獻。

二、倉石武四郎與《儀禮疏考正》

《儀禮疏考正》(下文簡稱《考正》)一書,原是他在昭和六年(1931)至十二年(1937)在東方文化學院京都研究所擔任研究員時進行"禮疏校譌"的研究報告。後來,是稿作爲汲古書院、東洋學文獻センター叢刊影印版第7集出版,分上下兩册,總共收録1930條考正條目。《考正》是集中對唐代賈公彦《儀禮疏》單疏宋本的校勘與考正,工藤卓司稱爲近代日本《儀禮疏》文獻研究的"嚆矢"①。事實上,相比唐代其他義疏,賈公彦的《儀禮疏》評價向來不高,例如朱子嘗批評其疏"不甚分明"②,阮元又直斥其"文筆冗蔓,詞意鬱轖"(《〈十三經注疏校勘記〉序》)③,胡培翬甚至斥説他"或解經而違經旨,或申注而失注意"(《上羅椒生學使書》)④。倉石氏之所以關注賈公彦的《儀禮疏》,與他從學於狩野直喜有關。根據狩野直禎所述,在狩野氏門下的學生都受到讀《儀禮疏》的訓練:

> 狩野直喜在教學生時選用什麽樣的書作爲教科書,並不太清楚,但從雜誌《東光》第五號"狩野直喜先生永逝紀念"中所刊追悼文的種種,以《日知録》、《儀禮疏》、《元曲選》等爲教本,是很清楚的。吉川幸次郎寫下這意思説:"在經書方面,特别是三禮(《周禮》、《儀禮》、《禮記》)的大家;在文學方面,選元曲。説到要讀《儀禮疏》和元曲等前人不能讀的書,是從讀前人不能讀的書這種熱情來的。"他的弟子有武内義雄、青木正兒、小島祐馬、本田成之、倉石武四郎、吉川幸次郎等人。⑤

由此可見,狩野氏主張要學生讀《儀禮疏》這種"前人不能讀的書"。倉石氏受訪時被問及什麽時候有研究經學的想法,他明確説明了在狩野門下讀《儀禮疏》與後來他做《考正》的關係:

> 《儀禮》最初是去京都,在狩野先生《儀禮疏》的專題討論課上受過訓練。因爲好不容易做了,所以我想不能忽視它。剛從中國回來的時候,狩野先生叫我過去,讓我做東方文化學院的研究員。雖然我的本職工作是在京都大學,但只有那一個工作是不夠的,於是他就從中斡旋。……那時

① 工藤卓司《近百年來日本學者〈三禮〉之研究》,臺北:萬卷樓,2016年版,頁175。

② 黎靖德編,王星賢校點《朱子語類》,北京:中華書局,1988年版,頁2195。

③ [清]阮元《揅經室一集》卷十一,《揅經室集》上册,北京:中華書局,1993年版,頁257。

④ [清]胡培翬撰,黄智明點校,蔣秋華校訂《胡培翬集》,臺北:"中央研究院"文哲研究所,2005年版,頁166。

⑤ 江上波夫編著,林慶彰譯《近代日本漢學家·第一集:東洋學的系譜》,臺北:萬卷樓,2015年版,頁72。

的研究題目就是剛才提到的校訂《儀禮疏》。開始預定三年完成，但最後用了六年。在《儀禮》中，《喪服》是最麻煩的，所以我想將它譯成日語——我至今保留著譯稿，其中一部份已在戰爭時期登在《漢學會雜志》上了。[①]

從倉石氏的自述可知，《考正》的撰作是因爲曾在狩野門下研讀過《儀禮疏》，加上因爲狩野的關係而當上東方文化學院的研究員。而作爲研究員的第一份研究就是"禮疏校譌"。從另一方面看，因爲"禮疏校譌"此一研究計劃是承倉石氏在狩野門下讀賈疏而來，故《考正》一書不僅是倉石氏的研究成果，更可謂多少繼承了狩野氏對《儀禮疏》的觀點與見解。《考正》的撰作，比原定三年用多了一倍時間才完成，可見其態度謹慎和認真。

根據倉石氏《考正》的《跋》文，其書有四大重點。其一，考究賈疏源流。據賈氏《儀禮疏序》自言其疏是依北齊信都黄慶和隋代的李孟悊兩家章疏，擇善而從。倉石氏遂檢《通典》《五經正義》等今存文獻，考究賈疏内容的源本。《跋》文中特别標舉雷次宗、熊安生兩家，每爲賈説所本。其二，改正賈疏的疏謬。《跋》文專舉賈疏引書之失誤，如"誤《公羊》爲《左氏》，引《禮記》稱《周禮》之類"[②]。《考正》中大量出現這種考誤之例，實際上卻不止於引書之誤。其三，訂正宋刻的訛脱。《儀禮疏》宋刻單疏本，即倉石氏所謂"清道光中蘇門汪氏所刻宋景祐官本"，也就是今所見《四部叢刊續編》本。據喬秀岩的看法，是本雖爲宋本，其實是宋元遞修之本（《〈儀禮〉單疏版本説》）。[③] 此本彌足珍貴，清人多據之改正毛本、監本之脱誤，曹元弼甚至稱許其能"乙衍改錯，不下千餘處，爲賈疏後校而後賈免於誣"（《〈禮經校釋〉序》）。[④] 但在倉石氏眼中，單疏本雖然珍貴，但仍然是"頗魯魚亥豕之誤"[⑤]。因此，《考正》致力參校諸本，加上對後人著作的吸收，包括李如圭《儀禮集釋》、張淳《儀禮識誤》、朱子《儀禮經傳通解》、魏了翁《儀禮要義》以及近人如盧文弨《儀禮注疏詳校》、浦鏜《十三經注疏正字》、阮元《儀禮注疏校勘記》、曹元弼《禮經校釋》等，校正單疏本之失。其四，矯正近儒的臆改。對於清代學者的意見，倉石氏也不是全盤接受，對於一些無據臆改，又或是曲解賈疏本意之説，他也加以駁正，考證近儒論見。

上述倉石氏自述其《考正》的四大重點。然而是書内容豐碩，其所參用材料之廣，考正賈疏内容之盛，實遠超《跋》文所歸結諸項。《考正》繼承了日本"儒宗"[⑥]狩野直喜有關《儀禮疏》論見的著作，並作爲日本《儀禮疏》研究的先

① 倉石武四郎著，榮新江、朱玉麒輯注《倉石武四郎中國留學記》，頁 270—271。

② 此據工藤卓司之翻譯，見氏著《近百年來日本學者〈三禮〉之研究》，臺北：萬卷樓，2016 年版，頁 175。原文見倉石武四郎《儀禮疏考正》，東京：東京大学東洋文化研究所附属東洋学文献センター刊行委員，1979 年版，《跋》，頁 585。

③ 喬秀岩《義疏學衰亡史論》，臺北：萬卷樓，2013 年版，頁 228—231。

④ ［清］曹元弼《復禮堂文集》，《中華文史叢書》，臺北：華文書局，1968 年版，頁 18。

⑤ 此亦據工藤卓司之翻譯，見氏著《近百年來日本學者〈三禮〉之研究》，頁 175。原文見倉石武四郎《儀禮疏考正》，《跋》，頁 586。

⑥ 王國維《送日本狩野博士游歐洲》云："君山博士今儒宗"。見王國維著，彭林整理《觀堂集林》下册，卷二十四，石家莊：河北教育出版社，2001 年版，頁 735。

驅,其價值不容忽視。但觀乎現今學界,似乎未對《考正》予以充份的重視,當代的賈疏整理本亦未收録倉石氏的意見。因此,本文嘗試整理並分析《考正》的特點,祈以突出是書對賈疏研究的價值。

三、《考正》的校勘特色

《考正》一書的最大特色,莫過於倉石氏以單疏本《儀禮疏》爲底本,再參諸衆本及古今論説,加以校正文字。上文提到作者自提《考正》的四大重點,審諸書内,校正單疏文字無疑是重中之重。而且,在所知的《儀禮注疏》整理、校勘的成果中,只有《考正》一書是直接以單疏作爲校勘底本。

單疏本《儀禮疏》是現今最古老及完整的《儀禮疏》版本①,其價值之高,爲清代學者及現代注疏整理者奉爲圭臬。然而,此本雖最爲人所稱道,學者多直接或間接據之校正傳世的毛氏汲古閣本(下簡稱"毛本"),但卻無人專門校勘此本。單疏本之所以珍貴,是由於單疏本祖本爲邢昺於北宋咸平、景德年間官方大型校刻群疏之本,今存《四部叢刊續編》之單疏雖爲宋元遞修之本,又經汪氏重修,但大抵能仍宋本體式和舊貌。相反,由明代陳鳳梧合刻的《儀禮注疏》(下簡稱"陳本"),往往根據朱子《通解》所録的賈疏擅改疏文,盡失賈疏原貌,導致降後的閩本、北監本(下簡稱"監本")、毛本都沿襲了這些失誤②。《儀禮注疏》的多次翻刻,加上治《儀禮》者鮮,能通讀賈疏者更少,疏文到監本時已是訛脱百出,魚魯莫辨。顧炎武慨嘆"《十三經》中,《儀禮》脱誤尤多。……此則秦火之未亡,而亡於監刻矣"③是也。所以,當時單疏本一出,震驚學壇,學者爭相據以校正流傳的監本、毛本。最早接觸到單疏本的是顧廣圻。顧廣圻在嘉慶初年得見黄丕烈所藏宋本單疏原本,並取之校勘監本。今天一閣博物館即藏有顧氏手校監本《儀禮注疏》④,並提供網上全文影像瀏覽,便澤學林⑤。顧氏以單疏手校監本,後爲徐養原臨出一部,作爲其爲阮元編撰《儀禮注疏校勘記》的主要材料。因此,若將顧氏手校本的内容與阮元《校勘記》稍加比勘,即知其内容大致相合。阮元《校勘記》存在著底本轉换的問題⑥,原《校勘記》

---

① 蜂屋邦夫《儀禮士冠疏》附録載有《儀禮疏》舊抄單疏殘卷,喬秀岩説此本"乃單疏始刻印本,較汪刻所據爲早"(見《義疏學衰亡史論》,頁 228),但只存第十五、十六兩卷。

② 廖明飛説:"賈氏文字謇澀,陳氏或以《通解》潤色之辭改賈氏之舊,或出於便讀之需要,根據自己對疏文之理解,大肆增删改易單疏文字,疏文自身之價值遭到消解。陳鳳梧注疏本是《儀禮》注疏合刻之始,奠定了明刻《儀禮注疏》的基本形態。清儒痛陳監本之脱誤,今知閩、監、毛本之訛奪,實導源於陳鳳梧注疏本。"見廖明飛《〈儀禮注疏〉合刻考》,2012 年北京大學碩士學位論文,頁 70。

③ [清]顧炎武、黄汝成《日知録集釋》,上海:上海古籍出版社,1984 年版,頁 1374。

④ 有關此本,可參看周慧惠《天一閣藏顧廣圻校〈儀禮注疏〉考述》,《文獻》,2016 年第 1 期,頁 70—86。

⑤ 詳天一閣博物館網頁(http://www.tianyige.com.cn:8008/Detail/Index?drgid=1&drid=129&catalogKey=)閱覽時間:2018 年 10 月 10 日。

⑥ 有關《儀禮注疏》底本轉换問題,可詳參張文《南昌府學本〈儀禮注疏〉所附校勘記辨正》,收入劉玉才、水上雅晴主編《經典與校勘論叢》,北京:北京大學出版社,2015 年版,頁 329—352。

是以毛本爲底本，再參校其他材料。後來嘉慶二十年阮元重刊《十三經注疏》，《儀禮注疏》即用張敦仁彙刻的版本爲底本（下簡稱"張本"，張本是以嚴州單注本與顧校本彙刻），與原《校勘記》的底本不同。因此，盧宣旬摘録《校勘記》附於《注疏》每卷之後，即以原毛本爲底本轉成張本，對阮校原文有很大改動。況且，顧氏利用單疏本手校監本，亦不能字字盡録。單疏監本存異而顧氏未有校録者，又或顧氏校録了版本異文而阮校不收録者不知何數，唯學者多賴徐養原所臨顧校本所撰成的《校勘記》而考察單疏與通行注疏本之差異，則愈遠矣。再觀乎當代之整理本，則有三種：其一爲北京大學整理本，由李學勤主編，1999年出版簡體本，2000年出版繁體本（下簡稱"北大本"）①。其二爲2001年由國立編譯館主編，臺灣新文豐出版的中華叢書《十三經注疏》分段標點本（下簡稱"編譯本"）。其三，爲2008年由張豈之、周天游先生主編、上海古籍出版社出版的新版《十三經注疏》（下簡稱"上海古籍本"）。北大本與編譯本自稱以阮元嘉慶二十年南昌府學本爲底本，但其實北大本所用的是中華書局1980年的重修本，編譯本則沿用藝文印書館1965年所影印原南昌府學本。至於上海古籍本則號稱使用張敦仁的彙刻本爲底本。三者的校勘記録，其賈疏部份大抵沿用阮元的《校勘記》。由此可見，清代及其後學者雖然大力推崇單疏本的價值，但只有間接的利用，卻没有正式專門的校正。當代《儀禮注疏》的整理也從未脱離阮元《校勘記》。

（一）以衆本勘正單疏本

單疏本不能無誤，顧氏校録亦不能爲之盡録。在倉石氏眼中，單疏本雖或較通行注疏本古老和珍貴，但仍然是"頗魯魚亥豕之誤"，有許多扞格不通的地方，尚未爲學林發現。前人往往只利用單疏校通行本之誤，卻没注意到單疏自身的問題。《考正》則直接針對單疏，參校各本，糾其脱誤。此爲顧廣圻、阮元等人，甚至今人在整理賈疏時未曾做到的。

舉例而言，【例1】如《士冠禮》"士冠禮筮于廟門"下疏云："自此至'宗人告事畢'一節，論將行冠禮，先筮取日之事。"《考正》云："'諏'誤'取'，各本正作'諏'。"（頁2）倉石認爲單疏"取日"應從各本作"諏日"。檢各本，單疏、張本、阮本作"取日"；陳本、閩本、監本、毛本、殿本均作"諏日"。諏日，即《特牲饋食禮》所云"不諏日"，鄭彼注云："諏，謀也。"賈疏亦一律作"諏"，不作"取"。檢顧校本該處地脚以朱筆標示單疏"取"異文，又記"《要義》同"。但阮元《校勘記》並不收録此異文，因此北大本、編譯本、上海古籍本均逕作"取"，全無校語。此倉石以衆本勘正單疏之例。再舉一例。【例2】《士冠禮》"乃宿賓，賓如主人服，出門左，西面再拜。主人東面荅拜"下疏云："案《特牲》云：……鄭注云：'大夫尊，儀益多。筮月既戒諸官以齊戒矣。'"《考正》云："'月'誤，當從各本作'日'。"（頁10）檢諸本文字：單疏本、張本、阮本俱作"筮月"；陳本、閩本、監本、毛本、殿本則同作"筮日"，當以"筮日"爲是。顧校本亦標示單疏"月"字異文。

① 本文所據北大本，除非特别注明，俱用2000年出版之繁體豎排本。

然顧氏雖有校録，《校勘記》卻不收其異文，因而編譯本、上海古籍本均未出校。北大本所據底本中華重修阮本則逕改作“日”，故亦無校語。此亦倉石據衆本勘正單疏之例，按鄭玄《特牲》注亦正作“日”，編譯本、上海古籍本均沿襲單疏之誤。

倉石氏遍參各本文字以勘正單疏。在這個過程中，倉石的案語往往能夠修正阮校内容。如【例 3】《士冠禮》“筮人許諾，右還，即席坐，西面，卦者在左”，賈疏云：“此言筮人於主人受命訖，行筮事也。但‘即席坐西要’者，主[①]爲筮人而言，作‘坐’文宜在‘西面’下，今退‘西面’于下者……”《考正》就“作‘坐’文”云：“‘作’，閩本作‘則’，似是。”倉石以爲單疏作“作”字誤，應從閩本改作“則”。《校勘記》云：“陳本、單疏誤爲‘作’。”盧宣旬摘本則云：“(作坐文)，陳本同，毛本‘作’作‘則’。”阮校原以毛本爲底本，故盧氏摘録時改易文字，僅云毛本作“則”的異文。北大本、編譯本、上海古籍本均襲用阮校文字。倉石氏《考正》卻不舉毛本，直採閩本。若檢諸本文字：[②]

單疏	作坐文宜在西面下，今退西面於下者
張本	作坐文宜在西面下，今退西面於下者
阮本	作坐文宜在西面下，今退西面於下者
陳本	作坐文宜在西面下，今退西面於下者
閩本	則坐文宜在西面下，今退西面於下者
監本	則坐文宜在西面下，今退西面於下者
毛本	則坐文宜在西面下，今退西面於下者
殿本	則坐文宜在西面下，今退西面於下者

閩本是最早作“則”的版本，監本、毛本、殿本僅沿閩本而已。單疏、陳本俱作“作”，而閩本以下並作“則”，然則可知改“作”爲“則”當爲李元陽據陳本翻刻成閩本之時。倉石氏引用閩本，即爲最早作“則”字的版本，比阮校更爲精確，殆可補正阮校及今整理本之失準。

又例如【例 4】《士冠禮》賈疏云：“若疊今古文之文説，須别釋餘義者，則在後乃言之。”《考正》云：“‘説’，殿本改爲‘訖’。”(頁 6)探其文意，當作“訖”爲是。《校勘記》云：“‘説’，一本改作‘訖’。”雖出校，但未言何本改易疏文。北大

---

① 單疏原文作“主人爲筮人而言”，倉石據殿本删去“人”字，阮校亦引盧文弨説謂“人”字衍文。爲省覽方便，此處引文逕删“人”字，特此説明。

② 本文所用各種《儀禮注疏》版本如下：

單疏本(宋元遞修北宋景德刻單疏本)：《四部叢刊續編》據上海涵芬樓景印汪閬原覆宋刊本。

張本(張敦仁彙刻本)：北大圖書館藏嘉慶丙寅重編校刊本。

阮本(阮元《十三經注疏》本)：1965 年臺灣藝文印書館縮印嘉慶二十年(1816)南昌府學本。

陳本(明嘉靖陳鳳梧合刻本)：東京大學東洋文化研究藏嘉靖五年(1526)刊本。(索書號：貴重—4)

閩本(明嘉靖李元陽福建刊本)：東京大學東洋文化研究所藏本。(索書號：貴重—1)

監本(明萬曆北監本)：天一閣藏顧廣圻手校崇禎五年(1632)重修北監本。

毛本(毛氏汲古閣本)：東京大學東洋文化研究所藏本。(索書號：經部—彙刻—1)

殿本(清乾隆武英殿本)：香港中文大學圖書館藏同治十年(1871)廣東書局重刻本。

本、編譯本、上海古籍本一律因襲《校勘記》説云“一本”,不指出版本。若考諸各本,陳本、閩本、監本、毛本仍作“説”,唯殿本改作“訖”,所以倉石氏逕指改作者爲殿本。《校勘記》言“一本”者,蓋爲諱言殿本之故①。同類情况如同篇疏云:“云‘榮,屋翼也’者,即今之博風”,《校勘記》云:“一本改作‘搏’。”《考正》云:“殿本作‘搏’。”按殿本卷後《考證》云:“按‘搏風’謂屋榮在兩旁如鳥翼之搏風也,刻本混作‘搏’,非。”②殿本明言改刻本的“搏”爲“搏”,阮校卻混言“一本改作”,即諱言乾隆初年所制殿本之故。此例倉石氏亦逕云“殿本作‘搏’”,可補正《校勘記》未盡明晰的校語,以及沿襲其説的諸整理本内容。

(二)對武英殿本的採用

倉石氏廣參衆本,以正單疏本之誤。按筆者檢察,《考正》引用的版本有陳本、閩本、監本,毛本、殿本,下據張本、阮本,旁及朱子《通解》、魏了翁《要義》所引録的疏文,在版本的搜羅上可算大致無遺③。而其中最值得我們注意的,就是倉石氏對武英殿本《儀禮注疏》的利用。由於監本《十三經注疏》流傳至康熙時已“漫漶殘缺,殆不可讀”④,因此在康熙二十五年詔令重修監本,並在乾隆初年於武英殿開雕,至四年(1739)竣工刊行,是爲“武英殿本”(簡稱“殿本”)。殿本注疏並非單純依據監本重刊,而是在體例和内容方面有較大的改動和校正,欲刊成善本,並且在每卷後附有《考證》,説明校改紀録。殿本《儀禮注疏》的校勘,根據周學健《儀禮注疏考證跋語》,校者參考了朱子《儀禮經傳通解》、黄榦《儀禮經傳續通解》、楊復《儀禮圖》、敖繼公《儀禮集説》等,並謂諸書“採取删節,俱非鄭、賈之全書”,又説“既據諸本,别其異同,决其是否。於踳駁疑難之處,更反復其意理,究析其旨歸”⑤。可見他們所據用校勘的版本,俱爲宋元時期禮書,當中每有引用賈疏,可供校勘之參考。但諸書所引或有删潤,終不得作爲確實的版本證據。其次,周學健等人校《儀禮注疏》則運用“理校”法,根據文意義理推敲考校,乙改賈疏多處文字。若試比對諸本《儀禮注疏》之文,往往閩、監、毛本一脈相承,唯殿本文字改易,俱爲運用理校之法。舉例如《士冠禮》“《特牲》之有司,士之屬吏,亦親類也”。各本均作“親類”,唯殿本獨作“尊類”,卷後《考證》云:“‘尊’,監本作‘親’,按上文云‘是言屬者尊之義’,則此當

---

① 談及這個問題的有邱亮、唐生周《漢宋分幟與〈十三經注疏〉兩種校考記的形成——兼談阮刻本對殿本避而不談的原因》,《浙江學刊》2016年第6期,頁74—81。又井超《阮元校勘〈十三經注疏〉暗引殿本瑣議》,《古籍整理研究學刊》2018年第2期,頁94—97。兩文作者俱認爲政治原因是阮校諱言殿本的原因。邱亮、唐生周更認爲當中牽涉漢宋學術問題。

② 見《儀禮注疏》卷一《考證》,武英殿本《十三經注疏》第42册,頁2a。

③ 這裏要一提的是,雖然倉石氏廣參衆本,但顧氏手校監本應未爲倉石所見。《考正》中引用顧廣圻説凡兩條,均爲其録阮校所引用。其例:《燕禮》“但先君受爵”《考正》云:“《校勘記》引顧氏廣圻云:‘“受”當爲“虚”。’今案:或當作‘卒’亦通。”(頁159)《士虞禮》“啓牖鄉是親之事”《考正》云:“《校勘記》引顧氏廣圻云:‘當作“祝之事”。’今案:顧説甚是。”(頁504)可證倉石氏未曾親見顧氏手校本。

④ 康熙二十二年(1683)王士禎《請修經史刻版疏》語,見[清]梁國治《國子監志》卷五三,《文淵閣四庫全書》第600册,上海:上海古籍出版社,1987年縮印版,頁582。

⑤ 周學健《儀禮注疏考證跋語》,見《儀禮注疏》,武英殿本《十三經注疏》第51册,《跋》。

是'尊'。"[①]即其以上下文意改易之例。這種"理校"的做法極具争議,校者若識見不逮,很容易墮入臆改之途。然而,在當時單疏未出,唯有"魯魚亥豕"的監本、毛本情況下,運用理校法實亦無可厚非。

儘管殿本中含有大量理校,使此本備受争議,但在清代也不失爲一個值得參考的版本。著名校勘學家盧文弨稱許此本云:"乾隆初年官本,所校甚爲精細,恐外間得見者少,唯毛氏汲古閣本尚多。"(《群書拾補》,《儀禮士冠禮注疏》題下)[②]因此他在編撰《儀禮注疏詳校》時便大量採用了殿本的校改成果。反之,顧氏以單疏校監本,不及利用殿本,導致阮元的《校勘記》幾乎没有殿本的内容,又或觸及殿本,卻諱言"一本"如上所引例子。因此,當代整理本收録殿本内容亦甚少。野間文史也説:"然而令人意外的是:李學勤本、編譯館本看來似乎都未參照此乾隆四年的刊本。而且就我個人所見,不得不作出乾隆宫中版較爲優秀的判斷,此實在是一令人感到遺憾的結果。"[③]這説明了殿本雖有其缺憾,但在現代整理和校勘《十三經注疏》時卻是絶不能忽視的一個版本。

倉石氏《考正》大量利用了殿本,作爲其勘正單疏的材料。舉例明之,如【例 5】《士冠禮》"主人玄冠朝服,緇帶素韠,即位于門東西面",鄭玄引《禮記·玉藻》文解之,下賈疏云:"引之者,證此玄冕朝服而筮者,是諸侯之士。"《考正》針對賈疏"玄冕朝服"云:"'冕',殿本改爲'冠'。"(頁 4)今檢諸本,不論單疏體系的張本、阮本,抑或陳鳳梧體系的陳本、閩本、監本、毛本,一律皆作"玄冕",只有殿本作"玄冠"。《士冠禮》經正文作"主人玄冠朝服,緇帶素韠",各本作"玄冕"與經文不合。因此《考正》引用殿本改"冕"爲"冠"之説。檢顧廣圻手校監本,顧氏於"冕"字旁標墨色小三角,以示懷疑。阮校不收殿本,北大本、編譯本及上海古籍本並一概不出校。

再看一例,【例 6】《士冠禮》賈疏"是前祭二日筮尸訖,宿尸,至前祭一日又宿尸",《考正》云:"'筮尸',殿本作'筮日'。"(頁 10)此例顧廣圻未出校,阮校無文,北大本、編譯本、上海古籍本亦不置一言。殿本改"筮尸"爲"筮日"者,《少牢饋食禮》云:"日用丁、己,筮旬有一日。筮於廟門之外。……宿。前宿一日,宿戒尸。明日朝,筮尸,如筮日之禮。"[④]據此,則祭前三日筮日,同日兼戒官齊戒;至祭前二日宿戒尸;祭前一日筮尸,吉則同日再次宿尸。所以,祭前二日正是"筮日訖"而首次"宿尸"之日。此文當從殿本作"筮日"爲正,倉石氏引殿本得當。

除了直接引用殿本作某、殿本改作某外,《考正》亦經常參用殿本《考證》的解説。如【例 7】《鄉飲酒禮》"工四人,二瑟,瑟先,相者二人,皆左何瑟",鄭注:"相,扶工也,……每工一人。"賈疏云:"云'每工一人'者,案《周禮》瞽三百

---

① 見《儀禮注疏》卷一《考證》,武英殿本《十三經注疏》第 42 册,頁 1a。
② [清]盧文弨《群書拾補》上册,上海:商務印書館,1953 年,頁 153。
③ 野間文史著,金培懿譯《〈五經正義〉之研究》,《中國文哲研究通訊》第十五卷,第二期,頁 18。
④ 《儀禮注疏》卷四七,1965 年藝文印書館縮影南昌府學本,頁 559。

人。"①《考正》云："殿本《考證》周氏學健云：'當連引視瞭三百人句，文義乃全。'"(頁 85)倉石氏直接引用殿本《考證》中校者周學健的論説。按《周禮・春官叙官・大師》云："瞽矇，上瞽四十人，中瞽百人，下瞽百有六十人；視瞭三百人。"②計上、中、下瞽矇共三百人，視瞭即所謂相工、扶工者，亦三百人。此疏原意要證成鄭玄"每工一人"的説法，就必須如周學健所説兼引《春官叙官・大師》"視瞭三百人"一句，才能突顯樂師與相者同樣是三百人，以證明"每工一人"。又考《毛詩・周頌・有瞽》孔疏云："《周礼》上瞽四十人，中瞽百人、下瞽百六十人。……下云：'視瞭三百人'，則一瞽一視瞭也。"賈疏之意當如此。因此，雖無版本作證，但周學健之説合乎疏意，倉石因而引據爲説。

當然，《考正》也並非對殿本及《考證》全盤採信。對於賈疏文意自通者，倉石氏則不採納殿本之校改。如【例 8】《鄉飲酒禮》"公如大夫入"，鄭注云："如，讀若今之若。"賈疏云："鄭曰'如讀若今之若'者，前無大夫入，直以大夫與主人爲禮是其當，公則非當，故鄭讀如若今之若，謂大夫之於公更無異禮矣。"《考正》云："殿本作'前無諸公入'，非是。疏意謂經雖云'公如大夫入'，而從未見大夫入也。"(頁 95)像這種例子，《考正》雖引用殿本改賈疏"前無大夫入"爲"前無諸公入"，但賈意本通，疏文無需改作。又如【例 9】《聘禮》賈疏論庭實不奠於地之義云："案享時庭實使人執之，《昏禮》庭實亦使人執之，亦皆東不奠於地。"③"亦皆東不奠於地"一語，殿本有校改。《考正》云："殿本改爲'彼皆不奠於地'。今案：此云'皆東'者，謂下《記》云'賓之幣唯馬，出其餘皆東也'。賈疏本自明白，可不改。"(頁 209)殿本校者不明"皆東"語義，故加以删正。倉石氏遂釐清賈意，謂"皆東"之義實與《聘禮記》互證，疏意清晰，不必改作。

縱然《考正》對殿本並非全部採信，甚至每加駁斥。但倉石對殿本的利用和關注，並吸收卷附《考證》的論點作爲校勘《儀禮疏》的材料，實爲阮元《校勘記》以下並各種當代整理本所未逮，是爲其書的一大特點。

(三) 諸家論見的吸收與辨正

除了運用各本勘正單疏外，《考正》亦大量引用前賢的論見，包括在阮元《校勘記》出現前的著作如朱子《儀禮經傳通解》、浦鏜《十三經注疏正字》、金曰追《十三經注疏正譌》及盧文弨《儀禮注疏詳校》，也收録不少阮校以降的校讀成果如胡培翬《儀禮正義》、鄭珍《儀禮私箋》、張錫恭《喪服鄭氏學》、曹元弼《禮經校釋》等，與倉石氏《跋》文自述相合。此許多材料爲阮校和現今整理本所未及。

阮校雖然偶有引録浦鏜、盧文弨等人的説法，但遺漏未收者仍多。而現今整理本所引用的往往只囿於阮校所收條目，十分有限。但《考正》所根據的仍係原書，可證倉石氏在校録單疏時，的確遍檢各家見解，每條校語均慎加參照，

---

① 《儀禮注疏》卷九，1965 年藝文印書館縮影南昌府學本，頁 92。

② 《周禮注疏》卷十七，1965 年藝文印書館縮影南昌府學本，頁 262。

③ 《儀禮注疏》卷二一，1965 年藝文印書館縮影南昌府學本，頁 253。

厚積薄發。舉例如【例 10】《士冠禮疏》云:"《少牢》大夫禮亦云'三人占'。"《考正》云:"《通解》云:'《少牢禮》無此文。'《詳校》云:'"云"當作"是"。'"(頁 7)。諸各本賈疏俱作"亦云三人占"倉石引用《通解》和《詳校》爲説,顧廣圻不出校,阮校則不置一言,北大本、編譯本與上海古籍本亦不無校語。檢盧文弨原文云:"舊作'云',故朱子疑《少牢》無此文。文弨案:作'是'字便無此疑。"①(卷一)又檢朱子《通解》原文云:"今按《少牢》無此文,未詳何據。"②殿本《儀禮注疏》卷後《考證》云:"按《少牢》無此文,朱子亦曾疑之。"③據此,盧文弨所謂"朱子疑《少牢》無此文"云云,即沿襲殿本之説,非逕爲朱子原文。倉石氏《考正》引用的,卻是朱子《通解》原文,而不引用殿本《考證》、盧氏《詳校》之語,足見其慎。復再引録盧文弨改"云"作"是"的説法,可備一説。

又或引用各家論見,雖未能决議,尤可備參。如【例 11】《士冠禮疏》云:"若冠子則年已二十,不可止然須冠,故容入後月也。"《考正》云:"《正字》云:'當作"不可不冠"。'《詳校》引劉氏台拱説云:'"然"上當補"自"字。'《校釋》云:'"然"當爲"終"',未知孰是。"(頁 8)由於單疏與監本文字並無差異,顧廣圻並不出校,阮校以至北大本、編譯本及上海古籍本均不置一言。相反,倉石氏認爲此文當有譌誤,遂引用浦鏜《正字》説、盧文弨《詳校》與曹元弼《校釋》三家説法,闕疑並備爲參考。以上兩例,均爲諸家論見具參考價值,而通行的阮校、當代整理本卻未及收録的例子。這體現到倉石在做"禮疏校譌"報告時材料運用的廣泛,幾乎大部分清人校勘《儀禮》賈疏的成果,均在參考之列。

同樣,倉石也有就前人論見作出質疑和辨正。如【例 12】《鄉飲酒禮》:"磬階閒縮霤,北面鼓之。"賈疏引《周禮·小胥》鄭注"一堵謂之肆,半之者謂諸侯之卿大夫士也。"《考正》云:"卿,《正字》作'鄉'。今案:此《小胥職》注文,於《鄉飲酒》題疏亦引,各本皆作'卿',與彼注合。而《詳校》於《鄉飲酒》云'浦改"鄉",非是。'(查浦氏《正字》此"卿"字未嘗改),於此則從'鄉'爲長,尤支離甚矣。"(頁 102)倉石於此例指浦鏜改"卿"作"鄉"與《小胥》鄭注不合,不應改作爲是,並質疑何以此文改字,《鄉飲酒禮》題疏引用同一文字卻不改,有前後不一之嫌。又如【例 13】《鄉飲酒禮》"乃合樂"下鄭注云:"合樂謂歌樂與衆聲俱作。"單疏《儀禮疏》云:"云'合樂謂歌樂衆聲俱作者'"注有"與"字,單疏則無"與"字。《考正》云:"今本注'樂'下有'與'字。案《通典》引此注有'與'無'樂',《燕禮疏》兩引同,可知賈氏所見注本無'樂'字明矣。此亦當作'歌與衆聲俱作',淺人據另本注改'與'爲'樂'耳,《詳校》於'樂'下補'與'字,未安。"(頁 88)《考正》據《通典》卷一百三十引《大唐開元禮》所録鄭注,以及賈疏《燕禮》兩引俱無"樂"字而作"謂歌與衆聲俱作",證明賈氏所見注本正作此。盧文

① [清]盧文弨《儀禮注疏詳校》卷一,《續修四庫全書》第 88 册,上海:上海古籍出版社,1995 年版,頁 5a,總頁 495

② [宋]朱熹著,黄幹編《儀禮經傳通解正續編》(重歸文獻—影印經學要籍善本叢刊),北京:北京大學出版社,2012 年版,頁 19 上。

③ 見《儀禮注疏》卷一《考證》,武英殿本《十三經注疏》第 42 册,頁 1a。

弨依從今本鄭注改成"謂歌樂與衆聲俱作",倉石氏卻認爲是説有所未安。考《禮記·鄉飲酒義》孔疏所引亦作"歌與衆聲俱作"①,大概唐時鄭注版本即如此。

(四)以文理爲判定原則

上文討論了倉石武四郎撰作《考正》時所運用的各種材料,包括各種《儀禮注疏》的版本和前賢近人的論見,取材豐富。至其判定版本之間,以及諸家説法之臧否優劣,則主要依據賈疏之文理。見諸《考正》内之例甚夥,如【例 14】《覲禮疏》云:"則有祀日與四瀆及山川之事。"《考正》云:"閩本'與'作'月',《正字》改'日'爲'月',《校釋》'日'下補'月'字。今案:閩本於文理較勝。"(頁 265),按《考正》所引用的三種版本:

單疏	則有祀日與四瀆及山川之事
閩本	則有祀日月四瀆及山川之事
《正字》	則有祀月與四瀆及山川之事
《校釋》	則有祀日月與四瀆及山川之事

檢古書及注疏之内,"祀日月"必連言,再者《聘禮》經文云"禮日於南門外,禮月與四瀆於北門外,禮山川丘陵於西門外。"所祀者包括日月、四瀆和山川。倉石參校閩本、浦鏜《正字》及曹元弼《校釋》所修改的版本,認爲閩本作"則有祀日月四瀆及山川之事"文理最勝,以彼爲正。是據文理判定之例。此例所謂"文理"實指合符《儀禮》經文而言。

再如【例 15】《聘禮疏》云:

> 言如其饔餼之數者,一牢當一雙,故《聘義》云:"乘禽日五雙",是此饔餼五牢者也。云"鴈鶩之屬"者,案《爾雅》二足而羽。若然,上介三牢則三雙也,士介一牢則一雙也。∧羽謂之禽,故以禽爲鴈鶩之屬。②

《考正》云:"十三字,《詳校》移置下文'則一雙也'下,删"羽"字。《校勘記》云:'疏意欲以二足釋"雙"字之義,故引《爾雅》而截出之,不必如盧所改。'今案:必如盧説,文義方完,阮氏駁之,殊覺牽强。"(頁 236)盧文弨與阮元的意見不同。盧氏認爲"云鴈鶩之屬者案爾雅二足而羽"十三字應移至"則一雙"之下(即上引文"∧"之處),並删去一羽字。如此上下文義方能連接。今考《爾雅·釋鳥》文作"二足而羽謂之禽",若如盧説移置,正好拼接截開了的《爾雅》原文。阮校卻認爲是賈氏爲了解釋"雙"的意思而强行把《爾雅》文字截開,不必如盧氏所改。倉石權衡兩説,認爲"必如盧説,文義方完",以盧改爲正。此例所謂"文義",即指賈疏行文及《爾雅》原文的完整性而言。

雖然在倉石氏眼中,文理通達十分重要,但在賈氏能夠解讀的情況下,則不得妄改疏文。例如【例 16】《公食大夫禮》:"飲酒、漿飲,俟于東房。凡宰夫

---

① 《禮記正義》卷六一,1965 年藝文印書館縮影南昌府學本,頁 1007。

② 《儀禮注疏》卷二五,1965 年藝文印書館縮影南昌府學本,頁 300。

之具饌于東房。"經文先言酒漿設于東房，接著又説"凡宰夫之具饌于東房"。從經文的論述角度看，酒漿並不在"宰夫之具"之内，因此鄭注云"酒漿不在'凡'中者，雖無尊，猶嫌在堂"，賈疏云：

> 云"酒漿不在凡中者，雖無尊，猶嫌在堂"者，以其酒漿常在堂，若不特言之，則凡中不含之，言謂酒漿仍在堂，故上特言之。[①]

殿本將賈疏"則凡中不含之"的"不"字改成"亦"字。《考正》便駁云："審此疏意，蓋謂若不特言酒漿在東房，則不含於此'凡宰夫之具中'，以其常在堂上故也。殿本改'不'爲'亦'，全背賈意。"(頁 240)倉石氏認爲賈疏的意思是，禮之常例酒漿設於堂上，假如不特别説明"俟于東房"，則預設爲設酒漿于堂，並不包括在"凡中"，即"凡宰夫之具"之中，所以經文必須在"凡宰夫之具饌于東房"前，别加説明這時候酒漿也是設俟在"東房"。所以，殿本妄加改字，與賈疏原意完全相背。只要細加玩味注疏文字，即能讀通，無需改字。

對於倉石氏來説文理固然重要，但也不能任意臆改。《考正》校改單疏文字，每有所本。然而他對於朱子《儀禮經傳通解》所引用的賈疏文字卻有所保留。他認爲《通解》引述賈疏時有所潤飾，所以文理往往較爲平暢，學者不得妄據以校改。考倉石氏説《燕禮疏》文[②]下案語云："《通解》本文理較順，疑朱氏删潤之也。"(頁 148)甚至在《喪服疏》[③]下指明"《通解》引疏，多加删潤，文義雖暢，而必謂疏文本如此作，則不盡然也。"(頁 296)《考正》之内不乏指出《通解》曲解賈意之處，例如【例 17】《喪服・記》："童子，唯當室緦。《傳》曰：不當室，則無緦服也。"賈疏云：

> 《記》自云"唯當室緦"，自然不當室則無緦服，而《傳》言之者，案《曲禮》云："孤子當室，冠衣不純采"，但是孤子皆不純以采，《曲禮》言之者，嫌當室與不當室異，故言之。此《傳》恐不當室與當室者同，故明之也。[④]

倉石氏《考正》云："此蓋謂《曲禮》特言'當室'者，嫌當室與不當室異。此傳言不當室者，又恐不當室與當室同而言也。《通解》引此作'當室與不當室者同'者，恐與疏意左。"(頁 385—6)倉石的説法，《喪服》《傳》據"不當室者"而言，故當從賈疏原文"恐不當室與當室者同"爲正；正如《曲禮》"孤子當室，冠衣不純

---

① 《儀禮注疏》卷二五，1965 年藝文印書館縮影南昌府學本，頁 300。

② 該條爲：《燕禮》"乃命執冪者執冪者升自西階"，賈疏云："則羞者升自北階，知由堂東者，以羞在房。又《大射》云：'工人、士與梓人升自北階'，知房中西面南上者，約《士冠禮》'脯醢在房中服北，贊者盥于洗西，升，立于房中西面，南上'下注云：'近其事也'。"(《儀禮注疏》卷十四，頁 161)《考正》云："《正字》據《通解》改作'側羞者升自北階可知，《大射》工人士《梓人》亦升自西階也。知由堂東者，以羞在房，又知房中西面南上者'。今案：《通解》本文理較順，疑朱氏删潤之也。"(頁 148)

③ 該條爲：《喪服》斬衰三年章："爲人後者。《傳》曰：'何以三年？……爲所後者之祖父母、妻、妻之父母。'"賈疏："妻謂死者之妻，即後人之母也。"(《儀禮注疏》卷二十九，頁 347。)《考正》云："《詳校》'後人'作爲'後者'，云'此與上"後人"義不同而相混，其義亦不顯，當從《通解》改。下"於後人"亦當作"於爲後者"。'今案：《通解》引疏，多加删潤，文義雖暢，而必謂疏文本如此作，則不盡然也。"(頁 296)

④ 《儀禮注疏》卷三四，1965 年藝文印書館縮影南昌府學本，頁 399。

采"之文據"當室者"而言,故其義是"嫌當室與不當室異"。《通解》將疏文改成"此《傳》恐當室與不當室者同",似據"當室者"而言,並非賈疏之意。有些例子,甚至指出《通解》如何導致後來出現誤校的情況。【例18】《既夕禮》:"賓奉幣由馬西,當前輅,北面致命。"鄭注:"柩車在階閒少前。"賈疏云:"云'少前'者,上經祖還車訖,云'婦人降即位于階閒',明柩車少南,是少前也。"[①]《考正》云:

> 《通解》"云"下有"少南"二字。浦氏、金氏據之,并校補"當前束"三字。《詳校》云:"'少南'謂主人,疏於此下云'明柩車少南,是少前也',未免强相附會,若補'當前束'三字,更不可通矣。"今案:賈意此注云"少南"者,謂柩車,柩車既還,明前而少南,故婦人得降即位于階前矣,不得與前主人"少南當前束"牽涉,則此本無"少南"二字明甚,盧駁浦、金固是,而其謂疏之强附會,則亦爲《通解》所悮甚矣。校讎之不可略忽也。(頁467—8)

浦鏜、金曰追兩家據《通解》而在疏文"云""婦人"之間補上"少南當前束"五字。事實上,這段賈疏所謂"少南"(少前)是指柩車,與上文所謂主人"少南當前束"分别爲兩事,兩不相涉。因此,浦、金兩家不應根據《通解》而補上"少南當前束"五字。他甚至指出盧文弨之所以批評賈疏"强相附會",也是受到《通解》誤導之故。透過考正不同的條目,倉石氏表明了《通解》在潤飾賈疏時每失賈疏原意,學者反據以校正賈疏,或有本末倒置之嫌。《通解》引録的疏文文理雖或較平順,但終不得輕易取信。

四、《考正》對賈疏的修正與釐清

除了文字校正外,《考正》亦就賈疏内容作出修正和釐清。以下分别述之:

(一) 糾正賈疏引書之誤

倉石自述是書重點之一爲"改正賈疏的疏謬",並且舉出賈氏引用經傳的失誤像"誤《公羊》爲《左氏》,引《禮記》稱《周禮》之類"[②]。今檢《考正》内每多核對賈氏引據之典籍,糾正其衆多失誤者。例如【例19】《士昏禮疏》引書云"案《玉藻》云'食坐盡前'",《考正》便云:"《玉藻》無此文,當作《曲禮》。"(頁52)檢"食坐盡前"應爲《禮記·曲禮上》的文字,賈疏引爲《玉藻》實誤。此爲糾正所引經書篇名錯誤之例。

又【例20】《士昏禮疏》云:"《詩》云:'大姒嗣徽音'者,《大雅·文王》詩。"《考正》云:"案此《思齊》詩。"(頁62)賈疏所引實出於《大雅·文王之什》無誤,而"大姒嗣徽音"則爲《文王之什》内《思齊》一篇之句,倉石詳加檢正,補足賈疏。

---

① 《儀禮注疏》卷三九,1965年藝文印書館縮影南昌府學本,頁461。

② 此據工藤卓司之翻譯,見氏著《近百年來日本學者〈三禮〉之研究》,頁175。原文見倉石武四郎《儀禮疏考正》,《跋》,頁585。

又或替賈疏檢其引書之確切出處,如【例21】《鄉飲酒禮疏》:"尊者得卑者物言取,是以《家語》云:'定公假馬於季氏,孔子曰:君於臣有取無假。'"倉石氏考其出處,知所謂定公假馬季氏之事,並非出自《孔子家語》,《考正》云:"今本《家語》無文。案《新序·雜事》云:'孔子侍坐於季孫,季孫之宰通曰:"君使人假馬,其與之乎?"孔子曰:"吾聞取於臣,謂之取,不曰假。"季孫悟告宰曰:"自今以來,君有取謂之取,無曰假。"故孔子正假馬之名而君臣之義定矣。'是其事也。"(頁92)經倉石考定,賈疏所引其事實出自《新序》,而非《孔子家語》。

除古書經、傳外,倉石也對賈疏所引用的注解加以核實。如【例22】《既夕禮疏》云:"言紼見繩體,言引見用力,故鄭注《周禮》亦云:'在車曰紼,行道曰引。'"倉石遍考鄭玄注解,遂云:"《周禮注》無此文。今案:賈氏於《大司徒》、《遂人疏》皆引《喪大記注》'在棺曰綍,行道曰引',則此亦當引之。"(頁461)賈疏所引"在車曰紼,行道曰引"不見諸《周禮》注解之中,經倉石氏所考,此處《既夕禮疏》所引用的應是指《禮記·喪大記》鄭注"在棺曰綍,行道曰引"一語,其理由是賈氏在《大司徒疏》及《遂人疏》相近的論述中,都引用到《喪大記》此則注文。檢《大司徒疏》云:

> 案《遂人》職云:"大喪,帥六遂之役而致之,掌其政令。及葬,帥而屬六綍。"在棺曰紼,見繩體;行道曰引,見用力,主文以見義也。①

此疏化用了《喪大記》鄭注注文,而所謂"在棺曰紼,見繩體;行道曰引,見用力"云云,與《既夕禮疏》所説"言紼見繩體,言引見用力"旨趣一致。《遂人疏》又云:"云'綍,舉棺索'者,以其據在棺則曰綍,據在道則曰引。"②也是賈氏化用《喪大記》鄭注之例。據彼證此《既夕禮疏》所引用鄭注應爲《喪大記》注文,賈氏偶然失檢而已。從以上例子可見,倉石每就賈氏引用的典籍、注解廣加核對,並加以糾正,足見其撰著《考正》時之謹慎和仔細。

(二)釐清賈氏疏意

倉石氏嘗試釐清賈疏原意,《考正》之内每見其例。其旨在避免在校勘賈疏時有臆改之嫌,從而糾正諸家校改不當的情況。這是在校勘賈疏外,另見倉石氏對《儀禮疏》更深層的研讀。他認爲假若細心玩味疏文,不難探知其原意。既然疏意能通,則無費改字。舉例如【例22】《鄉飲酒禮》:"主人一相迎于門外"賈疏云:

> 云"主人一相迎于門外"者,謂主人於羣吏中立一相,使傳賓主之命,主人乃自出迎賓於大門外。必非一相迎賓者,案《鄉飲酒義》云:"主人拜迎賓于庠門之外",明主人自迎。③

盧文弨將賈疏"必非一相迎賓者"改成"必立一相迎賓者",《考正》云:"'非',

① 《周禮注疏》卷十,1965年藝文印書館縮影南昌府學本,頁163。
② 《周禮注疏》卷十五,1965年藝文印書館縮影南昌府學本,頁235。
③ 《儀禮注疏》卷八,1965年藝文印書館縮影南昌府學本,頁82。

《詳校》改爲‘立’。今案，此蓋謂非賓一相出迎，而主人自迎矣，與下‘薦脯醢’，疏云‘知非主人自薦’者，文理正同，盧説不可從。”（頁79）從《考正》案語可見，倉石不但釐清賈疏之意，更舉出同卷下文賈疏“知非主人自薦者”爲證，文理類近，不得如盧説改“非”爲“立”。事實上，唐代義疏常見“知某者”、“必某者”，亦有“知非某者”及“必非某者”之行文，賈疏亦然。倉石之解，可謂在充分掌握賈氏本疏文意及義疏行文慣性之上，釐清疏文旨要，並駁斥盧文弨改字之説。

又如【例23】《士虞禮》：“從獻豆兩，亞之；四籩，亞之，北上。”鄭注云：“豆從主人獻祝，籩從主婦獻尸、祝。”又注：“不東陳，别於正。”賈疏云：

> 云“豆從主人獻祝”者，以其尸前正豆已設訖，以爲陰厭，不名爲從。此二豆主人先獻祝酒，後乃薦豆，故言從。云“籩從主婦獻尸祝”者，以其四籩，二籩從主婦獻尸，二籩從主婦獻祝，亦是從也。云“不東陳别於正”者，以二豆與鉶在尸爲獻前爲正，此皆在獻後爲非正，故東北别也。①

據注疏所言，此文從獻的兩豆四籩，是在主人向祝獻酒及主婦向祝、尸獻酒後才薦設的，所以以從爲名。這種籩豆在祭前預設以北爲上，即以南北縱向設置，與上句預設正豆正鉶“饌兩豆菹醢于西楹之東，醢在西，一鉶亞之”爲東西横向陳設不同。曹元弼《禮經校釋》將賈疏“以二豆與鉶在尸爲獻前爲正”改成“以二豆與鉶在尸未入前爲正”，易“爲獻”爲“未入”。倉石氏認爲此非賈疏原意。《考正》云：“《校釋》云：‘“爲獻”當爲“未入”。’今案：賈意籩豆正從以獻之前後爲别，則此‘獻’字斷不容改。”（頁495）倉石釐清疏意，指出設置的“正”與“非正”，取決於其爲正豆正鉶抑或從豆、從籩，其界綫爲獻尸之前後。獻尸之前爲正，獻尸後所薦爲非正，故此預先陳設正豆正鉶與從籩從豆的方向有别。所以他强調疏中“獻”字決不容改易，曹氏改字，實未達賈疏用意。諸如此類，倉石釐清賈疏文意後，破解了許多近人以意校改的説法。各家論見之臧否，往往因倉石氏對疏文的再三玩味而得以辨識，同時賈疏原意亦得以闡明。《考正》内的諸多例子，實爲對《儀禮疏》及相關近人論著的一種深層研究，對於正確解讀賈疏起著關鍵作用。

（三）指出賈疏違互

賈疏宏編鉅製，禮説甚多。當中時有前後違互，自相矛盾之例，《考正》亦爲之指出。例如【例24】《喪服》“齊衰期杖章”云：“妻。《傳曰》：‘爲妻何以期也？妻至親也。’”鄭注：“適子，父在則爲妻不杖，以父爲之主也。……父在，子爲妻以杖，即位謂庶子。”賈疏云：

> 案《喪服小記》云：“父在，子爲妻以杖，即位可。”是也。引之者，證經云是天子以下至士庶人，父皆不爲庶子之妻爲喪主，故夫皆爲妻杖，得伸也。②

---

① 《儀禮注疏》卷四二，1965年藝文印書館縮影南昌府學本，頁494。

② 《儀禮注疏》卷三十，1965年藝文印書館縮影南昌府學本，頁354—355。

按此則賈疏之義，若適子爲其妻服喪，適子之父會作其喪主而杖，適子則不得持杖。又按禮之通例，父親不會爲庶子之妻擔任喪主，因此庶子爲其妻服喪則可以伸而持杖。換言之，此齊衰期杖章所謂爲“妻”者，實爲庶子之妻。賈氏從而推出“天子以下至士庶人，父皆不爲庶子之妻爲喪主”。倉石《考正》便云：

> 下“大功章”：“大夫之庶子爲母、妻、昆弟。”注：“大夫之庶子，則父在也。”疏：“大夫卒，子爲母妻得伸。今但大功，故知父在也”，顯與此天子已下士庶人，父在庶子皆爲杖背。但下“大夫之適子爲妻”，疏又云：“大夫之適子爲妻，在此‘不杖章’，則上‘杖章’爲妻者，是庶子爲妻，父没後適子亦爲妻杖，亦在彼章也。”反與此相同，蓋賈氏偶失檢覈，以致前後違互，疏中此類非一也。（頁 321）

倉石認爲“大功章”記大夫之庶子爲其妻服喪，其時父在而不杖，不符合賈氏所謂“天下以下至士庶人，父皆不爲庶子之妻爲喪主”從而庶子得爲其妻杖的通例。兩者之義前後違互，賈疏又未加以説解。倉石又檢“齊衰期不杖章”云“大夫之適子爲妻”下賈疏之説，又與上引“齊衰期杖章”契合。《考正》正指出賈疏自我違互之處，更謂其“偶失檢覈”，在疏内“此類非一”。

面對賈疏這類前後違互之例，倉石氏僅僅摘出説明而已，多不作是非之判斷。如【例 25】《士喪禮》小斂奠節“舉者盥，右執匕，卻之，大執俎，横攝之，入阼階前，西面錯。”鄭注：“錯鼎於此宜西面。”賈疏云：“云‘錯鼎於此宜西面’者，對在門外時，北面陳鼎鄉内爲宜也。”[①]按賈氏此則疏文，錯置鼎之面向，門外門内不同。《考正》云：

> 上經“陳一鼎于寢門外，當東塾少南，西面。”張氏惠言《讀儀禮記》云：“‘西面’當爲‘北面’之譌，凡鼎縱鼏横，此鼏西末則鼎無緣得西面也。”今案：張説正與此疏合，或曰《士昏禮》“陳三鼎于寢門外”，疏云：“凡鼎陳于外者，北面爲正，阼階下西面爲正。《士喪禮》小斂‘陳一鼎於門外西面’者，喪禮少變。”（案大斂陳三鼎，經唯言北上，未言面位。《既夕》陳鼎皆如殯，疏乃云“大斂之陳三鼎在廟門外西面北上”，又云“即門外及陳于阼階下亦西面北上”）以是言之，此“北面”譌，當作“西面”。今案：此云“北面鄉内”，正用《昏禮注》文而與彼疏顯然違互，全書中此類實多，未可執彼而决此也。（頁 434）

倉石《考正》舉出賈氏在《士喪禮》及《士昏禮》的疏解有所違互。據《士喪禮疏》的説法，陳鼎門外時鼎“北面鄉内”，陳在門内阼階下時則“西面”。若如此説，那麽《士喪禮》陳鼎門外時經文云“陳一鼎于寢門外，當東塾少南，西面”的“西面”應爲“北面”之譌，正如倉石所引張惠言之説。但在《士昏禮疏》又有另一種説法，指按禮例，陳於門外的鼎以北面爲正，陳於門内阼階下的鼎則以西面爲正。至於《士喪禮》爲何説“陳一鼎于寢門外……西面”，而不依禮例門外面向北方，是因爲“喪禮少變”之故。若據這種説法，《士喪禮》所謂“陳一鼎于寢門

---

① 《儀禮注疏》卷三六，1965 年藝文印書館縮影南昌府學本，頁 427。

外，……西面”則無誤，並非“北面”之譌。兩説不同，究竟是《士喪禮》小斂時門外門内陳鼎有北面、西面之别，而須如張惠言説般改經“西面”爲“北面”；抑或是由於“喪禮少變”而變禮例之正，以致《士喪禮》不論門内外陳鼎俱向西面，《考正》並未有作出判斷。兩疏顯見違互，而倉石只指出“全書中此類實多，未可執彼而決此也”。

（四）梳理賈疏致誤之由

賈疏的錯誤，可以是他撰疏時“偶失檢覈”而出現，也可能是傳抄刊刻時所造成的謬誤。《考正》内的一些條目，嘗試梳理賈疏致誤之由。舉數例明之，如【例 26】《士冠禮》“卦者在左”，注云：“卦者，有司主畫地識爻者”，單疏本賈疏云：“上云‘所卦者’謂於，此云‘卦者’，據人以杖畫地記識爻之七八九六者也。”“於”字有誤，《考正》云：

> “於”當作“木”，蓋傳寫者始作“于”，形相近而誤。今又改作“於”，失之遠矣。各本作“謂木于”，于字下屬讀，亦非。（頁 7）

單疏、張本、阮本屬單疏系統，均誤作“於”。陳本、閩本、監本、毛本、殿本則作“木于”。倉石氏指出原本應作“木”，今單疏本之所以有此誤，乃爲初傳寫時形誤爲“于”，後再改爲“於”。像這種例子，倉石就點明是傳寫之失。也有些條目並非傳寫致誤，乃賈氏之失檢。如【例 27】《特牲饋食禮》：“主婦纚笄宵衣，立于房中南面。”注云：“凡婦人助祭者同服也。”賈疏云：“經及記不見主婦及宗婦異服之文，故知同服，對男子助祭祝、佐食等與主人服異也。”[①]《考正》云：

> 《校釋》云：“‘祝佐食’當爲‘賓兄弟’。”今案：下《記》“唯尸祝佐食玄端，玄裳、黄裳、雜裳可也，皆爵韠。”注云：“與主人同服。”此蓋賈氏偶失檢，恐非傳刻之譌。（頁 515）

按《特牲饋食禮·記》云：“特牲饋食：其服皆朝服，玄冠緇帶緇韠。”鄭注：“皆者，賓及兄弟。”[②]又《記》云：“唯尸、祝、佐食玄端，玄裳、黄裳、雜裳可也，皆爵韠。”注云：“與主人同服。”[③]據此可知特牲祭禮，主人與尸、祝、佐食同服玄端；賓及兄弟則服朝服。“男子助祭祝、佐食等與主人服異也”一句，曹元弼説“祝佐食”當爲“賓兄弟”是也，有《記》文爲證。而倉石就此失誤，指爲賈氏失檢之例，並非傳刻之譌。

也有一些較爲複雜的例子。如【例 28】《喪服》“齊衰三月章”，“女子子嫁者、未嫁者爲曾祖父母。《傳》曰：‘嫁者，其嫁於大夫者也。未嫁者，其成人而未嫁者也。何以服齊衰三月？不敢降其祖也。’”注云：“言嫁於大夫者，明雖尊猶不降也。”賈疏云：

> 案上章爲祖父母，本無降理，不須言“不敢”，又女子子爲祖父母，《傳》亦不敢言‘降其祖父母’，《傳》不言‘不敢降其祖’者，至此乃言者，謂曾祖

---

① 《儀禮注疏》卷四四，1965 年藝文印書館縮影南昌府學本，頁 524。

②③ 《儀禮注疏》卷四六，1965 年藝文印書館縮影南昌府學本，頁 547。

輕，尚不降，況祖父母重者，不降可知，是舉輕以見重也。[①]

“《傳》亦不敢言‘降其祖父母’，《傳》不言‘不敢降其祖’”一句，諸本文字相同，疏意卻謇澀不通。唯殿本删去九字而作“《傳》不言‘不敢降其祖’”，行文才稍稍通順。行文雖然平順，但究其義理仍有未安。《考正》云：

> 殿本删“不敢言降其祖父母傳”[②]九字，《校釋》乃云：“上章‘爲祖父母’，本無降理，不須言嫁不嫁，故直云‘女子子爲祖父’，《傳》亦直言‘不敢降其祖’，不言嫁未嫁，至此乃言者，謂曾祖輕，尚嫁者、未嫁者皆不降，況祖父母重者皆不降可知，是舉輕以見重也。”今案：此蓋賈君失檢，加以後人傳寫繆誤，不容從爲之辭也。（頁 340—1）

殿本所删去九字衍文，當屬傳抄時之所誤竄。倉石氏所引曹元弼《校釋》亦直指上章“女子子爲父”一節，其《傳》文明言“不敢降其祖”。賈疏謂該節“《傳》不言‘不敢降其祖’”明顯與經傳所述不符。殿本卷十一後《考證》亦云：“上經傳明明言之，賈蓋未檢前文，而有此繆語。”[③]這種失誤則不屬於版刻傳寫之失，而是賈氏未有覆檢前文而導致遺漏。故此則賈疏，倉石就指出是“賈君失檢，加以後人傳寫繆誤”之例。

五、考索賈疏源流

倉石自述其撰著要旨之一爲“考究賈疏源流”，爲之“闡微顯幽”[④]。根據書末《跋》文，我們可以歸納出幾個重點。首先，賈公彦《儀禮疏序》的自述，《儀禮疏》乃係依據北齊黄慶及隋李孟悊兩家的義疏，“擇善而從，兼增己義”而成的。第二，賈氏運用先儒説法入疏，但每多没其名氏，因此他遍考諸經義疏、杜佑《通典》等書，往往能找出賈氏《儀禮疏》的各種論點的依據。第三，賈公彦採摭前人論見，以解釋《喪服》一篇最多，其中往徒取信於雷次宗及熊安生説解《禮記》之義。倉石氏總括了自己在撰著《考正》時考索賈疏源流的要旨。觀乎其書考究賈疏各條目，實遠超其自述之範圍。

倉石對於賈疏所採摭的經義，找出來源。例如歷來鮮有人討論過的“《春秋》納納之義”。【例 29】《士昏禮》云“納采”，賈疏云：“言納者，恐女氏不受，若《春秋》納納之義。”單疏、阮本、張本均作“納納”，今各種整理本以阮本、張本爲底本，均作“納納”。“納納”之義不可解，但歷來禮家幾無討論。倉石氏《考正》則云：

> “納納”，各本作“納內”。今案：賈氏蓋用《穀梁》納者內弗受之義，今

---

① 《儀禮注疏》卷三一，1965 年藝文印書館縮影南昌府學本，頁 370。

② 考殿本，其所删當爲“傳亦不敢言降其祖父”九字，删後疏文當作“又女子子爲祖父母，《傳》不言不敢降其祖”。倉石氏《考正》謂其删去“不敢言降其祖父母傳”，蓋爲其誤録而已。

③ 見《儀禮注疏》卷十一《考證》，武英殿本《十三經注疏》第 48 册，頁 4a。

④ 倉石武四郎《儀禮疏考正》，《跋》，頁 585。

本必有訛奪,竢考。(頁 39)

按倉石氏所謂各本者,謂陳本、閩本、監本、毛本、殿本。考諸本應作"内納",倉石氏或偶有引用失誤。然而,他根據各本賈疏作"内納",並考證所謂"内納之義"就是指《穀梁傳》的納者内弗受之義。所謂"納者,内弗受"爲《穀梁傳》義例,見諸僖二十五年、宣十一年、昭十二年及哀二年。《穀梁》楊疏云:"凡《傳》言'内弗受者,指説諸侯相入之例。'"[①]姑勿論倉石説賈氏根據《穀梁》之説是否允當,卻實爲學者提供一個理解疏文含義的指向,實屬難得。

賈疏在《三禮》據用鄭玄注解,至於他經以哪一家注解爲主,他則未有明言。《考正》内或偶有説明。如【例 30】《既夕禮疏》云:"案《玉藻》云:'諸侯皮弁以聽朔於大廟',《鄉黨》孔子云'素衣麑裘',亦是視朔之服。"[②]《考正》云:"《詩・羔羊・正義》引鄭注《論語》云:'素衣麑裳,諸侯視朝(《校勘記》:"浦鏜云:'朔誤朝'"是也。《終南正義》可證。)之服。'《玉藻正義》、《士冠禮疏》引同,明此亦用鄭義可知。"(頁 490)倉石鉤沉疏義,指賈氏所謂"素衣麑裘"是視朔之服,實即《論語》鄭玄注義。又如【例 31】《喪服疏》云:"案《喪服小記》云:'別子爲祖,繼別爲大宗',謂若魯桓公適夫人文姜生大子名同,後爲君;次子慶父、叔牙、季友,此三子謂之別子。"[③]賈氏認爲慶父、叔牙、季友俱爲魯莊公之弟。《考正》云:"《公羊・莊二十七年傳》云:'公子慶父、公子牙、公子友,皆莊公之母弟也。'杜注《左氏・莊二年傳》乃云'慶父,莊公庶兄。'彼疏申之云:'《左氏》先儒用《公羊》爲説,杜以不然故明之。'賈氏於此未用杜解。"(頁 327)據此,可見賈疏實據《公羊》之義,而不用杜注之解。賈公彦秉承北朝學術傳統,北學以鄭學爲宗,凡《三禮》《詩》《書》《論語》《孝經》均用鄭注,《左傳》則用服虔注,不用杜義[④]。上引兩例之採用鄭義及棄取杜注,正與其學術背景相符。

六朝重視《三禮》,又是義疏學最豐碩的時期。《儀禮疏》之撰著,依賈氏自述是依據黄、李兩家的章疏,擇善而成。然而,黄、李兩家,不但名不見於史傳,其著作亦不見書志所著録。倉石氏也注意到這種情況,因此他在《喪服》篇下疏文條目出案語云:"黄氏章疏,隋唐《志》、陸氏《釋文》均不著録。"(頁 279)而在賈疏之中,全不見黄、李兩家之名氏。倉石氏引用曹元弼的説法云:

> 《校釋》云:"……竊疑賈氏之書據黄氏李氏爲本,而疏中稱引殊不概見。竊疑原本當先引二家,次下己語,後人删併爲一,故全書内時有前後違互者,且有一節内文義不甚融貫者,又加以顛倒舛誤,古書之受誣,經義之晦蝕非一日矣。"今案:此義"恐錯"以下二十八字,蓋後人駁賈氏。……

---

① 《春秋穀梁傳注疏》卷三,1965 年藝文印書館縮影南昌府學本,頁 30。

② 《儀禮注疏》卷十三,1965 年藝文印書館縮影南昌府學本,頁 485。

③ 《儀禮注疏》卷十一,1965 年藝文印書館縮影南昌府學本,頁 358。

④ 《北史・儒林上》記南北經注趨尚,云"大抵南北所爲章句,好尚互有不同。江左,《周易》則王輔嗣,《尚書》則孔安國,《左傳》則杜元凱。河洛,《左傳》則服子慎,《尚書》、《周易》則鄭康成。《詩》則並主於毛公,《禮》則同遵於鄭氏。"見[唐]李延壽《北史》卷八一《儒林上》,北京:中華書局,1974 年版,頁 2709。

本在旁或上下别記，傳寫誤與疏文相連不晰也。諸家以爲顛倒錯置者，似未盡善。其與下《記》抵牾，乃是曹氏所云"全書内時有前後違互"耳，所以然者，蓋因南北章疏，賈氏多襲其文而没其名故也。曹云後人删併爲一，似無確據。（頁405—6）

曹元弼認爲賈疏中多有違互，乃由於賈氏往往先引黄、李兩家説法，次下己語。但後人没去名氏，[①]删併爲一，導致正反論説混成一片。倉石氏不以爲然，指出曹氏删併爲一之説無據，全書多有違互者皆因賈公彦襲用南北章疏而没去其名而已。倉石的論述，他也不指明黄、李二家之章疏，唯言"南北章疏"而已，足見他對兩家之疏是否真在賈疏内出現，顯示出疑惑。檢《考正》内考究賈疏所用義疏或六朝論説者，實亦無一出自黄、李二家。

如倉石考賈疏源出熊安生論説之例。【例32】《喪服・記》鄭注云："卒哭，喪之大事畢，女子子可以歸於夫家而著吉笄。"賈疏云："云'卒哭而喪之大事畢，女子子可以歸於夫家'者，……若然《喪大記》云：'女子子既練而已歸'，與此注違者，彼小祥歸是正法，此歸者容有故，許之歸，故云'可以權許之耳'。"[②]《考正》云："案彼疏引熊氏云：'《喪服注》云："卒哭可以歸"，是可以歸之節，其實歸時在練後也。'此蓋賈氏所本。"（頁391）按孔疏所引熊説，女子子在練（小祥）後歸夫家是正禮，若有事故亦容在卒哭後歸。倉石便指明此熊説爲賈氏所本。

又考賈疏源出雷次宗論説之例。【例33】《喪服》"齊衰期不杖章"云："妾爲女君。《傳》曰：'何以期也？妾之事女君，與婦之事舅姑等。'"賈疏云"'妾之事女君，與婦之事舅姑等'者，婦之事舅姑亦期，故云等。但並后匹適，傾覆之階，故抑之。雖或姪娣，使如子之妻，與婦事舅姑同也。"[③]又鄭注："女君於妾無服，報之則重，降之則嫌"，賈疏其義云："諸經傳無女君服妾之文，故云'無服'，必'無服'者，鄭解其不服之意，是以云'報之則重'，還報以期無尊卑殺，大重也。云'降之則嫌'者，若降之大功、小功，則似舅姑爲適婦庶婦之嫌，故使女君爲妾無服也。"，《考正》云：

《通典》（卷九十）："雷次宗曰：'今抑妾使同婦，尊女君使同姑，女君於妾不得同。姑之降婦，不降則應報，所以不報者，欲伸聖人抑妾之義。〔若復報之妾，則並后之誡竟無所徵，故報之則違抑妾之義〕[④]，降之則有舅姑之

① 是説出自氏著《禮經校釋》。檢曹氏《禮經學》"疏例"下亦有相近説法，他説："如序所云，則賈疏當每條先引諸家，次下己意，今疏中未嘗稱引黄、李，而前後設文動多違戾，甚至一條中自相違戾，顯非一人之言。蓋唐時，閭里書師將諸家姓名概加删棄，併入賈氏語中，鹵莽滅裂，不顧文義。如近世村塾學究删《四書》朱注之爲，遂使舊説湮没無聞，賈氏矛盾自陷，謬本相仍。至宋咸平校刊，更無完帙可據，而疏遂受誣千載，經義彌以不章。"見[清]曹元弼著，周洪校點《禮經學》，北京：北京大學出版社，2012年版，頁41。

② 《儀禮注疏》卷三四，1965年藝文印書館縮影南昌府學本，頁400。

③ 《儀禮注疏》卷三一，1965年藝文印書館縮影南昌府學本，頁365。

④ 倉石氏所引非《通典》所録雷氏全文。爲省覽之便，今逕據原文補。見《通典》卷九十，《日本宫内廳書陵部藏宋元版漢籍選刊》第五三册，上海：上海古籍出版社，2012年版，頁49a，總頁551。

嫌，故使都無服，無重嫌之責。'"今案：此及下節疏並本雷説。（頁334）

倉石考《通典》所載雷次宗之説，指明其説即賈氏所本。《考正》所引雷説未全，當有"若復報之，則並后之誡竟無所徵，故報之則違抑妾之義"二十二字（見上引文〔〕内文字），比對兩家之説，賈氏所謂"雖或姪娣，使如子之妻，與婦事舅姑同也"即源出雷氏"抑妾使同婦，尊女君使同姑"。賈所言"還報以期無尊卑殺，大重也，……若降之大功、小功，則似舅姑爲適婦庶婦之義"，則實根據雷氏"若復報之，則並后之誡竟無所徵，故報之則違抑妾之義，降之則有舅姑之嫌"之説再加闡發。賈公彦《儀禮疏》内《喪服》一篇引録雷次宗説法不少，但也有如上例般雖加闡引，卻没去名氏。倉石氏核查《通典》，比對賈疏，鉤沉不少這類删去名氏之論見，並收録在《考正》書内，對理解賈疏禮説之源出甚有裨益。

熊安生、雷次宗之外，《考正》也收録了不少賈疏與六朝禮説相關的例子。例如賈疏暗破射慈之説。【例34】《喪服》"齊衰不杖期章"云："爲夫之君。《傳》曰：'何以期也？從服也。'"賈疏云："此以從服故次繼父下，但臣之妻皆禀命於君之夫人，不從服小君者，欲明夫人命亦由君來，故臣妻於夫人無服也。"《考正》云：

> 張文氏錫恭云："《通典》（卷八十一）吴徐整問曰：'經言爲夫人君，不道爲其妻。然則公卿諸侯之妻不爲皇后服耶？'射慈荅曰：'皇后，天下之母，則宜服。周禮：君命其夫、后夫人，亦宜命其婦，其受命則不宜無服。'據此，則賈疏云"明夫人命亦由君來"者，破射氏之説也。"（頁332）

張錫恭引用《通典》所載吴徐整與射慈之問答，射慈認爲命婦既受命，亦當爲其有服。張氏録此並説明賈疏所謂"明夫人命亦由君來"一語，實針對射氏"命婦有服"之見而發。倉石氏全録張説，以見賈氏説對射説的破解。又如賈疏與崔靈恩説有别，【例35】《士喪禮》"綴足用燕几"，賈疏云："案《記》云：'綴足用燕几，校在南，御者坐持之。'鄭注云：'校，脛也。尸南首，几脛在南，以拘足，則不得辟戾矣。'以此言之，凡之兩頭皆有兩足，今竪用之，一頭以夾兩足。"[①]《考正》云：

> 《喪大記疏》亦引《既夕注》而申之云："側几於足，今几脚南出以拘尸足兩邊，不令辟戾。"又引"崔氏云：'燕几，今之燕几，其形曲，仰而拘足'，與鄭違。"今案：賈氏几制疑又與崔異。（頁404）

崔靈恩以當世之燕几比況，其形制屈曲，拘足之法是"仰而拘足"。賈疏闡述鄭義，則指几當是"兩頭皆有兩足"，拘足之法則是"竪用之"。倉石氏引崔説證與賈説不同。

以上就倉石《考正》考究賈疏源流的情況，加以舉例説明。是書考證賈疏論見之源出，遍檢《通典》及諸家義疏，反映了《儀禮疏》採摭舊疏的情實。從倉

① 《儀禮注疏》卷三五，1965年藝文印書館縮影南昌府學本，頁409。

石氏引録的例子來看，賈疏源本舊疏集中在《喪服》及《士喪禮》《既夕禮》等凶禮篇章，其餘篇章似乎幾爲賈氏自爲之説。《喪服》一篇多取信雷次宗；《士喪禮》《既夕禮》兩篇與《禮記・喪大記》相表裏，因而吸收了不少熊安生《禮記義疏》的論説。因此，倉石氏自《跋》只標舉雷、熊兩家爲例。其實，《考正》中亦收録不少賈疏與六朝禮説相關連的條目，不限於上面引用到的射慈、崔靈恩，也牽涉到賀循、皇侃、庾蔚、陳銓等禮家。

六、辨識孔賈異同

在唐疏的研究中，孔穎達、賈公彦經説之異同可謂是一個重大課題。尤其在禮學方面，二人在初唐可謂舉足輕重的禮學家。孔穎達自小熟讀崔靈恩的《三禮義宗》，貞觀初年與魏徵、房玄齡等人就唐代禮制有過不少争辯[①]，及後主責編修《貞觀禮》及《五經正義》，對初唐禮典的制訂貢獻良多。賈公彦則以國子助教的身份參與《禮記正義》的初撰，及後又私撰《儀禮疏》《周禮疏》及《禮記疏》三種義疏，是唐代唯一遍作《三禮》義疏的禮家。至今唯《禮記》一疏散佚[②]，其餘兩種均收録於《十三經注疏》之内，影響深邃。需要一提的是，孔、賈二家代表著不同的學術傳統。孔穎達的學術傾向南學，他所編撰的《禮記正義》肩負著統一南北經疏的責任；賈公彦則是純粹的北學傳承。因此，在賈疏及孔疏之間，其禮説有著許多差異。

《考正》其中一個倉石氏未有提過的重點，就是辨識孔、賈論説的異同。書中有不少條目，刻意比較了《儀禮疏》及《禮記正義》内賈公彦與孔穎達的觀點，並分析兩者之相同相異處。如論兩家相同之例，【例 36】《喪服》"齊衰三年章"云："慈母如母。《傳》曰：'……若是，則生養之，終其身如母，死則喪之三年。如母，貴父之命也。'"賈疏云："云'如母貴父之命也'者"[③]《考正》云：

> 《校勘記》云："傳文兩言'如母'，疏俱屬下讀，於文義未順，宜俱屬上讀，謂生養死喪皆如母也。"今案：《曾子問疏》引此《傳》無"如母貴父之命"句，則孔亦讀與賈同。（頁 315）

阮校認爲此則《傳》文的"如母"當屬上讀，讀成"終其身如母，死則喪之三年如母"。但賈疏明言"云'如母貴父之命也'者"，可見賈疏"如母"屬下讀。倉石並檢《曾子問》孔疏所引本則《傳》文，至"死則喪之三年"爲止，缺下句"如母貴父之命也"七字，可見孔穎達對此文的句讀，與賈疏一致。又如【例 37】《士虞禮》："三虞卒哭，他用剛日，亦如初，曰：哀薦成事。"賈疏云：

---

① 詳見《新唐書・禮樂志》。又參考參見島一《貞觀年間の禮の修定と"禮記正義"(上)》，載《學林》第二十六號，1997 年，頁 27—48 頁。又《貞觀年間の禮の修定と"禮記正義"(下)》，載《立命館文學》第 549 號，1997 年，頁 37—70。

② 見《新唐書・藝文志》。

③ 《儀禮注疏》卷三十，1965 年藝文印書館縮影南昌府學本，頁 353。

鄭君以前有人解云三虞與卒哭同爲一事解之者,鄭故疑卒哭之辭,而云"蓋"也。是以《雜記》云:"上大夫之虞也,少牢。卒哭成事、祔,皆大牢。"鄭注云:"卒哭成事、祔言皆,則卒哭成事、祔與虞異矣。"是微破前人三虞與卒哭同解者也。①

《考正》云:

《雜記》孔疏云:"鄭以《士虞禮》云:'三虞卒哭,他用剛日。'先儒以此三虞卒哭同是一事,鄭因此經云'上大夫虞用少牢,卒哭用大牢',其牢既别,明卒哭與虞不同。鄭引此文破先儒之義,故云'卒哭成事,與虞異矣。'"今案:此與彼疏大致相同,則皆有所承而言可知。(頁504)

賈疏引用了《雜記》鄭注之義,説明鄭玄對先儒的駁正。倉石遂引用《雜記》孔疏之文,並指出其内容與賈疏一致,兩者論説相同,似同樣源出於舊説。

《考正》内論兩家同者固有其例,亦有參驗其論説之異。如論喪祭所設的重,【例38】《既夕禮》:"甸人抗重"鄭注:"重,既虞將埋之。"賈疏云:

云"重既虞將埋之"者,《雜記》文彼注云:"就所倚處埋之。"但天子九虞,諸侯七虞,大夫五虞,士三虞。未虞以前以重主其神。虞,所以安神,雖未作主,初虞其神即安於寢,不假重爲神主。又士大夫無木主明,亦初虞即埋之也。②

據賈意,未虞之前設重,初虞之後設主。即使天子九虞、諸侯七虞,大夫五虞,也是在第一次虞祭後即設主。《考正》云:

《檀弓》"重,主道也",注:"重,既虞而埋之,乃後作主。"孔疏云:"既虞之後乃始埋重,埋重之後乃始作主。天子九虞,九虞之後乃埋重。"今案:此蓋用今《公羊》説。虞主用桑。(《御覽》五百三十一引《禮記外傳》曰:"人君既葬之後,日中虞祭,即作木主以存神,葬後孝子心目無所覩,故用以主其神也。"《白虎通》曰:"所以虞而立主何?孝子既葬日中,反虞,念親已没,棺柩已去,悵然失望,彷徨哀痛,故設桑主以虞,所以慰孝子之心。"虞,安其神,皆同今《公羊》説。)故與孔氏依《古左氏説》天子九虞十六日祔而作主者異。(頁471—2)

倉石氏引用《禮記》孔疏認爲鄭玄所謂"既虞埋重",是在全部虞祭完畢後才坑埋重,然後設主。换然之,假若天子九虞,就是九次虞祭後才正式設主,此前用重以代主道,與賈公彦初虞後立即埋重設主之義不同。此孔、賈禮説之異。倉石遂進一步指出賈説實用今《公羊》説,孔義則據《古左氏説》。

《考正》之内辨識了不少孔賈異見之例,然則兩家臧否,倉石氏則强調不得以彼决此。如【例39】《喪服》"斬衰三年章":"《傳》曰:……童子何以不杖?不能病也。"賈疏云:"今云'童子何以不杖?'問辭也;'不能病也',荅辭也。此庶

① 《儀禮注疏》卷四三,1965年藝文印書館縮影南昌府學本,頁509。
② 《儀禮注疏》卷三九,1965年藝文印書館縮影南昌府學本,頁465。

童子非直不杖,以其未冠,首加免而已。”[①]《考正》云:

> 《校釋》云:“‘杖’下脱‘拜不免’三字,‘冠’下脱‘杖者亦’三字。”今案:《問喪》孔疏云:“童子不當室,則不得免及杖。”據彼而言,曹校固是。但童子不當室著免與不,禮無正文。詳賈意蓋謂童子當室則免而杖,不當室則免而不杖,故云首加免而已,不得據孔而決賈也。(頁281)

倉石首先引用了曹元弼《禮經校釋》的説法。按曹説,賈疏“此庶童子非直不杖,以其未冠,首加免而已”應增字爲“此庶童子非直不杖,拜不免,以其未冠,杖者亦首加免而已。”然而,倉石氏不以曹説爲然。他指曹氏增字而將賈疏改成“庶童子非直不杖,拜不免”,雖與孔疏《問喪》“童子不當室”不免不杖的説法相符,卻只是“據孔以決賈”。孔説庶童子不杖不免,然揆諸禮書,庶童子免與不免,並無明文記載。賈疏之意當爲“童子當室則免而杖,不當室則免而不杖”,不需改易其文,亦能讀通。況且,賈疏下文詳列了庶童子“不杖”的各種明文,卻無一語染指其“不免”,正與“不當室則免而不杖”相成,其文云:

> 《問喪》云:“免者以何爲也? 曰不冠者之所服也。”言何以者,據當室童子及成人皆杖,唯此庶童子不杖,故云何以决之也。知“當室童子杖”者,案《問喪》云:“《禮》曰:‘童子不緦,唯當室緦’,緦者其免也,當室則免而杖矣”,謂適子也。案《雜記》云:“童子哭,不偯、不踊、不杖、不菲、不廬。”注云:“未成人者,不能備禮也。”此獨云不杖,餘不言者,此上下皆釋杖,故言杖。不云餘者,其實皆無,直有衰裳絰帶而已。[②]

此其庶童子“不免”無明文之證。曹元弼據用孔疏説法,在賈疏中强補文字,據孔而決賈,實有所未安。

七、總結

《儀禮》是禮之本經,記載上古行事儀節。鄭玄、賈公彦爲是書作注作疏,彰顯經義,梳理矛盾,爲《儀禮》之功臣。但《儀禮》賈疏行文艱澀,潛心鑽研者極少。倉石武四郎《儀禮疏考正》一書,其撰著意圖源出在“儒宗”狩野直喜門下研讀賈疏,到擔任東方文化學院研究員的正式進行“禮疏校譌”的工作。作爲日本《儀禮疏》研究的“嚆矢”,是書的特點與學術價值,亟待我們發掘,並加以利用。

本文討論了《考正》四方面内容,分别是其校勘特點、對賈疏内容的修正與釐清、考究賈疏源流,以及對孔、賈異同的識别。首先,其校勘之特點乃以單疏本爲底本,並據衆本校正其“魯魚亥豕之誤”,此實爲清人校勘賈疏,甚至當代《儀禮注疏》的整理本所未能做到的。倉石氏除了據用較流行的閩本、毛本等

---

① 《儀禮注疏》卷二八,1965年藝文印書館縮影南昌府學本,頁339—340

② 《儀禮注疏》卷二八,1965年藝文印書館縮影南昌府學本,頁340。

版本，更大量參考武英殿本的校勘成果，付諸校正單疏之用。同時，吸收大量近人成果，並就各家論見加以辨證。在有所依據的情況下，再按照文理判定臧否，其中每有洞見之例。因此，《考正》校勘賈疏具重大學術價值，彌足珍貴，學者應善加利用。其次，《考正》對賈疏内容每多修正與釐清，尤其對賈疏所引用的經傳文獻和注解，有不少訂正之處。而且，倉石氏對於賈疏一些較難解的條目，反復翫味，並釐清賈氏原意，疏解了後人誤解或因而妄改疏文的情況。《考正》内甚至標示賈疏不少前後違互的例子，指出其自相矛盾在疏中多見，不必以彼難此。又或分析今本單疏致誤之由，有時是賈氏誤檢，有時則只是傳寫謬誤。第三，倉石氏梳理賈疏源流，鉤沉其論説所本。他對所謂黄、李二家之章疏有所懷疑，遍考《通典》及諸家義疏，賈疏根本前賢説者每見於《喪服》《士喪禮》《既夕禮》等凶禮篇章，而且所引用者集中於雷次宗、熊安生兩者。當然，賈疏本於其他六朝禮説者，《考正》也爲之收録。第四，《考正》對孔穎達、賈公彦兩家禮説異同，亦多有辨識。孔、賈二人爲唐代舉足輕足的禮家，其學術取向迥異但又同時影響後世深遠，分辨兩家論説異同，對研究唐代經學及禮學實有莫大裨益。

有趣的是，從書中衆多考證賈疏條目中，除了校正單疏文字外，《考正》無意中勾勒了賈公彦及其《儀禮疏》的學術風貌。其一，賈疏在參用鄭玄群經注解、或其論説源出"鄭學之徒"[①]而同時拒用杜預經説的現象，正與北朝學術專崇鄭學的風氣一致[②]。其二，賈疏對北朝大儒熊安生禮説的大量襲用，足爲他遠師熊氏之確證。其三，除熊安生外，賈氏引據六朝義疏如雷次宗、崔靈恩等人論説俱集中在《喪服》一篇，可見《喪服》一篇由於六朝相關著作繁多，賈疏遂多加引用；至於其他篇章以自爲之説爲主，同時亦突顯了《儀禮疏》内《喪服》與其他篇章的風格存在著頗大分別，值得注意。其四，倉石對孔、賈異同的檢驗，並提出兩者"各有所承"[③]，不得"據孔以决賈"的看法，足以證明倉石認識到兩家學術取向迥異，因此他並不必急於分辨二人臧否。以上種種，對學界進一步理解賈疏的學術特點，均有重大意義。

【作者簡介】李洛旻，清華大學歷史系博士、香港公開大學人文社會科學院助理教授，主要從事經學及文獻學研究。

① 《儀禮疏考正》，頁 281。

② 筆者另有專文探討賈公彦兩《禮疏》引用經注宗主鄭玄的現象，實與北朝學術相契合。參《賈公彦禮疏引用群經注解研究》，宣讀於"第四届禮學國際學術研討會"，上海，8 月 25—26 日。

③ 《儀禮疏考正》，頁 444。

《中國典籍與文化論叢》文稿格式規範

一、來稿請同時提供Word和pdf格式文檔。

二、隨文提供内容摘要(300字)、關鍵詞(2—4個)和英譯標題,並附作者簡介(50字)和聯絡信息。

三、來稿正文請按"一、(一)、1. 、(1)"的序號設置層次,其中"1."以下的章節段落的標題不單獨佔一行;文稿層次較少時可略去"(一)"這一層次;段内分項的可用①②③等表示。

如:一、XXXX

(一) XXXX

1. XXXX

(1) XXXX。① XXX; ② XXX; ③ XXX。

四、來稿中的注釋,請採用頁下注、每頁各自編號,注號置於句末的標點符號之前,如:孔子已有"六藝"之説①,"……將邊界查明來奏"①。但引文前有冒號者,句號在引號内,則注號置於引號之外,如:《釋名》云:"經者,徑也,常典也。"①

五、注釋文字標引文獻的具體格式規定如下:

1. 著作類:著作者《書名》,出版單位,XXXX年,頁X至X。又:著作者《書名》卷X,XXXX年XXX本。著作者、書名之間不加冒號、逗號或"著"、"撰"字樣。

例:① 郭紹虞《宋詩話考》,中華書局,1979年,頁75。

② [清]張裕釗《濂亭文集》卷四,清光緒八年查氏木漸齋刊本。

2. 古代文獻著作者前需括注朝代,書名、篇章名後,可標示所屬叢書名;書名加篇名者,書名與篇名之間,如有卷次,加卷次。

例:① [清]劉文淇《左傳舊疏考正・自序》,《清經解續編》卷七四七,上海書店,1988年,頁881。

②《舊唐書》卷七三《顏師古傳》,中華書局,1975年,頁2594。

3. 雜志類:著作者《論文名》,《期刊名》X年X期,頁X至X。又:著作者《論文名》,《期刊名》X卷X號(X年X月),頁X至X。

例:① 袁行霈《〈新編新注十三經〉芻議》,《北京大學學報》2009年第2期,頁7。

② 池田秀三著、金培懿譯《韋昭之經學——尤以禮爲中心》,《中國文哲研究通訊》第15卷3期(2005年9月),頁141—155。

4. 西文書名與雜誌名均用斜體,文章名加引號。日文、韓文參考中文樣式。

例:① Ad Dudink, "The Chinese Christian Books of the Former Beitang Library", *Sino-Western Cultural Relations Journal* XXVI (2004), pp. 46—59.

5. 同一篇文章中,重復出現的文獻標注出處只列著作、論文名和頁碼即可,重復出現的注釋不用"上同"簡略。

六、圖表按先後順序編號,在文中應有相應文字説明,如見圖 X,見表 X。

七、數字用法:

1. 西曆世紀、年代、年、月、日用阿拉伯數字,如 18 世紀 50 年代。

2. 中國清代和清代以前的歷史紀年、其他國家民族的非西曆紀年,用中文數字表示,且需用阿拉伯數字括注西曆。如秦文公四十四年(前 722),清咸豐十年(1860),日本慶應三年(1867)。

3. 中文古籍卷數均用中文數字表示,如作卷三四一,不作三百四十一,葉(頁)數用阿拉伯數字表示。

英文目録